일 잘하는 직장인 실무 엑셀 테크닉

일 잘하는 직장인 실무 엑셀 테크닉

초판 인쇄일 2021년 5월 7일
초판 발행일 2021년 5월 14일

지은이 김민철
발행인 박정모
등록번호 제9-295호
발행처 도서출판 혜지원
주소 (10881) 경기도 파주시 회동길 445-4(문발동 638) 302호
전화 031) 955-9221~5 팩스 031) 955-9220
홈페이지 www.hyejiwon.co.kr

기획 · 진행 김태호
디자인 조수안
영업마케팅 황대일, 서지영
ISBN 978-89-8379-735-3
정가 23,000원

일 잘하는 직장인

실무 엑셀

테크닉

혜지원

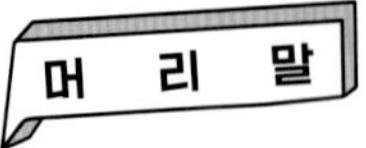

일과 삶의 조화를 이뤄 준 엑셀

나의 삶에 워라밸을 가져다 준 강력한 도구

엑셀이 뭐 하는 것이냐고 저에게 물어보면 **'엑셀은 일 잘하기 위해 사용하는 도구입니다'**라고 대답합니다. 엑셀은 저에게 그냥 도구가 아닙니다. 스마트폰과 같은 강력한 도구입니다. 스마트폰이 우리의 삶을 획기적으로 바꾸었듯이 엑셀이 제 삶을 완전히 바꾸어 놓았기 때문입니다. 저는 엑셀을 잘 사용하면서 일하는 시간이 줄어들었습니다. 일하는 시간이 줄어들면서 나와 가족에게 사용할 수 있는 시간이 생겼습니다. 나에게 사용하는 시간이 생기면서 업무 능력은 더 향상되었고 가족과 많은 시간을 보내면서 가족 관계가 회복되었습니다. 바로 일과 삶이 조화를 이루는 워라밸의 삶을 살 수 있게 된 것입니다.

몇 가지 테크닉만으로 일 잘하는 엑셀 사용 전문가 되기

엑셀을 잘 사용한다는 것은 무엇일까요? 많은 기능을 알아서 엑셀 전문가가 되는 것이 잘 사용하는 것일까요? 엑셀은 도구입니다. 도구는 사용하는 사람에 따라 효용이 다릅니다. 단순히 엑셀만 잘해서는 업무 시간을 줄일 수 없습니다. 우리는 엑셀 전문가가 될 것이 아니라 일을 더 잘할 수 있도록 **엑셀을 내 업무에 맞게 적절하게 이용하는 엑셀 사용 전문가가 되어야 합니다.**

저는 엑셀로 일을 시작하기 전에 항상 업무 파악을 하는 데 많은 시간을 투자합니다. 일을 잘한다는 것은 무슨 일을 하느냐는 질문을 받았을 때 내 업무에 대한 모든 것을 막힘없이 설명할 수 있어야 한다는 것입니다. 또 내 업무에 대한 로직을 완벽하게 그릴 수 있어야 한다는 것입니다. 엑셀을 사용하는 것도 먼저 업무 로직을 정의하는 것에서부터 시작해야 합니다. 이것만 된다면, 몇 가지 엑셀 테크닉만 익히고 사용하면 엑셀은 저절로 잘하게 됩니다.

이 책은 단순히 엑셀 기능을 많이 알려 주거나 문서를 어떻게 만드는지를 알려 주는 것이 최종 목적이 아닙니다. **엑셀을 활용하여 업무 시간을 대폭 줄일 수 있는 방법을 알려 주는 것이 최종 목적입니다.** 엑셀이라는 도구를 활용하여 실제로 제가 만들어 사용하였거나 현재 사용하고 있는 자동화 문서를 예제로 다루었습니다. 이 책은 크게 3부로 나눠져 있습니다. Part 1에서는 엑셀 사용 전문가란 무엇인가에 대해서를, Part 2에서는 실무 엑셀 테크닉을 익히며 어떻게 엑셀 사용 전문가가 되는지를 다뤘습니다. 부록에서는 엑셀 사용 전문가가 사용하는 엑셀 기능과 함수를 설명하였습니다.

처음에는 엑셀에 데이터를 입력하는 것도 어색했던 제가 지금은 강의도 하고 3번째 책을 출간하게 되었습니다. 이런 삶을 살 수 있을 것이라고는 감히 기대하지 않았는데 정말 고마운 일입니다. 지금까지의 제 경험과 노하우를 모두 이 책에 담았습니다. 제가 그랬듯 독자 분들도 이 책을 통해 엑셀 사용 전문가로 거듭나서 삶의 질이 획기적으로 향상되는 경험을 하기를 진심으로 바랍니다.

코로나 팬데믹으로 힘든 시기를 보낼 때 책을 쓰기 시작했습니다. 이 책 덕분에 힘든 시기에도 행복했습니다. 이런 기회를 준 출판사와 집필하는 내내 진심으로 함께 해 준 김태호 편집자님께 감사드립니다. 저를 엑셀 사용 전문가로 인도해 준 김종학 선생님, 엑셀 이야기로 함께 밤을 새웠던 친구 현우와 엑사전 가족들에게도 감사드립니다. 무엇보다 내 영혼의 동반자인 사랑하는 아내와 자랑스러운 아들 성우, 성현이, 우리 가족 보물인 막내 성훈이 그리고 부모님께 사랑하는 마음과 감사한 마음을 전합니다.

저자 김민철

이 책의 구성

체계적인 구성으로 빠르게 엑셀 사용 전문가가 되어 보세요!

핵심 시트

각각의 프로그램을 만들 때의 기본 데이터 시트는 무엇인지, 제작하는 문서 시트는 무엇인지, 제작 단계에서 따로 만들어야 하는 시트는 무엇인지 등을 정리해 놓았습니다. 본인의 업무에서는 어떠한 데이터를 이용하여 어떠한 문서들이 있는 프로그램을 구현할 수 있는지 생각해 봅시다.

완성 프로그램

예제를 따라 하기 전에 완성된 프로그램의 모습을 미리 볼 수 있습니다.
어떤 문서 시트와 데이터 시트가 필요한지 미리 확인해 보세요.

CHAPTER

Working with excel

01 인사 총무 자동화 프로그램

회사에서 엑셀을 사용하는 궁극적인 목적은 업무 자동화를 통한 업무 시간 단축이 되어야 합니다. 업무 자동화란 클릭 몇 번으로 원하는 문서를 만드는 것입니다. 기본 데이터를 바탕으로 문서를 만들면 기본적인 엑셀 기능만으로도 업무를 쉽게 자동화할 수 있습니다.

이번 Chapter에서는 인사 및 총무 부문에서 자주 사용하는 기본 문서를 자동화해 보겠습니다. 인사 총무 업무에서 사용하는 기본 데이터는 주로 직원에 대한 인적 사항과 급여 등에 대한 것입니다. 신규로 직원이 입사할 때, 인사 이동이 있을 때, 직원이 퇴직할 때마다 데이터가 추가됩니다. 여기에서는 '사원명부' 등의 기본 데이터를 바탕으로 명함 만들기, 재직 증명서, 급여 명세서, 퇴직금 정산서를 자동으로 작성하는 방법을 배워 보겠습니다. 동일한 업무 문서나 동일한 데이터를 사용하는 문서를 만들 때는 같은 파일에 시트를 다르게 하여 만들고 관리하면 편리합니다.

핵심 시트

기본 데이터: 사원명부, 연봉관리표, 수당관리표, 부서명, 직급명
제작 문서: 명함 만들기, 재직 증명서, 급여 명세서, 퇴직금 정산서

완성 프로그램

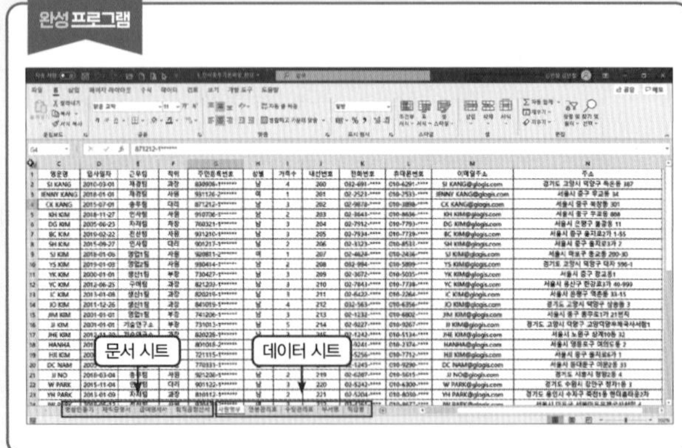

44 일 잘하는 직장인 실무 엑셀 테크닉

엑셀의 올바른 사용법부터 배우는 **똑똑한 구성**

실무자가 직접 쓰는 **실무 엑셀 문서로 학습**

함수부터 매크로까지 **실무에 접목 가능한 설명**

실무용으로도 사용 가능한 **실습 파일 제공**

인사 총무

준비 파일 **인사총무기본파일_준비.xlsx**

01 명함 만들기

직장인이 누군가를 만나면 가장 먼저 찾고 서로 교환하는 것이 명함입니다. 명함에 나타나는 인적 정보는 비즈니스의 첫 출발점이기 때문에 실수가 있어서는 안 됩니다. 하지만 자필로 인적 사항을 적거나, 매번 새롭게 명함을 만들려고 하다 보면 실수할 때가 있습니다. 이번 장에서는 실수 없이 클릭 한 번으로 명함을 신속하고 정확하게 만들 수 있는 프로그램을 만들어 보겠습니다.

실습 내용

기본 원리: B1셀에서 사번을 선택하여 입력하면 명함이 자동으로 완성되도록 작성합니다.

주요 기능: ❶ 유효성 검사 ❷ 그림 삽입 ❸ VLOOKUP 함수, RIGHT 함수, '&'로 텍스트 결합 ❹ 페이지 나누기 미리 보기 ❺ 수식 복사하여 붙여넣기

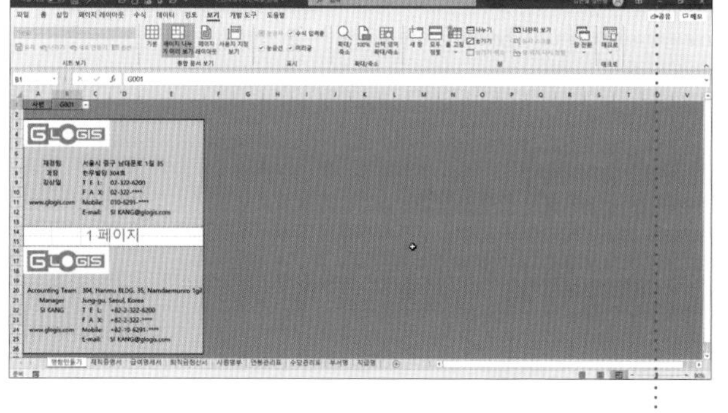

PART 02 | 실무 자동화 프로그램 45

인덱스

현재 학습 중인 내용이 어떤 Chapter에 위치하고 있는지 표시해 줍니다. 실무 작업 시, 필요한 내용을 쉽고 빠르게 찾을 수 있습니다.

준비 파일

각 문서별로 실습용 예제 파일을 제공합니다. 직접 따라 해 보며 실무용 엑셀 기능을 익힐 수 있습니다. Part 1과 부록에서도 필요한 부분에 한해 예제 파일을 풍부하게 제공하고 있습니다.

예제 파일은 **헤지원 홈페이지**(www.hyejiwon.co.kr)에서 다운로드받으실 수 있습니다.

실습 내용

각 문서를 만들 때 어떠한 원리로 문서가 자동으로 작동하는지, 어떤 엑셀 기능을 이용하여 만드는지를 정리했습니다. 어떤 원리와 형태로 문서를 만들지를 생각해야 엑셀을 통한 효율적인 일 처리가 가능합니다.

이 책의 구성

실무 엑셀 문서로 마스터하는 올바른 엑셀 사용 방법!

본문 설명

각 과정마다 상세하게 설명을 하여 복잡해 보이는 내용도 따라 하는 데 문제가 없도록 작성했습니다. 굵게 표시한 것은 강조를 위해서입니다.

형광펜 표시

형광펜 표시가 된 부분은 길어 보이는 수식 복사붙여넣기를 한 이후에 수식을 수정할 때, 수정해야 하는 부분을 표시한 것입니다. 주로 이름정의 부분에서 볼 수 있습니다.

02 '새 이름' 대화 상자가 나타나면 ❶ '이름'에 **과목점수**를 입력합니다. ❷ '참조 대상에서 기존 참조 대상을 지우고 복사한 수식을 CTRL + V 키를 눌러 붙여넣기한 후 **=OFFSET(성적관리!E$2,0,0, COUNTA(성적관리!$A$2:$A$65000),1)**로 수정합니다. ❸ [확인] 단추를 클릭합니다.

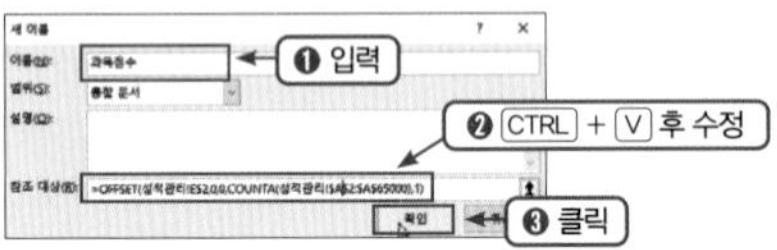

• 여기서 OFFSET 함수의 Reference 인수로는 열이 바뀔 때마다 과목영역도 함께 바뀌게 하기 위해 혼합참조를 사용하였습니다. 혼합참조에 대해서는 부록1-1 '셀 서식 및 셀 참조 이해하기'(488P)를 참고하세요.
• 수식을 수정할 때는 수정하려는 부분을 선택한 후 새로운 셀 주소를 선택하면 됩니다. 여기서 복사한 수식 OFFSET 함수의 Reference는 **성적관리!$A$2**입니다. 이 부분을 선택한 다음 '성적관리' 시트로 가서 새로운 셀 주소인 E2셀을 선택하고 F4 키를 누르면 혼합참조로 변경됩니다.

03 2번 과정에서 [확인] 단추를 클릭하면 '이름 관리자' 대화 상자가 나타납니다. '새로 만들기'를 클릭하여 계속 필요한 이름정의를 합니다. '새 이름' 대화 상자가 나타나면 ❶ '이름'에 **반**을 입력한 후 ❷ '참조 대상'에서 기존 참조 대상을 지우고 CTRL + V 키를 누른 후 **=OFFSET(성적관리!$C$2,0 ,0,COUNTA(성적관리!$A$2:$A$65000),1)**로 수정 입력합니다. ❸ [확인] 단추를 클릭합니다.

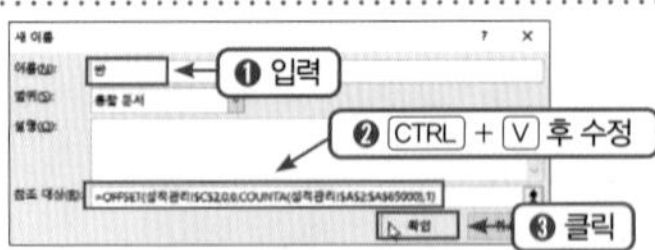

04 3번 과정에서 [확인] 단추를 클릭하면 '이름 관리자' 대화 상자가 나타나고 새롭게 이름정의한 항목이 나타남을 알 수 있습니다. [닫기] 단추를 클릭합니다.

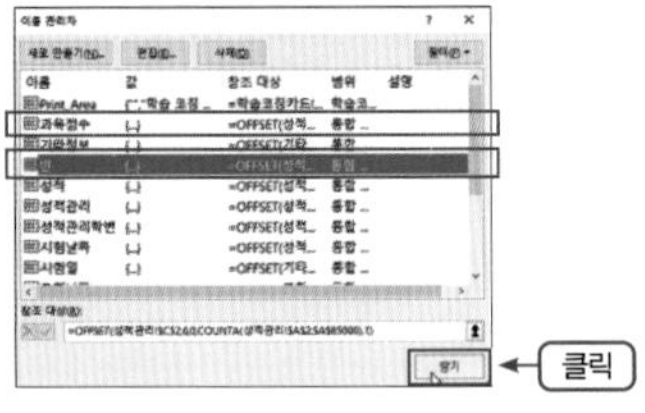

282 일 잘하는 직장인 실무 엑셀 테크닉

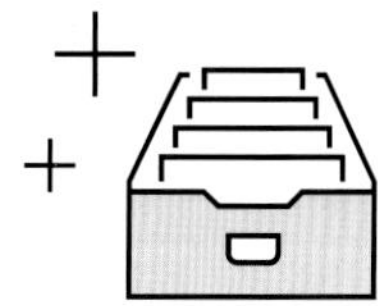

05 AVERAGEIFS 함수를 활용하여 반평균을 구합니다. ❶ B14셀을 선택합니다. ❷ [수식] 탭 → '함수 라이브러리' → '함수 더 보기' 명령 단추를 클릭한 후 ❸ '통계'를 클릭하여 ❹ **AVERAGEIFS**를 선택합니다.

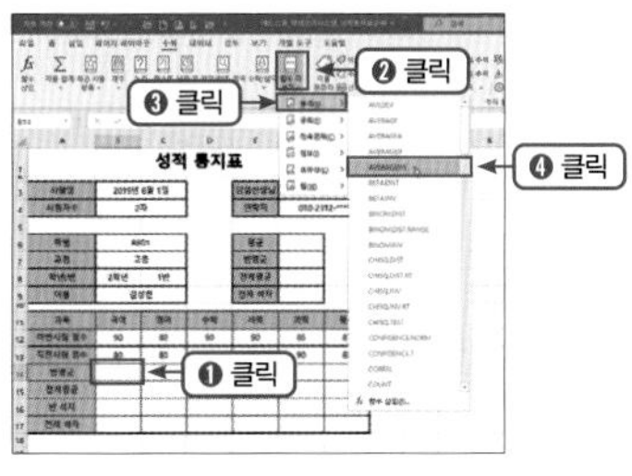

06 '함수 인수' 대화 상자가 나타나면 ❶ 'Average_range'에 **과목점수**, 'Criteria_range1'에 **시험날짜**, 'Criteria1'에 **$B$3**, 'Criteria2'에 **반**, 'Criteria2'에 **$C$8**을 입력한 후 ❷ [확인] 단추를 클릭합니다.

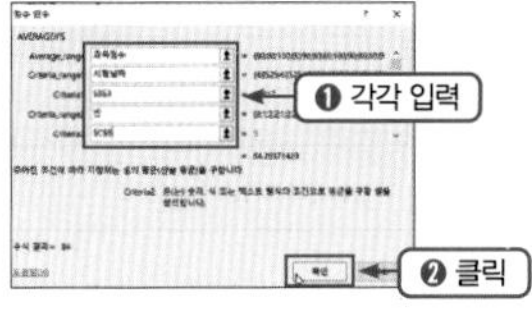

참조 영역을 동적 영역으로 이름정의하면 수식을 작성할 때 영역을 선택하여 입력하지 않아도 되어 편리합니다.

알아보기 AVERAGEIFS 함수

AVERAGEIFS(Average_range, Criteria_range1, Criteria1, [Criteria_range2, Criteria2], …) 함수는 여러 조건에 맞는 모든 셀의 평균(산술 방식)을 반환합니다.

❶ Average_range: 평균을 계산할 영역입니다. 여기서는 과목별 점수 영역이 됩니다.
❷ Criteria_range1, Criteria_range2…: 관련 조건을 평가할 범위입니다. 여기서는 시험날짜와 반이 있는 범위가 됩니다.
❸ Criteria1, Criteria2…: 관련 조건 혹은 관련 조건이 있는 셀입니다. 여기서는 시험날짜와 해당 학생이 속한 반이 됩니다.

PART 02 | 실무 자동화 프로그램 283

네모 박스

네모 박스에는 본문 과정에 대한 부가적인 설명 및 참고 페이지 등을 담았습니다.

알아보기

본문에서 다루고 있는 기능 중 특히 꼼꼼하게 알고 넘어가야 하는 기능에 대해서는 '알아보기'로 더욱 확실하게 배웁니다. 특히 함수 설명, 수식 설명, 매크로 설명 등에 대해서도 자세하게 풀이하여 프로그램 작동의 원리를 더욱 쉽게 알 수 있습니다.

★ 책의 내용은 엑셀 2019를 기준으로 작성했으나, EXCEL 2007 이후 모든 버전에서 실습이 가능합니다.

목 차

PART 01

엑셀 사용 전문가 되기
: 엑셀을 어떻게 사용해야 하는가?

PART 02

실무 자동화 프로그램

부록1

핵심 엑셀 기능 30

1 셀 주소 및 셀 참조 이해하기

2 표시 형식 활용하기

3 [홈] 탭 - '클립보드' 활용하기

4 조건부 서식 활용하기

5 [홈] 탭 - '편집' 그룹 활용하기

부록2

핵심 엑셀 함수 30

1 찾기/참조 영역 함수

2 날짜/시간 함수

3 텍스트 함수

4 통계 함수

5 논리 함수

6 수학/삼각 함수와 배열 수식

일 잘하는 직장인 실무 엑셀 테크닉

EXCEL

PART 01

엑셀 사용 전문가 되기

: 엑셀을 어떻게 사용해야 하는가?

1 엑셀 사용 전문가란?

직장인들에게 어떤 프로그램을 주로 사용하는지를 물어보면 가장 많이 사용한다고 대답하는 것이 엑셀입니다. 하지만 엑셀을 잘 사용하는 직장인은 많지 않습니다. 엑셀 기능을 많이 알고 있다고 엑셀을 잘 사용하는 것이 아닙니다. 엑셀로 업무를 처리하는데도 불구하고 업무 시간이 부족한 느낌이 든다면 아무리 많은 기능과 함수를 알고 있더라도 엑셀을 잘 사용하지 못하는 것입니다. 엑셀을 잘 사용하여 업무 시간을 줄이는 사람을 저는 **엑셀 사용 전문가**라 부릅니다.

모든 직장인이 엑셀 전문가가 될 필요는 없습니다. 하지만 엑셀을 배우려는 대부분의 직장인은 목표를 엑셀의 모든 기능을 아는 엑셀 전문가가 되는 것에 두고 있습니다. 그래서 엑셀을 더 어려워 합니다. 엑셀은 일을 효율적으로 하기 위한 도구입니다. 우리가 일상에서 사용하고 있는 스마트폰과 같은 역할을 하는 것이지요. 도구는 그 쓰임새에 맞게 필요할 때 잘 사용하면 그만입니다.

엑셀 사용 전문가는 단순히 엑셀 기능을 많이 아는 것을 의미하지 않습니다. 엑셀 기능을 효율적으로 잘 사용하여 대부분의 업무를 자동화하는 것을 의미합니다. 그러기 위해서는 엑셀에 대한 근본적인 이해가 필요합니다. 엑셀에 대해 잘못된 개념을 가지고 있다면 그것부터 바꾸어야 합니다.

본격적으로 업무 자동화를 위한 실무 문서를 제작하기 전에 **엑셀 사용 전문가**가 되기 위해 엑셀에 대한 기본 개념을 알아보도록 하겠습니다. 엑셀은 과연 어떤 것이며, 엑셀로 얻을 수 있는 것은 구체적으로 무엇인지, 엑셀은 어떻게 사용해야 하는지를 알아보겠습니다.

2 엑셀 사용 전문가는 효율적으로 일을 처리하는 도구로 엑셀을 사용합니다

(1) 엑셀 사용 전문가는 일을 잘하는 사람입니다

엑셀 사용 전문가는 일을 잘하는 사람입니다. 보통 엑셀을 잘하는 사람이 일을 잘한다고 말하는데 저는 반대로 일을 잘하는 사람이 엑셀도 잘 사용한다고 말합니다. 대체로 일 잘하는 사람은 잘하고 싶은 욕망이 있어 업무에 필요한 것이라면 무엇이든 배우려는 의지가 강합니다. 필요에 의해 배우기 때문에 빨리 배우고, 또 배운 것을 업무에 사용하기 때문에 금방 전문가가 됩니다. 이렇게 일 잘하는 사람은 필요한 도구를 효율적으로 사용하는 사람일 가능성이 높습니다.

엑셀에는 '피벗 테이블'이라는 기능이 있습니다. 이 기능을 알고 있거나 이미 업무에 사용하고 있는 직장인들이 많습니다. 그중에는 아주 능숙하게 잘 사용하는 사람도 보았습니다. 그러나 왜 피벗 테이블 기능을 사용하는지 물어보면 제대로 대답을 못하는 사람이 많습니다. 피벗 테이블 기능을 사용하지만 엑셀을 잘 사용하고 있다고 볼 수 있을까요?

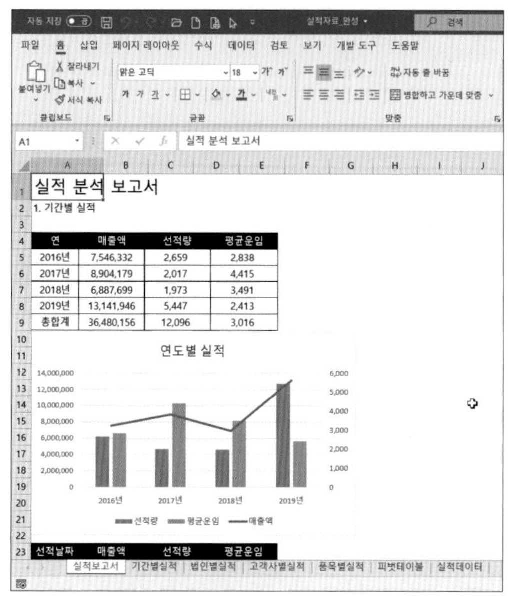

*Chapter 4 '실적보고서' 시트

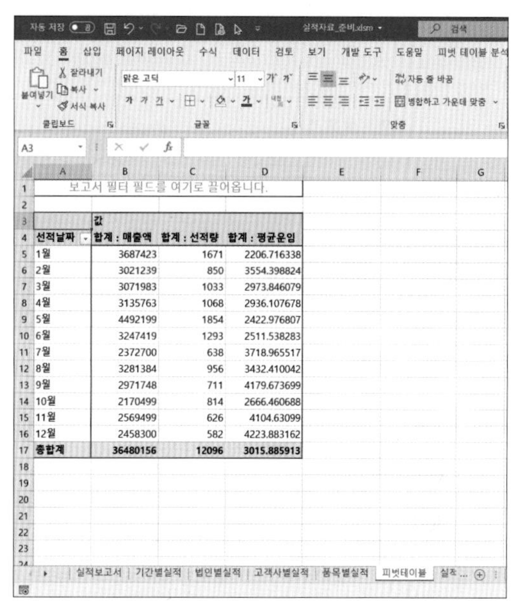

*Chapter 4 '피벗테이블' 시트

왼쪽 사진은 예전에 제가 주간 회의를 위해 작성한 실적 분석 보고서 예시입니다. 보고서는 회사 시스템에서 다운로드한 데이터를 바탕으로 오른쪽 사진처럼 피벗 테이블 기능을 활용하여 클릭 몇 번으로 만든 보고서입니다. 엑셀 기능은 잘 알고 있었지만 보고서를 만들기 위해 처음에는 상당한 시간이 소요되었습니다. 하지만 업무 실력이 좋아지면서 나중에는 시간이 거의 들지 않게 되었습니다.

이와 같이 피벗 테이블 기능에 대해서 완벽하게 알고 있는 것과 훌륭한 보고서를 작성하는 것은 다릅니다. 업무에 대한 지식과 노하우, 상사의 성향 등을 모르고 있다면 피벗 테이블의 기능을 완벽하게 알고 있다 해도 좋은 보고서를 작성할 수는 없습니다. 하지만 업무를 잘 아는 직원은 좋은 보고서를 작성하고 싶은 욕망이 있어 피벗 테이블 기능을 자신의 필요 부분에 맞춰 빨리 배우고 금방 익숙하게 사용합니다. 이처럼 우리는 자신의 업무 효율을 높이기 위한 도구로 엑셀을 사용해야 합니다. 엑셀을 배우는 것 자체가 목적이 아닌, 내가 하고 있는 일을 더 잘하도록 하기 위해 엑셀을 배우는 것을 목표로 삼아야 합니다.

(2) **엑셀 사용 전문가**는 문서나 보고서 중심이 아닌 일 중심으로 엑셀을 사용합니다

회사 일은 여러 업무가 복합적으로 연결되어 있습니다. 그래서 동일한 데이터베이스를 사용하는 경우에는 문서를 따로 작성하는 것이 아니라 관련된 업무 전체를 하나로 보고 문서를 작성해야 합니다. 즉 문서 중심으로 엑셀을 사용하는 것이 아니라 업무 중심으로 엑셀을 사용해야 합니다.

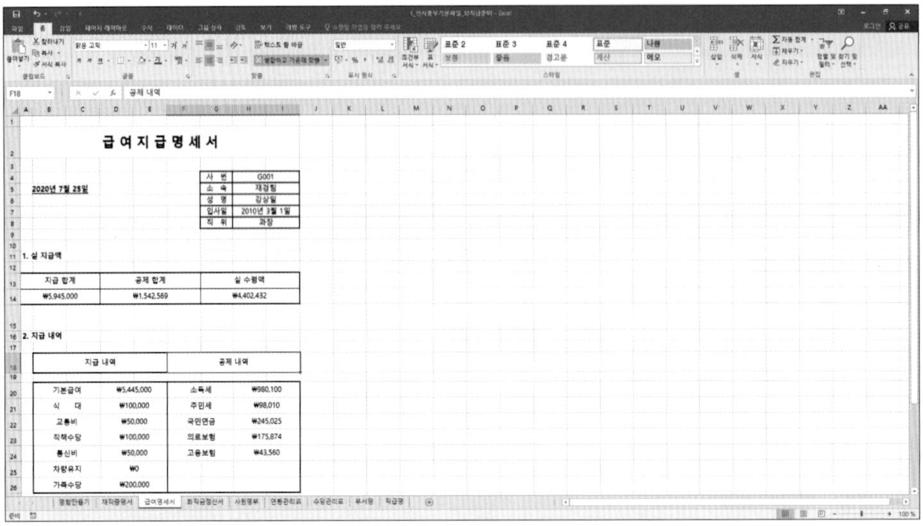

*Chapter 1 '급여명세서' 시트

명함만들기, 재직증명서, 급여명세서, 퇴직금정산서 등의 문서는 각각 다른 업무 같지만 실제로는 사원명부와 기타 인사 관련 데이터를 바탕으로 작성하는 문서입니다. 문서를 각각 따로 작성할 경우에는 하나의 문서를 만드는 데 별도의 시간과 노력이 소요되어 업무량이 많아집니다. 하지만 업무 중심으로 엑셀을 사용하면 기본 데이터가 동일하기 때문에 개별 문서 하나를 만드는 정도의 시간과 노력만으로도 쉽고 편리하게 업무를 진행할 수 있습니다.

특히 관리하는 문서가 많을 때 훨씬 효율적으로 업무를 할 수 있습니다. 같은 데이터를 바탕으로 하는 문서가 10개가 있을 경우 이를 각각의 문서 파일로 작성하는 것보다 하나로 통합하여 관리하는 것이 훨씬 편리하고 효율적입니다.

(3) **엑셀 사용 전문가**는 엑셀이 할 일은 엑셀이 하게 합니다

엑셀 사용 전문가는 빠르고 화려한 손놀림을 자랑하지 않습니다. 대신 클릭 몇 번으로 신속하고 정확하게 필요한 데이터를 불러옵니다. 웬만한 업무는 자동으로 진행할 수 있는 프로그램을 만들기 때문입니다. 엑셀이 해야 할 일이 있고 사람이 해야 할 일이 있습니다. 누군가에 의해 입력된 데이터를 불러오거나 처리하는 일은 엑셀이 해야 할 일입니다. 신규로 데이터를 입력하거나 데이터를 분석하는 일은 사람이 해야 할 일입니다. 만약 내가 이전에 입력된 데이터를 다시 입력하거나 처리하고 있다면 엑셀이 해야 할 일을 하고 있다고 생각하면 됩니다. 엑셀이 해야 할 일을 하게 하는 것이 자동화 프로그램을 만드는 것입니다.

성적통지표에서는 B6셀에 학번 목록을 작성하였습니다. 목록에서 학번을 선택하여 입력하면 특정 학생에 대한 성적통지표가 자동으로 나타납니다. 이는 엑셀이 일을 할 수 있도록 프로그램을 만든 것입니다.

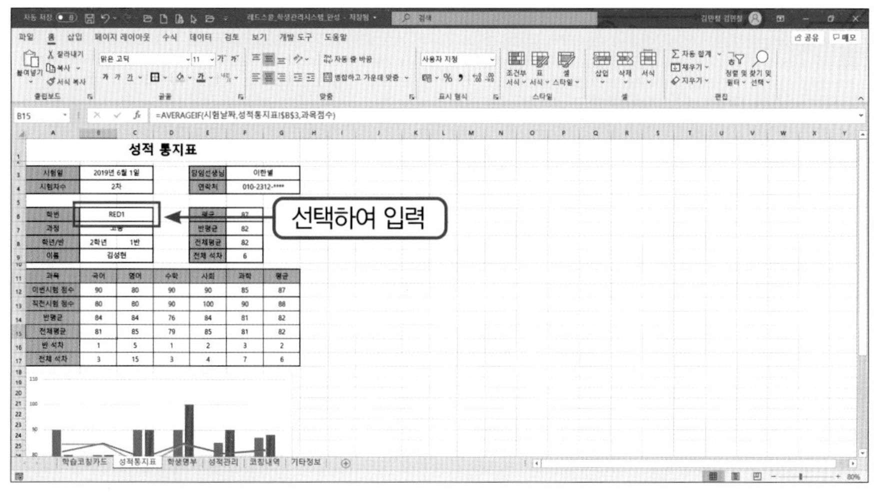

*Chapter 5 '성적통지표' 시트

(4) 엑셀 사용 전문가는 업무 설계도를 만들고 일을 합니다

엑셀 사용 전문가는 일을 하기 전에 먼저 이 일을 하는 목적이 무엇인지, 어떻게 그 목적을 달성할 수 있는지를 생각합니다. 업무를 하기 전에 업무 설계를 한다는 이야기입니다. 엑셀로 업무를 할 때는 엑셀로 어떤 결과물을 만들 것인지를 명확하게 정의하고 어떤 과정으로 진행할 것인지를 미리 설계해야 합니다. 그렇지 않으면 엑셀을 다루는 내내 일은 꼬이게 되고 함수는 쓸데없이 늘어나게 될 것입니다. 업무가 복잡하다면 순서도를 그려 보는 것도 좋은 방법입니다.

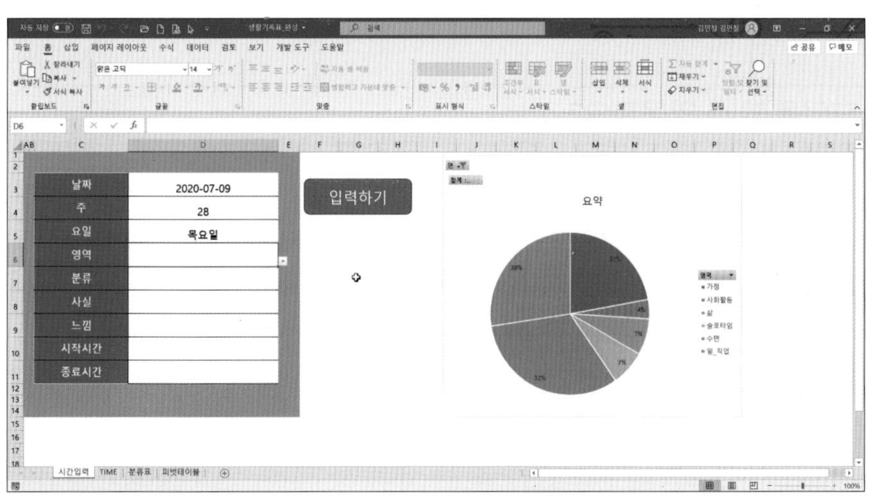

*Chapter 9 '시간입력' 시트

저는 시간을 기록하는 프로그램을 만들기 위해 다음과 같이 설계도를 작성하였습니다.

❶ 목적: 시간 관리

- 매일 시간을 어떻게 사용하는지 기록하고 시간 사용 내역을 분석함
- 일기와 비슷한 효과로 내 삶의 역사를 기록함

❷ 데이터 입력 방법

- 입력 오류를 방지하기 위해 입력 시트와 데이터 시트 분리
- 입력 시트에 데이터를 입력하고 명령 단추를 클릭하면 데이터 시트에 입력이 되게 함

❸ 화면 구성

- 날짜, 일어난 일 혹은 행위, 느낌, 시간 입력란 구성
- 편리하게 입력하기 위해 ENTER 키를 누르면 다음 입력란으로 이동하도록 행 방향으로 구성
- 데이터를 입력하면 시간 사용 내역에 대한 통계 차트가 입력 시트에 동시에 보이게 함

❹ 프로그램 작성 방법

- 날짜는 분석을 위해 주와 요일을 입력함. 주와 요일은 날짜에 따라 자동으로 나타나도록 수식 작성
- 일어난 일 혹은 행위 입력은 복잡하면 매일 기록하기 어려울 수 있어 최대한 단순화함. 분류표 시트를 만들어 내 삶의 영역을 대분류와 중분류로 나누고 유효성 검사를 통해 목록으로 입력하게 함
- 실제 일어난 사실과 그때 느낌을 입력
- 시작 시간과 종료 시간을 입력하고 데이터에서는 소요 시간이 계산되는 수식 작성
- 피벗 테이블로 시간 사용 내용 분석
- 매크로로 자동화

3 엑셀로 무엇을 할 수 있을까요?

바로 앞에서 엑셀을 통해 이루고자 하는 목적을 생각하자고 했습니다. 그럼 도구로 사용하는 엑셀을 통해서 우리는 무엇을 할 수 있을까요? 아주 다양한 일들이 가능하지만 그것들을 아주 포괄적으로 나누어서 보면 다음과 같습니다.

(1) 계산기를 없앨 수 있습니다

엑셀을 사용하면 계산기가 필요 없습니다. 왜냐하면 엑셀의 가장 기본적인 기능이 계산 기능이

기 때문입니다. 엑셀에서는 여러 가지 수식을 이용하여 기본적인 더하기, 빼기, 곱하기, 나누기 등의 계산을 할 수 있습니다. 아래는 SUM 함수를 이용하여 더하기를 한 경우입니다. 수백 개의 수식을 계산해야 할 때도 클릭 몇 번이면 결과를 불러올 수 있습니다.

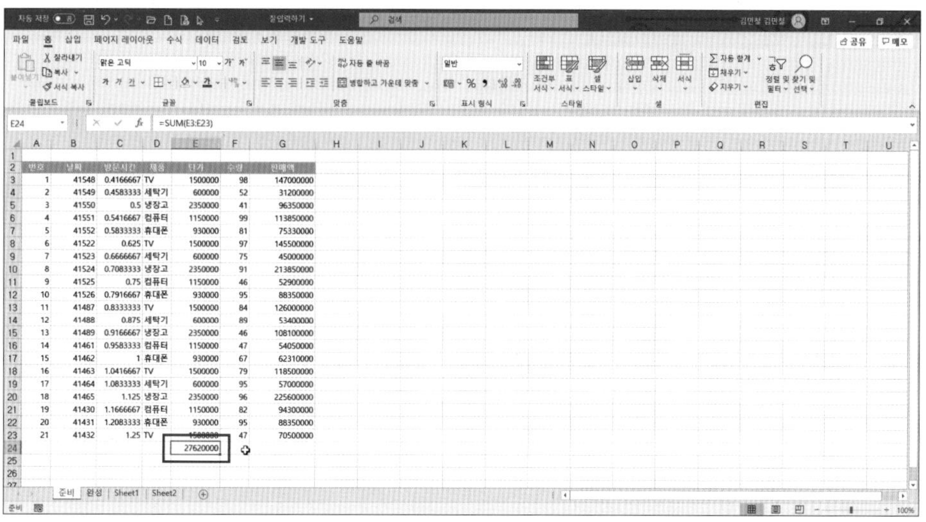

수식을 사용하지 않아도 데이터가 있는 영역을 선택하면 상태 표시줄에 합계, 평균, 개수 등의 기본적인 계산 기능을 제공하기 때문에 계산기가 필요 없게 됩니다. 만약 엑셀을 사용하면서 옆에 계산기를 놓고 같이 사용하고 있다면 지금 당장 계산기를 서랍에 넣어야 합니다.

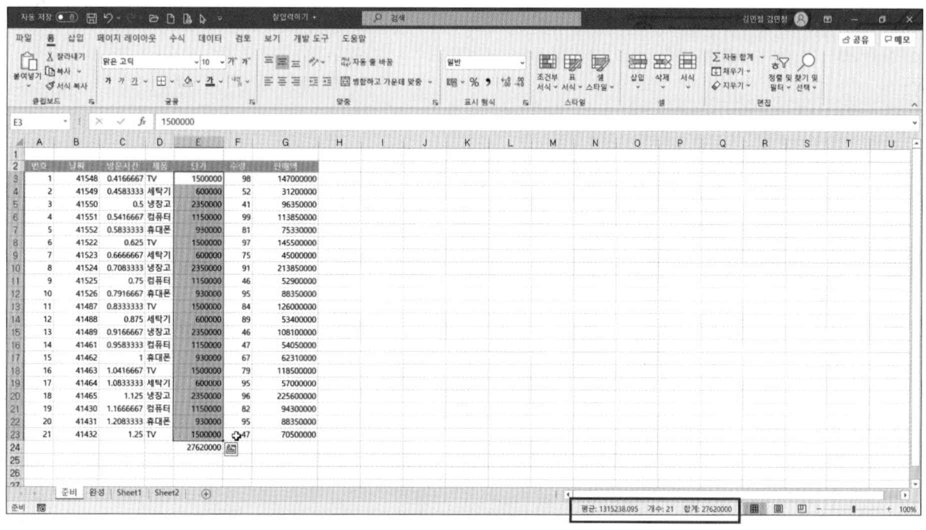

(2) 데이터 분석을 할 수 있습니다

엑셀에는 전문적인 통계 프로그램 못지 않은 데이터 분석 기능이 있습니다. 가장 대표적인 것이 피벗 테이블 기능입니다. 피벗 테이블 기능을 활용하면 기간별 실적뿐만 아니라 실적 추이까지 간단하게 구할 수 있습니다.

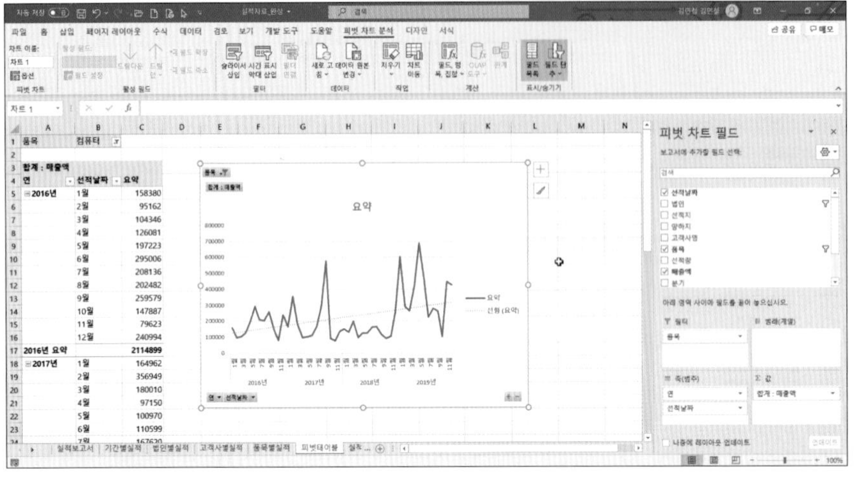

*Chapter 4 '피벗테이블' 시트

(3) 데이터베이스와 연결되어 있는 보고서나 문서를 만들 수 있습니다

기본적으로 엑셀은 문서 작성을 위한 프로그램이 아닙니다. 일반적인 문서 작성은 워드나 한글 같은 문서 작성 전용 프로그램을 사용하는 것이 더 편리합니다. 하지만 데이터베이스와 연결되어야 하는 문서나 보고서는 엑셀로 작성하여 자동화할 수 있습니다.

엑셀을 이용하면 고객명 클릭 한 번으로 관리하고 있는 고객에 대한 정보를 자동으로 불러오는 고객 관리카드 문서도 만들 수 있습니다.

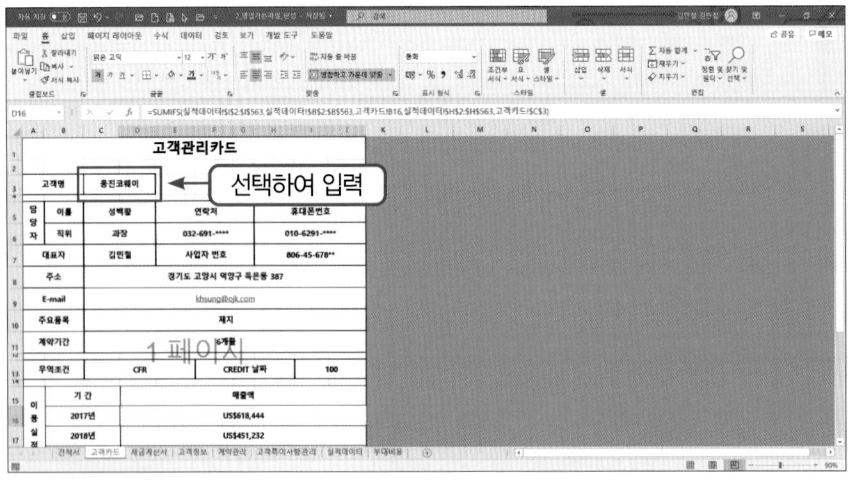

*Chapter 2 '고객카드' 시트

또한 몇 번의 간단한 조작으로 아래와 같은 실적 분석 보고서를 자동으로 완성할 수도 있습니다.

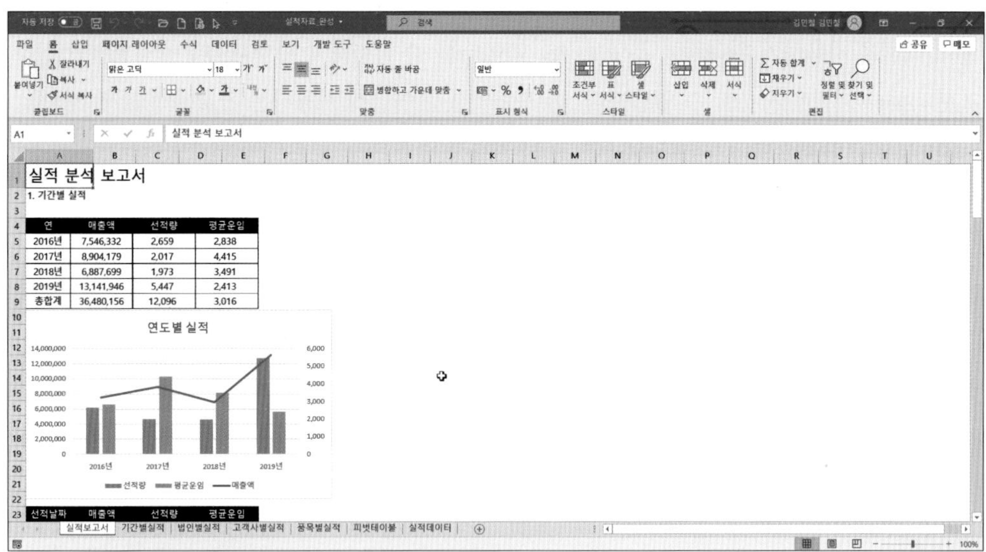

*Chapter 4 '실적보고서' 시트

4 엑셀을 사용하기 위해서는 무엇보다 잘 입력하는 것이 중요합니다

이렇게 엑셀을 사용하기 위해서는 무엇보다도 데이터를 잘 입력해야 합니다. 데이터 입력만 잘해도 쉽고 편리하게 엑셀을 사용할 수 있습니다. 반대로 엑셀을 어렵게 사용하는 가장 큰 이유는 데이터 입력이 잘못되었기 때문입니다. 그렇다면 데이터는 어떻게 입력해야 잘 입력하는 것일까요?

(1) 엑셀이 정한 규칙대로 입력해야 합니다

❶ 날짜/시간

엑셀에 날짜를 입력할 때는 **2011-11-06** 혹은 **2011/11/06**으로 입력해야 엑셀이 날짜로 인식합니다. 2020.11.06 혹은 20201106으로 입력하면 날짜로 인식하지 못합니다. 날짜로 인식하지 못하면 경과 일수를 구하거나 피벗 테이블 등과 같이 날짜로 통계를 구하는 엑셀 기능을 사용할 수 없습니다. 아래를 보면 A4셀과 C4셀에 경과 일수를 구하는 수식을 입력하였는데 A4셀은 오류가 발생합니다.

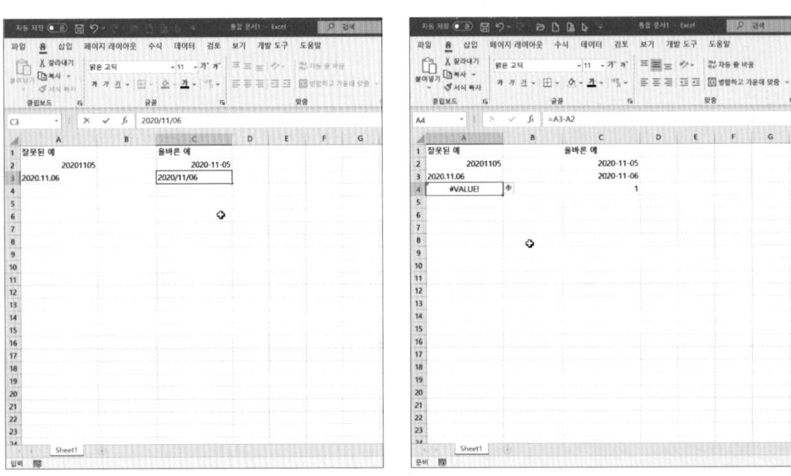

시간을 입력할 때는 :으로 입력해야 합니다. 즉, 11시 30분 30초를 입력하려면 **11:30:30**으로 입력해야 합니다. 단축키 CTRL + ; 키를 누르면 오늘 날짜가 입력됩니다.

❷ 연산 규칙

참고 파일 **연산 기호.xlsx**

계산을 하거나 비교를 할 때는 적절한 연산 기호를 사용해야 합니다. 산술 연산 기호에는 **더하기(+), 빼기(–), 곱하기(*), 나누기(/)**가 있습니다. 비교 연산 기호에는 **같다(=), 크다(>), 작다(<), 크거나 같다(>=), 작거나 같다(<=), 같지 않다(<>)**가 있습니다. 이 외에도 백분율로 입력하는 **%**, 지수로 입력하는 **^**, 문자나 수식을 결합하는 **&**도 알아 두어야 합니다. 수식 및 함수를 입력할 때 연산 기호를 잘 활용해서 입력해야 정확히 원하는 결과값을 얻을 수 있습니다.

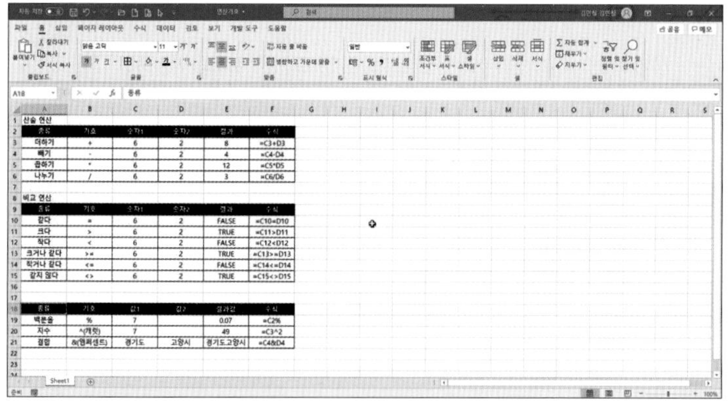

(2) 숫자와 문자를 구분하여 입력합니다

엑셀에 입력할 수 있는 데이터는 크게 숫자와 문자(텍스트) 2가지로 구분됩니다. 셀 서식을 지정하지 않은 상태에서 데이터를 입력하면 숫자는 자동으로 오른쪽 정렬이 되고 문자는 왼쪽 정렬이 됩니다. 숫자처럼 보이지만 셀 서식을 지정하지 않았는데 왼쪽 정렬이 되어 있다면 숫자가 아니라 문자입니다.

아래 사진의 E열과 F열에 각각 단가와 수량 데이터가 입력되었습니다. 숫자로 입력되어 있는 것처럼 보이지만 왼쪽 정렬이 되어 있어서 엑셀이 문자로 인식하고 있음을 알 수 있습니다. 단가와 수량을 곱해서 G열에 판매액을 구하면 보시는 것과 같이 오류 메시지가 나타납니다. 이는 입력한 데이터가 숫자가 아니어서 계산을 할 수 없다는 의미입니다.

I열과 J열에는 보기에 동일한 데이터가 입력되어 있습니다. 하지만 오른쪽 정렬이 되어 있어서 엑셀이 숫자로 인식하고 있음을 알 수 있습니다. 표시 형식 기능을 활용했기 때문에 화면에는 E열과 F열과 동일하게 나타나지만 숫자만 입력하였습니다. K열에 판매액이 잘 나타나고 있음을 확인할 수 있습니다. 이와 같이 셀에 데이터를 입력할 때는 숫자와 문자를 확실하게 구분하여 입력해야 엑셀 기능을 쉽게 활용할 수 있습니다.

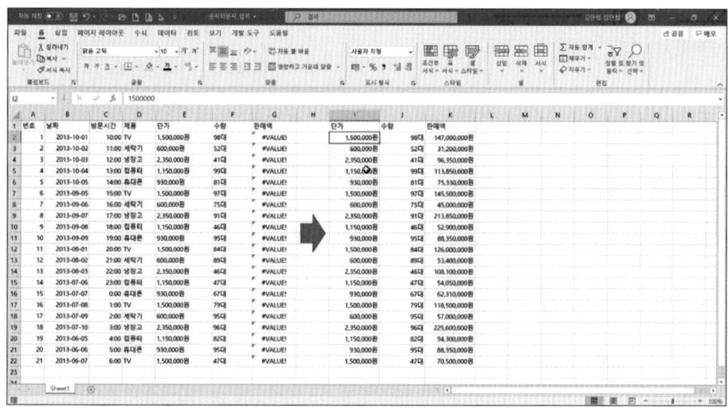

(3) 표시 형식 기능을 잘 활용합니다

엑셀에는 입력하는 값과 화면에 나타나는 값(인쇄되는 값)을 다르게 하는 기능이 있습니다. 바로 '셀 서식'의 '표시 형식' 기능입니다. 날짜와 시간은 숫자 데이터입니다. 표시 형식 기능이 적용되어 날짜와 시간 형식으로 나타나는 것이지 입력된 값이 날짜와 시간인 것은 아닙니다.

❶ 임의의 셀(아래에서는 A1셀)에 **2020-11-06**을 입력한 후 CTRL + 1 키를 눌러 '셀 서식' 대화 상자가 나타나면 ❷ '표시 형식'을 **일반**으로 선택하고 ❸ [확인] 단추를 클릭해 봅니다. A1셀에 **44141**이라는 값이 나타납니다. 엑셀에서 날짜는 하루(DAY)가 **1**의 값을 가집니다. 그리고 기준이 되는 날짜는 **1900년 1월 1일**입니다. 즉, 1900년 1월 1일의 값이 1이 되면 **44141**은 1900년 1월 1일부터 **44141**일이 경과된 날짜라는 의미입니다.

데이터를 입력할 때는 화면에 어떻게 출력될지를 생각하고 입력하지 말고 그냥 데이터 그 자체로 입력합니다. 앞에서 봤던 화면도 단가 뒤에 **원**, 수량 뒤에 **대**를 입력한 것이 아니라 그냥 숫자 데이터 자체만 입력한 것입니다. 데이터를 다 입력한 다음에 마지막으로 표시 형식 기능을 활용하여 화면에 나타나는 형식을 결정하면 마치 원과 대를 일일이 입력한 것처럼 보입니다.

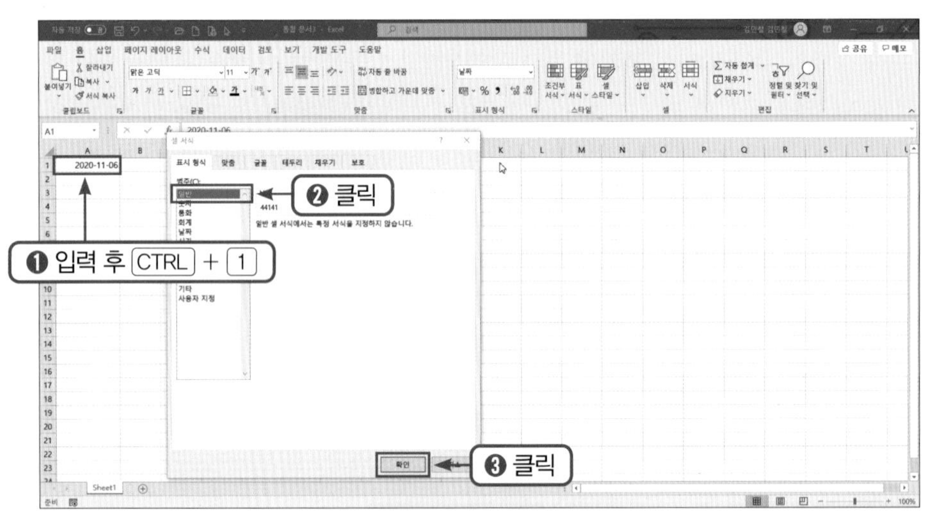

(표시 형식 기능에 대해서는 491P에서 자세하게 설명하였습니다)

(4) 데이터를 잘 입력합니다

프로그램이 잘 되어 있고 잘 활용할 수 있다고 해도 데이터를 잘못 입력하면 의미가 없습니다. 저는 사람의 의지나 실력보다는 환경을 더 신뢰합니다. 운동해야겠다고 결심했다면 1년치 헬스 회원권을 구매합니다. 데이터를 입력할 때도 오류 데이터를 입력하는 경우가 절대로 없다고는 생각하지 않습니다. 저는 데이터를 입력할 때 실수를 할 가능성이 크다고 가정을 하고 입력합니다. 그러므로 중요한 것은 오류 데이터를 입력했을 때 데이터가 입력이 되지 않도록 환경을 만들어 주는 것입니다.

데이터를 잘 입력하는 환경을 만들 때 제가 가장 많이 사용하는 방법은 입력 시트와 데이터 시트를 분리하고 입력 시트에는 '데이터 유효성 검사' 기능을 활용하여 입력하는 데이터를 제한하는 것입니다. 시간을 입력하는 프로그램에서 **입력 시트(시간입력 시트)**와 **데이터 시트(TIME 시트)**를 분리하여 데이터 입력은 입력 시트에서만 하도록 하였습니다. 아울러 D3셀을 클릭하면 날짜 입력 방법에 대한 설명이 나타나고 날짜가 아닌 다른 데이터를 입력하면 입력이 되지 않도록 하였습니다. 이때 사용한 것이 '데이터 유효성 검사' 기능입니다.

'데이터 유효성 검사' 기능은 거의 모든 업무를 위한 프로그램 작성에 반드시 활용이 된다고 생각하시면 됩니다. 이 책에서도 '데이터 유효성 검사' 기능은 모든 Chapter에 다 있습니다.

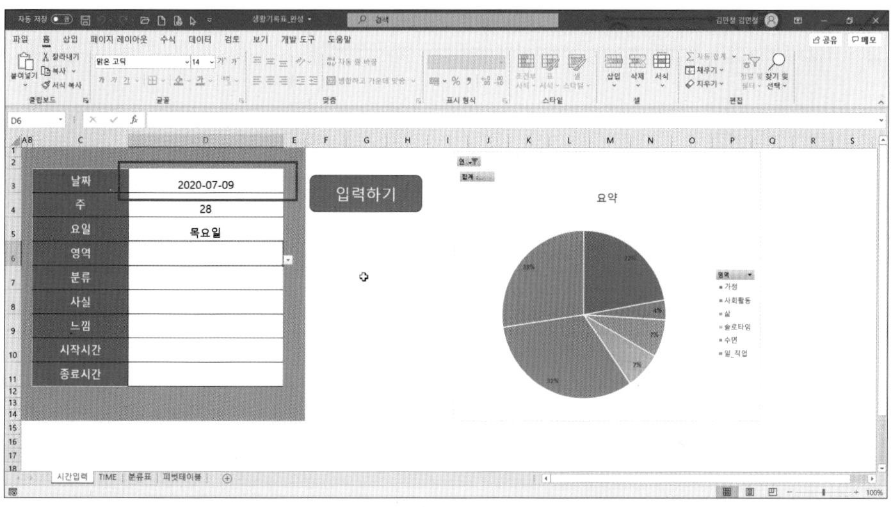

*Chapter 9 '시간입력' 시트(데이터 유효성 검사' 기능에 대해서는 514P에 설명되어 있습니다)

(5) 엑셀에 입력된 데이터는 다시 입력하지 않습니다

준비 파일 **데이터가져오기.xlsx**

누군가에 의해 입력된 데이터가 있다면 다시 입력해서는 안 됩니다. 많은 엑셀 사용자들이 엑셀에 이미 입력된 데이터를 출력하거나 모니터 2대를 사용하여 다시 입력하고 있습니다. 만약 지금 그렇게 작업을 하고 있다면 문제가 있는 것입니다. 데이터를 입력하는 데 시간과 노력이 많이 든다는 문제뿐만 아니라(이는 부차적인 문제에 해당합니다) 다량의 데이터를 다시 입력하는 과정에서 실수로 틀린 데이터를 입력하면 치명적인 결과를 가져올 수 있습니다.

그러므로 누군가가 입력한 데이터는 입력 오류가 발견되어 수정이 필요한 경우를 제외하고는 엑셀 기능과 함수를 활용하여 그대로 가져오도록 해야 합니다(그러니 기존에 입력된 데이터를 적절하게 수정하기만 하여 이용합시다). 입력된 데이터를 활용하는 방법에는 크게 3가지가 있습니다.

❶ CTRL + C 와 CTRL + V

가장 일반적으로 사용하는 기능입니다. 필요한 데이터를 복사하여 필요한 곳에 붙여넣기하는 기능입니다. '데이터가져오기' 시트에 있는 단가, 수량, 판매액 데이터를 'Sheet1'에 나타나게 해 보겠습니다. E3:G23 영역을 선택한 다음 CTRL + C 키를 누릅니다.

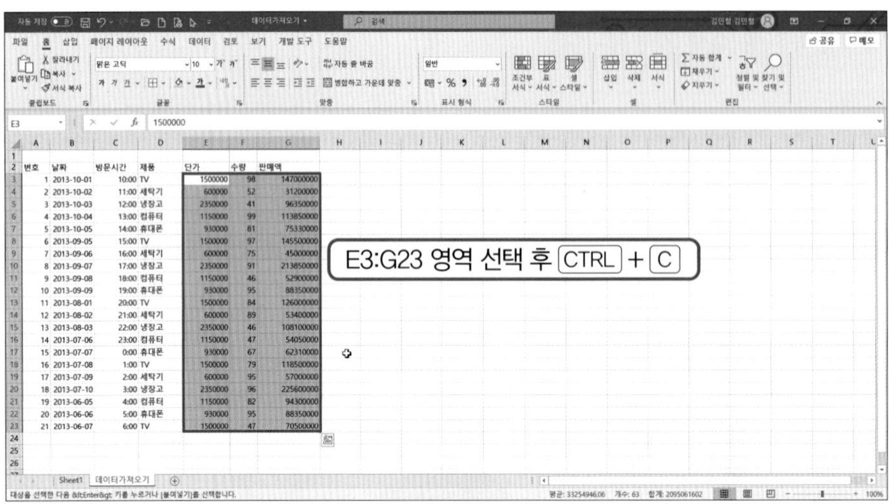

'Sheet1'을 선택한 다음 E3셀을 선택하고 CTRL + V 키를 누릅니다. 데이터가 그대로 나타나는 것을 확인할 수 있습니다.

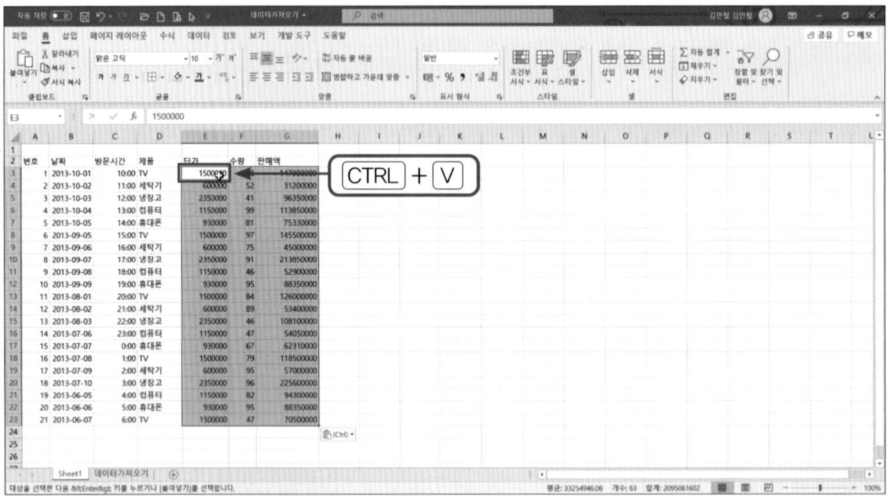

❷ 시트 이동/복사

시트에 입력된 전체 데이터를 그대로 가져올 때는 '시트 이동/복사' 기능을 사용합니다. '데이터 가져오기' 시트를 마우스 오른쪽 버튼으로 클릭한 후 '이동/복사'를 선택합니다.

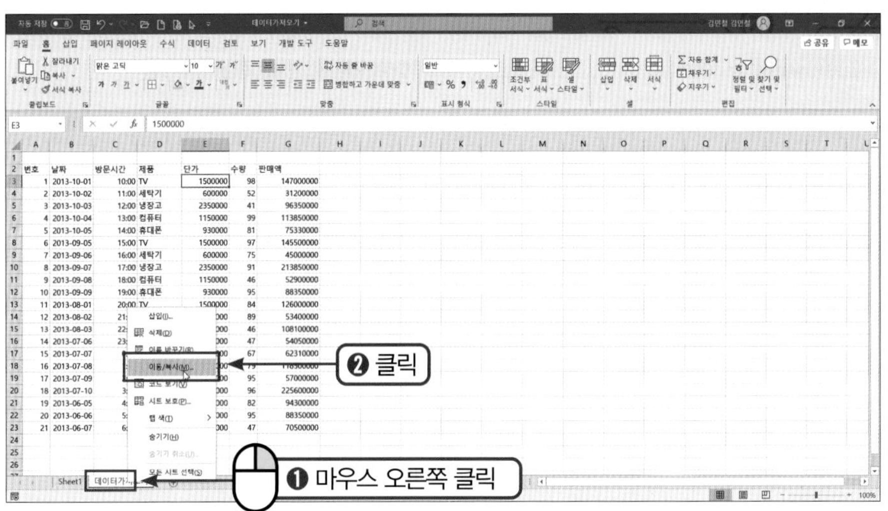

'이동/복사' 대화 상자가 나타나면 '대상 통합 문서'에서 데이터가 나타나야 할 문서를 선택합니다. 여기서는 **(새 통합 문서)**를 선택합니다. '복사본 만들기'에 체크 표시한 후 [확인] 단추를 클릭하면 시트 전체가 그대로 이동/복사됩니다.

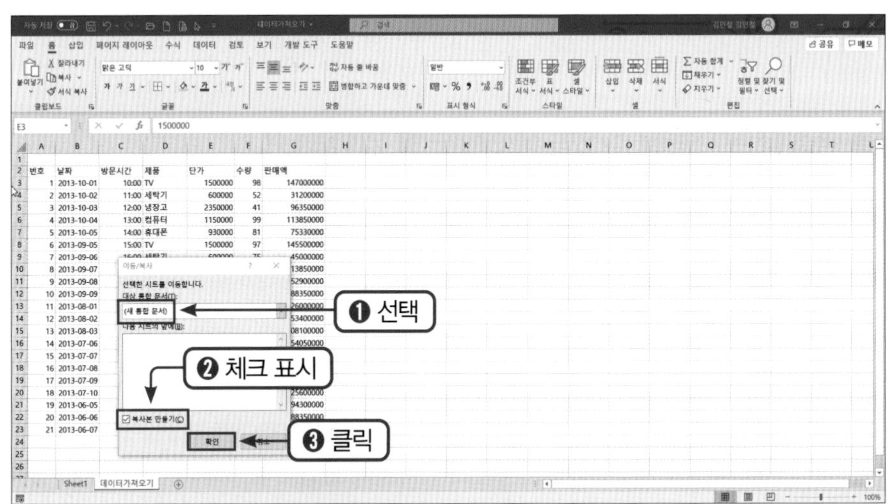

❸ 함수 사용

함수를 사용하여 필요한 데이터를 가져올 수도 있습니다. SUMIF 함수를 활용하여 'Sheet3'에 제품별 수량을 '데이터가져오기' 시트에서 가져왔습니다. D3셀 수식 입력줄에 함수가 입력되어 있음을 확인할 수 있습니다.

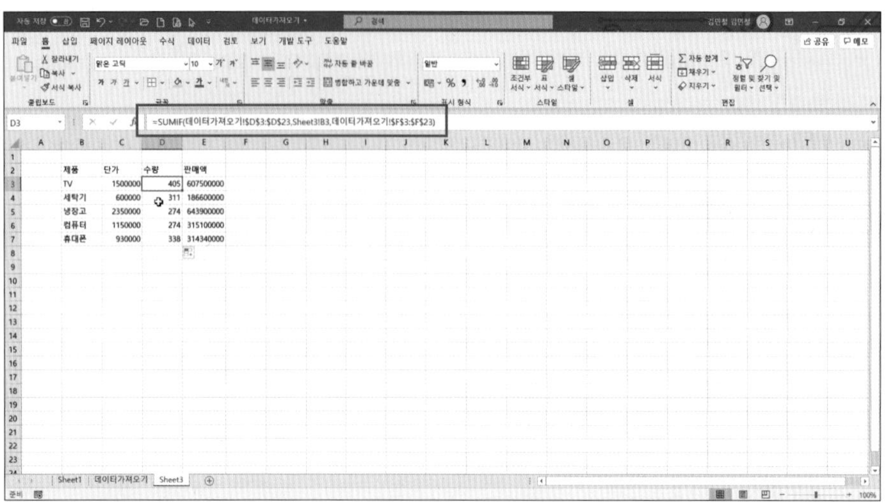

이와 관련된 내용은 실무 문서를 만들어 볼 때 계속 다룰 것이라 지금 여기에서는 한번 입력된 데이터는 다시 입력하면 안 된다는 것만 알고 실천하면 되겠습니다.

5 엑셀을 엑셀답게 사용할 수 있도록 데이터를 입력합니다

엑셀은 데이터베이스를 바탕으로 생긴 스프레드 시트 프로그램입니다. 엑셀로 모든 것이 가능하다고 해도 엑셀을 가장 엑셀답게 사용하는 것은 데이터를 분석하는 것과 데이터베이스와 연결된 문서나 보고서를 자동으로 작성하는 것입니다.

다음은 많은 엑셀 사용자들이 범하는 틀린 데이터 입력 예시입니다. 처음부터 보고서 형식으로 데이터를 입력한다는 것입니다. 맨 위의 행에는 제목이 입력되어 있습니다. 제목 아래는 선사명을 대분류로 하고 항로명에 대한 소계를 구한 후 총 합계가 나오는 형식으로 입력되어 있습니다. 여기에는 몇 가지 문제가 있습니다.

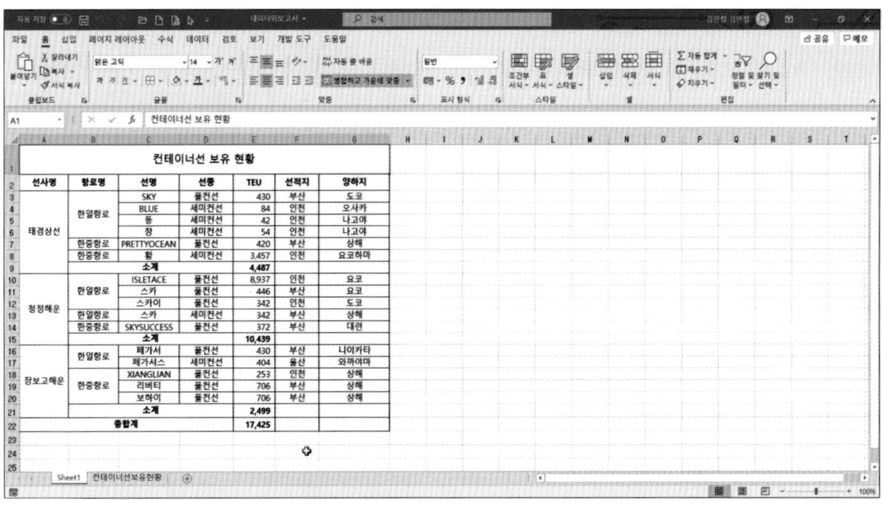

1번째, 이 문서를 바탕으로 데이터를 추가하거나 변경하려면 시간이 걸리고 업무량이 많아집니다. 신규 선사나 신규 항로, 새로운 배가 추가되면 데이터 구조 변경이 필요하고 그만큼 시간과 노력이 들어가게 됩니다.

2번째, 데이터 구조 변경이 어렵습니다. 현재 선사명을 대분류로 소계가 되어 있는데 이것을 항로명, 선명, 선종 등으로 변경하려면 데이터를 처음부터 다시 입력하는 것과 동일한 수준의 시간과 노력이 소요됩니다.

3번째, 정렬과 필터 같은 엑셀의 기본 기능을 사용할 수 없습니다. 데이터를 선택하고 [홈] 탭 → '편집' 그룹 → '정렬 및 필터' 명령 단추를 클릭하고 '텍스트 오름차순 정렬'을 클릭하면 다음과 같은 메시지가 나타나면서 실행이 되지 않습니다.

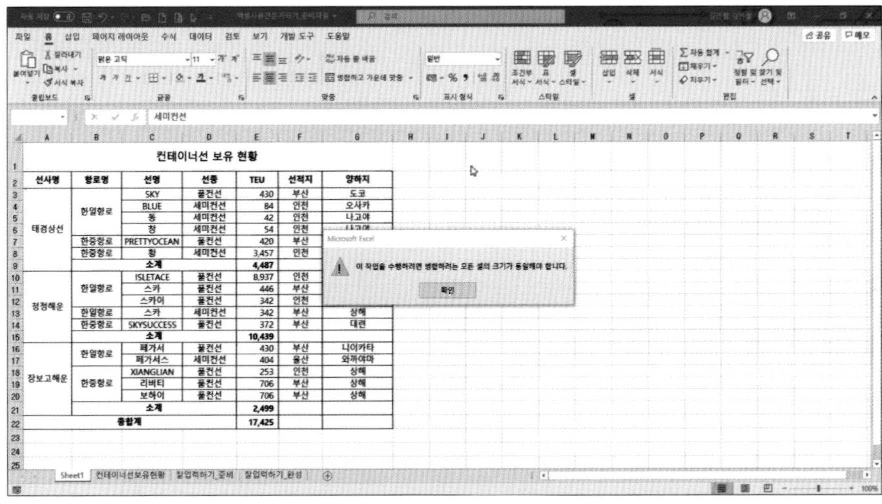

4번째, 피벗 테이블 같은 강력한 데이터 분석 기능도 제대로 활용할 수 없습니다. 데이터 영역을 선택하고 [삽입] 탭 → '표' 그룹 → '피벗 테이블' 기능을 실행한 후 데이터를 나타내 보면 총합계도 데이터로 인식하여 실제 데이터와 다른 값이 나타남을 알 수 있습니다.

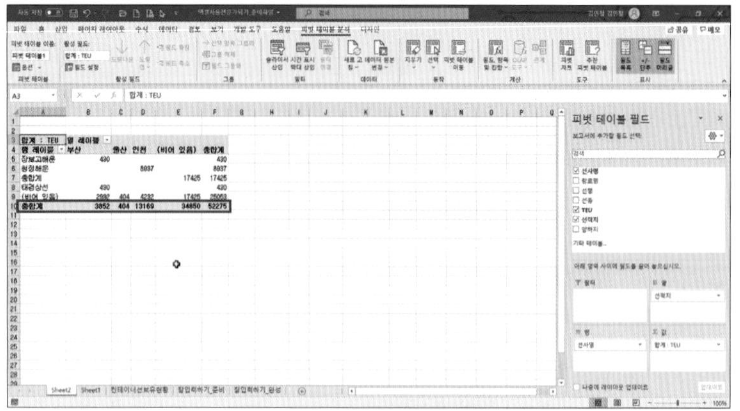

데이터는 보고서나 문서 양식이 아닌 데이터 양식으로 입력해야 합니다. 데이터 양식과 문서나 보고서 양식을 구분하는 기준은 입력하는 내용이 최종 목적물로 더 이상 추가 입력이나 변경이 필요 없는지 여부입니다. 엑셀로 작업을 할 때는 데이터 양식이 입력된 시트를 기본으로 하고 데이터 시트를 통해 보고서나 문서가 자동으로 작성되도록 하는 것이 좋습니다. 그러므로 어떤 경우라도 우선 데이터 양식으로 입력하는 것이 좋습니다. 데이터 양식으로 입력한다는 것은 다음과 같이 입력하는 것입니다. 이 중 (1) ~ (3)까지는 필수 조건이며 나머지는 권장 조건입니다.

(1) 동일한 필드에는 동일한 데이터를 입력합니다

각 열의 1번째 행에는 그 열에 어떤 데이터가 입력되는지를 정의하는 내용을 입력합니다. 데이터베이스에서는 데이터가 입력되어 있는 열을 필드라고 하고 1번째 행에 입력된 내용을 필드명이라고 합니다. B열 필드명을 '선사명'으로 입력했다면 이하 B열에는 '선사명'에 해당하는 데이터만 입력해야 합니다.

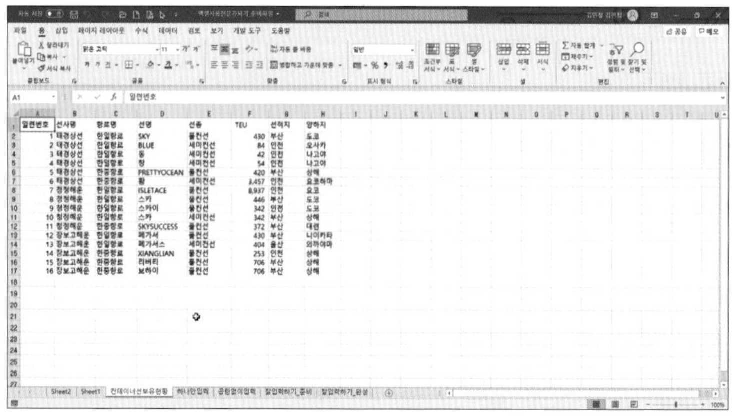

(2) 셀 병합을 절대로 하면 안 됩니다

데이터가 추가되거나 계속 변경되어야 할 경우에는 셀 병합을 절대로 하면 안 됩니다. 셀 병합을 하면 필드명에 적합한 데이터가 입력되지 않을 뿐만 아니라 데이터 구조에도 영향을 주어 엑셀 기능을 제대로 활용할 수 없게 됩니다. B2셀에 필드명이 입력되어 있고 그 아래에 항로명에 대한 데이터가 입력되어 있습니다. 그런데 B9:D9 영역이 병합되어 있고 항로명이 아닌 소계로 입력되어 있어 데이터를 원활하게 처리할 수 없게 됩니다. 단 최종 보고서이거나 데이터 구조 변경이 될 가능성이 없는 최종 문서일 경우에는 셀 병합을 해도 무방합니다.

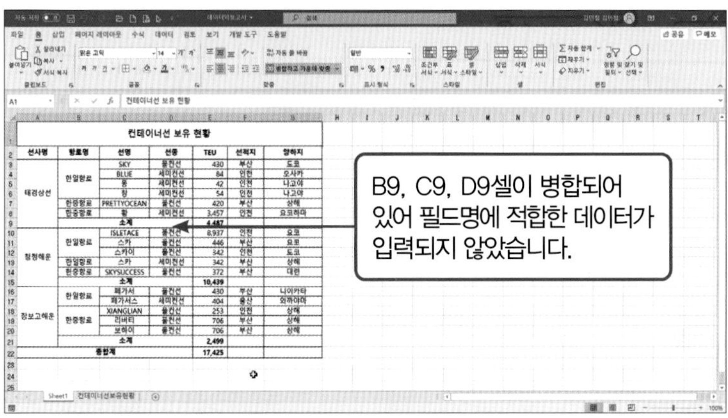

B9, C9, D9셀이 병합되어
있어 필드명에 적합한 데이터가
입력되지 않았습니다.

(3) 한 셀에는 하나의 데이터만 입력해야 합니다

당연한 이야기 같지만 생각보다 한 셀에 여러 데이터를 입력하는 경우가 많습니다. 강의나 회사 컨설팅을 가서 보면 이런 경우가 꼭 있었습니다. C열의 필드명이 담당자인데 입력된 데이터는 담당자와 직급이 함께 입력되어 있습니다. 이렇게 입력되어 있을 경우 직급별로 필터링을 한다거나 통계를 내야 하는 상황이 발생하면 복잡한 수식을 사용해야 해서 작업이 어렵게 됩니다. 이름과 직급은 다른 데이터이므로 필드를 분리해서 다른 셀에 입력을 해야 합니다. 담당자와 직급을 분리해서 입력할 경우에는 간단한 엑셀 기능으로도 직급별로 분석하거나 데이터 추출을 쉽게 할 수 있습니다.

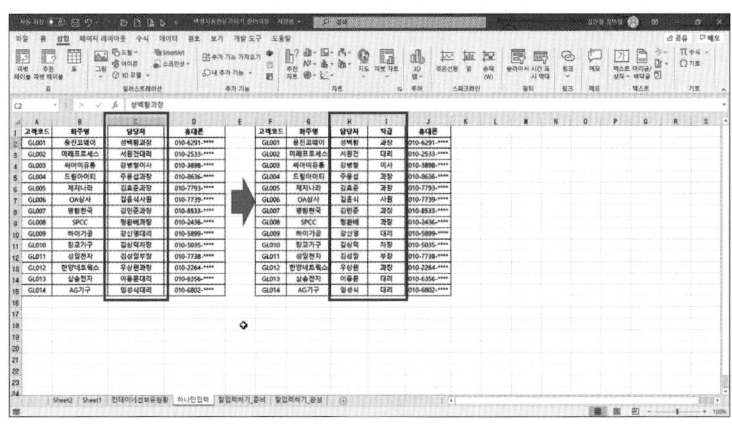

(4) 제목은 가급적 입력하지 않습니다

데이터 양식으로 입력하기 위한 필수 요소는 아니지만 제목은 가급적 입력하지 않는 것이 좋습니다. 대부분 파일명으로 어떤 데이터가 있는지 알 수 있기 때문에 굳이 시트에 데이터와 상관없는 제목을 입력할 필요는 없습니다. 꼭 필요하다면 시트명으로 입력하면 됩니다.

(5) 고유 코드를 만들어 주면 편리합니다

고유한 레코드(record)임을 알 수 있도록 각 레코드의 고유 코드를 만들어 주면 편리합니다. 여기서의 레코드는 행 방향으로 입력되어 있는 데이터를 말합니다. 여기서는 일련번호 필드가 고유 코드가 됩니다.

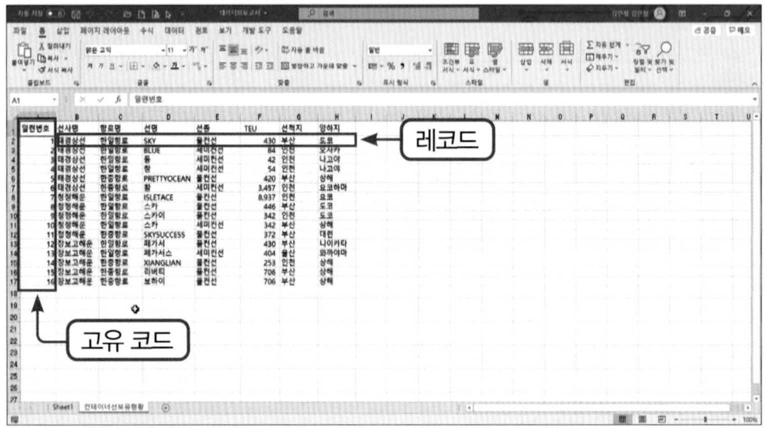

(6) 공란을 두지 않고 입력하는 것이 좋습니다

데이터를 입력할 때는 공란을 두지 않고 입력하는 것이 편리합니다. 특히 중간에 행 전체가 공란으로 되어 있으면 데이터 영역을 인식하는 데 어려움이 있어 이름정의를 통한 동적 영역 지정이나 셀 이동 단축키 등 엑셀의 유용한 기능을 사용할 수 없습니다(동적 영역이나 셀 이동 단축키는 실무 문서를 만들어 볼 때 자세하게 다룹니다).

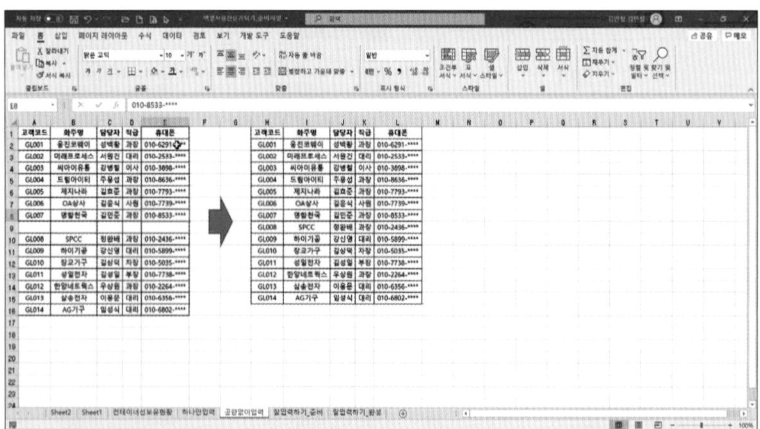

(7) 데이터 설계를 잘해야 합니다

데이터를 입력할 때 제가 가장 많이 신경을 쓰고 시간을 소요하는 작업이 바로 데이터 설계입니다. 데이터 설계를 한다는 것은 어떤 항목을 입력하고 관리할 것인지를 정하는 것입니다. 쉽게 말하면 데이터에서 필드명을 정하는 것이지만, 이것을 어떻게 하는가에 따라 분석 작업을 하거나 데이터를 추출할 때 업무량이 달라지게 됩니다.

일 잘하는 사람이 엑셀도 잘한다고 했는데 데이터 설계는 본인이 하고 있는 일을 완벽하게 숙지하고 있어야만 잘할 수 있습니다.

아래 컨테이너 재고 관리 프로그램을 만들 때는 컨테이너 번호, 컨테이너 모양, 날짜, 국가, 포트, 터미널, 이동 현황, 화물 적입 여부, 선명항차, 수화주 이름, 운송사 이름, 증권번호를 입력하고 관리하는 것으로 설계를 하였습니다. 이런 요소들이 입력되어야 재고관리를 원활하게 할 수 있다고 생각했기 때문입니다. 데이터를 입력하기 전에 먼저 빈 종이나 빈 셀에 데이터 설계부터 하는 습관을 가지면 엑셀을 쉽게 사용할 수 있게 됩니다.

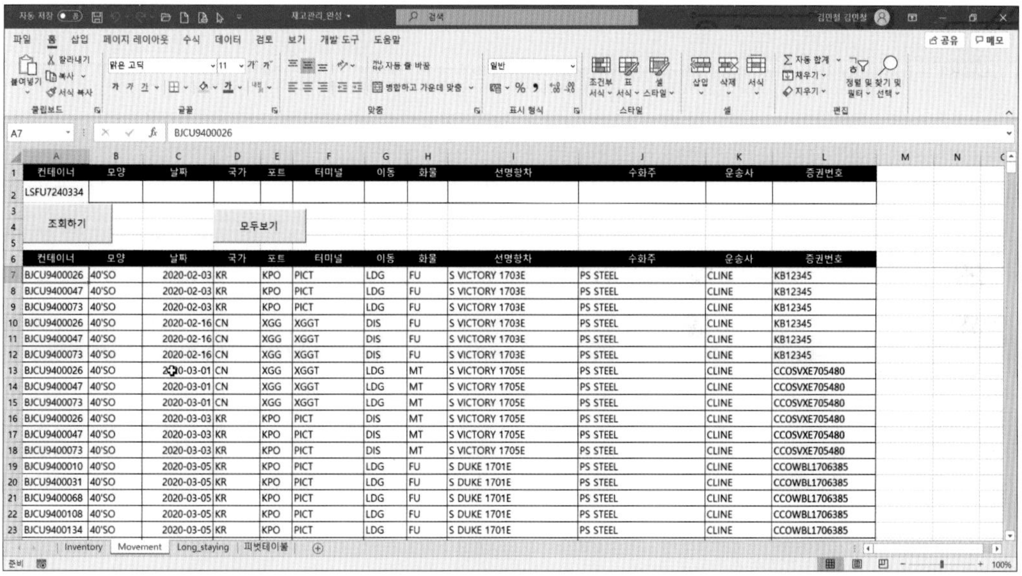

컨테이너	모양	날짜	국가	포트	터미널	이동	화물	선명항차	수화주	운송사	증권번호
LSFU7240334											

조회하기 모두보기

컨테이너	모양	날짜	국가	포트	터미널	이동	화물	선명항차	수화주	운송사	증권번호
BJCU9400026	40'SO	2020-02-03	KR	KPO	PICT	LDG	FU	S VICTORY 1703E	PS STEEL	CLINE	KB12345
BJCU9400047	40'SO	2020-02-03	KR	KPO	PICT	LDG	FU	S VICTORY 1703E	PS STEEL	CLINE	KB12345
BJCU9400073	40'SO	2020-02-03	KR	KPO	PICT	LDG	FU	S VICTORY 1703E	PS STEEL	CLINE	KB12345
BJCU9400026	40'SO	2020-02-16	CN	XGG	XGGT	DIS	FU	S VICTORY 1703E	PS STEEL	CLINE	KB12345
BJCU9400047	40'SO	2020-02-16	CN	XGG	XGGT	DIS	FU	S VICTORY 1703E	PS STEEL	CLINE	KB12345
BJCU9400073	40'SO	2020-02-16	CN	XGG	XGGT	DIS	FU	S VICTORY 1703E	PS STEEL	CLINE	KB12345
BJCU9400026	40'SO	2[illegible]0-03-01	CN	XGG	XGGT	LDG	MT	S VICTORY 1705E	PS STEEL	CLINE	CCOSVXE705480
BJCU9400047	40'SO	2020-03-01	CN	XGG	XGGT	LDG	MT	S VICTORY 1705E	PS STEEL	CLINE	CCOSVXE705480
BJCU9400073	40'SO	2020-03-01	CN	XGG	XGGT	LDG	MT	S VICTORY 1705E	PS STEEL	CLINE	CCOSVXE705480
BJCU9400026	40'SO	2020-03-03	KR	KPO	PICT	DIS	MT	S VICTORY 1705E	PS STEEL	CLINE	CCOSVXE705480
BJCU9400047	40'SO	2020-03-03	KR	KPO	PICT	DIS	MT	S VICTORY 1705E	PS STEEL	CLINE	CCOSVXE705480
BJCU9400073	40'SO	2020-03-03	KR	KPO	PICT	DIS	MT	S VICTORY 1705E	PS STEEL	CLINE	CCOSVXE705480
BJCU9400010	40'SO	2020-03-05	KR	KPO	PICT	LDG	FU	S DUKE 1701E	PS STEEL	CLINE	CCOWBL1706385
BJCU9400031	40'SO	2020-03-05	KR	KPO	PICT	LDG	FU	S DUKE 1701E	PS STEEL	CLINE	CCOWBL1706385
BJCU9400068	40'SO	2020-03-05	KR	KPO	PICT	LDG	FU	S DUKE 1701E	PS STEEL	CLINE	CCOWBL1706385
BJCU9400108	40'SO	2020-03-05	KR	KPO	PICT	LDG	FU	S DUKE 1701E	PS STEEL	CLINE	CCOWBL1706385
BJCU9400134	40'SO	2020-03-05	KR	KPO	PICT	LDG	FU	S DUKE 1701E	PS STEEL	CLINE	CCOWBL1706385

Inventory Movement Long_staying 피벗테이블

*Chapter 7 'Movements' 시트

6 필요한 기능을 익숙하게 활용하도록 합니다

엑셀 기능을 많이 알고 있다고 해서 엑셀을 잘 사용하는 것은 아닙니다. 실제로 업무를 할 때 사용하는 엑셀 기능은 약 30여 개에 불과하며 사용하는 함수도 30개가 되지 않습니다. 이 중에서도 특히 중요하고 많이 사용하는 기능은 10개 정도에 불과합니다. 그럼에도 많은 엑셀 사용자들이 엑셀을 어려워하는 이유는 데이터 입력이 잘못되어 있거나 엑셀을 엑셀답게 활용하고 있지 못하기 때문입니다. 데이터가 잘 입력되어 있고 데이터 구성만 잘 되어 있다면 웬만한 업무는 엑셀 '리본 메뉴'에서 제공하는 기본 기능과 몇 가지 함수만으로도 할 수 있습니다. 특히 [홈] 탭에 필요한 기능이 거의 다 있다고 해도 과언이 아닙니다.

(1) [홈] 탭만 잘 사용해도 업무 시간이 반으로 줄어듭니다

[홈] 탭은 엑셀 기능 중에 특히 많이 사용하는 기능만 따로 모아 놓은 탭입니다. [홈] 탭에서 많이 사용하는 기능으로는 '클립 보드' 그룹의 '선택하여 붙여넣기', 글자의 모양, 크기, 셀 채우기, 셀 테두리 등의 기능이 있는 '글꼴' 그룹, 조건에 따라 셀 서식을 지정할 수 있는 '스타일' 그룹의 '조건부 서식', '편집' 그룹에 있으며 데이터 합계, 평균, 최대값, 최소값 등을 구하는 '자동 합계', 데이터 정렬과 필터를 하는 '정렬과 필터', 필요한 데이터를 찾고 데이터를 변경할 수 있는 '찾기 및 선택' 기능입니다. 다른 기능은 많이 사용하지 않거나 단축키를 사용하는 것이 더 편리합니다.

각 기능에 대한 사용법은 앞으로 업무 프로그램을 작성하면서 하나씩 배워 봅니다. '리본 메뉴'에 있는 명령 단추의 기능이 궁금하다면 기능을 알고 싶은 명령 단추 위로 마우스를 이동시켜 봅니다. 조금만 기다리면 명령 단추에 대한 설명이 나타납니다.

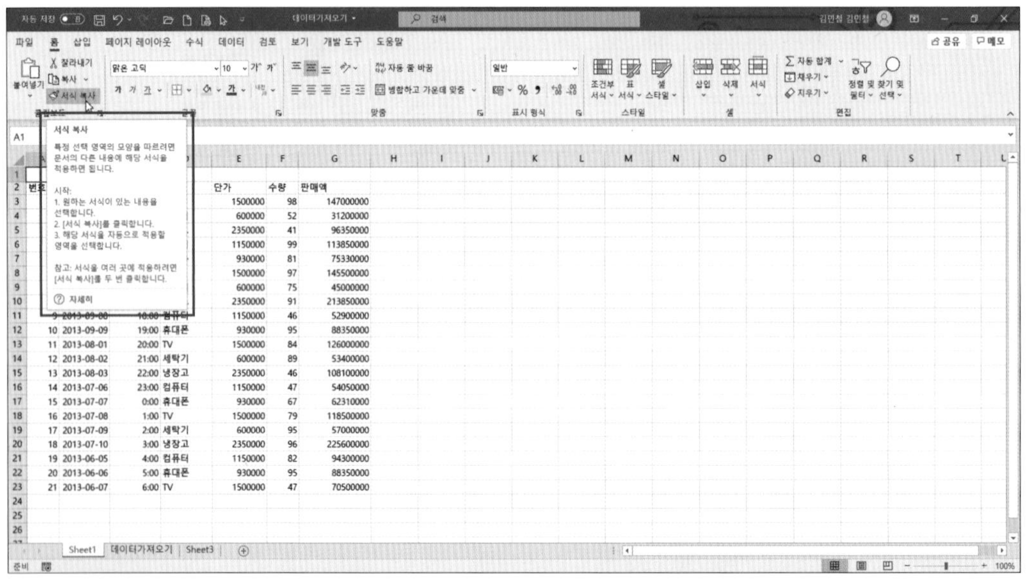

(2) 빠른 실행 도구 모음을 잘 활용합니다

엑셀 화면 맨 위에는 '빠른 실행 도구 모음'이 있습니다. 아래의 화면은 제 엑셀에 있는 '빠른 실행 도구 모음'으로, 여러분들과 차이가 조금 있을 것입니다. 여기에는 제가 주로 사용하는 기능을 클릭 한 번으로 실행할 수 있도록 편집했습니다. '빠른 실행 도구 모음 사용자 지정' 내림 단추를 클릭하면 빠른 실행 도구 모음에 추가하거나 뺄 수 있는 명령이 나타납니다. 체크 표시가 되어 있는 것은 '빠른 실행 도구 모음'에 나타나는 것이고 체크 표시가 안 되어 있는 것은 나타나지 않습니다. 여기에 원하는 기능이 없을 경우에는 '기타 명령'을 클릭하여 추가할 수 있습니다.

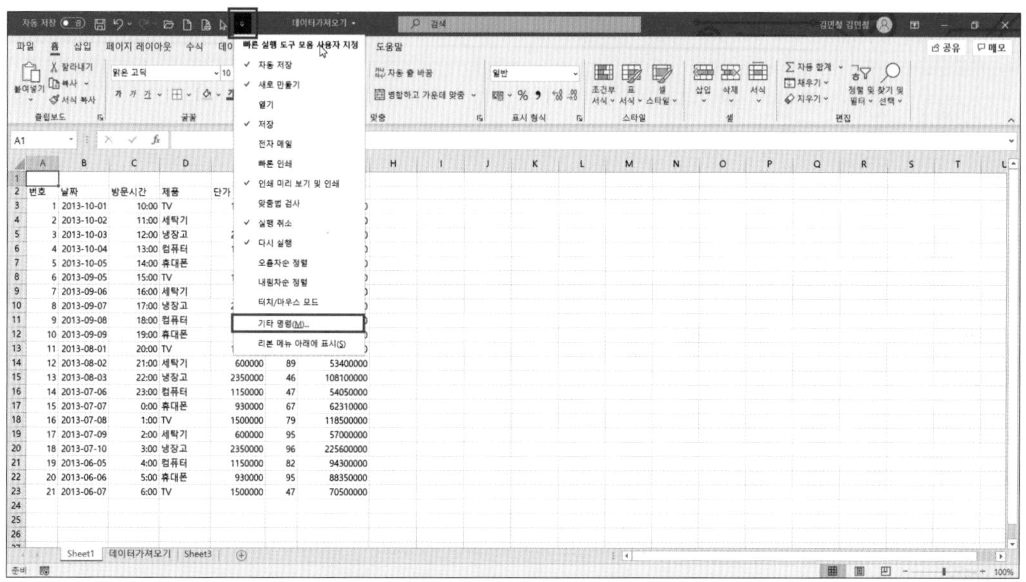

(3) 함수 마법사를 활용합니다

엑셀 함수를 어려워하는 분들이 많이 있습니다. 하지만 엑셀에서는 기본적으로 '함수 마법사' 기능을 제공합니다. [수식] 탭의 '함수 라이브러리' 그룹에서는 자주 사용하는 함수를 용도별로 그룹화해 놓았습니다. 필요한 함수가 어떤 범주의 함수인지 모른다면 '함수 삽입' 명령 단추를 클릭하면 '함수 마법사' 대화 상자가 나타납니다. '함수 마법사'를 사용하면 함수를 쉽게 사용할 수 있습니다. 함수가 익숙하지 않은 분들은 꼭 함수 마법사를 활용하길 바랍니다. 이 책에서도 대부분의 함수는 함수 마법사 기능을 활용하여 작성했습니다.

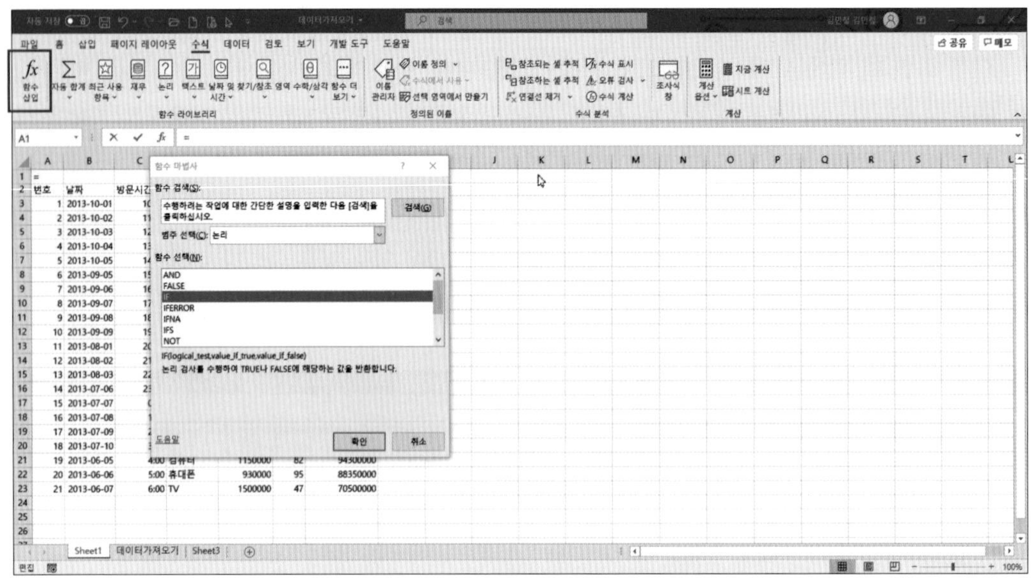

지금까지 **엑셀 사용 전문가**가 되기 위해 기본적으로 알고 있어야 하는 것에 대해 말씀드렸습니다. **엑셀 사용 전문가**는 일을 잘해서 삶의 질을 높이기 위해 엑셀을 사용하는 사람입니다. 엑셀 사용 전문가가 되면 삶이 달라집니다. 저는 엑셀을 잘 사용하여(엑셀의 기능을 다 알아서가 아닙니다) 업무 시간이 획기적으로 줄어들었고, 회사에서 일 잘하는 직원으로 인정도 받았습니다. 일과 삶이 조화를 이루는 삶을 살게 되었고, 시간에 끌려 가는 삶이 아닌 주도적인 삶을 선택해서 살 수 있게 되었습니다. 대체로 행복한 삶을 선택해서 살 수 있게 된 결정적인 계기가 엑셀을 잘 사용한 것이었습니다.

이 책은 엑셀 기능을 많이 알려 주는 데 중점을 두기보다는 엑셀을 활용하여 어떻게 효율적으로 업무를 해야 하는지를 알려 주는 데 중점을 두었습니다. 지금부터 본격적으로 엑셀 사용 전문가가 되기 위한 업무 프로그램을 만들어 보겠습니다.

알아보기 엑셀 사용 전문가의 삶

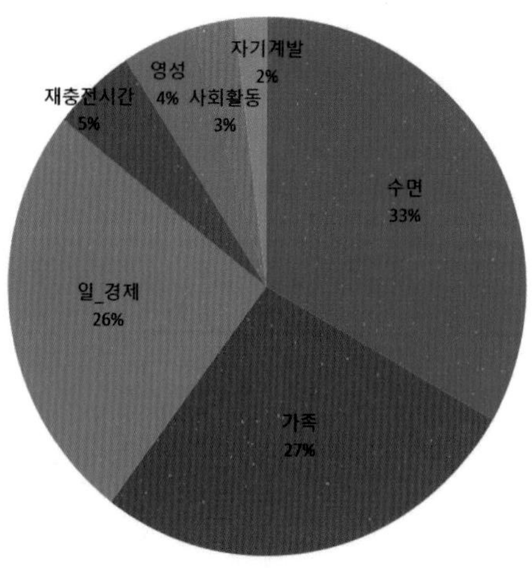

엑셀 사용 전문가가 되면서 단순히 업무 시간만 줄어든 것이 아니라 제 삶에도 큰 변화가 생겼습니다. 위 사진은 현재 제가 어떤 삶을 살고 있는지 보여 주는 차트입니다. 이 책 Part 2의 Chapter 9 생활 관리 프로그램에서 소개하는 프로그램을 활용하여 시간 사용 내역을 입력한 것을 분석한 차트입니다. 제 삶을 크게 잠자는 시간, 일하는 시간, 가족과 보내는 시간, 나에게 투자하는 시간으로 나누었습니다.

예전에는 항상 시간에 쫓기는 삶을 살았습니다. 가족과 보내는 시간도 적었고 나에게 투자하는 시간은 꿈도 꿀 수 없었습니다. 하지만 엑셀 사용 전문가가 되고 나서부터는 삶이 조금씩 균형을 찾아가기 시작했습니다. 업무에 소요되는 시간이 줄어들면서 자연스럽게 가족과 보내는 시간도 늘어나고 나에게 투자하는 시간도 생기기 시작했습니다. 10년 정도가 지난 지금은 완벽하지는 않지만 어느 정도 균형 잡힌 삶을 살게 되었습니다.

많은 직장인들이 일과 삶이 균형 잡힌 삶을 살기를 원하지만 과중한 업무량으로 인해 어려운 것이 현실입니다. 직장인의 균형 잡힌 삶의 시작은 업무에 소요되는 시간을 줄이는 것입니다. 엑셀 사용 전문가가 되면 효율적으로 업무를 할 수 있고 업무 시간을 줄일 수 있습니다.

일 잘하는 직장인 실무 엑셀 테크닉

PART 02

실무 자동화 프로그램

01 인사 총무 자동화 프로그램

02 기본 영업 업무 자동화 프로그램

03 영업 전략 프로그램

04 실적 분석 보고서 프로그램

05 학생 관리 프로그램

06 병원 관리 프로그램

07 컨테이너 재고 관리 프로그램

08 고객 초청 골프 대회 프로그램

09 생활 관리 프로그램

10 인맥 관리 프로그램

Working with excel

01 인사 총무 자동화 프로그램

회사에서 엑셀을 사용하는 궁극적인 목적은 업무 자동화를 통한 업무 시간 단축이 되어야 합니다. 업무 자동화란 클릭 몇 번으로 원하는 문서를 만드는 것입니다. 기본 데이터를 바탕으로 문서를 만들면 기본적인 엑셀 기능만으로도 업무를 쉽게 자동화할 수 있습니다.

이번 Chapter에서는 인사 및 총무 부문에서 자주 사용하는 기본 문서를 자동화해 보겠습니다. 인사 총무 업무에서 사용하는 기본 데이터는 주로 직원에 대한 인적 사항과 급여 등에 대한 것입니다. 신규로 직원이 입사할 때, 인사 이동이 있을 때, 직원이 퇴직할 때마다 데이터가 추가됩니다. 여기에서는 '사원명부' 등의 기본 데이터를 바탕으로 명함 만들기, 재직 증명서, 급여 명세서, 퇴직금 정산서를 자동으로 작성하는 방법을 배워 보겠습니다. 동일한 업무 문서나 동일한 데이터를 사용하는 문서를 만들 때는 같은 파일에 시트를 다르게 하여 만들고 관리하면 편리합니다.

핵심 시트

기본 데이터: 사원명부, 연봉관리표, 수당관리표, 부서명, 직급명

제작 문서: 명함 만들기, 재직 증명서, 급여 명세서, 퇴직금 정산서

완성 프로그램

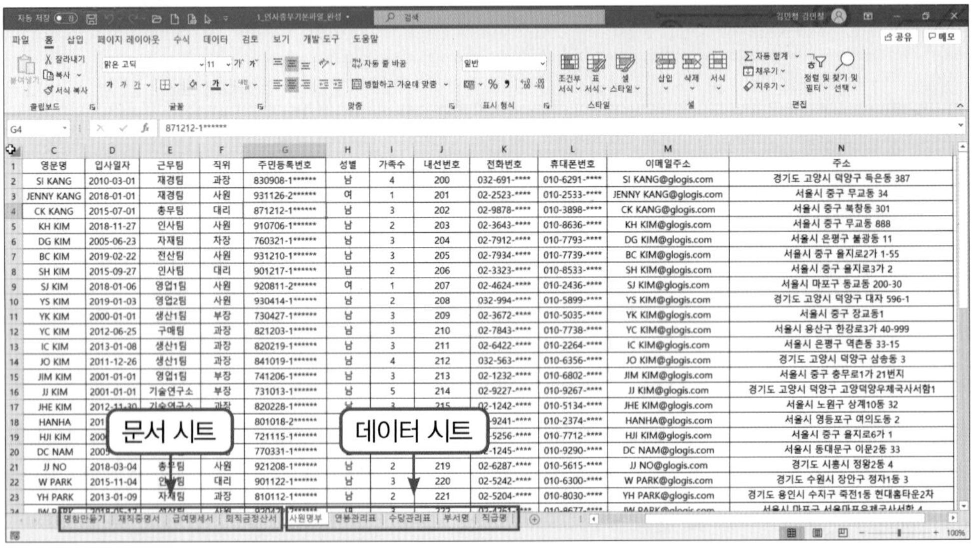

문서 시트

데이터 시트

준비 파일 인사총무기본파일_준비.xlsx

01 명함 만들기

직장인이 누군가를 만나면 가장 먼저 찾고 서로 교환하는 것이 명함입니다. 명함에 나타나는 인적 정보는 비즈니스의 첫 출발점이기 때문에 실수가 있어서는 안 됩니다. 하지만 자필로 인적 사항을 적거나, 매번 새롭게 명함을 만들려고 하다 보면 실수할 때가 있습니다. 이번 장에서는 실수 없이 클릭 한 번으로 명함을 신속하고 정확하게 만들 수 있는 프로그램을 만들어 보겠습니다.

실습 내용

기본 원리: B1셀에서 사번을 선택하여 입력하면 명함이 자동으로 완성되도록 작성합니다.

주요 기능: ❶ 유효성 검사 ❷ 그림 삽입 ❸ VLOOKUP 함수, RIGHT 함수, '&'로 텍스트 결합
❹ 페이지 나누기 미리 보기 ❺ 수식 복사하여 붙여넣기

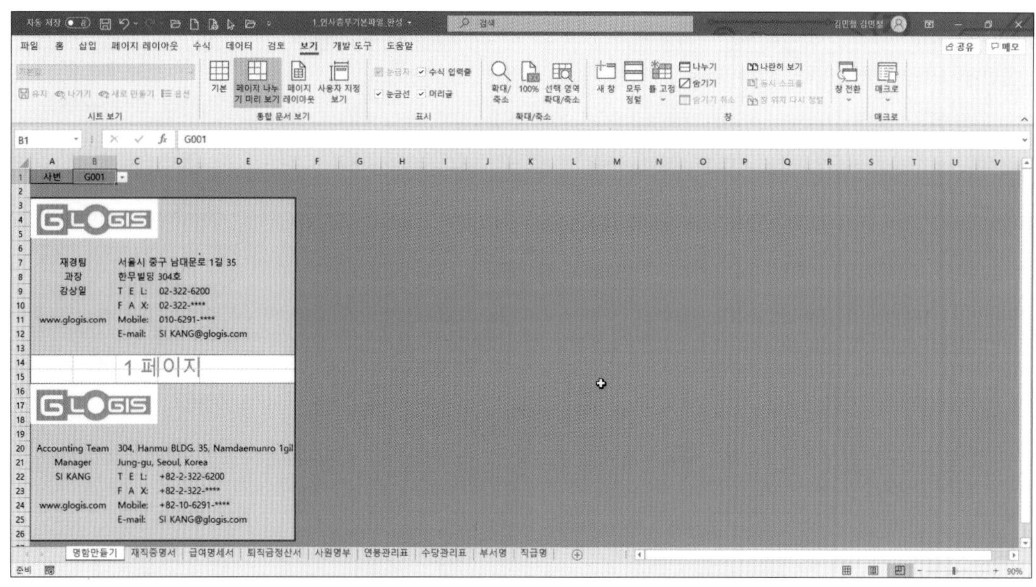

사번 유효성 목록 만들기

01 '명함만들기' 시트의 '사번' 항목에 유효성 목록을 만들어 보겠습니다. ❶ B1셀을 클릭하여 선택한 후 ❷ [데이터] 탭 → '데이터 도구' 그룹 → '데이터 유효성 검사' 명령 단추를 클릭합니다.

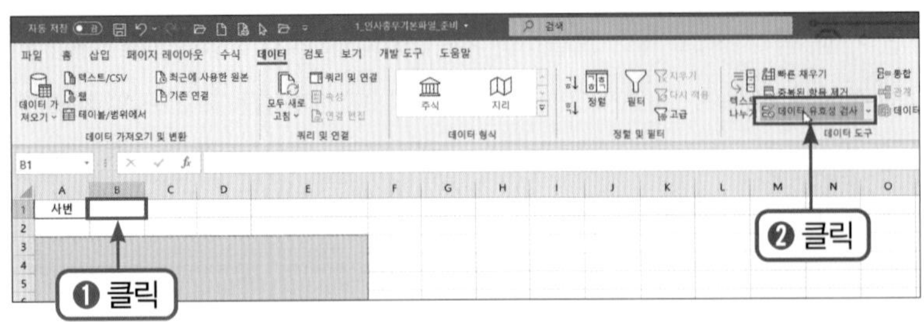

02 '데이터 유효성' 대화 상자가 나타나면 ❶ '제한 대상'을 **목록**으로 선택합니다. ❷ '원본'을 클릭한 후 ❸ '사원명부' 시트를 클릭합니다. ❹ A2:A51 영역을 선택하여 입력한 후 ❺ [확인] 단추를 클릭합니다.

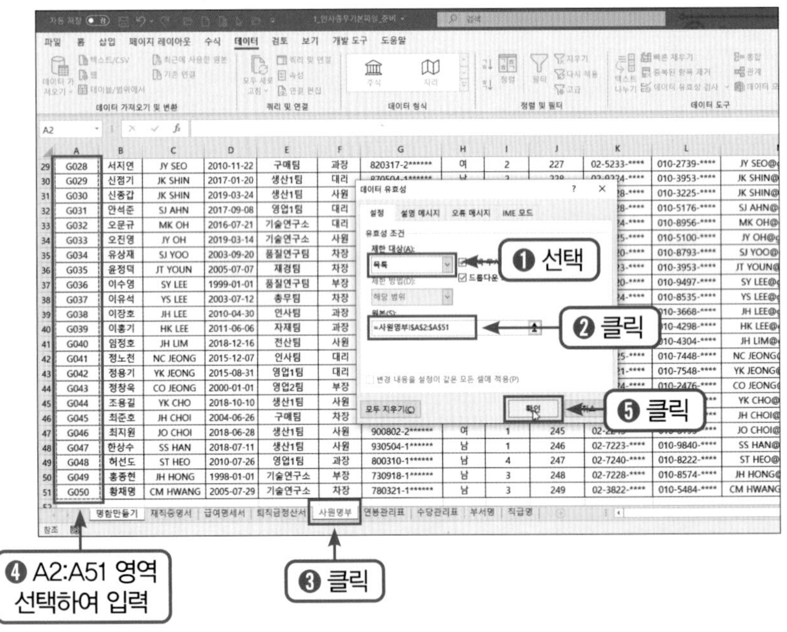

A2:A51 영역을 선택할 때는 먼저 A2셀을 선택한 후 CTRL + SHIFT + ↓ 키를 동시에 누르면 드래그하지 않고 한 번에 영역이 선택됩니다. 단축키에 대해서는 부록1-9 '단축키'(522P)를 참고하세요.

03 B2셀을 선택하면 셀 오른쪽에 내림 단추가 나타납니다. 내림 단추를 클릭하여 사번 목록이 나타나면 **G001**을 클릭하여 선택합니다.

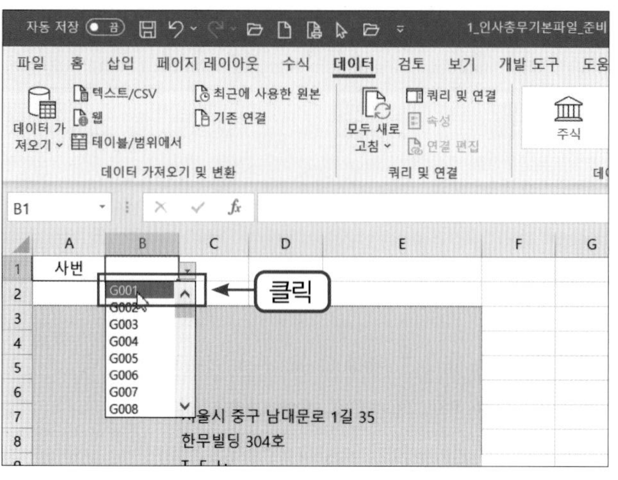

실제 현업에서는 신규로 사원이 입사하여 사원 명부에 데이터가 추가되는 경우가 많이 있습니다. 이럴 때 새롭게 추가된 데이터를 목록에 나타나게 하려면 새로 입력한 데이터가 있는 셀을 목록 영역에 추가해야 합니다. 자동으로 추가된 데이터가 목록에 나타나게 하려면 '데이터 유효성' 대화 상자의 '원본'에 동적 범위를 지정하여야 합니다. Chapter 3부터는 사용하는 모든 데이터를 동적 범위로 작성하였습니다.

회사 로고 삽입하기

01 ❶ A3셀을 클릭합니다. ❷ [삽입] 탭 → '일러스트레이션' 그룹 → '그림' 명령 단추를 클릭하여 '이 디바이스…'를 선택합니다.

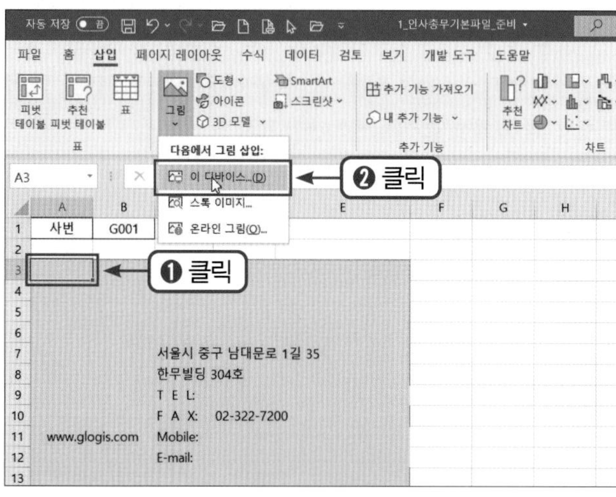

02 '그림 삽입' 대화 상자가 나오면 ❶ 회사 로고가 저장되어 있는 폴더에서 로고 파일을 선택한 후 ❷ [삽입] 단추를 클릭합니다.

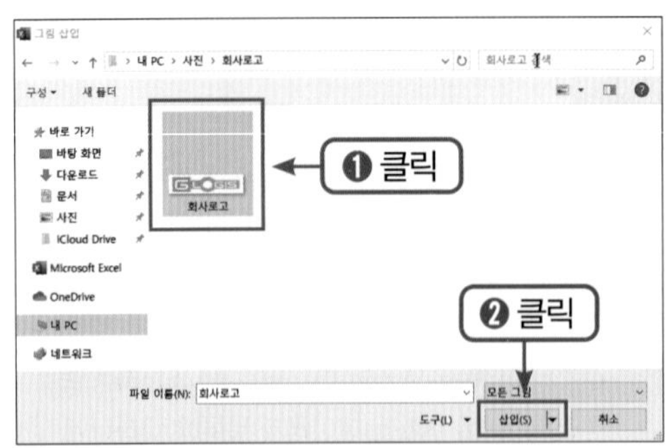

자신이 넣고 싶은 로고를 삽입해 봅니다.

03 불러온 그림 파일의 가장자리로 마우스를 이동시키면 마우스 모양이 변하면서 그림 크기를 드래그하여 조정할 수 있습니다. 회사 로고를 세로로 C열, 가로로 5행에 맞춥니다.

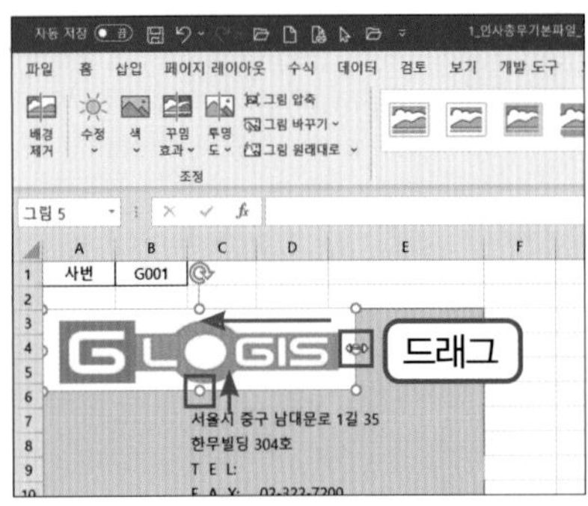

04 영문 명함에도 동일하게 나타나게 합니다. ❶ 삽입한 회사 로고를 선택한 상태에서 CTRL + C 키를 눌러 복사합니다. ❷ A16셀을 클릭하고 ❸ CTRL + V 키를 눌러 붙여넣기를 합니다. 엑셀에서 복사한 그림은 선택한 셀을 중심으로 오른쪽 아래에 붙여넣기가 됩니다.

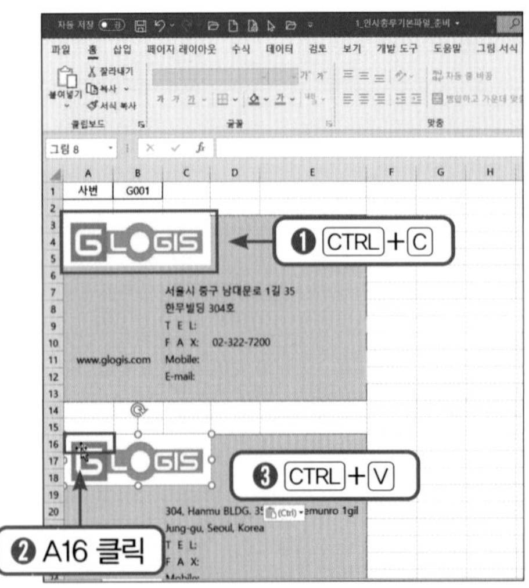

인적 사항 불러오기

01 직원에 대한 정보를 불러오기 위해 VLOOKUP 함수를 사용합니다. 먼저 A7셀에 직원의 근무팀 정보를 가져오겠습니다. ❶ A7셀을 선택한 후 ❷ [수식] 탭 → '함수 라이브러리' 그룹 → '찾기/참조 영역' 명령 단추를 클릭하고 ❸ **VLOOKUP**을 선택합니다.

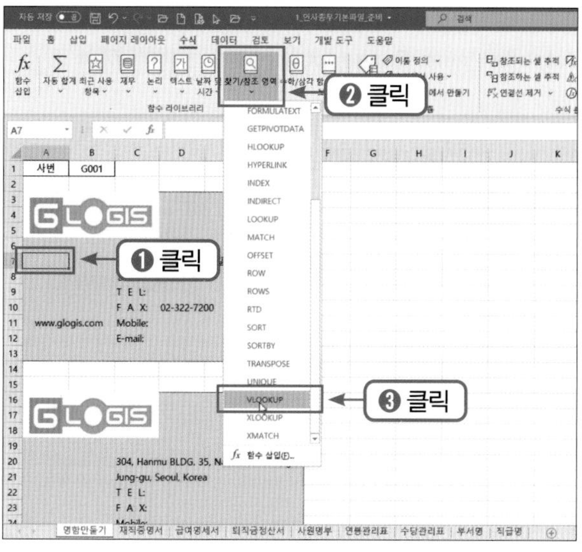

엑셀 함수는 기능에 따라 '함수 라이브러리' 그룹에 나타나 있는 범주로 분류되어 있습니다. 이 중 VLOOKUP 함수는 '찾기/참조 영역' 범주에 속하기 때문에 '찾기/참조 영역'에서 VLOOKUP 함수 대화 상자를 불러왔습니다. 함수 범주를 모를 경우 '함수 라이브러리' 그룹 맨 왼쪽에 있는 '함수 삽입' 명령 단추를 클릭하여 필요한 함수 대화 상자를 불러올 수 있습니다.

02 '함수 인수' 대화 상자가 나타나면 ❶ 'Lookup_value'에서 B1셀을 클릭하여 입력한 후 F4 키를 눌러 절대참조로 지정합니다. ❷ 'Table_array'에서 '사원명부' 시트를 클릭한 후 ❸ A2:N51 영역을 선택하여 입력한 후 F4 키를 눌러 절대참조로 지정합니다. ❹ 'Col_index_num'에 **5**, ❺ 'Range_lookup'에 **0**을 입력한 후 ❻ [확인] 단추를 클릭합니다.

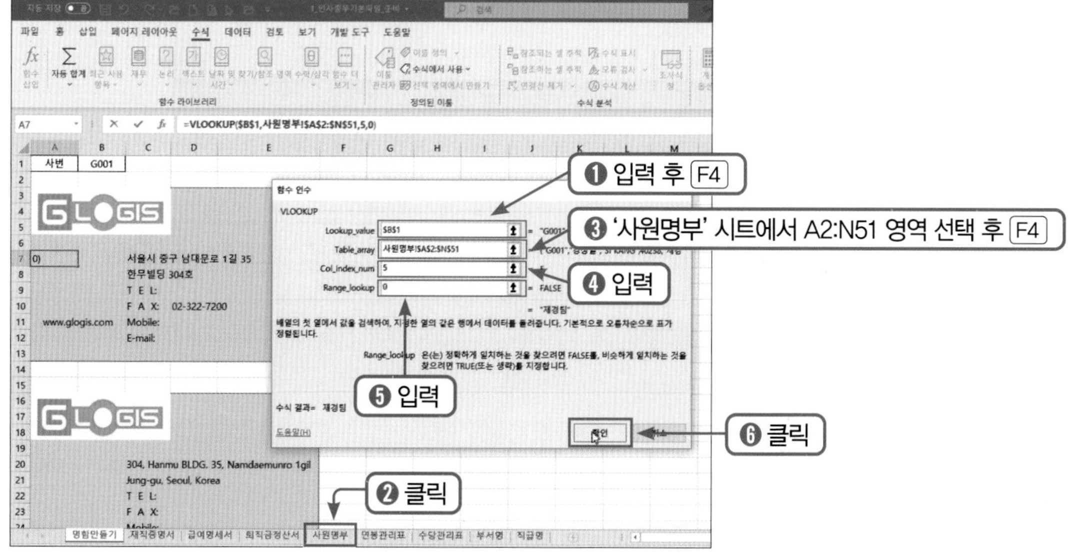

여기서 절대참조로 지정하는 이유는 이후 함수를 복사해서 붙여넣기하더라도 'Lookup_value'와 'Table_array'의 참조 주소가 변하지 않도록 하기 위함입니다. 절대참조와 상대참조에 대해서는 부록1-1 '셀 주소 및 셀 참조 이해하기'(486P)를 참고하세요.

알아보기 VLOOKUP 함수

VLOOKUP(Lookup_value, Table_array, Col_index_num, Range_lookup) 함수는 데이터에서 조건에 맞는 원하는 값을 찾아주는 함수입니다.

❶ Lookup_value: 참조 기준이 되는 데이터입니다. 여기에서는 **사번**이 됩니다.

❷ Table_array: 참조가 되는 값이 있는 영역입니다. 이때 참조 기준이 되는 데이터가 있는 열이 항상 맨 왼쪽 열에 있어야 합니다.

❸ Col_index_num: 찾고자 하는 값이 참조 기준으로부터 몇 번째 열에 있는지를 의미합니다. 근무팀은 기준열로부터 **5번째**에 있습니다.

❹ Range_lookup: 정확히 일치하는 값을 불러올 것인지, 아니면 유사한 값을 불러올 것인지를 선택하는 곳입니다. 0을 입력하면 정확하게 일치하는 값을 찾습니다. 0 대신에 FALSE를 입력해도 똑같은 결과를 가져옵니다.

엑셀 최신 버전 또는 오피스 365를 구독 중인 경우에는 신규 함수인 XLOOKUP 함수를 사용할 수 있습니다. XLOOKUP 함수의 사용법은 535P에서 설명하고 있습니다.

03 엑셀에서는 셀뿐만 아니라 수식 입력줄에 입력된 함수도 복사하여 활용할 수 있습니다. A7셀에 입력된 함수를 활용하여 나머지 인적 사항을 입력하겠습니다. ❶ A7셀을 클릭합니다. ❷ 수식 입력줄의 함수를 드래그하고 CTRL + C 키를 눌러 복사한 다음 ENTER 키를 누릅니다.

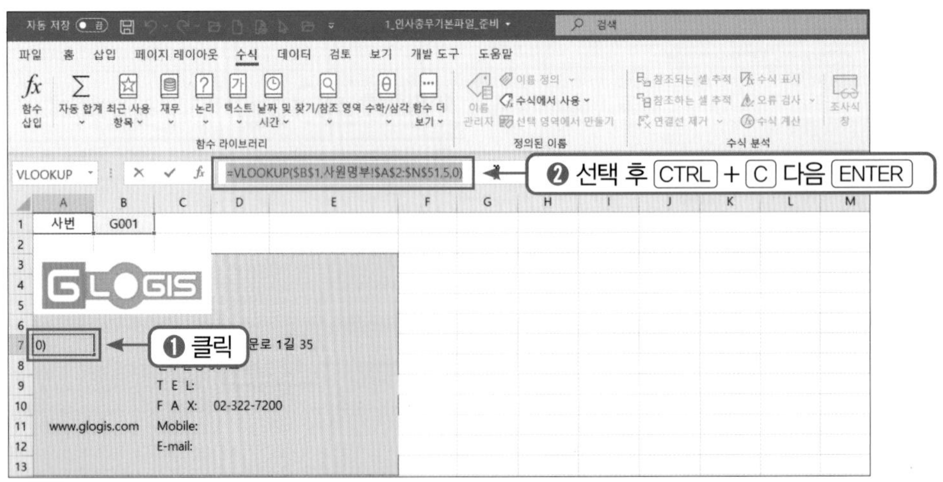

04 복사한 함수를 활용하여 직위를 불러옵니다. ❶ A8셀을 선택하고 ❷ 수식 입력줄에서 CTRL + V 키를 눌러 복사한 함수를 붙여넣기합니다. ❸ 'Col_index_num'을 **6**으로 수정한 후 ENTER 키를 누릅니다.

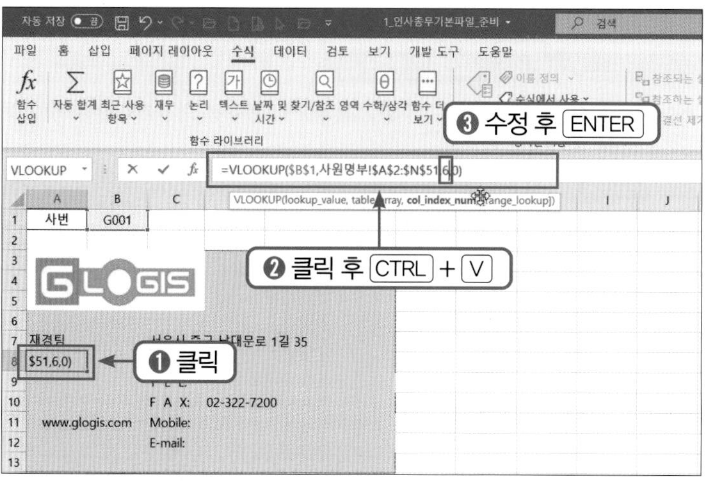

05 이름을 불러옵니다. ❶ A9셀을 선택하고 ❷ 수식 입력줄에서 CTRL + V 키를 눌러 복사한 함수를 붙여넣기합니다. ❸ 'Col_index_num'을 **2**로 수정한 후 ENTER 키를 누릅니다.

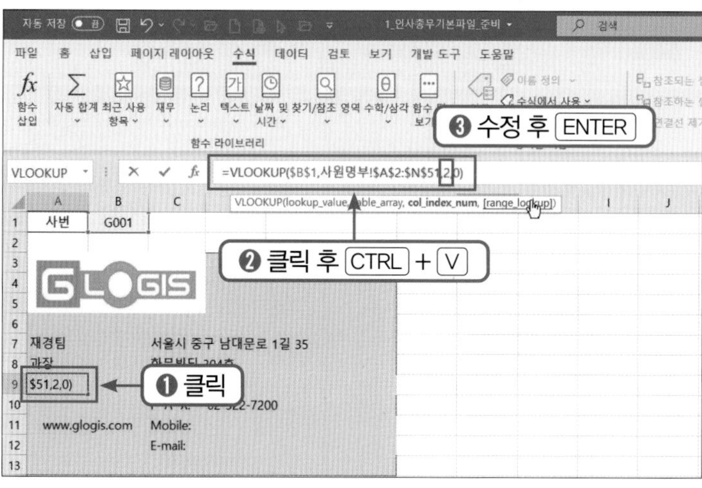

06 D9셀에 전화번호가 나타나게 하겠습니다. 전화번호는 지역 번호와 국번은 입력을 하고, '사원명부' 시트에서 사번에 해당하는 내선 번호를 불러와서 완성합니다. 먼저 복사한 함수를 활용하여 내선 번호를 불러옵니다. ❶ D9셀을 선택하고 ❷ 수식 입력줄에서 CTRL + V 키를 눌러 복사한 함수를 붙여넣기합니다. ❸ 'Col_index_num'을 **10**으로 수정합니다.

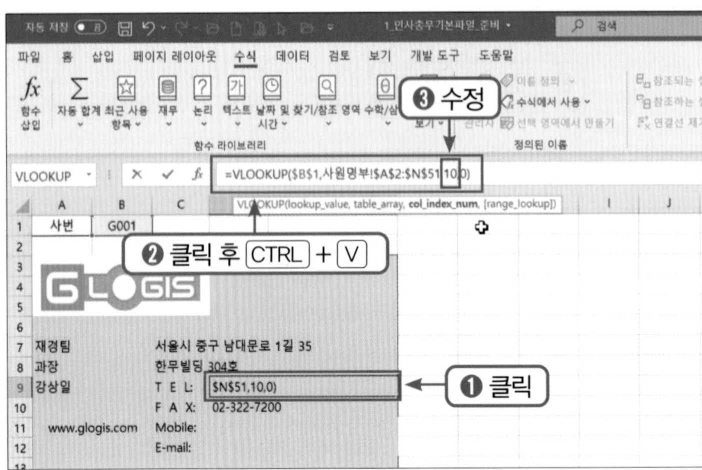

07 **=**과 **VLOOKUP** 사이에 **"02-322-6"&**를 입력한 후 ENTER 키를 누릅니다.

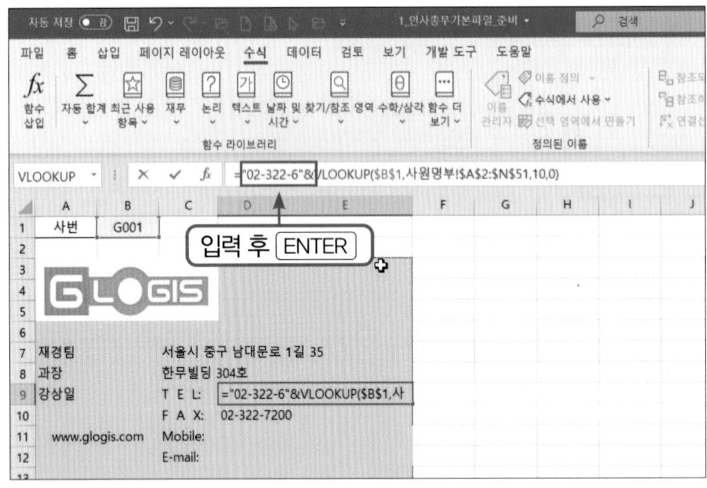

- &는 텍스트를 결합하는 기호입니다. 엑셀에서 텍스트를 입력할 때는 반드시 겹따옴표("") 안에 입력해야 합니다.
- 엑셀에서는 맨 마지막에 복사한 내용은 클립보드에 남아 있어 이처럼 필요할 경우 계속 편리하게 활용할 수 있습니다. 특히 반복되는 함수를 입력할 때 사용하면 시간을 많이 절약할 수 있습니다.

08 D11셀에 Mobile 번호를 불러옵니다. ❶ D11셀을 선택하고 ❷ 수식 입력줄에서 CTRL + V 키를 눌러 복사한 함수를 붙여넣기합니다. ❸ 'Col_index_num'을 **12**로 수정한 후 ENTER 키를 누릅니다.

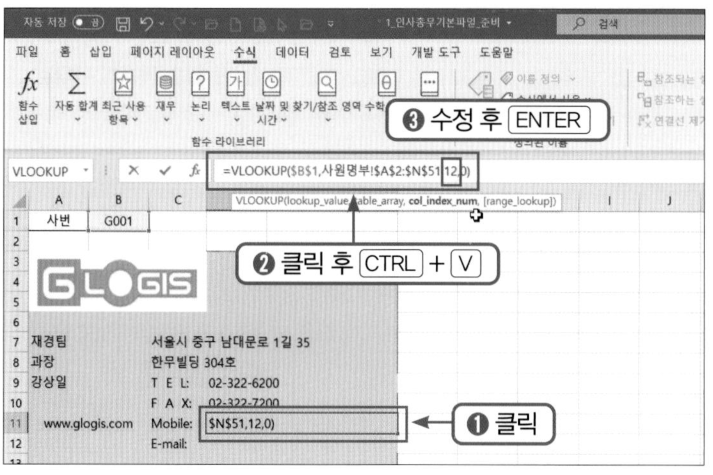

09 D12셀에 E-mail 주소를 불러오겠습니다. ❶ D12셀을 선택하고 ❷ 수식 입력줄에서 CTRL + V 키를 눌러 복사한 함수를 붙여넣기합니다. ❸ 'Col_index_num'을 **13**으로 수정한 후 ENTER 키를 누릅니다.

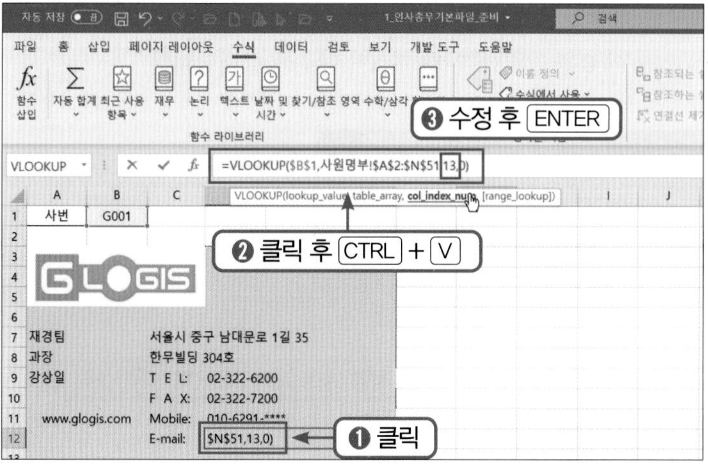

10 A20셀에 VLOOKUP 함수를 활용하여 영문 팀명이 나타나게 합니다. ❶ A20셀을 선택한 후 ❷ [수식] 탭 → '함수 라이브러리' 그룹 → '최근 사용 항목' 명령 단추를 클릭하고 **VLOOKUP**을 클릭합니다.

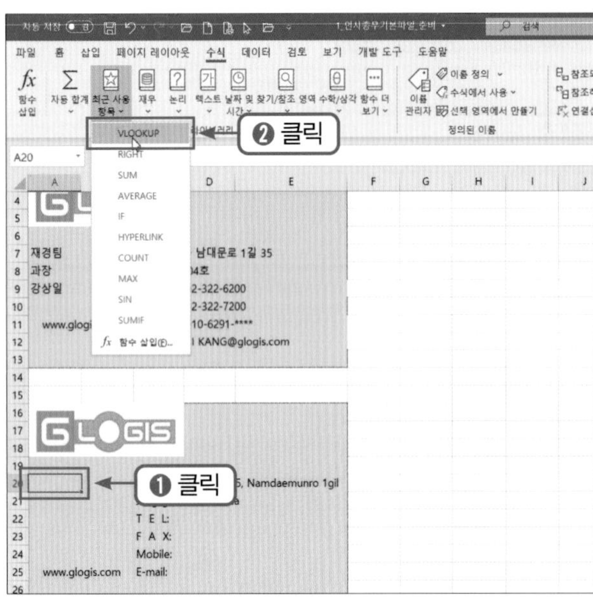

'함수 라이브러리' 그룹의 '최근 사용 항목'에는 최근에 사용한 함수 목록이 나타납니다.

11 '함수 인수' 대화 상자가 나타나면 ❶ 'Lookup_value'에서 A7셀을 클릭하여 입력합니다. ❷ 'Table_array'에서 '부서명' 시트를 클릭한 후 ❸ B2:C12 영역을 선택하여 입력합니다. ❹ 'Col_index_num'에 **2**, ❺ 'Range_lookup'에 **0**을 입력한 후 ❻ [확인] 단추를 클릭합니다.

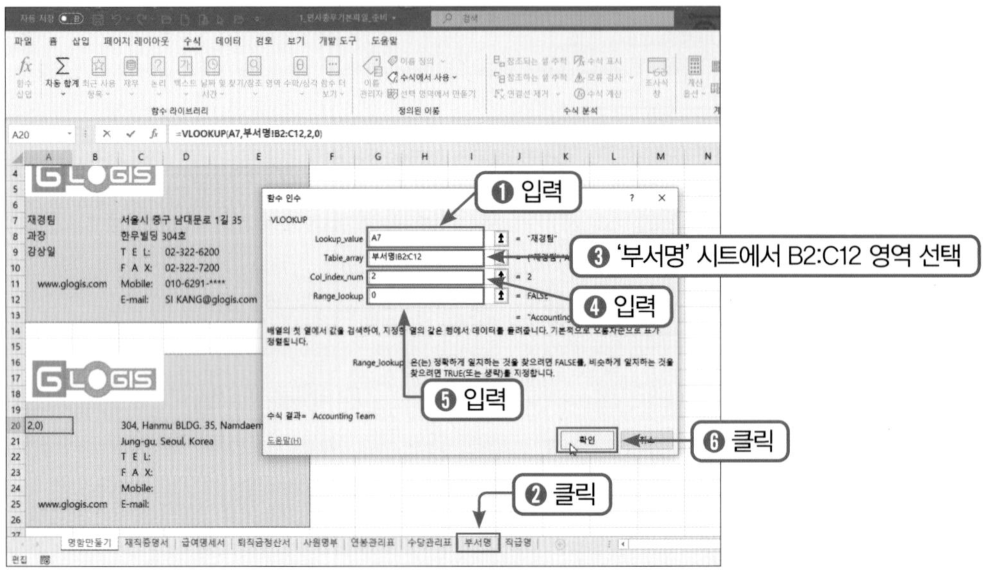

12 A21셀에 영문 직위가 나타나게 합니다. ❶ A21셀을 선택한 후 ❷ [수식] 탭 → '함수 라이브러리' 그룹 → '최근 사용 항목' 명령 단추를 클릭하고 **VLOOKUP**을 선택합니다.

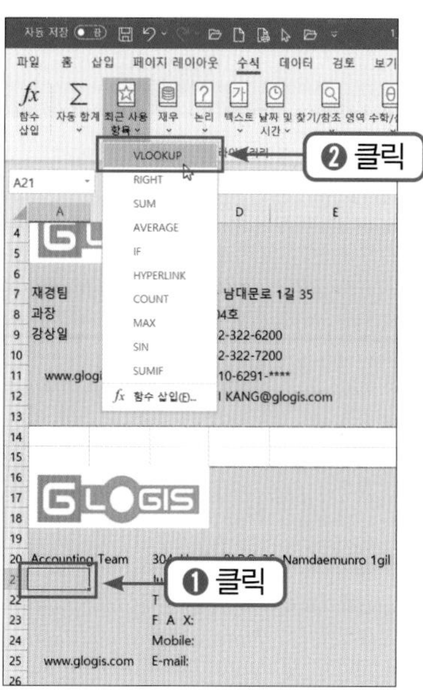

13 '함수 인수' 대화 상자가 나타나면 ❶ 'Lookup_value'에서 A8셀을 클릭하여 입력합니다. ❷ 'Table_array'에서 '직급명' 시트를 클릭한 후 ❸ B2:C13 영역을 선택하여 입력합니다. ❹ 'Col_index_num'에 **2**, ❺ 'Range_lookup'에 **0**을 입력한 후 ❻ [확인] 단추를 클릭합니다.

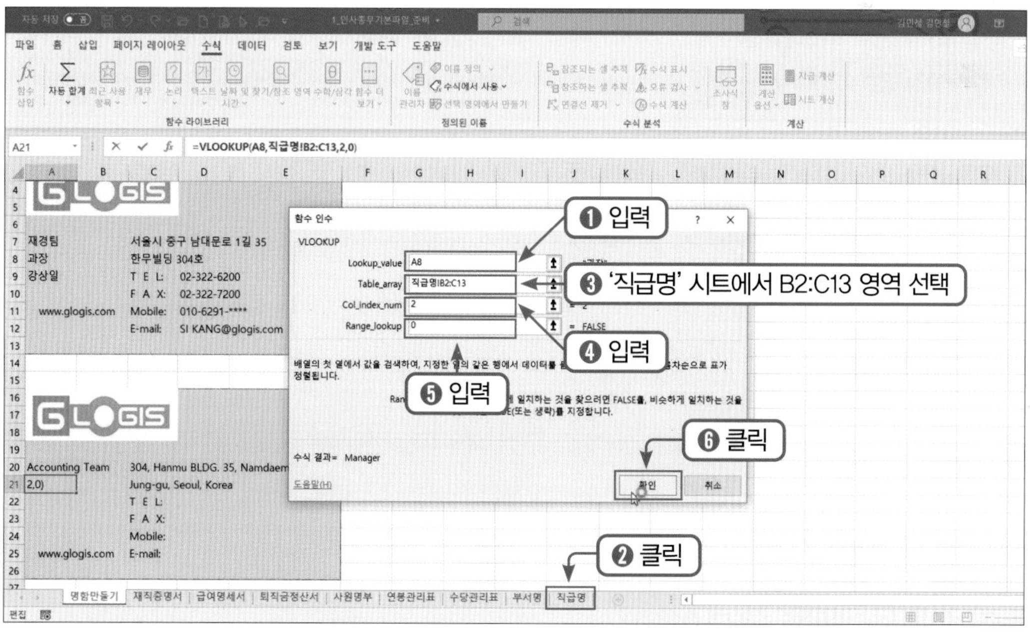

14 A22셀에 영문 이름이 나타나게 합니다. ❶ A7셀을 선택합니다. ❷ 수식 입력줄에 입력된 함수를 드래그하여 CTRL + C 키를 눌러 복사하고 ENTER 키를 누릅니다.

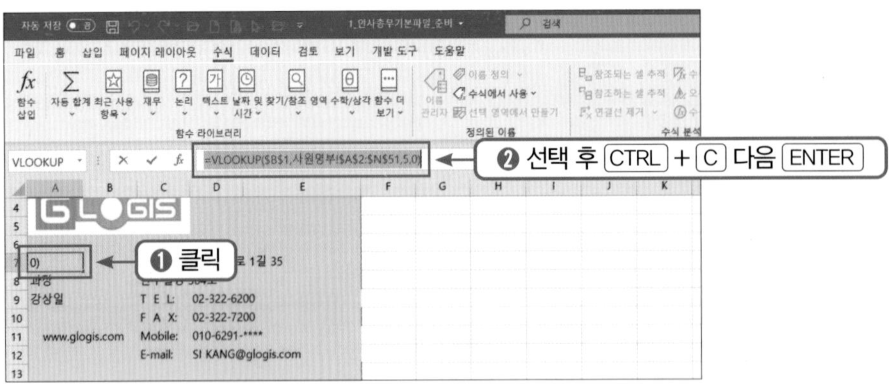

15 A22셀을 선택한 후 ❷ 수식 입력줄에서 CTRL + V 키를 눌러 복사한 함수를 붙여넣기합니다. ❸ 'Col_index_num'을 **3**으로 수정한 후 ENTER 키를 누릅니다.

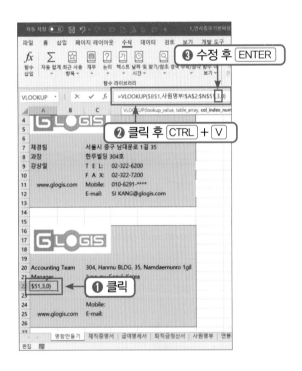

16 D22셀에 국제 전화번호가 나타나게 하겠습니다. D22셀을 선택한 후 수식 입력줄에 **="+82-"&**를 입력합니다.

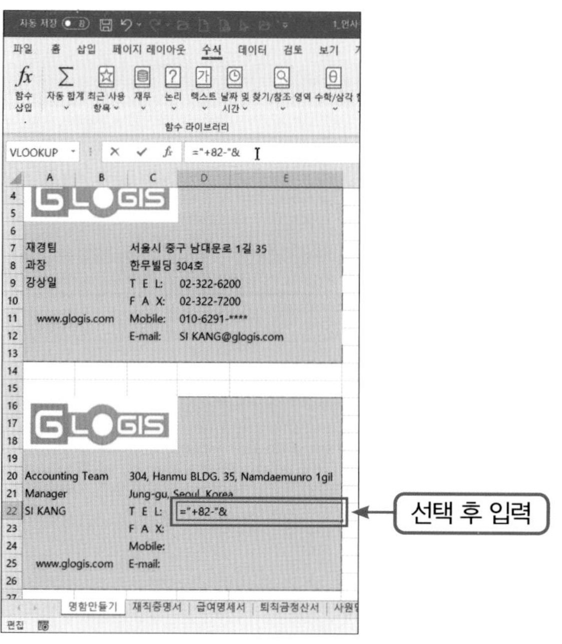

17 RIGHT 함수를 활용하여 D9셀에 있는 전화번호 뒷자리를 가져옵니다. ❶ [수식] 탭 → '함수 라이브러리' 그룹 → '텍스트' 명령 단추를 클릭한 후 ❷ **RIGHT**를 선택합니다.

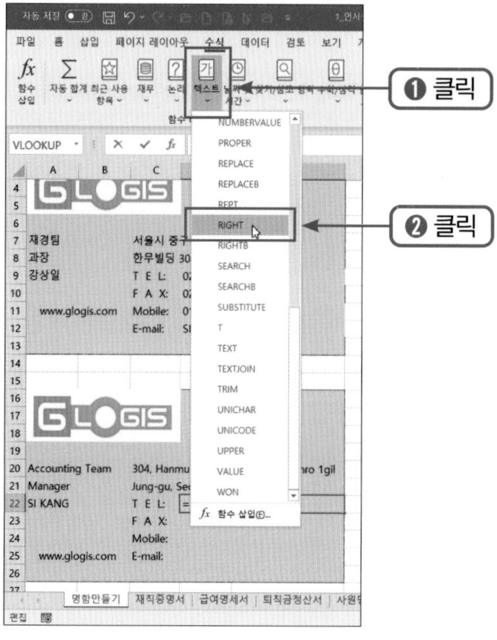

18 '함수 인수' 대화 상자가 나타나면 ❶ 'Text'에서 D9셀을 클릭하여 입력하고 ❷ 'Num_chars'에 **10**을 입력한 후 ❸ [확인] 단추를 클릭합니다.

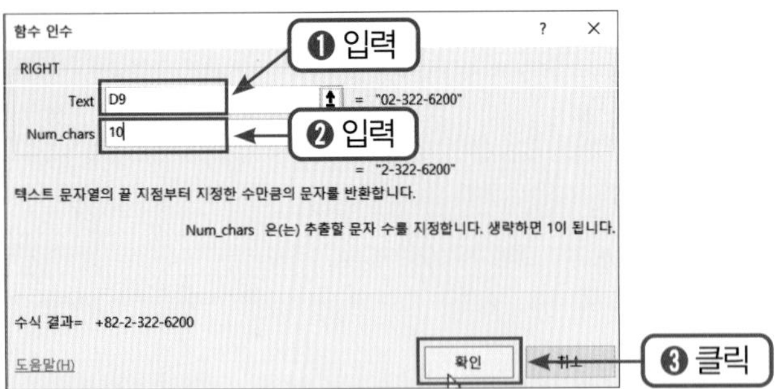

알아보기 RIGHT 함수

RIGHT(Text, Num_chars) 함수는 지정한 텍스트의 마지막 문자(맨 오른쪽)에서부터 지정된 개수의 문자를 반환합니다.

❶ Text: 추출할 문자가 있는 텍스트입니다.
❷ Num_chars: 추출할 문자 수입니다. 여기에서는 D9셀에 있는 전화번호를 마지막 문자에서 10번째 문자까지 가지고 옵니다.

19 FAX와 Mobile 번호를 불러오기 위해 자동 채우기 핸들을 D24셀까지 드래그합니다.

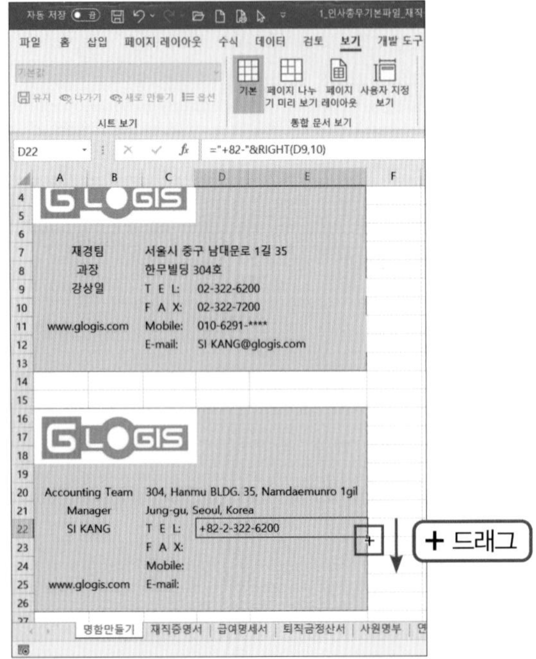

20 Mobile 번호가 정확하게 나타나게 합니다. ❶ D24셀을 선택한 후 ❷ 수식 입력줄에서 RIGHT 함수의 'Num_chars'를 **12**로 수정한 후 [ENTER] 키를 누릅니다.

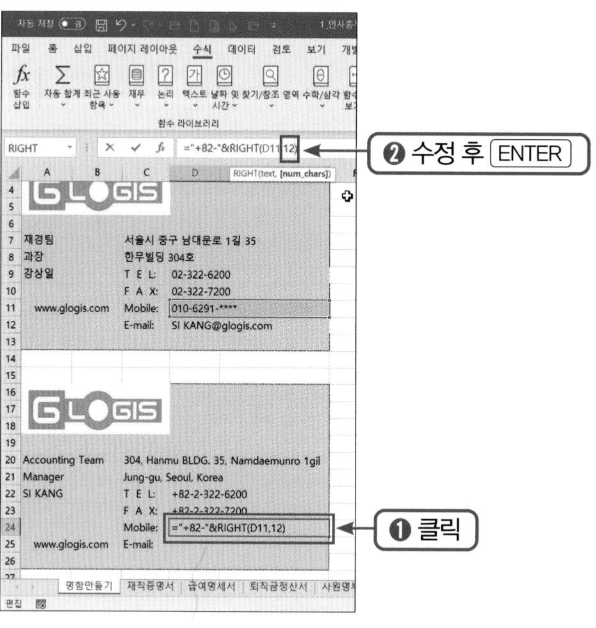

21 D25셀에 E-mail 주소를 나타냅니다. ❶ D25셀을 선택한 후 ❷ 수식 입력줄에 **=D12**를 입력하고 [ENTER] 키를 누릅니다.

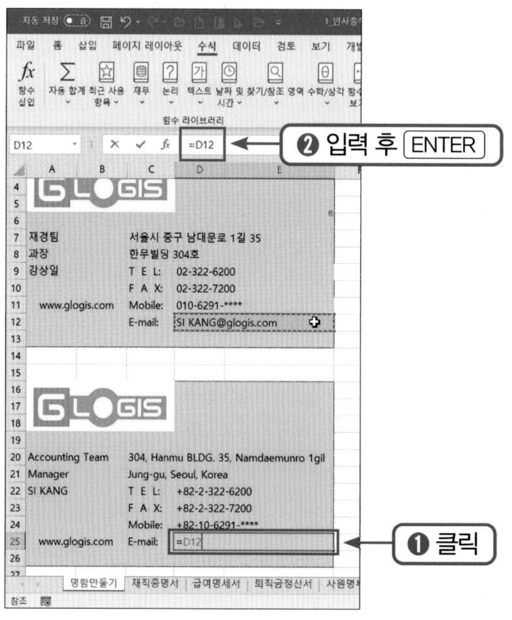

22 ❶ A7:B9 영역을 드래그하여 선택하고 ❷ [CTRL] 키를 누른 상태에서 A20:B22 영역을 드래그하여 선택합니다. ❸ [CTRL] + [1] 키를 눌러 '셀 서식' 대화 상자를 불러옵니다. ❹ [맞춤] 탭을 선택합니다. ❺ '텍스트 맞춤'에서 '가로(H)'를 **선택 영역의 가운데로**로 선택하고 ❻ [확인] 단추를 클릭합니다.

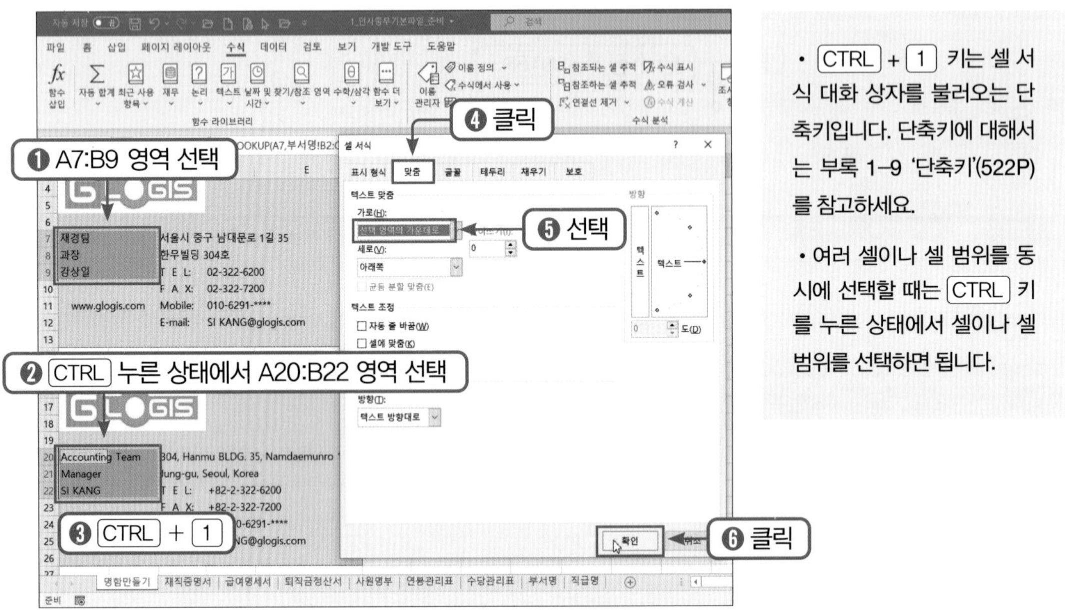

• [CTRL] + [1] 키는 셀 서식 대화 상자를 불러오는 단축키입니다. 단축키에 대해서는 부록 1-9 '단축키'(522P)를 참고하세요.

• 여러 셀이나 셀 범위를 동시에 선택할 때는 [CTRL] 키를 누른 상태에서 셀이나 셀 범위를 선택하면 됩니다.

23 마지막으로 페이지 나누기 미리 보기 기능을 통해 명함 부분만 출력이 되도록 해 보겠습니다. [보기] 탭 → '통합 문서 보기' 그룹 → '페이지 나누기 미리 보기' 명령 단추를 클릭합니다.

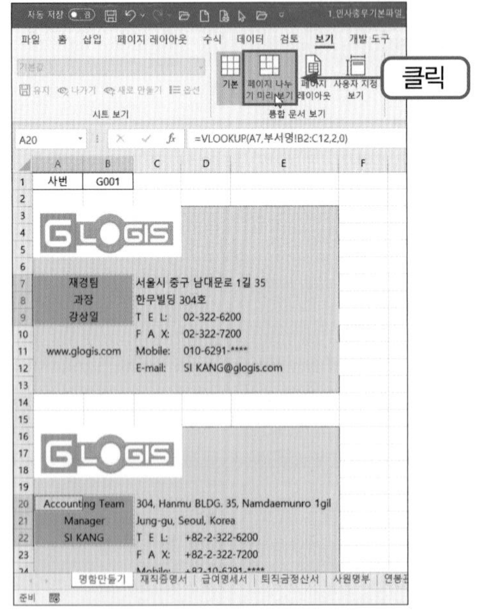

24 페이지 구분선을 클릭한 상태에서 출력할 명함이 있는 영역까지 드래그합니다. 완성 후 출력하면 사번이 입력된 부분은 출력이 되지 않음을 확인할 수 있습니다.

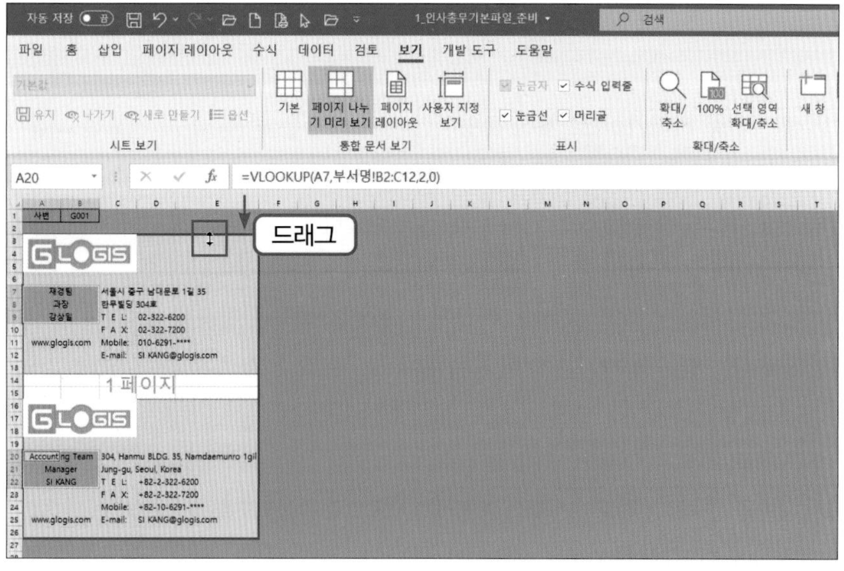

페이지 나누기 미리 보기 기능을 활용하면 원하는 부분을 원하는 페이지에 맞게 출력할 수 있습니다.

02 재직 증명서 만들기

직원들이 많이 찾는 문서 중 하나가 바로 재직 증명서입니다. 대출을 받을 때 꼭 필요한 서류이기도 합니다. 이번에는 재직 증명서를 자동으로 만들어 보도록 하겠습니다. 재직 증명서도 사원명부 데이터에서 사원 정보를 불러오기 때문에 명함 만들기와 거의 비슷한 원리로 작성하면 됩니다. 명함 만들기 문서에서 기본적인 내용을 작성해 두었기 때문에 여기에서는 이미 입력되어 있는 수식을 활용하여 간단하고 편리하게 문서를 만들면 됩니다. 이렇게 이전에 작성하여 활용할 수 있는 문서가 있다면 그것을 최대한 활용하는 습관을 가지는 것이 좋습니다.

실습 내용

기본 원리: B1셀에서 사번을 선택하여 입력하면 재직 증명서가 자동으로 완성되도록 작성합니다.

주요 기능: ❶ 수식 복사하여 붙여넣기 ❷ YEAR, MONTH, TODAY, TEXT 함수

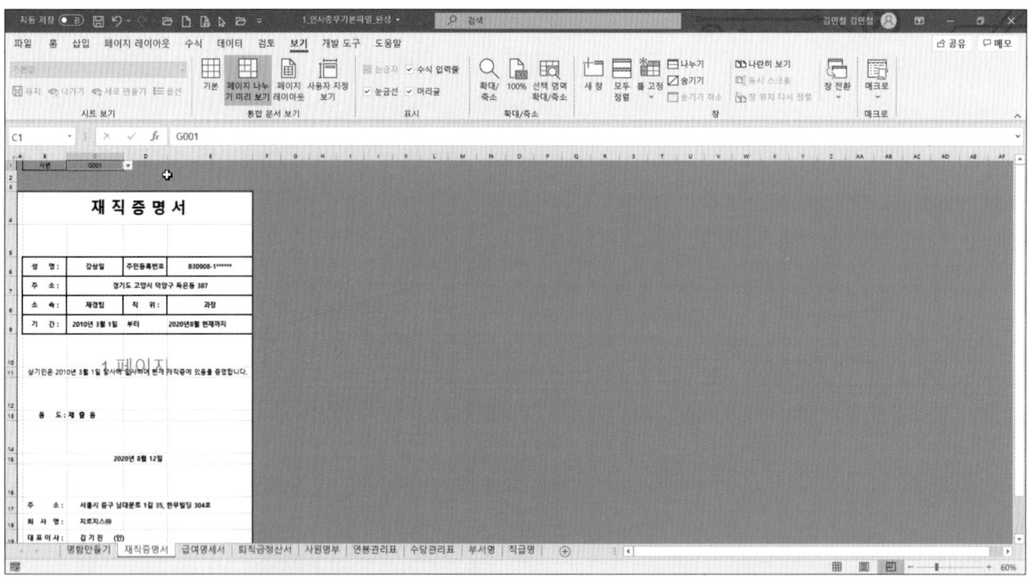

사번 유효성 목록 만들기

01 '명함만들기' 시트에서 작성한 사번 유효성 목록을 활용합니다. ❶ '명함만들기' 시트를 클릭합니다. ❷ B1셀을 선택한 후 CTRL + C 키를 누릅니다.

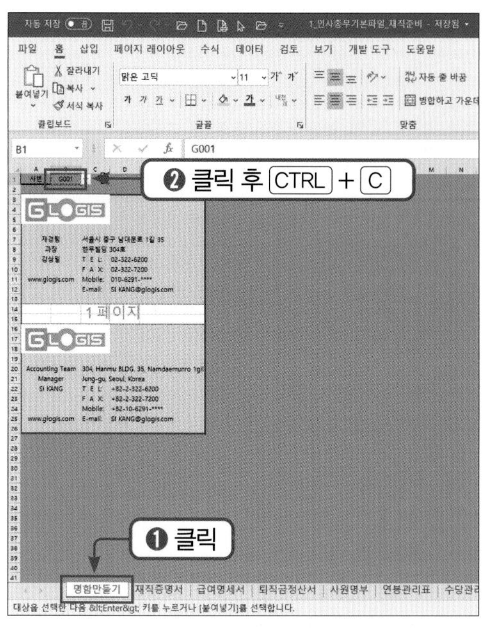

02 ❶ '재직증명서' 시트를 클릭합니다. ❷ C1셀을 선택한 후 CTRL + V 키를 누릅니다.

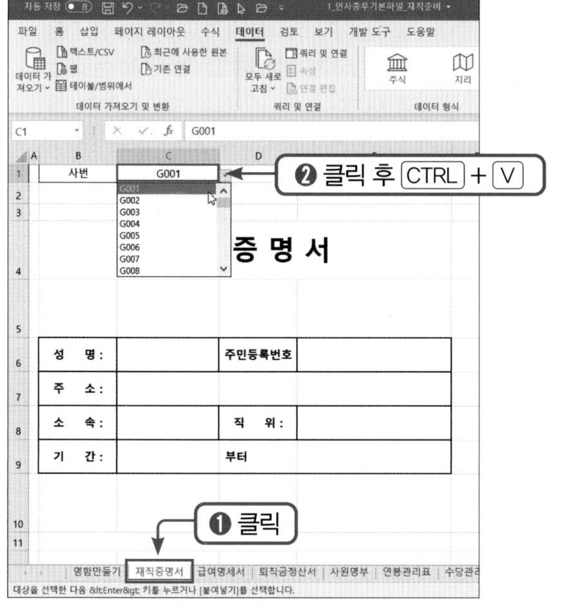

인적 사항 불러오기

01 '명함만들기' 시트에서 작성한 수식을 활용하여 C6셀에 성명이 나오도록 하겠습니다. ❶ '명함만들기' 시트를 클릭합니다. ❷ A9셀을 선택한 후 CTRL + C 키를 누릅니다.

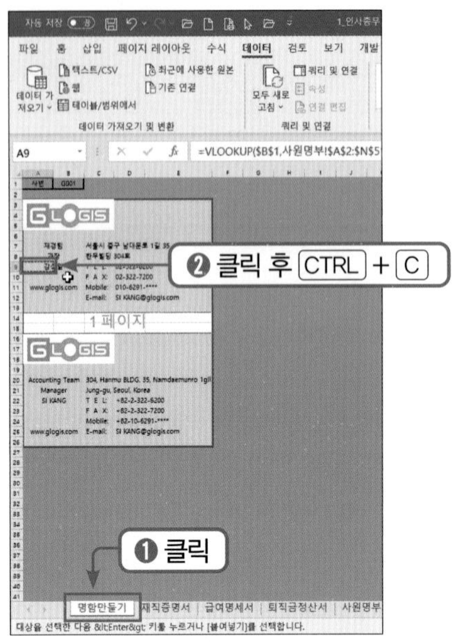

02 ❶ '재직증명서' 시트를 클릭합니다. ❷ C6셀을 선택한 후 ❸ [홈] 탭 → '클립보드' 그룹 → '붙여넣기' 내림 단추를 클릭하여 **수식 붙여넣기**를 클릭합니다.

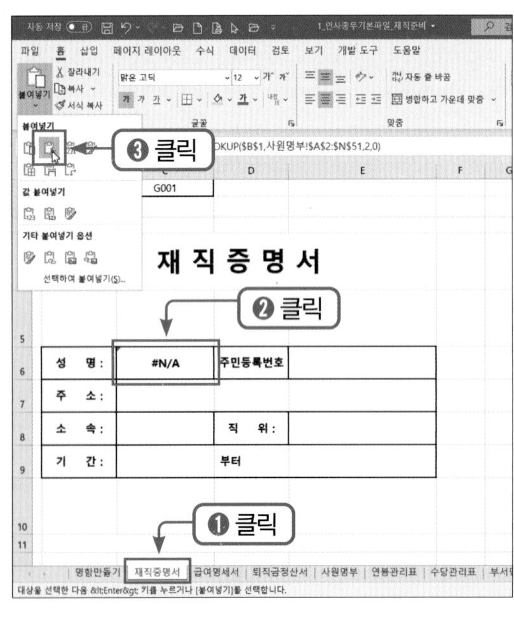

수식 붙여넣기는 복사한 셀의 서식 양식은 적용하지 않고 수식만 붙여넣기할 때 사용하는 기능입니다. 여기에서 복사한 셀을 그냥 붙여넣기를 하면 '명함만들기' 시트의 A9셀에 적용된 서식이 '재직증명서' 시트의 C6셀에도 그대로 적용이 되어 서식을 다시 설정해야 하는 번거로움이 있습니다.

03 C6셀 수식 입력줄을 클릭합니다. 기준이 되는 'Lookup_value'를 **$C$1**로 수정한 후 ENTER 키를 누릅니다.

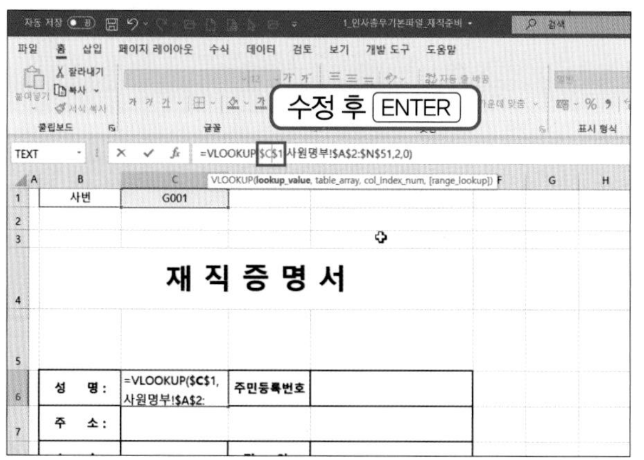

'Lookup_value'는 기준이 되는 셀 주소를 참조합니다. '명함만들기' 시트에서는 기준이 되는 사번이 B1셀에 있었지만 여기에서는 사번이 C1셀에 있습니다. 그래서 'Lookup_value'를 C1셀로 수정하는 것입니다. 이렇게 함수를 복사해서 활용할 때는 참조되는 셀의 주소 변화를 꼭 확인해야 오류가 나지 않고 정확히 원하는 값을 불러올 수 있습니다.

04 나머지 인적 사항도 입력합니다. ❶ C6셀을 선택한 후 CTRL + C 키를 누릅니다. ❷ E6셀을 클릭하고 CTRL 키를 누른 상태에서 C7, C8, E8, C9셀을 클릭하여 선택합니다. ❸ [홈] 탭 → '클립보드' 그룹 → '붙여넣기' 내림 단추를 클릭하여 **수식 붙여넣기**를 클릭합니다.

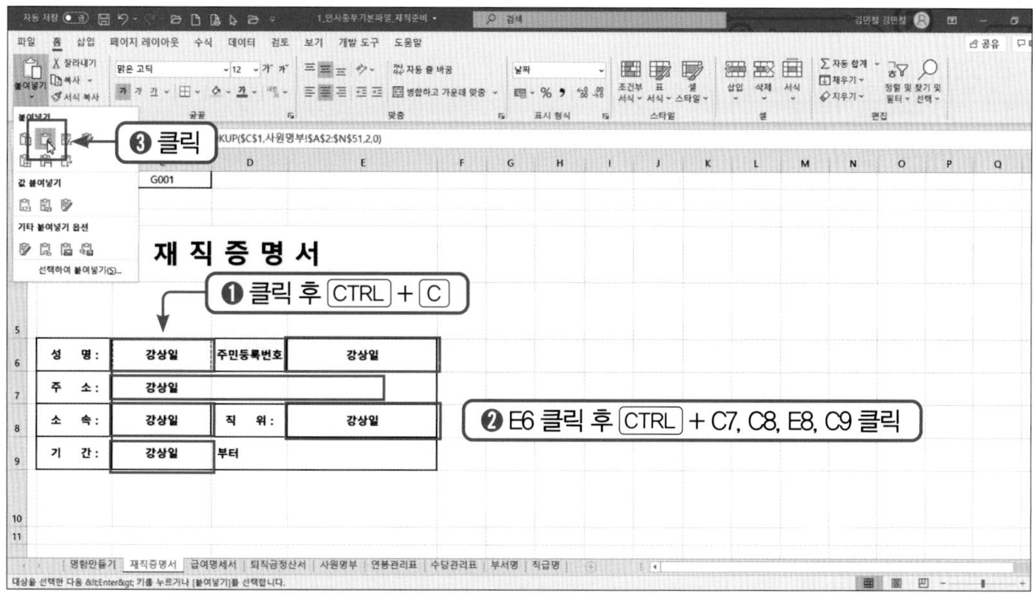

05 ❶ E6셀을 선택한 후 ❷ 수식 입력줄의 'Col_index_num'을 **7**로 수정하여 주민등록번호가 나타나게 합니다.

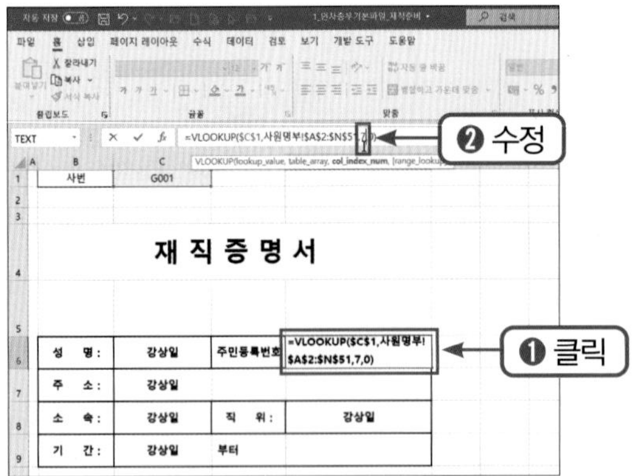

06 C7, C8, E8, C9셀에 입력된 함수의 'Col_index_num'을 수정하여 완성합니다. C7셀은 **14**로, C8셀은 **5**로, E8셀은 **6**으로, C9셀은 **4**로 수정하여 입력합니다.

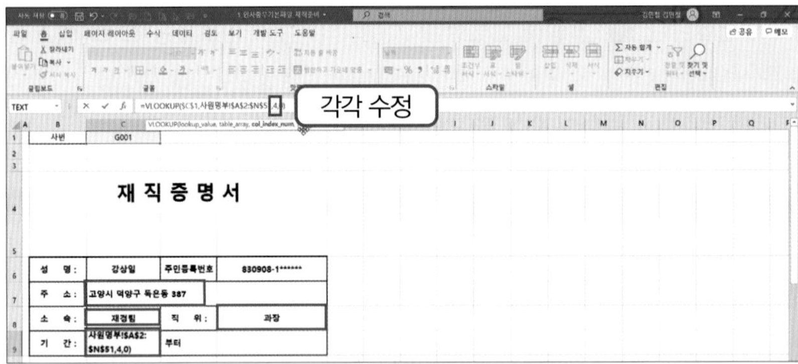

재직 증명서 완성하기

01 ❶ E9셀을 선택하고 ❷ 수식 입력줄에 **=YEAR(TODAY())&"년"&MONTH(TODAY())&"월 현재까지"**를 입력한 후 ENTER 키를 누릅니다.

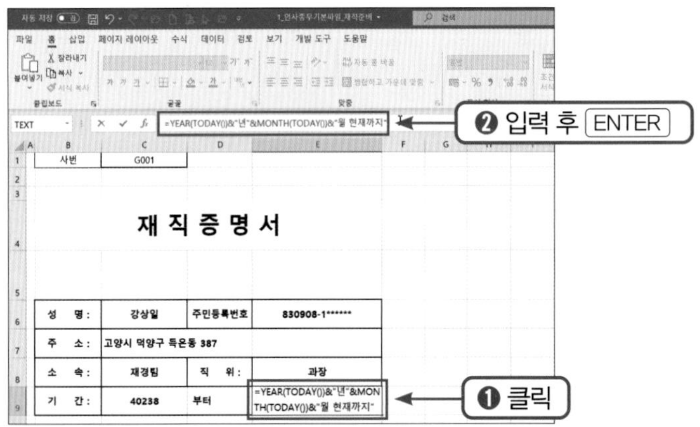

알아보기

함수 입력 방법

셀에 함수를 입력하는 방법에는 2가지가 있습니다. 함수 마법사를 사용하여 입력하는 것과 지금과 같이 수식 입력줄에 직접 함수를 입력하는 것입니다. 쉽고 간단한 함수를 입력할 때는 수식 입력줄에 직접 입력하는 것이 시간을 단축할 수 있어 편리합니다. 일반적으로 함수를 자유자재로 사용할 수 있는 파워유저의 경우 수식 입력줄에 직접 입력하는 것을 선호합니다. 하지만 어렵고 복잡한 함수를 사용해야 할 경우에는 함수 마법사의 도움을 받는 것이 더 편리합니다.

날짜 함수들

TODAY() 함수는 인수가 필요치 않은 함수이며 컴퓨터 시스템의 오늘 날짜를 표시합니다. 오늘 날짜를 자동으로 보여 줄 때 주로 사용합니다.

YEAR(Serial_number) 함수는 입력된 날짜의 연도를 표시합니다. 인수에는 반드시 날짜 형식으로 데이터가 입력되어야 합니다.

MONTH(Serial_number) 함수는 입력된 날짜의 월을 표시합니다. 인수에는 반드시 날짜 형식으로 데이터가 입력되어야 합니다.

02 ❶ B11셀을 선택합니다. ❷ 수식 입력줄에 **="상기인은 "&**를 입력한 후 ❸ 함수 삽입(f_x) 명령 단추를 클릭합니다. ❹ '함수 마법사' 대화 상자가 나타나면 '범주 선택'을 **텍스트**로 선택합니다. ❺ '함수 선택' 창에서 **TEXT**를 클릭한 후 ❻ [확인] 단추를 클릭합니다.

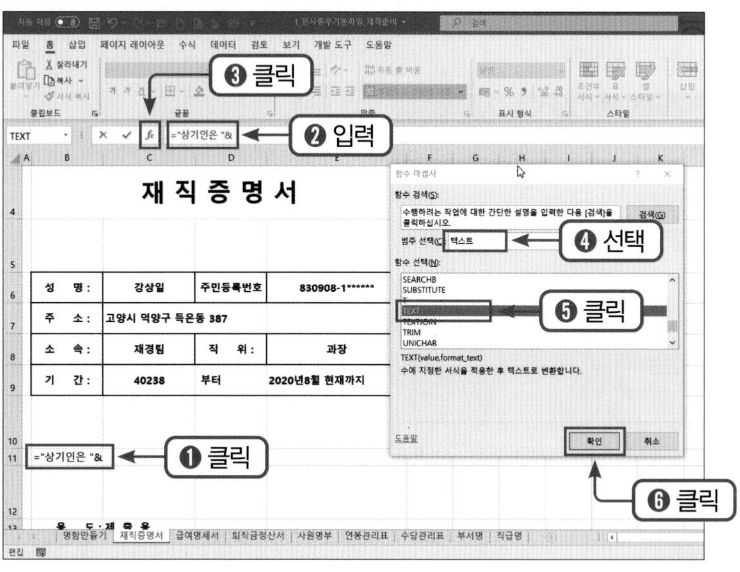

알아보기 TEXT 함수

TEXT(Value, Format_text) 함수는 숫자로 입력된 데이터(Value)에 대해 서식을 지정한 후(Format_text) 텍스트로 표시합니다.

❶ Value: 숫자로 입력된 데이터입니다.

❷ Format_text: 적용하는 서식입니다. 반드시 겹따옴표로 표시가 되어야 합니다.

Format_text에 입력되는 서식은 셀 표시 형식에 적용되는 서식의 규칙과 동일합니다. 여기에 대해서는 부록1-2 '표시 형식 활용하기'(491P)를 참고하세요.

03 '함수 인수' 대화 상자가 나타나면 ❶ 'Value'에 **C9**를, 'Format_text'에 **"yyyy년 m월 d일"**을 입력한 후 ❷ [확인] 단추를 클릭합니다.

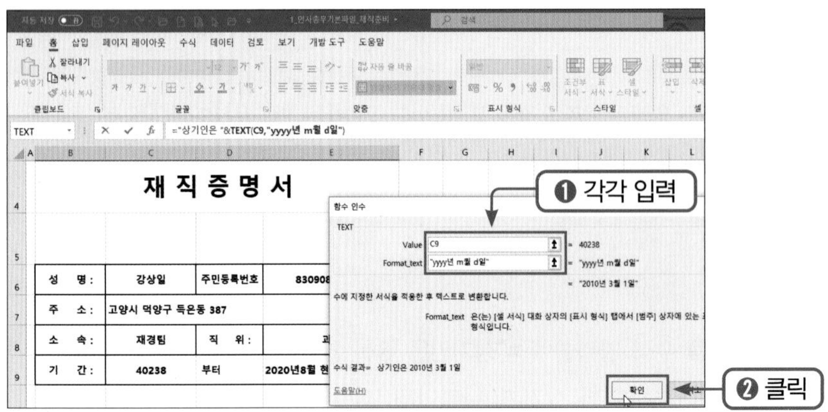

04 수식 입력줄에서 기존 수식 뒤에 **&" 당사에 입사하여 현재 재직 중임을 증명합니다."**를 입력한 후 ENTER 키를 누릅니다.

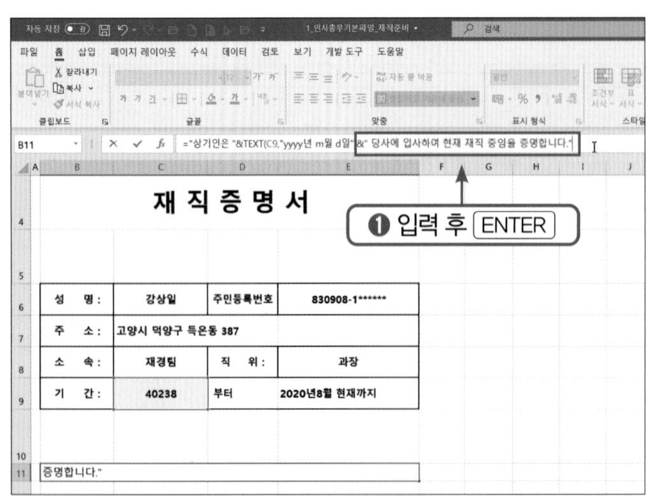

&" 뒤의 띄어쓰기는 오타가 아닙니다. 엑셀에서는 스페이스 바도 문자로 인식합니다. 공백을 꼭 잘 확인하시기 바랍니다.

05 ❶ B15셀을 선택합니다. ❷ 수식 입력줄에 **=TODAY()**를 입력한 후 ENTER 키를 누릅니다.

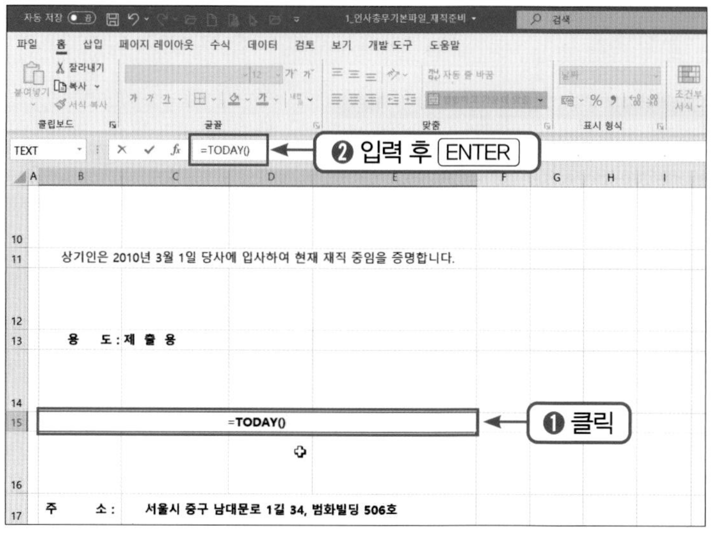

06 ❶ C7셀에서 E7셀까지 드래그하여 선택한 다음 ❷ [홈] 탭 → '맞춤' 그룹 → '병합하고 가운데 맞춤' 명령 단추를 클릭합니다.

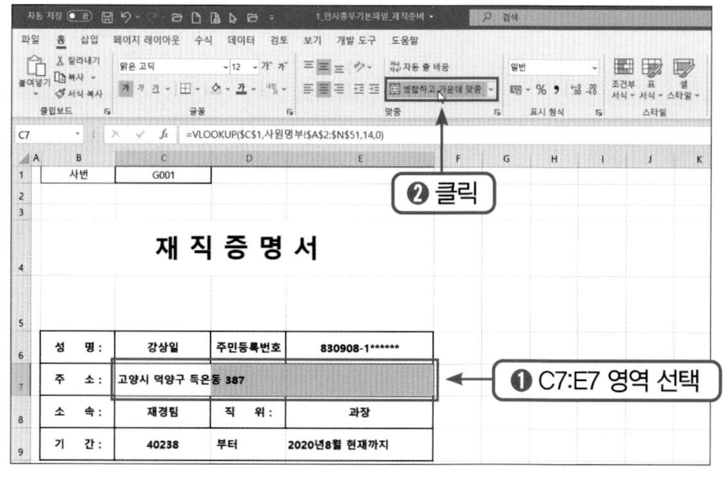

문서를 작성할 때 '셀 병합'은 가능하면 하지 않는 것이 좋습니다. 하지만 재직 증명서 문서와 같이 한번 작성하면 이후 수정할 필요가 거의 없는 문서에는 예외적으로 사용해도 좋습니다.

07 C9셀에 날짜 서식을 지정합니다. ❶ C9셀을 선택한 후 CTRL + 1 키를 눌러 '셀 서식' 대화 상자가 나타나게 합니다. ❷ [표시 형식] 탭에서 '범주'를 **날짜**로 선택하고 ❸ 필요한 날짜 형식을 선택한 다음 ❹ [확인] 단추를 클릭합니다.

08 마지막으로 페이지 나누기 미리 보기 기능을 통해 재직 증명서 부분만 출력이 되도록 해 보겠습니다. ❶ [보기] 탭 → '통합 문서 보기' 그룹 → '페이지 나누기 미리 보기' 명령 단추를 클릭합니다. ❷ 페이지 구분선을 클릭한 상태에서 출력할 영역까지 드래그합니다.

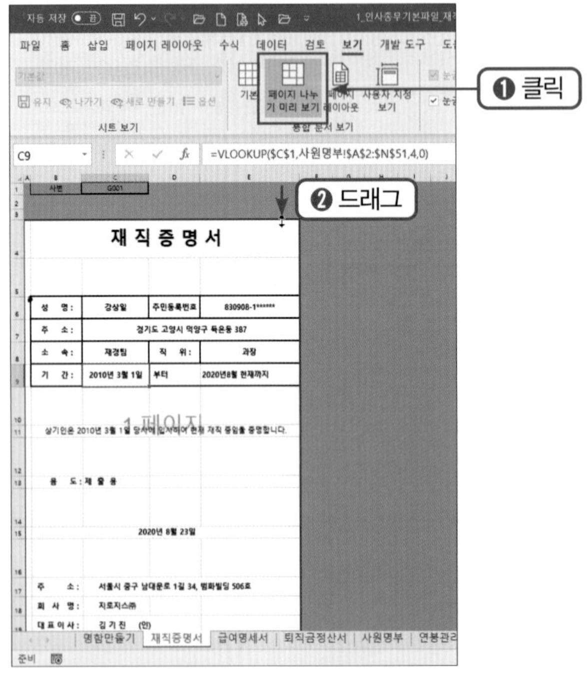

준비 파일 인사총무기본파일_급여준비.xlsx

03 급여 명세서 만들기

직원들이 가장 좋아하는 날이 급여일이 아닐까요? 직원들의 즐거운 급여 지급을 위해 인사/총무 부서 담당자는 평소보다 업무가 더 많아집니다. 하지만 급여 명세서를 자동으로 만들 수 있다면 인사/총무 부서 직원들도 함께 즐거운 급여일이 되지 않을까요? 이번에는 급여 명세서 프로그램을 만들어 보겠습니다.

실습 내용

기본 원리: H4셀에서 사번을 선택하여 입력하면 급여 명세서가 자동으로 완성되도록 작성합니다.

주요 기능: ❶ 수식 복사하여 붙여넣기 ❷ VLOOKUP 함수의 기준 코드 만들기

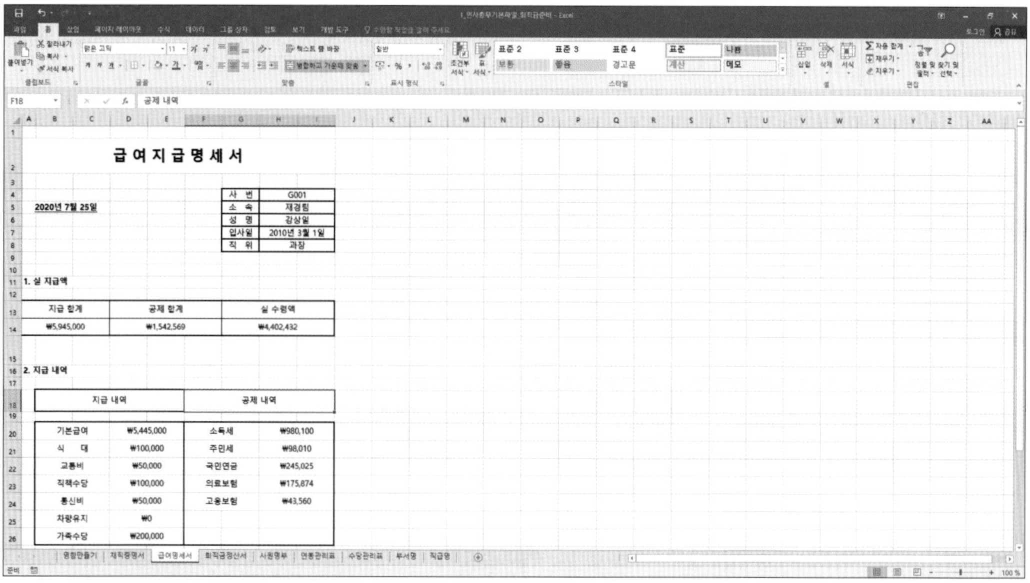

인적 사항 불러오기

01 '급여명세서' 시트의 H4셀에 사번 유효성 목록을 나타냅니다. ❶ '재직증명서' 시트를 클릭합니다. ❷ C1셀을 선택한 후 CTRL + C 키를 눌러 셀을 복사합니다.

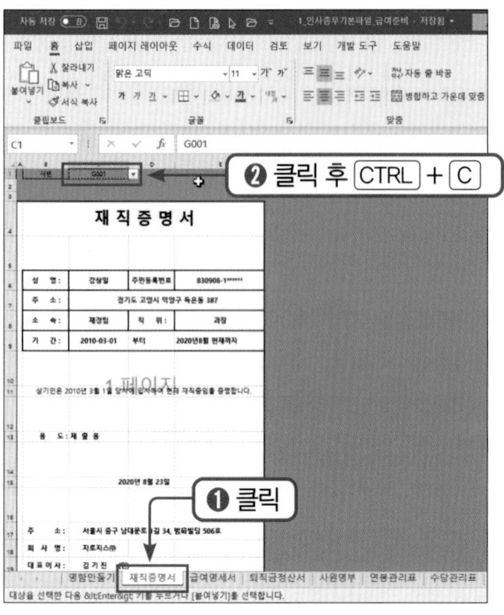

02 ❶ '급여명세서' 시트를 클릭합니다. ❷ H4셀을 선택한 후 ❸ [홈] 탭 → '클립보드' 그룹 → '붙여넣기' 내림 단추를 클릭하고 **선택하여 붙여넣기**를 클릭합니다.

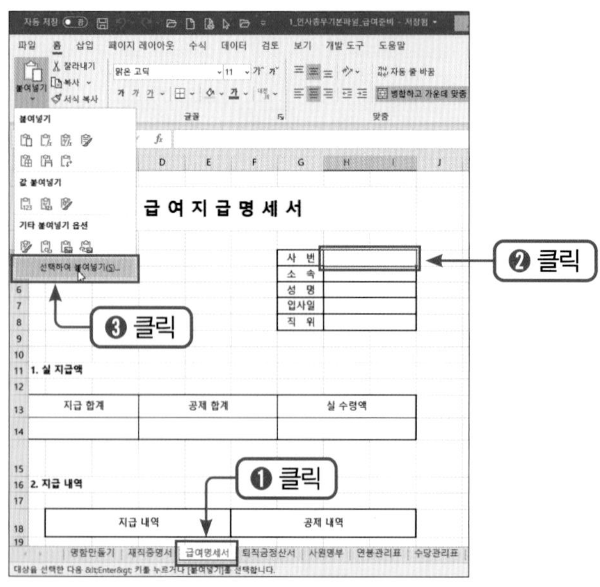

03 '선택하여 붙여넣기' 대화 상자가 나타납니다. ❶ '붙여넣기'에서 **유효성 검사**를 선택한 후 ❷ [확인] 단추를 클릭합니다.

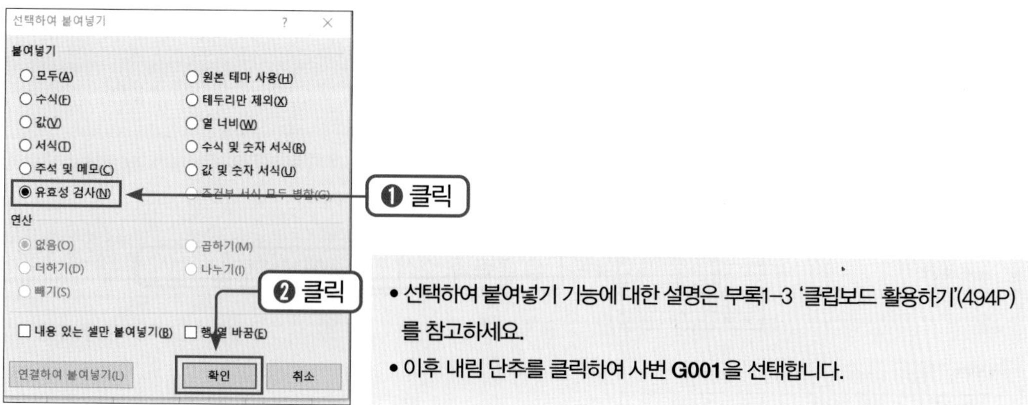

- 선택하여 붙여넣기 기능에 대한 설명은 부록1-3 '클립보드 활용하기'(494P)를 참고하세요.
- 이후 내림 단추를 클릭하여 사번 **G001**을 선택합니다.

04 H5:H8 영역까지 직원 인적 사항을 불러옵니다. ❶ '재직증명서' 시트를 선택합니다. ❷ C8셀을 선택합니다. ❸ 수식 입력줄의 수식을 드래그하고 CTRL + C 키를 누른 후 ENTER 키를 누릅니다.

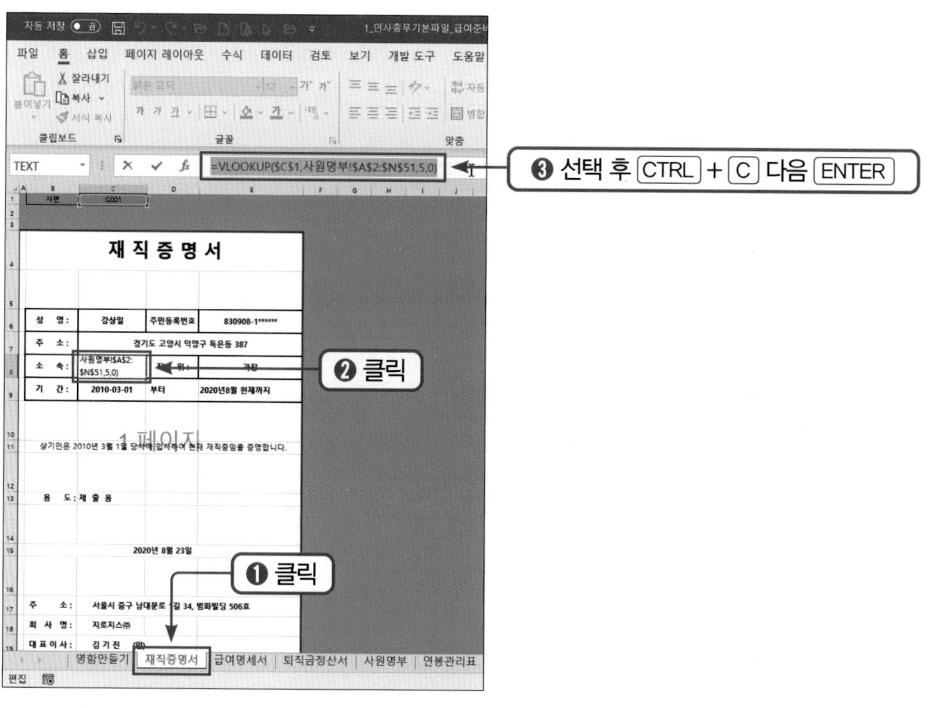

05 ❶ '급여명세서' 시트를 선택합니다. ❷ H5셀을 선택한 후 수식 입력줄에서 [CTRL] + [V] 키를 누릅니다. ❸ 수식 입력줄에서 'Lookup_value'를 **$H$4**로 수정한 후 [ENTER] 키를 누릅니다.

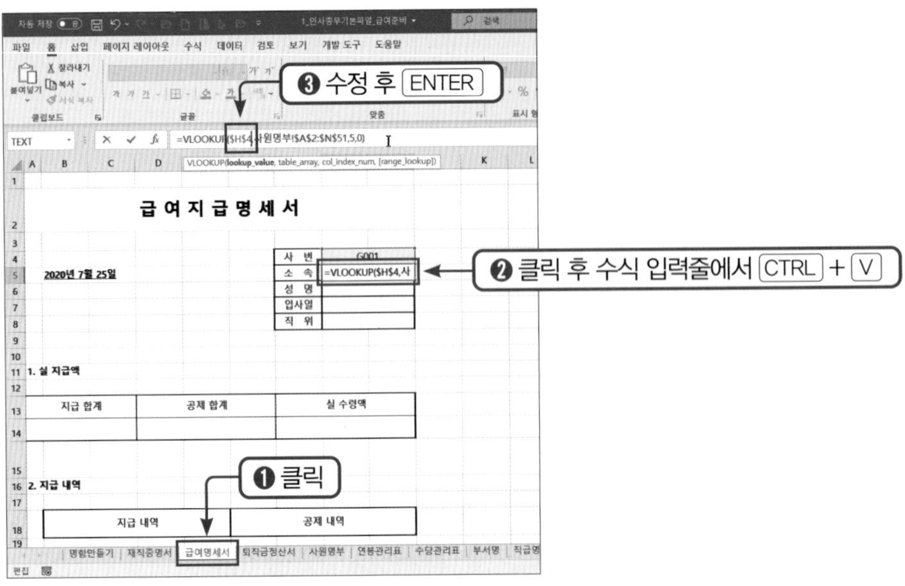

06 ❶ H5셀을 선택하고 ❷ 자동 채우기 핸들(✚)을 H8셀까지 드래그하여 수식을 붙여넣기합니다.

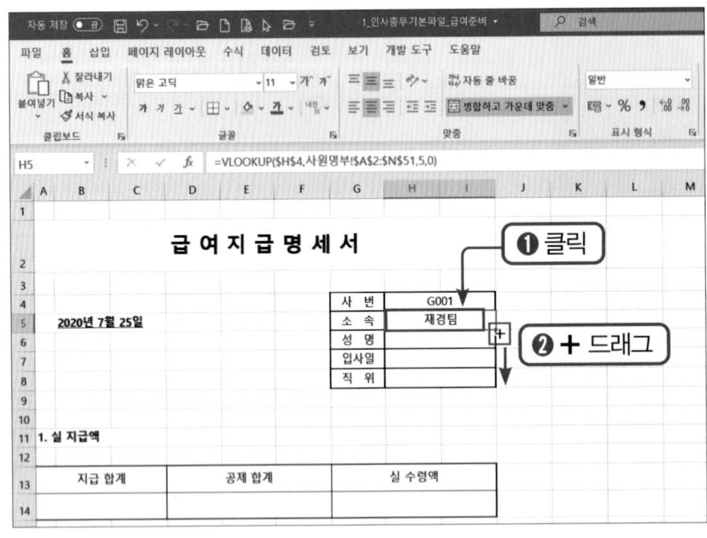

07 H6, H7, H8셀의 수식 입력줄에서 'Col_index_num' 항목 **5**를 삭제하고 각각 해당 자리를 H6셀에서는 **2**로, H7셀에서는 **4**로, H8셀에서는 **6**으로 수정하여 입력합니다.

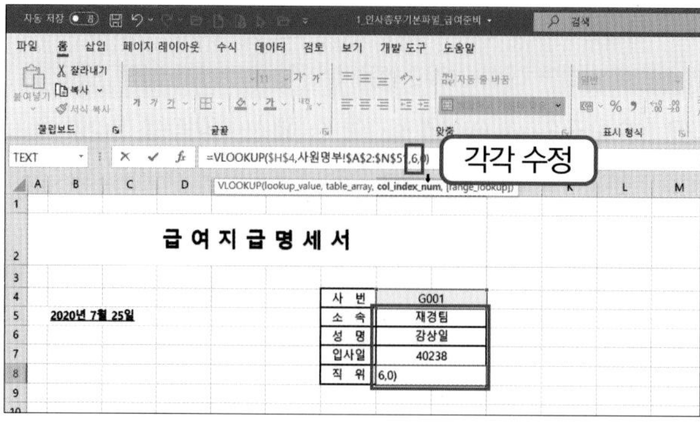

지급 내역 불러오기

01 먼저 사원번호와 성명 사이에 2가지 조건을 충족하는 새로운 기준을 만듭니다. ❶ '연봉관리표' 시트를 클릭한 후 ❷ B열 머리에서 마우스 오른쪽 버튼을 클릭한 후 ❸ **삽입**을 클릭합니다.

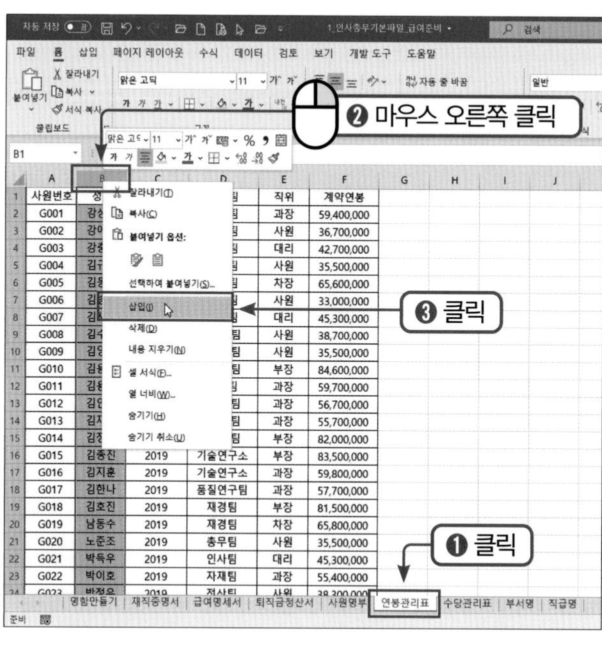

알아보기 VLOOKUP 함수 응용하기

일반적으로 VLOOKUP 함수는 1가지 조건을 충족할 때만 활용이 가능합니다. 2가지 이상 조건을 충족하는 데이터를 찾을 때는 VLOOKUP보다 조금 더 복잡한 INDEX, MATCH 혹은 배열 함수 등을 사용해야 합니다. 하지만 이들 함수를 사용하는 것이 익숙하지 않다면 데이터에서 열을 삽입한 후 2가지 이상 조건을 충족하는 기준열을 새로 만들면 VLOOKUP 함수로도 2가지 이상의 조건을 충족하는 데이터를 불러올 수 있습니다. 알고 있는 함수와 셀을 활용하여 쉽게 데이터를 불러올 수 있는 것입니다. 이렇게 엑셀을 사용하는 데는 정답이 없습니다. 지금 내가 잘 알고 잘 사용할 수 있는 기능이나 함수를 활용해 원하는 결과만 가져올 수 있으면 됩니다.

직원의 연봉과 수당은 해마다 변동됩니다. 여기서도 각 연도별로(각각 2019년과 2020년) 직원들의 연봉과 수당이 데이터로 관리되고 있습니다. 급여 명세서 지급 내역에는 해당 직원의 급여가 지급되는 해당 연도의 연봉과 수당이 일치해야 정확한 내용을 불러올 수 있습니다.

02 ❶ B2셀을 선택합니다. ❷ 수식 입력줄에 **=A2&D2**를 입력하고 ENTER 키를 누릅니다.

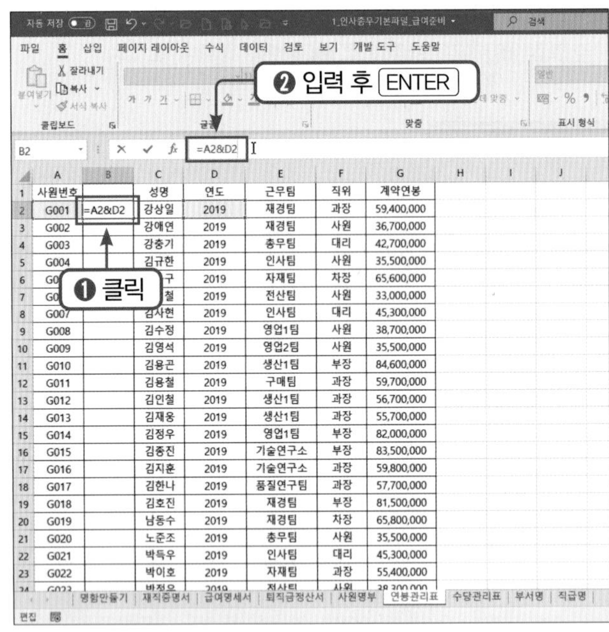

03 ❶ B2셀을 선택하고 ❷ B2셀의 자동 채우기 핸들(**+**)을 더블클릭하여 새로운 기준을 완성합니다.

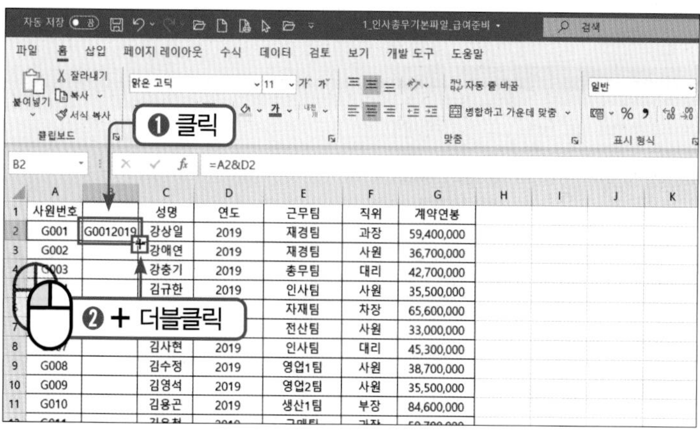

자동 채우기 핸들을 더블클릭하면 데이터가 연결되어 있는 셀까지 동일한 수식이 채워집니다. 여기서는 A2:A51 영역까지 데이터가 연결되어 있으므로 B2셀에 입력한 수식이 B51셀까지 자동으로 채워집니다.

04 수당관리표에도 새로운 기준을 만듭니다. ❶ '수당관리표' 시트를 선택합니다. ❷ C열 머리에서 마우스 오른쪽 버튼을 클릭한 후 ❸ **삽입**을 클릭합니다.

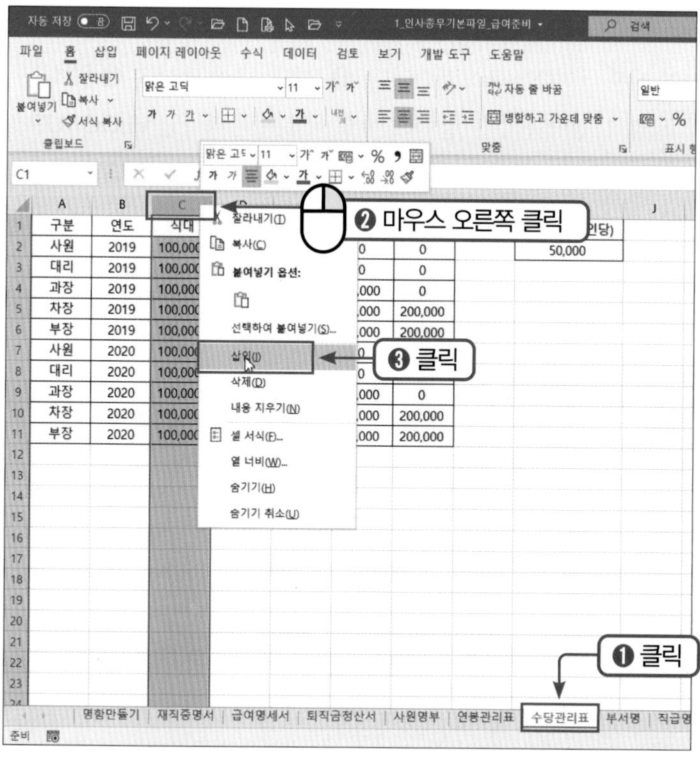

05 ❶ C2셀을 선택한 후 ❷ 수식 입력줄에 **=A2&B2**를 입력하고 ENTER 키를 누릅니다. ❸ C2셀을 선택한 후 C2셀 오른쪽 아래 자동 채우기 핸들을 더블클릭하여 새로운 기준을 완성합니다. ❹ '급여명세서' 시트를 클릭합니다.

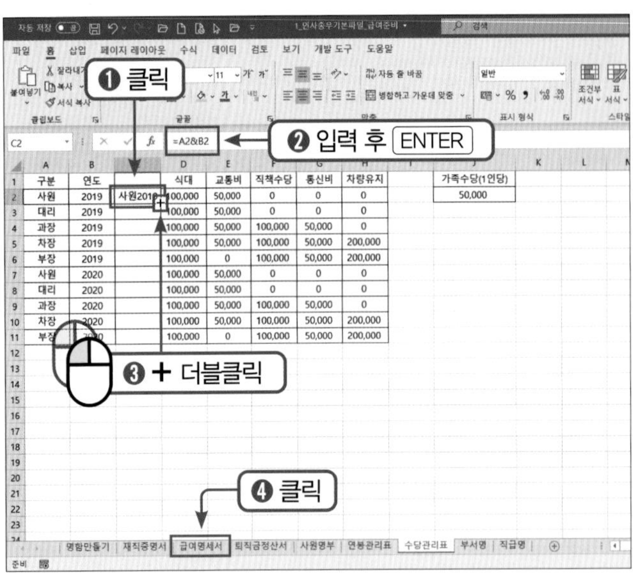

06 VLOOKUP 함수를 활용하여 기본 급여를 불러오겠습니다. ❶ D20셀을 선택한 후 ❷ [수식] 탭 → '함수 라이브러리' → '찾기/참조 영역' 명령 단추를 클릭해 함수 목록이 나타나면 **VLOOKUP**을 선택합니다. ❸ '함수 인수' 대화 상자가 나타나면 'Lookup_value'에 **$H$4&YEAR($A$5)**를 입력합니다. ❹ 'Table_array'에서 '연봉관리표' 시트를 클릭하고 B2:G101 영역을 선택한 후 F4 키를 눌러 절대참조로 지정합니다. ❺ 'Col_index_num'에 **6** ❻ 'Range_lookup'에 **0**을 입력한 후 ❼ [확인] 단추를 클릭합니다.

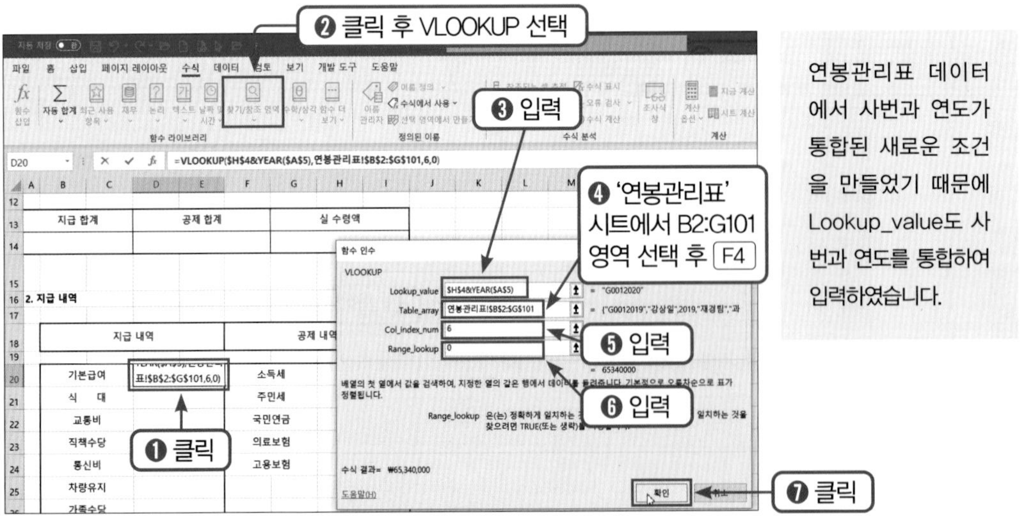

연봉관리표 데이터에서 사번과 연도가 통합된 새로운 조건을 만들었기 때문에 Lookup_value도 사번과 연도를 통합하여 입력하였습니다.

07 연봉을 월 급여로 계산하기 위해 ❶ D20셀을 선택합니다. ❷ 수식 입력줄의 맨 뒤에 **/12**를 추가로 입력한 후 [ENTER] 키를 누릅니다.

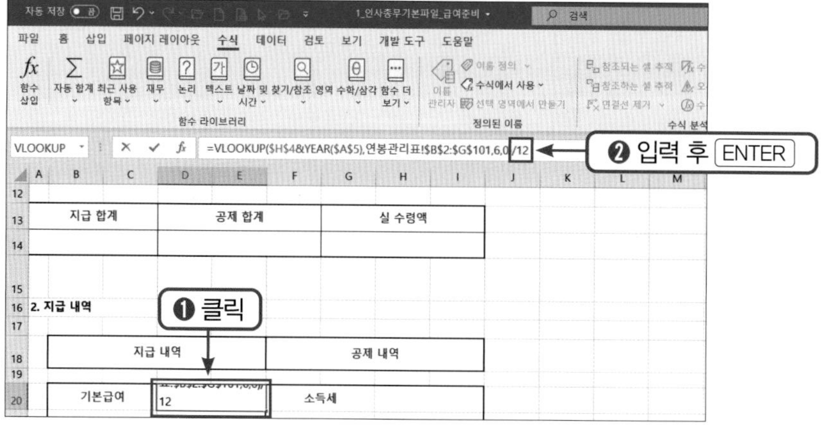

08 각종 수당 항목이 나타나게 합니다. 먼저 식대를 나타냅니다. ❶ D21셀을 선택한 후 ❷ [수식] 탭 → '함수 라이브러리' → '찾기/참조 영역' 명령 단추를 클릭해 함수 목록이 나타나면 **VLOOKUP**을 선택합니다. ❸ '함수 인수' 대화 상자가 나타나면 'Lookup_value'에 **$H$8&YEAR($A$5)**를 입력합니다. ❹ 'Table_array'에서 '수당관리표' 시트를 클릭하고 C2:H11 영역을 선택한 후 [F4] 키를 눌러 절대참조로 지정합니다. ❺ 'Col_index_num'에 **2** ❻ 'Range_lookup'에 **0**을 입력한 후 ❼ [확인] 단추를 클릭합니다.

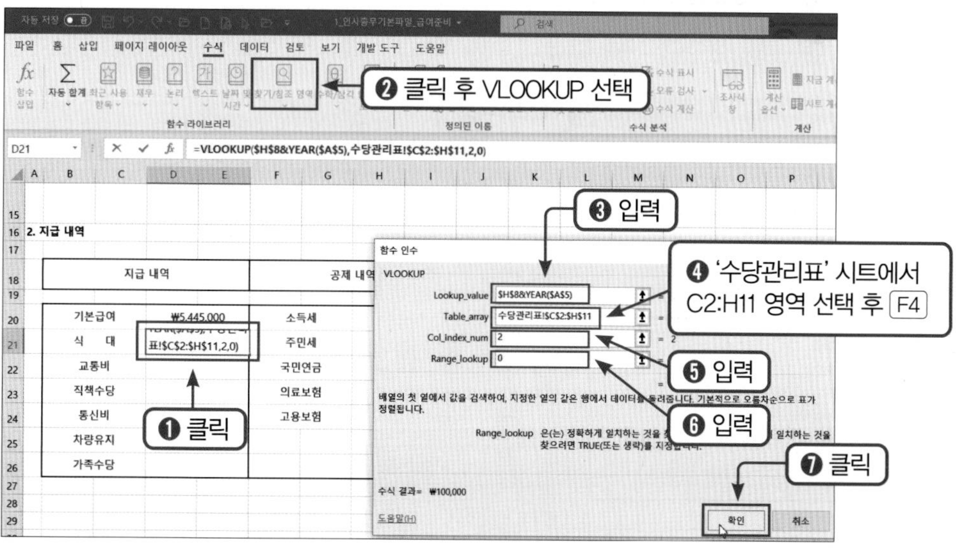

수당관리표 데이터에서 직위와 연도가 통합된 새로운 조건을 만들었기 때문에 Lookup_value도 직위와 연도를 통합하여 입력하였습니다.

09 자동 채우기 핸들을 통해 나머지 수당도 불러옵니다. ❶ D21셀을 선택한 후 ❷ D25셀까지 자동 채우기 핸들(**+**)을 드래그합니다.

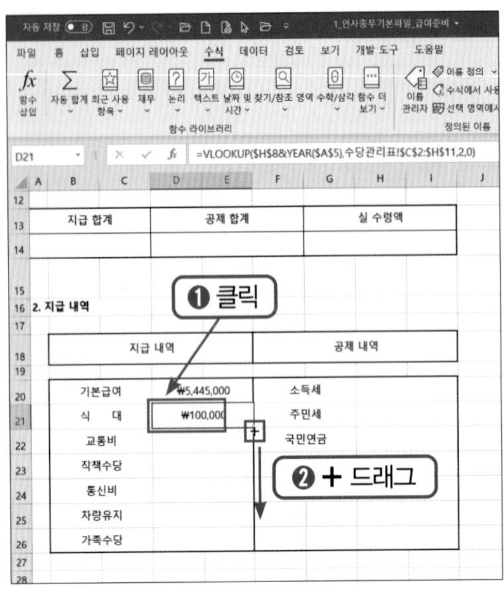

10 D22, D23, D24, D25셀의 수식 입력줄에서 'Col_index_num' 항목 **2**를 삭제합니다. 그 자리를 D22셀은 **3**으로, D23셀은 **4**로, D24셀은 **5**로, D25셀은 **6**으로 수정하여 입력합니다.

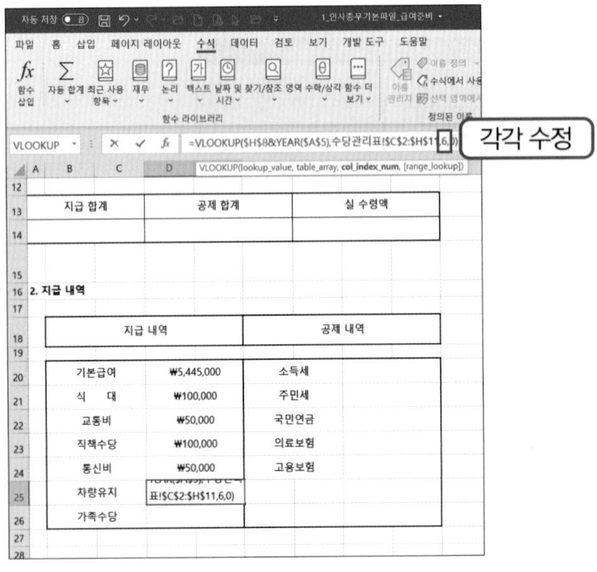

11 가족수당이 나타나게 합니다. 먼저 직원의 가족수를 불러옵니다. ❶ D26셀을 선택한 후 ❷ [수식] 탭 → '함수 라이브러리' → '찾기/참조 영역' 명령 단추를 클릭해 함수 목록이 나타나면 **VLOOKUP**을 선택합니다. ❸ '함수 인수' 대화 상자가 나타나면 'Lookup_value'에 **$H$4**를 입력합니다. ❹ 'Table_array'에서 '사원명부' 시트를 클릭하고 A2:N51 영역을 선택한 후 F4 키를 눌러 절대참조로 지정합니다. ❺ 'Col_index_num'에 **9** ❻ 'Range_lookup'에 **0**을 입력한 후 ❼ [확인] 단추를 클릭합니다.

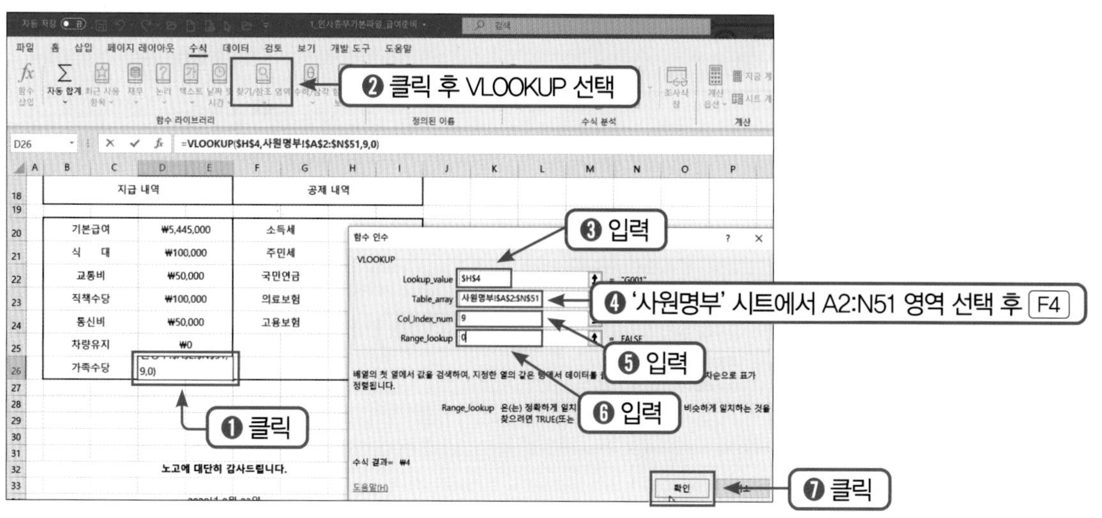

12 가족 수에 1인당 가족수당을 곱하여 가족수당을 완성합니다. ❶ 수식 입력줄을 선택한 후 수식 뒤에 *를 입력합니다. ❷ 그 상태에서 '수당관리표' 시트를 선택합니다. ❸ J2셀을 선택하여 입력한 후 ENTER 키를 누릅니다.

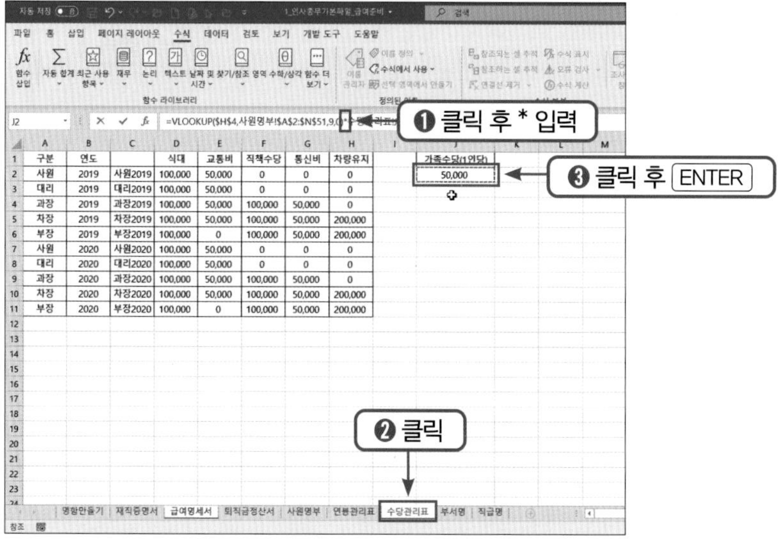

급여 명세서 완성하기

01 공제 내역이 나타나게 H20:H24 영역에 각각 다음 수식을 입력합니다. H20셀에는 **=D20*0.18**, H21셀에는 **=H20*0.1**, H22셀에는 **=D20*0.045**, H23셀에는 **=D20*0.0323**, H24셀에는 **=D20*0.008**을 입력합니다.

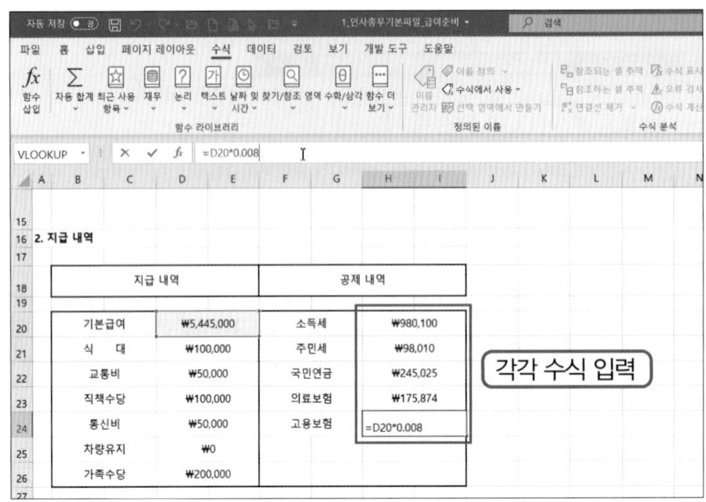

공제 내역의 공제 요율은 다음과 같습니다.

❶ 소득세: 기본급의 18%
❷ 주민세: 소득세의 10%
❸ 국민연금: 기본급의 4.5%
❹ 의료보험: 기본급의 3.23%
❺ 고용보험: 기본급의 0.8%

02 지급 합계를 계산합니다. 자동 합계 명령 단추를 활용하여 SUM 함수를 입력하겠습니다. ❶ A14셀을 선택한 후 ❷ [홈] 탭 → '편집' 그룹의 '자동 합계' 명령 단추를 클릭합니다.

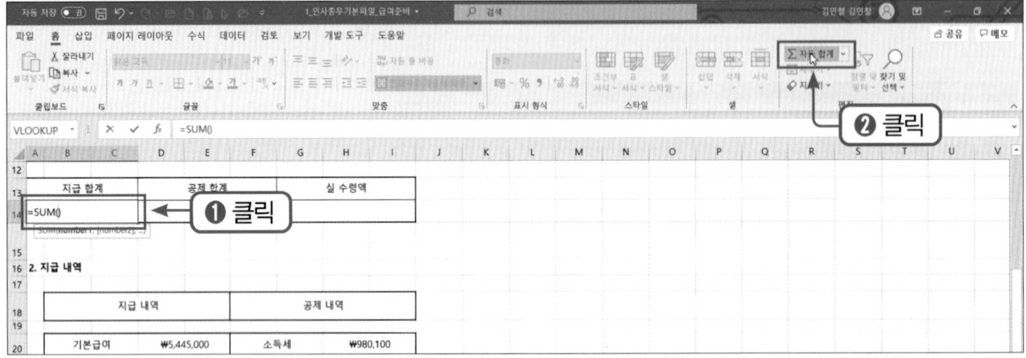

03 D20셀에서 D26셀까지 드래그하여 선택한 후 ENTER 키를 누릅니다.

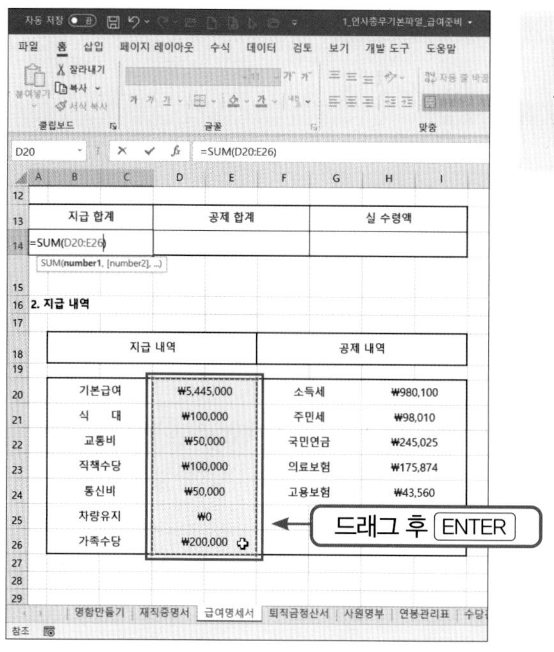

자동 합계 명령 단추를 누르면 =SUM() 수식이 자동으로 나타납니다. 괄호 안의 인수는 드래그하여 입력하면 됩니다.

04 공제 합계를 계산합니다. ❶ D14셀을 선택한 후 ❷ [홈] 탭 → '편집' 그룹의 '자동 합계' 명령 단추를 클릭합니다. ❸ H20셀에서 H26셀까지 드래그한 후 ENTER 키를 누릅니다.

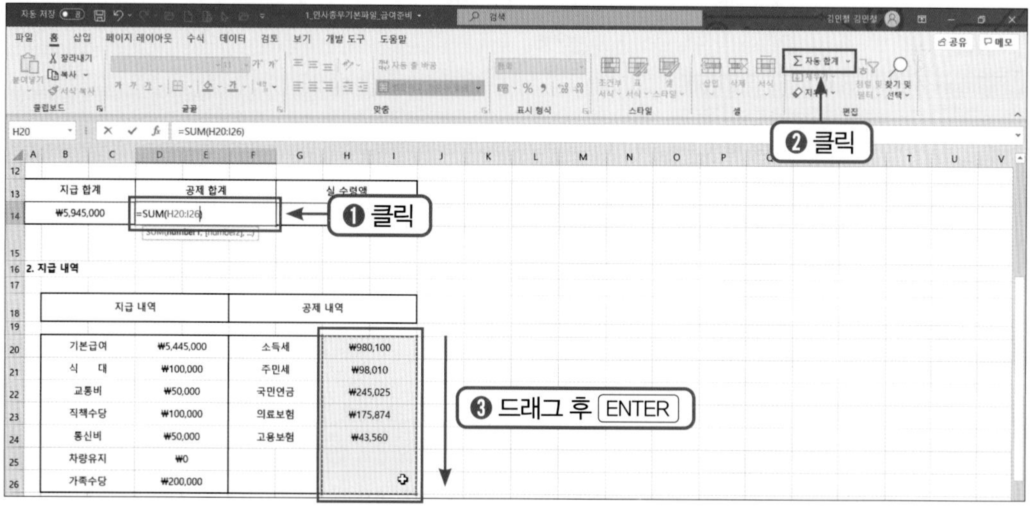

05 실 수령액을 계산합니다. G14셀에 **=A14-D14**를 입력한 후 ENTER 키를 누릅니다.

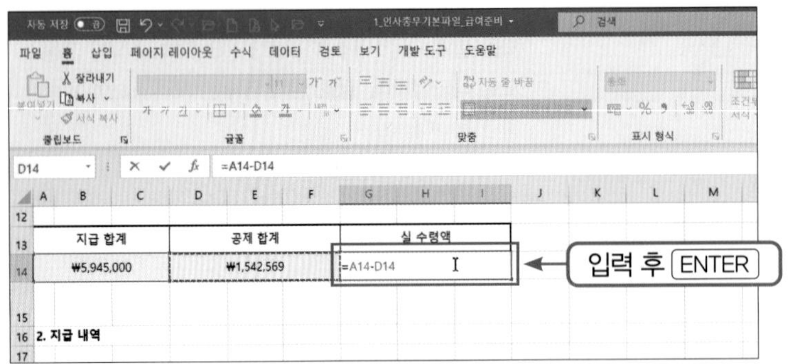

06 마지막으로 서식을 지정해서 급여명세서를 완성합니다. ❶ H7셀을 선택한 후 CTRL + 1 키를 눌러 '셀 서식' 대화 상자를 불러옵니다. ❷ [표시 형식] 탭 → '날짜' 범주에서 적당한 형식을 선택한 후 ❸ [확인] 단추를 클릭합니다.

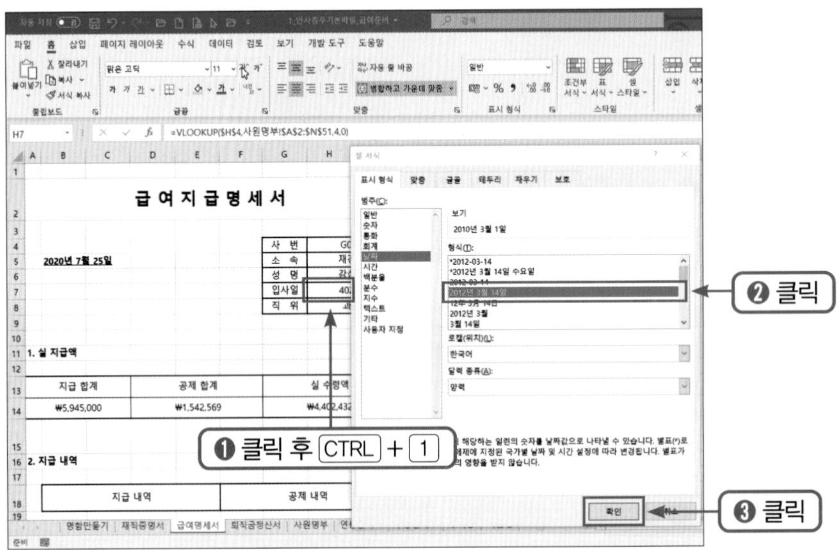

준비 파일 **인사총무기본파일_퇴직금준비.xlsx**

04 퇴직금 정산서 만들기

입사하는 직원이 있으면 퇴직하는 직원도 있습니다. 1년 이상 근무한 직원이 퇴직하게 되면 회사에서는 퇴직금을 지급해야 합니다. 이때 인사/총무 부서에서 퇴직금을 정산하는 업무를 하게 됩니다. 퇴직금은 퇴직하는 사람에게 중요한 소득이 되므로 정산에 오차가 없어야 합니다. 이번에는 퇴직금 정산서를 자동으로 계산할 수 있는 프로그램을 만들어 보겠습니다.

실습 내용

기본 원리: B5셀에서 사번을 선택하여 입력하면 퇴직금 정산서가 자동으로 완성되도록 작성합니다.

주요 기능: ❶ 수식 복사하여 붙여넣기 ❷ DATEDIF 함수 사용하여 근속 날짜 산정
❸ ROUNDUP 함수 사용하여 퇴직금 산정액 구하기

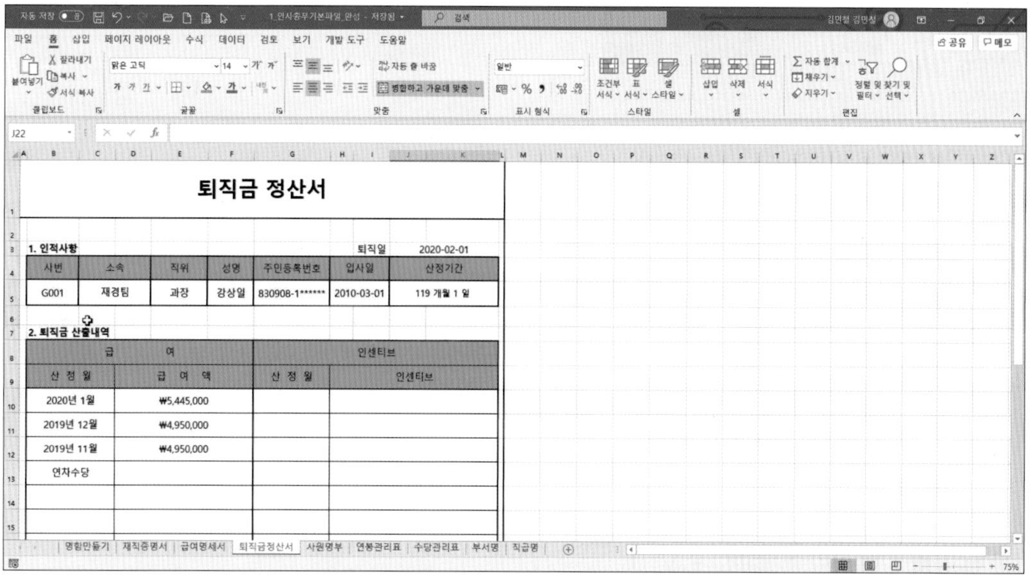

퇴직금 정산서

1. 인적사항 퇴직일 2020-02-01

사번	소속	직위	성명	주민등록번호	입사일	산정기간
G001	재경팀	과장	강상열	830908-1******	2010-03-01	119 개월 1 일

2. 퇴직금 산출내역

급여		인센티브	
산 정 월	급 여 액	산 정 월	인센티브
2020년 1월	₩5,445,000		
2019년 12월	₩4,950,000		
2019년 11월	₩4,950,000		
연차수당			

인적 사항 불러오기

01 ❶ '재직증명서' 시트를 클릭합니다. ❷ C1셀을 선택한 후 CTRL + C 키를 눌러 셀을 복사합니다.

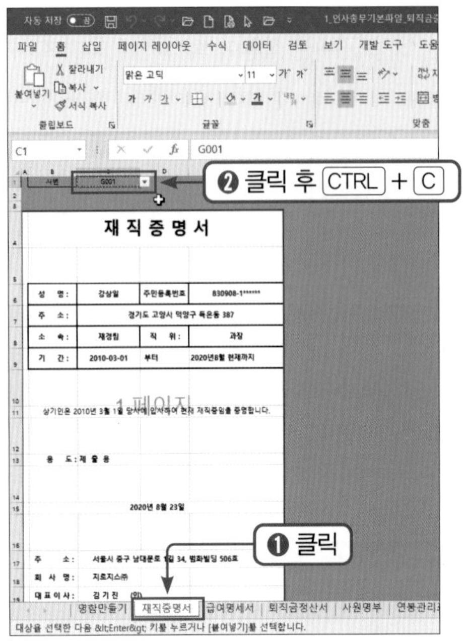

02 ❶ '퇴직금정산서' 시트를 클릭합니다. ❷ B5셀을 선택한 후 CTRL + V 키를 누릅니다.

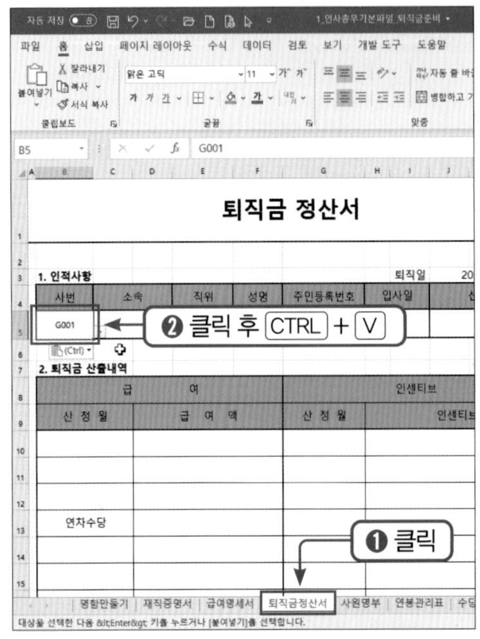

셀이 병합되어 있지 않고, 셀 서식이 일치한다면 셀을 복사하여 붙여넣기만 해도 유효성 검사까지 복사가 됩니다.

03 소속을 불러옵니다. ❶ '재직증명서' 시트를 클릭합니다. ❷ C8셀을 선택합니다. ❸ 수식 입력줄의 수식을 드래그하고 CTRL + C 키를 눌러 수식을 복사한 후 ENTER 키를 누릅니다.

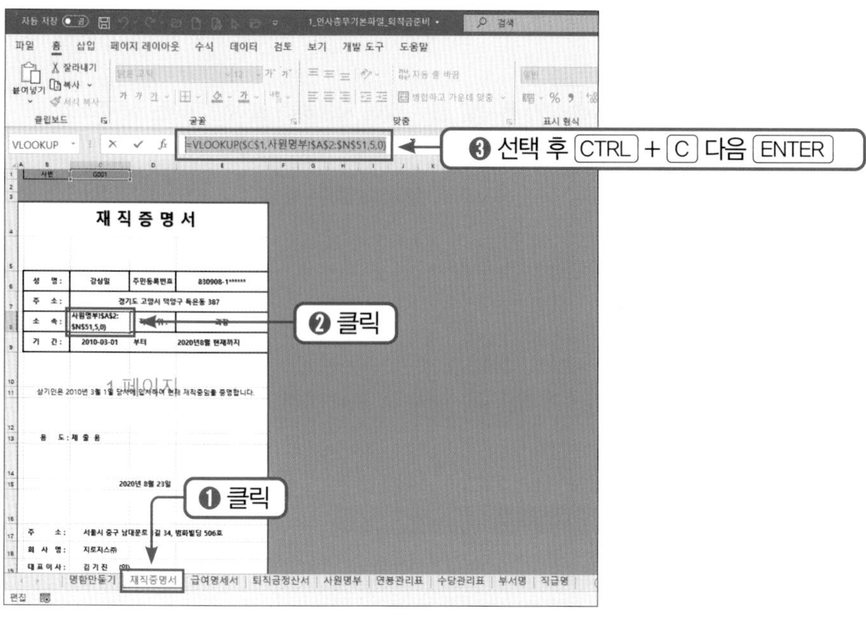

04 ❶ '퇴직금정산서' 시트를 클릭합니다. ❷ C5셀을 선택한 후 ❸ 수식 입력줄에서 CTRL + V 키를 누릅니다. 기준이 되는 사번이 B5셀에 있으므로 ❹ 수식 입력줄에서 'Lookup_value'를 **$B$5**로 수정한 후 ENTER 키를 누릅니다.

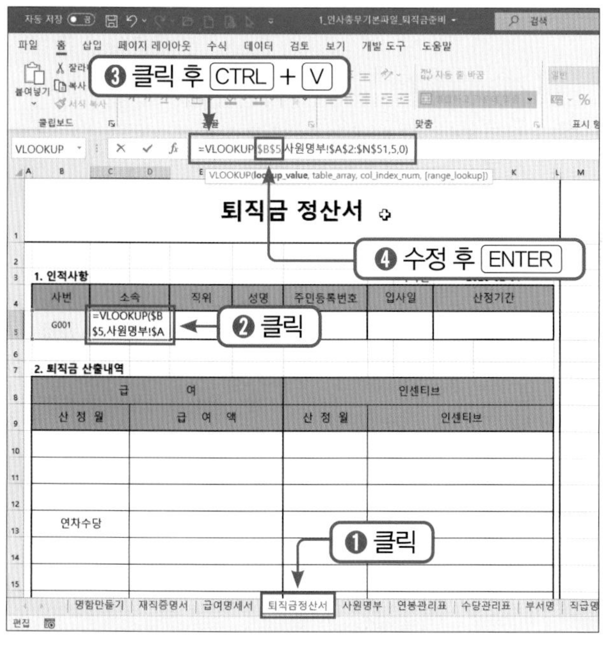

알아보기 수식 복사하는 방법

수식을 복사하여 붙여넣기하는 방법으로는 3가지가 있습니다.

❶ 셀을 복사하여 붙여넣기: 셀 서식까지 함께 복사가 되며 붙여넣기하는 셀 주소에 따라 참조 주소가 달라질 수 있습니다.

❷ 수식 입력줄의 수식만 복사하여 붙여넣기: 수식만 복사할 경우 많이 사용하며 붙여넣기하는 셀 주소와 상관없이 처음 입력된 수식이 복사됩니다.

❸ '선택하여 붙여넣기'에서 '수식'만 붙여넣기: 수식만 복사되며 붙여넣기하는 셀 주소에 따라 참조 주소가 달라질 수 있습니다.

05 ❶ C5셀을 선택합니다. ❷ 수식 입력줄에 입력된 함수를 드래그하고 CTRL + C 키를 눌러 복사한 후 ENTER 키를 누릅니다.

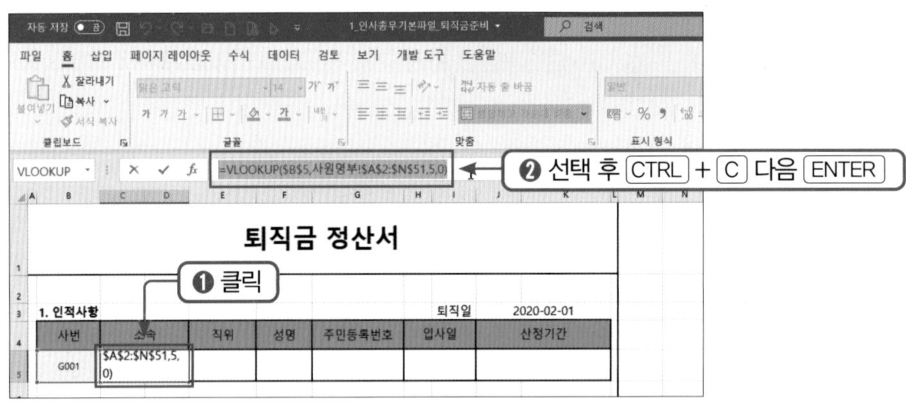

06 ❶ E5셀에서 H5셀까지 드래그하여 선택합니다. ❷ 수식 입력줄을 선택한 후 CTRL + V 키를 눌러 수식을 붙여넣고 ❸ CTRL + ENTER 키를 누릅니다.

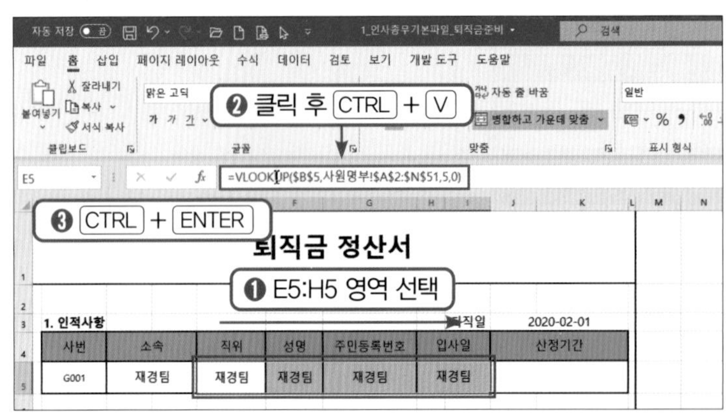

CTRL + ENTER 키를 누르면 선택한 영역에 동일한 데이터가 동시에 입력됩니다. 반드시 수식 입력줄을 선택한 다음 붙여넣기를 해야 합니다. 셀을 선택한 상태에서 붙여넣기를 하면 오류가 발생합니다.

07 E5:H5 영역의 수식 입력줄에서 'Col_index_num' 항목인 **5**를 삭제합니다. 그 자리를 E5셀에서는 **6**으로, F5셀에서는 **2**로, G5셀에서는 **7**로, H5셀에서는 **4**로 수정하여 입력합니다.

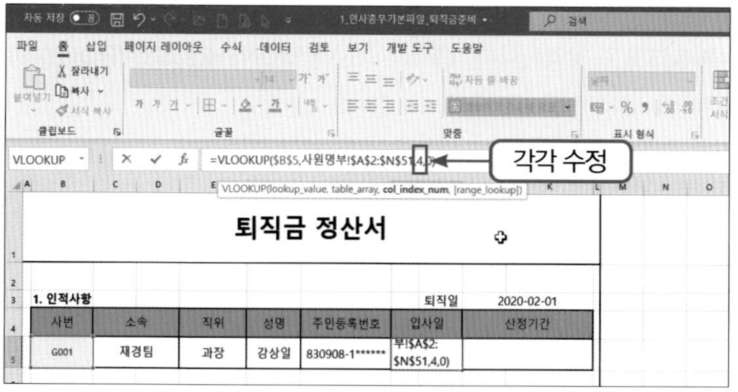

기준 급여 산정하기

01 J5셀에 근속 일수를 산정합니다. ❶ J5셀을 선택합니다. ❷ 수식 입력줄에 **=DATEDIF(H5,$J$3,"M")&" 개월 " &DATEDIF(H5,$J$3,"MD")+1 & " 일 "**을 입력한 후 ENTER 키를 누릅니다.

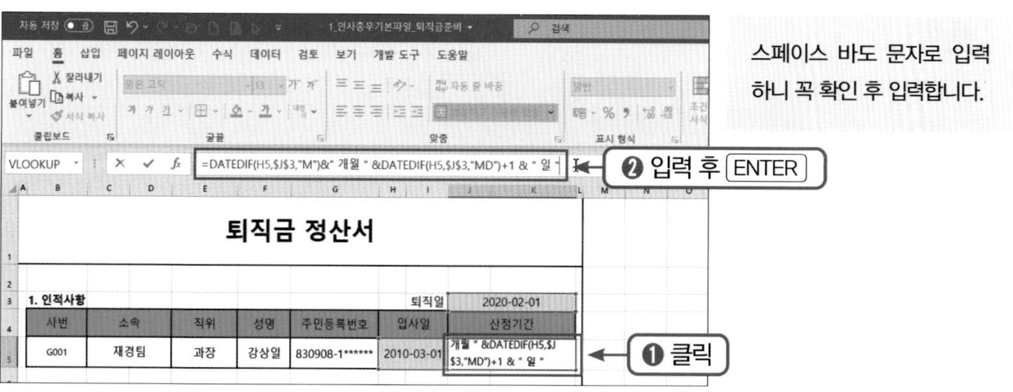

스페이스 바도 문자로 입력하니 꼭 확인 후 입력합니다.

알아보기 DATEDIF 함수

DATEDIF 함수는 날짜 간의 차이를 계산해 주는 함수입니다. 함수 목록에 나오지 않아 함수 마법사를 활용할 수 없어서 수식을 셀에 직접 입력해야 합니다. DATEDIF 함수의 인수는 (시작 날짜, 종료 날짜, "단위")로 구성되어 있습니다. 이 중 "단위"에는 Y, M, D, YM, YD, MD가 있습니다. 각 단위의 의미는 다음과 같습니다.

❶ Y: 두 날짜 사이의 연 수
❷ M: 두 날짜 사이의 개월 수
❸ D: 두 날짜 사이의 날짜 수
❹ YM: 1년 미만 두 날짜 사이의 개월 수
❺ YD: 1년 미만 두 날짜 사이의 날짜 수
❻ MD: 1개월 미만 두 날짜 사이의 날짜 수

02 퇴직금 산정월은 퇴직하기 직전 3개월 급여를 기준으로 작성합니다. 이번에는 퇴직금 산정월이 자동으로 나타나도록 해 보겠습니다. ❶ B10셀을 선택합니다. ❷ [수식] 탭 → '함수 라이브러리' → '날짜 및 시간' 명령 단추를 클릭해 함수 목록이 나타나면 **DATE**를 선택합니다. ❸ '함수 인수' 대화 상자가 나타나면 'Year'에 **YEAR($J$3)**을 입력합니다. ❹ 'Month'에 **MONTH($J$3)-(ROW()-9)**를 ❺ 'Day'에 **1**을 입력한 후 ❻ [확인] 단추를 클릭합니다.

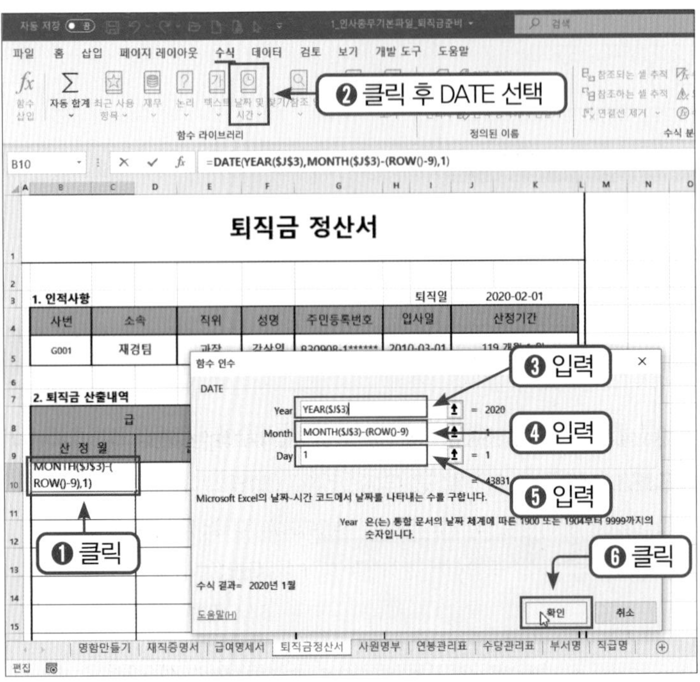

03 자동 채우기 핸들을 통해 나머지 산정월도 불러옵니다. ❶ B10셀을 선택한 후 ❷ B12셀까지 자동 채우기 핸들(**+**)을 드래그합니다.

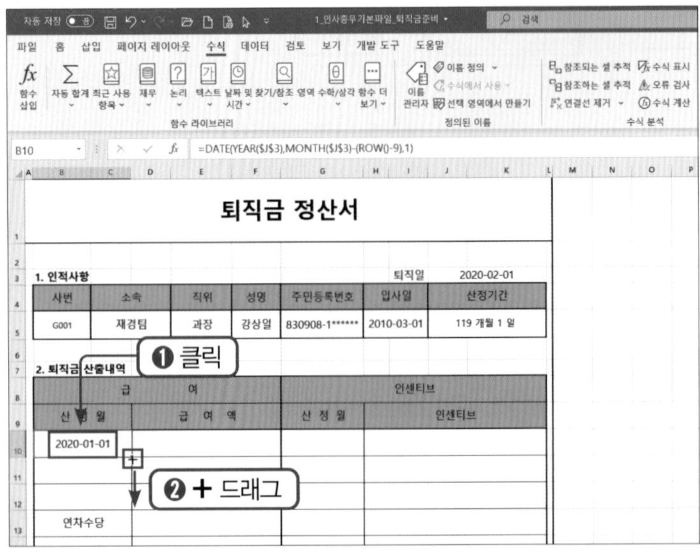

알아보기 DATE 함수

DATE(Year, Month, Day) 함수는 날짜를 나타내는 함수입니다.
Year는 연도를 나타내는 숫자를 입력합니다. 4자리 숫자로 입력하는 것이 좋습니다.
Month는 월을 나타내는 숫자를 입력합니다. 일반적으로는 1~12까지의 숫자를 입력합니다.
Day는 일을 나타내는 숫자를 입력합니다. 일반적으로는 1~31까지의 숫자를 입력합니다.

여기에서는 입력한 퇴직일을 기준으로 날짜를 불러오도록 수식을 작성하였습니다.

❶ YEAR($J$3): 퇴직일 연도를 불러옵니다. 여기서는 2020입니다.

❷ MONTH($J$3)–(ROW( )–9): 퇴직일 직전달을 불러옵니다. **MONTH($J$3)**은 퇴직일의 월을 환원합니다. 퇴직월이 2020년 2월이므로 **2**를 환원합니다. 여기서는 퇴직하기 바로 전달이 나타나야 하므로 MONTH($J$3)에서 **1**을 빼면 (MONTH($J$3)–1)이 되어 원하는 값이 나타납니다. 하지만 여기서는 이후 B11, B12셀에 수식을 추가로 수정하지 않기 위해 ROW( ) 함수를 사용하였습니다. 만약 MONTH($J$3)–1함수를 사용하였다면 B12셀까지 자동 채우기를 한 후 B11셀에는 **MONTH($J$3)-2**, B12셀에는 **MONTH($J$3)-3**을 입력하면 됩니다.

ROW() 함수는 선택된 셀의 행값을 불러옵니다. 여기에서는 B10셀이므로 ROW() 함수는 10을 환원합니다. B10셀에는 직전달이 나와야 하므로 ROW( )–9를 하면 결과값이 1이 되므로 직전달에 해당하는 값이 나타납니다. B10셀 자동 채우기 핸들 기능을 사용하면 B11셀에서는 **ROW()-9** 값이 **2**가 되고, B12셀에서는 **3**이 됩니다. 이렇게 ROW 함수는 행 방향으로 순차적으로 적용되는 수식에 함께 사용하면 편리합니다.

❸ Day에 1을 입력한 것은 여기에서 날짜는 큰 의미가 없기 때문에 임의로 1일로 나타나게 하기 위해 1을 입력하였습니다.

04 급여명세서에서 입력한 함수를 활용해 급여액을 불러옵니다. ❶ '급여명세서' 시트를 클릭하고 ❷ D20셀을 선택합니다. ❸ 수식 입력줄에 입력된 함수를 드래그하여 선택한 후 CTRL + C 키를 누르고 ENTER 키를 누릅니다.

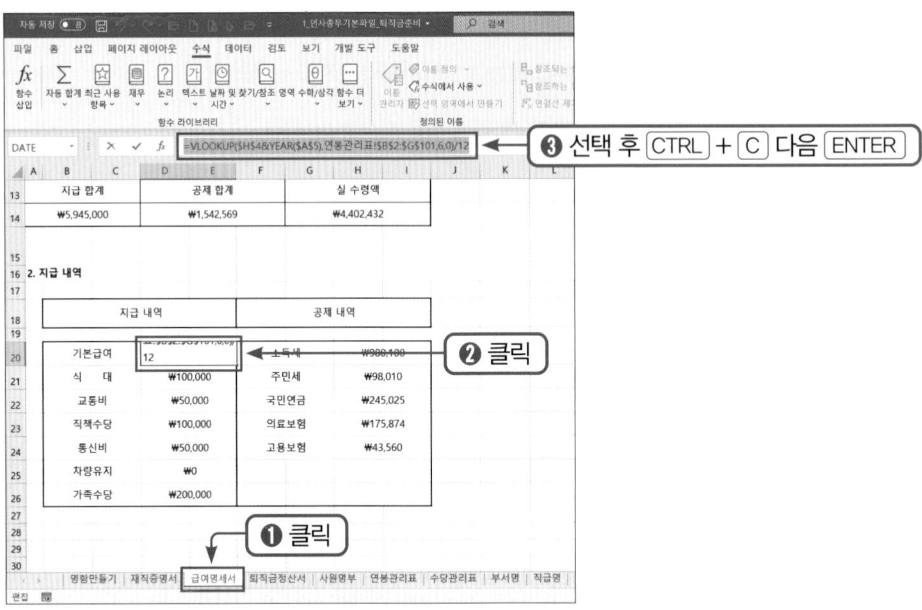

05 ❶ '퇴직금정산서' 시트를 선택합니다. ❷ D10셀을 선택한 후 수식 입력줄에서 CTRL + V 키를 누릅니다. ❸ 'Lookup_value'를 **$B$5&YEAR(B10)**으로 수정하고 ENTER 키를 누릅니다.

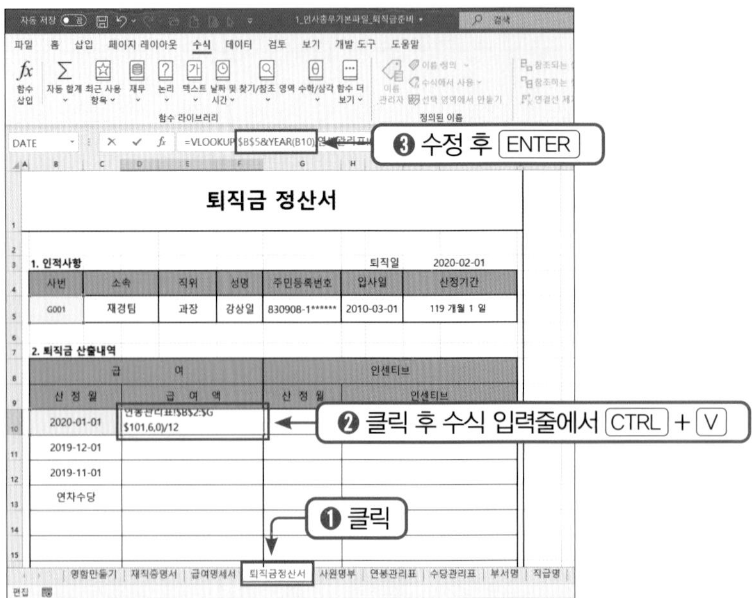

06 D10셀의 자동 채우기 핸들(**+**)을 D12셀까지 드래그하여 나머지 개월에 해당하는 급여액을 계산합니다.

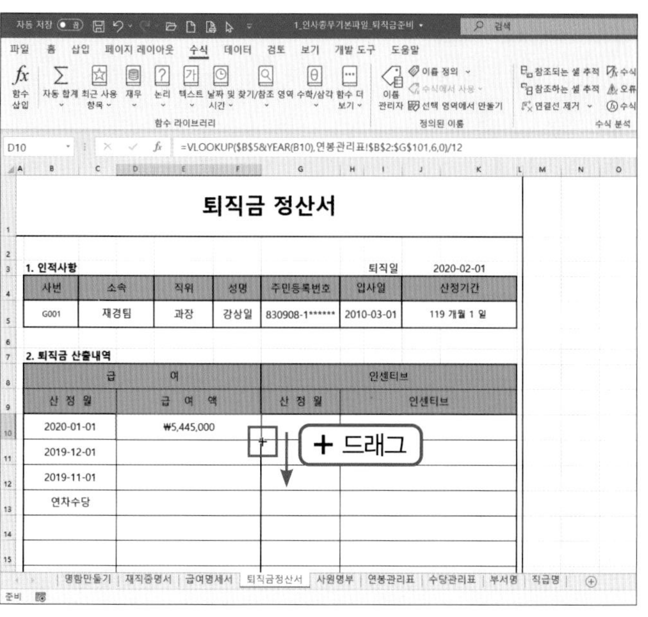

07 급여계를 구합니다. 급여계는 3개월 급여와 연차수당의 합계 금액입니다. ❶ D17셀을 선택합니다. ❷ 수식 입력줄에 **=SUM(D10:F13)**을 입력한 후 ENTER 키를 누릅니다.

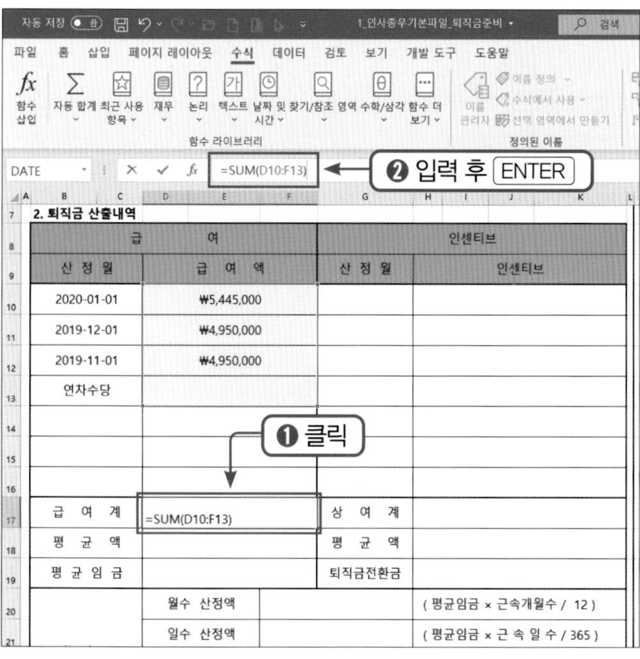

08 평균액을 구합니다. 평균액은 급여계를 3으로 나눈 값입니다. ❶ D18셀을 선택합니다. ❷ 수식 입력줄에 **=D17/3**을 입력한 후 ENTER 키를 누릅니다.

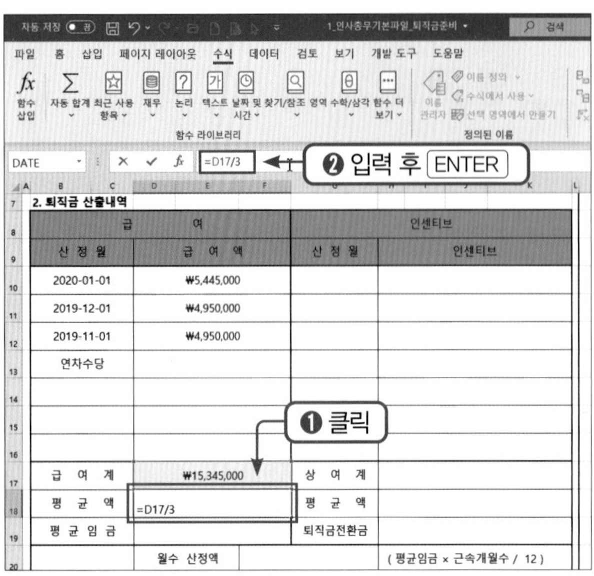

09 평균 임금을 구합니다. 평균 임금은 급여 평균액과 인센티브 평균액의 합입니다. ❶ D19셀을 선택합니다. ❷ 수식 입력줄에 **=D18+H18**을 입력한 후 ENTER 키를 누릅니다.

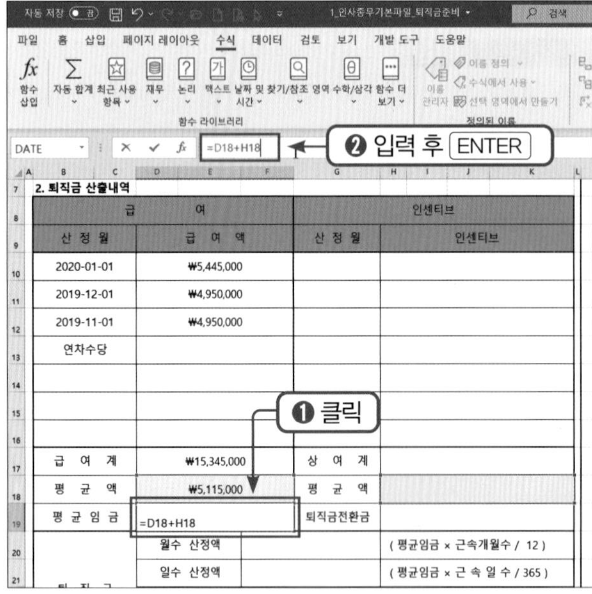

퇴직금 정산서 완성하기

01 F20셀에 ROUNDUP 함수를 활용하여 월수 산정액을 구합니다. ❶ F20셀을 선택한 후 ❷ 수식 입력줄에 **=ROUNDUP(D19*DATEDIF(H5,$J$3,"M")/12,0)**을 입력하고 ENTER 키를 누릅니다.

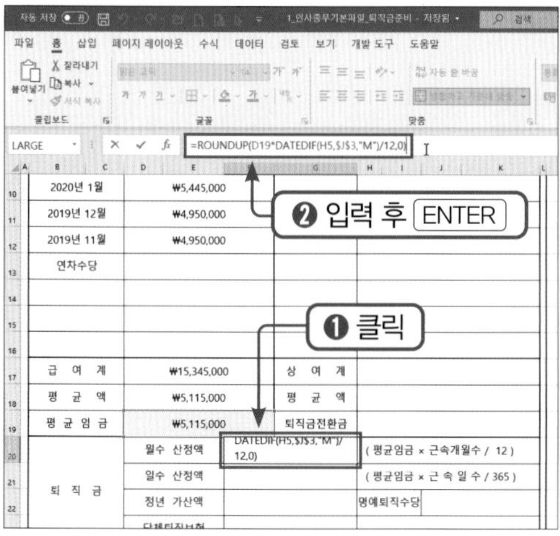

알아보기 ROUNDUP 함수

ROUNDUP(Number, Num_digits) 함수는 0에서 멀어지는 값으로 무조건 올림을 합니다. 이와 비슷한 함수로는 ROUND(반올림), ROUNDDOWN(0에서 멀어지는 값으로 무조건 내림)이 있습니다.

❶ Number: 올림할 숫자입니다.

❷ Num_digits: 올림할 자릿수를 지정합니다. Num_digits가 양수면 지정한 소수점 아래 자릿수에서 올림하고, 0이면 정수로 올림하며, 음수면 지정한 정수 위 자리에서 올림합니다.

02 F21셀에 일수 산정액을 구합니다. ❶ F21셀을 선택한 후 ❷ 수식 입력줄에 **=ROUNDUP(D19*DATEDIF(H5,$J$3,"MD")/365,0)**을 입력하고 ENTER 키를 누릅니다.

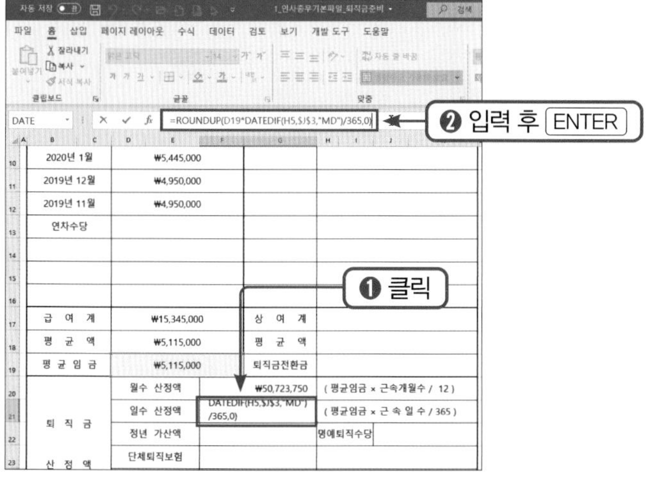

03 소계를 구합니다. ❶ F25셀을 선택한 후 ❷ 수식 입력줄에 **=SUM(F20:G24)**를 입력하고 [ENTER] 키를 누릅니다.

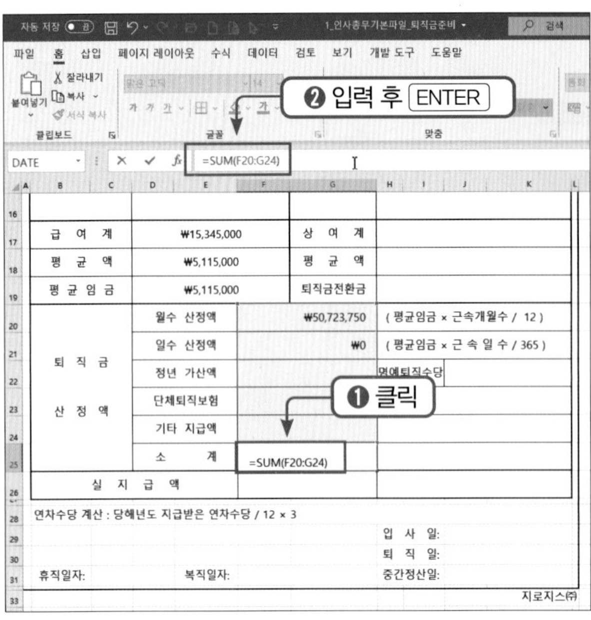

04 실 지급액을 구합니다. ❶ F26셀을 선택한 후 ❷ 수식 입력줄에 **=F25-H19**를 입력하고 [ENTER] 키를 누릅니다.

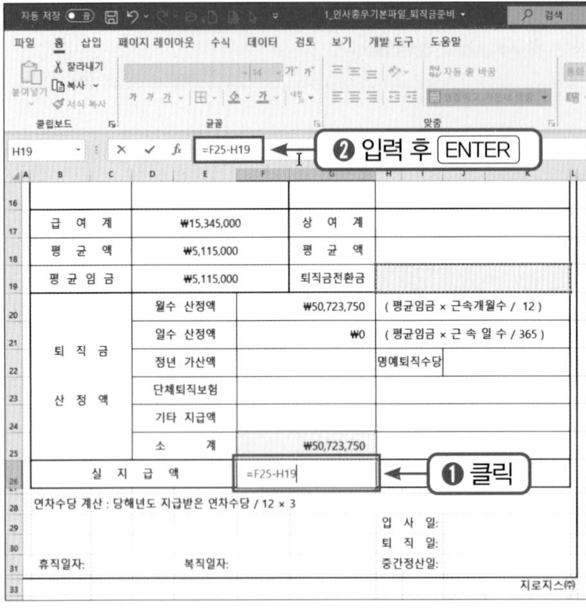

05 B10:B12 영역이 연도와 월만 나타나도록 서식을 지정합니다. ❶ B10:B12 영역을 선택한 후 CTRL + 1 키를 누릅니다. ❷ '셀 서식' 대화 상자가 나타나면 [표시 형식] 탭을 선택합니다. ❸ '범주'의 '날짜'에서 날짜 연도와 월만 표시되는 형식을 선택한 후 ❹ [확인] 단추를 클릭합니다.

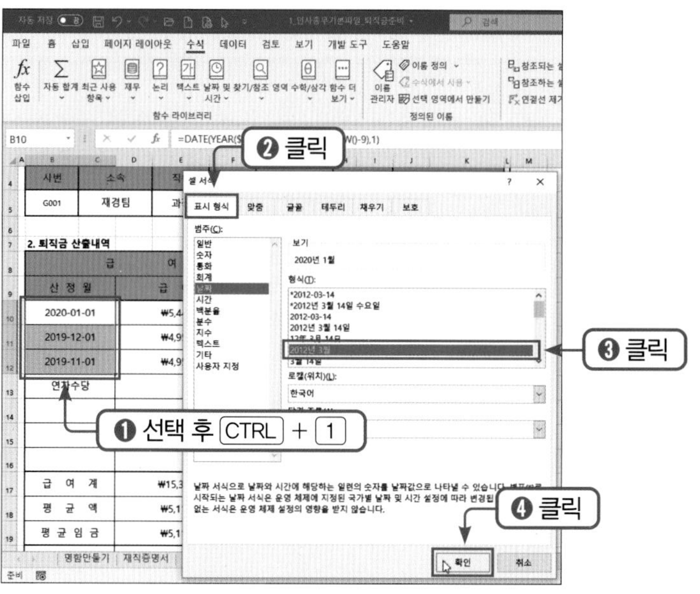

06 마지막으로 ❶ B5:J5 영역을 드래그하여 선택한 후 ❷ [홈] 탭 → '글꼴' 그룹에서 글꼴 크기를 **14**로 조정하여 완성합니다.

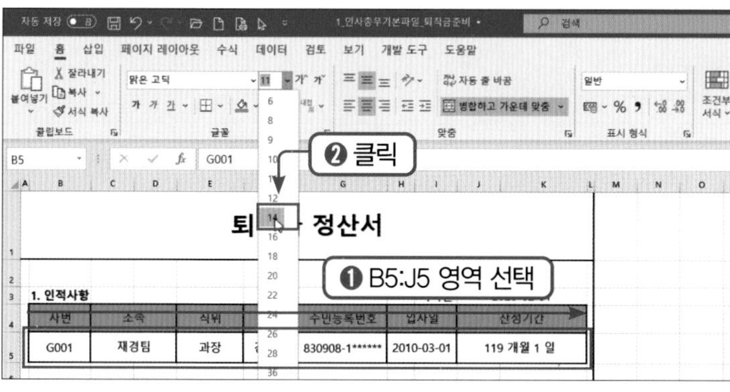

문서의 서식은 문서를 다 작성한 후 맨 마지막에 설정하는 것이 편리합니다.

02 기본 영업 업무 자동화 프로그램

회사에서 수익을 만들어 내는 부서가 있습니다. 바로 영업 부서입니다. 영업 사원의 다양한 영업 활동을 통해 회사는 제품을 판매하고 수익을 창출해 냅니다. 이번에는 영업 사원들이 영업 활동을 하는 데 필요한 문서를 만들어 보도록 하겠습니다. 영업 활동을 하는 데 기본이 되는 데이터는 '고객정보'와 '계약관리' 데이터입니다. 이것을 바탕으로 영업 활동 시 필요한 고객카드와 영업 활동의 일부인 견적서, 영업 활동의 결과물인 세금계산서를 자동으로 만드는 방법을 알아보겠습니다.

핵심 시트

기본 데이터: 고객정보, 계약관리, 고객특이사항관리, 실적데이터, 부대비용

제작 문서: 견적서, 고객카드, 세금계산서

완성 프로그램

문서 시트

데이터 시트

준비 파일 영업기본파일_준비.xlsx

01 견적서 만들기

처음에는 영업 사원이 고객과 거래할 때 기본이 되고 많이 사용하는 견적서를 만들어 보겠습니다. 견적서는 거래가 끝난 후 정산할 때 근거가 되는 문서이므로 특히 숫자를 정확하게 입력해야 합니다. 하지만 급하게 견적서를 작성하다 보면 실수할 때가 있습니다. 견적서 실수는 회사에 손해를 입혀 담당자에게 불이익이 생길 수도 있습니다. 견적서 작성 시의 실수를 방지하기 위해 수식과 함수를 통해 빠르고 정확한 견적서가 자동으로 완성되도록 해 보겠습니다.

실습 내용

기본 원리: A6셀에 화주명을 데이터 유효성 검사를 통해 선택하여 입력하고 일부 변동 항목만 입력하면 견적서가 자동으로 완성되도록 작성합니다.

주요 기능: ❶ 유효성 검사 ❷ VLOOKUP 함수 ❸ 사용자 지정 서식

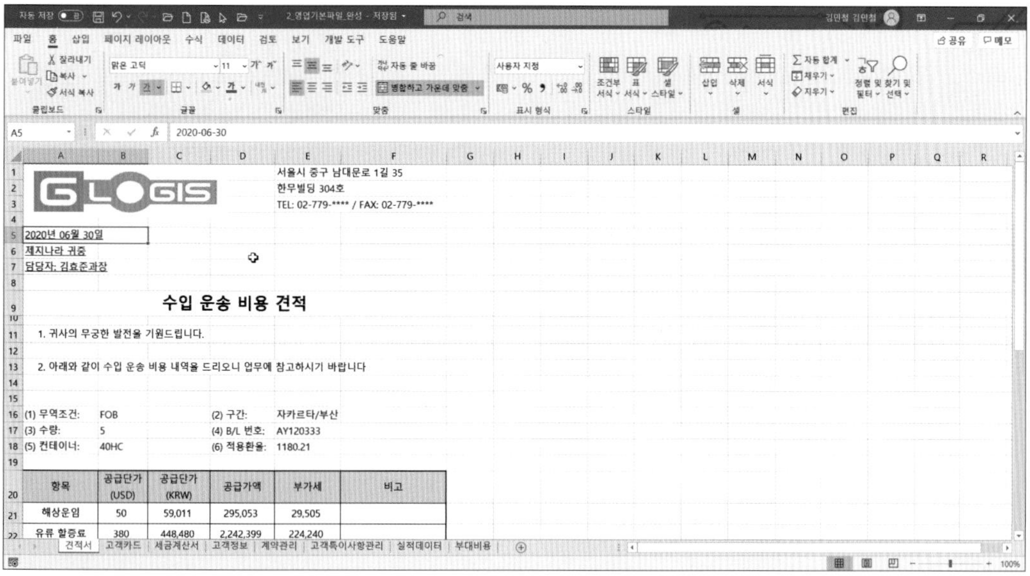

화주명 유효성 목록 만들기

01 '견적서' 시트의 A6셀에 **화주명** 유효성 목록을 만들어 보겠습니다. ❶ A6셀을 클릭하여 선택한 후 ❷ [데이터] 탭 → '데이터 도구' 그룹 → '데이터 유효성 검사' 명령 단추를 클릭합니다.

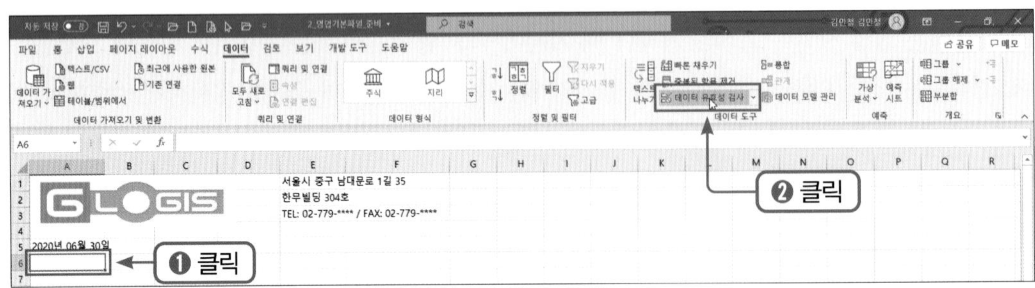

02 '데이터 유효성' 대화 상자가 나타나면 ❶ '제한 대상'을 **목록**으로 선택합니다. ❷ '원본'을 클릭한 후 '고객정보' 시트를 클릭합니다. ❸ B2:B15 영역을 선택하여 입력한 후 ❹ [확인] 단추를 클릭합니다.

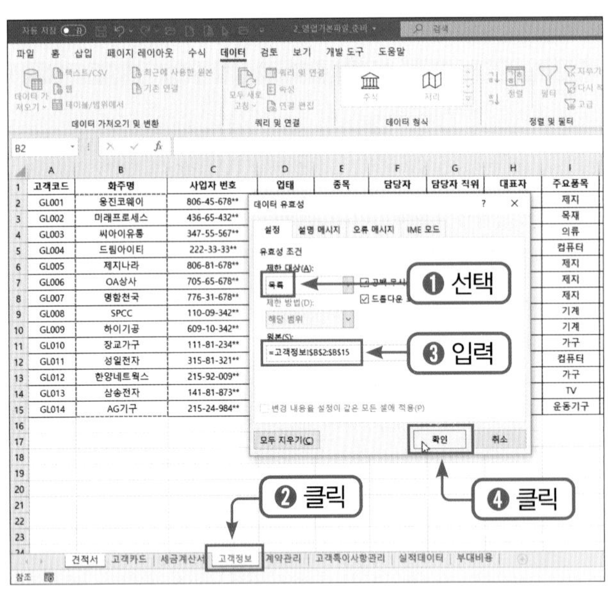

B2:B15 영역을 선택할 때는 먼저 B2셀을 선택한 후 CTRL + SHIFT + ↓ 키를 누르면 드래그하지 않고도 한 번에 영역을 선택할 수 있습니다.

03 A6셀을 선택하면 셀 오른쪽에 내림 단추가 나타납니다. 내림 단추를 클릭하여 화주명 목록이 나타나면 **제지나라**를 클릭하여 선택합니다.

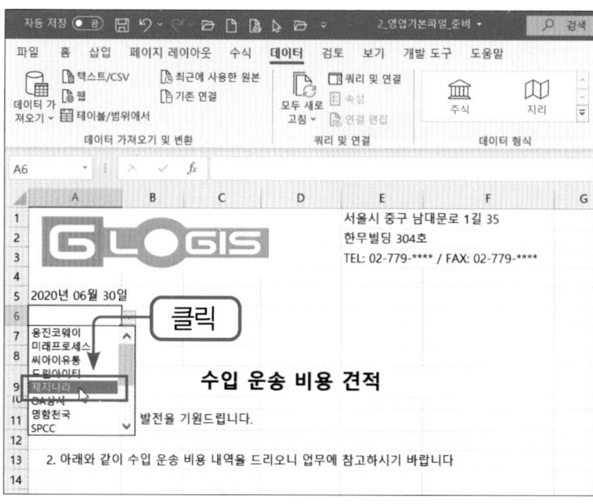

담당자 불러오기

01 VLOOKUP 함수를 활용하여 고객사의 담당자를 불러오겠습니다. 먼저 담당자 이름을 불러옵니다. ❶ A7셀을 선택한 후 ❷ [수식] 탭 → '함수 라이브러리' 그룹 → '찾기/참조 영역' 명령 단추를 클릭하고 **VLOOKUP**을 선택합니다.

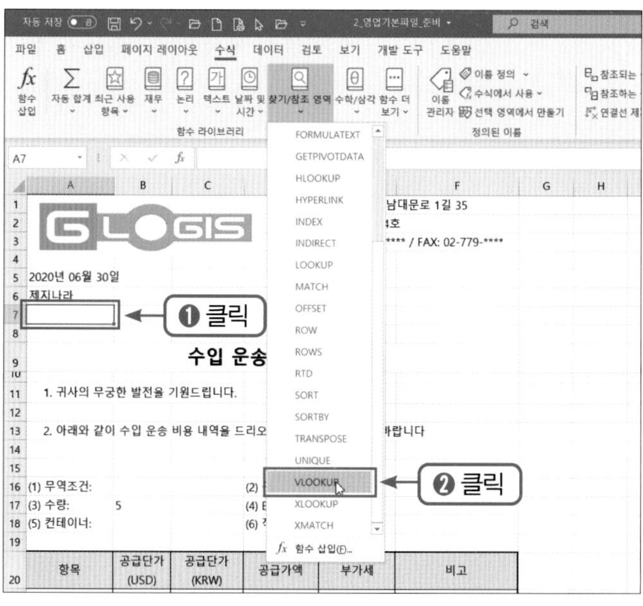

02 '함수 인수' 대화 상자가 나타나면 ❶ 'Lookup_value'에서 A6셀을 선택하여 입력한 후 [F4] 키를 눌러 절대참조로 지정합니다. ❷ 'Table_array'에서 '고객정보' 시트를 클릭한 후 ❸ B2:M15 영역을 선택하여 입력하고 [F4] 키를 눌러 절대참조로 지정합니다. ❹ 'Col_index_num'에 **5**, ❺ 'Range_lookup'에 **0**을 입력한 후 ❻ [확인] 단추를 클릭합니다.

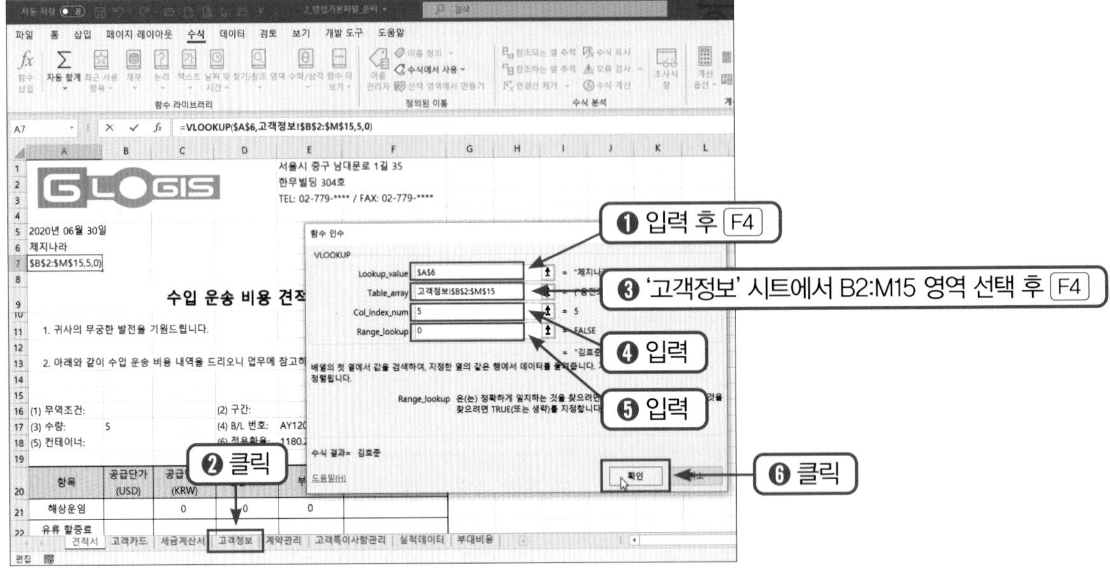

03 엑셀에서는 셀뿐만 아니라 수식 입력줄에 입력된 함수도 복사하여 활용할 수 있습니다. A7셀에 입력된 함수를 활용하여 담당자 직위도 불러옵니다. ❶ A7셀을 클릭하여 선택합니다. ❷ 수식 입력줄에 입력된 함수의 **=** 이후 부분을 드래그하고 [CTRL] + [C] 키를 눌러 복사한 후 [ENTER] 키를 누릅니다.

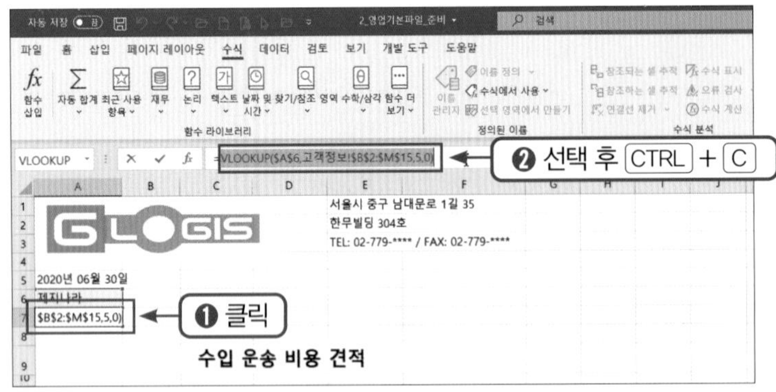

04 &와 복사한 함수를 활용하여 직위를 불러옵니다. ❶ A7셀을 선택하고 ❷ 수식 입력줄의 수식 맨 마지막을 클릭한 후 &를 입력합니다. ❸ 그리고 CTRL + V 키를 눌러 복사한 함수를 붙여넣기 합니다. ❹ 'Col_index_num'을 6으로 수정합니다.

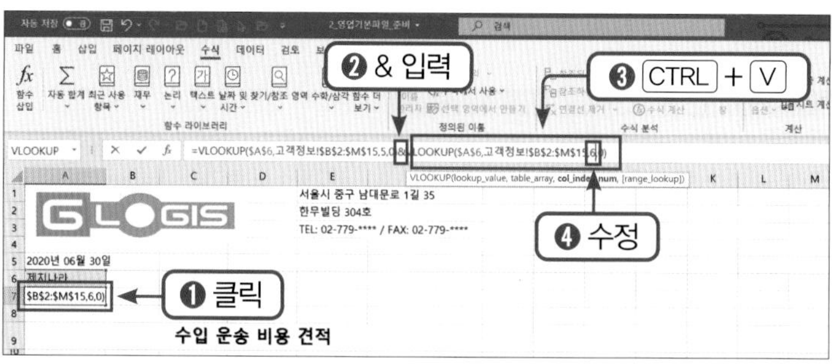

05 수식 입력줄 = 바로 다음에 **"담당자: "**&를 입력하고 ENTER 키를 누릅니다.

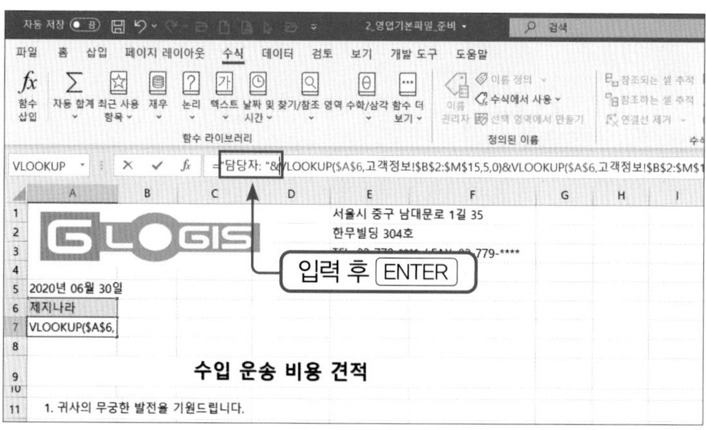

06 텍스트에 밑줄이 나타나게 합니다. ❶ A5:A7 영역을 선택합니다. ❷ [홈] 탭 → '글꼴' 그룹 → '밑줄' 명령 단추를 클릭합니다.

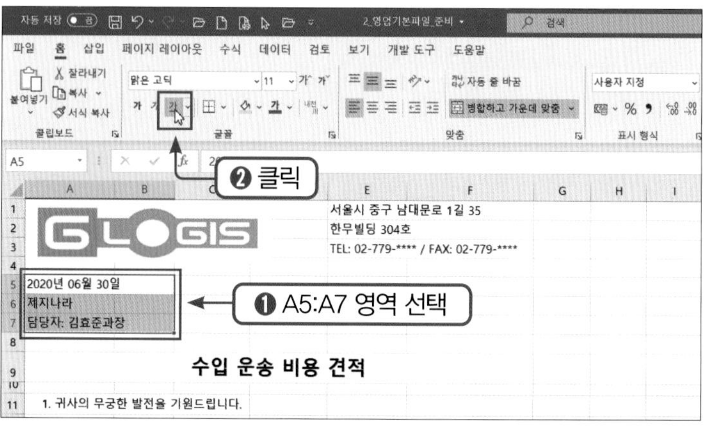

07 사용자 지정 셀 서식 기능을 통해 셀에 입력하지 않은 값이 화면에는 출력이 되도록 할 수 있습니다. A6셀에 입력하지 않은 문자인 **귀중**이 나타나도록 하겠습니다. ❶ A6셀을 선택하고 CTRL + 1 키를 눌러 '셀 서식' 대화 상자를 불러옵니다. ❷ [표시 형식] 탭을 선택하고 '범주'를 **사용자 지정**으로 선택합니다. ❸ '형식'에 **@ "귀중"**을 입력한 후 ❹ [확인] 단추를 클릭합니다.

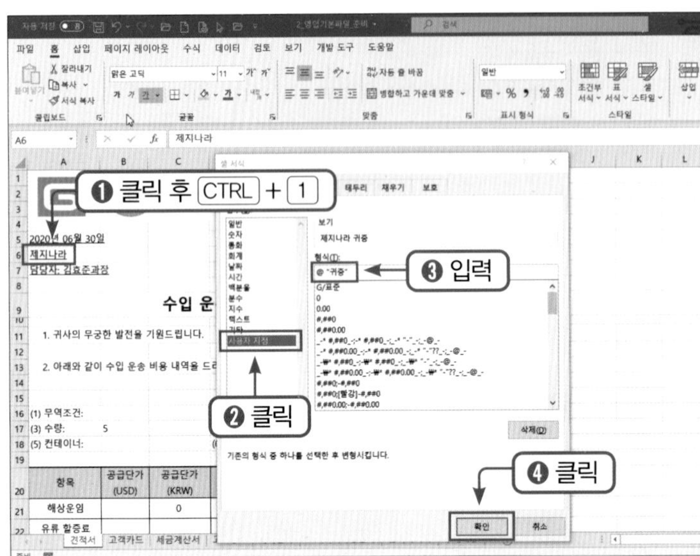

사용자 지정 서식을 활용하면 입력된 값과 화면에 출력되는 값을 다르게 지정할 수 있습니다. 사용자 지정 서식의 원리와 다양한 활용법은 부록1-2 '표시 형식 활용하기'(491P)를 참고하세요.

선적 내용 불러오기

01 B16셀에 무역 조건을 불러옵니다. ❶ B16셀을 선택하고 ❷ [수식] 탭 → '함수 라이브러리' 그룹 → '최근 사용 항목' 명령 단추를 클릭하고 **VLOOKUP**을 선택합니다.

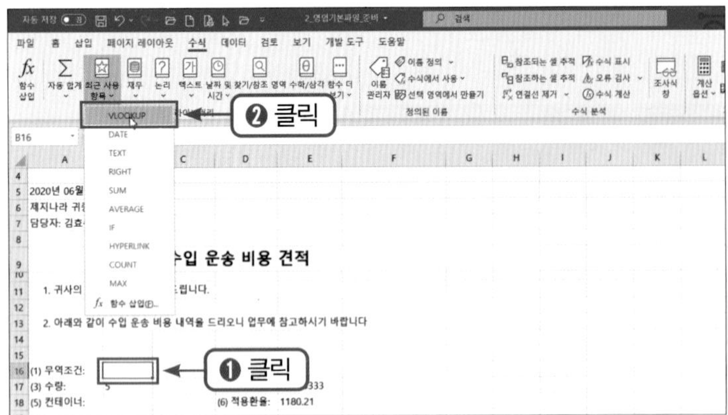

02 '함수 인수' 대화 상자가 나타나면 ❶ 'Lookup_value'에서 A6셀을 선택하여 입력한 후 [F4] 키를 눌러 절대참조로 지정합니다. ❷ 'Table_array'에서 '계약관리' 시트를 클릭한 후 ❸ B2:J15 영역을 선택하여 입력하고 [F4] 키를 눌러 절대참조로 지정합니다. ❹ 'Col_index_num'에 **5**, ❺ 'Range_lookup'에 **0**을 입력한 후 ❻ [확인] 단추를 클릭합니다.

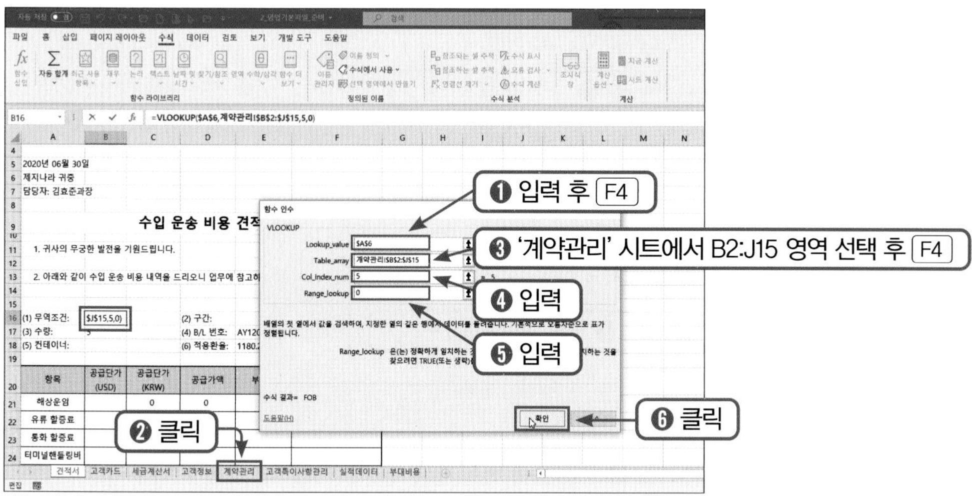

03 B16셀에 작성한 수식을 복사하여 B18셀에 컨테이너가 나타나게 합니다. ❶ B16셀을 선택한 후 [CTRL] + [C] 키를 누릅니다. ❷ B18셀을 클릭하여 선택한 후 [CTRL] + [V] 키를 눌러 수식을 붙여 넣습니다. ❸ 수식 입력줄에서 'Col_index_num'을 **7**로 수정한 후 [ENTER] 키를 누릅니다.

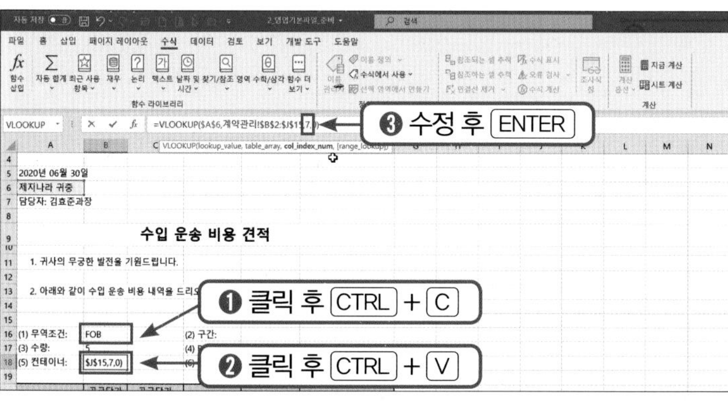

04 E16셀에 구간이 나타나게 합니다. ❶ B16셀을 클릭하여 선택한 후 CTRL + C 키를 누릅니다. ❷ E16셀을 클릭하여 선택한 후 CTRL + V 키를 눌러 수식을 붙여넣습니다. 수식 입력줄에서 ❸ 'Col_index_num'을 **3**으로 수정한 후 ENTER 키를 눌러 먼저 선적지를 불러옵니다.

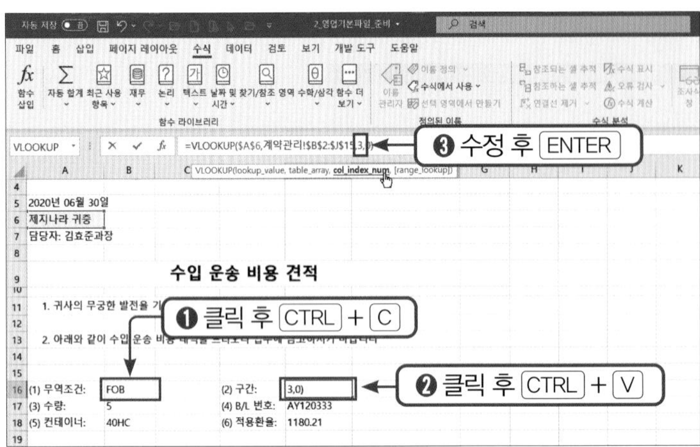

05 양하지도 함께 나타나게 합니다. ❶ E16셀을 선택한 후 ❷ 수식 입력줄에서 = 이후 부분 수식을 드래그하여 선택하고 CTRL + C 키를 눌러 수식을 복사합니다.

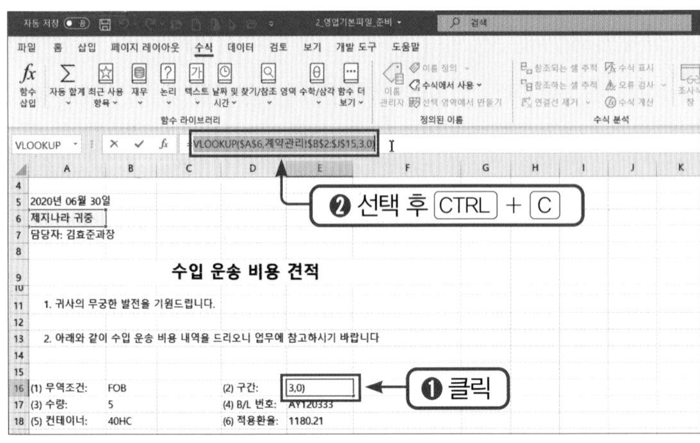

여기서 수식을 복사할 때는 반드시 =를 제외한 나머지 부분을 복사해야 합니다. =까지 함께 복사하면 오류가 발생합니다.

수식 작성 시 나타나는 오류 메시지는 다음과 같습니다.
#DIV/0!: 숫자를 0으로 나누려고 할 때 발생합니다. 즉 나누는 수가 0이거나 비어 있을 때 발생합니다.
#NAME?: 함수 이름에 오타가 있거나 수식을 인식하지 못할 때 발생합니다.
#REF!: 셀 참조가 유효하지 않을 때 발생합니다.
#VALUE!: 잘못된 데이터 형식을 입력할 때 발생합니다. 주로 수식에서 공백으로 인한 오류로 발생합니다.
#N/A: 함수나 수식에 사용할 수 없는 값을 지정했을 때 발생합니다.
#NULL!: 존재하지 않는 범위를 참조할 때 발생합니다.
#NUM!: 수식이나 함수에 잘못된 숫자값이 포함된 경우 발생합니다.
#########: 데이터가 표시될 자리가 부족해서입니다. 셀 너비를 조정하면 됩니다.

06 ❶ 수식 입력줄 수식 맨 마지막을 클릭한 후 **&"/"&**를 입력합니다. ❷ CTRL + V 키를 눌러 복사한 함수를 붙여넣기합니다. ❸ 'Col_index_num'을 **4**로 수정한 후 ENTER 키를 누릅니다.

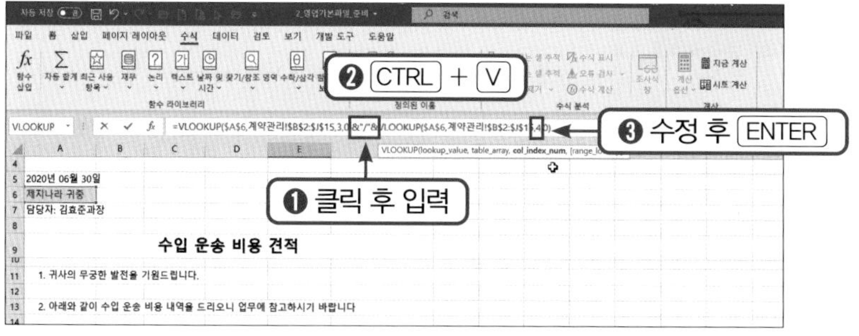

공급단가 불러오기

01 B21셀에 해상운임을 불러옵니다. ❶ B18셀을 선택합니다. ❷ 수식 입력줄에서 수식을 드래그한 후 CTRL + C 키를 눌러 복사한 다음 ENTER 키를 누릅니다.

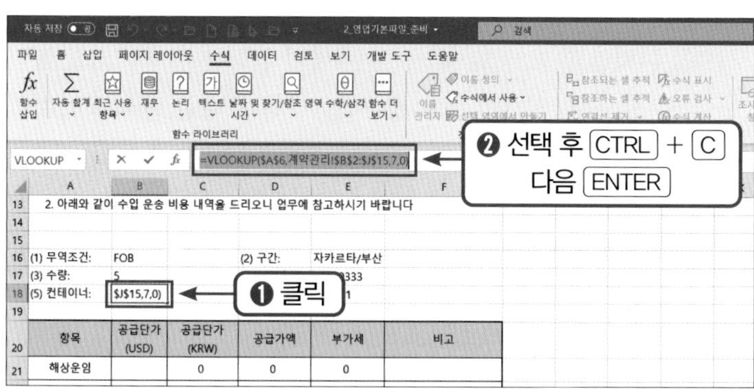

원화 공급단가, 공급가액, 부가세(C21:E21)에는 수식이 입력되어 있습니다. 예제 파일에서 각 셀을 선택하면 수식을 확인할 수 있습니다.

02 ❶ B21셀을 선택하고 ❷ 수식 입력줄에서 CTRL + V 키를 눌러 복사한 함수를 붙여넣기합니다. ❸ 'Col_index_num'을 **8**로 수정한 후 ENTER 키를 누릅니다.

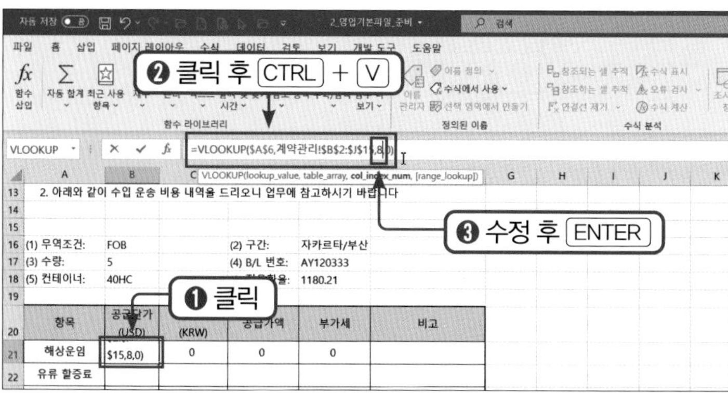

03 B22셀에 유류할증료가 나타나게 합니다. ❶ B22셀을 선택한 후 ❷ [수식] 탭 → '함수 라이브러리' 그룹 → '최근 사용 항목' 명령 단추를 클릭하고 **VLOOKUP**을 선택합니다.

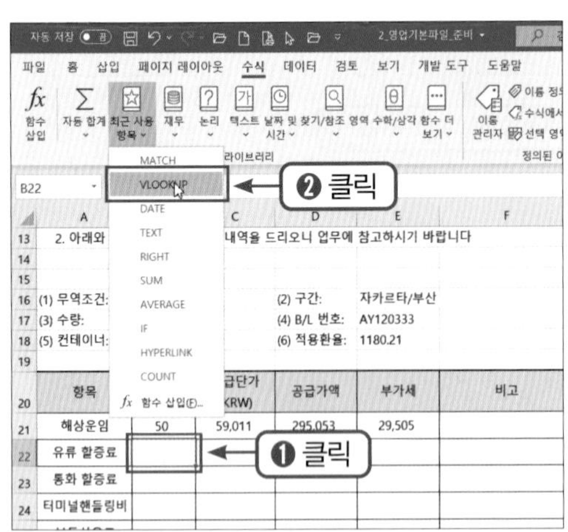

04 '함수 인수' 대화 상자가 나타나면 ❶ 'Lookup_value'에서 A22셀을 선택하여 입력합니다. ❷ 'Table_array'에서 '부대비용' 시트를 클릭한 후 A2:C6 영역을 선택하여 입력한 후 F4 키를 눌러 절대참조로 지정합니다. ❸ 'Col_index_num'을 선택합니다. ❹ 이름 상자의 내림 단추를 클릭한 후 ❺ '함수 추가' 명령 단추를 누릅니다.

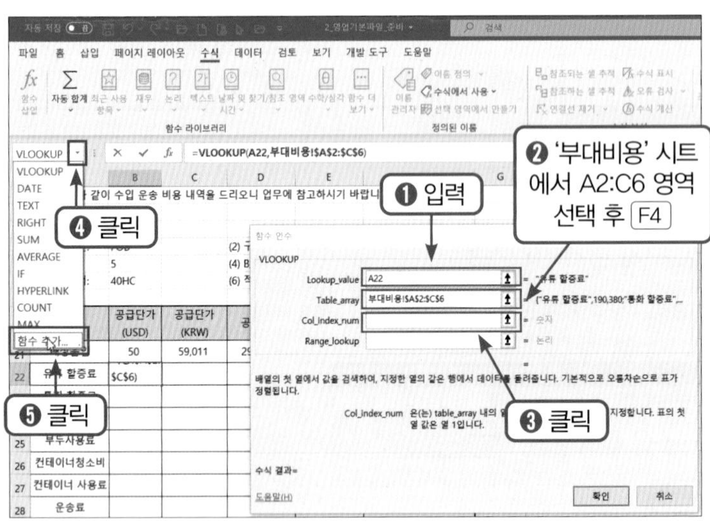

함수를 중첩해서 사용할 때는 이름 상자 내림 단추 기능을 활용합니다. 자주 사용하거나 최근에 사용한 함수는 목록에 나타나며 목록에 없는 함수는 '함수 추가' 단추를 눌러 원하는 함수 인수 대화 상자를 불러올 수 있습니다.

05 '함수 마법사' 대화 상자가 나타나면 ❶ '범주 선택'에서 **찾기/참조 영역**을 선택합니다. ❷ '함수 선택'에서 **MATCH**를 선택한 후 ❸ [확인] 단추를 클릭합니다.

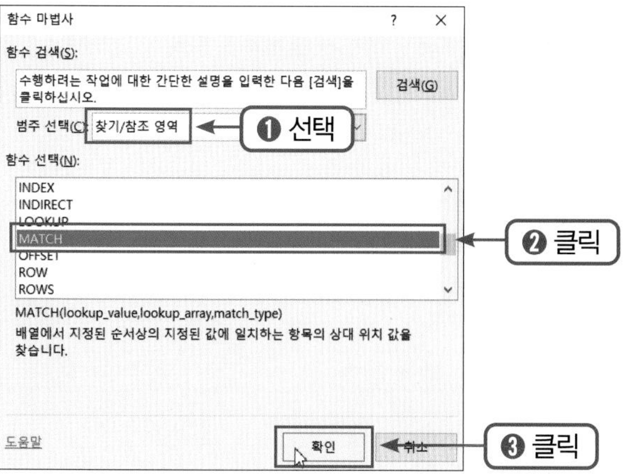

06 '함수 인수' 대화 상자가 나타나면 ❶ 'Lookup_value'에 **$B$18**을 입력합니다. ❷ 'Lookup_array'에서는 '부대비용' 시트를 선택한 후 A1:C1 영역을 선택해서 입력한 다음 F4 키를 눌러 절대 참조로 입력합니다. ❸ 'Match_type'에는 **0**을 입력합니다. ❹ 수식 입력줄에서 VLOOKUP 부분을 클릭하여 VLOOKUP 함수 인수 대화 상자를 다시 불러옵니다.

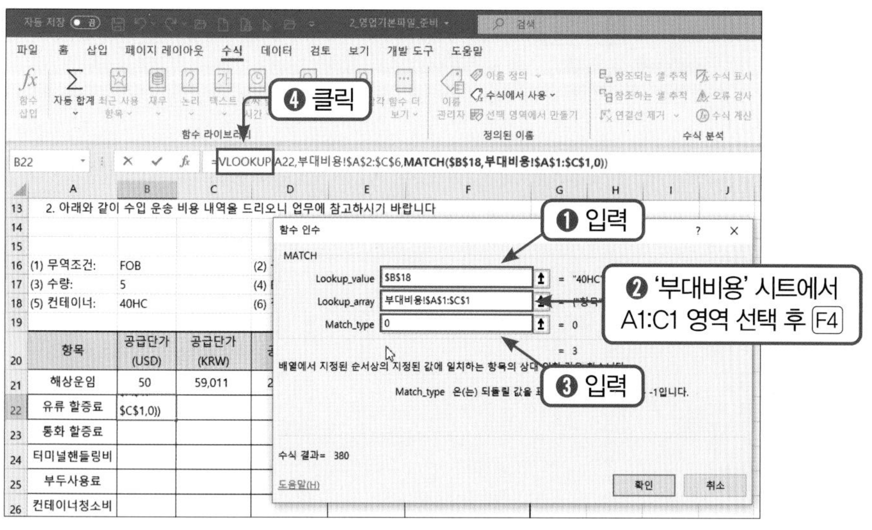

함수를 중첩하여 사용할 때 인수로 사용되는 수식 작성을 완성하고 다시 원래 함수로 돌아갈 때는 반드시 수식 입력줄에서 함수명이 있는 곳을 클릭해야 합니다. 여기에서는 VLOOKUP 함수가 원래 함수이므로 수식 입력줄에서 VLOOKUP 부분을 클릭했습니다.

알아보기 MATCH 함수

MATCH(Lookup_value, Lookup_array, Match_type) 함수는 지정한 영역(Lookup_array)에서 지정한 값(Lookup_value)이 몇 번째 위치에 있는지를 찾아 값을 반환하는 함수입니다. 여기에서는 B18셀에 입력된 컨테이너가 '부대비용' 시트의 A1:C1 영역에서 몇 번째에 있는지를 찾아 값을 반환합니다. 40HC는 3번째에 있으므로 반환되는 값은 3이 됩니다.

❶ Lookup_value: 조회값입니다. 여기서는 B18셀입니다.

❷ Lookup_array: 조회값을 검색할 영역입니다. 여기서는 '부대비용' 시트의 A1:C1 영역입니다.

❸ Match_type: 선택 입력 사항이며 1, 0, −1 중 하나를 입력합니다. 1은 작거나 같은 값 중 최대값을, 0은 정확하게 일치하는 값을, −1은 크거나 같은 값 중 최소값을 찾습니다. 여기서는 정확하게 일치하는 값을 가져와야 해서 0을 입력했습니다.

07 VLOOKUP '함수 인수' 대화 상자가 다시 나타나면 ❶ 'Range_lookup'에 **0**을 입력한 후 ❷ [확인] 단추를 클릭합니다.

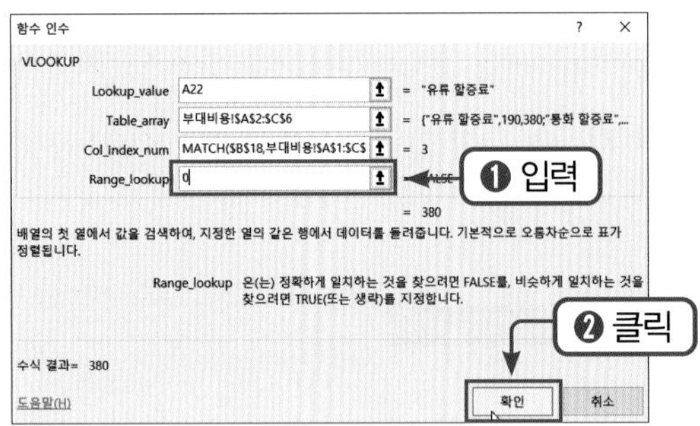

08 ❶ B22셀을 선택합니다. ❷ B22셀의 자동 채우기 핸들(**+**)을 B26셀까지 드래그하여 나머지 부대비용을 불러옵니다.

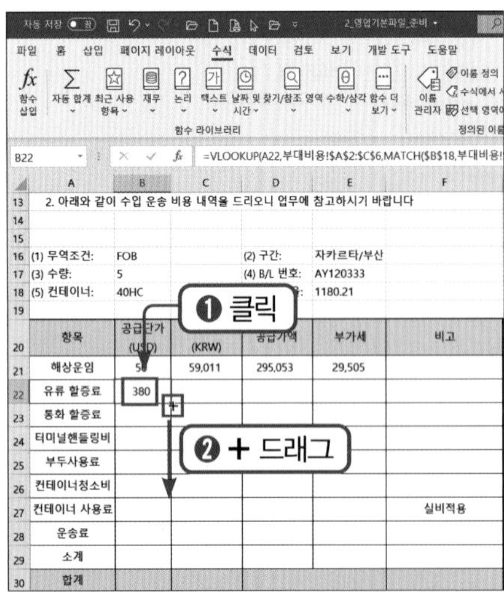

09 B21셀을 선택한 후 CTRL + C 키를 누릅니다. ❷ B28셀을 선택한 후 CTRL + V 키를 누릅니다. ❸ 수식 입력줄에서 'Col_index_num'을 **9**로 수정한 후 ENTER 키를 누릅니다.

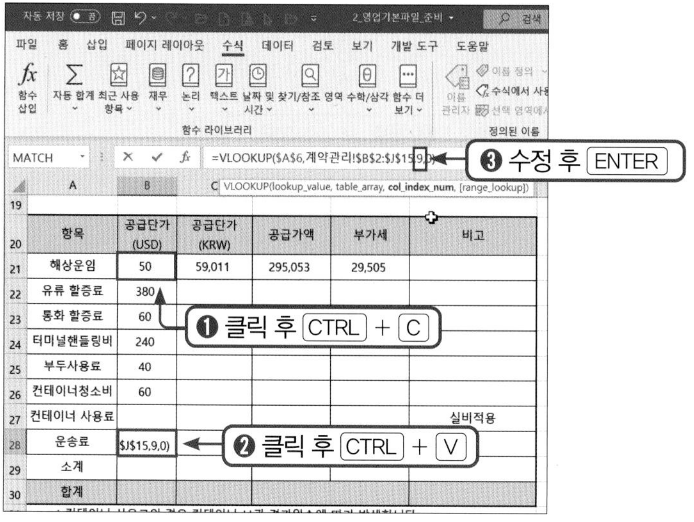

10 최종 공급단가를 구합니다. ❶ C21:E21 영역을 선택합니다. ❷ E21셀의 자동 채우기 핸들(**+**)을 E28셀까지 드래그하여 수식을 완성합니다.

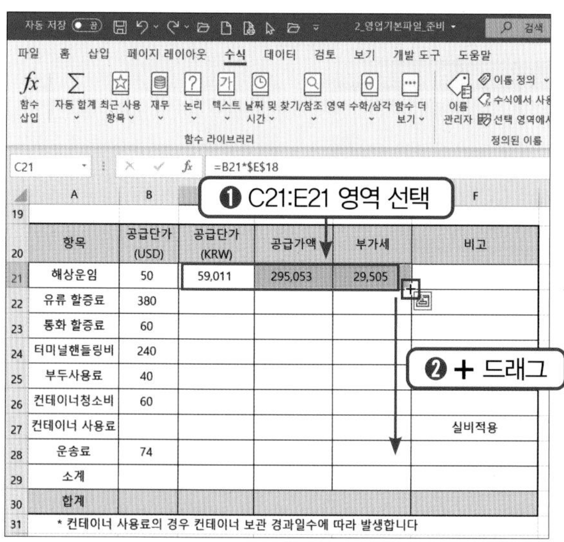

11 '자동 합계' 명령 단추 기능을 활용하여 소계를 구합니다. ❶ D29셀을 선택합니다. ❷ [홈] 탭 → '편집' 그룹 → '자동 합계' 명령 단추를 클릭한 후 ENTER 키를 누릅니다.

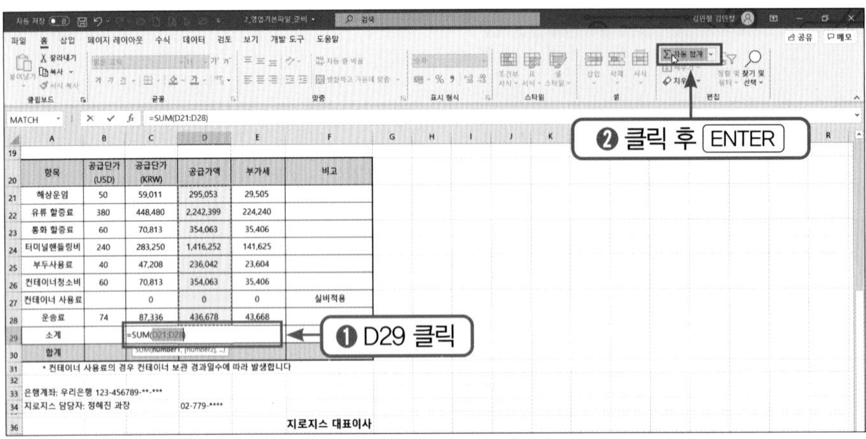

'자동 합계' 명령 단추는 선택한 셀에서부터 데이터가 연결되어 있는 영역을 자동으로 인식하는 기능이 있습니다. 여기에서는 D21:D28 영역까지 빈 셀 없이 데이터가 연결되어 있으므로 영역이 자동으로 입력되었습니다.

12 ❶ D30셀을 선택합니다. ❷ 수식 입력줄에 **=D29+E29**를 입력한 후 ENTER 키를 누릅니다.

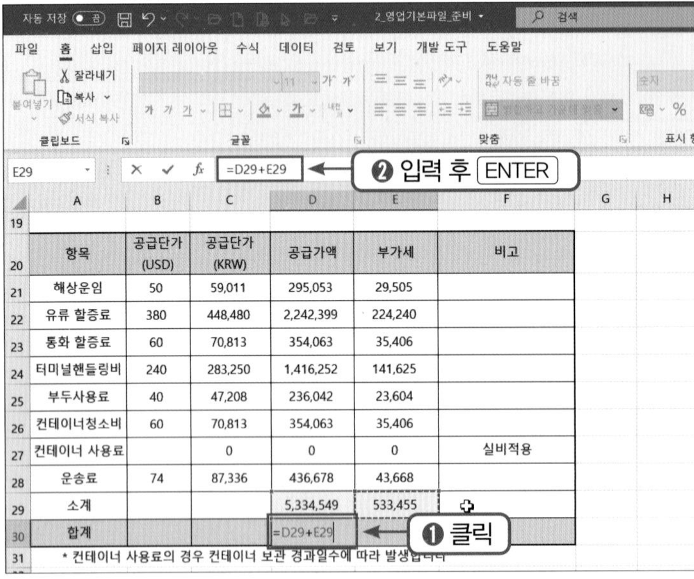

준비 파일 영업기본파일_고객카드준비.xlsx

02 고객 관리카드 만들기

영업 사원이 담당하고 있는 고객에 대한 정보를 기록하고 관리하면 추후 본인의 영업 활동에도 도움이 될 뿐 아니라 업무 인수인계 시 다음 직원을 위해서도 많은 도움이 됩니다. 우수한 영업 사원일수록 고객에 대한 관리를 철저하게 합니다. 이번에는 고객에 대한 기본적인 정보와 회사의 실적 데이터를 바탕으로 영업 사원을 위한 고객 관리카드를 작성해 보도록 하겠습니다.

실습 내용

기본 원리: C3셀에서 화주명을 선택하여 입력하면 고객 관리카드가 자동으로 완성되도록 작성합니다.

주요 기능: ❶ VLOOKUP 함수 ❷ 열 삽입 기능 활용 ❸ SUMIFS 함수 ❹ 셀 서식

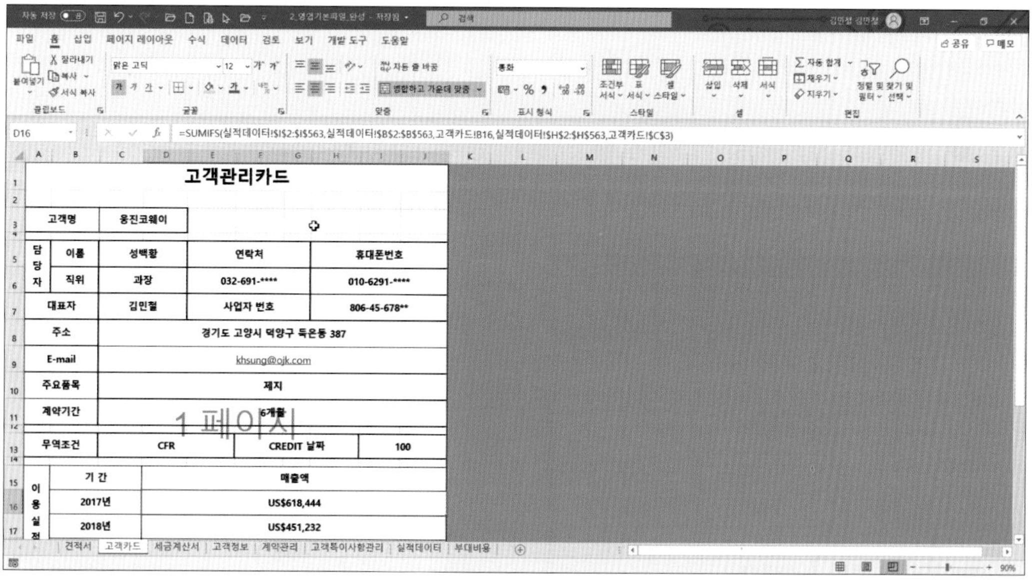

화주명 유효성 목록 만들기

01 '견적서' 시트에서 작성한 화주 유효성 목록을 활용합니다. ❶ '견적서' 시트를 클릭합니다. ❷ A6셀을 선택한 후 CTRL + C 키를 누릅니다.

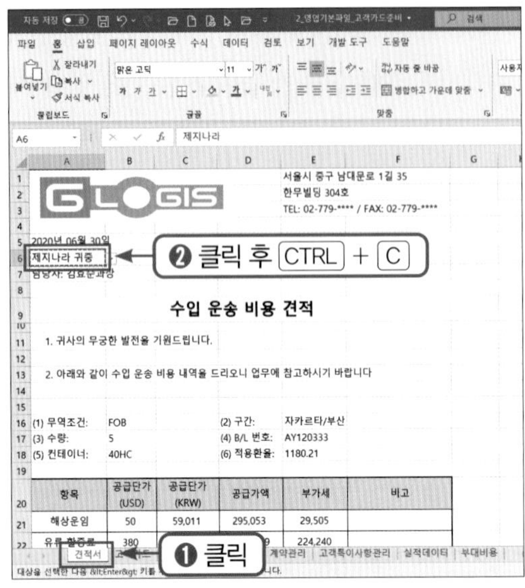

02 ❶ '고객카드' 시트를 클릭합니다. ❷ C3셀을 선택합니다. ❸ [홈] 탭 → '클립보드' 그룹 → '붙여넣기' 내림 단추를 클릭하고 **선택하여 붙여넣기**를 선택합니다.

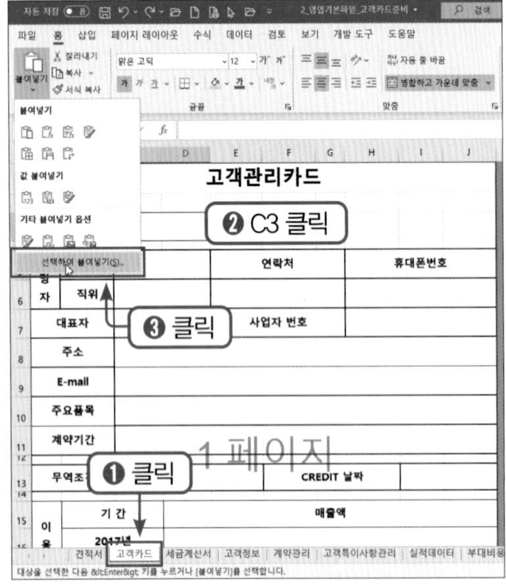

03 '선택하여 붙여넣기' 대화 상자가 나타나면 ❶ '붙여넣기'에서 **유효성 검사**를 선택한 후 ❷ [확인] 단추를 클릭합니다.

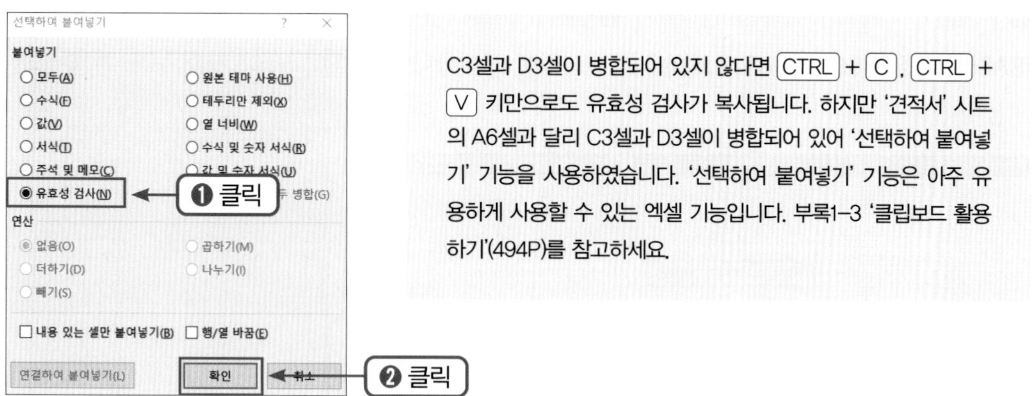

C3셀과 D3셀이 병합되어 있지 않다면 CTRL + C, CTRL + V 키만으로도 유효성 검사가 복사됩니다. 하지만 '견적서' 시트의 A6셀과 달리 C3셀과 D3셀이 병합되어 있어 '선택하여 붙여넣기' 기능을 사용하였습니다. '선택하여 붙여넣기' 기능은 아주 유용하게 사용할 수 있는 엑셀 기능입니다. 부록1-3 '클립보드 활용하기'(494P)를 참고하세요.

04 ❶ C3셀을 선택하면 셀 오른쪽에 내림 단추가 나타납니다. ❷ 내림 단추를 클릭하여 화주명 목록이 나타나면 **웅진코웨이**를 클릭하여 선택합니다.

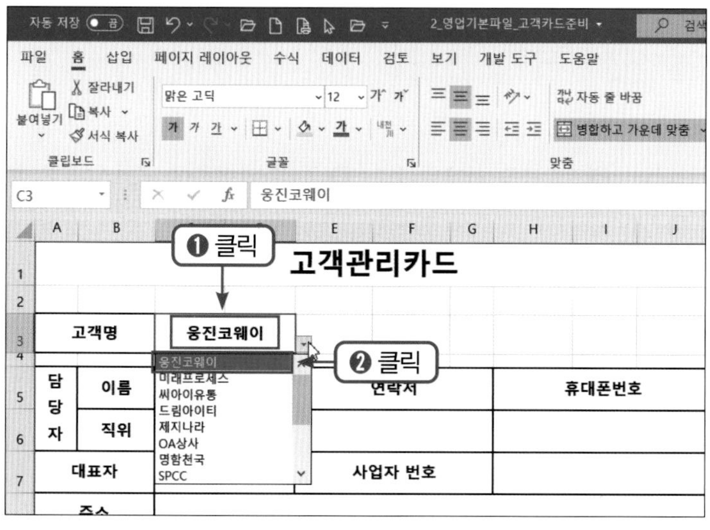

고객 정보 불러오기

01 ❶ '견적서' 시트를 선택합니다. ❷ A7셀을 선택합니다. ❸ 수식 입력줄에서 **VLOOKUP($A$6,고객정보!$B$2:$M$15,5,0)**을 드래그하여 선택합니다. CTRL + C 키를 누른 후 ENTER 키를 누릅니다.

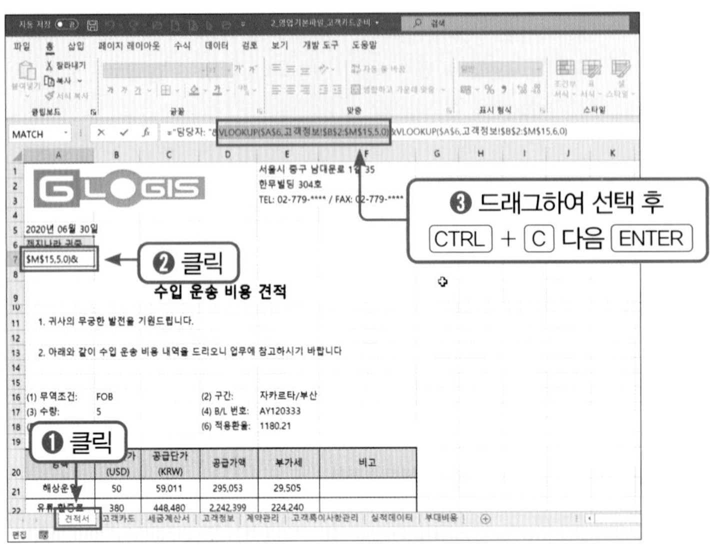

02 ❶ '고객카드' 시트를 선택합니다. ❷ C5셀을 선택합니다. ❸ 수식 입력줄에 **=**를 입력한 후 ❹ CTRL + V 키를 누릅니다. ❺ VLOOKUP 함수의 'Lookup_value'를 **$C$3**으로 수정한 후 ENTER 키를 누릅니다.

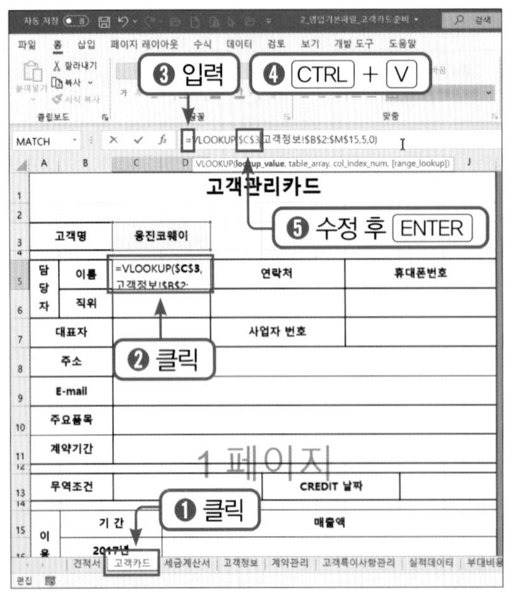

- 수식 입력줄 맨 앞에 =를 입력하는 것은 해당 셀에 수식을 입력하겠다는 의미입니다. '견적서' 시트에서 복사한 수식에 =가 제외되어 있어서 수식을 붙여넣기하기 전에 반드시 =를 입력해야 합니다.
- VLOOKUP 함수에서 기준이 되는 Lookup_value가 C3셀에 있으므로 C3으로 수정합니다.

03 다음으로 직위와 대표자를 불러옵니다. ❶ C5셀을 선택한 후 CTRL + C 키를 누릅니다. ❷ C6셀을 선택하고 CTRL 키를 누른 상태에서 C7셀을 선택합니다. ❸ CTRL + V 키를 눌러 수식을 붙여넣기한 후 ENTER 키를 누릅니다.

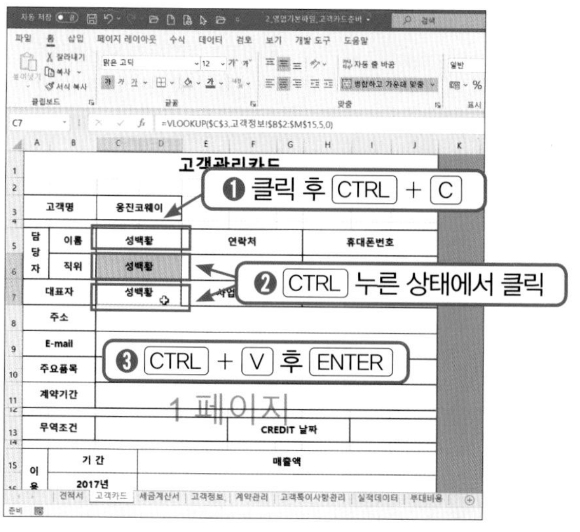

04 C6셀과 C7셀의 수식 입력줄에서 입력된 함수의 'Col_index_num'을 수정하여 완성합니다. 각각 C6셀은 **6**, C7셀은 **7**로 수정하여 입력한 후 ENTER 키를 누릅니다.

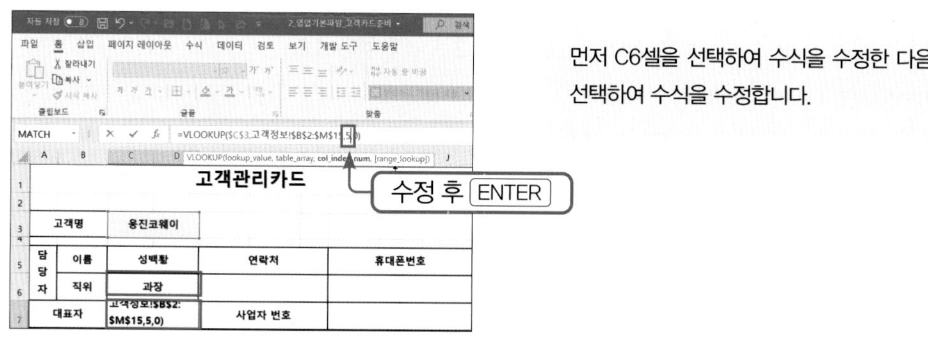

먼저 C6셀을 선택하여 수식을 수정한 다음 C7셀을 선택하여 수식을 수정합니다.

05 나머지 화주 정보를 입력합니다. ❶ C5셀을 선택하고 ❷ 수식 입력줄에서 수식을 드래그하여 선택한 후 CTRL + C 키를 누른 다음 ENTER 키를 누릅니다.

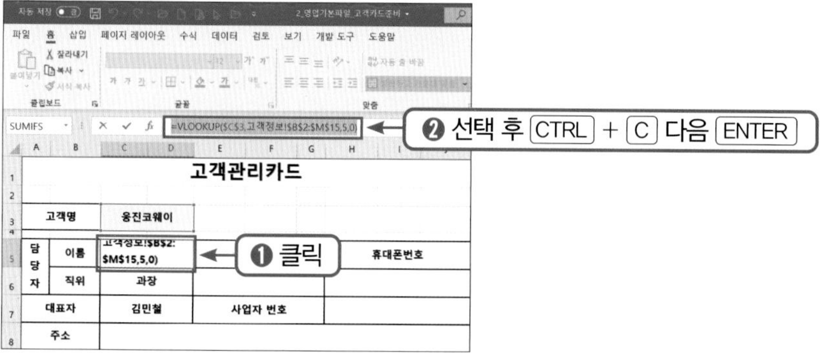

06 ❶ E6셀을 선택하고 CTRL 키를 누른 상태에서 H6, H7, C8, C9, C10셀을 선택합니다. ❷ 수식 입력줄을 선택하고 CTRL + V 키를 누릅니다. ❸ CTRL + ENTER 키를 누릅니다.

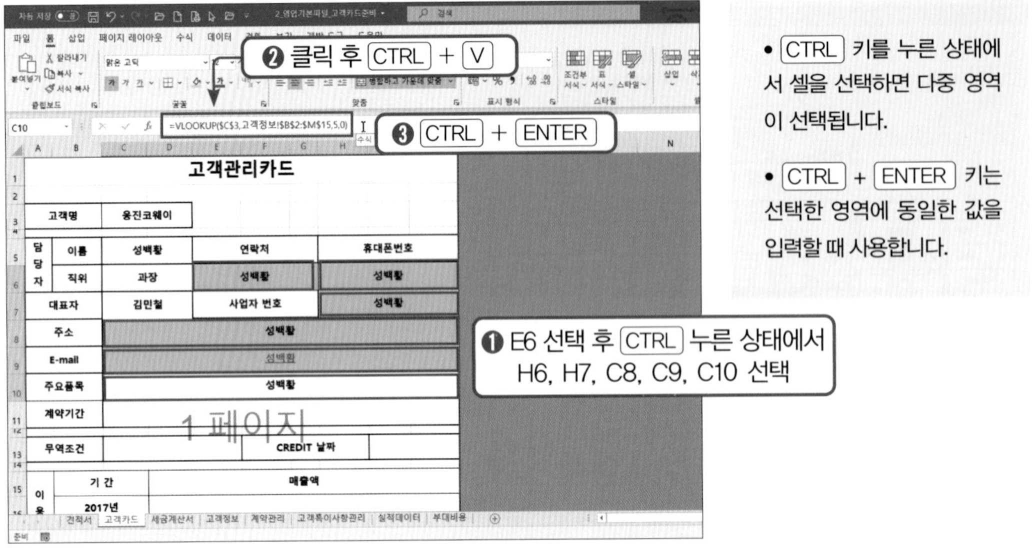

- CTRL 키를 누른 상태에서 셀을 선택하면 다중 영역이 선택됩니다.
- CTRL + ENTER 키는 선택한 영역에 동일한 값을 입력할 때 사용합니다.

07 E6, H6, H7, C8, C9, C10셀의 수식 입력줄에서 'Col_index_num' 항목인 **5**를 삭제합니다. 그 자리를 각각 E6셀은 **9**로, H6셀은 **10**으로, H7셀은 **2**로, C8셀은 **12**로, C9셀은 **11**로, C10셀은 **8**로 수정하여 입력합니다.

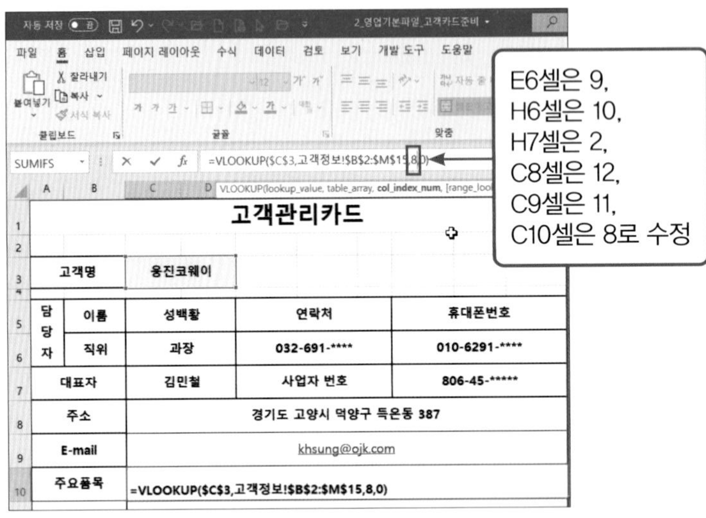

08 이번에는 계약 조건을 입력합니다. 먼저 계약 기간을 불러오기 위해 ❶ C11셀을 선택합니다. ❷ [수식] 탭 → '함수 라이브러리' 그룹 → '찾기/참조 영역' 명령 단추를 클릭하고 **VLOOKUP**을 선택합니다.

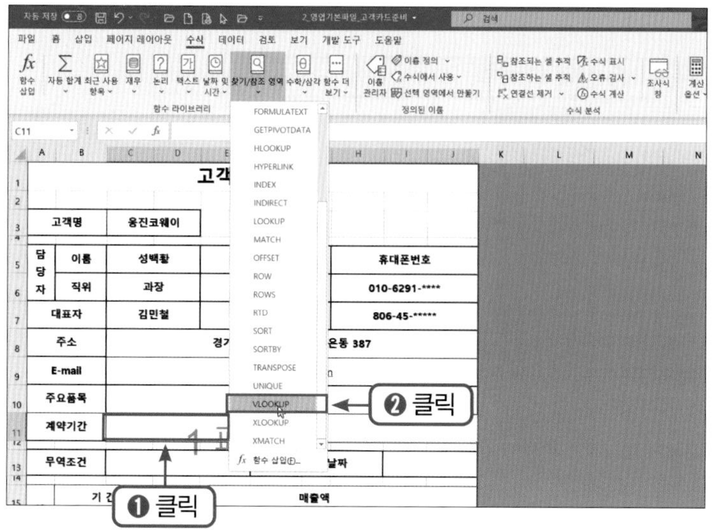

09 ❶ '함수 인수' 대화 상자가 나타나면 ❶ 'Lookup_value'에서 C3셀을 선택하여 입력한 후 F4 키를 눌러 절대참조로 지정합니다. ❷ 'Table_array'에서 '계약관리' 시트를 클릭한 후 ❸ B2:J15 영역을 선택하여 입력하고 F4 키를 눌러 절대참조로 지정합니다. ❹ 'Col_index_num'에 **2** ❺ 'Range_lookup'에 **0**을 입력한 후 ❻ [확인] 단추를 클릭합니다.

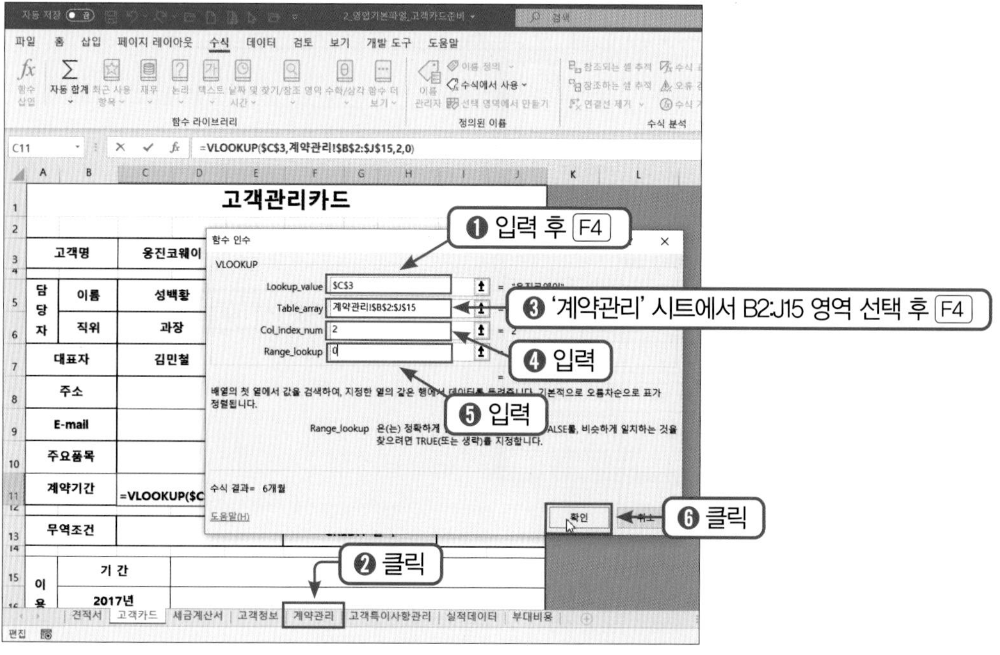

10 ❶ C11셀을 클릭하여 선택합니다. ❷ 수식 입력줄에 입력된 함수를 드래그하여 선택 후 CTRL + C 키를 눌러 복사한 다음 ENTER 키를 누릅니다.

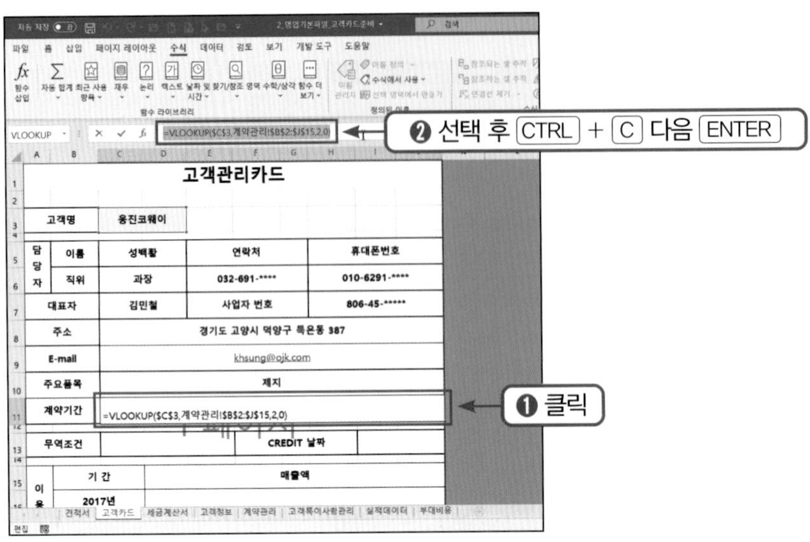

11 ❶ C13셀을 선택하고 CTRL 키를 누른 상태에서 I13셀을 선택합니다. ❷ 수식 입력줄에서 CTRL + V 키를 누른 후 CTRL + ENTER 키를 누릅니다.

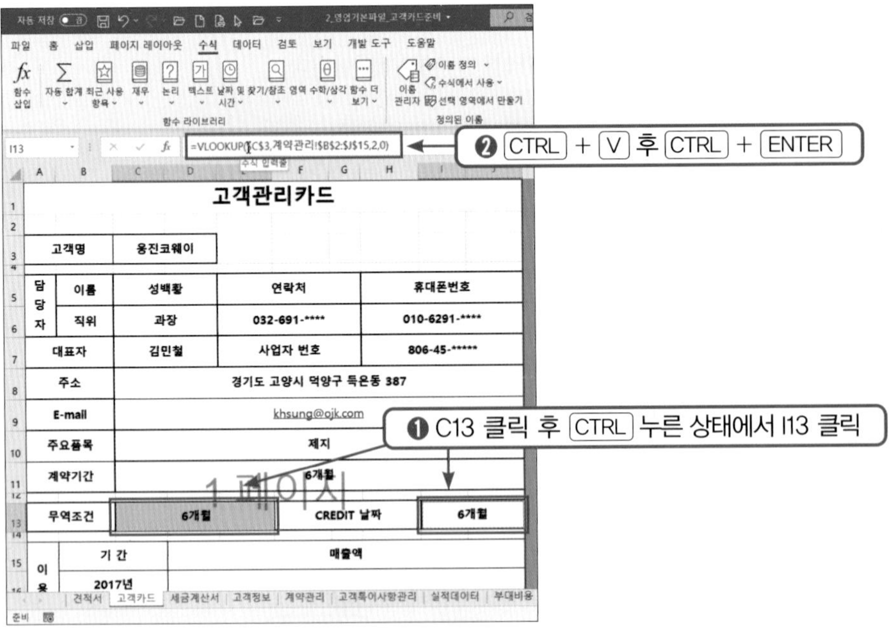

12 C13, I13셀의 수식 입력줄에서 'Col_index_num' 항목 **2**를 삭제하고 C13셀은 **5**로, H13셀은 **8**로 수정하여 입력합니다.

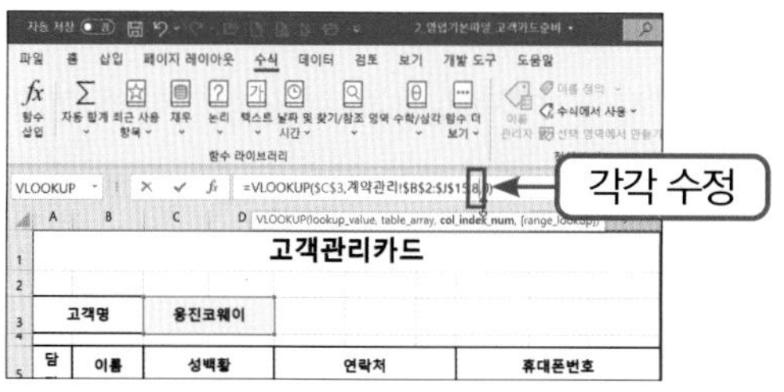

13 고객 특이사항을 불러옵니다. ❶ B20셀을 선택합니다. ❷ [수식] 탭 → '함수 라이브러리' 그룹 → '최근 사용 항목' 명령 단추를 클릭하고 **VLOOKUP**을 선택합니다.

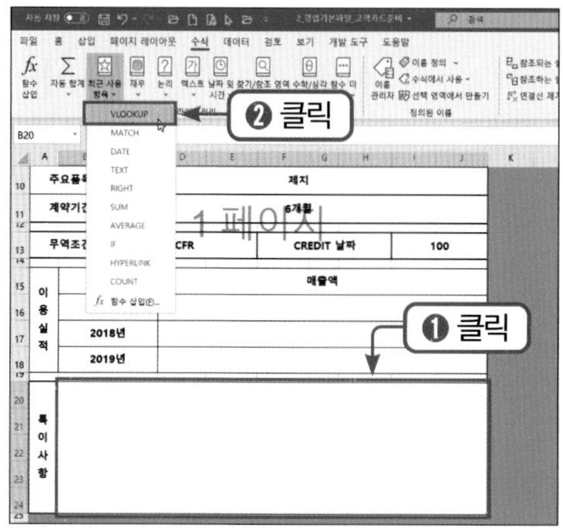

14 '함수 인수' 대화 상자가 나타나면 ❶ 'Lookup_value'에서 C3셀을 선택하여 입력한 후 F4 키를 눌러 절대참조로 지정합니다. ❷ 'Table_array'에서 '고객특이사항관리' 시트를 클릭한 후 ❸ B2:C15 영역을 선택하여 입력하고 F4 키를 눌러 절대참조로 지정합니다. ❹ 'Col_index_num'에 **2** ❺ 'Range_lookup'에 **0**을 입력한 후 ❻ [확인] 단추를 클릭합니다.

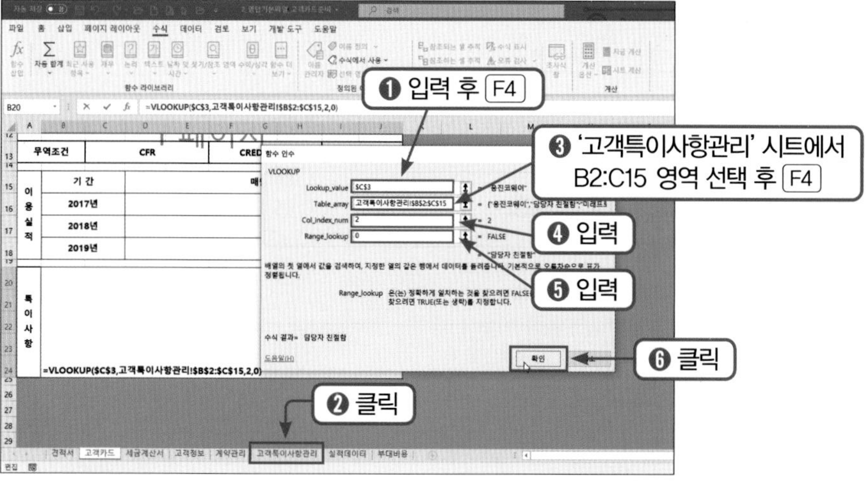

✎ 이용 실적 불러오기

01 연도별 이용 실적은 '실적데이터' 시트에서 불러옵니다. 그런데 '실적데이터' 시트에는 **선적 날짜** 데이터만 있고 연도는 나타나 있지 않습니다. 조건을 일치시키기 위해 먼저 열을 삽입하여 연도 데이터를 작성합니다. ❶ '실적데이터' 시트를 선택합니다. ❷ B열 머리에서 마우스 오른쪽 버튼을 클릭한 후 ❸ **삽입**을 클릭합니다.

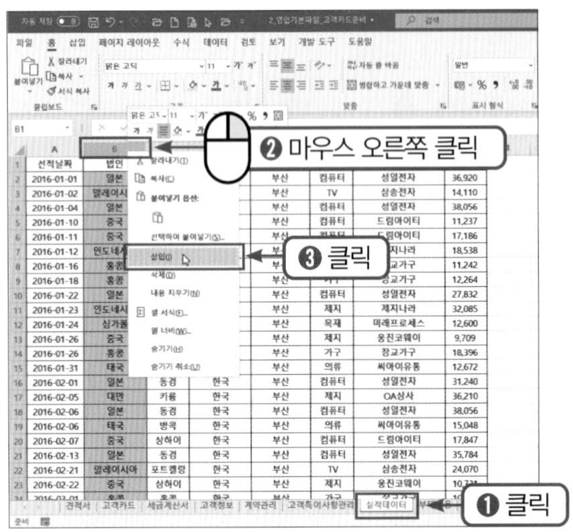

02 ❶ B1셀을 선택한 후 수식 입력줄에 **연도**를 입력합니다. ❷ B2셀을 선택한 후 수식 입력줄에 **=YEAR(A2)**를 입력한 다음 ❸ ENTER 키를 누릅니다.

03 ❶ B2셀을 선택하고 ❷ B2셀의 자동 채우기 핸들(**+**)을 더블클릭하여 새로운 기준을 완성합니다.

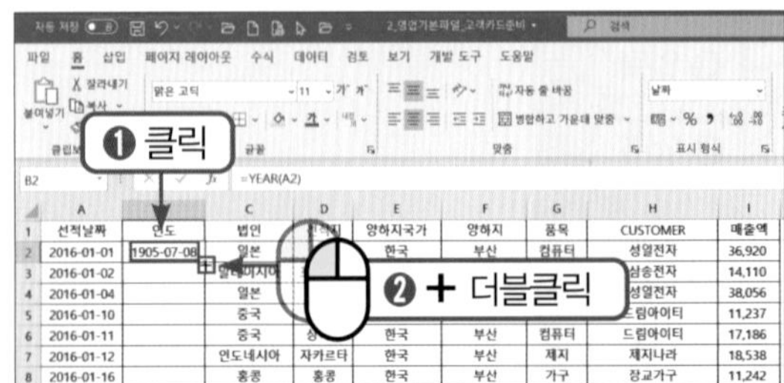

04 ❶ B2:B563 영역을 선택한 다음 CTRL + 1 키를 누릅니다. ❷ '셀 서식' 대화 상자가 나타나면 [표시 형식] 탭을 선택한 후 ❸ **일반**을 선택합니다. ❹ [확인] 단추를 클릭합니다.

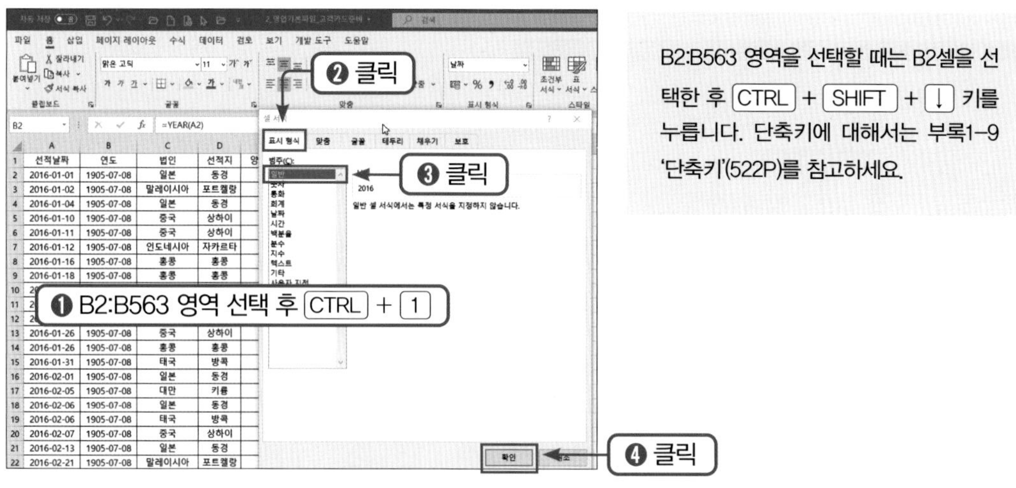

B2:B563 영역을 선택할 때는 B2셀을 선택한 후 CTRL + SHIFT + ↓ 키를 누릅니다. 단축키에 대해서는 부록1-9 '단축키'(522P)를 참고하세요.

알아보기 날짜 표시

일반적으로 삽입한 열은 이전 열의 셀 서식을 그대로 가져옵니다. 여기에서는 A열이 날짜 형식으로 지정되어 있어서 삽입한 B열도 날짜 형식으로 지정되었습니다. 이 서식을 **일반**으로 수정하면 연도만 나타나게 됩니다. 여기서 1905-07-08로 나타난 것은 YEAR(A2) 함수의 결과값이 **2016**이기 때문입니다. 날짜는 **1900년 1월 1일**을 기준으로 하루에 **1**씩 값이 증가합니다. 즉, 1900년 1월 1일의 값은 1이고 1900년 1월 2일은 값이 2가 됩니다. 2016은 날짜 형식에서는 1900년 1월 1일을 기준으로 2016일이 지난 날짜로 인식합니다. 그래서 화면에 결과값이 1905-07-08로 나타났습니다. 여기에 대해서는 부록1-2 '표시 형식 활용하기'(491P)를 참고하세요.

05 '고객카드' 시트로 돌아가 SUMIFS 함수를 활용하여 연도별 화주 이용 실적을 불러오겠습니다. ❶ D16셀을 선택한 후 ❷ [수식] 탭 → '함수 라이브러리' → '수학/삼각' 명령 단추를 눌러 함수 목록이 나타나면 **SUMIFS**를 선택합니다.

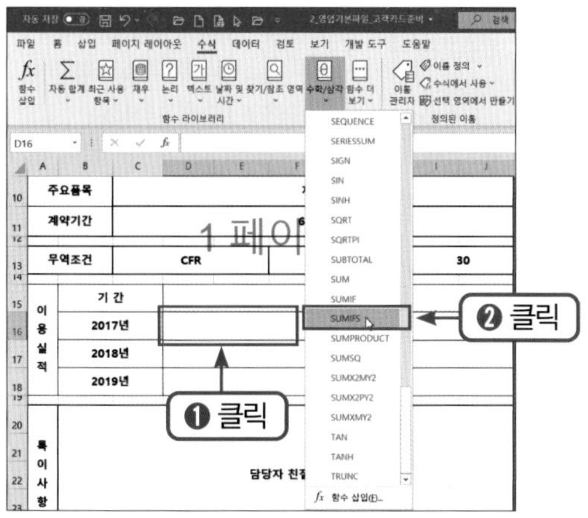

06 SUMIFS '함수 인수' 대화 상자가 나타나면 ❶ 'Sum_range'에서 '실적데이터' 시트를 선택합니다. ❷ I2:I563 영역을 선택한 후 F4 키를 눌러 절대참조로 지정합니다.

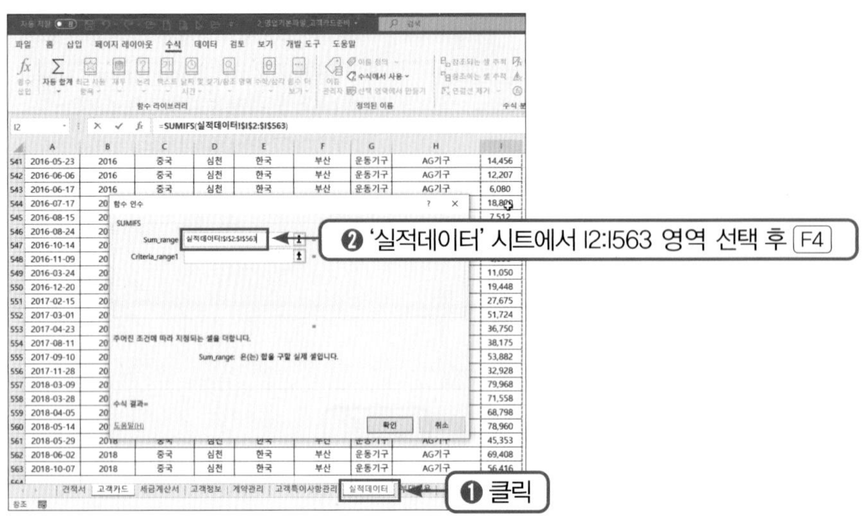

07 1번째 조건으로 연도가 일치하는 데이터를 지정합니다. ❶ 'Criteria_range1'에서 '실적데이터' 시트의 B2:B563 영역을 선택한 후 F4 키를 눌러 절대참조로 지정합니다. ❷ 'Criteria1'에 **B16**을 입력합니다. 두 번째 조건으로 화주명이 일치하는 데이터를 지정합니다. ❸ 'Criteria_range2'에서는 '실적데이터' 시트의 H2:H563 영역을 선택한 후 F4 키를 눌러 절대참조로 지정합니다. ❹ 'Criteria2'에는 **$C$3**을 입력한 후 ❺ [확인] 단추를 누릅니다.

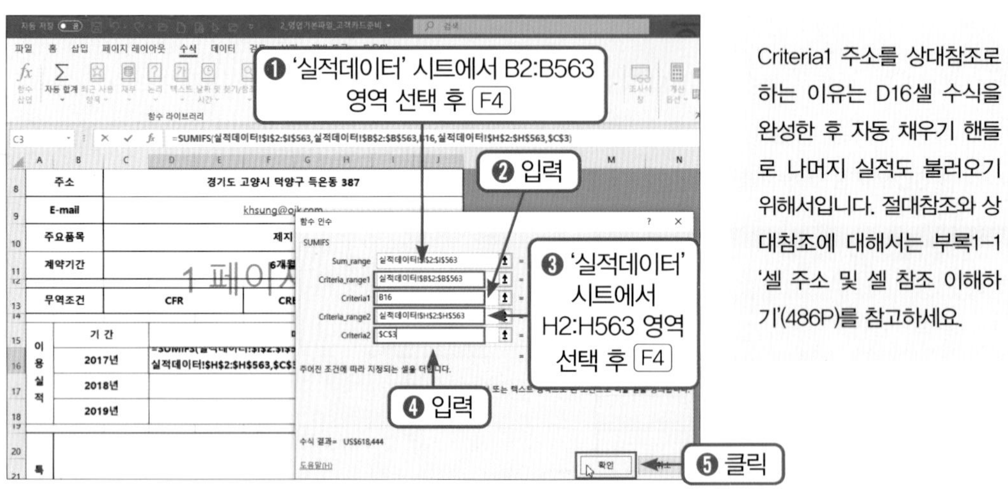

Criteria1 주소를 상대참조로 하는 이유는 D16셀 수식을 완성한 후 자동 채우기 핸들로 나머지 실적도 불러오기 위해서입니다. 절대참조와 상대참조에 대해서는 부록1-1 '셀 주소 및 셀 참조 이해하기'(486P)를 참고하세요.

알아보기 사용자 지정 서식

B16:B18 영역에 입력된 값은 각각 2017, 2018, 2019입니다(셀을 클릭하면 수식 입력줄에 숫자만 나오는 것을 알 수 있습니다). 하지만 화면에서는 숫자 뒤에 **년**이 함께 나옵니다. 이것은 제가 미리 해당 영역에 사용자 지정 서식을 **G/표준"년"**으로 지정했기 때문입니다. 사용자 지정 서식을 활용하면 입력된 값과 화면에 출력되는 값을 다르게 지정할 수 있습니다. 사용자 지정 서식의 원리와 다양한 활용법은 부록1-2 '표시 형식 활용하기'(491P)를 참고하세요.

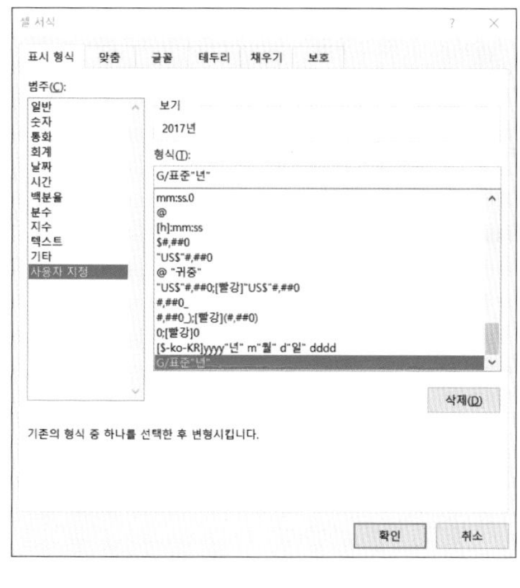

08 D16셀의 자동 채우기 핸들(+)을 D18셀까지 드래그하여 이용 실적을 완성합니다.

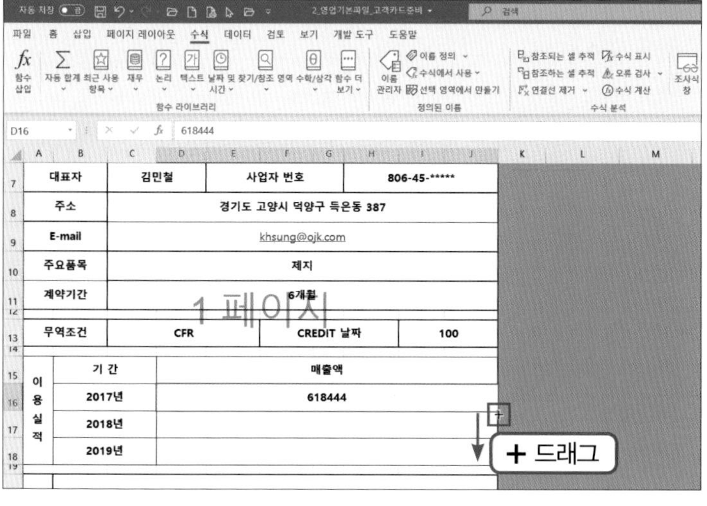

09 ❶ D16:D18 영역을 선택한 후 CTRL + 1 키를 누릅니다. '셀 서식' 대화 상자가 나타나면 ❷ [표시 형식] 탭을 선택합니다. ❸ '범주'에서 **통화**를 선택하고 ❹ '기호'를 **US$**로 선택한 다음 ❺ '소수 자릿수'를 **0**으로 입력합니다. ❻ [확인] 단추를 클릭합니다.

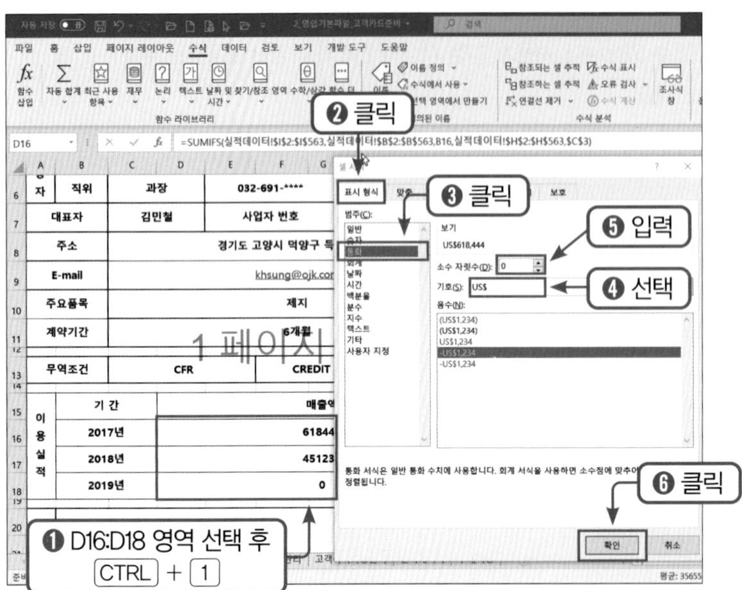

준비 파일 영업기본파일_세금계산준비.xlsx

03 세금 계산서 만들기

영업의 완성은 판매한 상품에 대한 대금이 지급되는 것입니다. 세금 계산서는 영업의 대미를 장식합니다. 이번에는 견적서를 바탕으로 세금 계산서를 자동으로 작성하는 프로그램을 만들어 보겠습니다.

실습 내용

기본 원리: R2셀 상호를 선택하여 입력하면 세금 계산서가 자동으로 완성되도록 작성합니다.

주요 기능: ❶ 양식 컨트롤 ❷ VLOOKUP, MID, TEXT 함수 ❸ 사용자 지정 서식

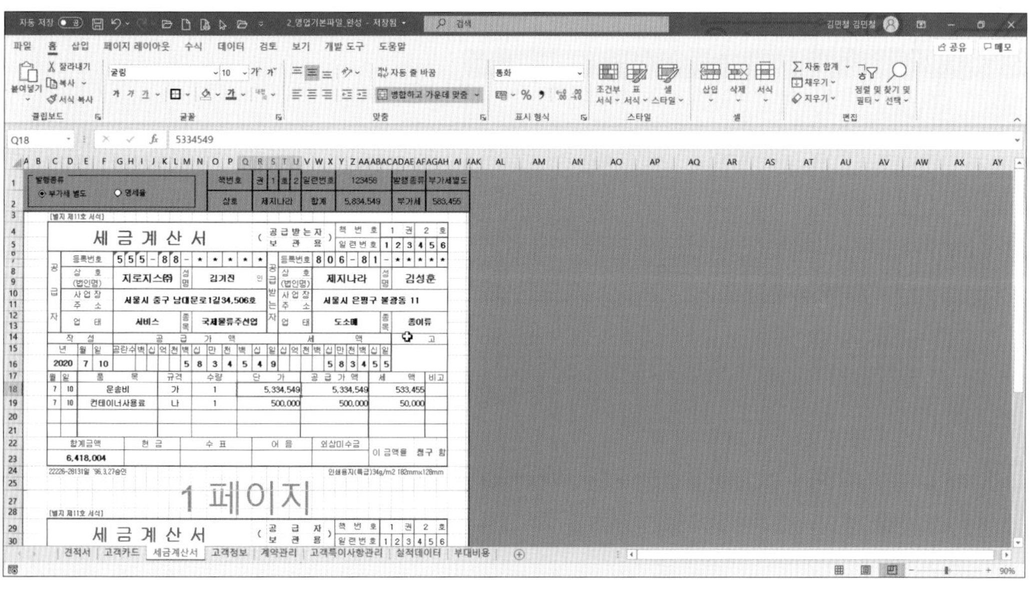

발행종류 옵션 단추 만들기

01 발행종류 그룹 상자를 만들어 봅니다. ❶ [개발 도구] 탭 → '컨트롤' 그룹 → '삽입' 명령 단추를 클릭하고 '양식 컨트롤'의 **그룹 상자**를 선택합니다.

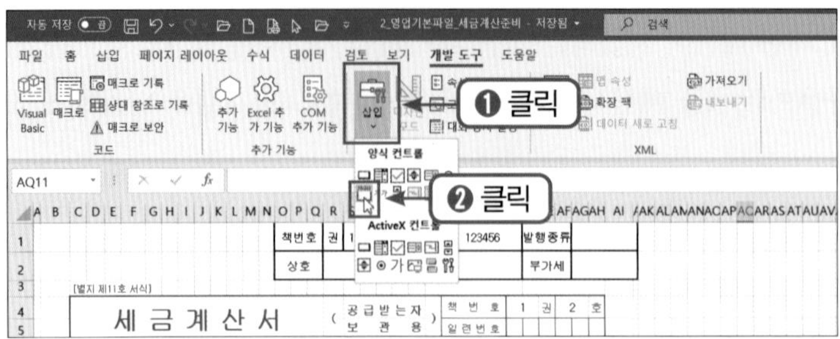

02 ❶ B1셀에서부터 드래그하여 적당한 크기로 그룹 상자를 그립니다. ❷ 그룹 상자 이름을 **발행종류**로 수정합니다.

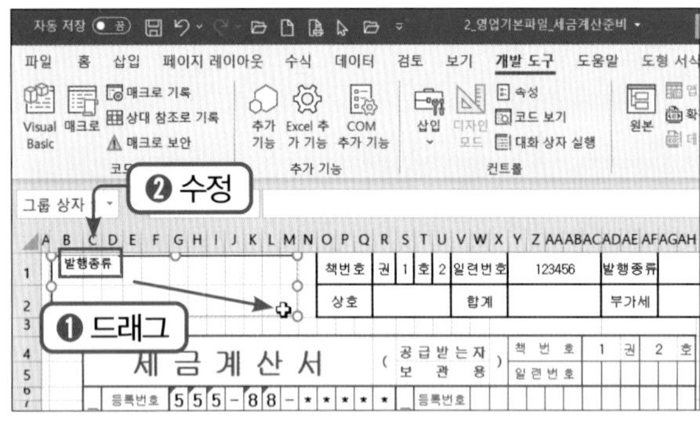

03 그룹 상자 안에 옵션 단추를 만듭니다. ❶ [개발 도구] 탭 → '컨트롤' 그룹 → '삽입' 명령 단추를 클릭하고 ❷ '양식 컨트롤'에서 **옵션 단추**를 클릭합니다.

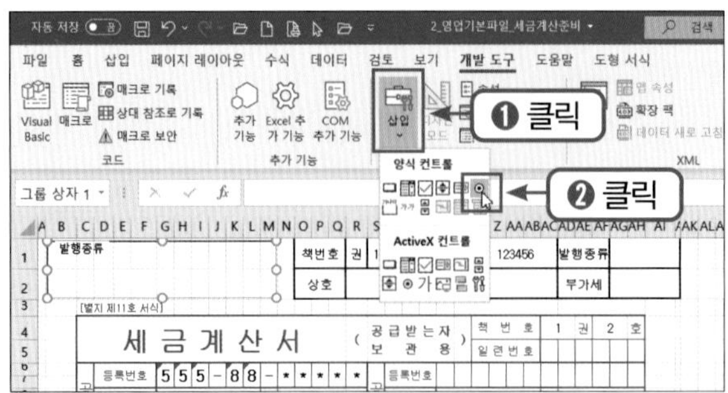

04 ❶ 그룹 상자 안에 적당한 크기로 옵션 단추를 만듭니다. ❷ 옵션 단추를 클릭해 **부가세 별도**라고 이름을 수정합니다.

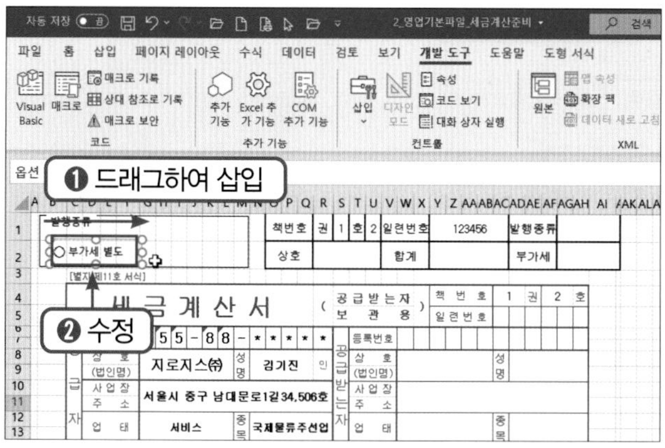

05 '부가세 별도' 옵션 단추를 선택한 상태에서 ❶ 마우스 오른쪽 버튼을 클릭하고 ❷ **컨트롤 서식**을 클릭합니다.

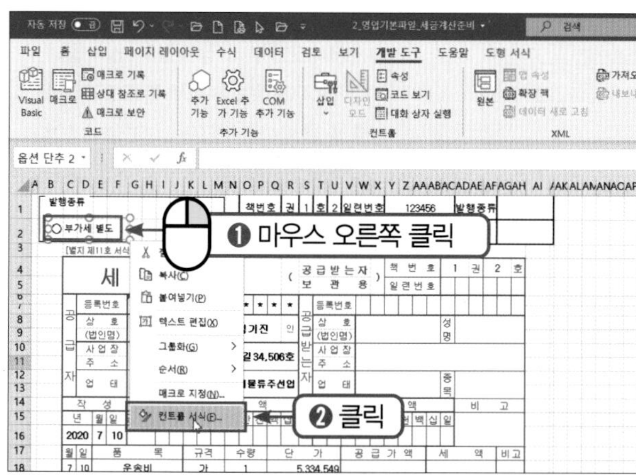

06 '컨트롤 서식' 대화 상자가 나타나면 ❶ [컨트롤] 탭을 클릭한 후 ❷ '셀 연결'을 클릭합니다. ❸ AG1셀을 선택해서 입력한 후 ❹ [확인] 단추를 클릭합니다.

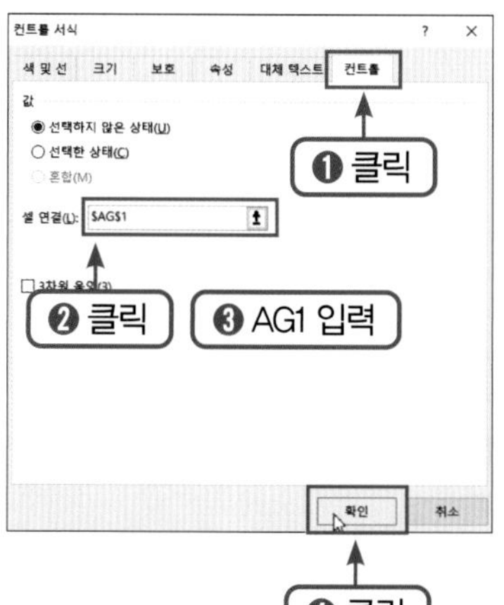

AG1셀을 선택하면 자동으로 절대참조 주소로 입력이 됩니다.

07 영세율 옵션 단추를 만듭니다. ❶ [개발 도구] 탭 → '컨트롤 그룹' → '삽입' 명령 단추를 클릭하고 ❷ '양식 컨트롤'의 **옵션 단추**를 클릭합니다.

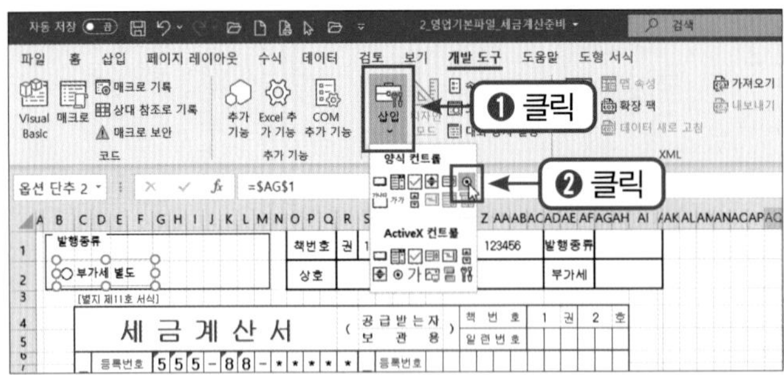

08 ❶ 그룹 상자 안의 '부가세 별도' 옵션 단추 옆에 적당한 크기로 옵션 단추를 만듭니다. ❷ 만든 옵션 단추를 클릭해 **영세율**이라고 이름을 수정합니다. ❸ '부가세 별도' 옵션 단추를 클릭하면 AG1 셀에 **1**이라는 값이 나타납니다.

옵션 단추를 클릭하면 연결된 셀에 순서대로 1부터 정수값이 입력됩니다. 여기에서는 부가세 별도 옵션 단추를 클릭하면 연결된 AG1셀에 1이 입력되고, 영세율 옵션 단추를 클릭하면 2가 입력됩니다.

09 AG1셀에 '사용자 지정' 서식을 활용하여 AG1셀 값이 1이면 **부가세별도**로, 2면 **영세율**로 나타나게 합니다. ❶ AG1셀을 선택한 후 CTRL + 1 키를 누릅니다. ❷ '셀 서식' 대화 상자가 나타나면 [표시 형식] 탭을 선택한 후 **사용자 지정**을 클릭합니다. ❸ '형식'에 **[=2]"영세율";"부가세별도"**를 입력한 후 ❹ [확인] 단추를 클릭합니다.

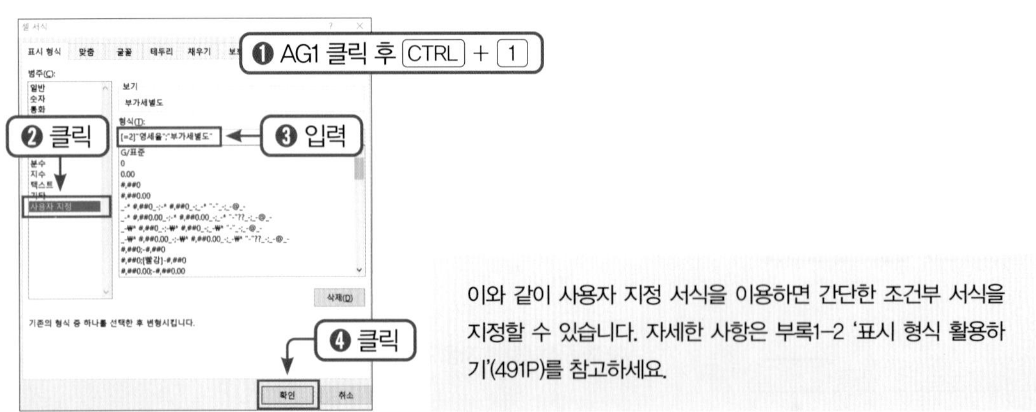

이와 같이 사용자 지정 서식을 이용하면 간단한 조건부 서식을 지정할 수 있습니다. 자세한 사항은 부록1-2 '표시 형식 활용하기'(491P)를 참고하세요.

공급받는 사람 정보 불러오기

01 먼저 R2셀에 유효성 검사로 상호 목록을 작성합니다. ❶ R2셀을 선택합니다. ❷ [데이터] 탭 → '데이터 도구' 그룹 → '데이터 유효성 검사' 명령 단추를 클릭합니다. ❸ '데이터 유효성' 대화 상자가 나타나면 [설정] 탭에서 '제한 대상'을 **목록**으로 선택합니다.

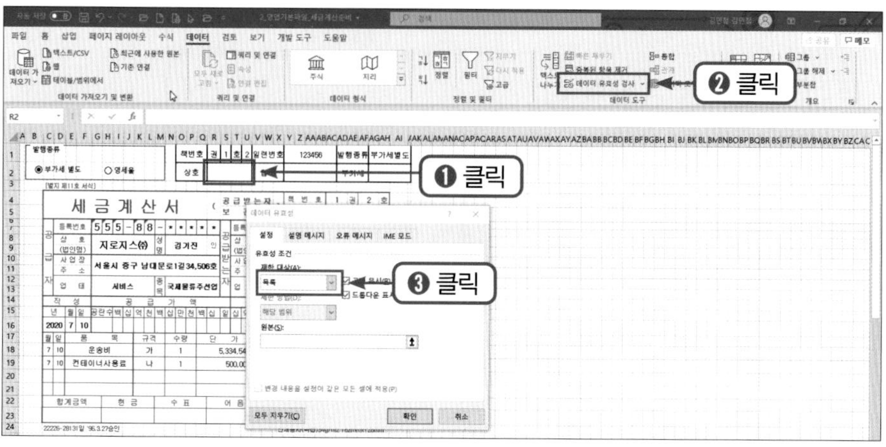

02 ❶ '원본'을 클릭한 후 ❷ '고객정보' 시트를 클릭합니다. ❸ B2:B15 영역을 선택하여 입력한 후 ❹ [확인] 단추를 클릭합니다.

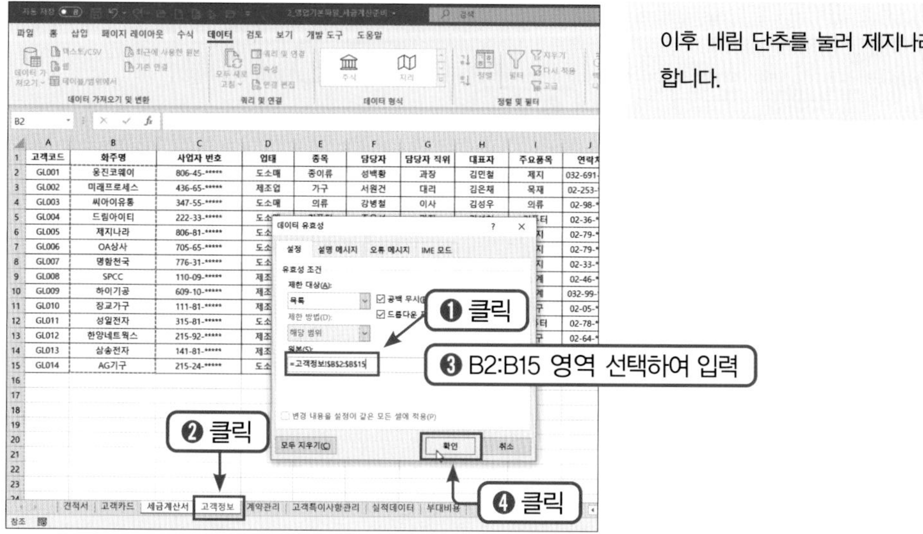

이후 내림 단추를 눌러 제지나라를 클릭합니다.

03 Y2셀에 합계 수식을 입력합니다. ❶ Y2셀을 선택한 후 ❷ [홈] 탭 → '편집' 그룹 → '자동 합계' 명령 단추를 선택합니다. ❸ V18셀에서 V21셀까지 드래그하여 영역을 입력한 후 ENTER 키를 누릅니다.

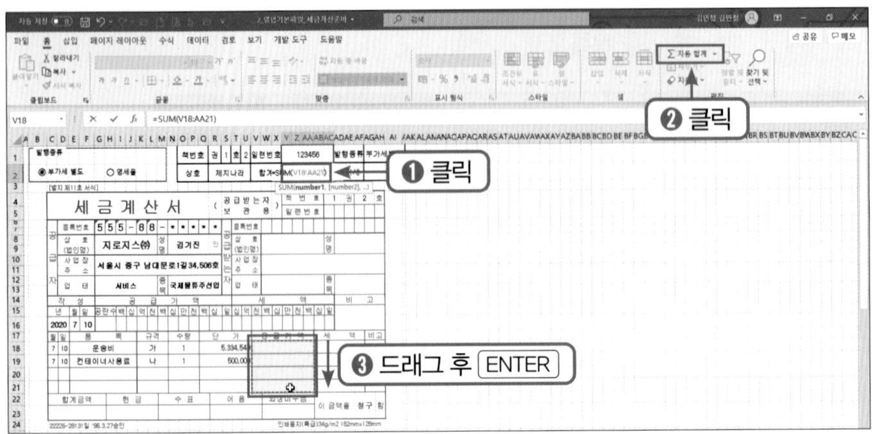

04 AG2셀에 부가세 수식을 입력합니다. ❶ AG2셀을 선택한 후 ❷ [홈] 탭 → '편집' 그룹 → '자동 합계' 명령 단추를 선택합니다. ❸ AB18셀에서 AB21셀까지 드래그하여 영역을 입력한 후 ENTER 키를 누릅니다.

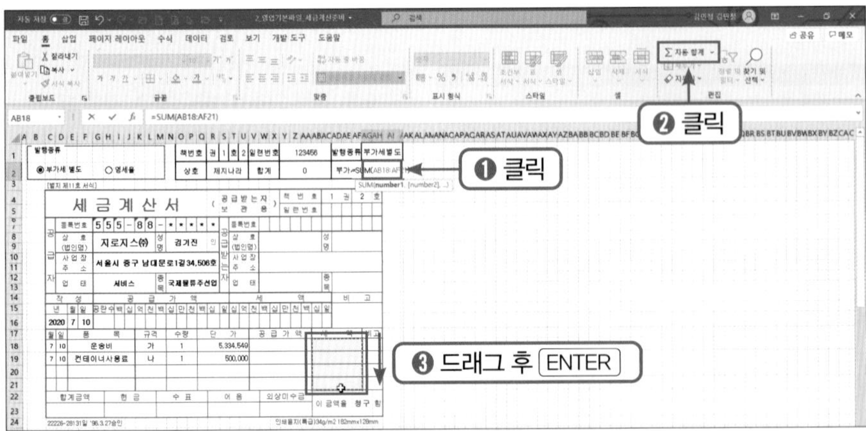

05 '세금계산서'상에 상호가 나타나게 합니다. ❶ W8셀을 선택합니다. ❷ 수식 입력줄에 **=R2**를 입력한 후 ENTER 키를 누릅니다.

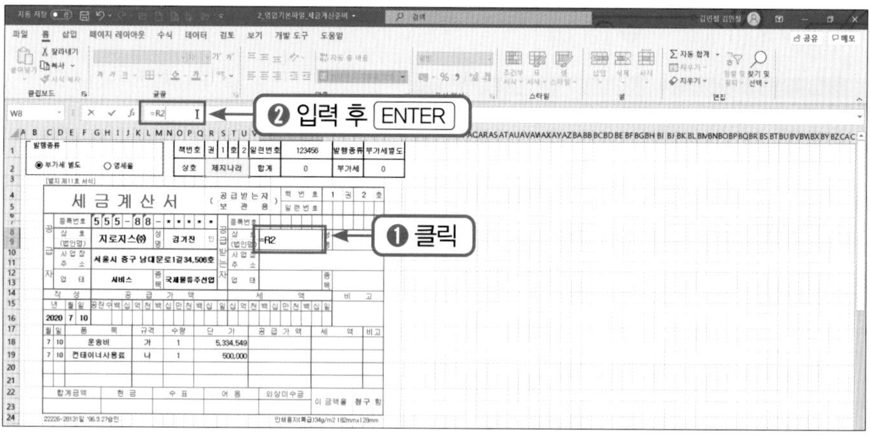

06 VLOOKUP 함수를 활용하여 공급받는 회사 정보를 불러옵니다. 먼저 대표자 성명을 불러옵니다. ❶ AD8셀을 선택합니다. ❷ [수식] 탭 → '함수 라이브러리' 그룹 → '찾기/참조 영역' 명령 단추를 클릭하고 **VLOOKUP**을 선택합니다.

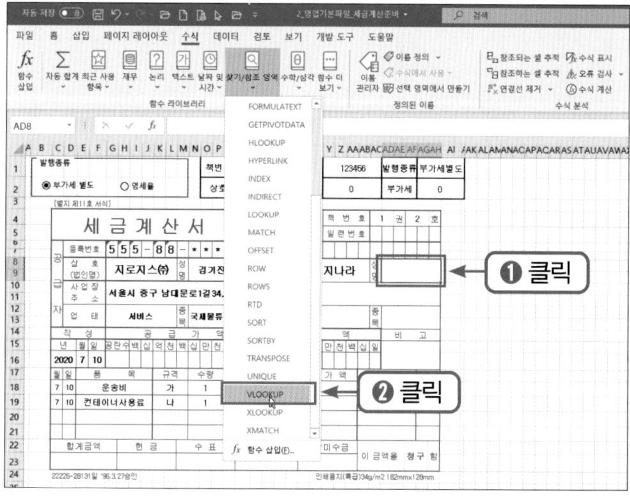

07 '함수 인수' 대화 상자가 나타나면 ❶ 'Lookup_value'에서 R2셀을 선택하여 입력한 후 F4 키를 눌러 절대참조로 지정합니다. ❷ 'Table_array'에서 '고객정보' 시트를 클릭한 후 ❸ B2:M15 영역을 선택하여 입력한 후 F4 키를 눌러 절대참조로 지정합니다. ❹ 'Col_index_num'에 **7**, ❺ 'Range_lookup'에 **0**을 입력한 후 ❻ [확인] 단추를 클릭합니다.

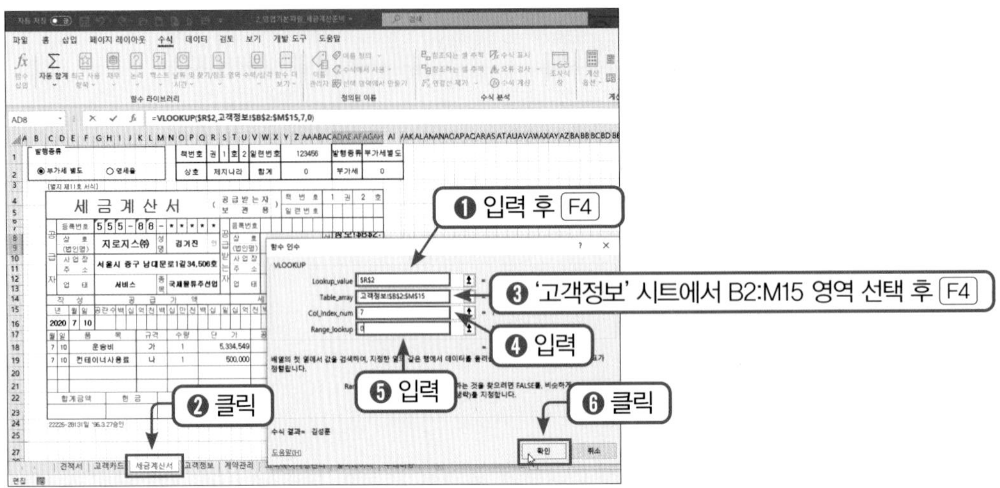

08 나머지 정보도 입력합니다. ❶ AD8셀을 클릭하여 선택한 후 ❷ 수식 입력줄에 입력된 함수를 드래그하여 CTRL + C 키를 눌러 복사하고 ENTER 키를 누릅니다.

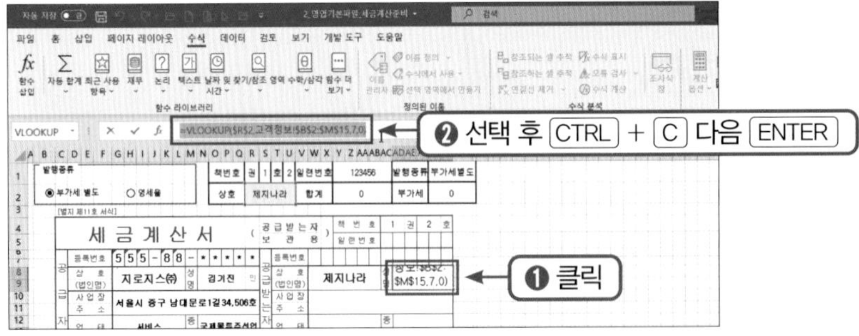

09 ❶ W10셀을 선택하고 CTRL 키를 누른 상태에서 W12, AD12셀을 선택합니다. ❷ 수식 입력줄에서 CTRL + V 키를 눌러 수식을 붙여넣기한 후 ❸ CTRL + ENTER 키를 누릅니다.

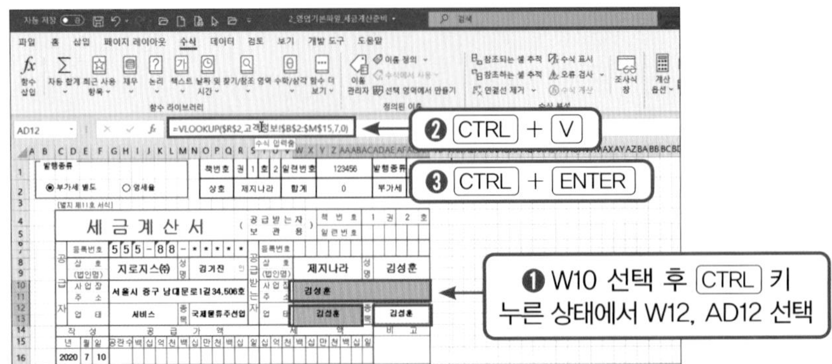

10 W10, W12, AD10셀의 수식 입력줄에서 'Col_index_num' 항목 **7**을 삭제하고 W10셀은 **12**로, W12셀은 **3**으로, AD10셀은 **4**로 수정하여 입력합니다.

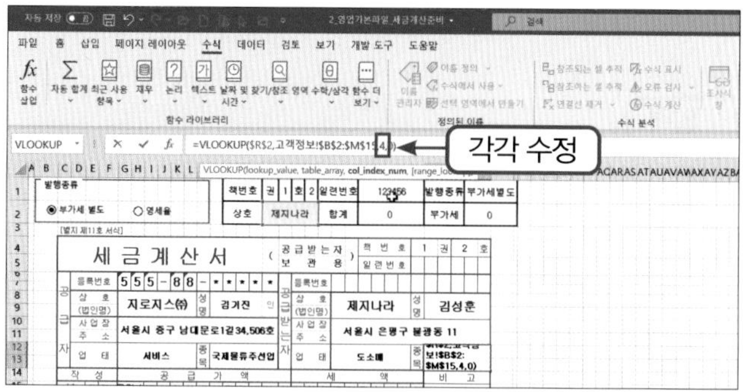

11 공급가액 수식을 작성합니다. ❶ V18셀을 선택합니다. ❷ 수식 입력줄에 **=N18*Q18**을 입력한 후 ENTER 키를 누릅니다.

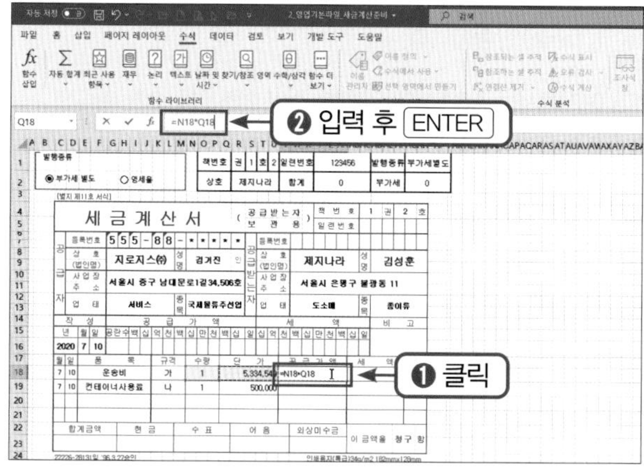

12 세액 수식을 작성합니다. ❶ AB18셀을 선택한 후 ❷ [수식] 탭 → '함수 라이브러리' 그룹의 '논리' 명령 단추를 클릭하여 **IF**를 선택합니다.

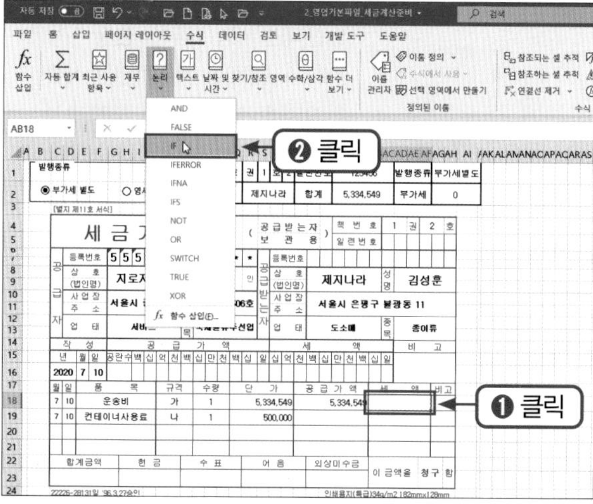

13 ❶ 'Logical_test'에 **$AG$1=2**를, 'Value_if_true'에 **0**을, 'Value_if_false'에 **V18*0.1**을 입력한 후 ❷ [확인] 단추를 클릭합니다.

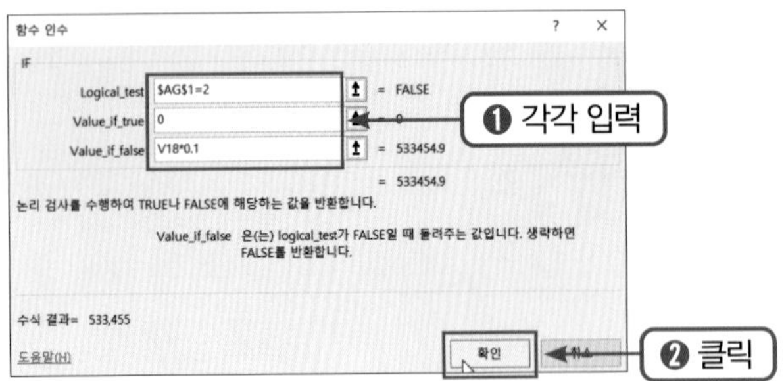

알아보기 IF 함수

IF(Logical_test, Value_if_true, Value_if_false) 함수는 가장 보편적으로 알려진 함수입니다. 지정한 조건(Logical_test)에 대해 참(true)과 거짓(false)을 판단하여 참이면 1번째 인수에 입력한 값을(Value_if_true), 거짓이면 2번째 인수에 입력한 값을(Value_if_false) 반환합니다.

일반적으로 IF 함수는 중첩하여 많이 사용합니다. 여기에서는 AG1셀에 입력한 값이 2면 0을, 2가 아니면 공급가액의 10%를 계산한 값을 불러옵니다. AG1셀 값이 2면 영세율인 경우입니다.

❶ Logical_test: 지정한 조건에 대해 참(true) 혹은 거짓(false)으로 판단할 수 있는 임의의 값 혹은 식입니다.
❷ Value_if_true: Logical_test가 참(true)인 경우에 반환되는 값입니다.
❸ Value_if_false: Logical_test가 거짓(false)인 경우에 반환되는 값입니다.

14 공급가액의 나머지 부분도 자동 채우기 핸들 기능을 사용하여 완성합니다. ❶ V18셀의 자동 채우기 핸들(**+**)을 마우스 오른쪽 버튼을 누른 상태에서 V21셀까지 드래그한 후 ❷ '서식 없이 채우기'를 선택합니다.

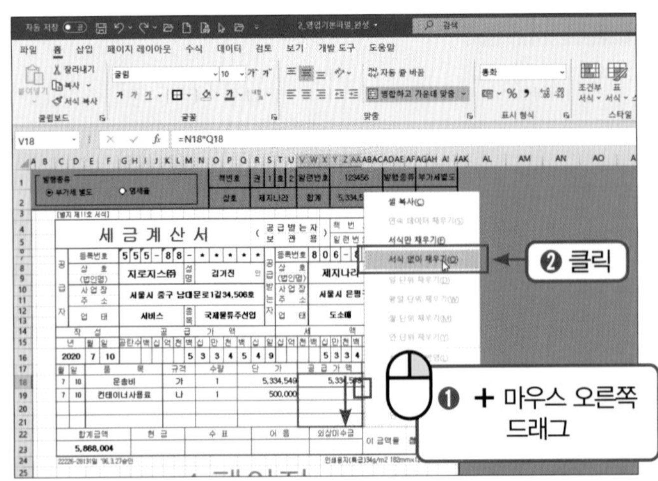

일반적인 자동 채우기 핸들 기능(마우스 왼쪽)을 사용하면 수식뿐만 아니라 셀 서식까지 함께 복사가 되어 셀 서식이 달라질 수 있습니다. 이때 수식만 복사가 되고 셀 서식은 기존 셀에 있던 원래 서식 그대로 유지하면서 붙여넣기하고 싶을 때는, 마우스 오른쪽 버튼을 누른 상태에서 자동 채우기 핸들을 드래그한 후 '서식 없이 채우기' 기능을 사용합니다.

15 ❶ AB18셀의 자동 채우기 핸들(**+**)을 마우스 오른쪽 버튼을 누른 상태에서 AB21셀까지 드래그 한 후 ❷ '서식 없이 채우기'를 선택합니다.

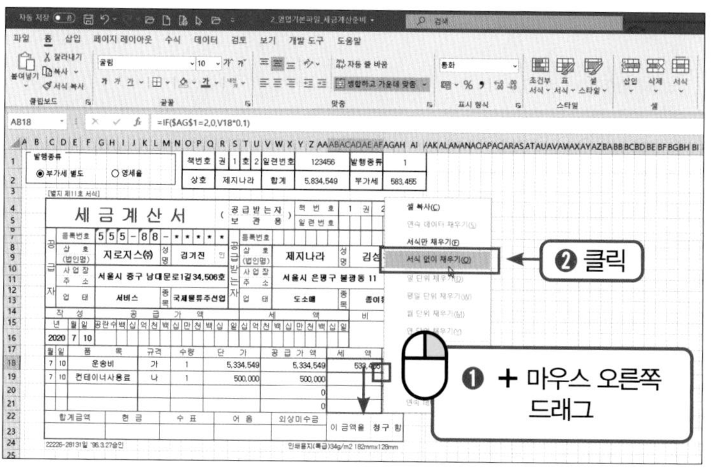

16 사용자 지정 서식을 활용하여 공급가액과 세액값이 0일 경우에는 공란으로 나타나게 하겠습니다. ❶ V20:AB21 영역을 선택한 후 CTRL + 1 키를 누릅니다. ❷ '셀 서식' 대화 상자가 나타나면 [표시 형식] 탭을 선택합니다. ❸ '범주'를 **사용자 지정**으로 선택한 후 ❹ '형식'에 **0;-0;**를 입력합니다. ❺ [확인] 단추를 클릭합니다.

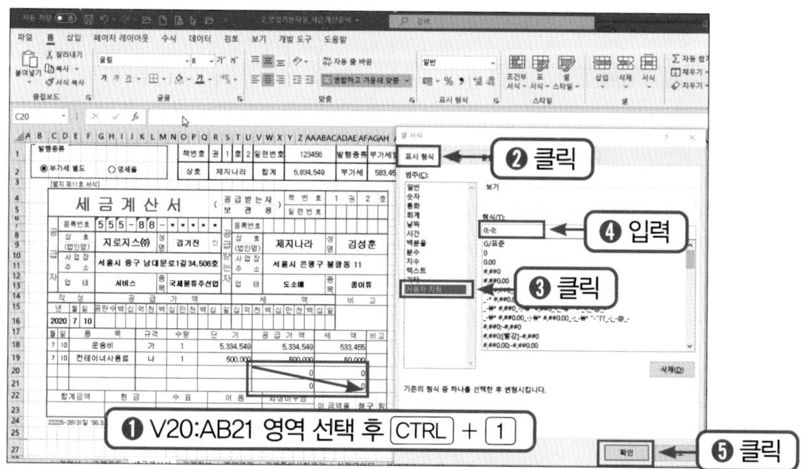

사용자 지정 서식을 활용하면 화면에 특정 값이 나타나지 않도록 지정할 수 있습니다.

17 C23셀에 합계 금액이 계산되게 합니다. ❶ C23셀을 선택합니다. ❷ 수식 입력줄에 **=Y2+AG2**를 입력한 후 ENTER 키를 누릅니다.

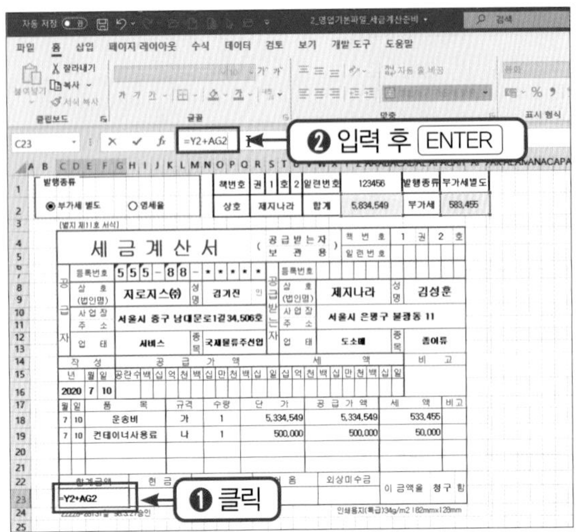

등록번호와 공급가액 불러오기

01 먼저 등록번호를 불러옵니다. ❶ W6셀을 선택한 후 ❷ [수식] 탭 → '함수 라이브러리' 그룹 → '텍스트'를 클릭해서 **MID**를 선택합니다.

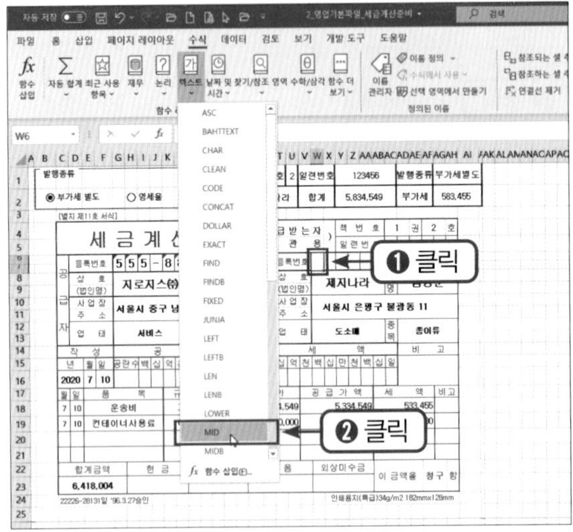

02 '함수 인수' 대화 상자가 나타나면 ❶ 'Text'를 클릭한 후 ❷ '이름 상자'에서 ❸ **VLOOKUP**을 선택합니다.

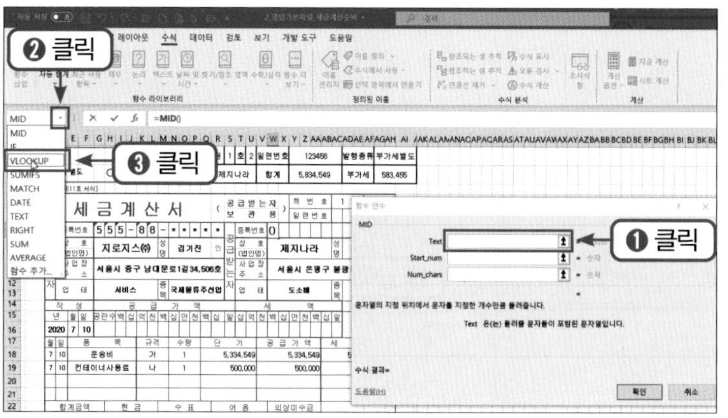

03 '함수 인수' 대화 상자가 나타나면 ❶ 'Lookup_value'에서 R2셀을 선택하여 입력한 후 [F4] 키를 눌러 절대참조로 지정합니다. ❷ 'Table_array'에서 '고객정보' 시트를 선택한 후 B2:M15 영역을 선택하고 [F4] 키를 눌러 절대참조로 지정합니다. ❸ 'Col_index_num'에 **2**를 ❹ 'Range_lookup'에 **0**을 입력합니다. ❺ 수식 입력줄의 **MID**를 클릭합니다.

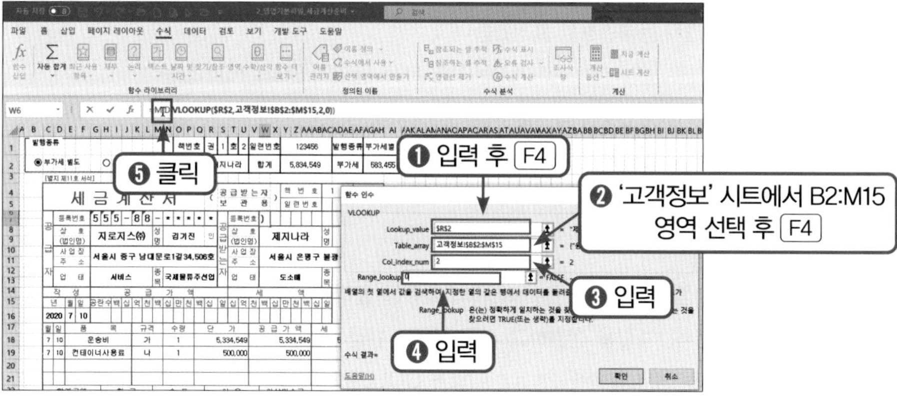

04 '함수 인수' 대화 상자가 나타나면 ❶ 'Start_num'에 **COLUMN(A1)**을 ❷ 'Num_chars'에 **1**을 입력한 후 ❸ [확인] 단추를 클릭합니다.

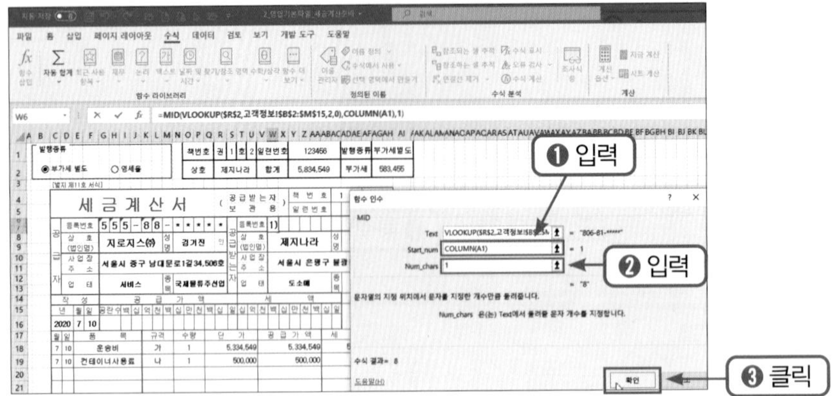

알아보기

MID 함수

MID(Text, Start_num, Num_chars) 함수는 텍스트(Text)에서 지정한 위치(Start_num)의 지정한 개수(Num_char)만큼의 문자를 반환합니다.

❶ Text: 추출할 문자가 있는 텍스트입니다. 여기에서는 공급받는 회사 사업자 등록번호가 됩니다. VLOOKUP 함수를 활용하여 사업자 등록번호를 불러왔습니다.
❷ Start_num: 추출할 첫 문자의 위치입니다. 여기에서는 W6:AH6 영역의 Start_num값을 1~12까지의 값으로 자동으로 반환하기 위해 COLUMN 함수를 사용하였습니다.
❸ Num_chars: 추출할 문자 수입니다.

COLUMN 함수

COLUMN(Reference) 함수는 참조하는 셀(Reference)의 열값을 불러옵니다. 여기에서는 COLUMN(A1)로 입력했기 때문에 W6셀에서는 1값을 환원하고 자동 채우기 핸들 기능을 통해 AH6셀까지 드래그하면 X6셀에서는 2, AH6셀에서는 12값을 환원합니다. 이렇게 COLUMN 함수는 열 방향으로 순차적으로 적용되는 수식에 함께 사용하면 편리합니다.

05 ❶ W6셀의 자동 채우기 핸들(**+**)을 마우스 오른쪽 버튼을 누른 상태에서 AH6셀까지 드래그 한 후 ❷ '서식 없이 채우기'를 선택합니다.

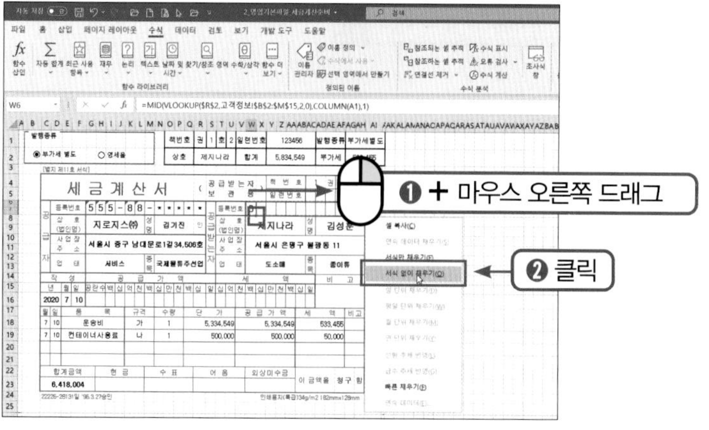

06 ❶ I16셀을 선택합니다. ❷ [수식] 탭 → '함수 라이브러리' 그룹 → '최근 사용 항목' 명령 단추를 클릭하여 **MID**를 선택합니다.

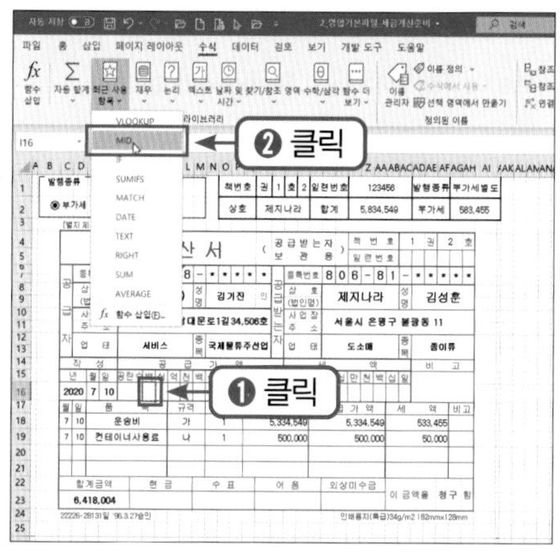

07 '함수 인수' 대화 상자가 나타나면 ❶ 'Text'를 클릭한 후 ❷ '이름 상자'에서 내림 단추를 클릭하고 ❸ **TEXT**를 선택합니다.

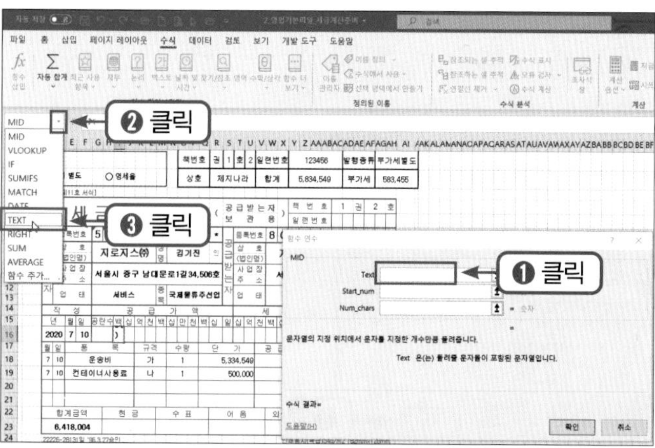

08 '함수 인수' 대화 상자가 나타나면 ❶ 'Value'에 **$Y$2**를 입력합니다. ❷ 'Format_text'에 **"???????????"**를 입력한 후 ❸ 수식 입력줄에서 **MID**를 클릭합니다.

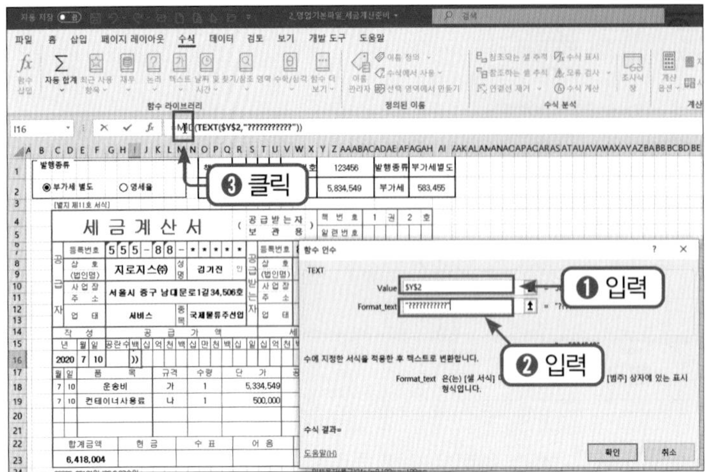

알아보기 **TEXT 함수**

TEXT(Value, Format_text) 함수는 숫자로 입력된 데이터(Value)에 대해 서식을 지정한 후(Format_text) 텍스트로 표시합니다.

❶ Value: 숫자 데이터여야 합니다. 여기에서는 공급가액입니다.
❷ Format_text: 지정하는 서식입니다. 반드시 겹따옴표로 표시가 되어야 합니다. 여기에서는 ?가 11개 입력되어 있습니다. ?는 숫자 하나를 의미하며 11개를 입력한 것은 공급가액이 최대 11자리까지 표기가 되기 때문입니다.

09 '함수 인수' 대화 상자가 나타나면 ❶ 'Start_num'에 **COLUMN(A1)**을 ❷ 'Num_chars'에 **1**을 입력한 후 ❸ [확인] 단추를 클릭합니다.

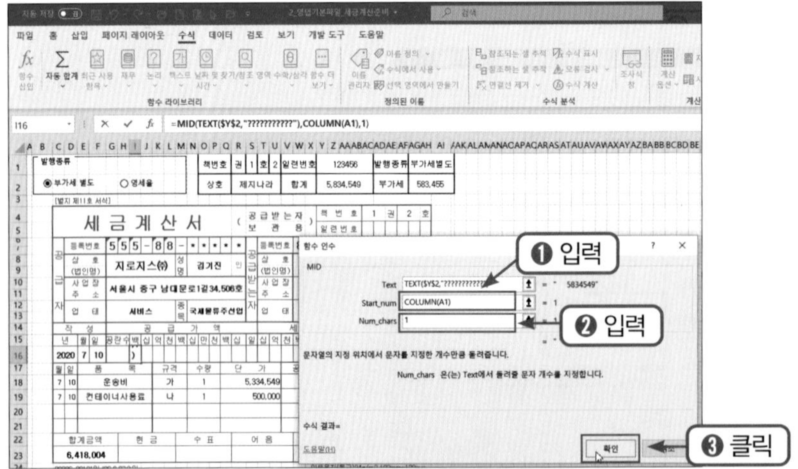

10 I16셀의 자동 채우기 핸들(✚)을 마우스 오른쪽 버튼을 누른 상태에서 S16셀까지 드래그한 후 ❷ '서식 없이 채우기'를 선택합니다.

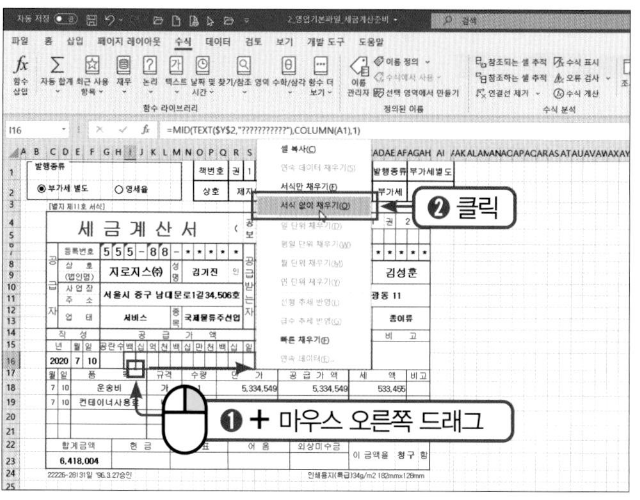

11 ❶ I16셀을 선택합니다. ❷ 수식 입력줄에서 수식을 선택한 후 CTRL + C 키를 누르고 ENTER 키를 누릅니다.

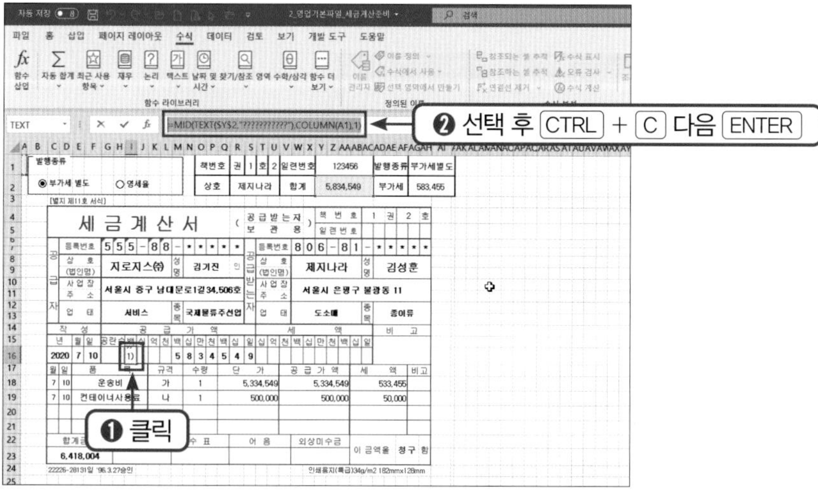

12 ❶ T16셀을 선택합니다. ❷ 수식 입력줄에서 CTRL + V 키를 눌러 붙여넣기한 후 ❸ TEXT 함수의 'Value'를 **$AG$2**로 수정합니다. ❹ TEXT 함수의 'Format_text'에서 **?**를 1개 삭제해서 ?가 10개가 되게 한 후 ENTER 키를 누릅니다.

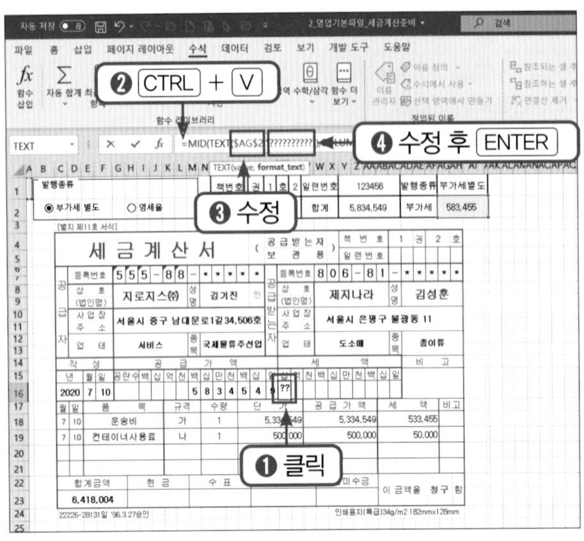

13 T16셀의 자동 채우기 핸들(**+**)을 마우스 오른쪽 버튼을 누른 상태에서 AC16셀까지 드래그한 후 ❷ '서식 없이 채우기'를 선택합니다.

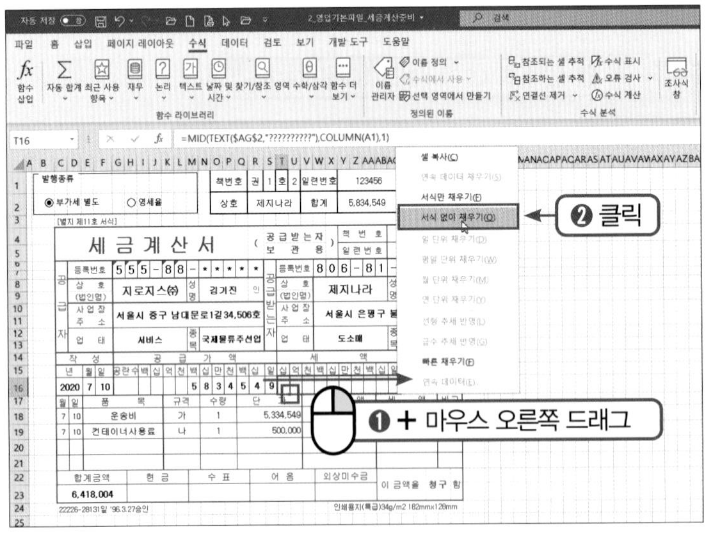

14 일련번호를 불러옵니다. ❶ T16셀을 선택합니다. ❷ 수식 입력줄에서 수식을 선택한 후 CTRL + C 키를 누르고 ENTER 키를 누릅니다.

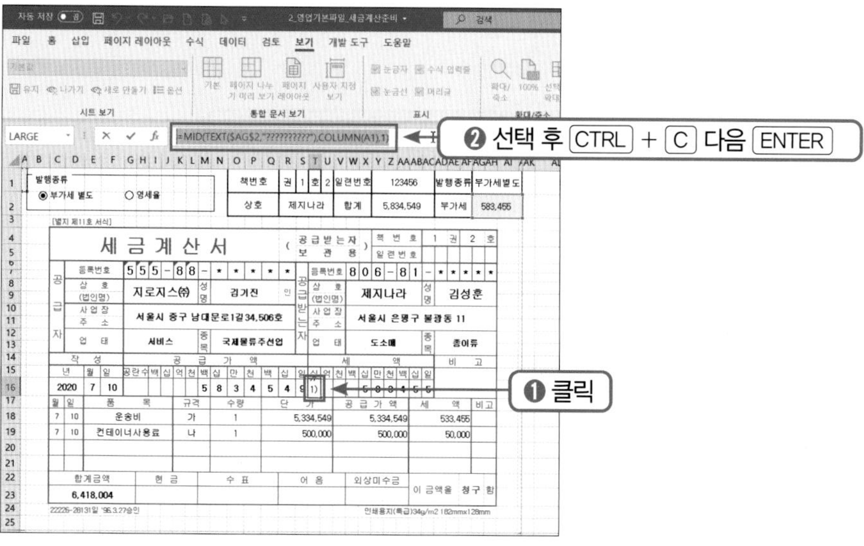

15 ❶ AC5셀을 선택합니다. ❷ CTRL + V 키를 누르고 ❸ MID 함수의 'Text' 인수 부분을 선택합니다.

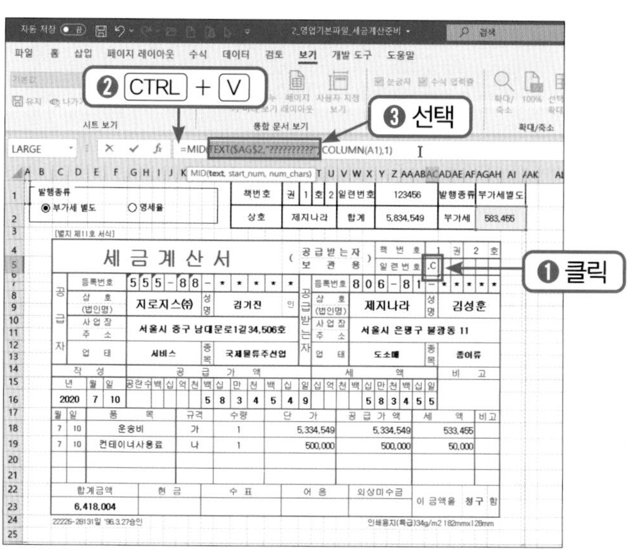

16 Y1셀을 선택하고 [F4] 키를 눌러 절대참조로 지정한 후 [FNTER] 키를 누릅니다.

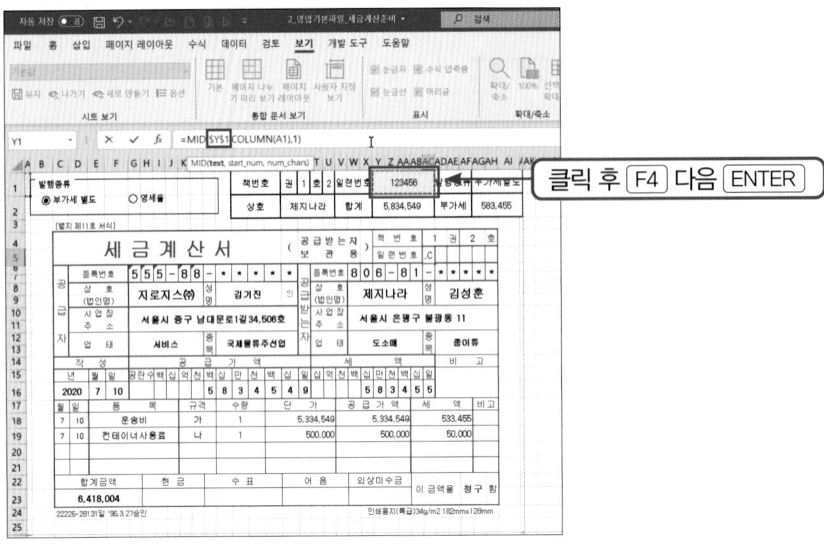

17 ❶ AC5셀의 자동 채우기 핸들을 AH5셀까지 마우스 오른쪽 버튼으로 드래그한 후 ❷ '서식 없이 채우기'를 클릭합니다.

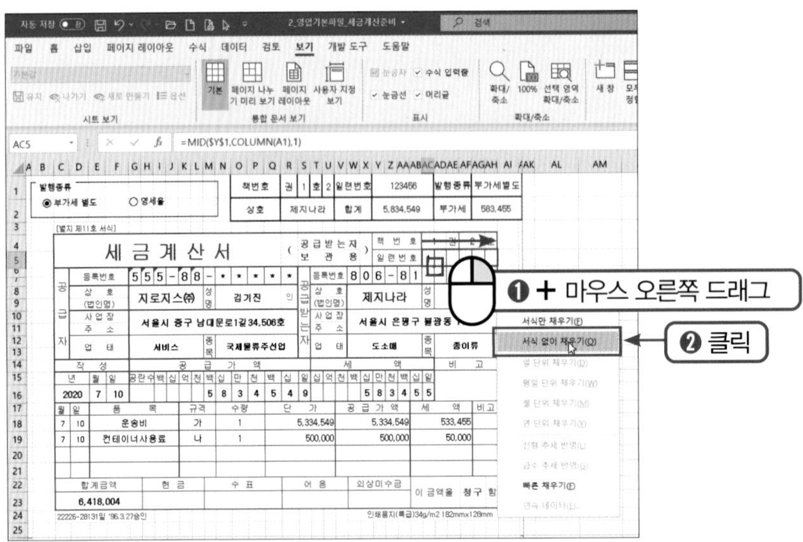

18 세금계산서 부분만 출력이 되도록 합니다. ❶ [보기] 탭 → '통합 문서 보기' 그룹 → '페이지 나누기 미리 보기' 명령 단추를 클릭합니다. ❷ 출력할 영역까지 드래그합니다. 완성 후 출력하면 세금계산서 부분만 출력이 되는 것을 확인할 수 있습니다.

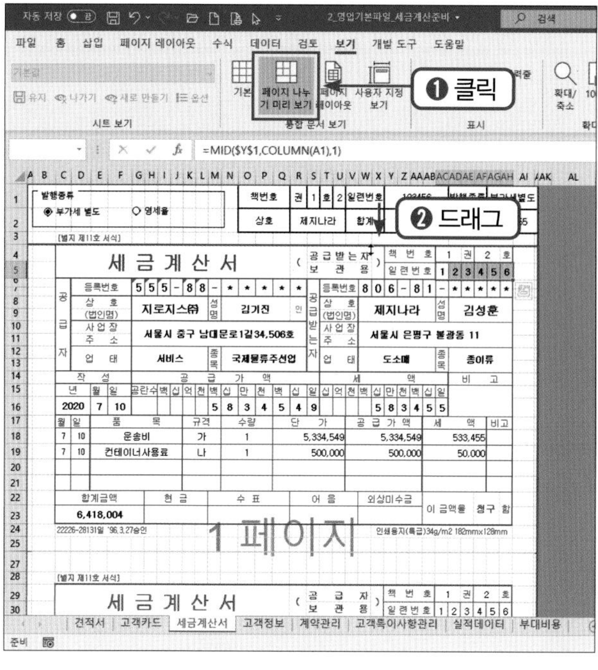

03 영업 전략 프로그램

영업 활동을 하기 전에는 먼저 내가 판매하는 상품에 대해 완벽하게 알고 있어야 합니다. 하지만 판매하는 상품이 많거나 복잡하다면 상품 정보를 모두 암기하는 것이 쉽지 않습니다. 이럴 때 상품에 대한 정보와 상품을 얼마에 판매해야 회사에 수익이 되는지, 수익이 된다면 얼마만큼인지를 간단히 확인할 수 있는 프로그램이 있다면 큰 도움이 됩니다. 이 프로그램은 실제로 제가 대기업에 다닐 때 만들어서 유용하게 사용한 프로그램입니다. 회사 시스템에 저장되어 있는 데이터베이스와 엑셀을 적절하게 잘 조합한 프로그램을 만들어 사용하면 일하는 시간을 획기적으로 줄일 수 있고 훨씬 효율적으로 일을 할 수 있습니다.

이번에는 물류 회사에서 선적조건과 운임에 따라 수익을 쉽게 조회할 수 있는 채산 계산 프로그램과 어떤 서비스를 고객에게 제공할 수 있는지 확인할 수 있는 항로 조회 프로그램을 만들어 보겠습니다.

핵심 시트

기본 데이터: 항로, 터미널FEE, 하역비_환율, 기준운임

제작 문서: 채산계산표

완성 프로그램

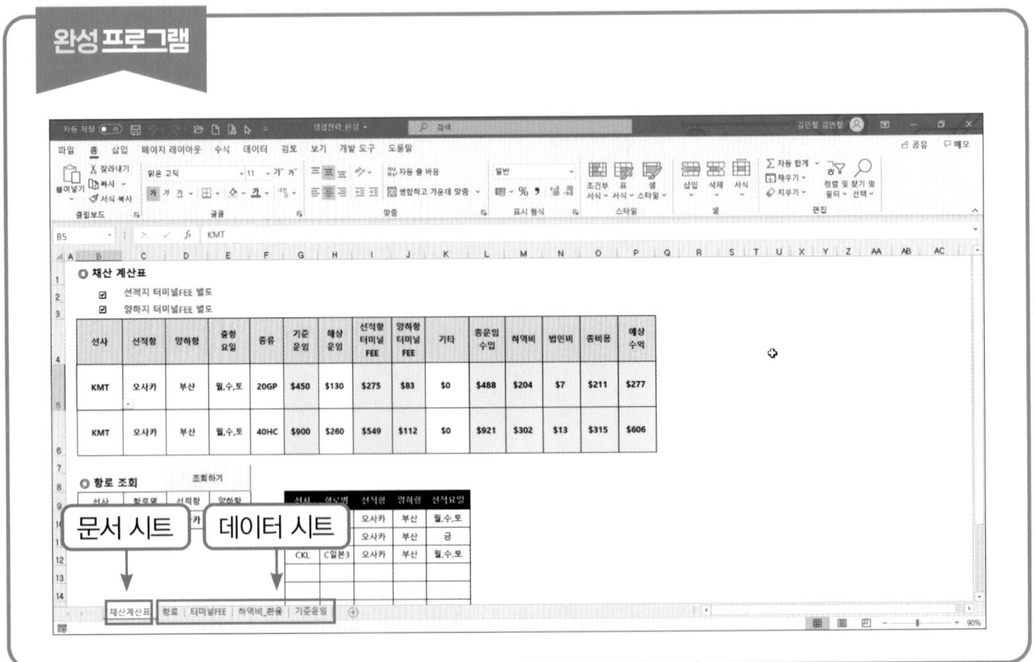

01 채산 계산표 만들기 1 -기본 정보 입력하기

물류 회사는 운송 서비스를 판매합니다. 특히 국제 물류 회사는 전 세계를 대상으로 수출과 수입 운송을 담당하기 때문에 상품의 수도 많고 복잡합니다. 그래서 영업 사원들이 상품을 판매하기 전에 수익이 얼마가 나는지 확인하기가 쉽지 않습니다. 수익성 계산을 하기 전에 먼저 엑셀 확인란(체크 박스), 이름정의, 그리고 유효성 검사 함수를 활용하여 기본 정보를 빠르고 정확하게 입력할 수 있도록 해 보겠습니다.

실습 내용

기본 원리: ❶ 확인란(체크 박스)에 체크 표시를 하면 선적지 터미널 비용 포함 여부가 나타납니다.
❷ 선사, 선적항, 양하항을 목록에서 선택합니다.

주요 기능: ❶ 확인란(체크 박스) ❷ 유효성 검사 ❸ 이름정의

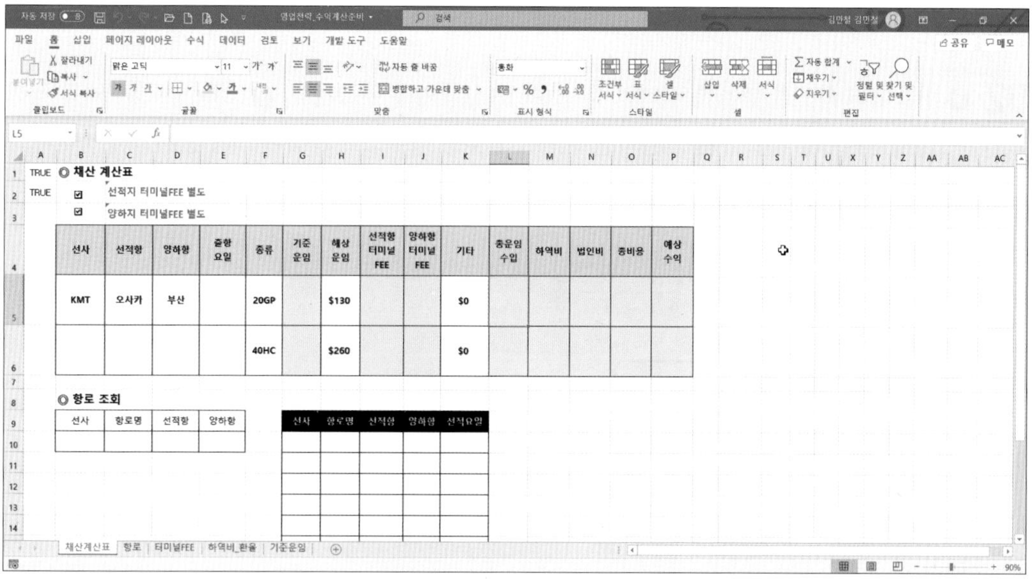

선적지 터미널FEE 확인란(체크 박스) 만들기

01 물류 회사에서 수출이나 수입 업무를 할 때 선적항과 양하항 터미널에서 발생하는 하역비를 화주사로부터 받을 경우에는 해상운임에 포함해서 청구할 수도 있고 해상운임과는 별도로 청구할 수도 있습니다. 확인란(체크 박스) 기능을 사용하면 조건에 따라 비용을 추가하거나 없앨 수 있습니다. 먼저 확인란(체크 박스)을 만듭니다. ❶ [개발 도구] 탭 → '컨트롤 그룹' → '삽입' 명령 단추를 클릭하고 '양식 컨트롤'의 **확인란 단추**를 클릭합니다. ❷ B2셀 안에 적당한 크기로 확인란 단추를 만듭니다.

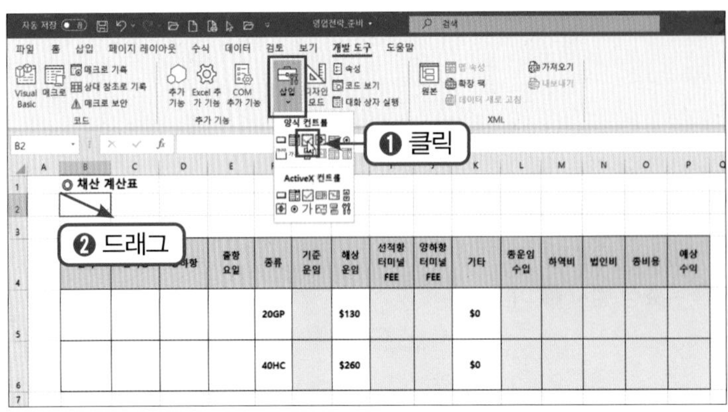

02 ❶ 만들어진 확인란 단추를 선택한 후 [CTRL] + [C] 키를 누릅니다. ❷ [CTRL] + [V] 키를 눌러 확인란 단추를 하나 더 만들고 ❸ 만들어진 확인란 단추를 마우스로 움직여 적당한 위치에 둡니다.

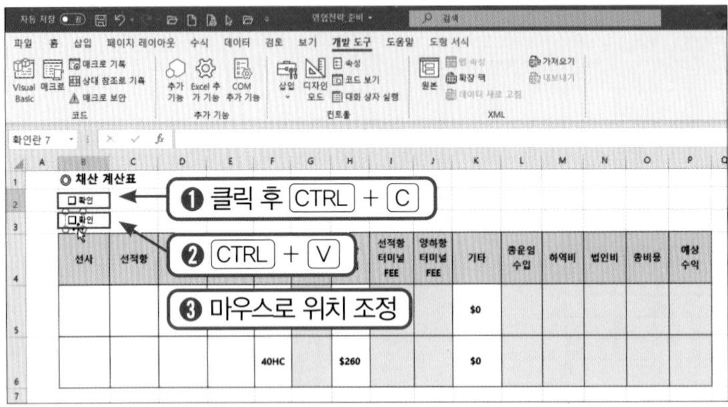

03 ❶ B2셀의 확인란 단추에서 ❷ 마우스 오른쪽 버튼을 클릭하여 ❷ **컨트롤 서식**을 선택합니다.

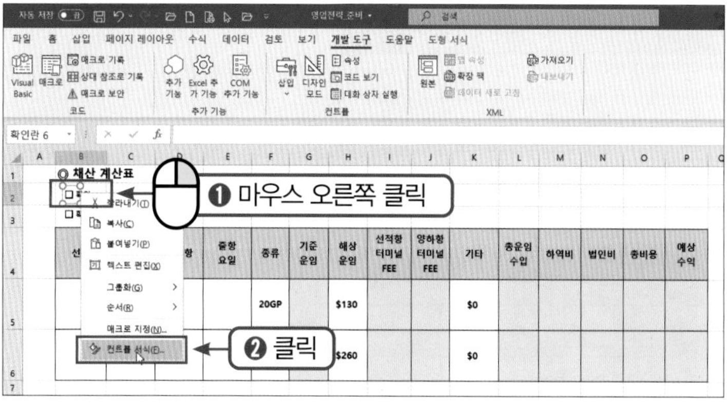

04 '컨트롤 서식' 대화 상자가 나타나면 ❶ [컨트롤] 탭을 클릭합니다. ❷ '셀 연결'을 클릭한 후 A1셀을 선택해서 입력한 후(자동으로 절대참조 주소가 입력됩니다) ❸ [확인] 단추를 클릭합니다.

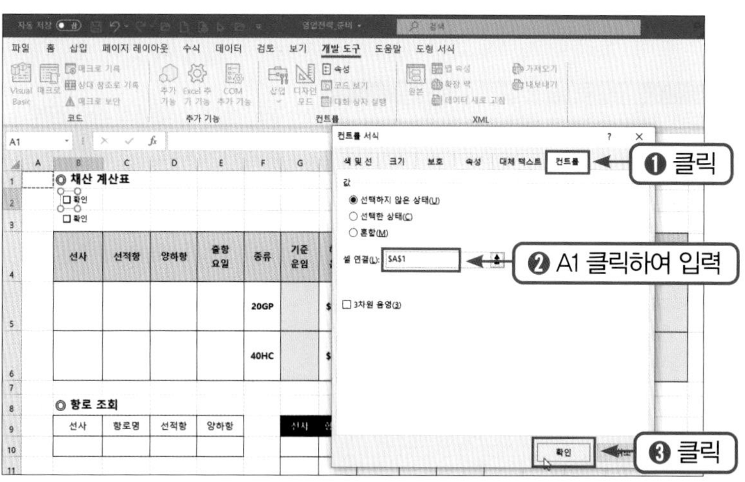

05 위와 같은 방법으로 그 아래에 있는 확인란 단추의 '셀 연결'을 **$A$2**로 입력합니다.

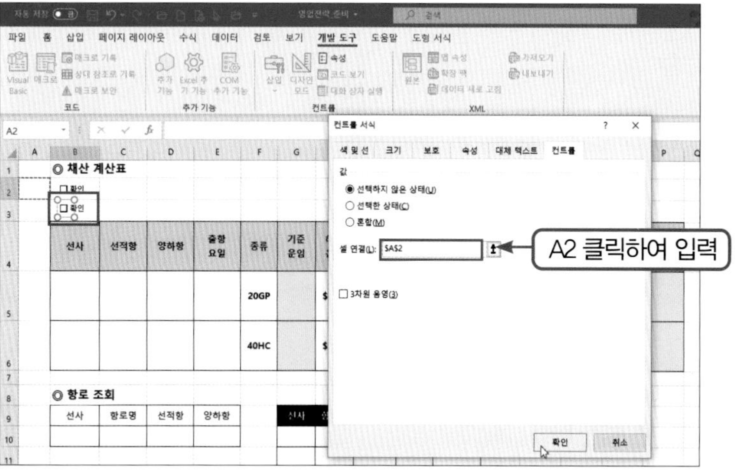

06 각각의 확인란 단추의 텍스트 '확인란 1'을 선택하여 텍스트를 삭제합니다.

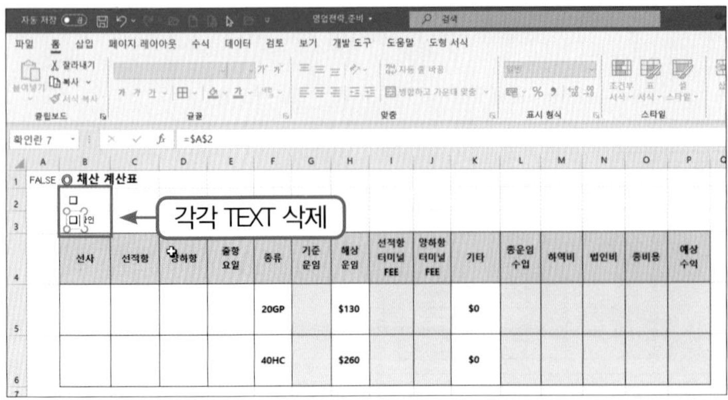

07 ❶ C2셀을 선택한 후 수식 입력줄에 ❷ **= "선적지 터미널FEE "&**를 입력합니다. ❸ '이름 상자' 명령 단추를 클릭한 후 ❹ '함수 추가'를 클릭합니다.

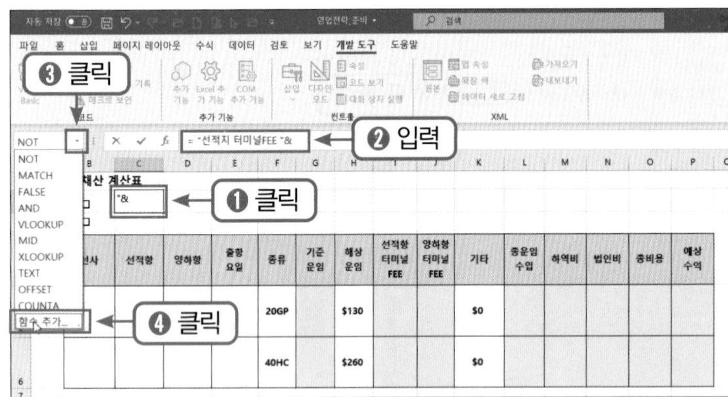

"와 " 앞에 스페이스 바로 공백을 입력하세요.

08 '함수 마법사' 대화 상자가 나타나면 ❶ '범주 선택'을 **논리**로 지정하고 ❷ '함수 선택'에서 **IF**를 선택한 후 ❸ [확인] 단추를 클릭합니다.

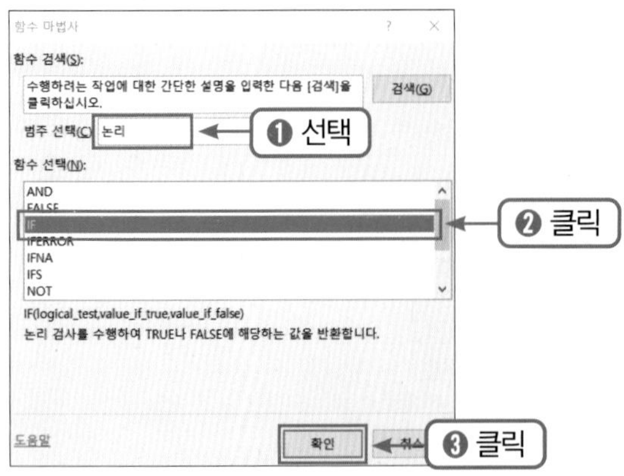

09 '함수 인수' 대화 상자가 나타나면 ❶ 'Logical_test'에 **A1**, 'Value_if_true'에 **"별도"**, 'Value_if_false'에 **"포함"**을 입력한 후 ❷ [확인] 단추를 클릭합니다.

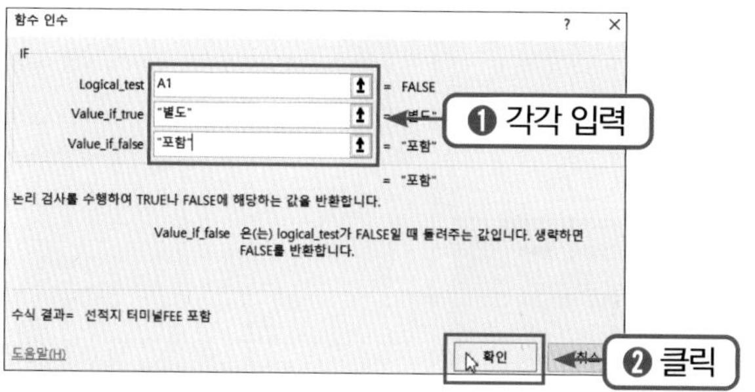

알아보기 IF 함수

IF(Logical_test, Value_if_true, Value_if_false) 함수는 가장 보편적으로 많이 알려진 함수입니다. 지정한 조건(Logical_test)에 대해 참(true)과 거짓(false)을 판단하여 참이면 1번째 인수에 입력한 값을(Value_if_true), 거짓이면 2번째 인수에 입력한 값을(Value_if_false) 반환합니다.

일반적으로 IF 함수는 중첩하여 많이 사용합니다. 여기서는 A1셀 값에 대한 TRUE, FALSE값이 나타납니다. TRUE면 별도, FALSE면 포함으로 나타납니다.

❶ Logical_test: 지정한 조건에 대해 참(true) 혹은 거짓(false)으로 판단할 수 있는 임의의 값 혹은 식입니다.
❷ Value_if_true: Logical_test가 참(true)인 경우에 반환되는 값입니다.
❸ Value_if_false: Logical_test가 거짓(false)인 경우에 반환되는 값입니다.

10 C2셀의 자동 채우기 핸들(**+**)을 C3셀까지 드래그하여 수식을 복사합니다.

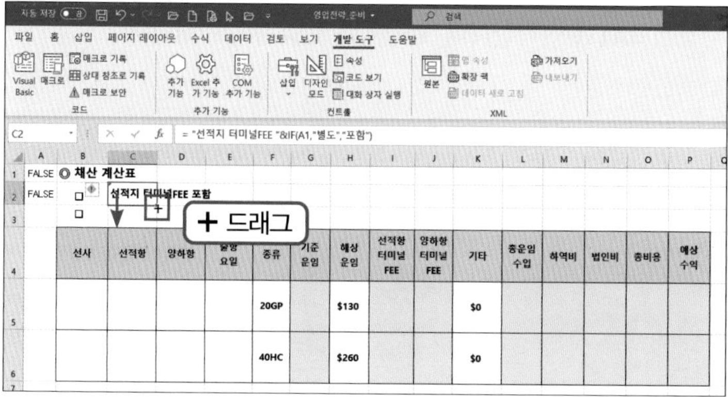

11 ❶ C3셀을 선택하여 ❷ 수식 입력줄에서 **선적지**를 **양하지**로 수정한 후 ENTER 키를 누릅니다.

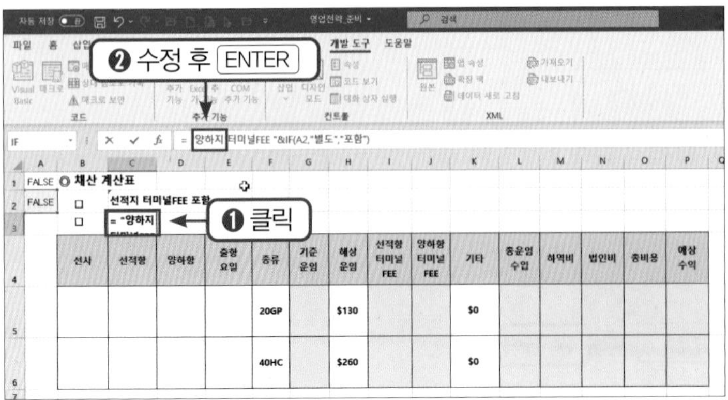

12 조건부 서식 기능을 활용하여 **선적지(양하지) 터미널FEE 별도**일 경우 텍스트가 붉은색으로 나타나게 합니다. ❶ B2셀과 B3셀의 체크 박스를 체크 표시합니다. ❷ C2:C3 영역을 선택합니다. ❸ [홈] 탭 → '스타일' 그룹 → '조건부 서식' 명령 단추를 클릭한 후 ❹ '새 규칙'을 선택합니다.

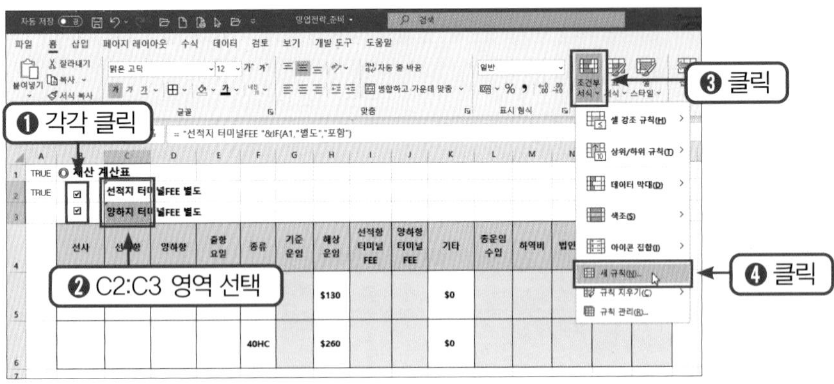

13 '새 서식 규칙' 창이 나타나면 ❶ '수식을 사용하여 서식을 지정할 셀 결정'을 선택한 다음 ❷ '다음 수식이 참인 값의 서식 지정'에 **=A1**을 입력합니다. ❸ [서식] 단추를 클릭합니다.

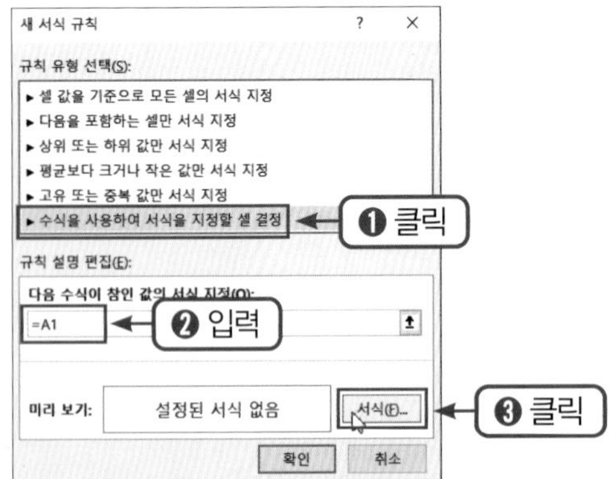

14 '셀 서식' 대화 상자가 나타나면 ❶ [글꼴] 탭을 선택합니다. ❷ '색' 명령 단추를 클릭하여 붉은색을 선택한 후 ❸ [확인] 단추를 클릭합니다. '새 서식 규칙' 대화상자가 나타나면 [확인] 단추를 클릭합니다.

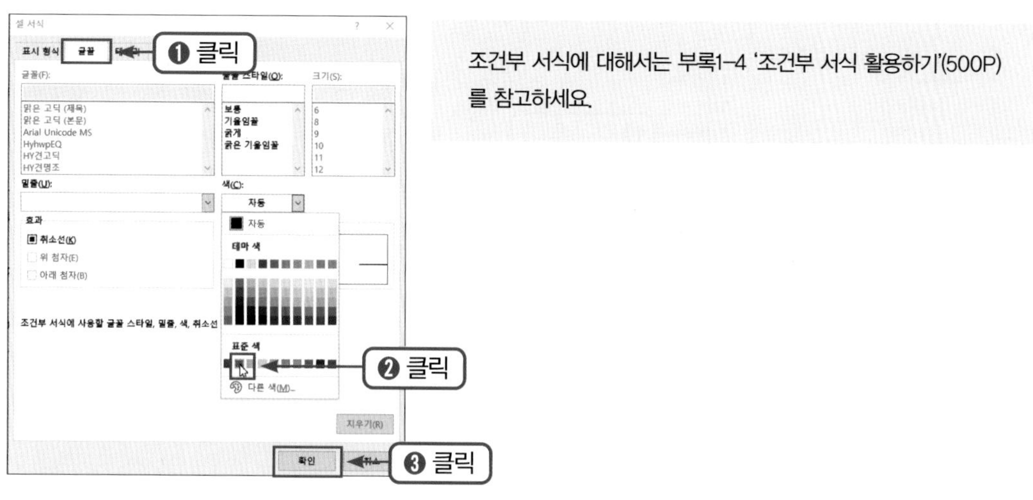

조건부 서식에 대해서는 부록1-4 '조건부 서식 활용하기'(500P)를 참고하세요.

선사, 선적항, 양하항 동적 목록 만들기

01 유효성 목록을 만들 때 항목이 새롭게 추가되어도, 목록 범위를 새롭게 지정하지 않고도 추가한 항목이 목록에 자동으로 나타나도록 하는 것이 동적 목록입니다. 동적 목록을 만들기 위해서는 동적 범위를 지정하여야 합니다. OFFSET 함수를 활용하여 동적 범위를 지정해 보겠습니다. 먼저 선사 목록을 만들어 보겠습니다. ❶ '항로' 시트를 선택합니다. ❷ I2셀을 선택한 후 [수식] 탭 → '함수 라이브러리' 그룹 → '찾기/참조 영역' 명령 단추를 클릭하고 ❸ **OFFSET**을 선택합니다.

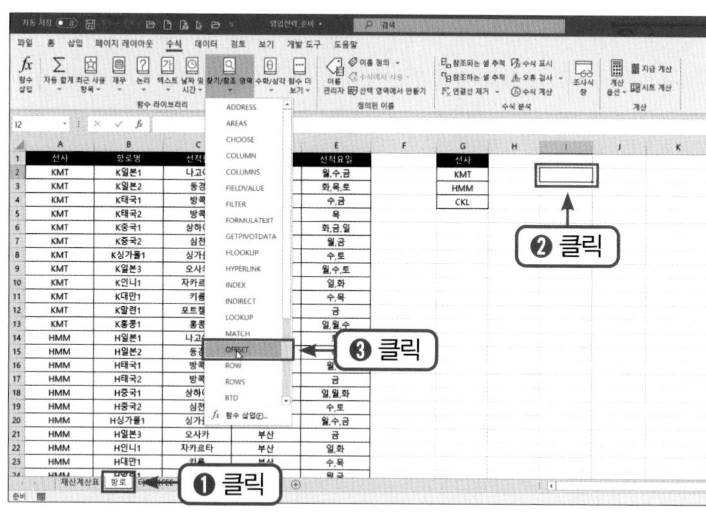

여기서 I2셀은 임의의 셀을 선택한 것으로, 사용자 임의로 빈 셀을 선택하면 됩니다.

02 '함수 인수' 대화 상자가 나타나면 ❶ 'Reference'에서 G2셀을 선택하여 입력한 후 [F4] 키를 눌러 절대참조로 지정합니다. 'Rows'에 **0**, 'Cols'에 **0**, 'Height'에 **COUNTA($G$2:$G$300)**, 'Width'에 **1**을 입력한 후 ❷ [확인] 단추를 클릭합니다.

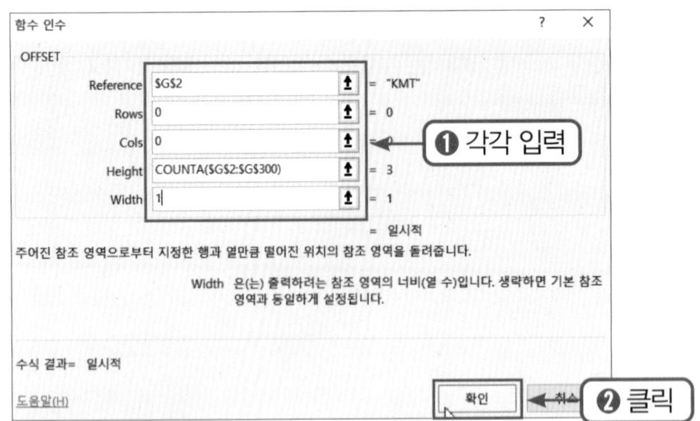

알아보기

OFFSET 함수

OFFSET(Reference, Rows, Cols, Height, Width) 함수는 지정한 셀 또는 셀 범위(Reference)에서 지정된 수의 행과(Rows) 열로(Cols) 구성되는 범위에 대한 참조를 반환합니다. 반환되는 참조는 단일 셀 또는 셀 범위일 수 있습니다. 반환할 행의 수(Height) 혹은 열의 수(Width)를 지정할 수 있습니다.

❶ Reference: 기준이 되는 셀 또는 범위입니다. 반환되는 참조의 시작 지점이 됩니다. 여기서는 '항로' 시트의 G2셀이 기준이 됩니다.
❷ Rows: 참조하는 셀의 위 혹은 아래에 있는 행의 수입니다. 여기서는 0이 입력되어 있으므로 G2셀이 됩니다. 만약 여기에 1을 입력하면 G3셀로, −1을 입력하면 G1셀로 기준점이 이동하게 됩니다.
❸ Cols: 참조하는 셀의 오른쪽 혹은 왼쪽에 있는 열의 수입니다. 여기서는 0이 입력되어 있으므로 G2셀이 됩니다. 만약 여기에 1을 입력하면 H2셀로, −1을 입력하면 F2셀로 기준점이 이동하게 됩니다.
❹ Height: 반환되는 참조의 높이(행의 수)입니다. 입력 시 반드시 양수를 입력해야 합니다. 여기서는 COUNTA 함수를 사용하여 데이터가 입력되어 있는 행의 수를 반환합니다. 처음에 입력한 선사가 3개이므로 여기서는 3의 값을 반환합니다. 선사가 추가될 경우 값이 변하면서 동적 영역이 지정됩니다.
❺ Width: 반환되는 참조의 너비(열의 수)입니다. 여기서는 1이 입력되어 G열만 범위가 지정됩니다.

그래서 결국 위의 =OFFSET($G$2,0,0,COUNTA(항로!$G$2:$G$300),1)은 '항로' 시트의 G2셀에서 행으로 3('항로' 시트의 G2:G300 영역에 데이터가 입력된 셀이 3개이므로) 영역의 데이터를 불러옵니다.

COUNTA 함수

COUNTA(Value) 함수는 비어 있지 않은 셀의 개수를 셉니다. 여기서는 G2:G300 영역에서 데이터가 입력된 셀의 개수(3)를 반환합니다. 만약 선사의 개수가 300개가 넘을 경우에는 마지막 영역을 더 확장해 주면 됩니다.

03 완성한 동적 범위 함수를 이름정의 기능을 사용하여 편리하게 활용할 수 있습니다. ❶ I2셀을 선택합니다. ❷ 수식 입력줄에서 수식을 선택한 후 CTRL + C 키를 누르고 ENTER 키를 누릅니다.

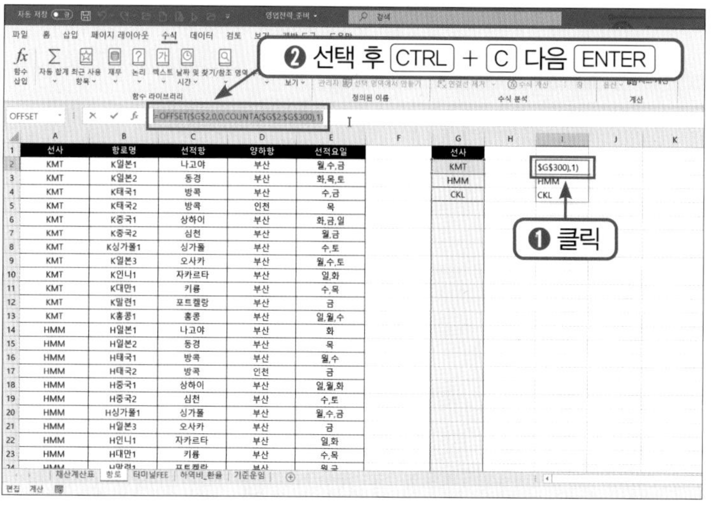

- 보통 셀 주소를 바탕으로 연산을 하거나 참조를 하는데 '이름정의' 기능을 사용하면 사용자가 직접 특정 셀이나 범위 그리고 수식을 지정하여 편리하게 연산을 하거나 참조할 수 있습니다.
- 2019 이전 버전에서는 I2셀에만 값이 나타납니다. 이때도 내용은 똑같으니 I2셀의 수식을 그대로 복사하여 이용하면 됩니다.

04 ❶ [수식] 탭 → '정의된 이름' 그룹 → '이름 정의' 명령 단추를 누릅니다. '새 이름' 대화 상자가 나타나면 ❷ '이름'에 **선사**를 입력합니다. ❸ '참조 대상'을 선택한 후 기존 참조 대상을 지우고 CTRL + V 키를 누릅니다. ❹ [확인] 단추를 클릭합니다.

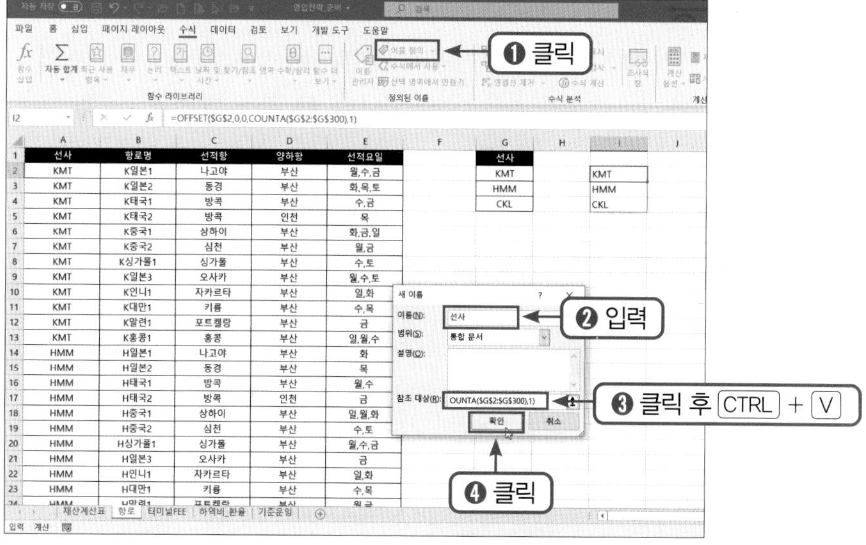

05 유효성 검사를 활용하여 **선사** 목록을 만듭니다. ❶ '채산계산표' 시트로 돌아와 B5셀을 선택합니다. ❷ [데이터] 탭 → '데이터 도구' 그룹 → '데이터 유효성 검사' 명령 단추를 클릭합니다. '데이터 유효성' 대화 상자가 나타나면 ❸ '제한 대상'을 **목록**으로 선택하고 ❹ '원본'에 **=선사**를 입력한 후 ❺ [확인] 단추를 클릭합니다.

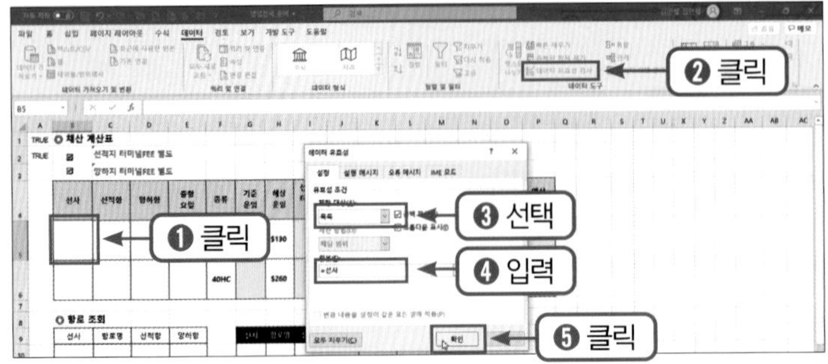

06 이번에는 먼저 작성한 수식을 활용하여 선적항과 양하항에 대한 동적 목록을 만들어 보겠습니다. ❶ [수식] 탭 → '정의된 이름' 그룹 → '이름 관리자' 명령 단추를 클릭합니다. ❷ '이름 관리자' 대화 상자가 나타나면 이름 목록에서 **선사**를 클릭합니다. ❸ '참조 대상'에서 수식을 선택한 후 CTRL + C 키를 누른 후 ESC 키를 누릅니다. ❹ [새로 만들기] 단추를 클릭합니다.

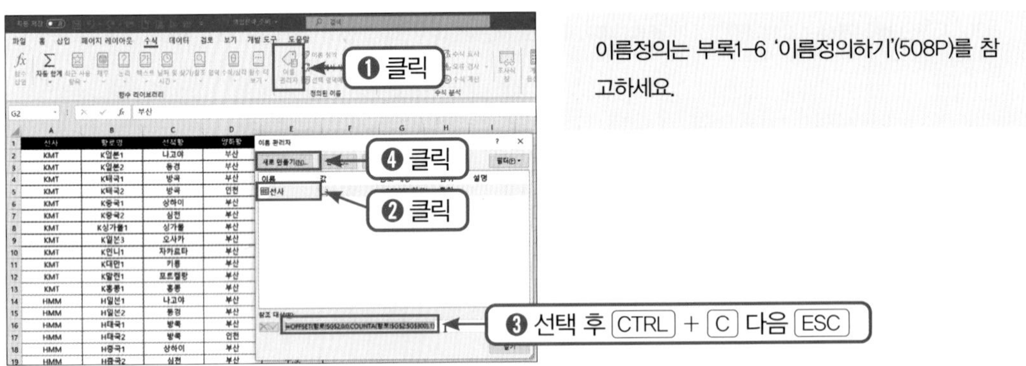

이름정의는 부록1-6 '이름정의하기'(508P)를 참고하세요.

07 '새 이름' 대화 상자가 나타나면 ❶ '이름'에 **포트**를 입력합니다. ❷ 마우스를 '새 이름' 대화 상자의 오른쪽 끝으로 가져간 후 대화 상자 크기를 가로로 확장합니다. ❸ '참조 대상'을 선택한 후 기존 참조 대상을 지우고 CTRL + V 키를 누릅니다. ❹ '참조 대상'에서 수식을 **=OFFSET(하역비_환율!$A$2,0,0,COUNTA(하역비_환율!A$2:A$300),1)**로 수정한 후 ❺ [확인] 단추를 클릭합니다.

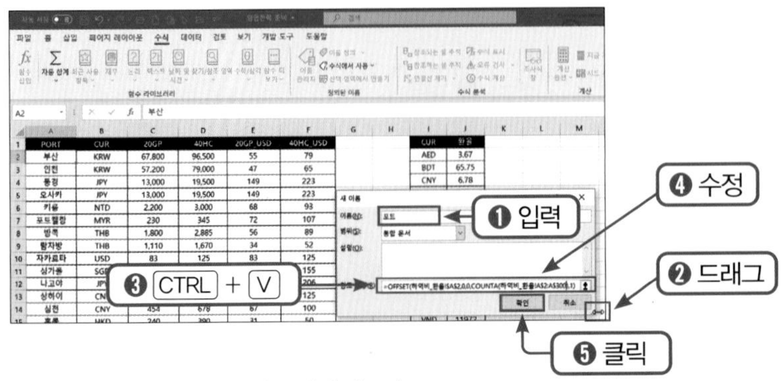

알아보기 복사한 수식 쉽게 수정하는 팁

'참조 대상' 수식을 수정할 때는 수정할 데이터가 있는 영역을 선택한 후 입력될 데이터가 있는 시트의 셀이나 범위를 선택하면 자동으로 절대참조로 입력이 됩니다. 여기에서는 원래의 **항로!$G$2** 부분을 선택하고 '하역비_환율' 시트를 선택해 A2셀을 선택하면 수식이 수정되어 입력됩니다. **COUNTA(하역비_환율!$A$2:$A$300)**을 입력하는 방법도 원래의 **항로!$G$2:$G$300** 부분을 선택하고 같은 방법으로 수정하면 됩니다.

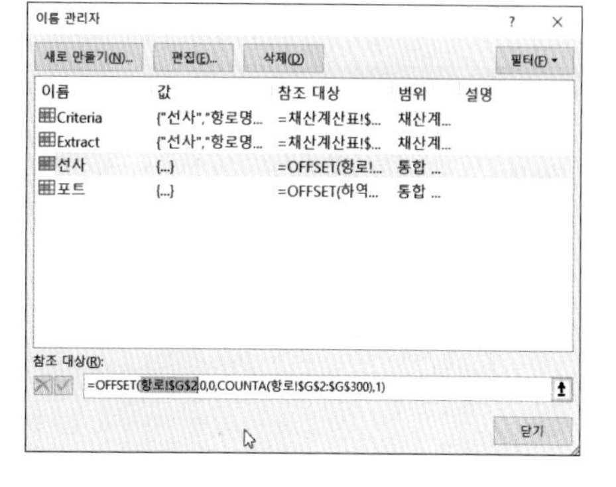

08 [닫기] 단추를 클릭합니다. '채산계산표' 시트로 돌아옵니다.

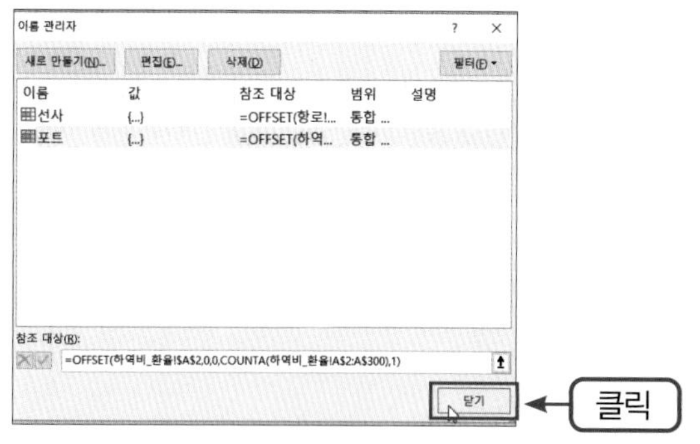

09 유효성 검사를 활용하여 **선적항** 목록을 만듭니다. ❶ C5셀을 선택합니다. ❷ [데이터] 탭 → '데이터 도구' 그룹 → '데이터 유효성 검사' 명령 단추를 클릭합니다. '데이터 유효성' 대화 상자가 나타나면 ❸ '제한 대상'을 **목록**으로 설정하고 ❹ '원본'에 **=포트**를 입력한 후 ❺ [확인] 단추를 클릭합니다.

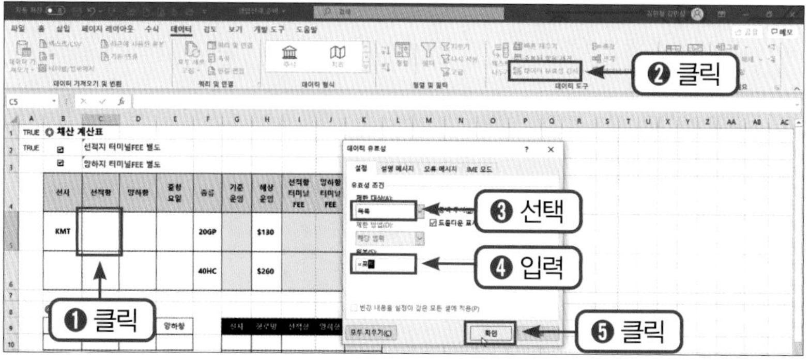

10 ❶ B5셀에서 **KMT**, C5셀에서 **오사카**를 목록에서 선택합니다. ❷ C5셀의 자동 채우기 핸들(**+**)을 D5셀로 드래그하여 양하항 목록을 완성합니다.

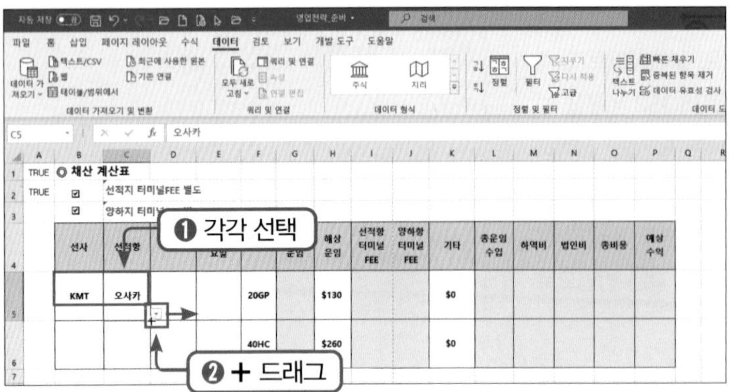

11 양하항 목록에서 **부산**을 선택하여 입력합니다.

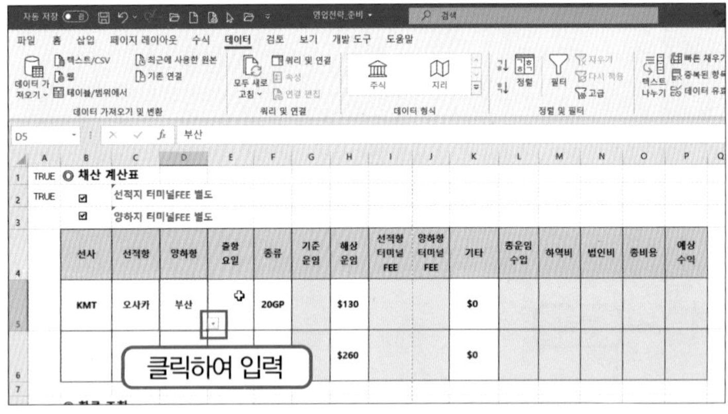

02 채산 계산표 만들기 2 -수익성 계산하기

이번에는 입력한 데이터에 따라 자동으로 수익성을 계산할 수 있는 프로그램을 만들어 보겠습니다. 2가지 이상의 조건을 충족해야 하는 경우에는 INDEX, MATCH 함수를 사용하면 편리합니다.

실습 내용

기본 원리: ❶ 확인란(체크 박스)에 체크 표시를 하면 선적지 터미널 비용 포함 여부가 나타나고 실제 비용이 반영됩니다.

❷ 선사, 선적항, 양하항을 목록에서 선택하고 해상 운임을 입력하면 예상 수익이 자동으로 계산됩니다.

주요 기능: ❶ IF 함수 ❷ VLOOKUP 함수 ❸ INDEX, MATCH 함수

TRUE ◎ 채산 계산표

TRUE ☑ 선적지 터미널FEE 별도

☑ 양하지 터미널FEE 별도

선사	선적항	양하항	출항 요일	종류	기준 운임	해상 운임	선적항 터미널 FEE	양하항 터미널 FEE	기타	총운임 수입	하역비	법인비	총비용	예상 수익
KMT	오사카	부산	월,수,토	20GP	$450	$130	$275	$83	$0	$488	$204	$7	$211	$277
KMT	오사카	부산	월,수,토	40HC	$900	$260	$549	$112	$0	$921	$302	$13	$315	$606

◎ 항로 조회

선사	항로명	선적항	양하항

선사	항로명	선적항	양하항	선적요일

채산계산표 | 항로 | 터미널FEE | 하역비_환율 | 기준운임

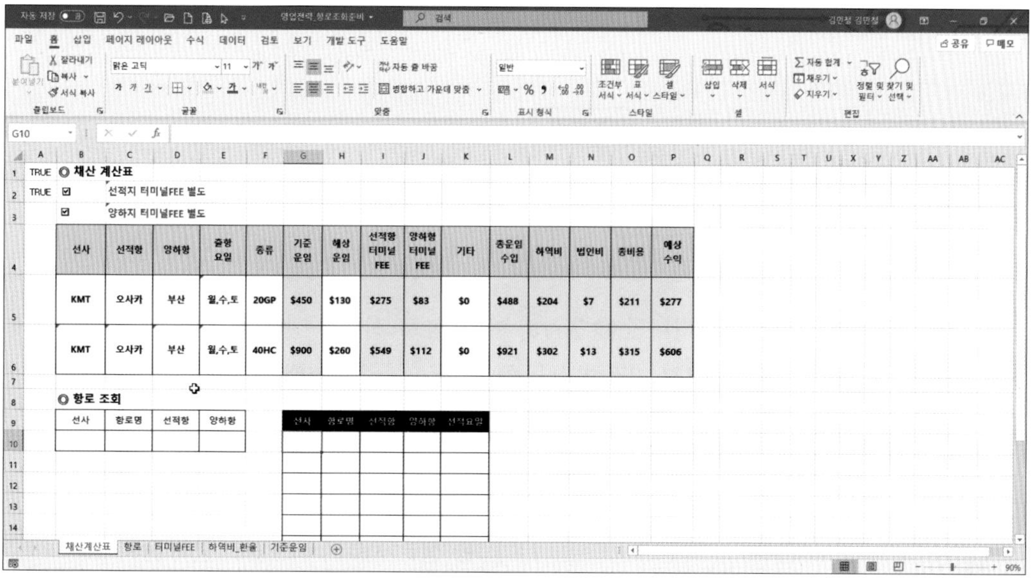

출항 요일 불러오기

01 INDEX, MATCH 함수를 활용하여 2가지 이상의 조건을 만족하는 값을 불러오도록 하겠습니다. 먼저 출항 요일을 불러옵니다. ❶ E5셀을 선택합니다. ❷ [수식] 탭 → '함수 라이브러리' 그룹 → '찾기/참조 영역' 명령 단추를 클릭한 후 **INDEX**를 선택합니다.

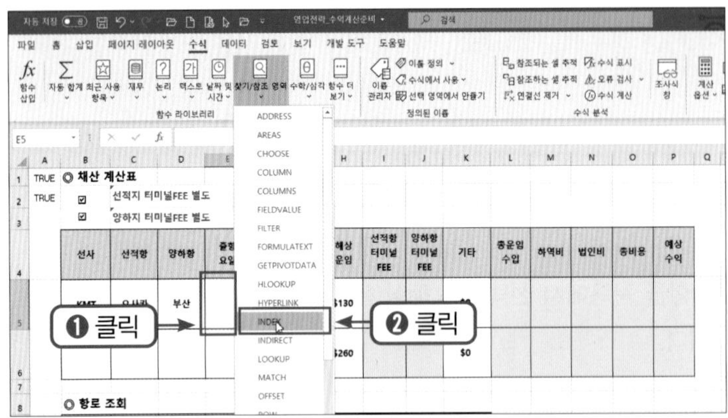

02 '인수 선택' 창이 나타나면 ❶ **array,row_num,column_num**을 선택한 후 ❷ [확인] 단추를 클릭합니다.

03 '함수 인수' 대화 상자가 나타나면 ❶ 'Array'에서 '항로' 시트를 선택한 후 ❷ E2:E37 영역을 선택하고 [F4] 키를 눌러 절대참조로 지정합니다. ❸ 'Row_num'을 선택합니다.

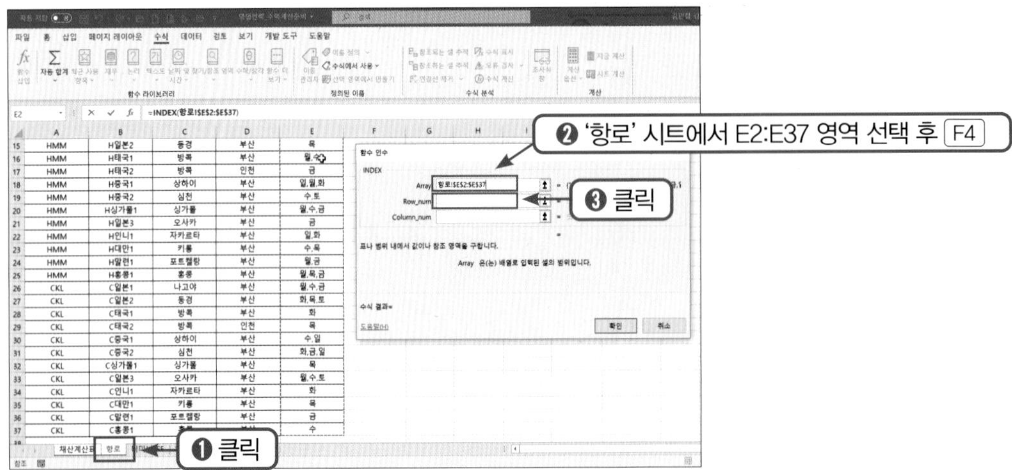

04 ❶ '이름 상자'에서 ❷ **MATCH**를 선택합니다.

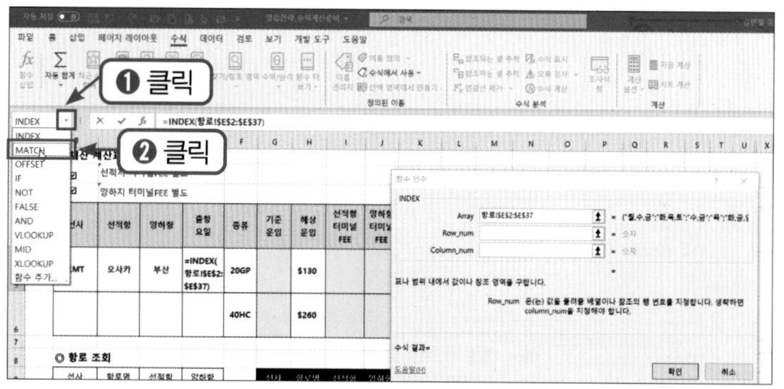

'이름 상자'에 MATCH가 보이지 않으면 '함수 추가'를 누른 다음 '함수 마법사' 대화 상자에서 MATCH 함수를 찾아서 선택하면 됩니다.

05 '함수 인수' 대화 상자가 나타나면 ❶ 'Lookup_value'에 **B5&C5&D5**를 입력합니다. ❷ 'Lookup_array'를 선택한 후 ❸ '이름 상자'에서 ❹ **INDEX**를 선택합니다.

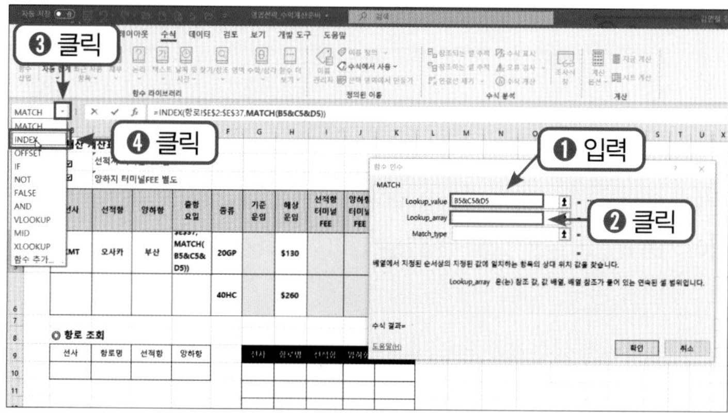

06 '함수 인수' 대화 상자가 나타나면 ❶ 'Array'에 **항로!$A$2:$A$37&항로!$C$2:$C$37&항로!$D$2:$D$37**을 입력합니다. ❷ 'Row_num'에 **0**을 입력한 후 수식 입력줄에서 ❸ **MATCH**를 선택합니다.

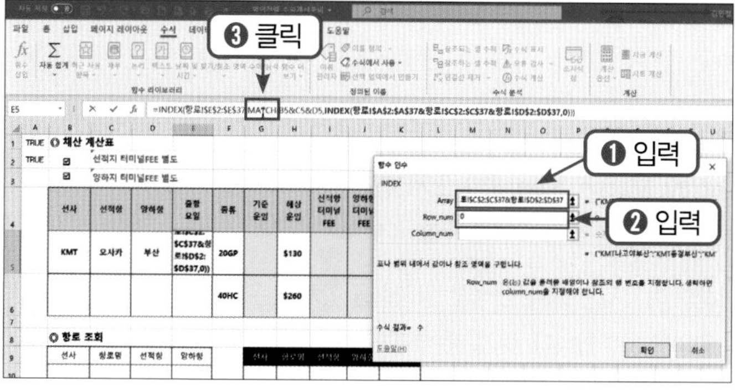

'Array'에 항로!$A$2:$A$37&항로!$C$2:$C$37&항로!$D$2:$D$37을 입력할 때는 ❶ '항로' 시트를 선택한 상태에서 ❷ A2:A37 영역을 선택하고 F4 키를 눌러 절대참조로 지정합니다. ❸ 그 다음에 &를 입력하고 ❹ C2:C37 영역을 선택하고 F4 키를 눌러 절대참조로 지정합니다. ❺ &를 입력하고 D2:D37 영역을 선택하고 F4 키를 눌러 절대참조로 지정합니다.

07 ❶ '함수 인수' 대화 상자가 나타나면 'Match_type'에 **0**을 입력하고 ❷ [확인] 단추를 클릭합니다. 이와 같이 INDEX와 MATCH 함수를 활용하면 조건이 여러 개인 경우에도 원하는 값을 찾아올 수 있습니다.

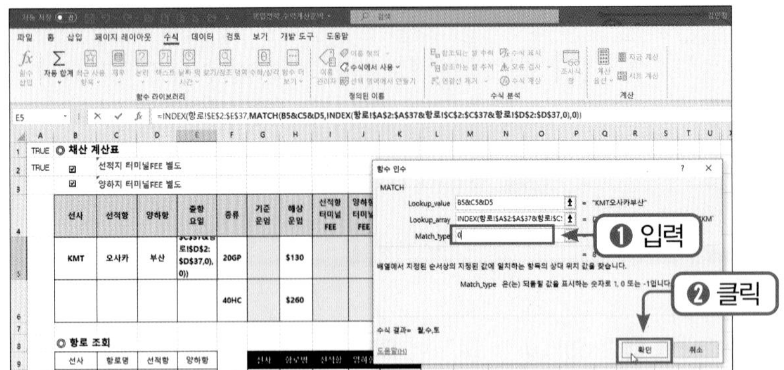

알아보기

INDEX 함수

INDEX(Array, Row_num, Column_num) 함수는 지정한 범위(Array) 내에서 가로 방향으로 몇 번째(Row_num), 세로 방향으로 몇 번째(column_num)에 있는 값을 찾아 반환합니다. INDEX에는 배열형과 참조형이 있는데 여기서도 배열형이 사용되었고 일반적으로 배열형을 많이 사용하기 때문에 여기서는 배열형에 대해서만 설명합니다.

❶ Array: 찾고자 하는 값이 포함된 지정한 배열 상수 혹은 범위입니다(배열에 대해서는 549P에 설명되어 있습니다). 여기서 1번째로 사용된 INDEX 함수의 Array는 찾고자 하는 값이 출항 요일이므로 출항 요일이 포함되어 있는 '항로' 시트의 E2:E37 영역을 입력하였습니다.
❷ Row_num: 값을 반환할 영역의 행을 의미합니다. 즉, 찾고자 하는 값이 가로 방향으로 몇 번째에 있는지를 의미합니다. 여기서는 MATCH 함수를 활용하여 선사, 선적항, 양하항이 일치하는 데이터가 몇 번째에 있는지를 찾습니다.
❸ Column_num: 값을 반환할 영역의 열을 의미합니다. 여기서는 Array 영역이 하나의 열밖에 없으므로 생략되었습니다.

MATCH 함수

MATCH(Lookup_value, Lookup_array, Match_type) 함수는 지정한 영역(Lookup_array)에서 지정한 값(Lookup_value)이 몇 번째 위치에 있는지를 찾아 값을 반환합니다.

❶ Lookup_value: 지정한 값을 의미하며 여기서는 선사, 선적항, 양하항을 합쳐 놓은 텍스트입니다.
❷ Lookup_array: 지정한 값이 있는 영역을 의미합니다. 여기서는 INDEX 함수를 활용하여 선사, 선적항, 양하항이 있는 영역을 만들었습니다.

❸ Match_type: 선택 입력 사항이며 1, 0, -1 중 하나를 입력합니다. 1은 작거나 같은 값 중 최대값을, 0은 정확하게 일치하는 값을, -1은 크거나 같은 값 중 최소값을 찾습니다. 여기서는 정확하게 일치하는 값을 가져와야 해서 0을 입력했습니다.

이 부분에 대한 이해를 돕기 위해 수식 입력줄에서 **항로!$A$2:$A$37&항로!$C$2:$C$37&항로!$D$2:$D$37** 영역을 드래그하여 선택하고 F9 키를 누릅니다.

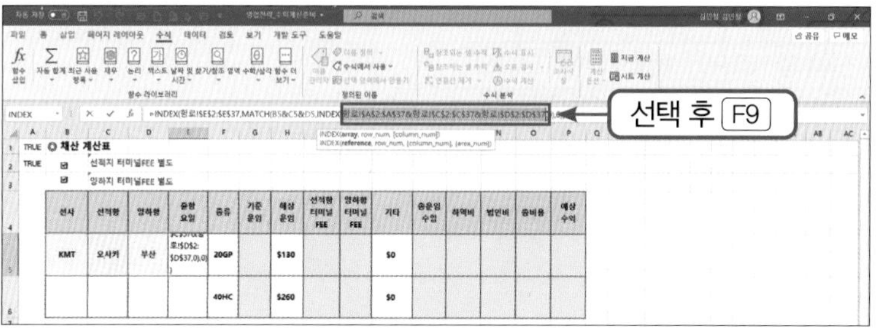

수식 입력줄 아랫부분을 아래로 드래그하여 수식 입력줄 크기를 크게 하면 선사, 선적항, 양하항이 배열 상수로 나타나는 것을 확인할 수 있습니다. 입력한 수식값을 알고 싶을 때는 수식 부분을 선택한 다음 F9 키를 누르면 됩니다. 여기서 주의해야 할 점은 이 상태에서 ENTER 키를 누르면 수식의 값이 입력된 상태로 변환이 되어 버린다는 점입니다. 수식이 어떻게 되는지 확인한 후에는 ESC 키를 눌러 다시 수식을 원 상태로 돌려놔야 합니다.

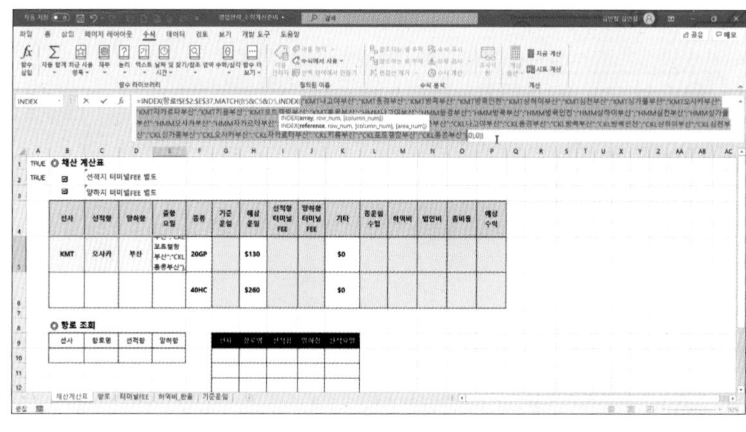

인사 총무 기본 영업 영업 전략 실적 분석 학생 관리 병원 관리 재고 관리 고객 초청 생활 관리 인맥 관리

운임 불러오기

01 앞에서 입력한 수식을 활용해서 기준운임을 불러오는 수식을 작성합니다. ❶ E5셀을 선택합니다. ❷ 수식 입력줄에서 수식을 선택하고 CTRL + C 키를 눌러 복사한 후 ENTER 키를 누릅니다.

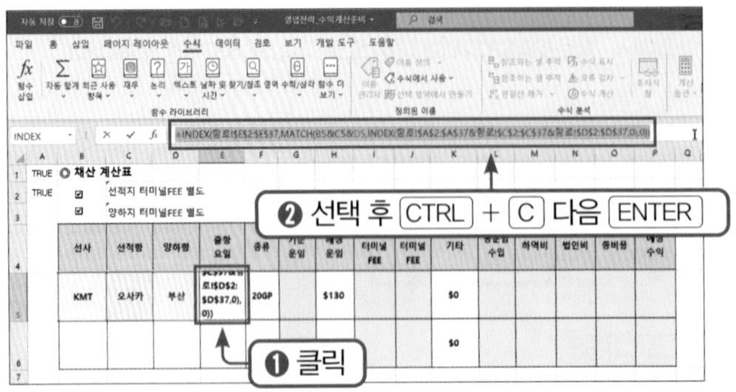

02 ❶ G5셀을 선택합니다. ❷ 수식 입력줄을 선택한 후 CTRL + V 키를 누릅니다. ❸ 수식 입력줄에 입력된 수식을 **=INDEX(기준운임!$D$2:$D$73,MATCH(B5&C5&D5,INDEX(기준운임!$A$2:$A$73&기준운임!$B$2:$B$73&기준운임!$C$2:$C$73,0),0))**으로 수정한 후 ENTER 키를 누릅니다.

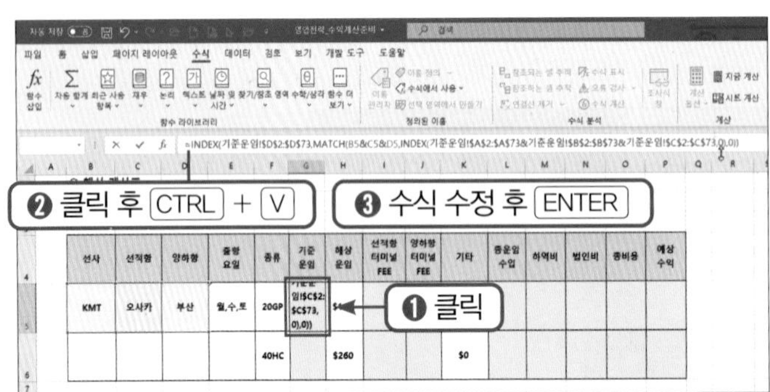

복잡해 보이지만 기준운임 데이터는 '기준운임' 시트에 있으므로 여기에 맞도록 함수 영역을 수정한 것일 뿐입니다.

03 이번에는 **선적항 터미널FEE**를 불러옵니다. ❶ I5셀을 선택합니다. ❷ [수식] 탭 → '함수 라이브러리' 그룹 → '논리' 명령 단추를 클릭하여 **IF**를 선택합니다.

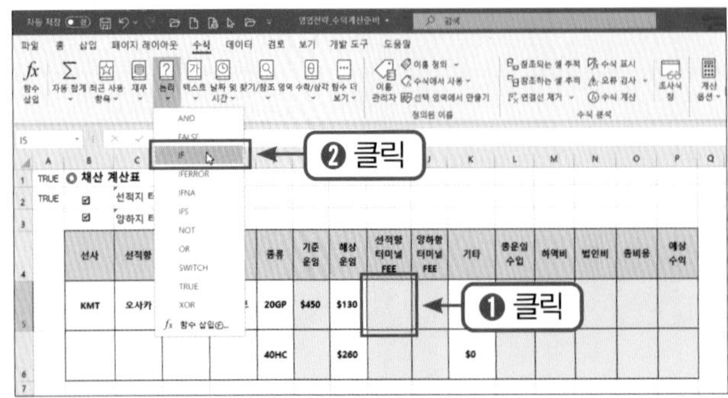

04 ❶ 'Logical_test'에서 A1셀을 선택하여 입력하고 F4 키를 눌러 절대참조로 지정합니다. ❷ 'Value_if_true'를 선택한 후 ❸ '이름 상자' 내림 단추를 클릭하여 ❹ **VLOOKUP**을 선택합니다.

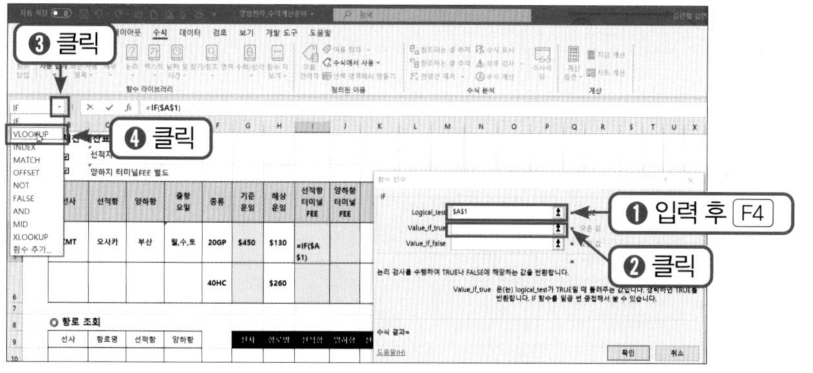

05 '함수 인수' 대화 상자가 나타나면 ❶ 'Lookup_value'에 **C5**, 'Table_array'에 **터미널FEE!$B$2:$D$14**, 'Col_index_num'에 **2**, 'Range_lookup'에 **0**을 입력한 후 ❷ 수식 입력줄에서 **IF**를 선택합니다.

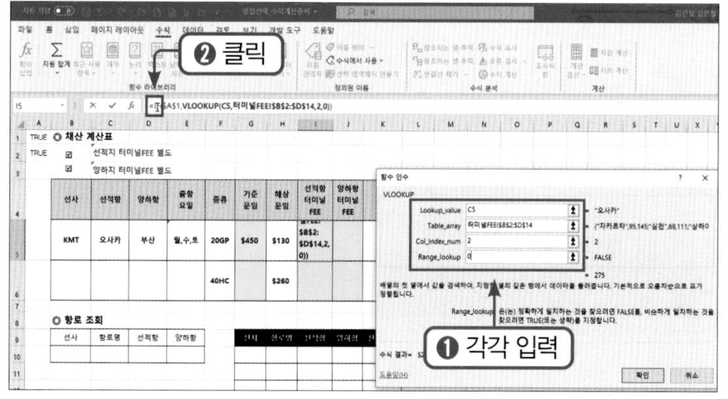

Table_array에 입력할 때는 ❶ '터미널FEE' 시트를 선택한 다음 ❷ B2:D14 영역을 선택한 후 F4 키를 눌러 절대참조로 입력합니다.

06 '함수 인수' 대화 상자가 나타나면 ❶ 'Value_if_false'에 **0**을 입력한 후 ❷ [확인] 단추를 클릭합니다.

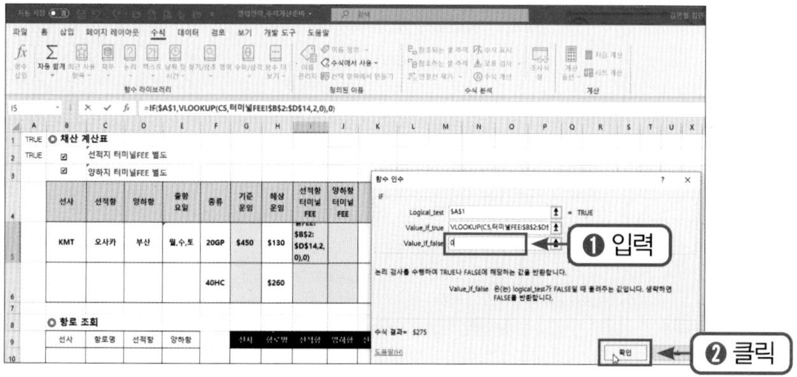

07 I5셀의 자동 채우기 핸들(**+**)을 J5셀까지 드래그하여 J5셀에 수식을 복사합니다.

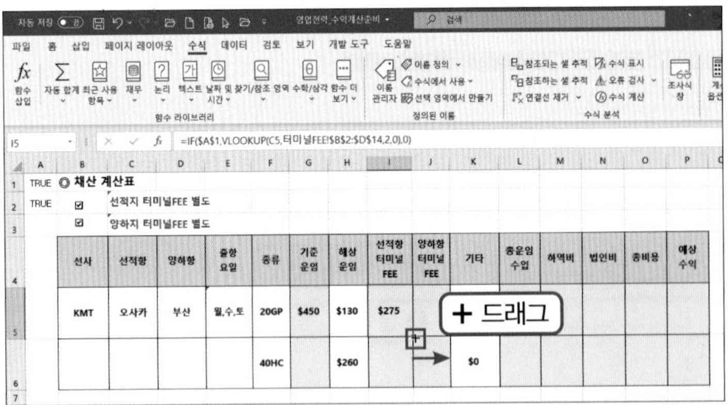

08 ❶ J5셀을 선택합니다. ❷ 수식 입력줄에서 'Logical_test' 부분을 **$A$2**로 수정한 후 ENTER 키를 누릅니다.

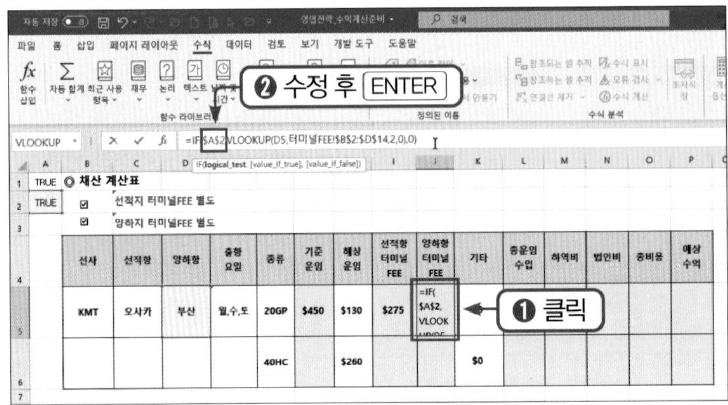

수익 계산하기

01 총운임 수익을 구합니다. ❶ H5:L5 영역을 선택합니다. ❷ [홈] 탭 → '편집' 그룹 → '자동 합계' 명령 단추를 클릭합니다.

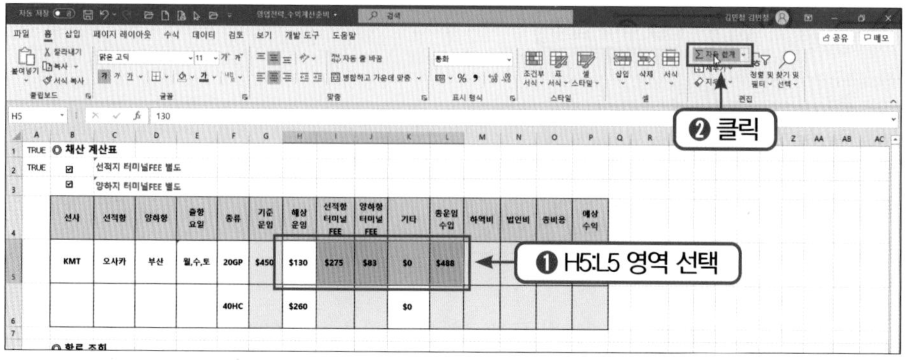

02 '하역비_환율' 시트를 보면 하역비가 각 나라 통화로 입력되어 있음을 알 수 있습니다. 이것을 US$로 통일한 다음 '채산계산표' 시트에 하역비를 나타내도록 하겠습니다. ❶ '하역비_환율' 시트에서 E2셀을 선택합니다. ❷ 수식 입력줄을 선택한 후 **=C2/**를 입력합니다. ❸ '이름 상자'에서 ❹ **VLOOKUP**을 선택합니다.

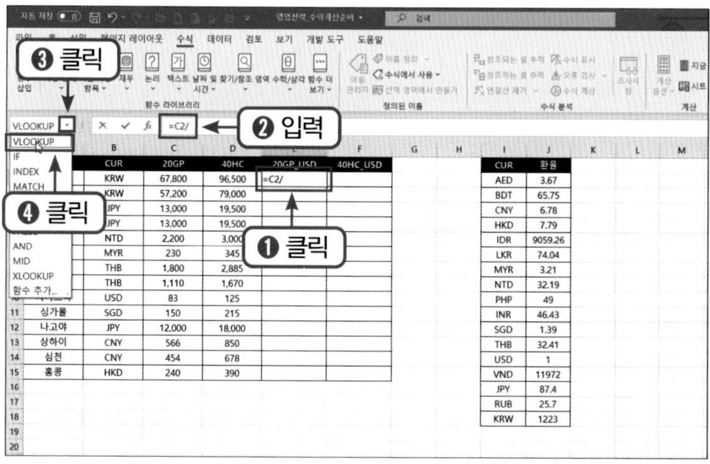

03 '함수 인수' 대화 상자가 나타나면 ❶ 'Lookup_value'에 **$B2**, 'Table_array'에 **$I$2:$J$18**, 'Col_index_num'에 **2**, 'Range_lookup'에 **0**을 입력한 후 ❷ [확인] 단추를 클릭합니다. 여기서 'Lookup_value'에는 혼합참조가 사용되었습니다.

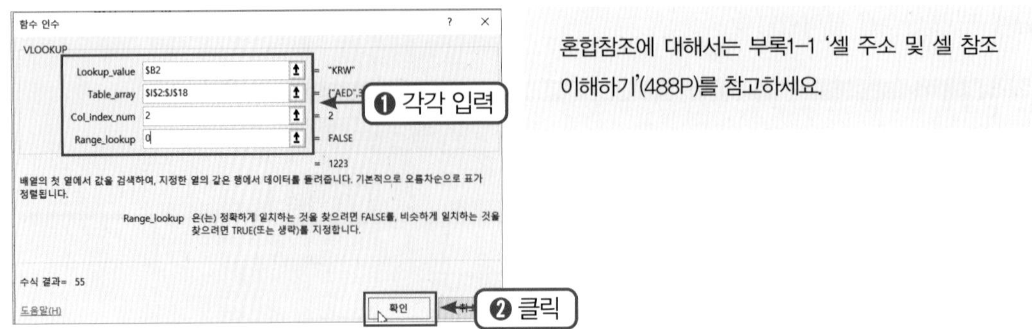

혼합참조에 대해서는 부록1-1 '셀 주소 및 셀 참조 이해하기'(488P)를 참고하세요.

04 E2셀의 자동 채우기 핸들(**+**)을 F2셀까지 드래그하여 수식을 복사합니다.

05 E2:F2 영역의 자동 채우기 핸들(**+**)을 E15:F15 영역까지 드래그하여 나머지 수식을 완성합니다.

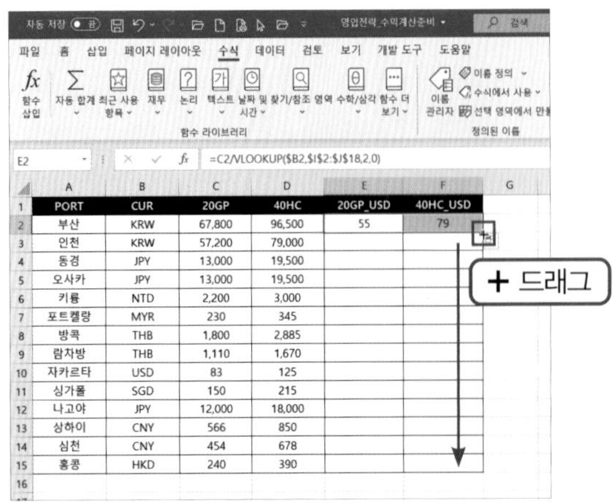

06 하역비는 선적항과 양하항에서 동시에 발생합니다. 먼저 선적항 하역비를 불러옵니다. ❶ '채산 계산표' 시트를 선택한 후 ❷ M5셀을 선택합니다. ❸ [수식] 탭 → '함수 라이브러리' 그룹 → '찾기/참조 영역' 명령 단추를 클릭한 후 **VLOOKUP**을 선택합니다.

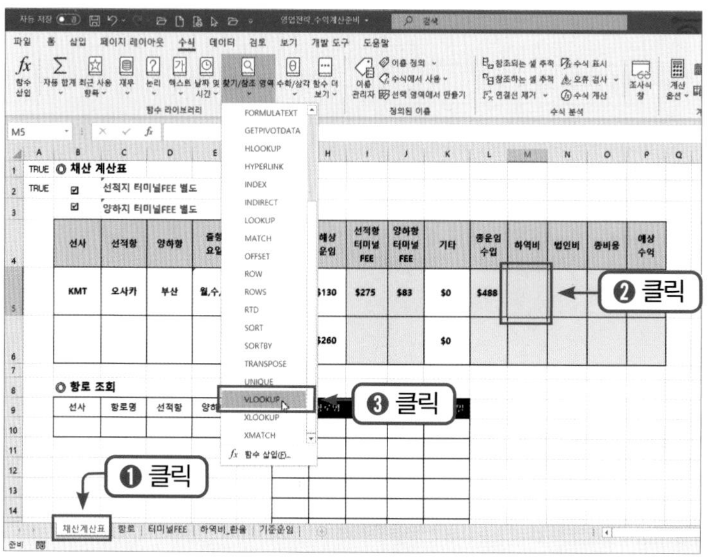

07 '함수 인수' 대화 상자가 나타나면 ❶ 'Lookup_value'에 **C5**, 'Table_array'에 **하역비_환율!$A$2:$F$15**, 'Col_index_num'에 **5**, 'Range_lookup'에 **0**을 입력한 후 ❷ [확인] 단추를 클릭합니다.

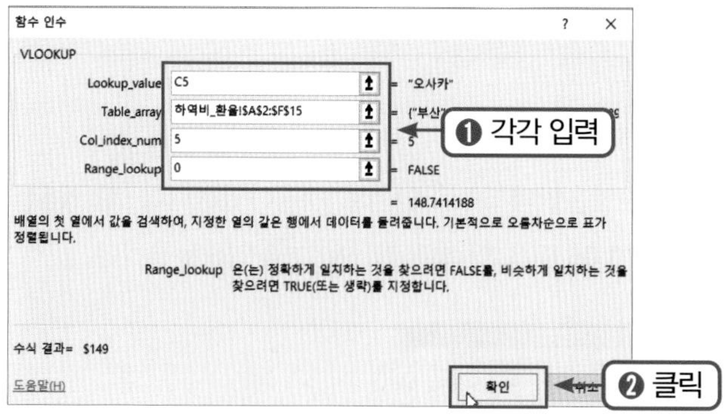

08 선적항 하역비에 양하항 하역비를 불러와서 더합니다. ❶ M5셀을 선택합니다. ❷ 수식 입력줄에서 **=**를 제외한 수식을 선택하고 CTRL + C 키를 눌러 복사합니다.

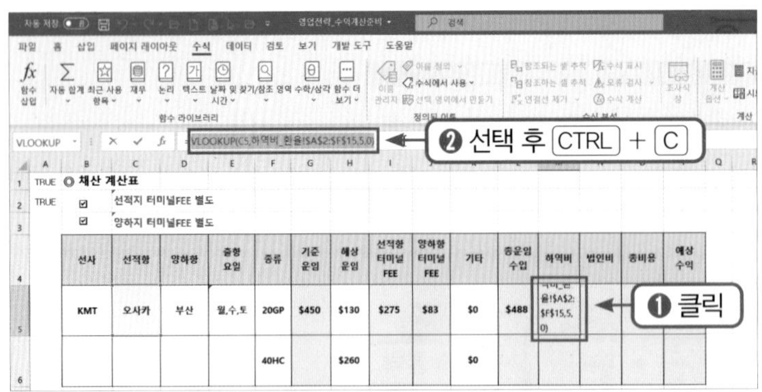

09 ❶ **+**를 입력한 후 CTRL + V 키를 눌러 복사한 수식을 뒤에 붙여넣기합니다. ❷ 'Lookup_value'를 **D5**로 수정한 후 ENTER 키를 누릅니다.

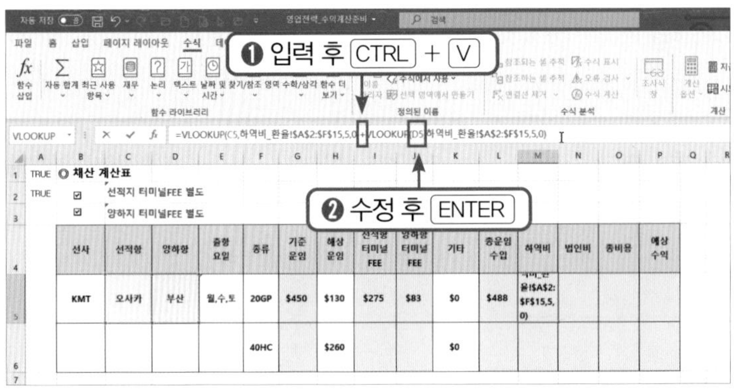

10 N5셀에 법인비를 입력합니다. 법인비는 해상운임의 5%로 임의로 책정하였습니다. ❶ N5셀을 선택합니다. ❷ 수식 입력줄에 **=ROUND(H5*0.05,0)**을 입력한 후 ENTER 키를 누릅니다.

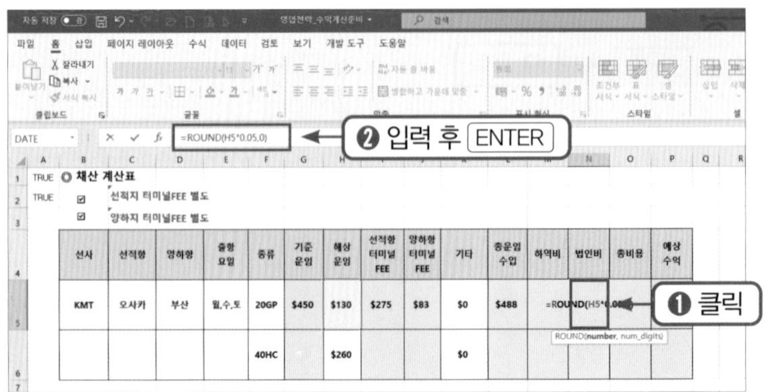

알아보기 ROUND 함수

ROUND(Number, Num_digits) 함수는 입력한 숫자를 반올림하여 반환하는 함수입니다.

❶ Number: 반올림할 숫자입니다.

❷ Num_digits: 반올림할 자릿수입니다. 양수이면 지정한 소수점 아래 자리에서 반올림합니다. ROUND(23.74, 1)은 소수 둘째 자리에서 반올림하여 23.7값을 반환합니다. 0이면 반올림하여 일의 자리를 나타냅니다. ROUND(23.74,0)은 24값을 반환합니다. 음수이면 지정한 수 자리에서(−1이면 일의 자리에서, −2면 십의 자리에서) 반올림합니다. ROUND(23.74, −1)은 일의 자리에서 반올림하여 20값을 반환합니다. ROUND(223.74, −2)는 십의 자리에서 반올림하여 200값을 반환합니다.

11 총비용을 구합니다. ❶ M5:O5 영역을 선택합니다. ❷ [홈] 탭 → '편집' 그룹 → '자동 합계' 명령 단추를 클릭합니다.

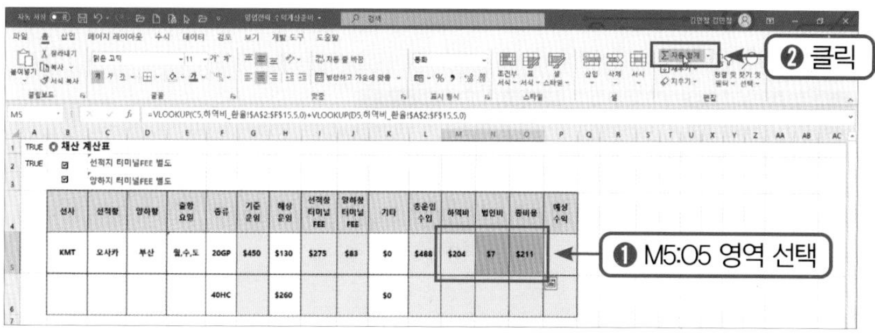

12 P5셀에 예상 수식을 구합니다. ❶ P5셀을 선택합니다. ❷ 수식 입력줄에 **=L5-O5**를 입력한 후 [ENTER] 키를 누릅니다.

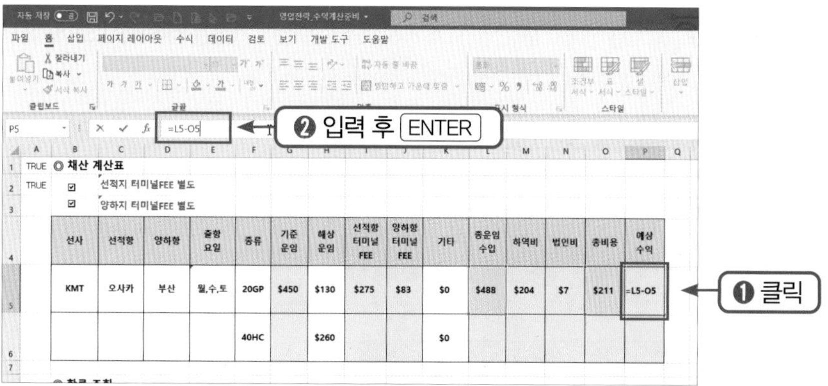

채산 계산표 완성하기

01 6행의 나머지 부분을 완성합니다. ❶ B6:E6 영역을 선택합니다. ❷ 수식 입력줄에 **=B5**를 입력한 후 CTRL + ENTER 키를 누릅니다.

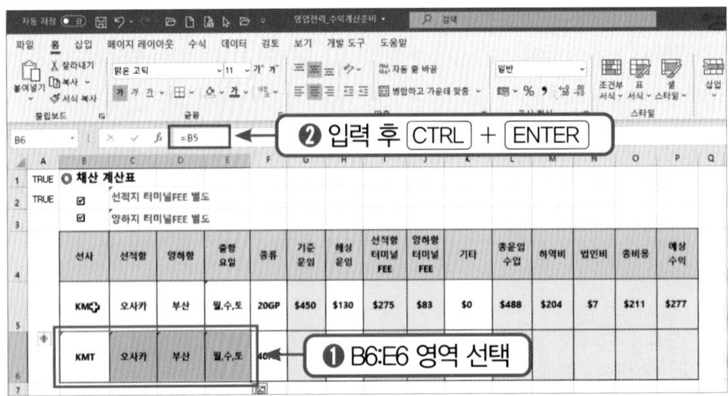

02 ❶ G5셀을 선택합니다. ❷ G5셀의 자동 채우기 핸들(**+**)을 G6셀로 드래그하여 수식을 복사합니다.

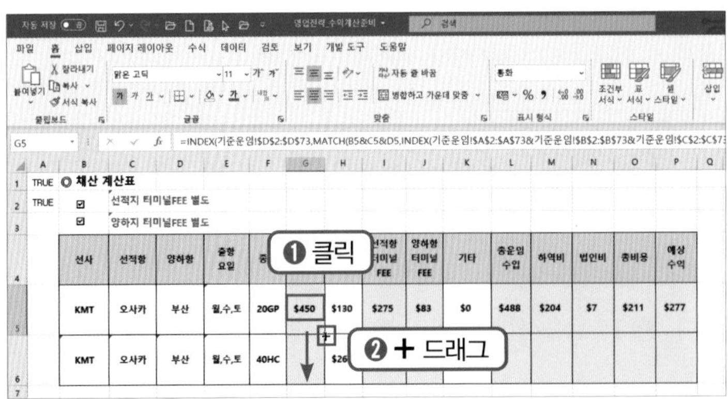

03 ❶ G6셀을 선택합니다. ❷ 'Array'를(기준운임!$D$2:$D$73 부분) **기준운임!$E$2:$E$73**으로 수정한 후 ENTER 키를 누릅니다.

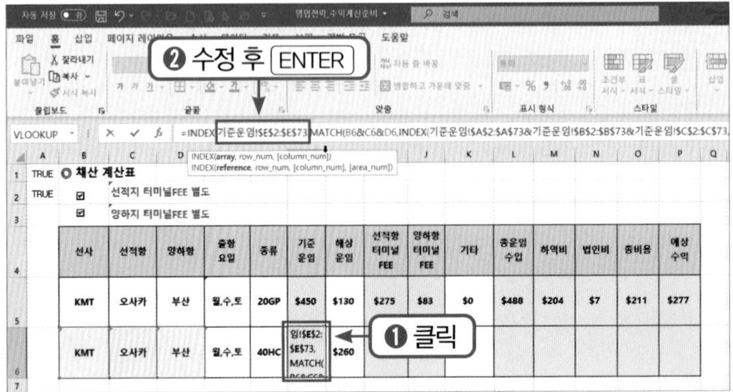

04 ❶ I5:J5 영역을 선택한 후 ❷ 자동 채우기 핸들(**+**)을 I6:J6 영역까지 드래그하여 수식을 복사합니다.

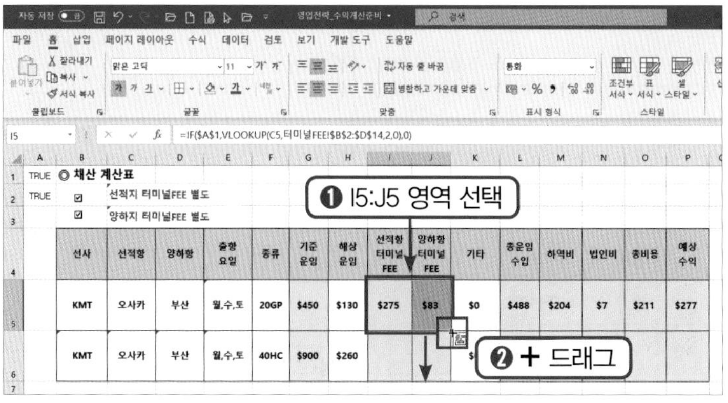

05 I6셀의 수식 입력줄에서 'Col_index_num'을 **3**으로 수정한 후 [ENTER] 키를 누릅니다.

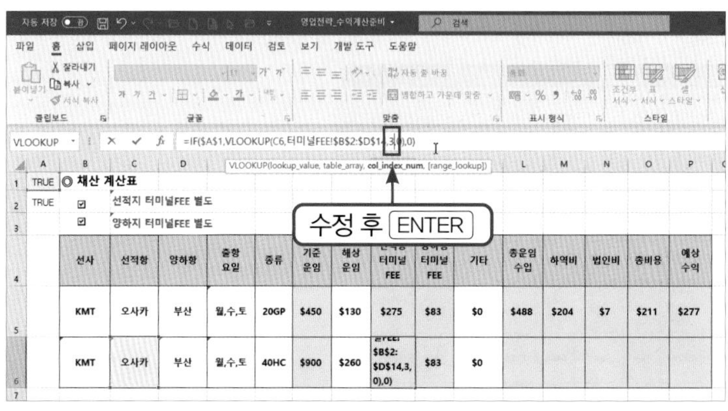

06 J6셀의 수식 입력줄에서 'Col_index_num'을 **3**으로 수정한 후 [ENTER] 키를 누릅니다.

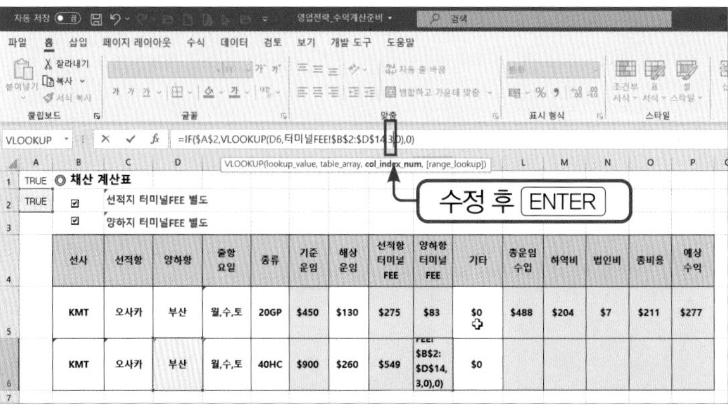

07 ❶ L5:P5 영역을 선택한 후 자동 채우기 핸들(**+**)을 L6:P6 영역으로 드래그하여 수식을 채워 넣습니다.

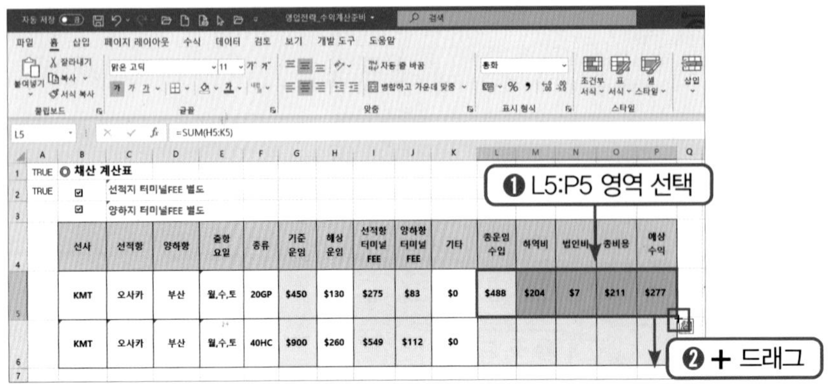

08 M6셀의 수식 입력줄에서 각각의 'Col_index_num'을 **6**으로 수정한 후 ENTER 키를 눌러 완성합니다.

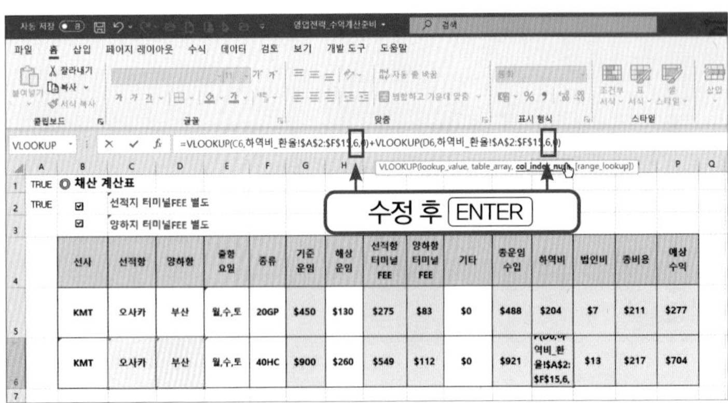

준비 파일 영업전략_항로조회준비.xlsm

03 항로 조회하기

이번에는 고급 필터 기능과 매크로를 활용하여 간단한 항로 조회 프로그램을 만들어 보겠습니다.

실습 내용

기본 원리: 선적항과 양하항을 입력하고 명령 단추를 클릭하면 항로가 조회되도록 합니다.

주요 기능: ❶ 고급 필터 ❷ 매크로

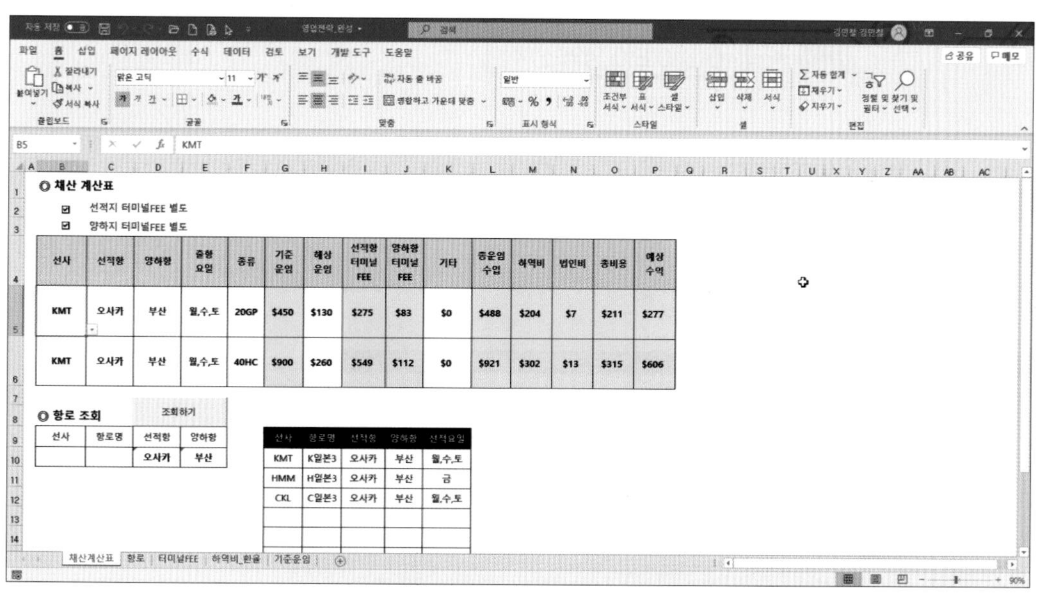

항로 조회하기

01 D10:E10 영역에 채산계산표와 동일한 선적항과 양하항이 나타나게 합니다. ❶ D10:E10 영역을 선택합니다. ❷ 수식 입력줄에 **=C5**를 입력한 후 CTRL + ENTER 키를 누릅니다.

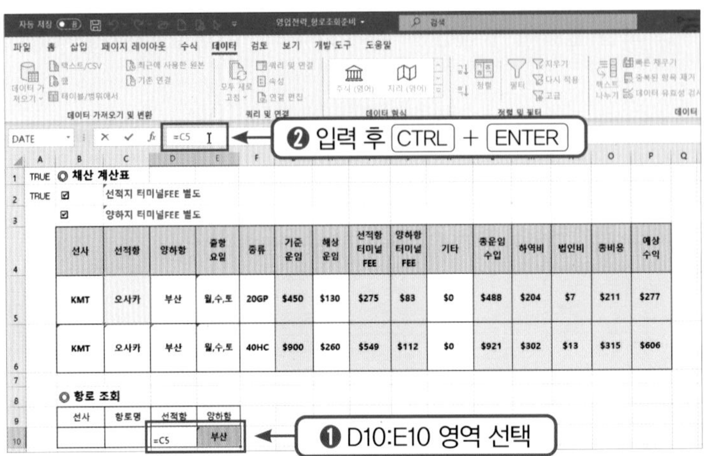

02 고급 필터 기능을 사용하여 선적항과 양하항에 해당하는 항로를 조회해 보겠습니다. ❶ 데이터가 나타나야 하는 셀을 선택합니다. 여기서는 G9셀을 선택했습니다. ❷ [데이터] 탭 → '정렬 및 필터' 그룹 → '고급' 명령 단추를 클릭합니다.

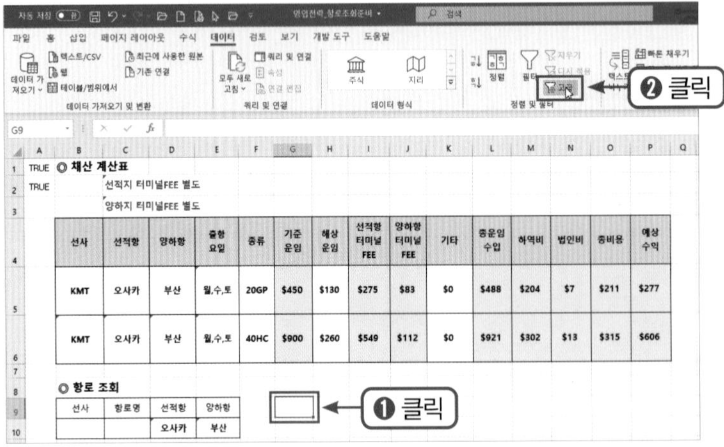

03 '고급 필터' 대화 상자가 나타나면 ❶ '결과'에서 **다른 장소에 복사**를 선택합니다. ❷ '목록 범위'에서는 '항로' 시트를 선택한 후 ❸ A1:E37 영역을 선택하여 입력합니다(자동으로 절대참조로 입력됩니다).

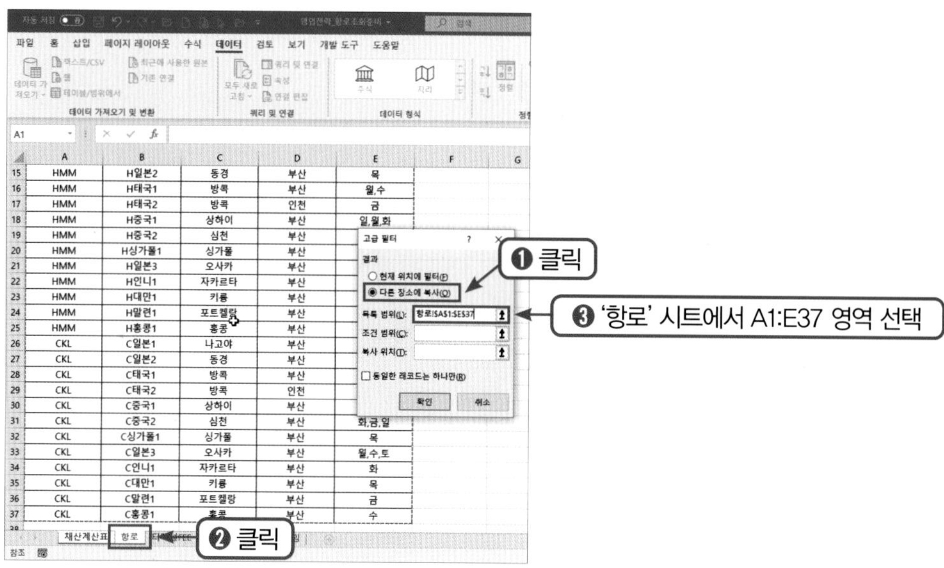

04 '조건 범위'에서는 ❶ '채산계산표' 시트를 선택한 후 ❷ B9:E10 영역을 선택하여 입력합니다. ❸ '복사 위치'에서는 '채산계산표' 시트의 G9셀을 선택하여 입력합니다. ❹ [확인] 단추를 클릭합니다.

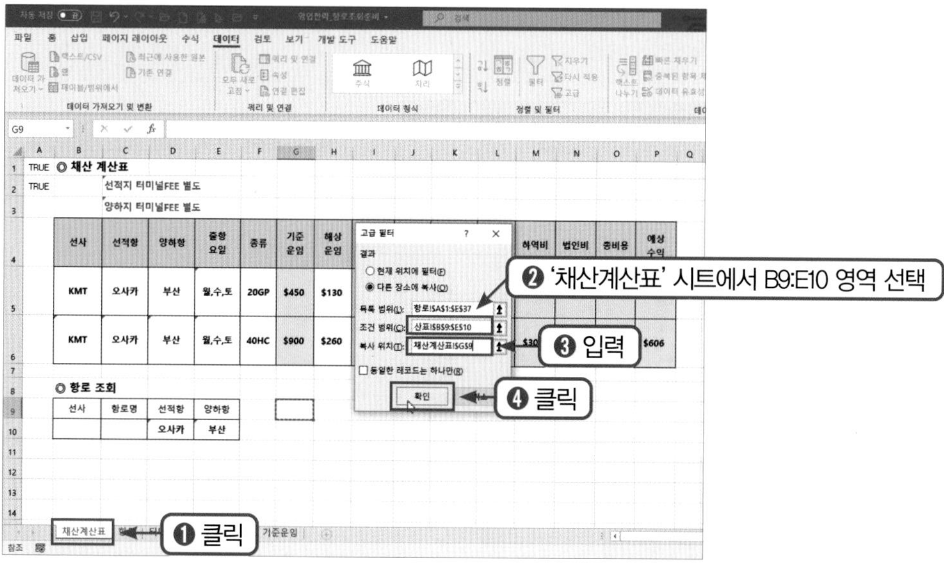

05 조회된 항로 데이터가 나타났습니다. 지금부터 매크로 기능을 사용하여 간단한 항로 조회 기능을 추가해 봅니다. 먼저 원하는 데이터가 보기 좋게 나타나게 하기 위해 G9:K19 영역을 선택해서 테두리를 그립니다. ❶ G9:K19 영역을 선택합니다. ❷ [홈] 탭 → '글꼴' 그룹 → '테두리' 내림 명령 단추를 클릭하여 **모든 테두리**를 선택합니다.

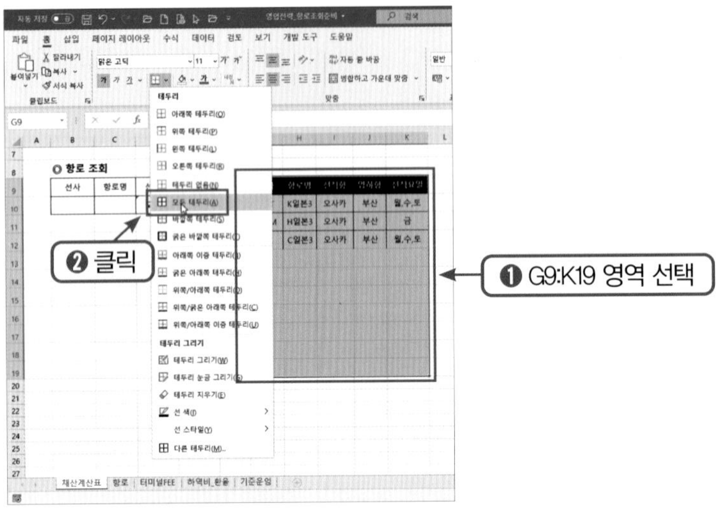

매크로를 활용한 항로 조회 프로그램 만들기

01 G9:K19 영역이 선택된 상태에서 지금부터 매크로를 기록합니다. [개발 도구] 탭 → '코드' 그룹 → '매크로 기록' 명령 단추를 누릅니다.

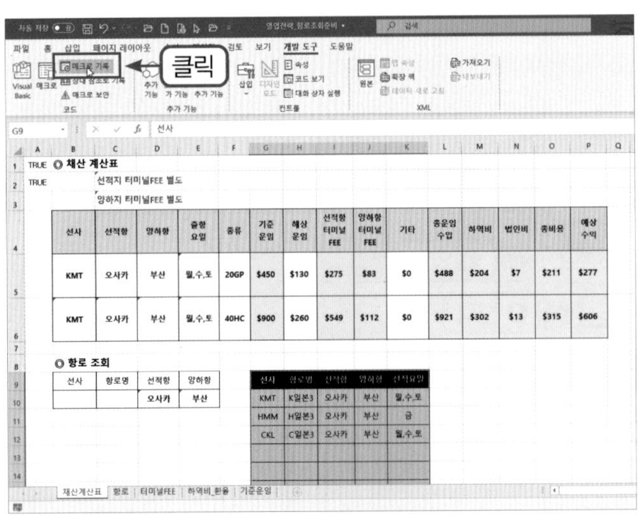

또는 화면 왼쪽 아래 '매크로 기록( )' 명령 단추를 누릅니다.

알아보기 매크로 및 VBA

업무 자동화를 위해 많이 사용하는 것이 매크로 기능입니다. 매크로 기능이 어렵다고 생각하는 사람이 많은데 실제는 그 반대로, 매크로 기능이 있어서 복잡한 코딩 작업을 거치지 않더라도 쉽고 편리하게 자동화 프로그램을 만들 수 있습니다. 매크로를 기록하는 경우, 매크로 기록은 모든 단계를 VBA(Visual Basic for Applications) 코드로 기록합니다. 이는 즉, 엑셀에서 사용자가 하는 모든 동작을 자동으로 코딩해 주는 것입니다. 이러한 단계에는 텍스트 또는 숫자 입력, 리본 또는 메뉴에서 셀 또는 명령 클릭, 셀, 행 또는 열에 서식 지정, Microsoft Access 등의 외부 원본에서 데이터 가져오기 등이 포함될 수 있습니다.

VBA(Visual Basic 응용 프로그램)는 강력한 Visual Basic 프로그래밍 언어의 하위 집합이며, 대부분의 Office 응용 프로그램에 포함되어 있습니다. VBA는 Office 응용 프로그램 내에서 및 응용 프로그램 간에 프로세스를 자동화하는 기능을 제공하지만 매크로 기록에서 원하는 작업을 수행하는 경우에는 VBA 코드 또는 컴퓨터 프로그래밍을 몰라도 됩니다. 다만 매크로를 기록할 때 매크로 기록은 거의 모든 사용자 동작을 캡처한다는 것을 알아 두어야 합니다. 따라서 예를 들어 원하지 않은 단추를 클릭하는 등 사용자가 조작하는 과정 중에 실수한 동작도 매크로 기록에서 기록됩니다. 해결 방법은 전체 과정을 다시 기록하거나 VBA 코드 자체를 수정하는 것입니다. 이런 이유로, 기록할 때는 항상 익숙한 프로세스를 기록하는 것이 좋습니다. 시퀀스를 원활하게 기록할수록 매크로를 재생할 때 더 효율적으로 실행됩니다.

02 '매크로 기록' 대화 상자가 나타나면 ❶ '매크로 이름'을 **항로조회**로 입력하고 ❷ [확인] 단추를 클릭합니다. 지금부터 매크로 기록이 시작됩니다.

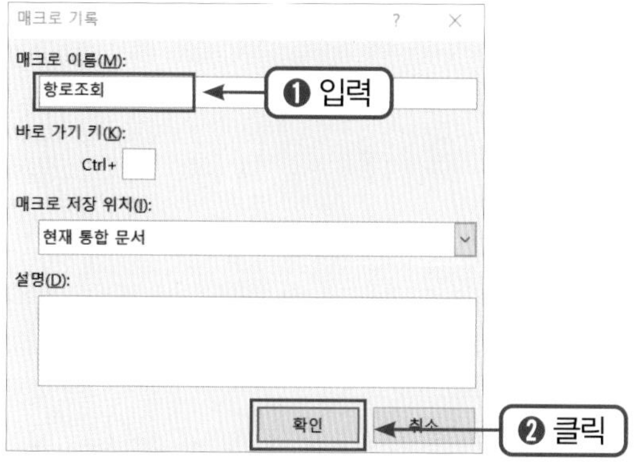

03 먼저 새로운 데이터가 나타나기 전에 이전 데이터를 지워야 합니다. 선택된 G9:K19 영역에서 DELETE 키를 눌러 데이터를 삭제합니다.

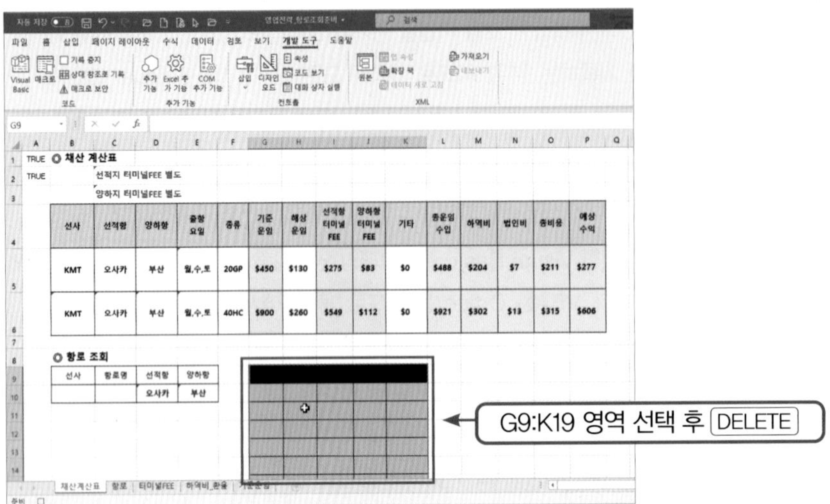

04 앞에서 했던 고급 필터 기능을 다시 한번 실행합니다. '채산계산표' 시트의 G9셀을 선택합니다.

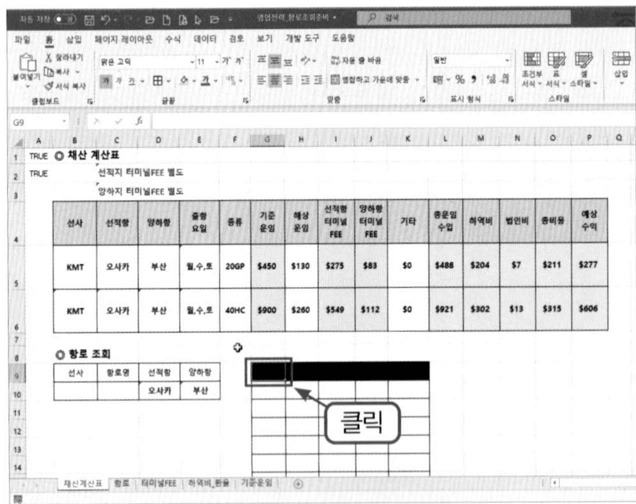

05 ❶ [데이터] 탭 → '정렬 및 필터' 그룹 → '고급' 명령 단추를 누른 후 ❷ '고급 필터' 명령 단추가 나타나면 '결과'에서 **다른 장소에 복사**를 선택합니다. ❸ '목록 범위'에서 '항로' 시트를 선택하고 CTRL + SHIFT + → 와 CTRL + SHIFT + ↓ 키를 연달아 눌러 A1:E37 영역을 선택합니다. ❹ '조건 범위'와 '복사 위치'는 앞에서 입력한 영역이 자동으로 나타납니다. 제대로 나타나는지 확인만 합니다. ❺ [확인] 단추를 클릭합니다.

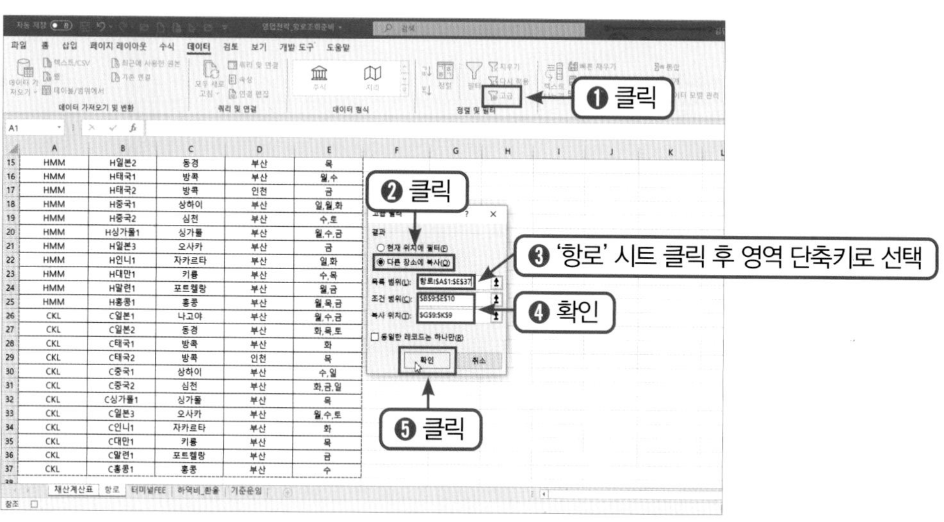

06 데이터가 나타나면 [개발 도구] 탭 → '코드' 그룹 → '기록 중지' 명령 단추를 클릭합니다.

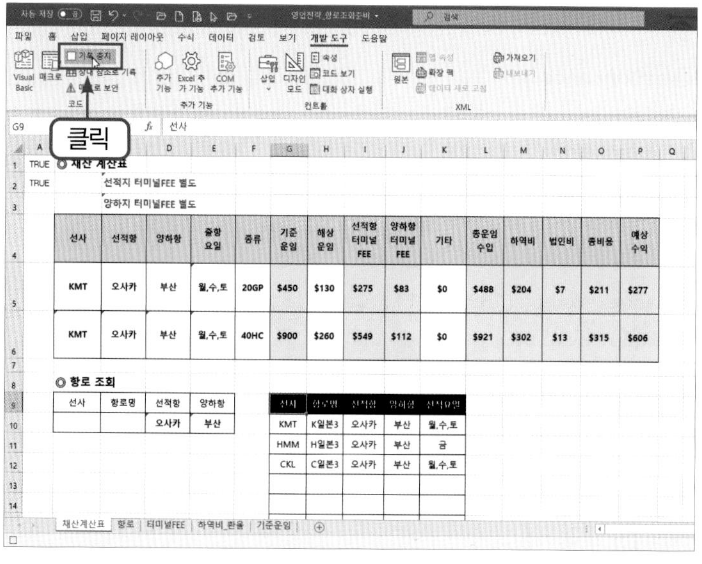

또는 화면 왼쪽 아래 '매크로 기록 중지(□)' 명령 단추를 클릭합니다.

07 ALT + F11 키를 눌러 Visual Basic Editor 창을 열어서 매크로로 작성된 코드를 확인합니다. ❶ 프로젝트 창에서 모듈을 더블클릭하면 Module1이 나타납니다. ❷ Module1을 더블클릭하면 작성된 코드가 나타납니다.

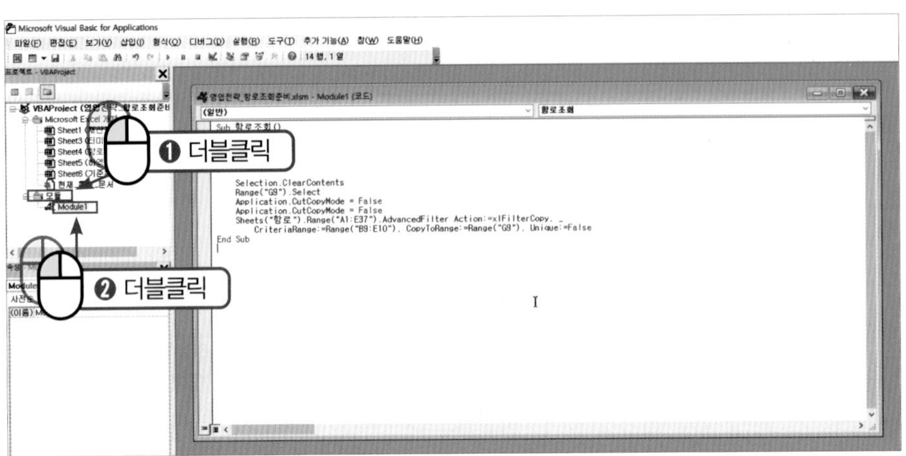

알아보기 매크로

```
1   Sub 항로조회()
2   '
3   ' 항로조회 매크로
4   '
5
6   '
7       Selection.ClearContents
8       Range("G9").Select
9       Application.CutCopyMode = False
10      Application.CutCopyMode = False
11      Sheets("항로").Range("A1:E37").AdvancedFilter Action:
        =xlFilterCopy, _
12          CriteriaRange:=Range("B9:E10"), CopyToRange:=Range("G9
            :K9"), Unique:= False
13  End Sub
```

2~6라인	코드 앞에 어퍼스트로피(')가 입력되어 있는 것은 실행되지 않는 주석, 즉 설명문입니다. 명령문 실행에 영향을 주지 않기 때문에 삭제해도 되고 그냥 두어도 무방합니다. 여기서는 그냥 두겠습니다.
7라인	**Selection.ClearContents**: 선택한 영역의 데이터를 지웁니다.

8라인	**Range("G9").Select**: G9셀을 선택합니다.
9~10라인	**Application.CutCopyMode = False**: 복사 모드를 없애는 것입니다. 불필요한 코드이므로 삭제합니다. Application.CutCopyMode = False는 1개가 나올 수도, 2개가 나올 수도 있는데 몇 개가 나오든 상관 없습니다.
11~12 라인	**Sheets("항로").Range("A1:E37").AdvancedFilter Action:=xlFilterCopy, _ / CriteriaRange:=Range("B9:E10", CopyToRange:=Range("G9"), Unique:=False**: 고급 필터 기능을 실행합니다.
13라인	명령문 실행을 마칩니다.

- 매크로 기록을 한 다음에는 반드시 ALT + F11 키를 눌러 Visual Basic Editor 창에서 작성된 코드를 확인해야 합니다.
- 핵심 내용은 책과 똑같이 따라 해야 위와 똑같이 나올 것입니다.
- 매크로 보기 박스에서 11, 12라인을 두 줄로 나눈 것은 지면상 한 줄에 담지 못해서일 뿐입니다. 실제 매크로 창에서는 라인을 구분하지 말고 한 라인에 이어서 쭉 쓰면 됩니다.

08 7라인에서 **Selection**을 지우고 그 자리에 지워야 할 데이터가 있는 영역인 **Range("G9:K19")**를 입력합니다.

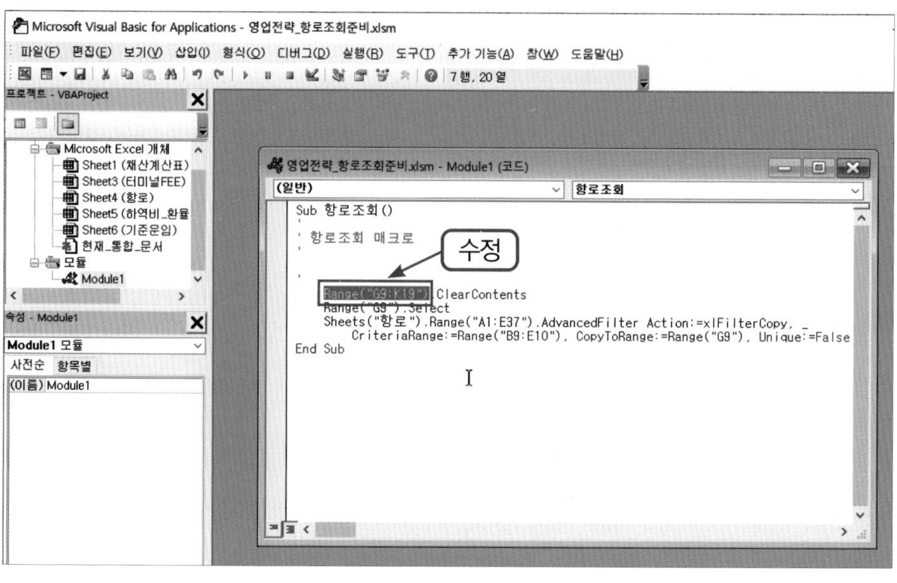

엑셀 VBA에 대해서는 부록1-10 '매크로와 VBA'(527P)를 참고하세요.

09 매크로로 기록된 내용을 실행하는 실행 단추를 만들어 보겠습니다. 엑셀 시트 화면으로 돌아와 [개발 도구] 탭 → '컨트롤' 그룹 → **단추**를 클릭합니다.

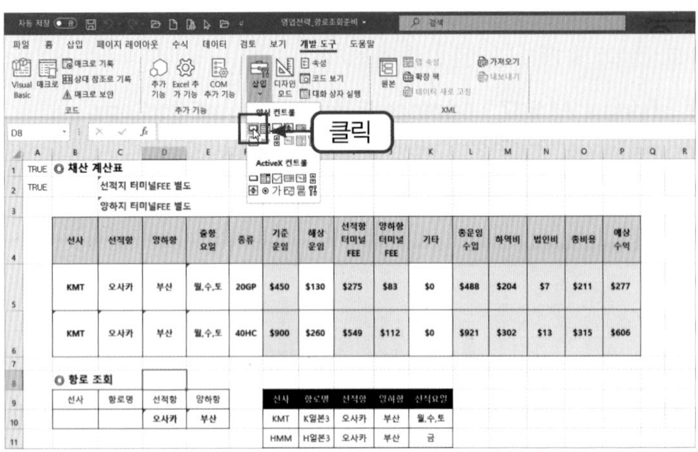

10 D8:E8 영역 사이에 적당하게 '단추'를 만들면 '매크로 지정' 대화 상자가 나타납니다. ❶ '매크로 이름'에서 **항로조회**를 선택한 후 ❷ [확인] 단추를 클릭합니다.

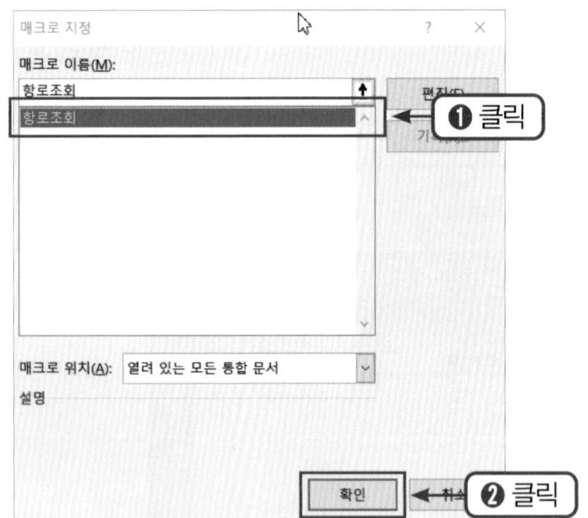

11 '단추'를 선택한 후 **조회하기**로 수정합니다.

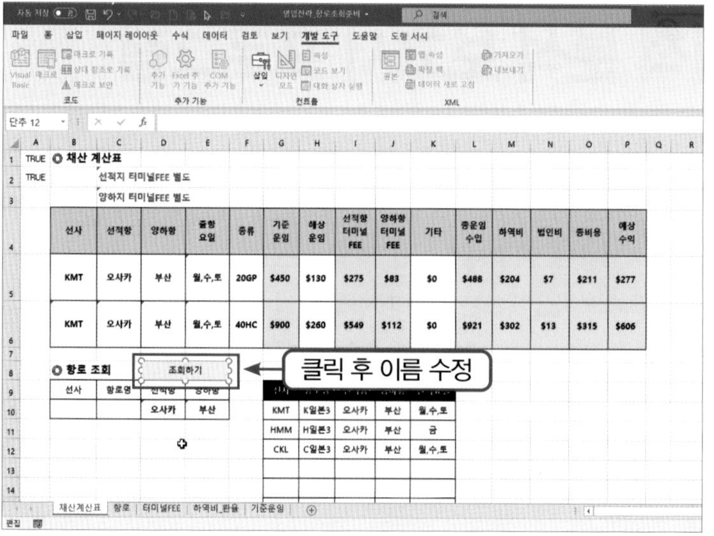

12 마지막으로 셀 서식 기능을 활용해 A1:A2 영역에 나타나 있는 데이터를 화면에 보이지 않도록 합니다. ❶ A1:A2 영역을 선택합니다. ❷ [홈] 탭 → '글꼴' 그룹 → '글꼴 색' 내림 단추를 클릭한 후 ❸ 글꼴 색을 흰색으로 선택합니다.

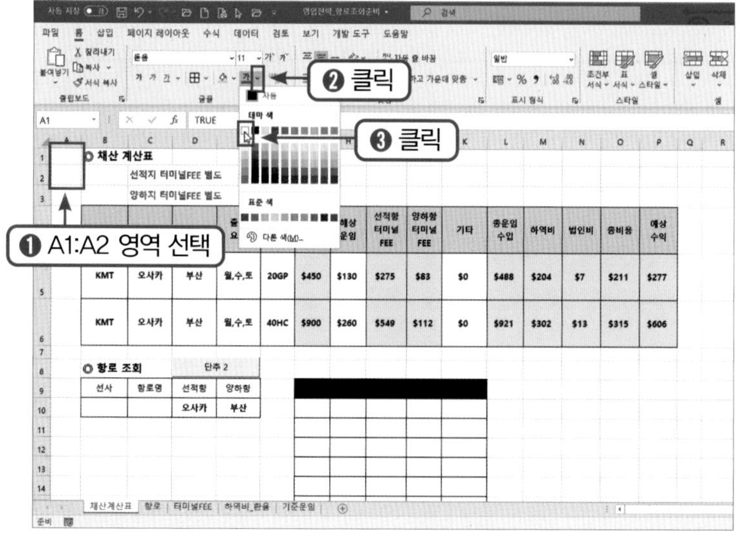

04 실적 분석 보고서 프로그램

어떤 회사에서나 실적 분석 업무는 가장 기본적이고 중요한 업무입니다. 실적 분석을 위해 가장 많이 사용하는 엑셀 기능이 피벗 테이블입니다. 피벗 테이블만 잘 활용한다면 웬만한 통계 데이터는 쉽게 추출할 수 있습니다. 하지만 엑셀 초보자들에게는 피벗 테이블을 잘 활용하는 것이 쉽지 않습니다. 피벗 테이블을 처음 사용하는 분을 위해 피벗 테이블의 중요한 기능을 반복적으로 설명하여, 따라 하다 보면 피벗 테이블을 활용하는 방법을 자연스럽게 익힐 수 있도록 하였습니다.

여기서는 의사 결정권자에게 보고를 하는 보고서도 작성해 보겠습니다. 실적보고서 시트에 보고서를 작성하기 위한 중간 단계로 필요한 분석 데이터가 있는 시트를 만들어 피벗 테이블로 필요한 데이터를 추출합니다. 그다음에 최종 실적보고서 시트에 보고서를 작성합니다.

핵심 시트

기본 데이터: 실적데이터

제작 문서: 실적보고서

중간 문서: 기간별실적, 법인별실적, 고객사별실적, 품목별실적, 피벗테이블(실적보고서를 완성하기 위해 중간 자료를 추출하는 시트)

완성 프로그램

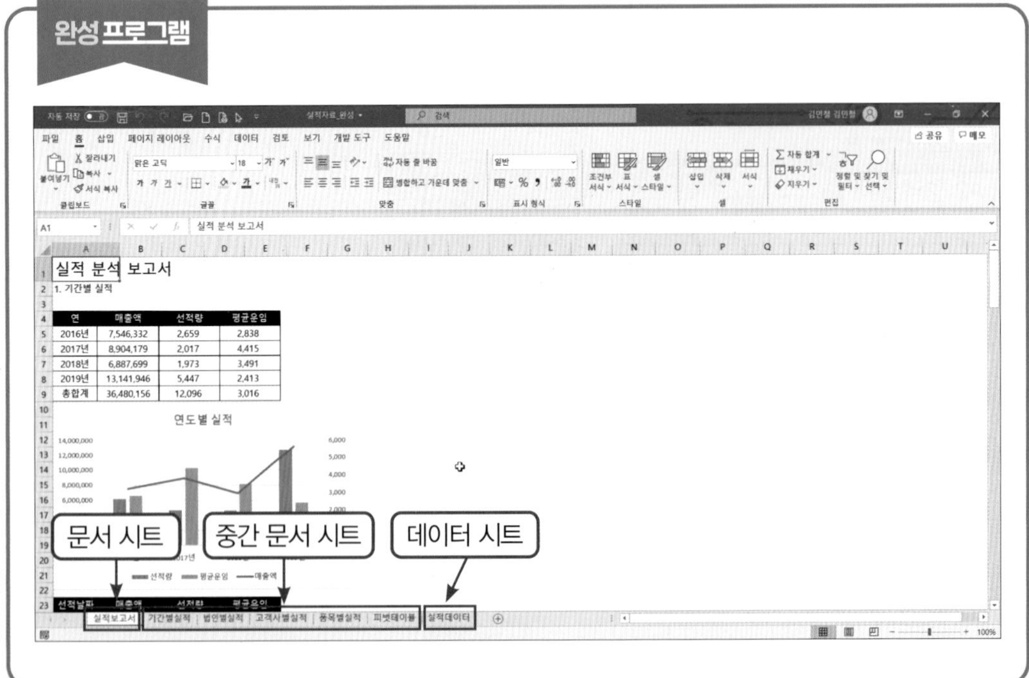

01 기간별 실적 분석 자료 만들기

실적 분석의 기초가 되는 것이 기간에 따른 실적 내용을 분석하는 것입니다. 과거 실적과 현재 실적을 동시에 분석해서 실적의 변화와 변화 원인을 파악하는 것이 기간별 실적 분석의 기본이 됩니다. 피벗 테이블 기능을 활용하여 기본 자료를 추출한 다음 기간별 실적 분석 자료를 만들어 보겠습니다.

실습 내용

기본 원리: 연도별 실적과 월별 실적 자료를 추출합니다.

주요 기능: ❶ 피벗 테이블 ❷ 차트

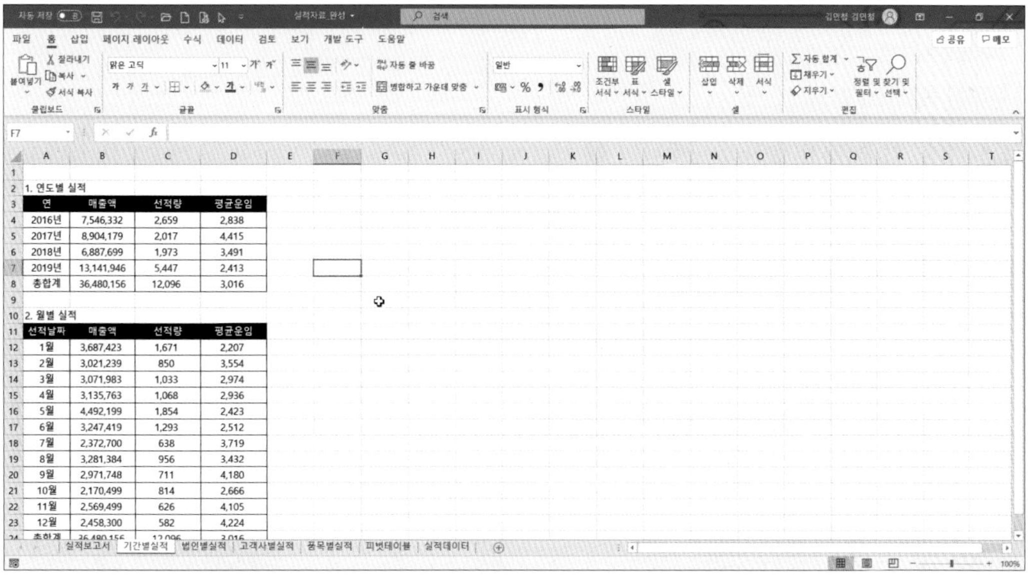

1. 연도별 실적

연	매출액	선적량	평균운임
2016년	7,546,332	2,659	2,838
2017년	8,904,179	2,017	4,415
2018년	6,887,699	1,973	3,491
2019년	13,141,946	5,447	2,413
총합계	36,480,156	12,096	3,016

2. 월별 실적

선적날짜	매출액	선적량	평균운임
1월	3,687,423	1,671	2,207
2월	3,021,239	850	3,554
3월	3,071,983	1,033	2,974
4월	3,135,763	1,068	2,936
5월	4,492,199	1,854	2,423
6월	3,247,419	1,293	2,512
7월	2,372,700	638	3,719
8월	3,281,384	956	3,432
9월	2,971,748	711	4,180
10월	2,170,499	814	2,666
11월	2,569,499	626	4,105
12월	2,458,300	582	4,224
총합계	36,480,156	12,096	3,016

동적 영역 지정하기

01 OFFSET 함수와 이름정의 기능을 활용하여 데이터 동적 영역을 지정합니다. ❶ 데이터가 없는 임의의 셀(여기서는 J1셀)을 선택합니다. ❷ [수식] 탭 → '함수 라이브러리' 그룹 → '찾기/참조' 명령 단추를 눌러 **OFFSET**을 클릭합니다.

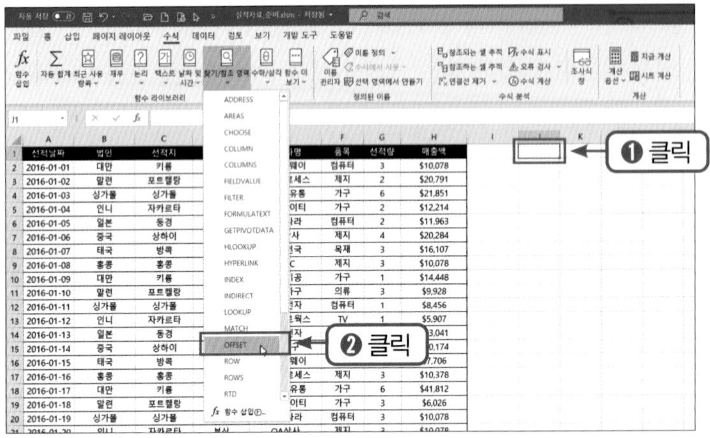

02 '함수 인수' 대화 상자가 나타나면 ❶ 'Reference'에 **$A$1**을 입력하고 'Rows'에 **0**, 'Cols'에 **0**을 입력합니다. ❷ 'Height'에서는 '이름 상자' 내림 단추를 눌러 ❸ **COUNTA**를 선택합니다.

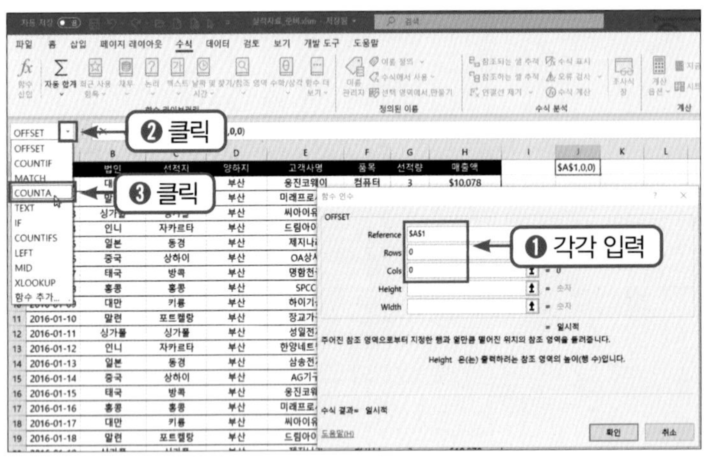

'이름 상자' 내림 단추를 클릭했는데 COUNTA가 보이지 않는다면 '함수 추가'를 누릅니다. '함수 마법사' 대화 상자가 나타나면 ❶ '범주 선택'을 **통계**로 하고 ❷ '함수 선택' 목록에서 COUNTA를 선택합니다.

03 '함수 인수' 대화 상자가 나타나면 ❶ 'Value1'에 **$A$1:$A$65000**을 입력합니다. ❷ '수식 입력줄'에서 **OFFSET**을 선택합니다.

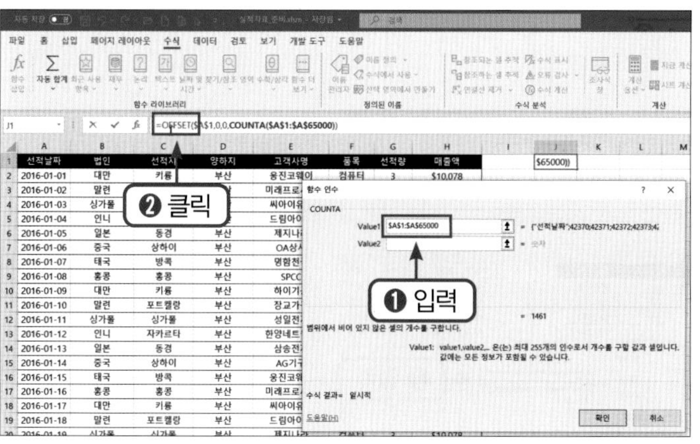

04 '함수 인수' 대화 상자가 나타나면 ❶ 'Width'에 **8**을 입력한 후 ❷ [확인] 단추를 클릭합니다.

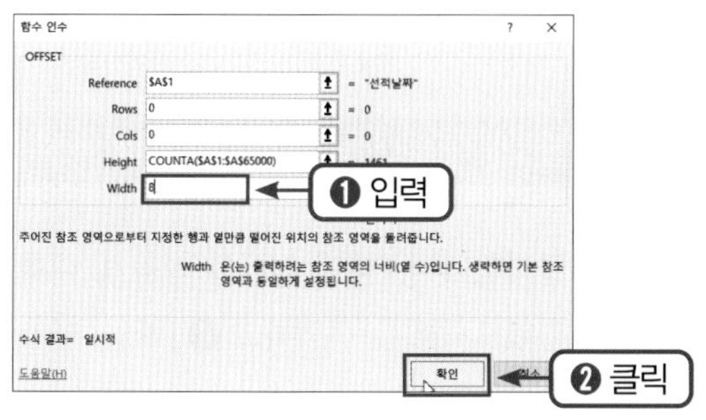

05 J1셀 이하에 영역 데이터가 나타납니다. '수식 입력줄'에서 수식을 선택한 후 CTRL + C 키를 누르고 ENTER 키를 누릅니다.

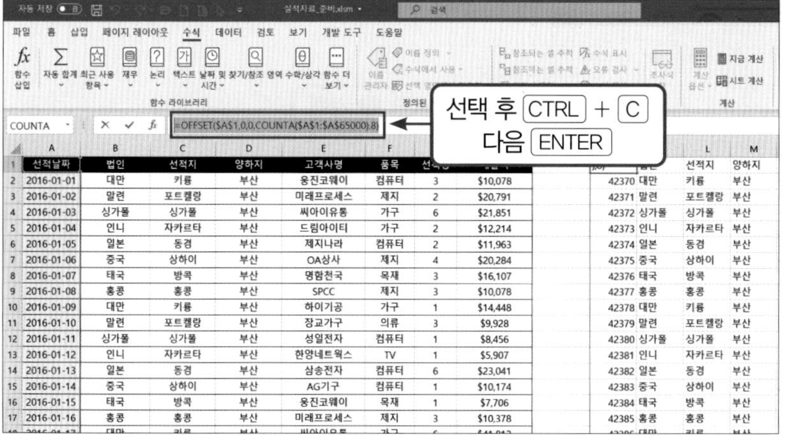

2019 이전 버전에서는 J1셀에만 값이 나타납니다. 이때도 내용은 똑같으니 J1셀의 수식을 그대로 복사하여 이용하면 됩니다.

06 복사한 수식을 활용해 이름정의를 합니다. ❶ [수식] 탭 → '정의된 이름' 그룹 → '이름정의' 명령 단추를 누릅니다. '새 이름' 대화 상자가 나타나면 ❷ '이름'에 **실적**이라고 입력하고 ❸ '참조 대상'에서 기존 참조 대상을 지우고 CTRL + V 키를 눌러 복사한 수식을 붙여넣기합니다. ❹ [확인] 단추를 클릭합니다.

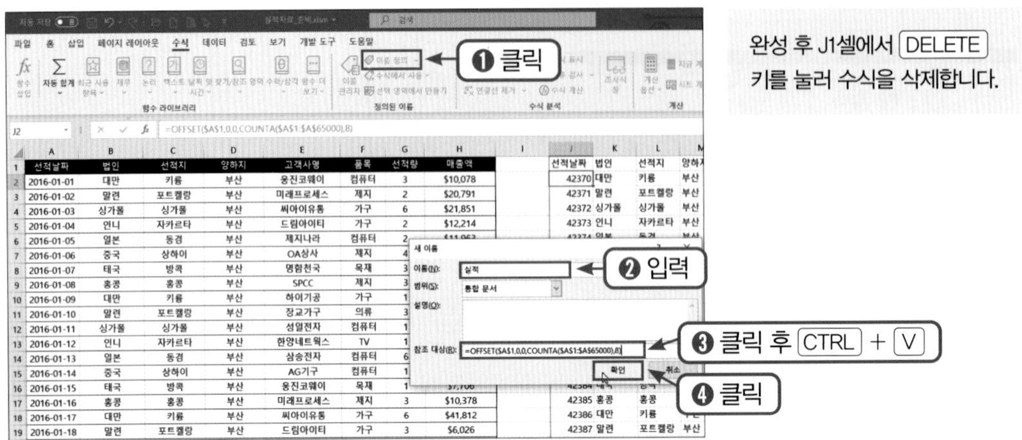

완성 후 J1셀에서 DELETE 키를 눌러 수식을 삭제합니다.

피벗 테이블 만들기

01 ❶ [삽입] 탭 → '표' 그룹 → '피벗 테이블' 명령 단추를 클릭합니다. '피벗 테이블 만들기' 대화 상자가 나타나면 ❷ '표/범위'에 **실적**이라고 입력합니다. ❸ '새 워크시트'를 선택하고 ❹ [확인] 단추를 클릭합니다.

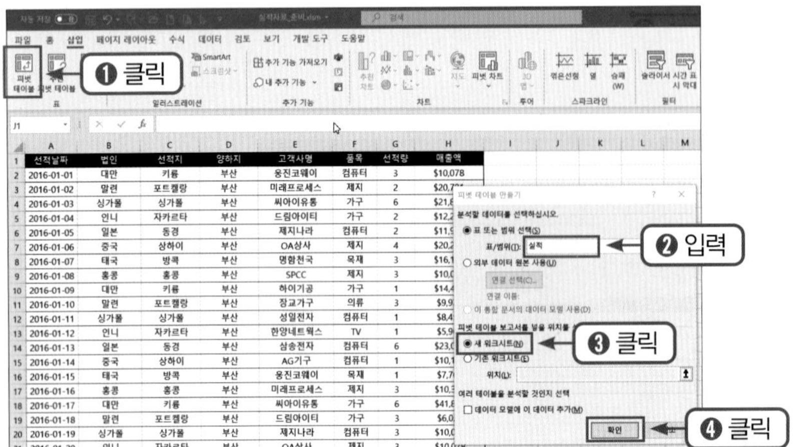

02 시트 탭 부분을 더블클릭한 후 시트 이름을 **피벗테이블**로 변경합니다.

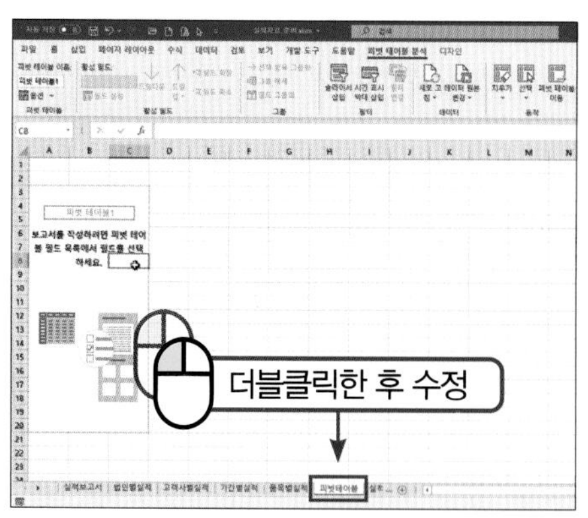

피벗 테이블의 영역은 다음과 같습니다.
필터: 피벗 테이블 보고서의 일부 항목을 필터링하여 볼 수 있습니다.
행: 피벗 테이블의 행 영역에 항목을 표시합니다.
열: 피벗 테이블의 열 영역에 항목을 표시합니다.
값: 분석할 데이터를 표시합니다. 기본적으로 숫자값이 합계로 나타납니다. 문자를 넣을 경우 개수로 나타납니다.

03 '피벗 테이블 필드' 목록에서 **선적날짜**, **매출액**, **선적량**을 순서대로 체크 표시합니다. 순서가 바뀌면 피벗 테이블에 나타나는 데이터 모양도 바뀌므로 반드시 위 순서대로 체크 표시를 해야 합니다.

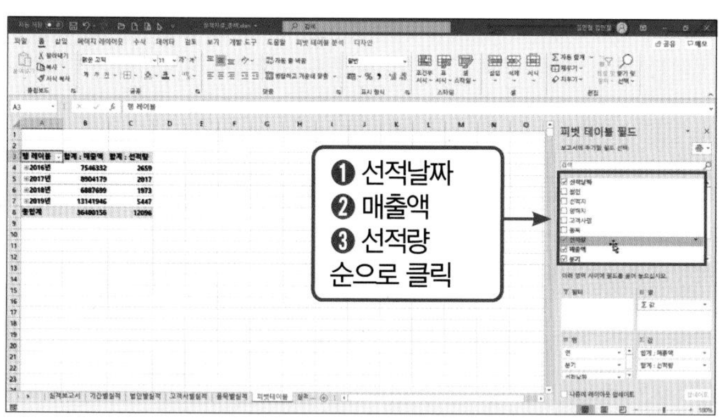

엑셀 2019 버전에서 날짜를 피벗 테이블에 나타나게 하면 자동으로 연, 분기, 월로 그룹이 되어 나타납니다. 이전 버전에서는 A열 데이터의(날짜가 나타나 있는 열) 임의의 셀을 선택한 후에 [피벗 테이블 분석] 탭 → '그룹' → '선택 항목 그룹화' 명령 단추를 클릭하여 그룹화를 해야 합니다.

04 '피벗 테이블 필드' 목록에서 **선적날짜**, **분기**의 체크를 해제합니다.

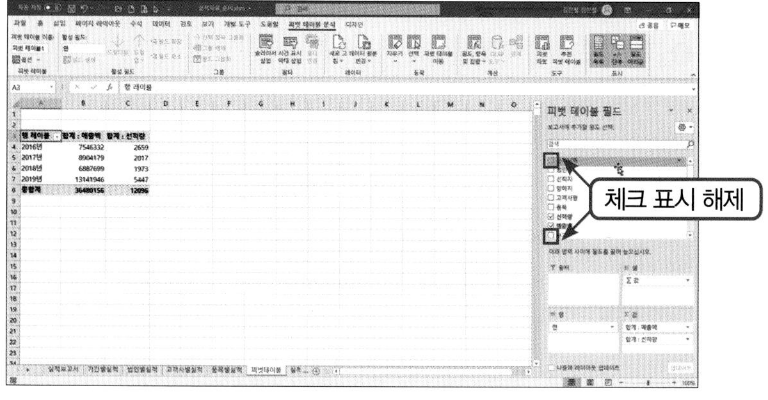

05 ❶ [피벗 테이블 분석] 탭 → '피벗 테이블' 그룹 → '옵션' 명령 단추를 클릭합니다. ❷ '피벗 테이블 옵션' 대화 상자가 나타나면 ❷ [표시] 탭을 선택하고 ❸ **클래식 피벗 테이블 레이아웃 표시(눈금에서 필드 끌기 사용)**을 체크 표시한 후 ❹ [확인] 단추를 클릭합니다.

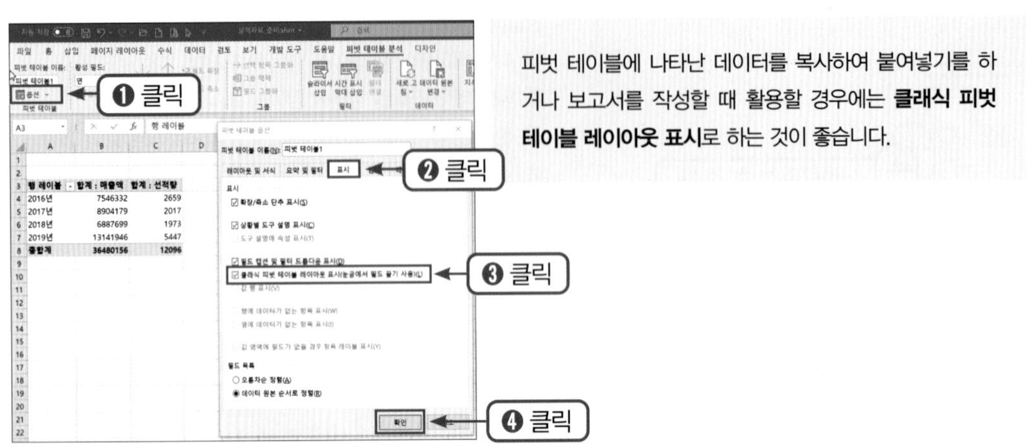

피벗 테이블에 나타난 데이터를 복사하여 붙여넣기를 하거나 보고서를 작성할 때 활용할 경우에는 **클래식 피벗 테이블 레이아웃 표시**로 하는 것이 좋습니다.

06 평균운임을 구합니다. ❶ '피벗 테이블 분석' 탭 → '계산' 그룹 → '필드 항목 및 집합' 명령 단추를 클릭한 후 ❷ **계산 필드**를 클릭합니다.

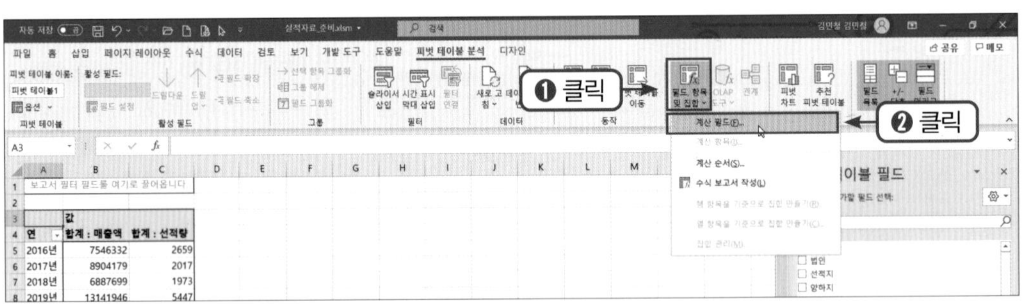

07 '계산 필드 삽입' 대화 상자가 나타나면 ❶ '이름'에 **평균운임**이라고 입력합니다. ❷ '수식'에 **=매출액/선적량**이라고 입력하고 ❸ [확인] 단추를 클릭합니다.

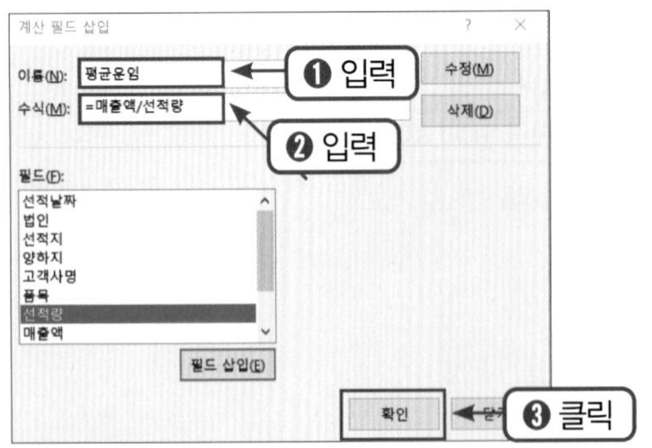

기간별 실적 자료 만들기

01 피벗 테이블로 추출한 최근 4년 실적 데이터로 연도별 실적 추이 보고서를 작성합니다. A4:D9 영역을 선택한 후 CTRL + C 키를 누릅니다.

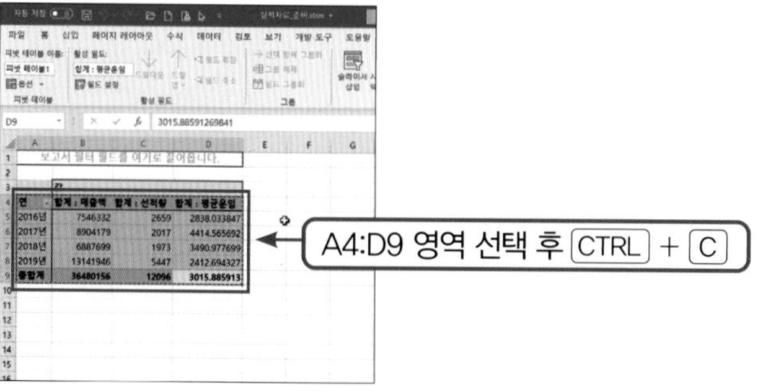

02 ❶ '기간별실적' 시트를 선택합니다. ❷ A3셀을 선택한 후 ❸ [홈] 탭 → '클립보드' 그룹 → **값 붙여넣기** 명령 단추를 클릭합니다.

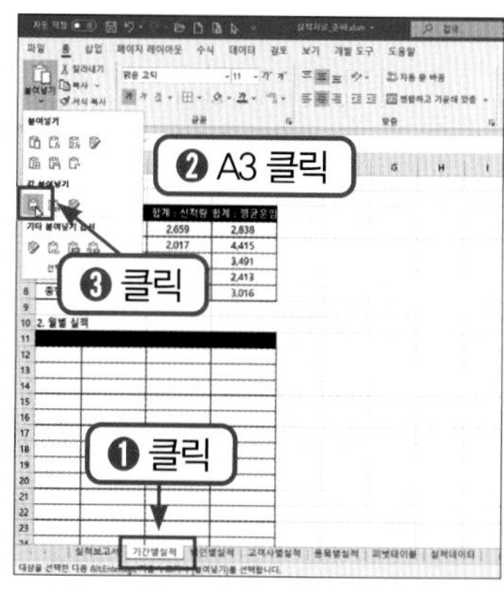

여기서는 편의상 셀 서식을 미리 지정해 두었습니다. 회사에서 피벗 테이블로 보고서를 작성할 때는 값으로 붙여넣기를 한 후 원하는 셀 서식을 지정하면 됩니다.

03 다음으로 월별로 실적이 어떤 추이를 보이는지 분석하기 위해 월별 실적 데이터를 피벗 테이블을 활용하여 추출합니다. ❶ '피벗테이블' 시트를 클릭합니다. ❷ '피벗 테이블 필드' 목록에서 **선적날짜**를 체크 표시하고 ❸ **연**을 체크 표시 해제합니다.

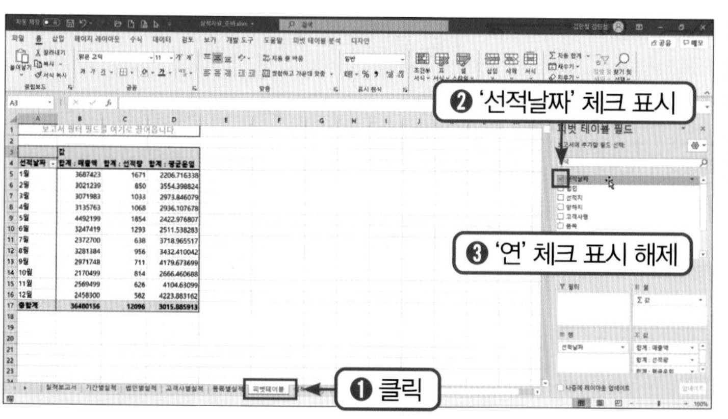

설명한 순서대로 선적날짜를 먼저 체크 표시하고 연을 체크 표시 해제하는 것이 편리합니다.

04 A4:D17 영역을 선택한 후 CTRL + C 키를 누릅니다.

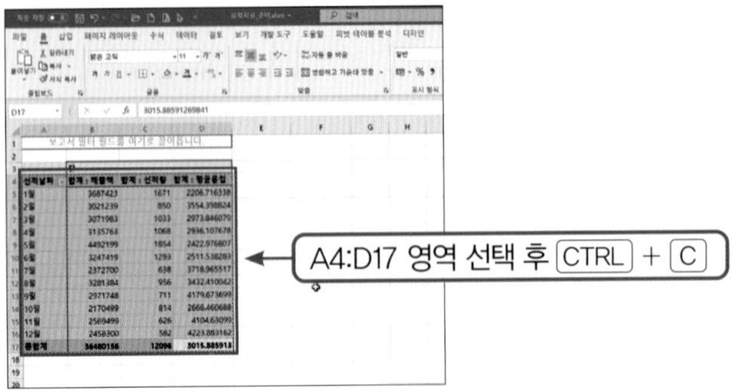

05 ❶ '기간별실적' 시트를 선택합니다. ❷ A11셀을 선택합니다. ❸ [홈] 탭 → '클립보드' 그룹 → '붙여넣기' 내림 단추를 선택하여 **값 붙여넣기** 명령 단추를 클릭합니다.

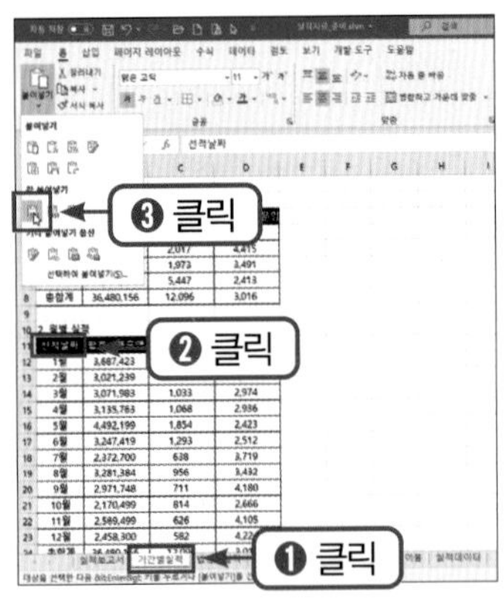

06 ❶ B3:D3 영역을 선택하고 CTRL 키를 누른 상태에서 B11:D11 영역을 선택합니다. ❷ [홈] 탭 → '편집' 그룹 → '찾기 및 선택' 명령 단추를 클릭한 후 **바꾸기**를 클릭합니다.

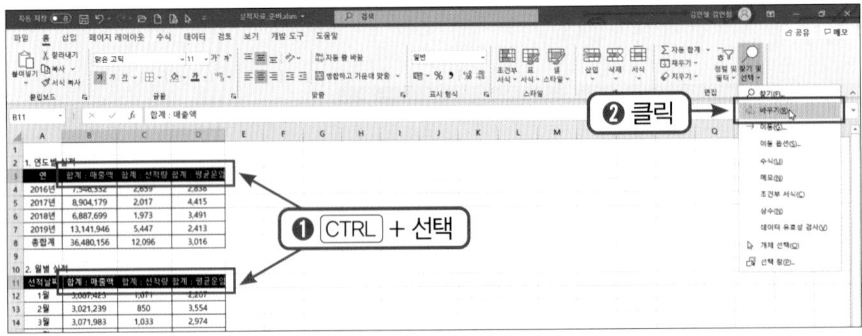

07 '찾기 및 바꾸기' 대화 상자가 나타나면 ❶ '찾을 내용'에 **합계 :** 를 입력합니다. ❷ [모두 바꾸기] 단추를 클릭합니다. ❸ '6개 항목이 바뀌었습니다.' 창이 나타나면 [확인] 단추를 클릭합니다.

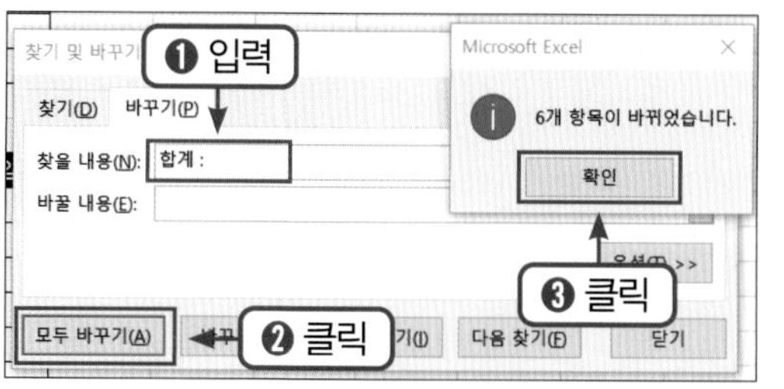

바꾸기 기능의 활용법은 부록1-5 '편집 그룹 활용하기'(504P)를 참고하세요.
스페이스 바도 문자로 입력합니다. 따라서 : 앞뒤에 꼭 띄어쓰기를 해 주세요.

기간별 실적 차트 만들기

01 이번에는 연도별 실적 변화 차트를 만들어 봅니다. ❶ A3:D7 영역을 선택합니다. ❷ [삽입] 탭 → '차트' 그룹 → '세로 또는 가로 막대형 차트 삽입' 명령 단추를 클릭합니다. ❸ '2차원 세로 막대형'에서 **묶은 세로 막대형**을 선택합니다.

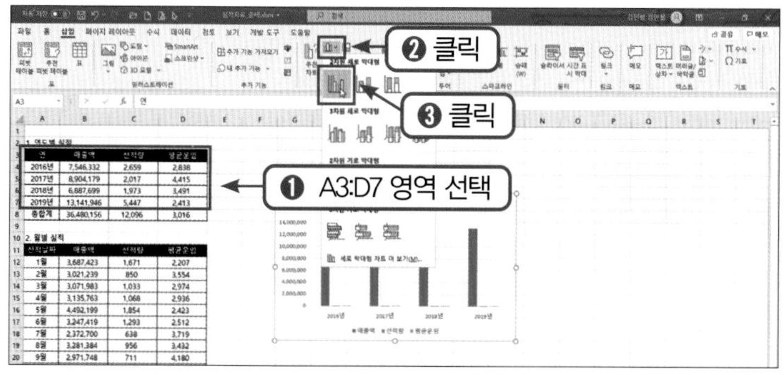

02 매출액과 나머지 데이터의 수치 차이가 많이 나서 매출액에 대한 차트만 표시가 됩니다. 이럴 경우에는 다른 데이터의 차트 종류를 변경하여 시각적 효과를 극대화하는 것이 좋습니다. ❶ 차트의 매출액 데이터 영역을 선택합니다. ❷ [차트 디자인] 탭 → '종류' 그룹 → '차트 종류 변경' 명령 단추를 클릭합니다.

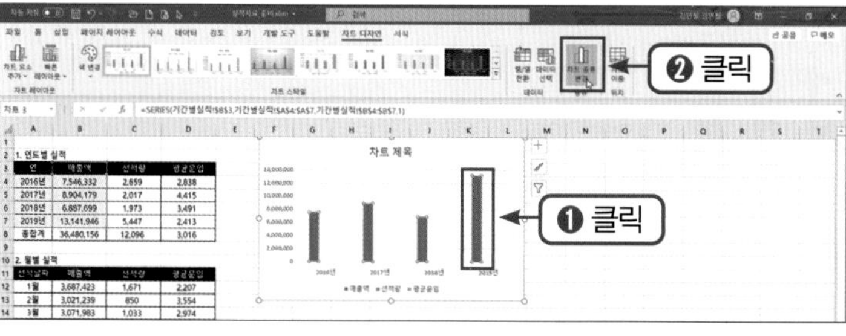

03 '차트 종류 변경' 대화 상자가 나타나면 ❶ '혼합'을 클릭하고 ❷ **매출액**의 차트 종류를 **꺾은선형**으로 변경합니다. ❸ **선적량**과 **평균운임**은 **묶은 세로 막대형**에 놓고 '보조 축'에 체크 표시합니다. ❹ [확인] 단추를 클릭합니다.

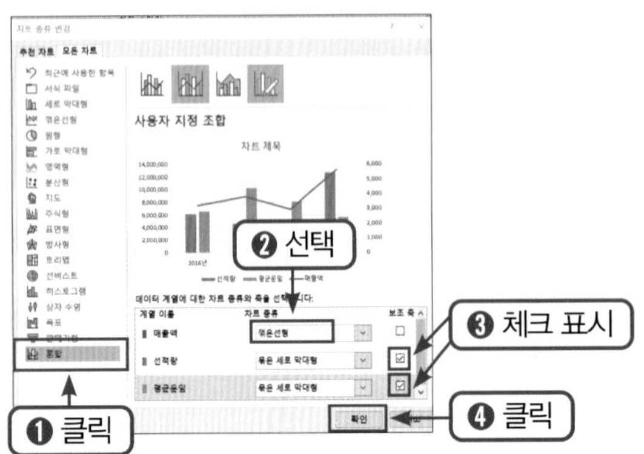

04 차트 제목을 선택한 후 **연도별 실적**으로 수정하여 입력합니다.

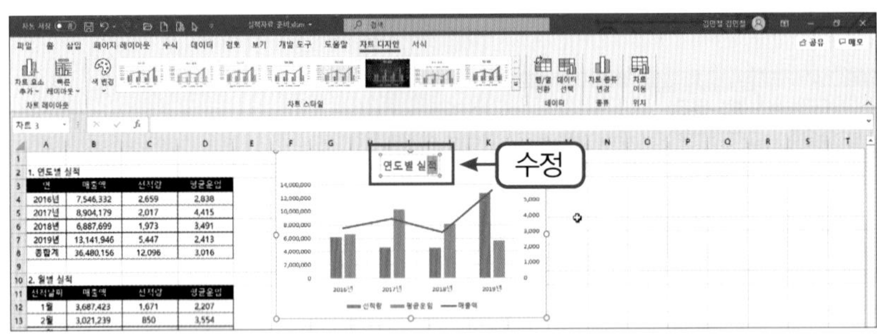

05 매출액에 대한 추세선을 만듭니다. ❶ 차트에서 매출액 데이터 영역을 선택합니다. ❷ [차트 디자인] 탭 → '차트 레이아웃' 그룹 → '차트 요소 추가' 명령 단추를 클릭하고 '추세선'을 클릭한 후 **선형**을 클릭합니다. 추세선이 나타납니다. 매출이 증가 추세임을 확인할 수 있습니다.

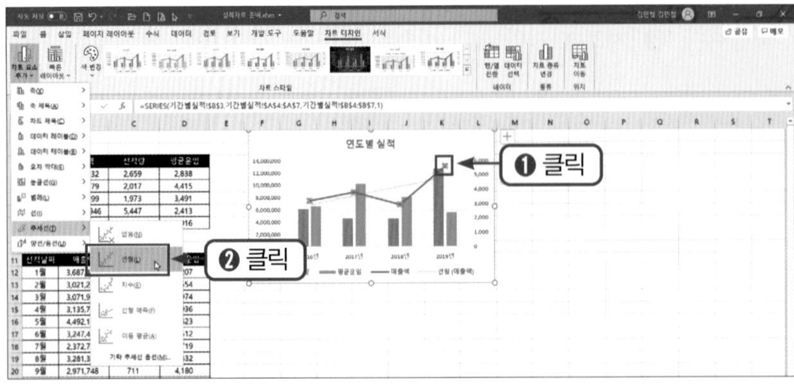

06 이번에는 월별 매출액에 대한 차트를 만들어 봅니다. ❶ A11:B23 영역을 선택합니다. ❷ [삽입] 탭 → '차트' 그룹 → '세로 또는 가로 막대형 차트 삽입' 명령 단추를 클릭합니다. ❸ '3차원 세로 막대형'에서 **3차원 묶은 세로 막대형**을 선택합니다.

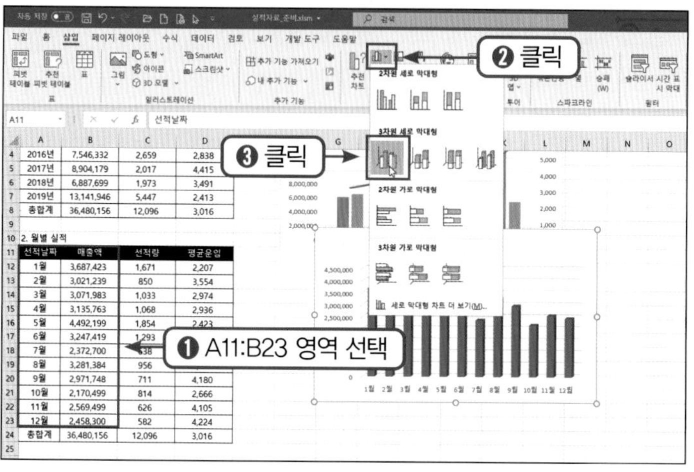

기간별 실적 보고서 만들기

01 엑셀로 보고서를 작성할 때 어려운 점이 행별로 열 너비를 조정하는 것이 불가능하다는 것입니다. 즉 A열 너비를 2.5로 지정하면 A열의 모든 열 너비가 2.5에 맞춰지게 되어 행마다 너비가 달라지는 보고서를 작성할 수 없게 됩니다. 이럴 때는 그림으로 붙여넣기 기능을 활용하여 양식에 맞는 보고서를 작성할 수 있습니다. 기간별 실적 자료를 '실적보고서' 시트에 나타나게 합니다. ❶ A3:D8 영역을 선택한 후 CTRL + C 키를 누릅니다.

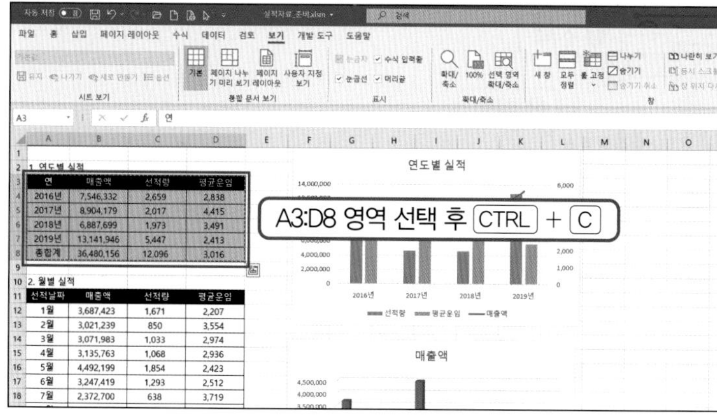

02 ❶ '실적보고서' 시트를 선택합니다. ❷ A3셀을 선택합니다. ❸ [홈] 탭 → '클립보드' 그룹 → '붙여넣기' 내림 단추를 클릭한 후 **연결된 그림 붙여넣기**를 클릭합니다.

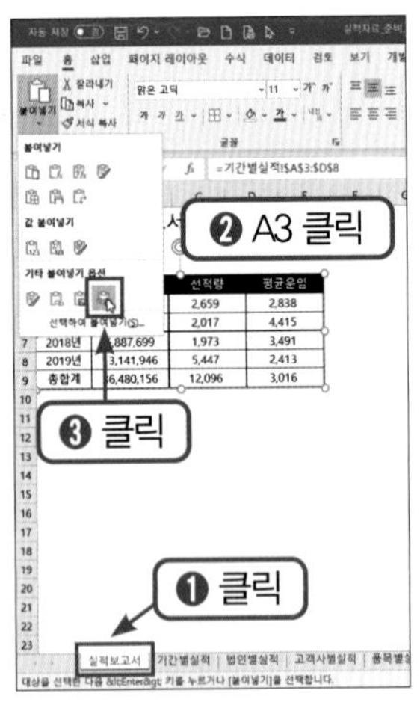

이렇게 연결된 그림 붙여넣기를 하면 향후 '기간별실적' 시트에서 데이터가 변경이 되면 '실적보고서' 시트의 데이터도 자동으로 변경이 됩니다.

03 이번에는 '기간별실적' 시트에 있는 차트를 '실적보고서' 시트로 이동합니다. ❶ '기간별실적' 시트에서 연도별 실적 차트를 선택합니다. ❷ [차트 디자인] 탭 → '위치' 그룹 → '차트 이동' 명령 단추를 클릭합니다. '차트 이동' 대화 상자가 나타나면 ❸ **워크시트에 삽입** 옵션을 선택한 후 '실적보고서' 시트를 선택합니다. ❹ [확인] 단추를 클릭합니다.

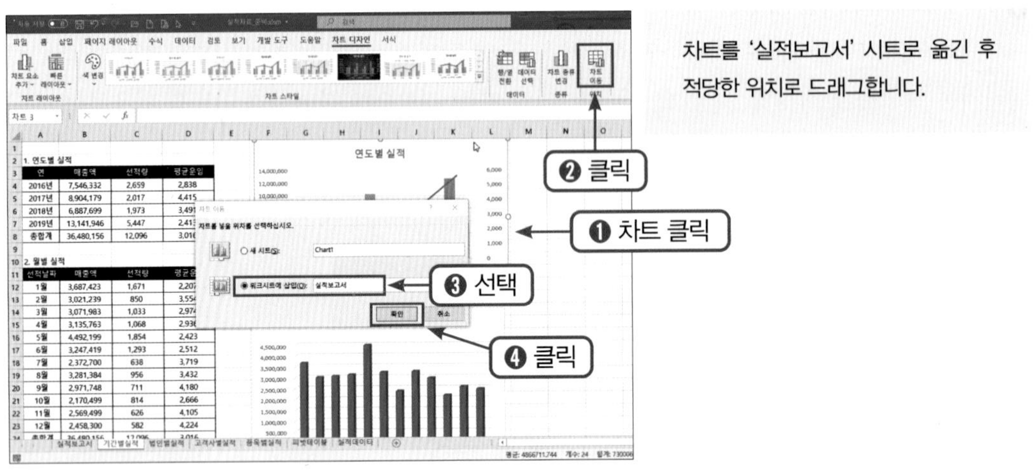

차트를 '실적보고서' 시트로 옮긴 후 적당한 위치로 드래그합니다.

04 이번에는 월별 실적 데이터를 '실적보고서' 시트로 이동합니다. ❶ '기간별실적' 시트를 선택합니다. ❷ A11:D24 영역을 선택한 후 CTRL + C 키를 누릅니다.

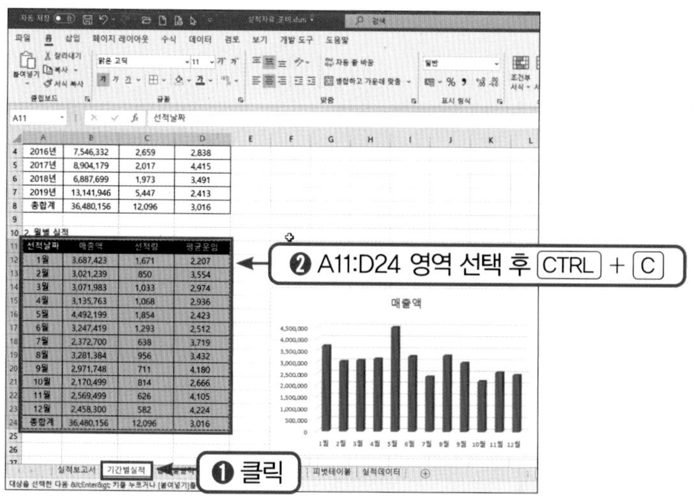

05 ❶ '실적보고서' 시트를 선택합니다. ❷ A23셀을 선택합니다. ❸ [홈] 탭 → '클립보드' 그룹 → '붙여넣기' 내림 단추를 클릭한 후 **연결된 그림 붙여넣기**를 클릭합니다.

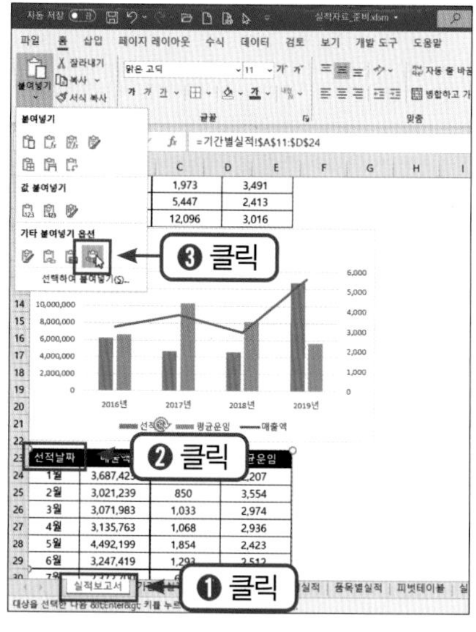

06 월별 차트도 '실적보고서' 시트로 이동합니다. ❶ '기간별실적' 시트에서 차트를 선택합니다. ❷ [차트 디자인] 탭 → '위치' 그룹 → '차트 이동' 명령 단추를 클릭합니다. '차트 이동' 대화 상자가 나타나면 ❸ **워크시트에 삽입** 옵션을 선택한 후 '실적보고서' 시트를 선택합니다. ❹ [확인] 단추를 클릭합니다.

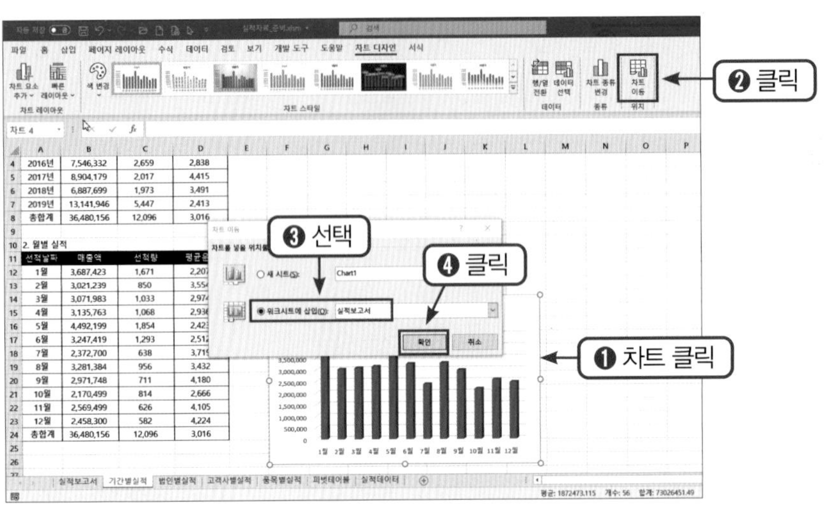

07 차트를 드래그하여 A37셀 아래로 옮기고 크기를 적당히 조정합니다.

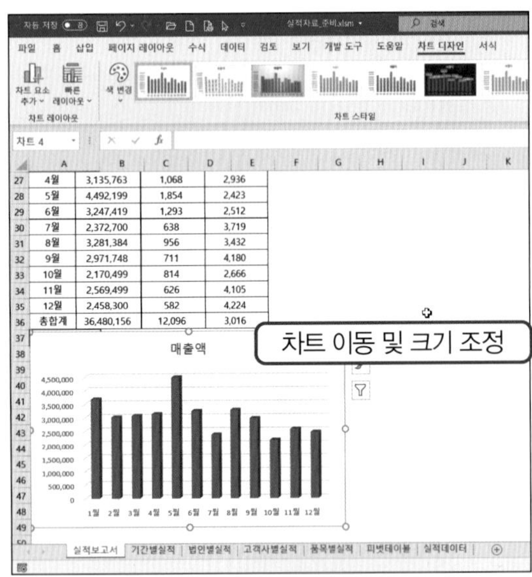

02 법인별 실적 구하기

글로벌 기업의 경우 해외 법인의 역할이 매우 중요합니다. 법인별 실적 분석 자료는 실적이 좋은 법인은 포상을 하고 실적이 좋지 않은 법인은 영업을 독려하는 기본 자료로 활용할 수 있습니다. 역시 피벗 테이블 기능을 활용하여 기본 자료를 추출한 다음, 함수를 활용하여 실적이 가장 좋은 법인과 낮은 법인이 나타나도록 법인별 실적 자료를 만들어 보겠습니다.

실습 내용

기본 원리: 피벗 테이블 기능을 활용하여 법인별 실적 자료를 추출합니다.

주요 기능: ❶ 피벗 테이블 ❷ INDEX, MATCH, LARGE 함수

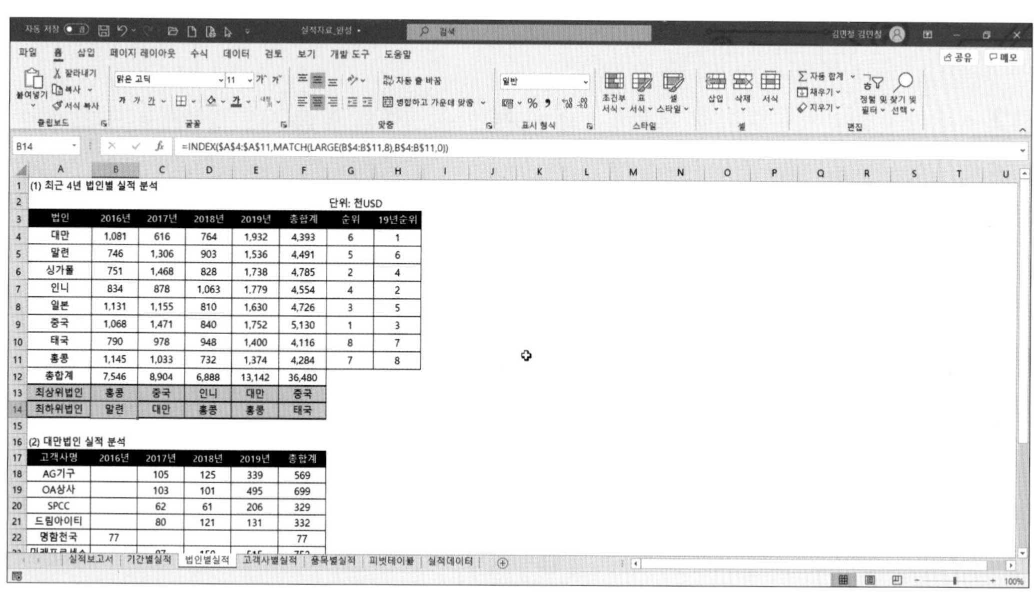

B14 =INDEX($A$4:$A$11,MATCH(LARGE(B$4:B$11,8),B$4:B$11,0))

(1) 최근 4년 법인별 실적 분석

단위: 천USD

법인	2016년	2017년	2018년	2019년	총합계	순위	19년순위
대만	1,081	616	764	1,932	4,393	6	1
말련	746	1,306	903	1,536	4,491	5	6
싱가폴	751	1,468	828	1,738	4,785	2	4
인니	834	878	1,063	1,779	4,554	4	2
일본	1,131	1,155	810	1,630	4,726	3	5
중국	1,068	1,471	840	1,752	5,130	1	3
태국	790	978	948	1,400	4,116	8	7
홍콩	1,145	1,033	732	1,374	4,284	7	8
총합계	7,546	8,904	6,888	13,142	36,480		
최상위법인	홍콩	중국	인니	대만	중국		
최하위법인	말련	대만	홍콩	홍콩	태국		

(2) 대만법인 실적 분석

고객사명	2016년	2017년	2018년	2019년	총합계
AG기구		105	125	339	569
OA상사		103	101	495	699
SPCC		62	61	206	329
드림아이티		80	121	131	332
명함천국	77				77

피벗 테이블에서 법인 실적 나타내기

01 ❶ '피벗테이블' 시트를 선택합니다. 피벗 테이블에 매출액 데이터만 남기고 나머지 필드는 제거합니다. ❷ '피벗 테이블 필드' 목록에서 **선적량**을 선택한 후 ❸ **필드 제거**를 눌러 **선적량** 데이터를 피벗 테이블에서 삭제합니다.

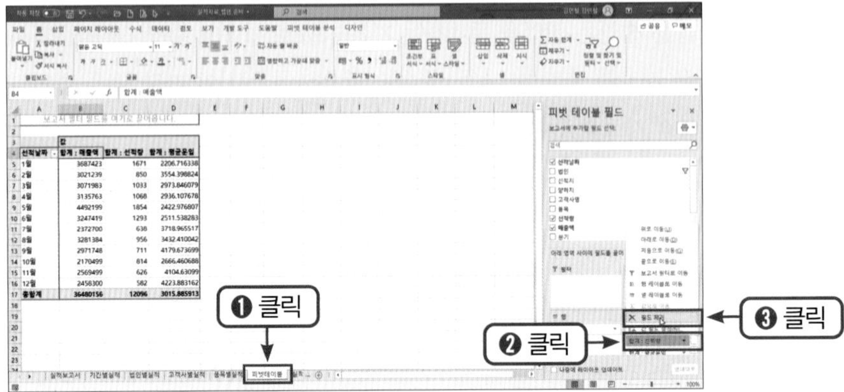

02 이번에는 '피벗 테이블 필드' 목록에서 ❶ **평균운임**을 선택한 후 ❷ 시트 방향으로 드래그하여 피벗 테이블에서 평균운임 데이터를 삭제합니다.

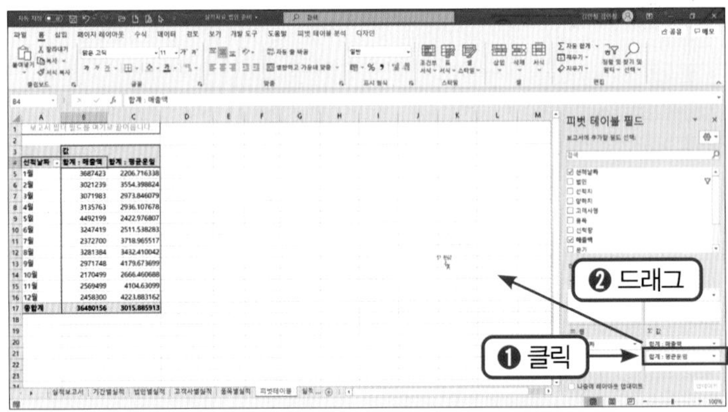

피벗 테이블에서 데이터를 삭제하는 방법에는 2가지 방법이 있습니다. '피벗 테이블 필드' 목록에서 항목을 클릭하고 **필드 제거**를 누르는 방법과 '피벗 테이블 필드' 목록에서 항목을 목록 바깥으로 드래그하는 방법입니다. 편리한 방법을 선택하여 데이터를 삭제하면 됩니다.

03 '피벗 테이블 필드' 목록에서 ❶ **선적날짜**를 클릭하고 ❷ **필드 제거**를 클릭합니다.

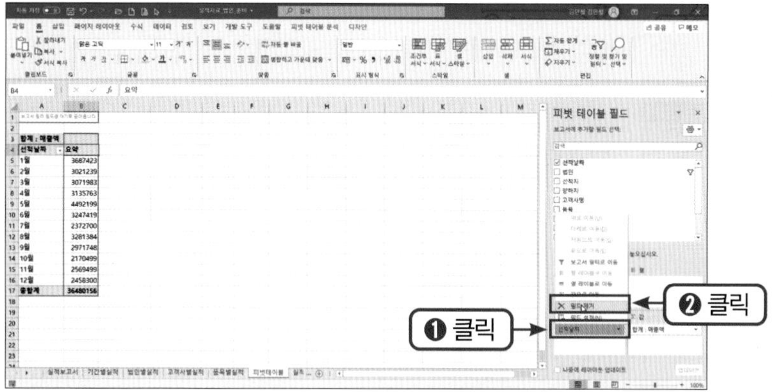

04 '피벗 테이블 필드' 목록에서 **연**을 클릭한 후 **열** 영역으로 드래그하여 피벗 테이블에서 열 영역에 연 항목이 나타나게 합니다.

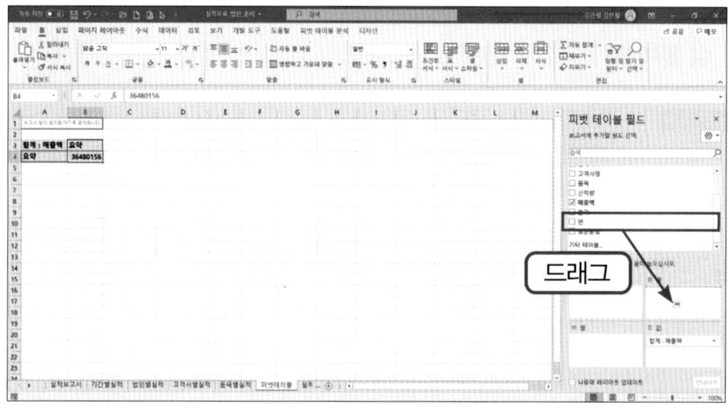

05 '피벗 테이블 필드' 목록에서 **법인**을 클릭하여 법인별 4년 매출 실적이 나타나게 합니다.

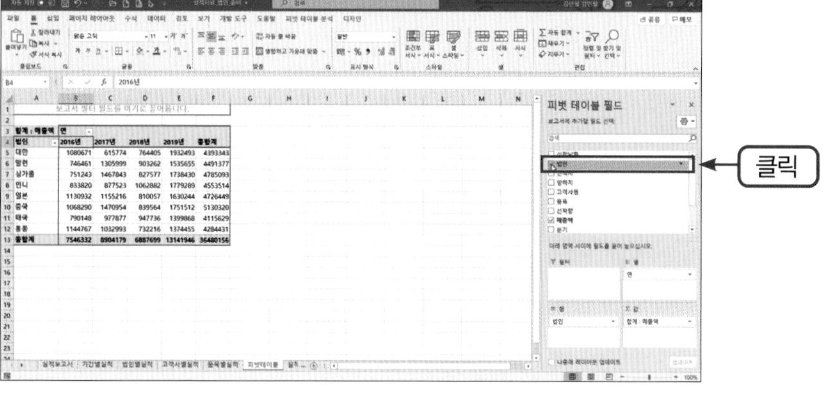

법인 실적 구하기

01 A4:F13 영역을 선택한 후 CTRL + C 키를 누릅니다.

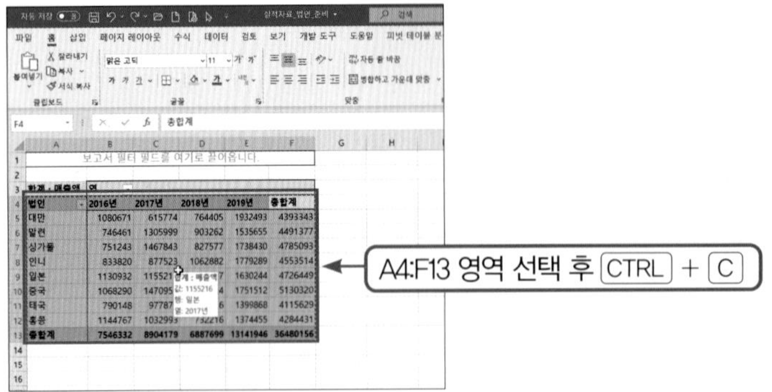

02 ❶ '법인별실적' 시트를 선택합니다. ❷ A3셀을 선택합니다. ❸ [홈] 탭 → '클립보드' 그룹 → '붙여넣기' 내림 단추를 클릭하여 **값 붙여넣기**를 선택합니다.

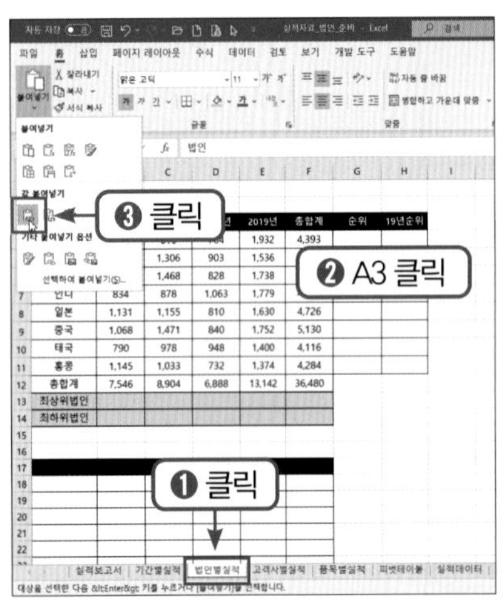

B4:F12 영역에 셀 표시 형식을 미리 사용자 지정으로 **#,##0,**으로 지정하여 천 단위 이하는 반올림하여 나타나도록 했습니다. 사용자 지정 표시 형식에 대해서는 부록1-2 '표시 형식 활용하기'(491P)를 참고하세요.

03 G열에 법인별 순위를 구합니다. ❶ G4셀을 선택합니다. ❷ [수식] 탭 → '함수 라이브러리' 그룹 → '함수 더 보기'를 누릅니다. ❸ '통계' 명령 단추를 클릭하여 **RANK.EQ**를 선택합니다.

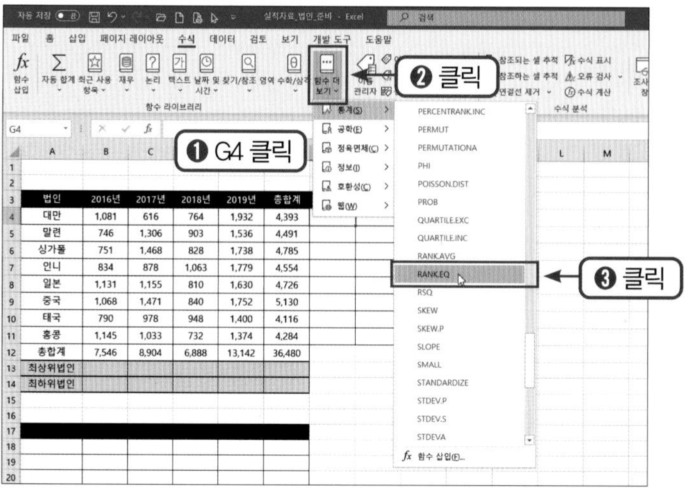

04 '함수 인수' 대화 상자가 나타나면 ❶ 'Number'에서 F4셀을 선택하여 입력합니다. ❷ 'Ref'에서 F4:F11 영역을 선택한 후 F4 키를 눌러 절대참조로 입력합니다. ❸ [확인] 단추를 클릭합니다.

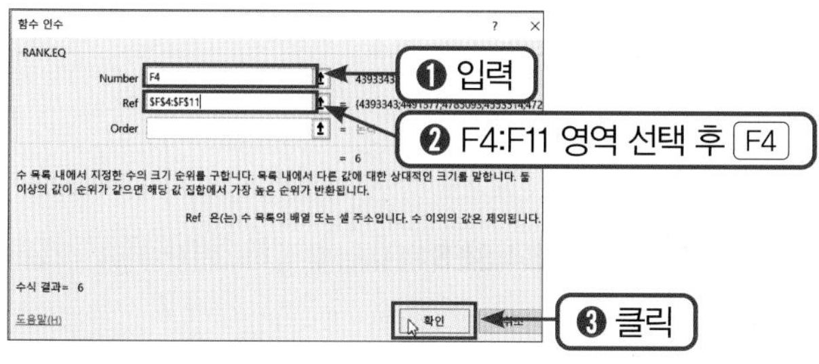

알아보기 RANK.EQ 함수

RANK.EQ(Number, Ref, Order) 함수는 수 목록 내에서 지정한 수의 크기 순위를 반환합니다. 해당 크기는 목록의 다른 값을 기준으로 합니다. 차수가 같은 값이 2개 이상일 경우 해당 값 집합의 상위 순위를 반환합니다. 목록을 정렬하면 수의 위치와 순위가 같아질 수 있습니다.

❶ Number: 순위를 구하려는 수입니다.

❷ Ref: 숫자 목록의 배열 또는 참조입니다. 숫자 이외의 값은 무시됩니다.

❸ Order: 순위 결정 방법을 지정하는 수입니다. 생략하거나 0을 입력하면 값이 높은 순으로 순위를 부여합니다. 0이 아니면 값이 낮은 순으로 순위를 부여합니다.

05 G4셀의 자동 채우기 핸들(**+**)을 G11셀까지 드래그하여 나머지 법인의 순위를 구합니다.

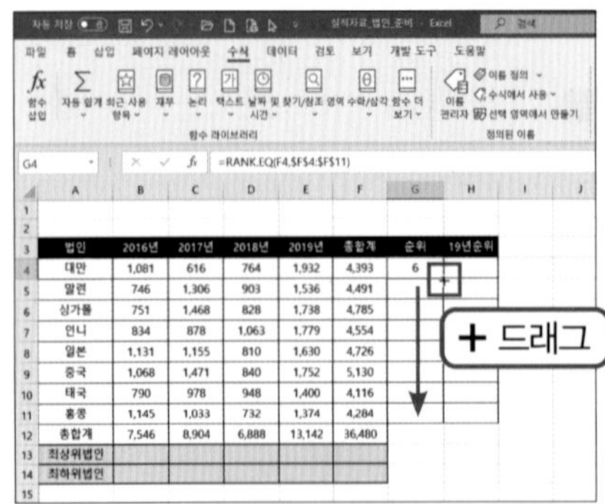

06 법인별 실적 순위 변화를 확인하기 위해 H열에 19년도 법인실적 순위를 구합니다. 먼저 G4셀의 자동 채우기 핸들(**+**)을 H4셀까지 드래그하여 수식을 복사합니다.

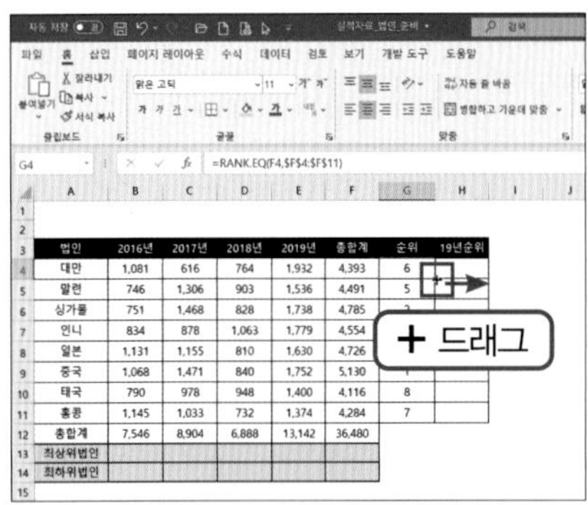

07 H4셀의 수식 입력줄에서 수식을 **=RANK.EQ(E4,$E$4:$E$11)**로 수정하고 ENTER 키를 누릅니다.

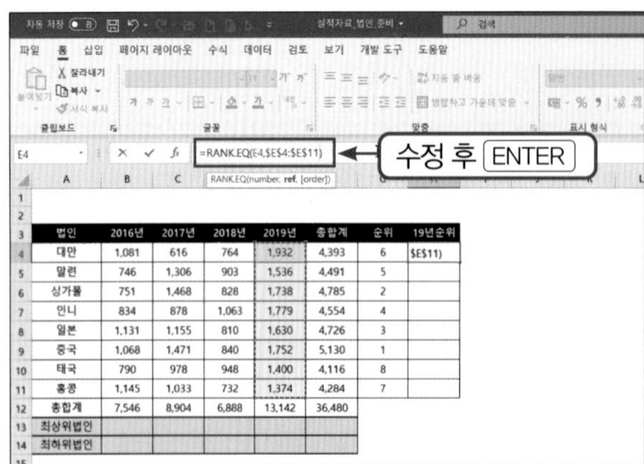

08 H4셀의 자동 채우기 핸들(**+**)을 H11셀까지 드래그하여 나머지 순위를 구합니다.

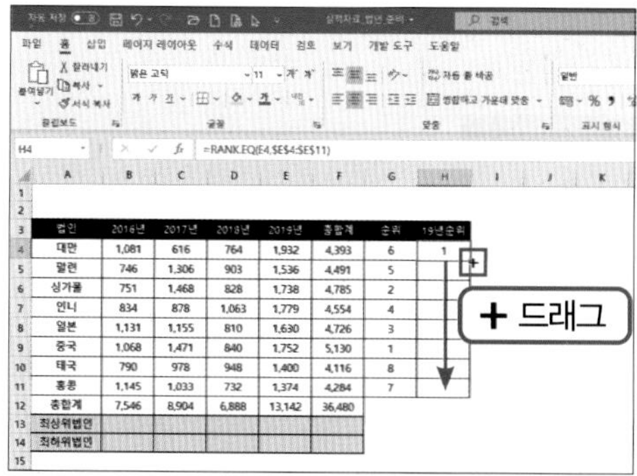

최상위 실적/최하위 실적 법인 구하기

01 연도별 최상위 실적 법인을 구합니다. ❶ B13셀을 선택합니다. ❷ [수식] 탭 → '함수 라이브러리' 그룹 → '찾기/참조 영역' 명령 단추를 클릭하여 **INDEX**를 선택합니다.

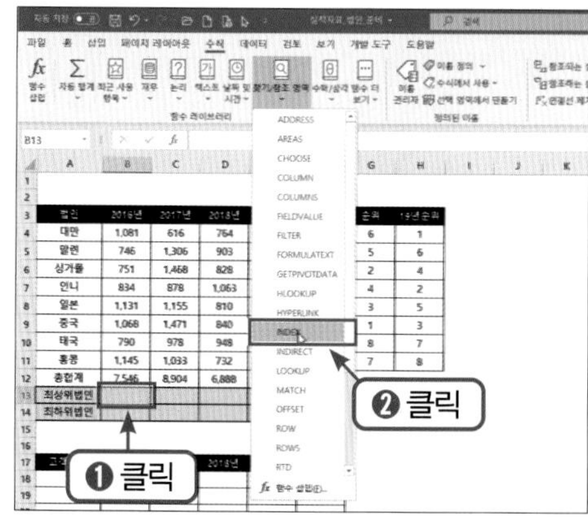

02 '인수 선택' 대화 상자가 나타나면 ❶ **array,row_num,column_num**을 선택한 후 ❷ [확인] 단추를 클릭합니다.

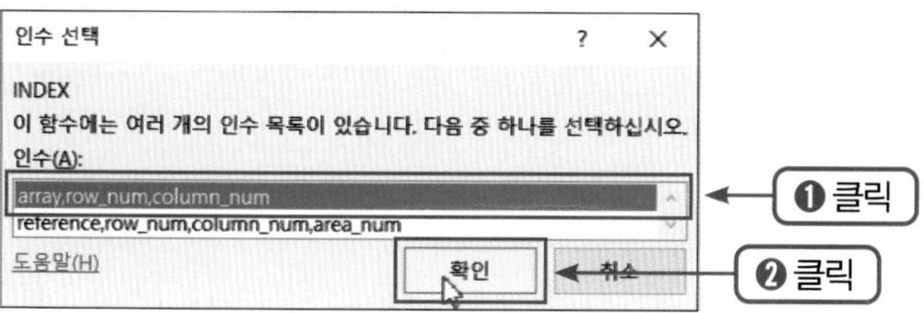

03 '함수 인수' 대화 상자가 나타나면 ❶ 'Array'에서 A4:A11 영역을 선택한 후 F4 키를 눌러 절대참조로 입력합니다. ❷ 'Row_num'을 선택한 후 ❸ '이름 상자' 내림 단추를 클릭하여 ❹ **MATCH**를 선택합니다.

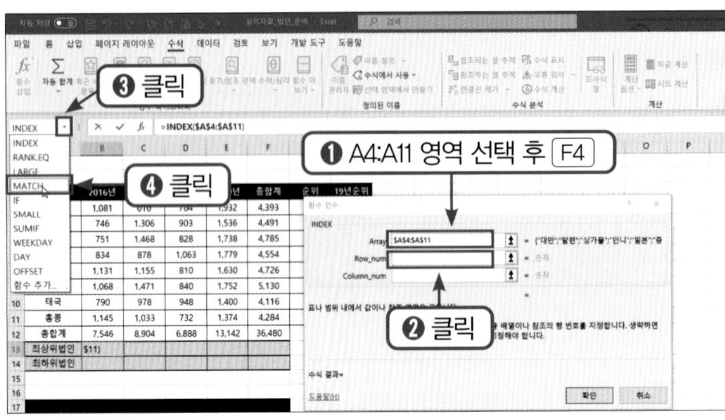

'이름 상자'에서 MATCH가 보이지 않으면 '함수 추가'를 클릭하여 '함수 마법사 대화 상자에서 '범주 선택'을 **찾기/참조 영역**으로 선택하고, 함수 선택에서 MATCH를 선택한 후 [확인] 단추를 클릭합니다.

04 '함수 인수' 대화 상자가 나타나면 ❶ 'Lookup_value'를 선택한 후 ❷ '이름 상자' 내림 단추를 선택하여 ❸ **함수 추가**를 클릭합니다.

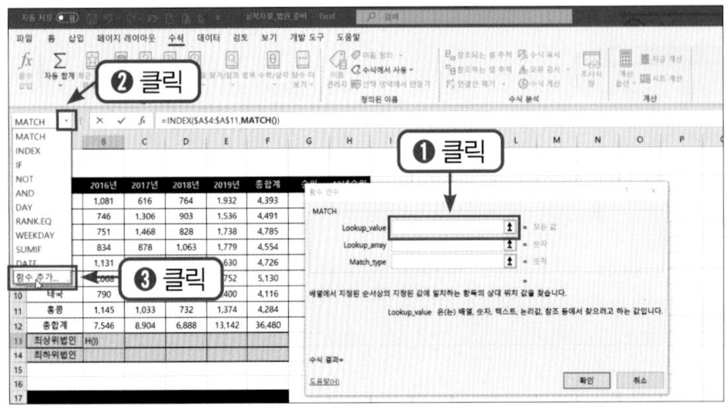

05 '함수 마법사' 대화 상자가 나타나면 ❶ '범주 선택'을 **통계**로 선택하고 ❷ 함수 선택에서 **LARGE**를 선택합니다. ❸ [확인] 단추를 클릭합니다.

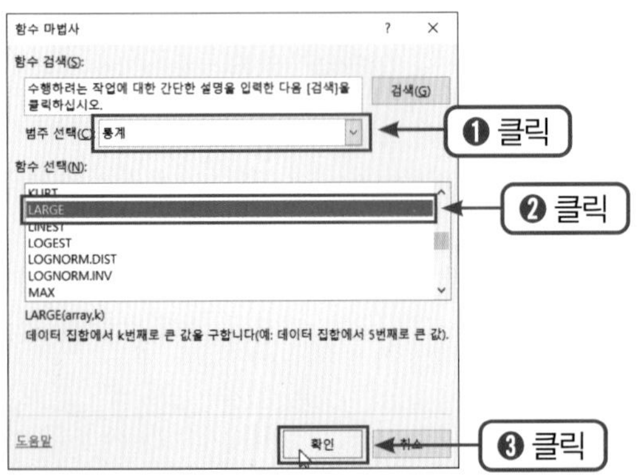

06 '함수 인수' 대화 상자가 나타나면 ❶ 'Array'에서 B4:B11 영역을 선택한 후 F4 키를 2번 눌러 행 주소만 절대참조로 입력합니다. ❷ 'K'에 **1**을 입력합니다. ❸ '수식 입력줄'에서 **MATCH**를 클릭합니다.

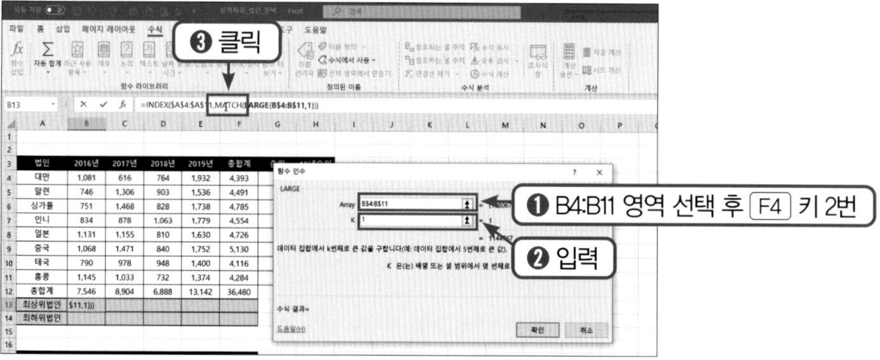

07 '함수 인수' 대화 상자가 나타나면 ❶ 'Lookup_array'에서 B4:B11 영역을 선택한 후 F4 키를 2번 눌러 행 주소만 절대참조로 입력합니다. ❷ 'Match_type'에 **0**을 입력한 후 ❸ [확인] 단추를 클릭합니다.

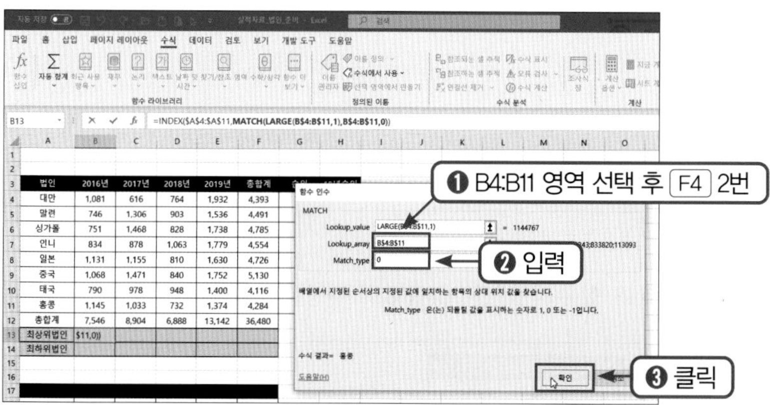

08 B13셀의 자동 채우기 핸들(**+**)을 F13셀까지 드래그하여 나머지 연도의 최상위 법인 실적도 구합니다.

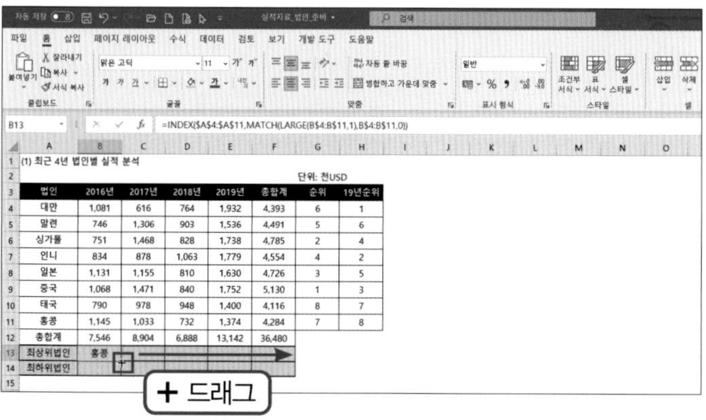

알아보기 수식 알아보기

=INDEX($A$4:$A$11,MATCH(LARGE(B$4:B$11,1),B$4:B$11,0))

❶ LARGE(B$4:B$11,1): B4:B11 영역에서 가장 큰 값을 구합니다. 결괏값은 **1,145**입니다.

❷ MATCH(1145,B$4:B$11,0): B4:B11 영역에서 1,145가 있는 위치값을 반환합니다. 결괏값은 **8**입니다.

❸ INDEX($A$4:$A$11,8): A4:A11 영역에서 8번째 위치에 있는 값을 반환합니다. 결괏값은 **홍콩**입니다.

09 B13셀의 자동 채우기 핸들(**+**)을 B14셀까지 드래그하여 수식을 복사합니다.

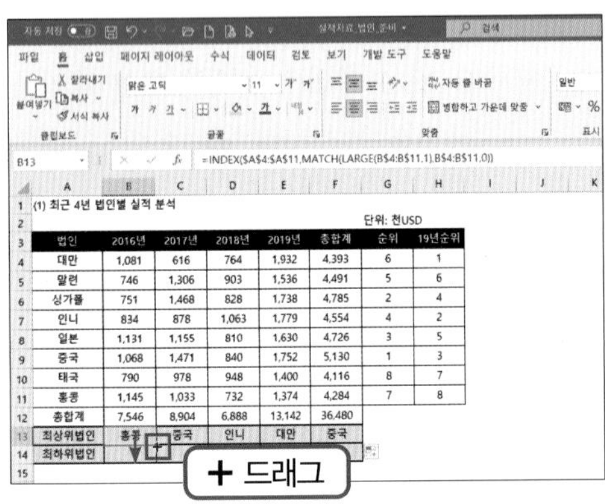

10 B14셀의 수식 입력줄에서 LARGE 함수의 K 인수값을 **8**로 수정한 후 ENTER 키를 누릅니다.

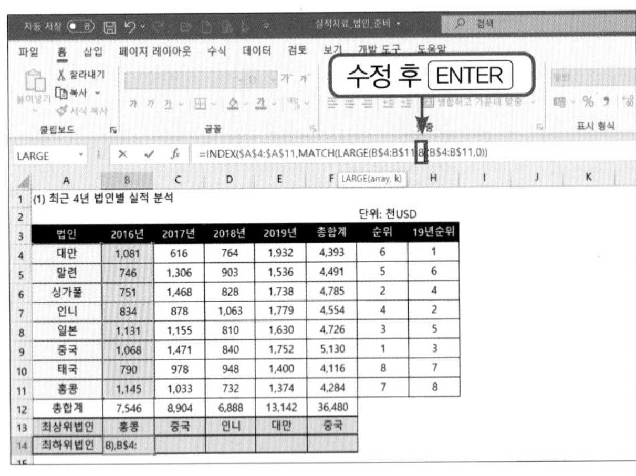

여기서 LARGE 함수의 K번째 인수값을 8로 하는 이유는 법인 수가 8개이므로 실적이 가장 저조한 법인의 순위가 8이기 때문입니다.

11 B14셀의 자동 채우기 핸들(**+**)을 F14셀까지 드래그하여 나머지 연도의 최하위 실적 법인을 구합니다.

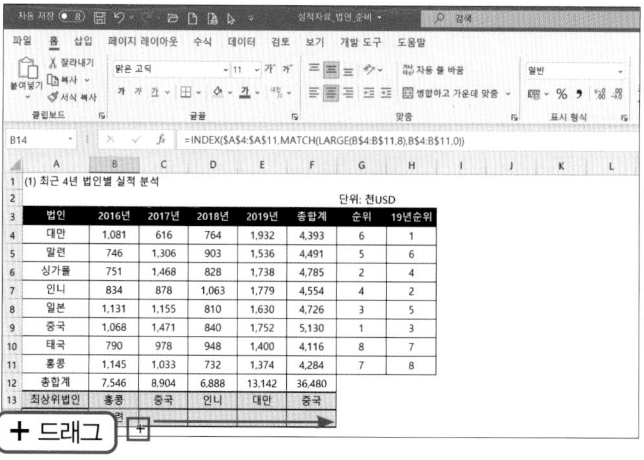

(1) 최근 4년 법인별 실적 분석

단위: 천USD

법인	2016년	2017년	2018년	2019년	총합계	순위	19년순위
대만	1,081	616	764	1,932	4,393	6	1
말련	746	1,306	903	1,536	4,491	5	6
싱가폴	751	1,468	828	1,738	4,785	2	4
인니	834	878	1,063	1,779	4,554	4	2
일본	1,131	1,155	810	1,630	4,726	3	5
중국	1,068	1,471	840	1,752	5,130	1	3
태국	790	978	948	1,400	4,116	8	7
홍콩	1,145	1,033	732	1,374	4,284	7	8
총합계	7,546	8,904	6,888	13,142	36,480		
최상위법인	홍콩	중국	인니	대만	중국		

법인 실적 분석 보고서 만들기

01 법인별 실적을 분석해 보니 대만 법인이 4년 종합 실적 순위는 6위인데 19년 실적은 1위로 변화가 가장 심하다는 것을 확인할 수 있었습니다. 여기서 대만 법인이 이렇게 순위가 변하게 된 원인을 분석해 볼 필요가 있습니다. 그래서 이번에는 대만 법인의 실적을 분석해 보겠습니다. ❶ '피벗 테이블' 시트를 선택합니다. ❷ '피벗 테이블 필드' 목록 행 영역에 있는 **법인**을 드래그하여 '필터' 영역으로 이동합니다.

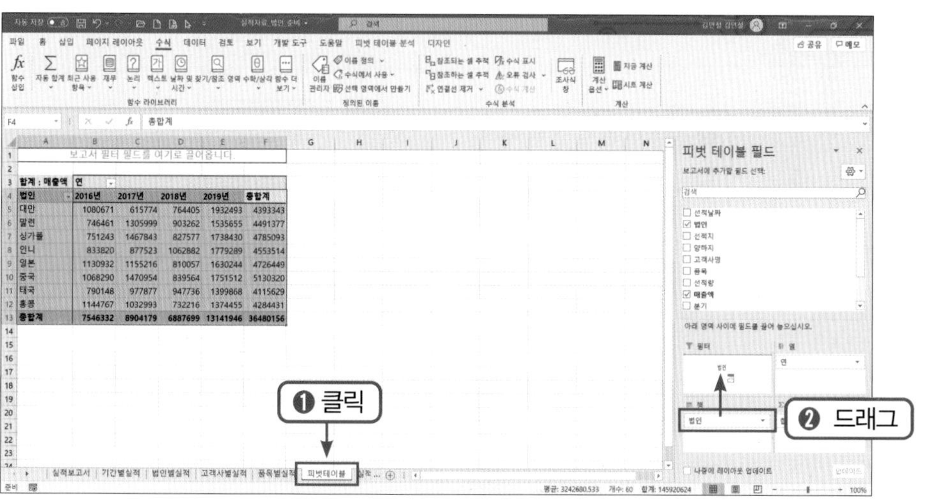

02 피벗 테이블의 보고서 영역에서 ❶ **(모두)**를 클릭합니다. ❷ '여러 항목 선택'을 체크 표시합니다. ❸ **모두**를 클릭하여 체크 표시를 모두 해제한 다음 ❹ **대만**을 체크 표시합니다. ❺ [확인] 단추를 클릭합니다.

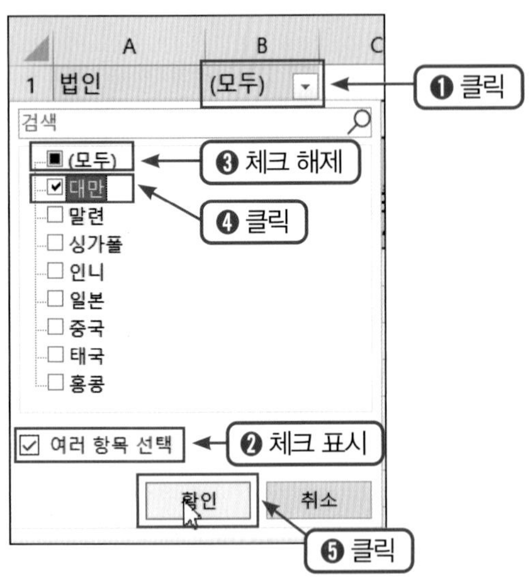

03 '피벗 테이블 필드' 목록에서 ❶ **고객사명**을 체크 표시하여 대만 법인의 고객사별 실적을 구합니다. ❷ A4:F19 영역을 선택한 후 CTRL + C 키를 누릅니다.

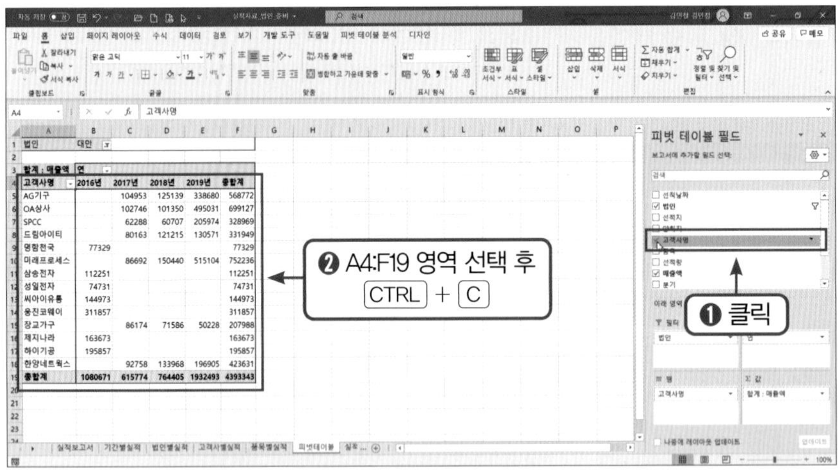

04 ❶ '법인별실적' 시트를 클릭합니다. ❷ A17셀을 선택합니다. ❸ [홈] 탭 → '클립보드' 그룹 → '붙여넣기' 내림 단추를 클릭하여 **값 붙여넣기**를 선택합니다.

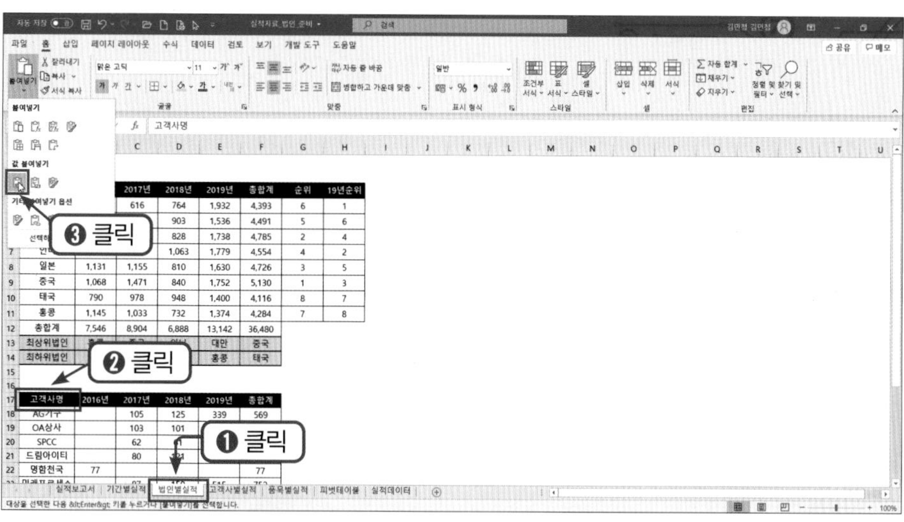

05 ❶ A1셀에 **(1) 최근 4년 법인별 실적 분석**이라고 입력하고, G2셀에는 **단위: 천USD**, A16셀에는 **(2) 대만법인 실적 분석**이라고 입력합니다. ❷ A1:H32 영역을 선택한 후 CTRL + C 키를 누릅니다.

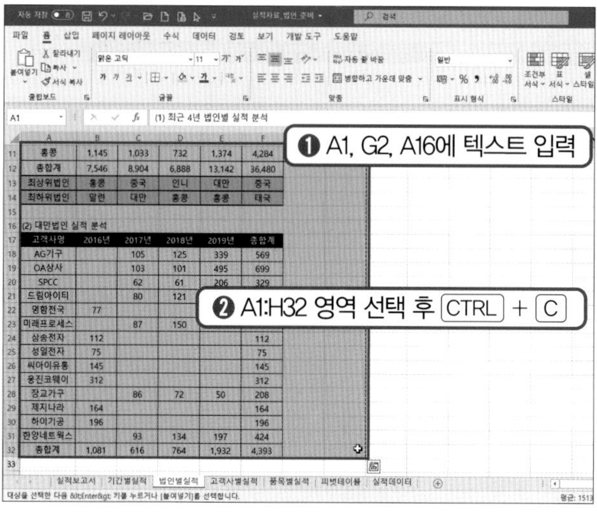

일반적으로 실적 분석 보고서를 작성할 때 기간별 분석은 거의 변화가 없지만 다른 기준에 의한 내용은 상황에 따라 달라질 수 있습니다. 그렇기 때문에 법인별 실적 분석의 경우 보고서 제목을 미리 입력하지 않았습니다. 대신 데이터를 추출한 후 보고서 시트로 이동하기 전에 A1, A16셀에 제목을 각각 입력하였습니다.

06 ❶ '실적보고서' 시트를 클릭합니다. ❷ A53셀을 선택하고 ❸ [홈] 탭 → '클립보드' 그룹 → '붙여넣기' 내림 단추를 클릭한 후 **연결된 그림 붙여넣기** 명령 단추를 클릭합니다.

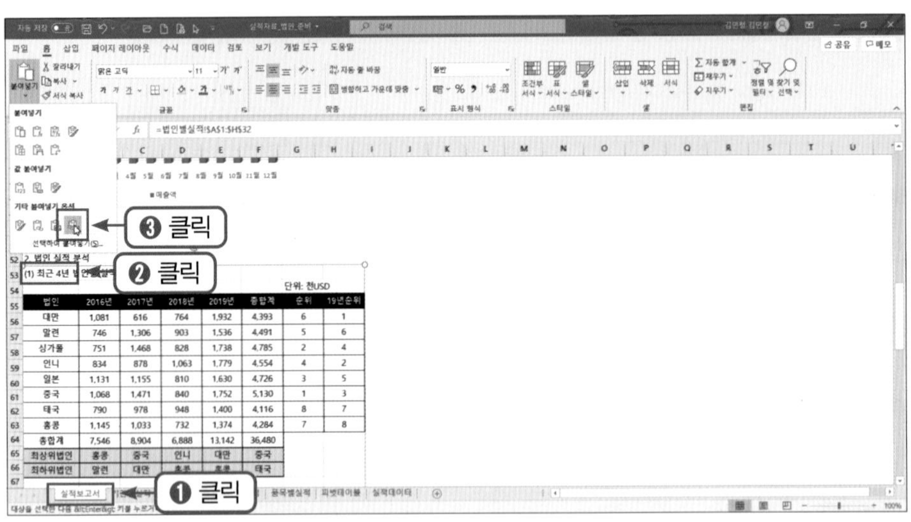

07 보고서에 눈금이 나타나 있습니다. 눈금이 나타나지 않도록 해 보겠습니다. ❶ '법인별실적' 시트를 선택합니다. ❷ 영역이 선택된 상태에서 [보기] 탭 → '표시' 그룹 → '눈금선'을 클릭하여 체크 표시를 해제합니다.

준비 파일 실적자료_고객사_준비.xlsx

03 고객사별 실적 분석 자료 만들기

어떤 고객사가 우리 회사 실적에 어느 정도 기여를 하고 있는지를 파악하는 것 역시 실적 분석 업무의 기본이 됩니다. 실적 분석 결과에 따라 기여도가 높은 고객사는 특별한 관리를 해야 할 것이고 기여도가 낮은 고객사는 원인을 분석하여 기여도를 높이도록 영업을 독려해야 할 것입니다. 피벗 테이블 기능을 활용하여 기본 자료를 추출한 다음 고객사별 실적 분석 자료를 만들어 보겠습니다.

실습 내용

기본 원리: 고객사별 실적 자료를 추출합니다.

주요 기능: 피벗 테이블

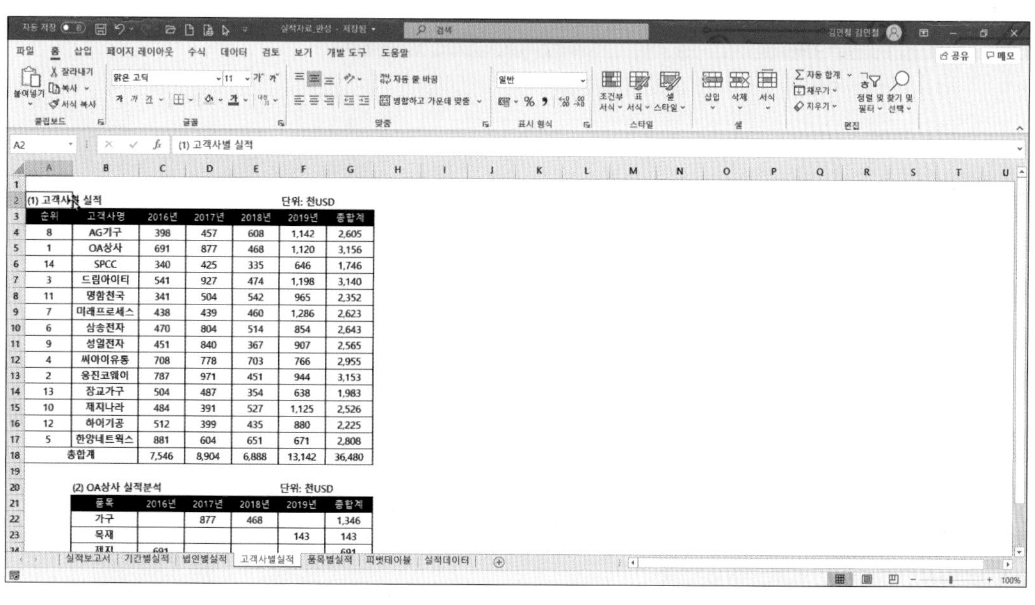

(1) 고객사별 실적　　단위: 천USD

순위	고객사명	2016년	2017년	2018년	2019년	종합계
8	AG기구	398	457	608	1,142	2,605
1	OA상사	691	877	468	1,120	3,156
14	SPCC	340	425	335	646	1,746
3	드림아이티	541	927	474	1,198	3,140
11	명함천국	341	504	542	965	2,352
7	미래프로세스	438	439	460	1,286	2,623
6	삼송전자	470	804	514	854	2,643
9	성열전자	451	840	367	907	2,565
4	씨아이유통	708	778	703	766	2,955
2	웅진코웨이	787	971	451	944	3,153
13	장교가구	504	487	354	638	1,983
10	제지나라	484	391	527	1,125	2,526
12	하이기공	512	399	435	880	2,225
5	한양네트웍스	881	604	651	671	2,808
총합계		7,546	8,904	6,888	13,142	36,480

(2) OA상사 실적분석　　단위: 천USD

품목	2016년	2017년	2018년	2019년	종합계
가구		877	468		1,346
목재				143	143
제지	691				691

피벗 테이블에서 고객사별 실적 나타내기

01 ❶ '피벗테이블' 시트를 선택합니다. ❷ '피벗 테이블 필드' 목록에서 **법인**을 클릭한 후 ❸ **필드 제거**를 선택합니다.

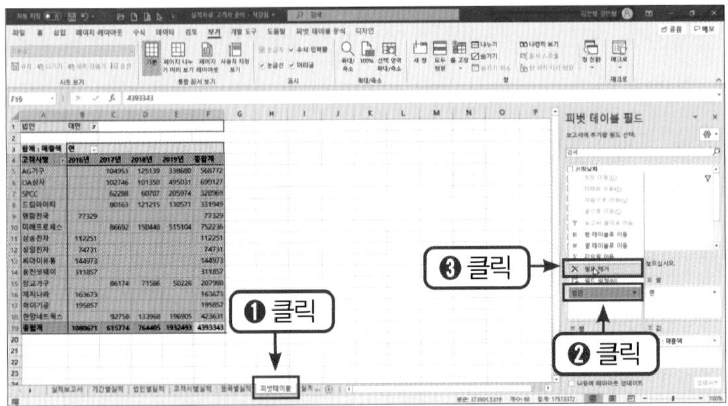

02 A4:F19 영역을 선택한 후 CTRL + C 키를 누릅니다.

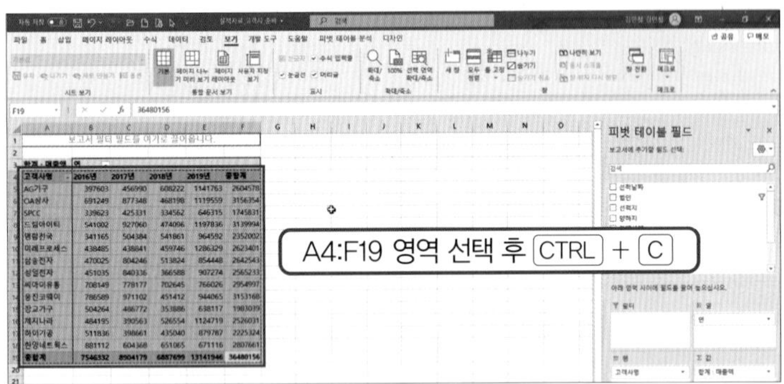

03 ❶ '고객사별실적' 시트를 선택합니다. ❷ B3셀을 선택합니다. ❸ [홈] 탭 → '클립보드' 그룹 → '붙여넣기' 내림 단추를 클릭하여 **값 붙여넣기**를 선택합니다.

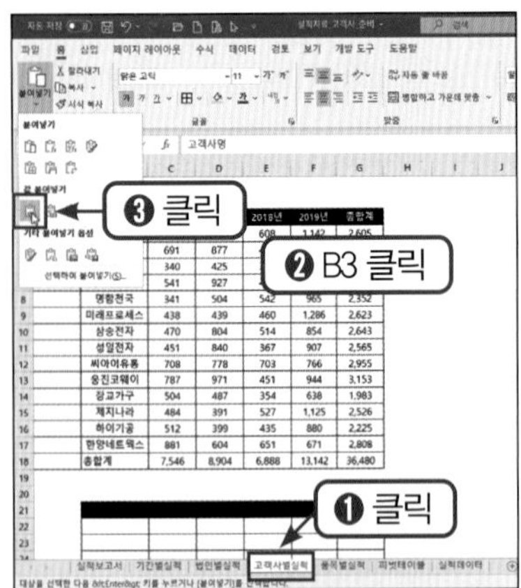

04 A열에 고객사별 순위를 구합니다. ❶ A4셀을 선택합니다. ❷ [수식] 탭 → '함수 라이브러리' 그룹 → '함수 더 보기'를 누릅니다. ❸ '통계' 명령 단추를 클릭한 후 **RANK.EQ**를 클릭합니다.

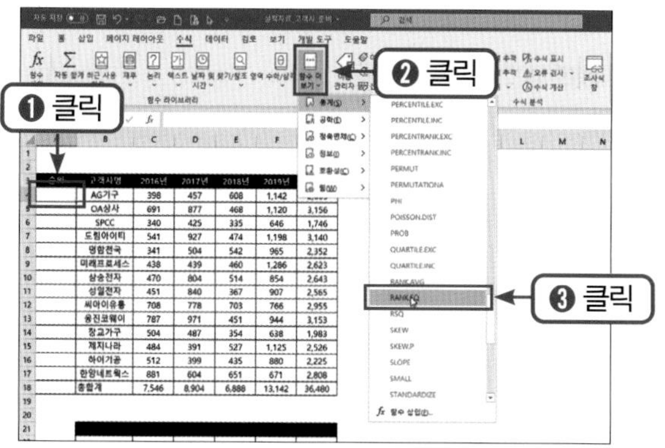

05 '함수 인수' 대화 상자가 나타나면 ❶ 'Number'에서 G4셀을 선택하여 입력합니다. ❷ 'Ref'에서 G4:G17 영역을 선택한 후 F4 키를 눌러 절대참조로 지정합니다. ❸ [확인] 단추를 클릭합니다.

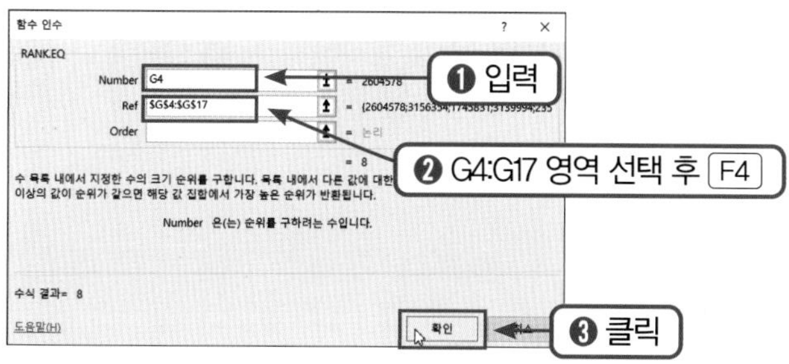

06 A4셀의 자동 채우기 핸들(**+**)을 A17셀까지 드래그하여 나머지 고객사의 순위도 구합니다.

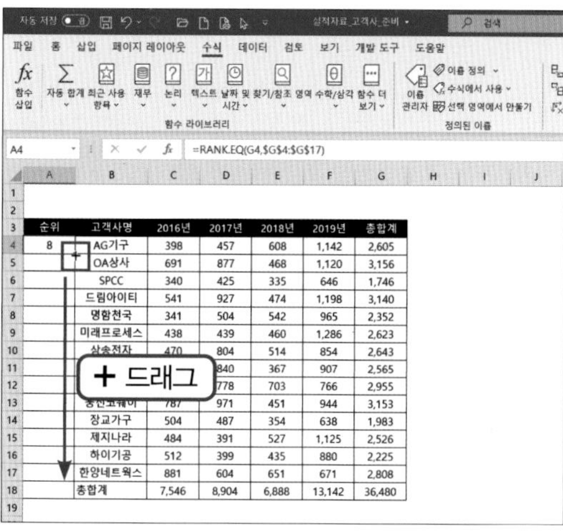

07 고객사별 실적을 분석해 보니 OA상사가 매출이 가장 많은 고객으로 확인되었습니다. 이번에는 OA상사의 실적에 대해 분석해 보겠습니다. ❶ '피벗테이블' 시트를 클릭합니다. ❷ '피벗 테이블 필드' 목록에서 행 영역에 있는 **고객사명**을 드래그하여 필터 영역으로 이동합니다.

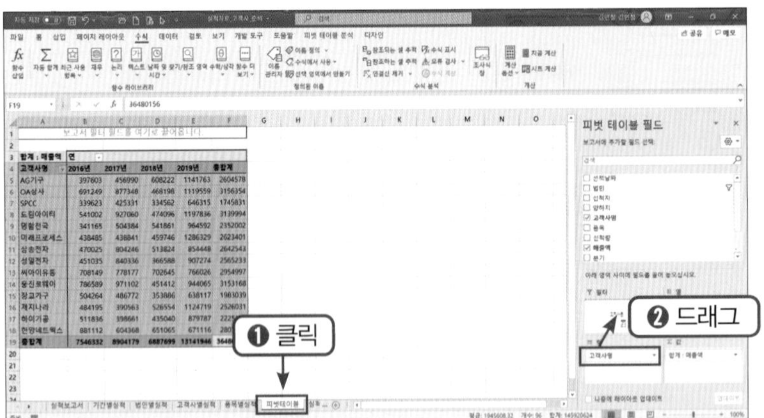

08 피벗 테이블의 보고서 영역에서 ❶ **(모두)**를 클릭합니다. ❷ **여러 항목 선택**을 체크 표시합니다. ❸ **모두**를 클릭하여 체크 표시를 모두 해제한 다음 ❹ **OA상사**를 체크 표시합니다. ❺ [확인] 단추를 클릭합니다.

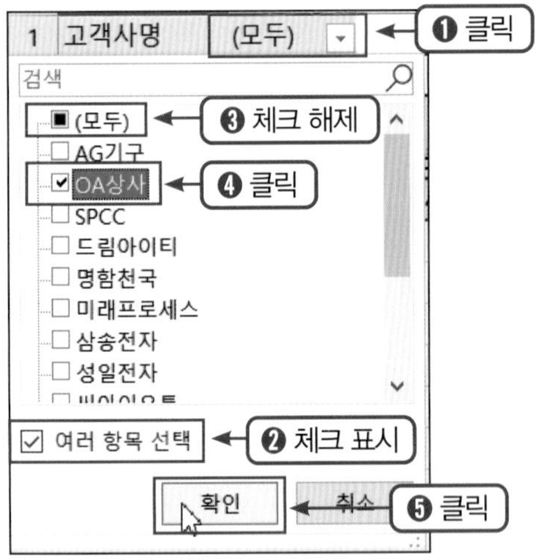

09 '피벗 테이블 필드' 목록에서 **품목**을 클릭하여 체크 표시를 합니다.

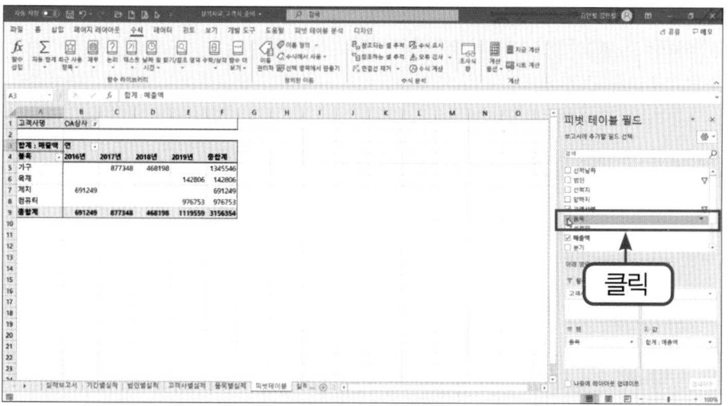

고객사별 실적 분석 보고서 만들기

01 A4:F9 영역을 선택한 후 CTRL + C 키를 누릅니다.

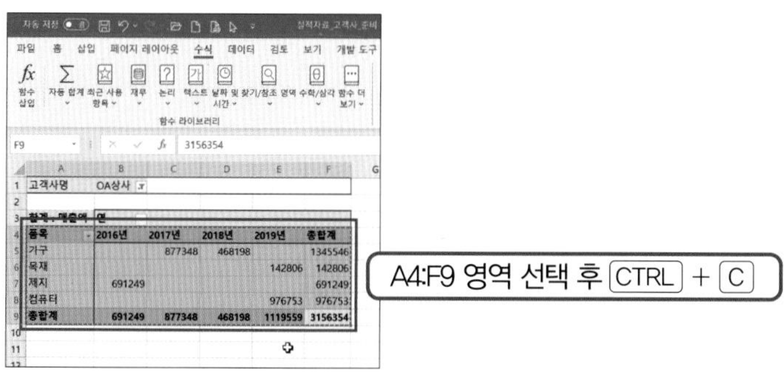

02 ❶ '고객사별실적' 시트를 선택합니다. ❷ B21셀을 선택한 후 ❸ [홈] 탭 → '클립보드' 그룹 → '붙여넣기' 내림 단추를 클릭하여 **값 붙여넣기** 명령 단추를 클릭합니다.

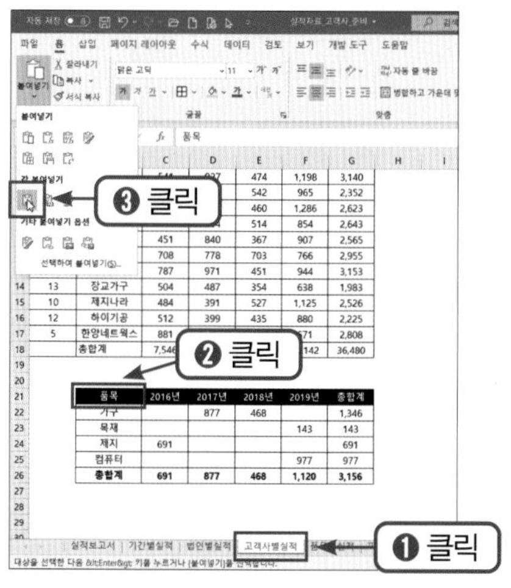

03 분석한 내용에 대해 제목을 입력합니다. ❶ A2셀에 **(1) 고객사별 실적**이라고 입력하고 F2셀에는 **단위: 천USD**, B20셀에는 **(2) OA상사 실적분석**, 마지막으로 F20셀에는 **단위: 천USD**라고 입력합니다. ❷ A18:B18 영역을 선택한 후 ❸ [홈] 탭 → '맞춤' 그룹 → '병합하고 가운데 맞춤' 명령 단추를 클릭합니다.

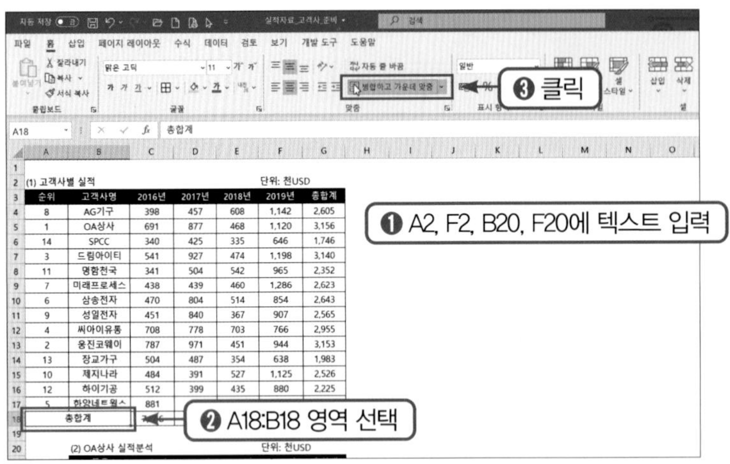

04 A2:G18 영역을 선택한 후 CTRL + C 키를 누릅니다.

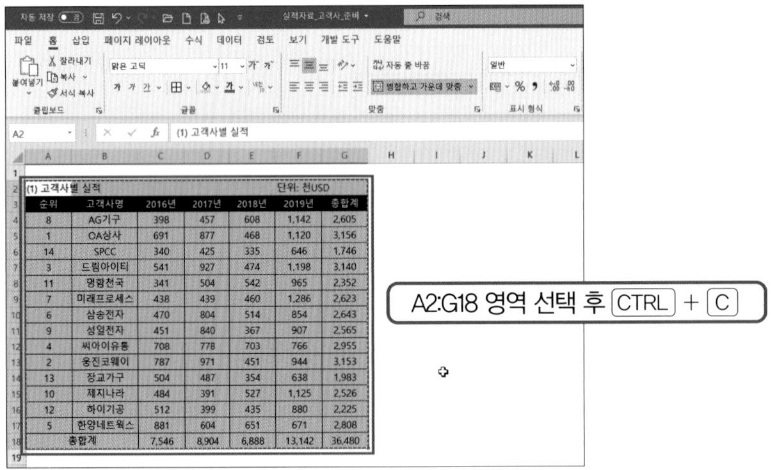

05 ❶ '실적보고서' 시트를 선택합니다. ❷ A87셀을 선택한 후 ❸ [홈] 탭 → '클립보드' 그룹 → '붙여넣기' 내림 단추를 클릭한 후 **연결된 그림 붙여넣기** 명령 단추를 클릭합니다.

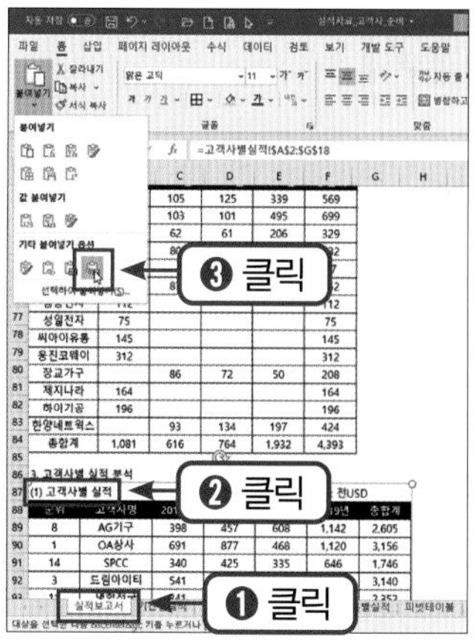

06 ❶ '고객사별실적' 시트를 클릭합니다. ❷ B20:G26 영역을 선택한 후 CTRL + C 키를 누릅니다.

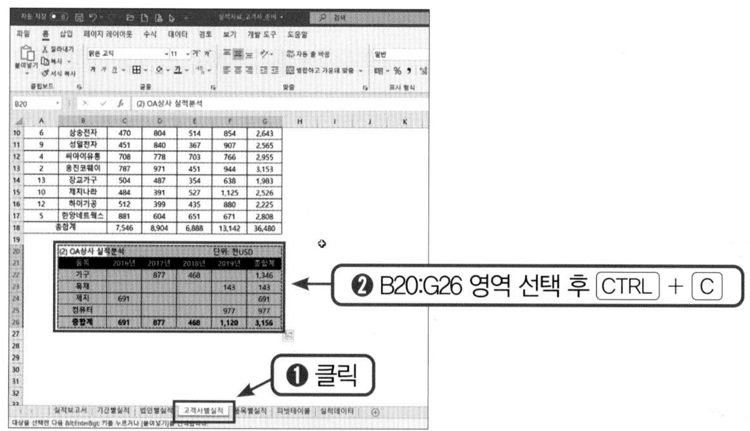

07 ❶ '실적보고서' 시트를 선택합니다. ❷ A105셀을 선택한 후 ❸ [홈] 탭 → '클립보드' 그룹 → '붙여넣기' 내림 단추를 클릭한 후 **연결된 그림 붙여넣기** 명령 단추를 클릭합니다.

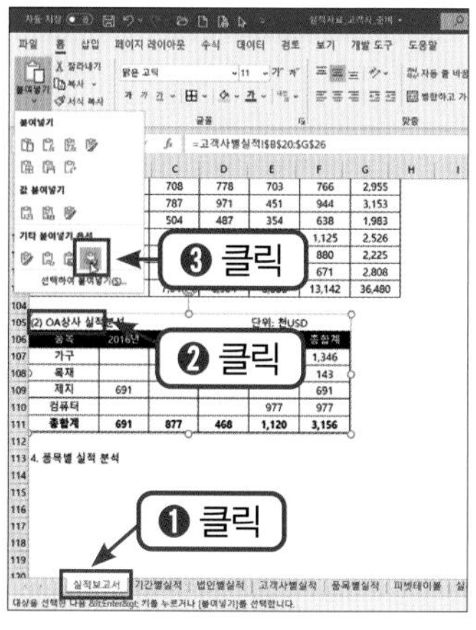

04 품목별 실적 분석 자료 만들기

우리 회사에서 어떤 품목을 많이 취급하는지 분석하는 것도 실적 분석의 기초가 됩니다. 연도별로 어떤 품목이 수출되었는지를 확인하고 특정 품목의 실적이 어떻게 변하였는지 분석하여 영업에 활용하면 많은 도움이 됩니다. 이번에는 피벗 테이블 기능을 활용하여 기본 자료를 추출한 다음 품목별 실적 분석 자료를 만들어 보겠습니다.

실습 내용

기본 원리: 품목별 실적을 추출합니다.

주요 기능: 피벗 테이블

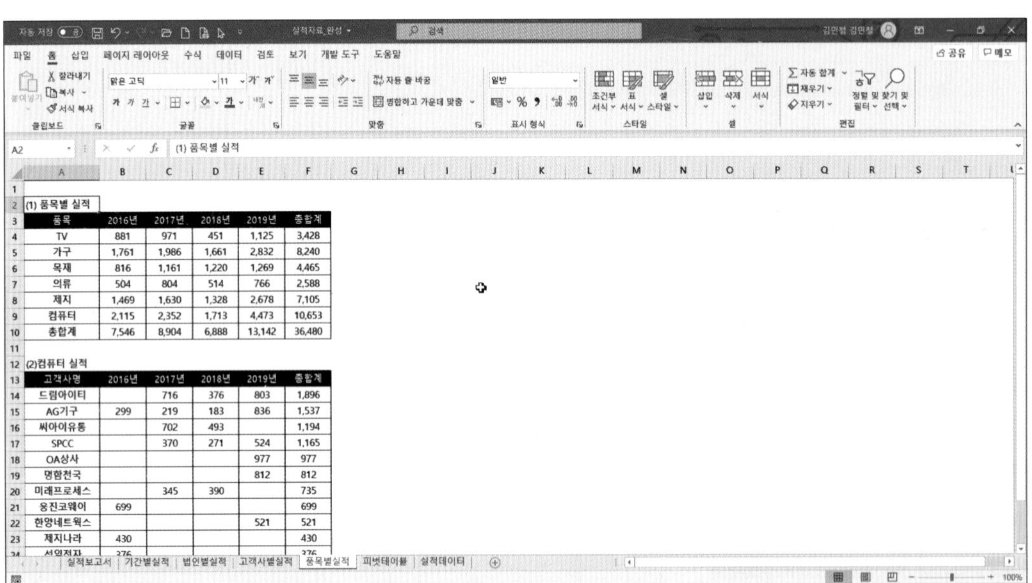

(1) 품목별 실적

품목	2016년	2017년	2018년	2019년	총합계
TV	881	971	451	1,125	3,428
가구	1,761	1,986	1,661	2,832	8,240
목재	816	1,161	1,220	1,269	4,465
의류	504	804	514	766	2,588
제지	1,469	1,630	1,328	2,678	7,105
컴퓨터	2,115	2,352	1,713	4,473	10,653
총합계	7,546	8,904	6,888	13,142	36,480

(2)컴퓨터 실적

고객사명	2016년	2017년	2018년	2019년	총합계
드림아이티		716	376	803	1,896
AG기구	299	219	183	836	1,537
씨아이유통		702	493		1,194
SPCC		370	271	524	1,165
OA상사				977	977
명함천국				812	812
미래프로세스		345	390		735
웅진코웨이	699				699
한양네트웍스				521	521
제지나라	430				430

피벗 테이블에서 품목별 실적 나타내기

01 이번에는 품목별 실적을 분석해 보겠습니다. ❶ '피벗테이블' 시트를 선택합니다. ❷ '피벗 테이블 필드' 목록에서 '필터' 영역에 있는 **고객사명**을 클릭하여 ❸ **필드 제거**를 클릭합니다.

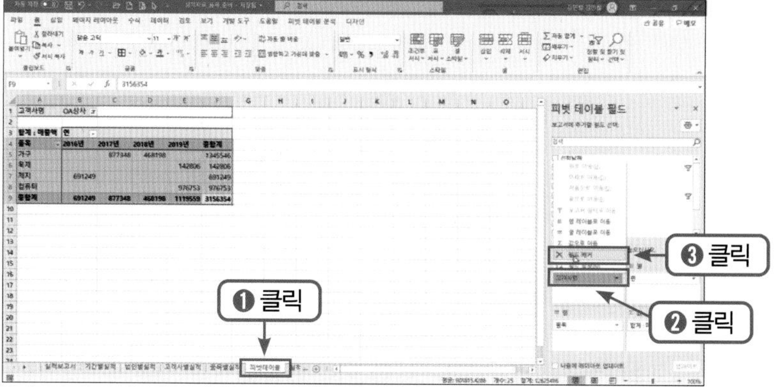

02 피벗 테이블에 품목별 실적이 나타납니다. A4:F11 영역을 선택한 후 CTRL + C 키를 누릅니다.

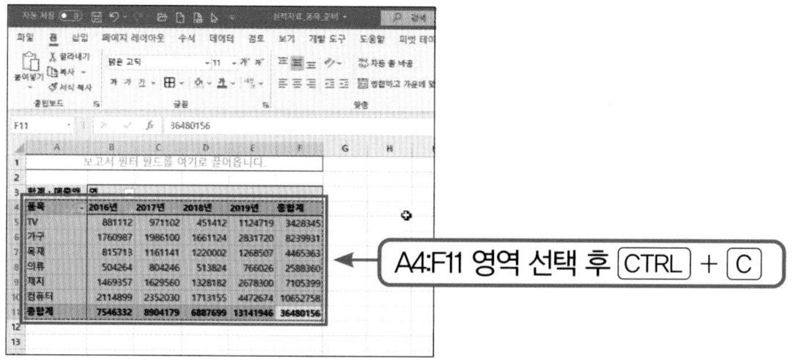

03 ❶ '품목별실적' 시트를 선택합니다. ❷ A3셀을 선택한 후 ❸ [홈] 탭 → '클립보드' 그룹 → '붙여넣기' 내림 단추를 클릭하여 **값 붙여넣기** 명령 단추를 클릭합니다.

04 품목별 실적에서는 컴퓨터의 실적이 가장 눈에 띕니다. 이번에는 컴퓨터에 대한 세부 실적 사항을 분석해 보겠습니다. ❶ '피벗테이블' 시트를 선택합니다. ❷ '피벗 테이블 필드' 목록에서 '행' 영역에 있는 **품목**을 드래그하여 '필터' 영역으로 이동합니다.

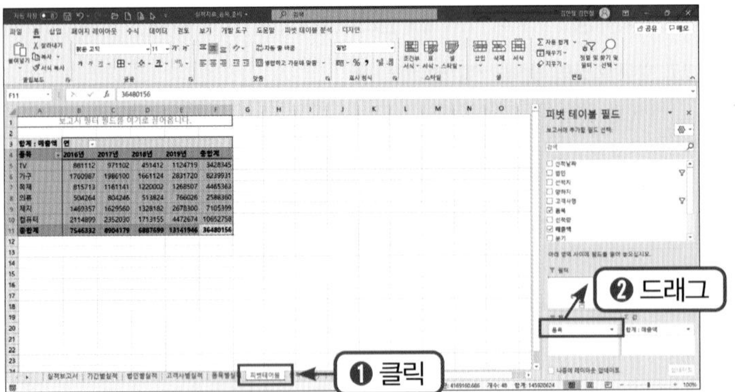

05 피벗 테이블의 보고서 영역에서 ❶ **(모두)**를 클릭합니다. ❷ **여러 항목 선택**을 체크 표시합니다. ❸ 모두를 클릭하여 체크 표시를 모두 해제한 다음 ❹ **컴퓨터**를 체크 표시합니다. ❺ [확인] 단추를 클릭합니다.

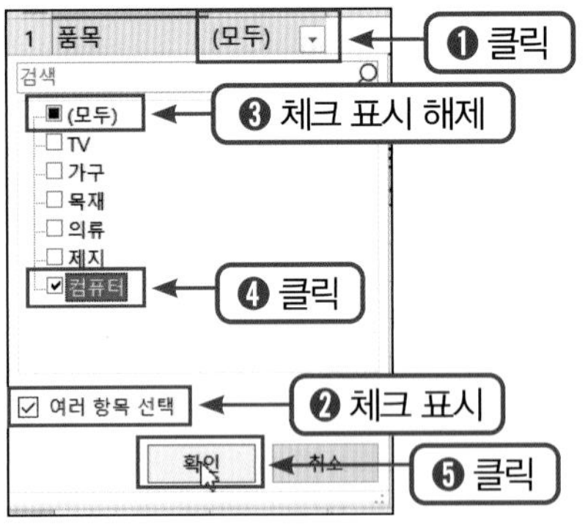

06 ❶ '피벗 테이블 필드' 목록에서 **고객사명**을 클릭하여 체크 표시합니다. ❷ 피벗 테이블에서 '고객사명' 내림 단추를 클릭한 후 ❸ **모두 선택**을 클릭하여 모든 고객사 실적이 나타나게 합니다. ❹ [확인] 단추를 클릭합니다.

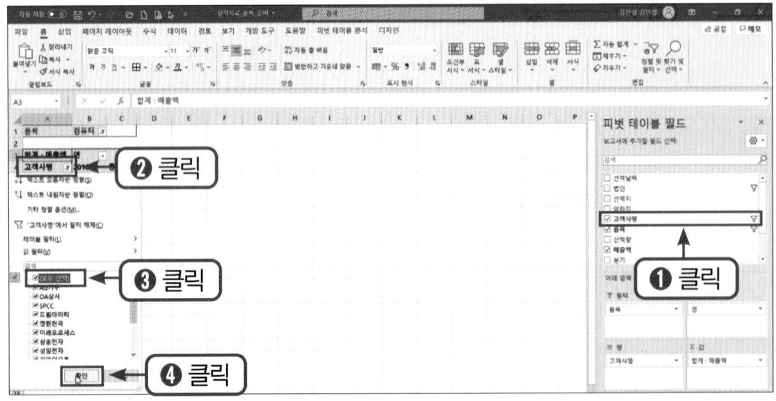

07 ❶ F5셀을 선택합니다. ❷ [홈] 탭 → '편집' 그룹 → '정렬 및 필터' 명령 단추를 클릭한 후 **숫자 내림차순 정렬**을 클릭합니다. 매출 실적이 높은 고객사 순서로 데이터가 정렬이 됩니다.

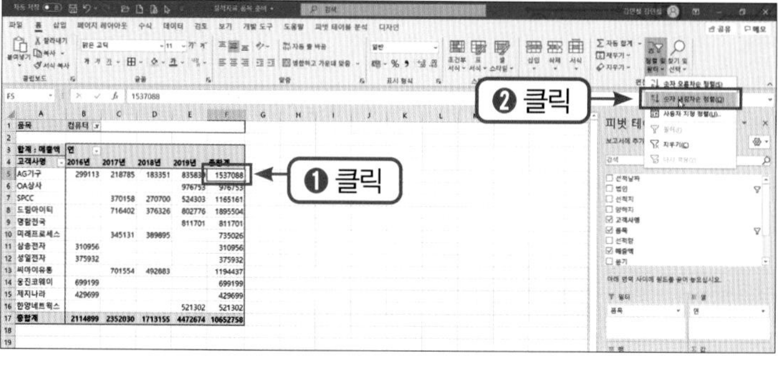

품목별 실적 분석 보고서 만들기

01 A4:F17 영역을 선택한 후 CTRL + C 키를 누릅니다.

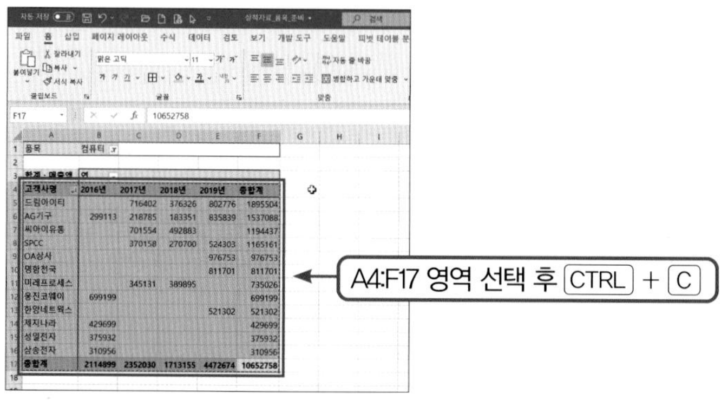

02 ❶ '품목별실적' 시트를 선택합니다. ❷ A13셀을 선택한 후 ❸ [홈] 탭 → '클립보드' 그룹 → '붙여넣기' 내림 단추를 클릭하고 **값 붙여넣기** 명령 단추를 클릭합니다.

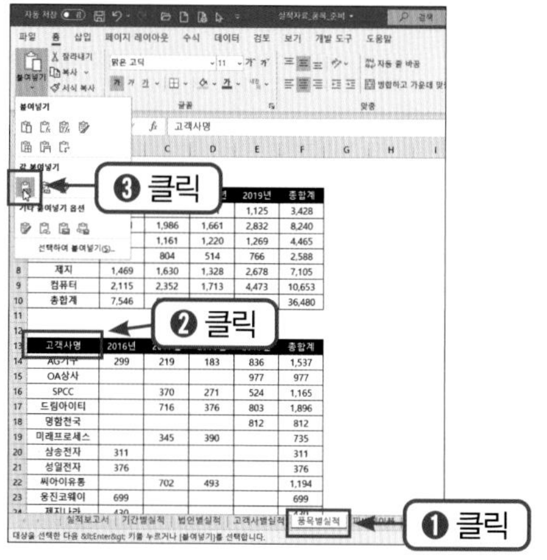

03 ❶ A2셀에 **(1) 품목별 실적**을, A12셀에 **(2) 컴퓨터 실적**을 입력합니다. ❷ A2:F26 영역을 선택한 후 CTRL + C 키를 누릅니다.

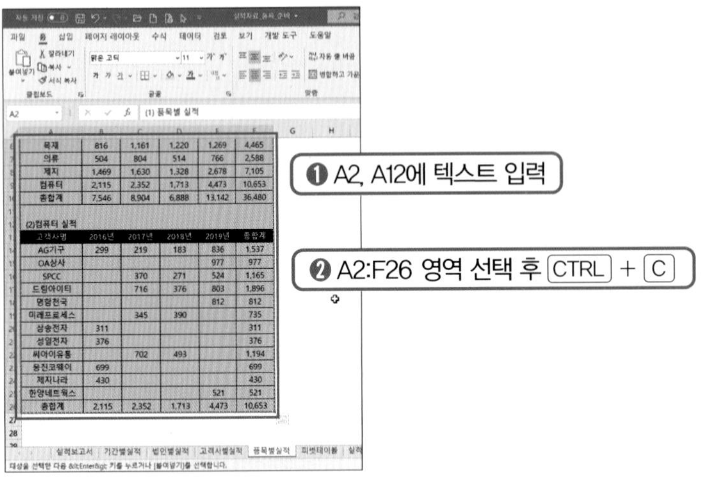

04 ❶ '실적보고서' 시트를 선택합니다. ❷ A114셀을 선택한 후 ❸ [홈] 탭 → '클립보드' 그룹 → '붙여넣기' 내림 단추를 클릭하고 **연결된 그림 붙여넣기** 명령 단추를 클릭합니다.

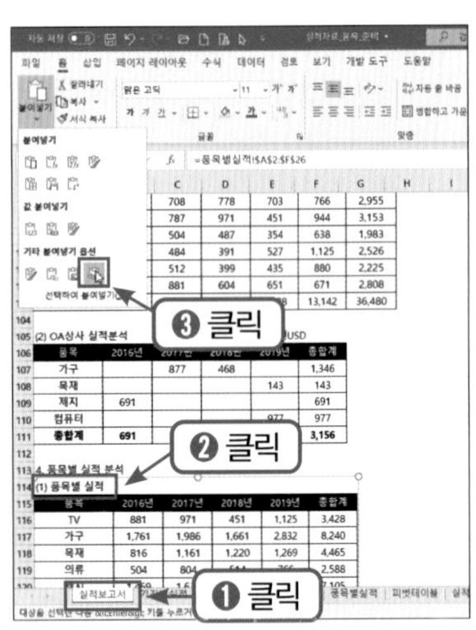

완성 후 연결된 그림에 맞게 정리를 합니다. 각각의 시트에서 [보기] 탭 → '표시' 그룹 → '눈금선'을 체크 해제하여 깔끔한 상태로 보고서 정리를 하면 편합니다.

알아보기 피벗 차트

준비 파일 실적자료_법인_준비.xlsx

피벗 테이블 기능에는 피벗 차트라는 유용한 기능이 있습니다. 피벗 차트는 피벗 테이블과 데이터가 연동되어 있어 편리하게 차트를 작성할 수 있습니다. 준비 파일에서 월별 실적에 대한 차트를 피벗 차트 기능을 활용하여 만들어 보겠습니다.

01 ❶ 피벗 테이블 영역의 임의의 셀을(여기서는 C10셀을) 선택한 후 ❷ [피벗 테이블 분석] 탭 → '도구' 그룹 → '피벗 차트' 명령 단추를 클릭합니다.

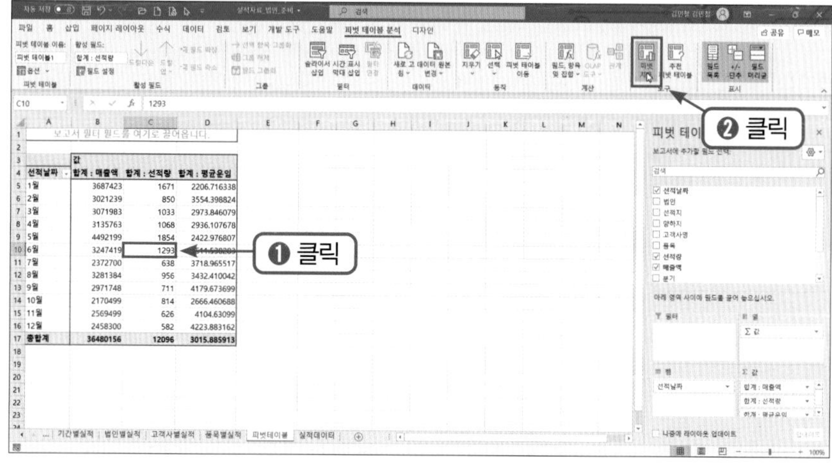

02 '차트 삽입' 대화 상자가 나타나면 ❶ '세로 막대형'을 선택하고 ❷ '묶은 세로 막대형'을 선택한 후 ❸ [확인] 단추를 클릭합니다.

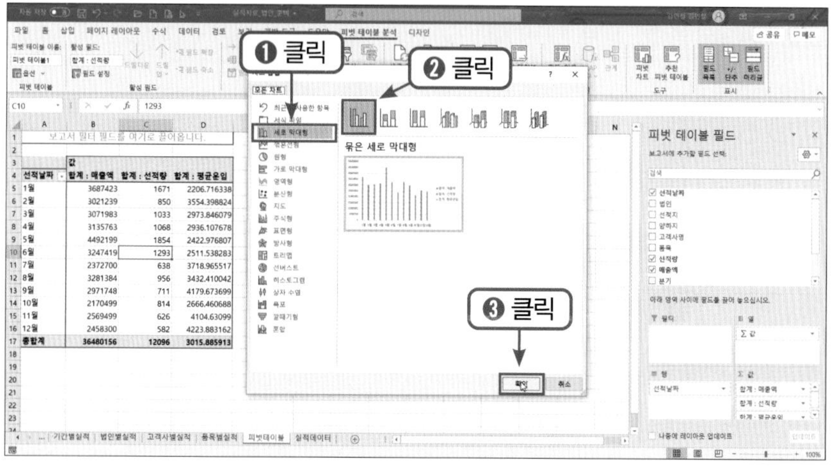

03 월별 실적 차트가 만들어진 것을 확인할 수 있습니다. 차트에서 매출액과 다른 데이터의 차이가 커서 매출액 데이터만 표시되었습니다. 선적량과 평균운임을 보조축으로 나타나게 해 보겠습니다. ❶ 차트의 매출액 데이터 영역을 선택합니다. ❷ [차트 디자인] 탭 → '종류' 그룹 → '차트 종류 변경' 명령 단추를 클릭합니다

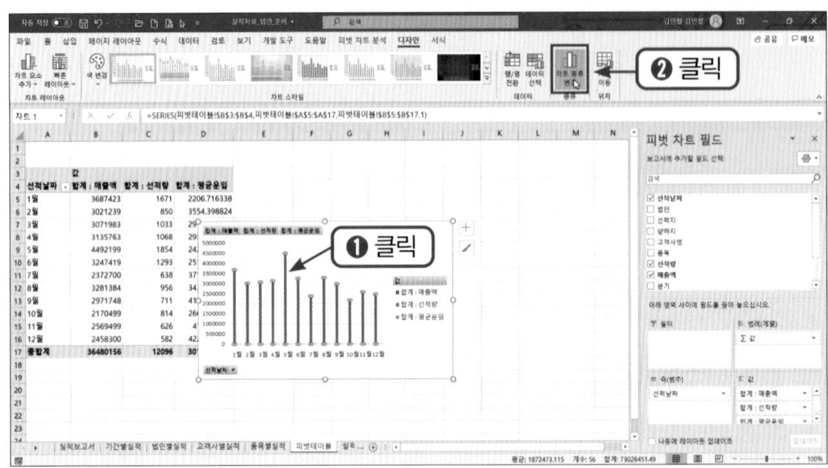

04 '차트 종류 변경' 대화 상자가 나타나면 ❶ '혼합'을 클릭합니다. ❷ 선적량과 평균운임은 꺾은선형에 놓고 '보조 축'에 체크 표시합니다. ❸ [확인] 단추를 클릭합니다.

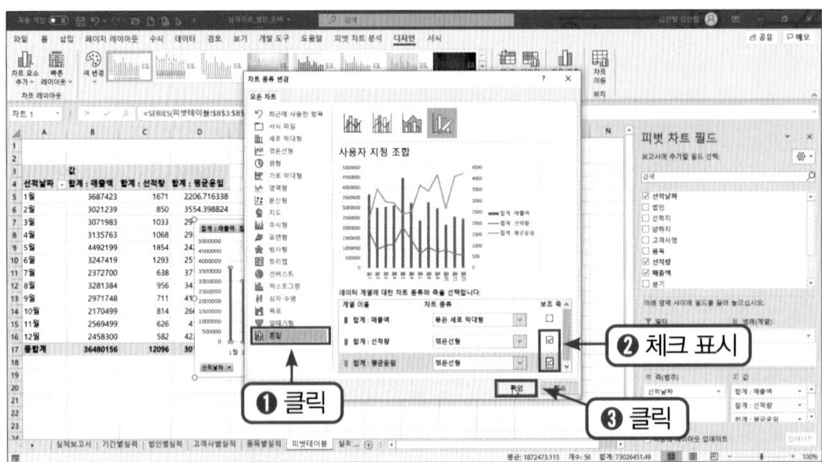

05 '피벗 테이블 필드' 목록에서 **매출액**을 체크 표시 해제해 보겠습니다. 자동으로 차트에서 **매출액** 데이터가 사라지고 **선적량**과 **평균운임** 데이터가 기본 축에 나타나는 것을 확인할 수 있습니다.

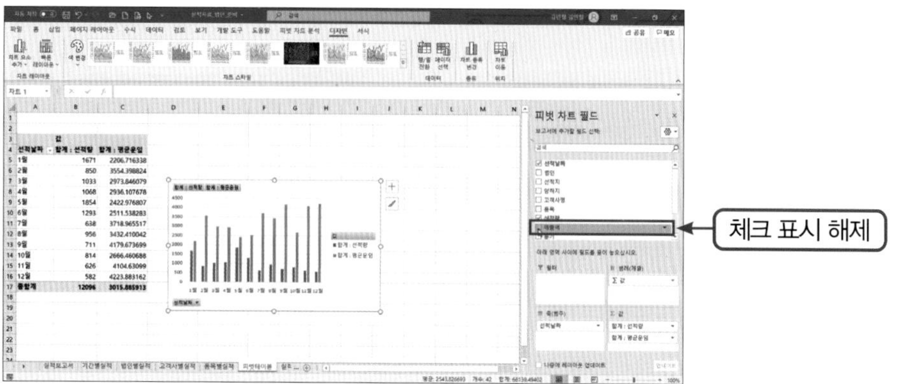

06 피벗 차트를 선택한 상태에서 [피벗 차트 분석] 탭 → '데이터' 그룹 → '데이터 원본 변경' 명령 단추를 클릭해서 피벗 차트의 데이터 영역을 확인해 보면 피벗 테이블과 동일한 데이터를 사용한다는 것을 확인할 수 있습니다.

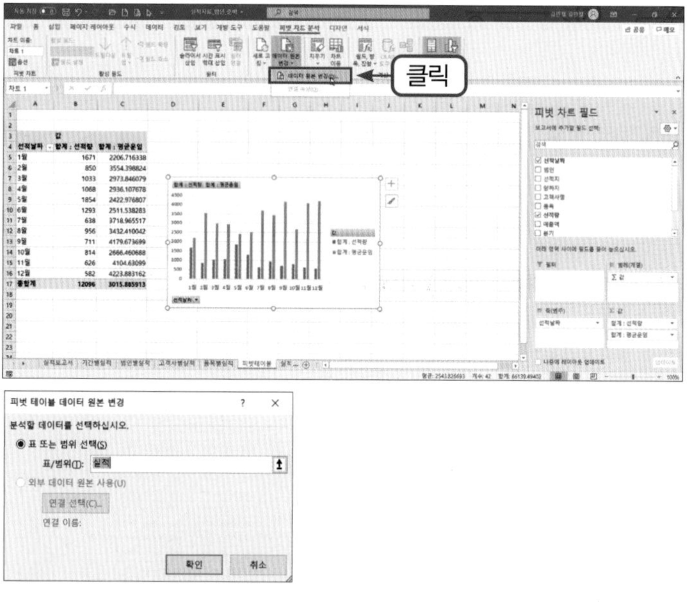

피벗 차트도 피벗 테이블과 동일하게 원본 데이터가 바뀌거나 추가되면 **새로 고침 명령 단추**를 눌러 자동으로 업데이트할 수 있습니다. 이처럼 피벗 차트는 피벗 테이블 기능과 차트 기능을 동시에 사용할 수 있어 데이터 분석을 할 때 편리하게 사용할 수 있습니다.

05 학생 관리 프로그램

학교 선생님들 이야기를 들어 보면 학생을 가르치는 것보다 문서 처리 업무가 더 많다고 합니다. 시스템을 잘 갖춘 학교는 그래도 좀 낫지만 그렇지 않은 학교에서 근무하는 선생님들은 그만큼 더 많은 일을 부담해야 합니다. 특히 모든 문서를 수작업으로 하다 보니 학생을 가르치고 지도하는 시간보다 문서 작업을 하는 데 더 많은 시간과 에너지를 쏟아야 합니다. 이럴 때 엑셀을 잘 사용하면 비용을 들이지 않고도 간단하게 시스템을 만들 수 있습니다. 이번 Chapter에서는 학생 명부와 성적 관리, 코칭 데이터를 기본 데이터로 한 학생 학습 코칭표와 성적 통지표를 자동화하는 프로그램을 만들어 보겠습니다.

핵심 시트

기본 데이터: 학생명부, 성적관리, 코칭내역, 기타정보

제작 문서: 학습코칭카드, 성적통지표

완성 프로그램

01 학습 코칭 카드 만들기

선생님의 가장 기본 업무는 학생의 현 상태를 잘 살피고 공부와 학교 생활을 잘할 수 있도록 코칭을 하는 것입니다. 코칭을 하려면 학생에 대한 기본 정보를 잘 알고 있어야 합니다. 이번에는 함수를 이름정의하는 기능과 피벗 테이블, 그리고 간단한 매크로와 VBA를 활용해 간편하게 학습 코칭 카드를 작성할 수 있는 프로그램을 만들어 보겠습니다.

실습 내용

기본 원리: 학번 목록을 선택하면 학생 인적사항, 최근 시험 성적, 성적 변화 차트, 날짜별 코칭 내용이 자동으로 나타납니다.

주요 기능: ❶ 이름정의 ❷ 피벗 테이블 ❸ OFFSET 함수를 활용한 동적 영역 설정 ❹ 매크로

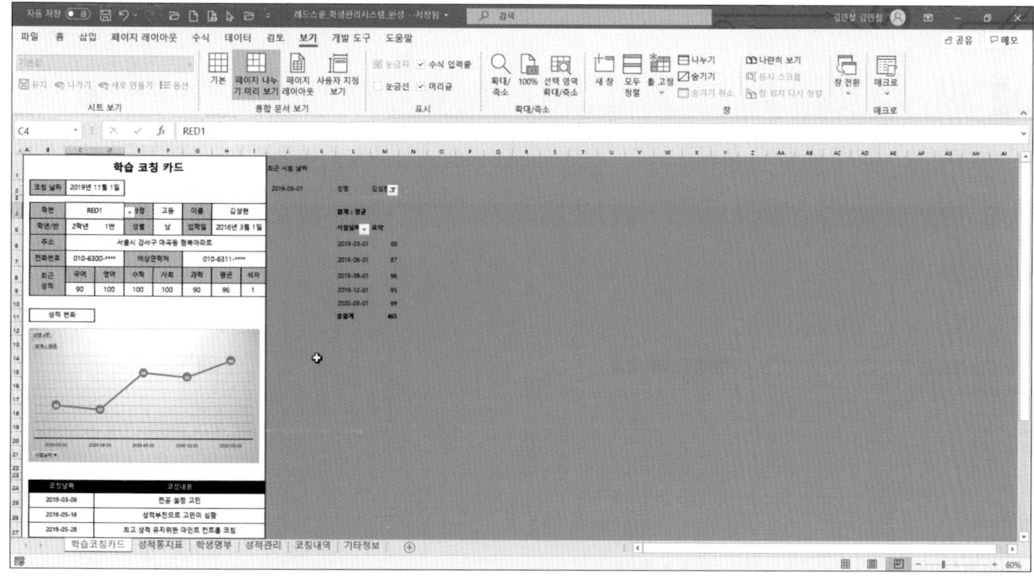

✎ 동적 영역 지정하기

01 OFFSET 함수를 활용하여 동적 영역에 필요한 함수를 작성합니다. ❶ L4셀을 선택합니다(OFFSET 함수의 결과물이 나타날 임의의 빈 셀을 선택했습니다). ❷ [수식] 탭 → '함수 라이브러리' 그룹 → '찾기/참조 영역' 명령 단추를 클릭하고 **OFFSET**을 선택합니다.

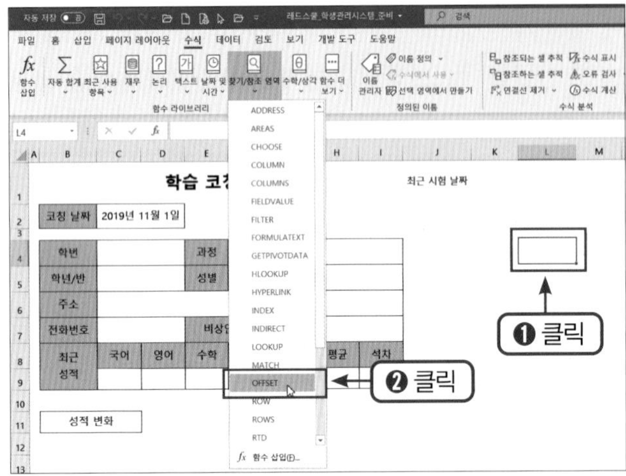

데이터베이스의 속성상 계속 새로운 데이터가 입력되므로 필요한 영역은 무조건 동적 영역으로 지정해 주어야 편리합니다. 동적 영역을 이름정의하여 사용하는 것을 습관화하면 좋겠습니다.

02 '함수 인수' 대화 상자가 나타나면 'Reference'에서 ❶ '학생명부' 시트를 선택합니다. ❷ A2셀을 선택한 후 F4 키를 눌러 절대참조로 지정합니다.

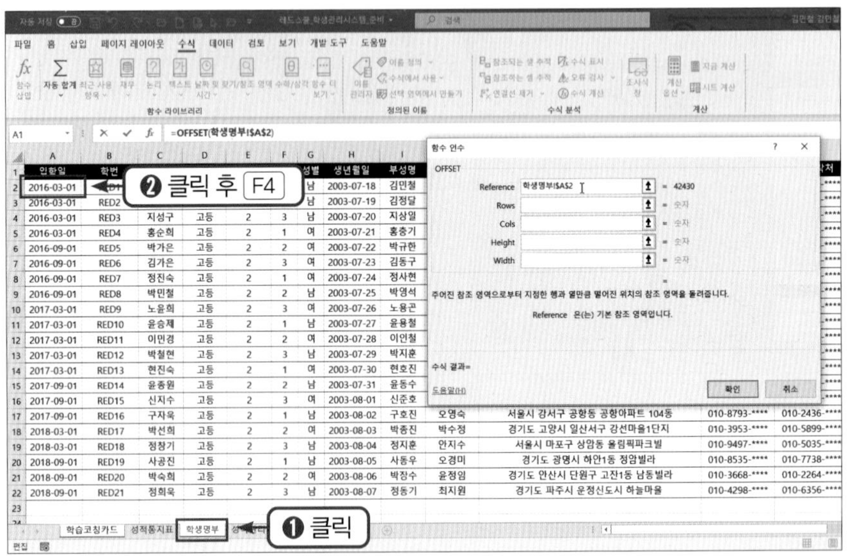

03 ❶ 'Rows'에 **0**, 'Cols'에 **0**을 입력한 후 ❷ 'Height'를 선택하고 ❸ '이름 상자' 내림 단추를 클릭하여 ❹ **COUNTA** 함수를 선택합니다.

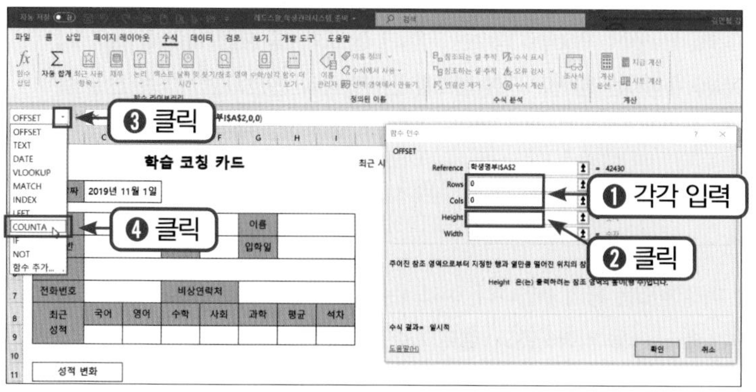

'이름 상자' 내림 단추를 클릭했는데 COUNTA 함수가 보이지 않는다면 맨 아래 '함수 추가' 버튼을 클릭한 후 '함수 마법사' 대화 상자에서 '범주 선택'을 통계로 선택하고 COUNTA를 선택하면 됩니다.

04 '함수 인수' 대화 상자가 나타나면 ❶ '학생명부' 시트를 선택합니다. ❷ 'Value1'에서 A2:A3 영역을 선택하여 입력한 후 [F4] 키를 눌러 절대참조로 지정합니다. ❸ **$A$3**을 **$A$65000**으로 수정한 후 ❹ '수식 입력줄'의 **OFFSET**을 클릭합니다.

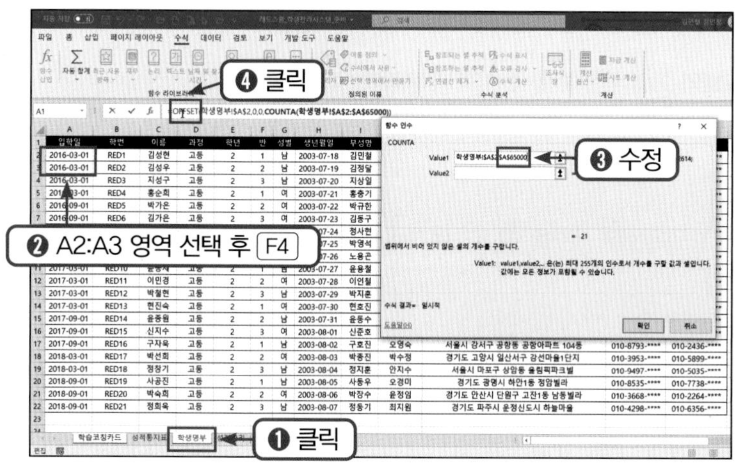

여기서 COUNTA 함수 범위를 A65000까지 입력하는 것은 데이터가 최대로 늘어났을 때 예상되는 마지막 행까지 범위를 미리 설정한다는 의미가 있습니다. 만약 입력 데이터가 65,000행을 넘어간다면 범위를 더 늘려서 입력해야 합니다.

05 ❶ 'Width'에 **13**을 입력한 후 ❷ [확인] 단추를 클릭합니다.

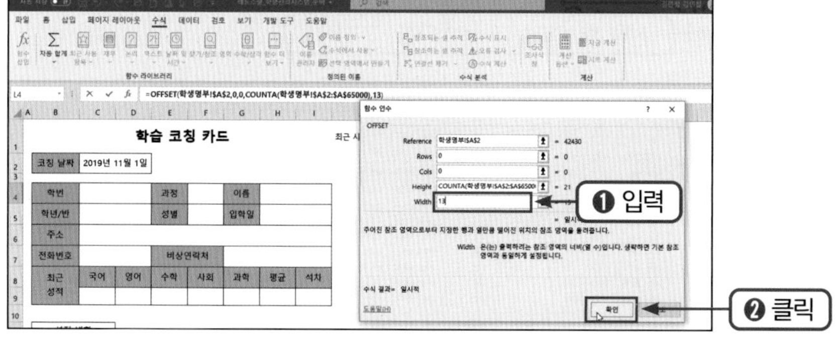

알아보기

OFFSET 함수

OFFSET(Reference, Rows, Cols, Height, Width) 함수는 지정한 셀 또는 셀 범위(Reference)에서 지정된 수의 행과(Rows) 열로(Cols) 구성되는 범위에 대한 참조를 반환합니다. 반환되는 참조는 단일 셀 또는 셀 범위일 수 있습니다. 반환할 행의 수(Height) 혹은 열의 수(Width)를 지정할 수 있습니다.

❶ Reference: 기준이 되는 셀 또는 범위입니다. 반환되는 참조의 시작 지점이 됩니다. 여기서는 '학생명부' 시트의 A2셀이 기준이 됩니다.

❷ Rows: 참조하는 셀의 위 혹은 아래에 있는 행의 수입니다. 여기서는 0이 입력되어 있으므로 A2셀이 됩니다. 만약 여기에 1을 입력하면 A3셀로, −1을 입력하면 A1셀로 기준점이 이동하게 됩니다.

❸ Cols: 참조하는 셀의 오른쪽 혹은 왼쪽에 있는 열의 수입니다. 여기서는 0이 입력되어 있으므로 A2셀이 됩니다. 만약 여기에 1을 입력하면 B2셀로 기준점이 이동하게 됩니다.

❹ Height: 반환되는 참조의 높이(행의 수)입니다. 입력 시 반드시 양수를 입력해야 합니다. 여기서는 COUNTA 함수를 사용하여 데이터가 입력되어 있는 행의 수를 반환합니다. 21명의 데이터가 입력되어 있으므로 여기서는 21의 값을 반환하도록 하겠습니다. 기준 셀 A2에서 21번째이므로 22행까지 데이터가 영역으로 지정됩니다. 학생 데이터가 추가될 경우 값이 변하면서 동적 영역이 지정됩니다.

❺ Width: 반환되는 참조의 너비(열의 수)입니다. 여기서는 13이 입력되어 A:M열까지 범위가 지정됩니다.

COUNTA 함수

COUNTA(Value) 함수는 비어 있지 않은 셀의 개수를 셉니다. 여기서는 A2:A65000 영역에서 데이터가 입력된 셀의 개수(21)를 반환합니다.

06 지정된 데이터가 나타나면 L4셀의 '수식 입력줄'에 입력된 수식을 선택한 후 CTRL + C 키를 눌러 수식을 복사하고 ENTER 키를 누릅니다.

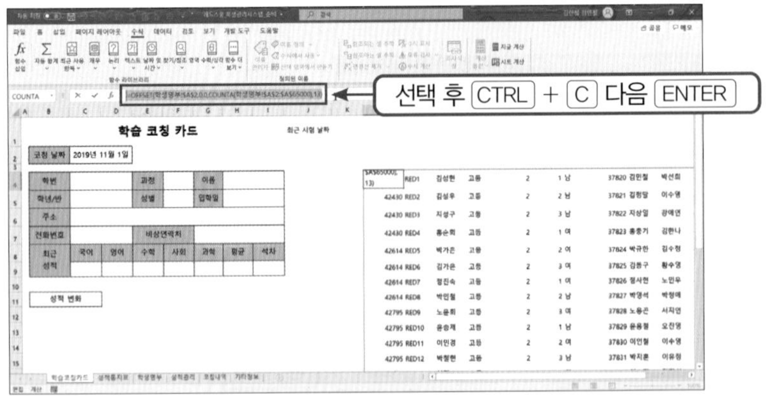

07 복사한 수식을 이름정의합니다. [수식] 탭 → '정의된 이름' 그룹 → '이름 정의' 명령 단추를 클릭합니다.

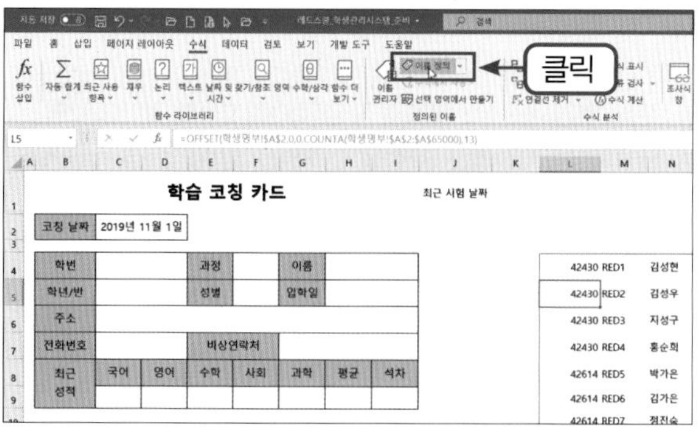

08 '새 이름' 대화 상자가 나타나면 ❶ '이름'에 **학생명부**를 입력합니다. ❷ '참조 대상'을 선택한 후 기존 참조 대상을 지우고 CTRL + V 키를 누릅니다. ❸ [확인] 단추를 클릭합니다.

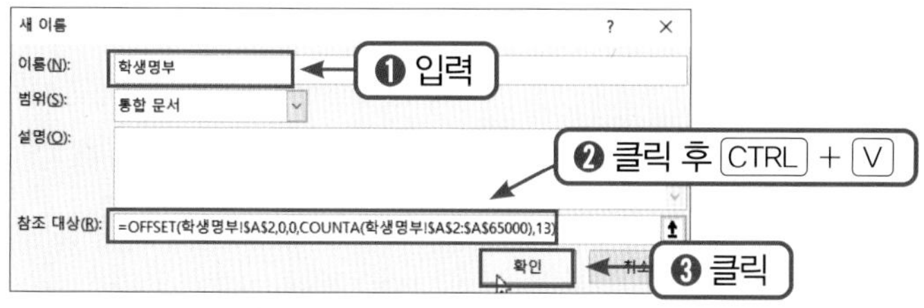

수식으로 이름정의를 할 때 복잡한 함수를 사용해야 한다면 셀에서 함수 마법사를 이용해 함수를 완성한 후 복사해서 이름정의를 하면 편리합니다.

09 이번에는 학번을 동적 영역으로 지정되도록 이름정의해 보겠습니다. ❶ [수식] 탭 → '정의된 이름' 그룹 → '이름 관리자' 명령 단추를 클릭합니다. ❷ '새로 만들기'를 클릭합니다.

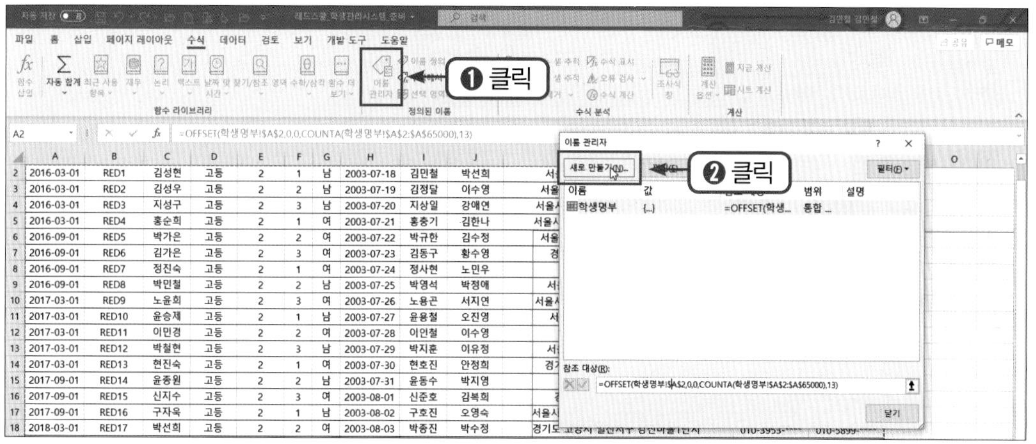

10 '새 이름' 대화 상자가 나타나면 ❶ '이름'에 **학번**을 입력합니다. ❷ '참조 대상'을 선택한 후 기존 참조 대상을 지우고 CTRL + V 키를 누른 후 수식을 **=OFFSET(학생명부!$B$2,0,0,COUNTA(학생명부!$A$2:$A$65000),1)**로 수정합니다. ❸ [확인] 단추를 클릭합니다.

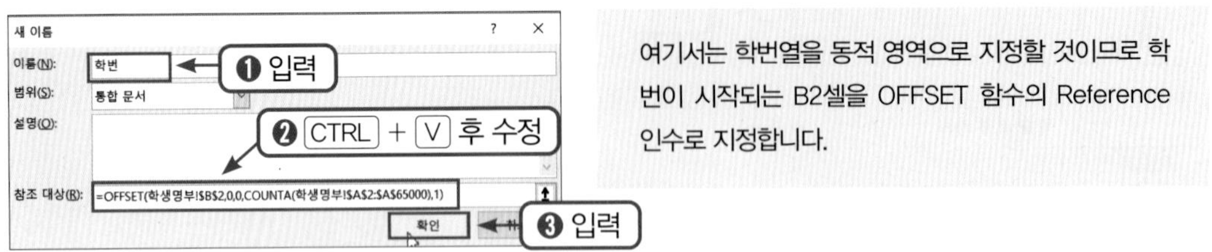

11 10번 과정에서 [확인] 단추를 클릭하면 '이름 관리자' 대화 상자가 나타납니다. **학번**과 **학생명부**가 이름정의되어 있음을 확인할 수 있습니다. [닫기] 단추를 클릭하여 나갑니다.

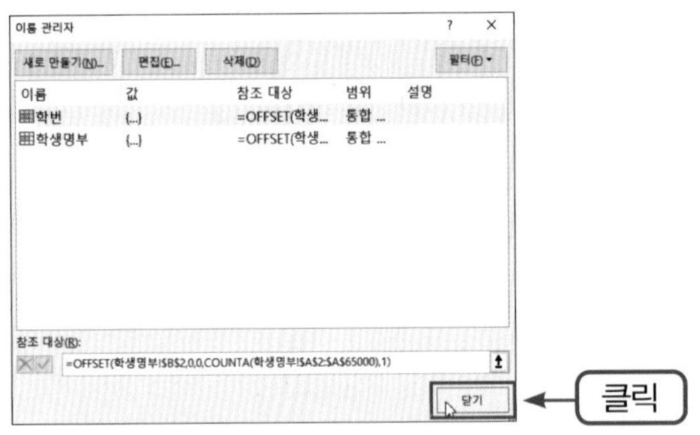

12 필요한 이름정의를 완료하였으므로 셀에 입력된 함수를 삭제합니다. L4셀을 선택한 후 DELETE 키를 누릅니다.

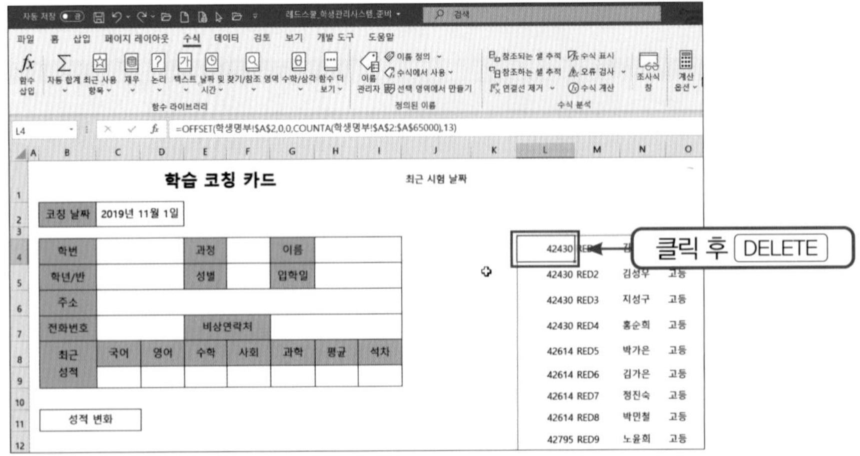

인적 사항 불러오기

01 C4셀에 데이터 유효성 검사 기능을 활용하여 학번 목록을 작성합니다. ❶ C4셀을 선택한 후 ❷ [데이터] 탭 → '데이터 도구' 그룹 → '데이터 유효성 검사' 명령 단추를 클릭합니다. ❸ '데이터 유효성' 대화 상자가 나타나면 '제한 대상'을 **목록**으로 선택합니다. ❹ '원본'에 **=학번**을 입력한 후 ❺ [확인] 단추를 클릭합니다.

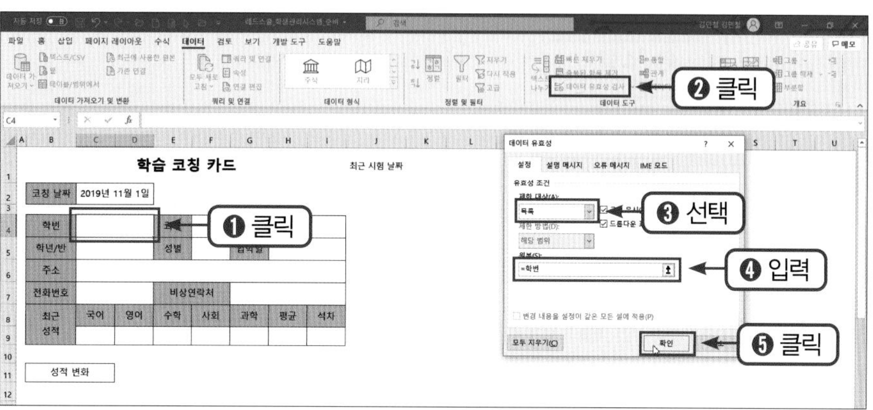

02 C4셀 유효성 목록에서 **RED1**을 선택하여 입력합니다.

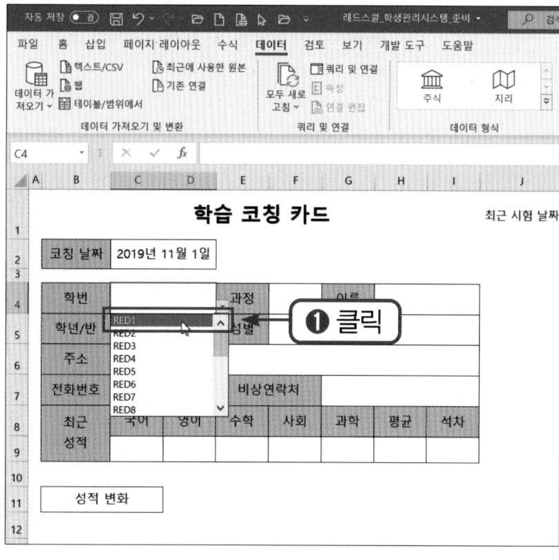

03 학생 인적 사항을 불러옵니다. ❶ F4셀을 선택한 후 ❷ [수식] 탭 → '함수 라이브러리' 그룹 → '찾기/참조 영역' 명령 단추를 클릭하고 ❸ **INDEX**를 선택합니다. ❹ '인수 선택' 대화 상자가 나타나면 **array,row_num,column_num**을 선택한 후 ❺ [확인] 단추를 클릭합니다.

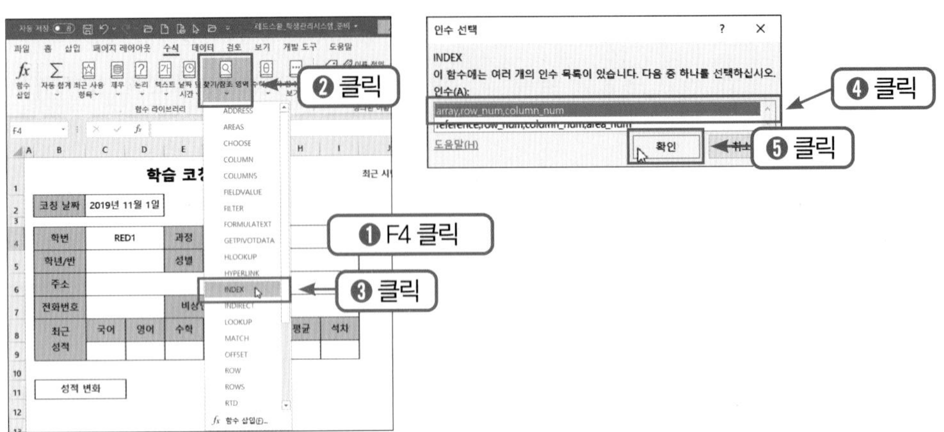

04 '함수 인수' 대화 상자가 나타나면 ❶ 'Array'에 앞에서 이름정의한 **학생명부**를 입력합니다. ❷ 'Row_num'을 선택한 후 ❸ '이름 상자' 내림 단추를 클릭하여 ❹ **MATCH**를 선택합니다.

'이름 상자'에서 MATCH 함수가 보이지 않으면 맨 아래 '함수 추가' 버튼을 클릭하여 '함수 마법사' 대화 상자가 나타나면 '범주 선택'을 **찾기 및 참조 영역**으로 선택한 후 MATCH를 선택하면 됩니다.

05 '함수 인수' 대화 상자가 나타나면 ❶ 'Lookup_value'에서 **C4**를 입력한 후 [F4] 키를 누릅니다. ❷ 'Lookup_array'에 **학번**, 'Match_type'에 **0**을 입력한 후 ❸ '수식 입력줄'에서 **INDEX**를 선택합니다.

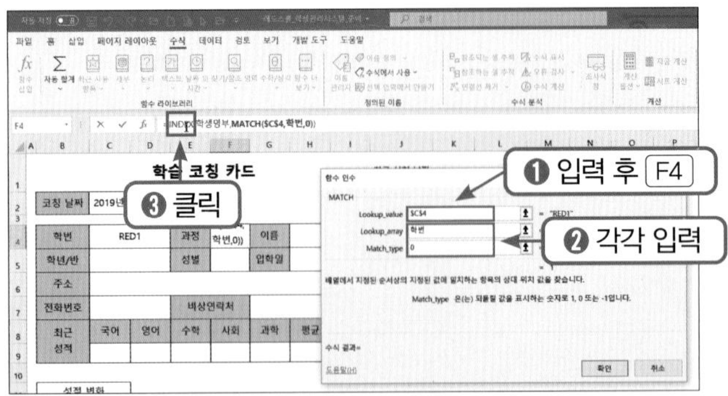

06 '함수 인수' 대화 상자가 나타나면 ❶ 'Column_num'을 선택한 후 ❷ '이름 상자' 내림 단추를 클릭하여 ❸ **MATCH**를 선택합니다.

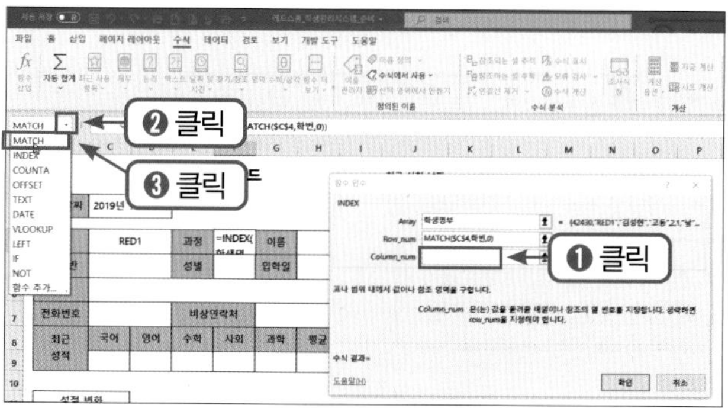

07 '함수 인수' 대화 상자가 나타나면 ❶ 'Lookup_value'에서 **E4**를 입력한 후 F4 키를 누릅니다. ❷ 'Lookup_array'에 **학생명부!$A$1:$M$1**, 'Match_type'에 **0**을 입력한 후 ❸ [확인] 단추를 클릭합니다.

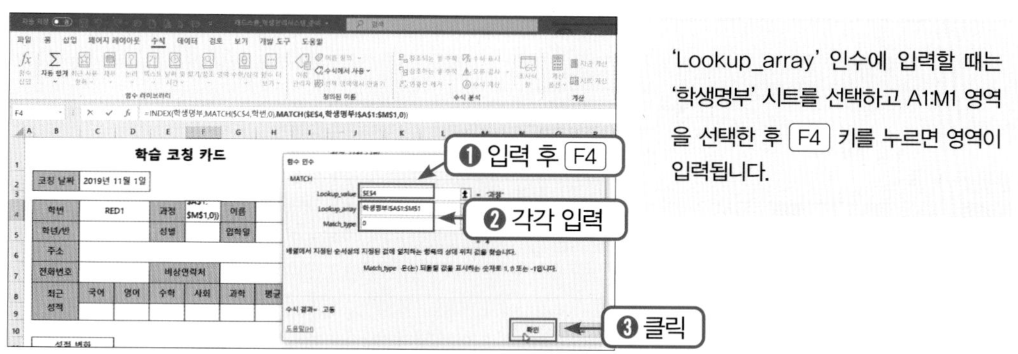

'Lookup_array' 인수에 입력할 때는 '학생명부' 시트를 선택하고 A1:M1 영역을 선택한 후 F4 키를 누르면 영역이 입력됩니다.

08 ❶ F4셀을 선택한 후 ❷ '수식 입력줄'에서 수식을 선택한 다음 CTRL + C 키를 누르고 ENTER 키를 누릅니다.

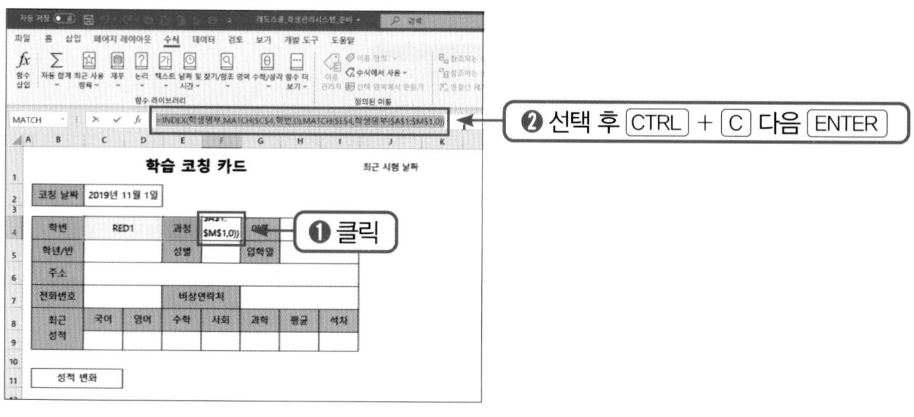

09 H4셀을 선택하고 CTRL 키를 누른 상태에서 C5, D5, F5, H5, C6, C7, G7셀을 선택합니다. ❷ '수식 입력줄'을 선택한 후 CTRL + V 키를 누르고 CTRL + ENTER 키를 누릅니다.

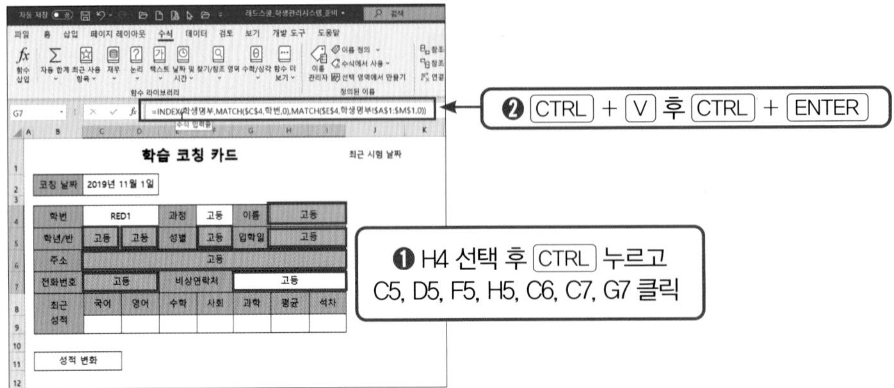

10 '수식 입력줄'에서 2번째 MATCH 함수 중 'Lookup_value' 인수 $E$4를 삭제하고 알맞은 셀 주소를 입력하여 완성합니다. H4셀에는 **$G$4**를, F5셀에는 **$E$5**를, H5셀에는 **$G$5**를, C6셀에는 **$B$6**을, C7셀에는 **$B$7**을, G7셀에는 **$E$7**을 입력합니다.

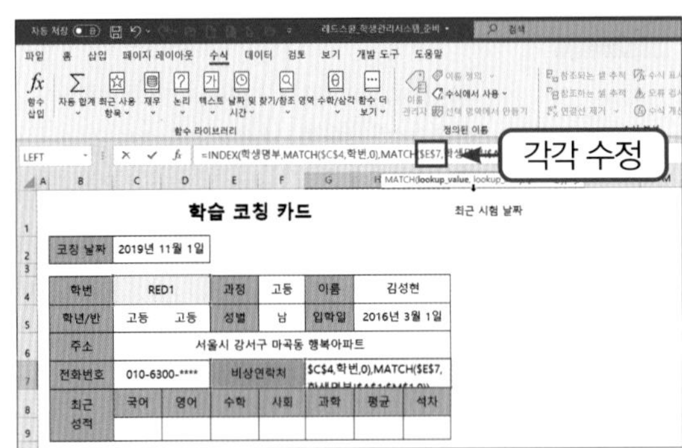

11 C5, D5셀의 **학년, 반**에는 2번째 MATCH 함수의 'Lookup_value' 인수에 LEFT 함수와 RIGHT 함수를 활용하여 각각 **학년**과 **반**을 추출합니다. 먼저 학년 데이터가 나타나게 합니다. ❶ C5셀을 선택합니다. ❷ '수식 입력줄'에서 2번째 **MATCH**를 클릭하고 ❸ 함수 삽입(*fx*) 명령 단추를 클릭합니다. ❹ 'Lookup_value'에 **LEFT($B$5,2)**를 입력한 후 ❺ [확인] 단추를 클릭합니다.

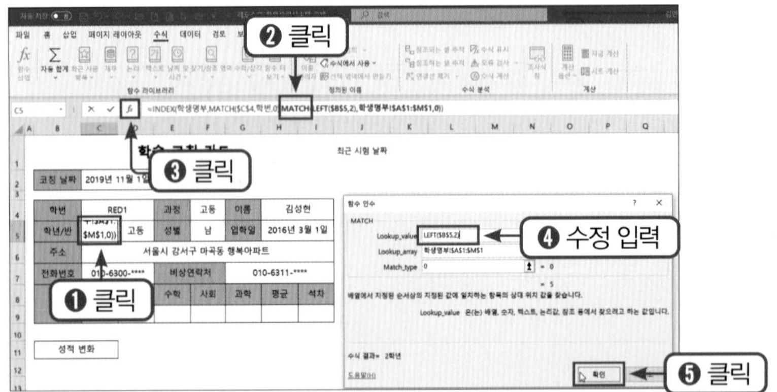

알아보기 LEFT 함수

LEFT(Text, Num_chars) 함수는 지정한 텍스트의 첫 문자(맨 왼쪽)에서부터 지정된 개수의 문자를 반환합니다.

❶ Text: 추출할 문자가 있는 텍스트입니다.

❷ Num_chars: 추출할 문자 수입니다. 여기에서는 B5셀에 있는 학년/반에서 첫 문자에서 2번째 문자까지(학년) 가지고 옵니다.

12 ❶ D5셀을 선택합니다. ❷ '수식 입력줄'에서 2번째 **MATCH**를 클릭하고 ❸ 함수 삽입(*fx*) 명령 단추를 클릭합니다. ❹ 'Lookup_value'에 **RIGHT($B$5,1)**을 입력한 후 ❺ [확인] 단추를 클릭합니다.

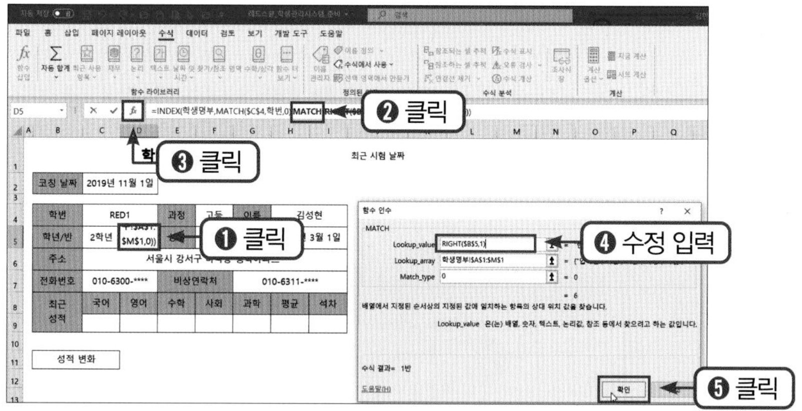

알아보기 RIGHT 함수

RIGHT(Text, Num_chars) 함수는 지정한 텍스트의 마지막 문자(맨 오른쪽)에서부터 지정된 개수의 문자를 반환합니다.

❶ Text: 추출할 문자가 있는 텍스트입니다.

❷ Num_chars: 추출할 문자 수입니다. 여기에서는 B5셀에 있는 '학년/반'에서 마지막 문자에서 1번째 문자(반)까지 가지고 옵니다.

최근 시험 날짜 불러오기

01 최근 성적을 구하기 위해 먼저 최근 시험 날짜를 불러옵니다. 먼저 성적관리 데이터에 대한 동적 영역을 지정합니다. ❶ J2셀을 선택한 후 ❷ [수식] 탭 → '정의된 이름' 그룹 → '이름 관리자' 명령 단추를 클릭합니다.

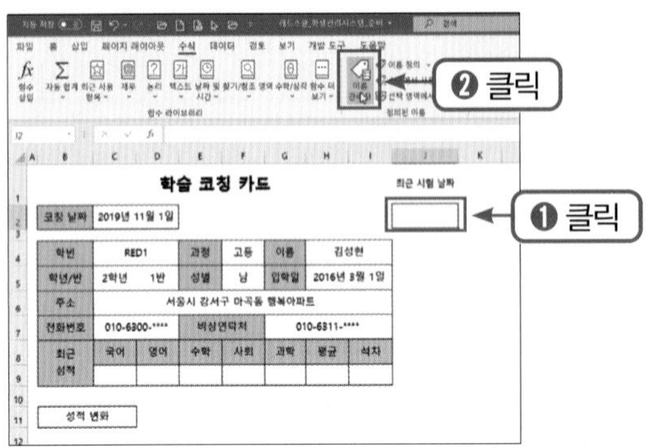

02 '이름 관리자' 대화 상자가 나타나면 정의된 이름 목록에서 ❶ **학번**을 선택합니다. ❷ 참조 대상에 있는 수식을 선택한 후 CTRL + C 키를 누릅니다. ❸ '새로 만들기' 단추를 클릭합니다.

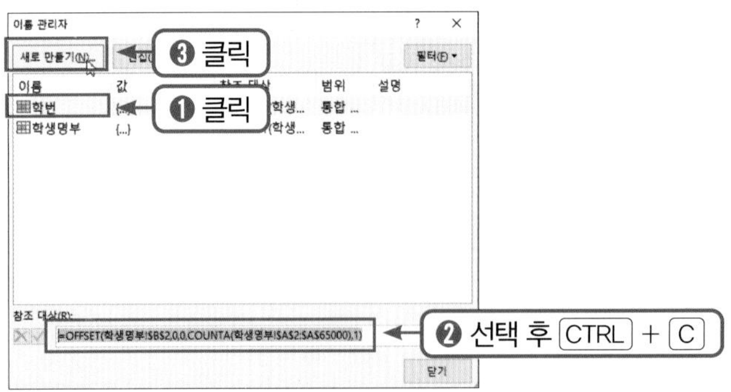

03 '새 이름' 대화 상자가 나타나면 ❶ '이름'에 **시험일**을 입력한 후 ❷ '참조 대상'에서 기존 참조 대상을 지우고 CTRL + V 키를 누른 후 **=OFFSET(기타정보!$A$2,0,0,COUNTA(기타정보!$A$2:$A$300),1)**로 수정 입력합니다. ❸ [확인] 단추를 클릭합니다.

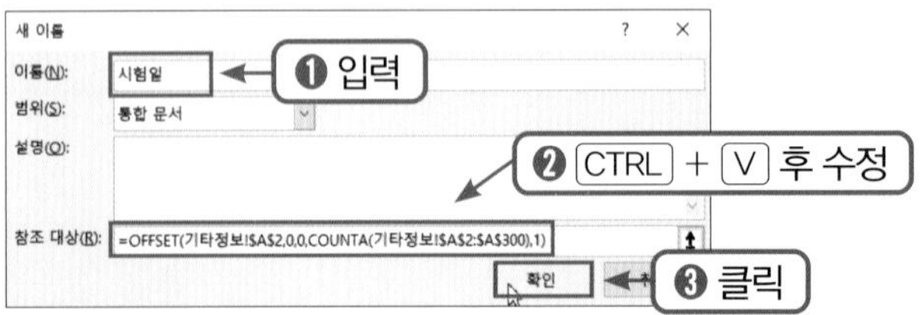

알아보기 복사한 수식 쉽게 수정하는 팁

'참조 대상' 수식을 수정할 때는 수정할 데이터가 있는 영역을 선택한 후 입력될 데이터가 있는 시트의 셀이나 범위를 선택하면 자동으로 절대참조로 입력이 됩니다. 여기에서는 원래의 **학생명부!$A$2** 부분을 선택하고 '기타정보' 시트를 선택해 A2셀을 선택하면 수식이 수정되어 입력됩니다. **COUNTA(기타정보!$A$2:$A$300)**을 입력하는 방법도 원래 수식이었던 **학생명부!$A$2:$A$65000** 부분을 선택하고 같은 방법으로 수정하면 됩니다.

04 3번 과정에서 [확인] 단추를 클릭하면 '이름 관리자' 대화 상자가 나타납니다. '새로 만들기'를 클릭하여 계속 필요한 이름정의를 합니다. ❶ '이름'에 **기타정보**를 입력합니다. ❷ '참조 대상'에서 기존 참조 대상을 지우고 CTRL + V 키를 누른 후 **=OFFSET(기타정보!$A$2,0,0,COUNTA(기타정보!$A$2:$A$300),2)**로 수정 입력합니다. ❸ [확인] 단추를 클릭합니다.

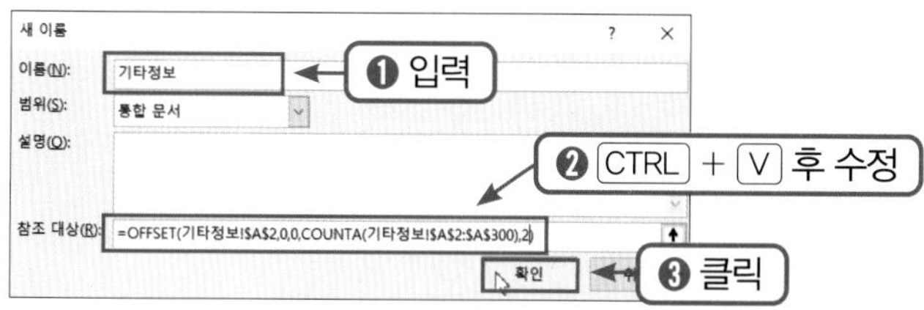

05 4번 과정에서 [확인] 단추를 클릭하면 '이름 관리자' 대화 상자가 나타납니다. '새로 만들기'를 클릭하여 계속 필요한 이름정의를 합니다. '새 이름' 대화 상자가 나타나면 ❶ '이름'에 **성적**을 입력합니다. ❷ '참조 대상'에서 기존 참조 대상을 지우고 CTRL + V 키를 누른 후 **=OFFSET(성적관리!$E$2,0,0,COUNTA(성적관리!$E$2:$E$65000),6)**으로 수정 입력합니다. ❸ [확인] 단추를 클릭합니다.

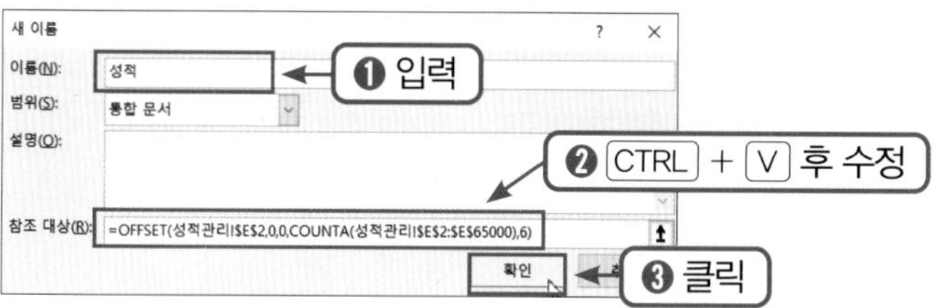

06 5번 과정에서 [확인] 단추를 클릭하면 '이름 관리자' 대화 상자가 나타납니다. '새로 만들기'를 클릭하여 계속 필요한 이름정의를 합니다. '새 이름' 대화 상자가 나타나면 ❶ '이름'에 **시험날짜**를 입력합니다. ❷ '참조 대상'에서 기존 참조 대상을 지우고 CTRL + V 키를 누른 후 **=OFFSET(성적관리!$A$2,0,0,COUNTA(성적관리!$A$2:$A$65000),1)**로 수정 입력합니다. ❸ [확인] 단추를 클릭합니다.

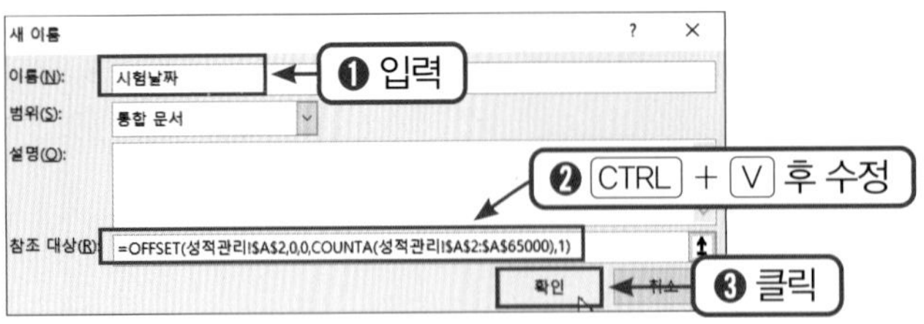

07 6번 과정에서 [확인] 단추를 클릭하면 '이름 관리자' 대화 상자가 나타납니다. '새로 만들기'를 클릭하여 계속 필요한 이름정의를 합니다. '새 이름' 대화 상자가 나타나면 ❶ '이름'에 **성적관리학번**을 입력합니다. ❷ '참조 대상'에서 기존 참조 대상을 지우고 CTRL + V 키를 누른 후 **=OFFSET(성적관리!$B$2,0,0,COUNTA(성적관리!$B$2:$B$65000),1)**로 수정 입력합니다. ❸ [확인] 단추를 클릭합니다.

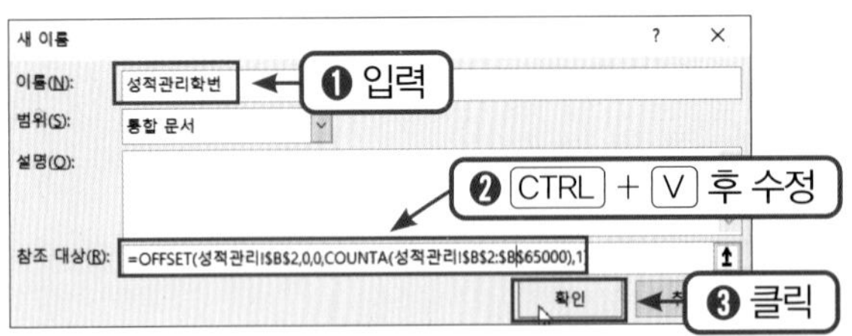

08 7번 과정에서 [확인] 단추를 클릭하면 '이름 관리자' 대화 상자가 나타납니다. '새로 만들기'를 클릭하여 계속 필요한 이름정의를 합니다. '새 이름' 대화 상자가 나타나면 ❶ '이름'에 **평균점수**를 입력한 후 ❷ '참조 대상'에서 기존 참조 대상을 지우고 CTRL + V 키를 누른 후 **=OFFSET(성적관리!$J$2,0,0,COUNTA(성적관리!$J$2:$J$65000),1)**로 수정 입력합니다. ❸ [확인] 단추를 클릭합니다. '이름 관리자' 대화상자를 닫습니다.

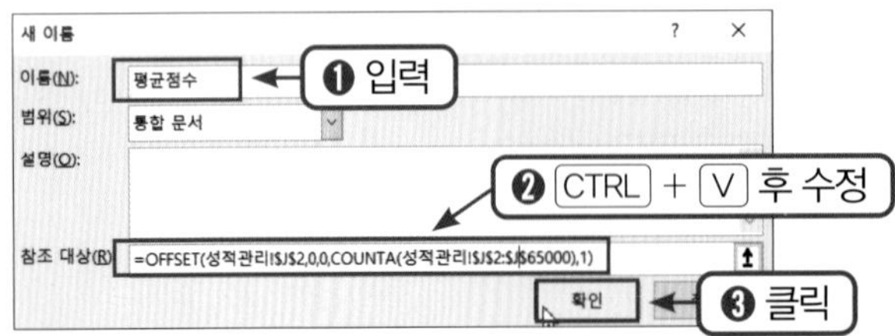

09 INDEX, MATCH 함수를 활용하여 최근 시험 날짜를 불러옵니다. ❶ J2셀을 선택합니다. ❷ [수식] 탭 → '함수 라이브러리' 그룹 → '최근 사용 항목' 명령 단추를 눌러 **INDEX**를 선택합니다. ❸ '인수 선택' 대화 상자가 나타나면 **array,row_num,column_num**을 선택한 후 ❹ [확인] 단추를 클릭합니다.

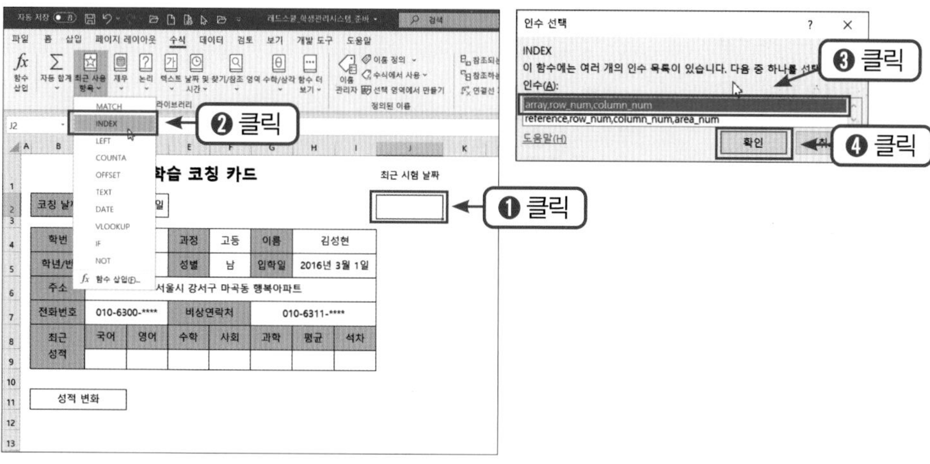

10 '함수 인수' 대화 상자가 나타나면 ❶ 'Array'에 **시험일**을 입력합니다. ❷ 'Row_num'을 선택한 후 ❸ '이름 상자' 내림 단추를 클릭하여 ❹ **MATCH**를 선택합니다.

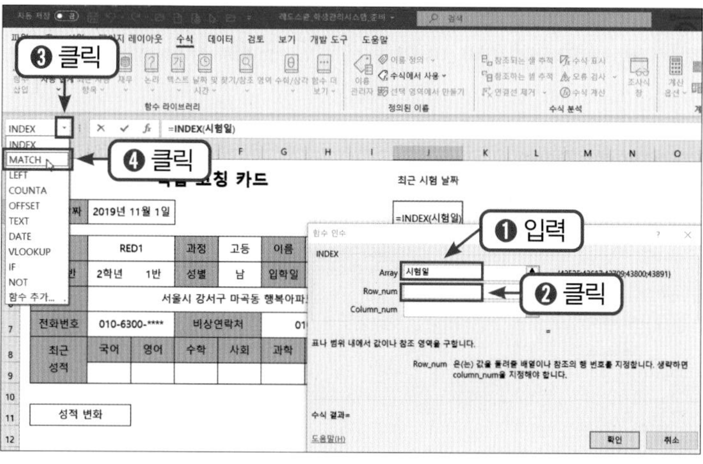

11 '함수 인수' 대화 상자가 나타나면 ❶ 'Lookup_value'에 **C2**, 'Lookup_array'에 **시험일** 'Match_type'에 **1**을 입력합니다. ❷ [확인] 단추를 클릭합니다.

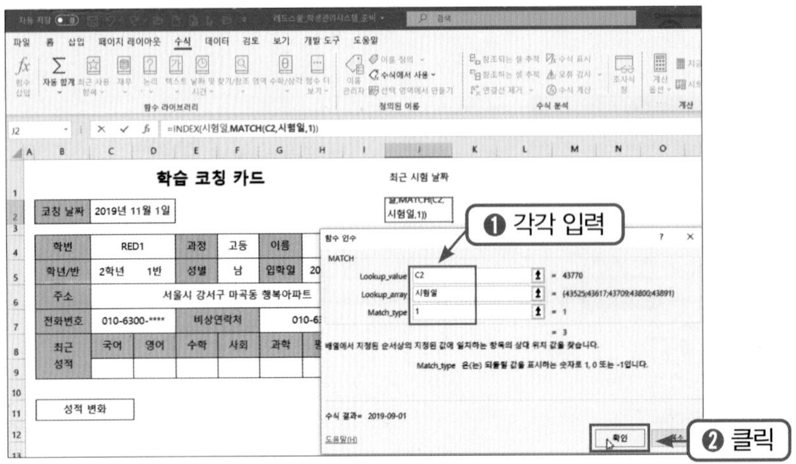

최근 성적 불러오기

01 이번에는 최근 성적을 자동으로 불러오는 수식을 작성합니다. ❶ C9셀을 선택합니다. ❷ [수식] 탭 → '함수 라이브러리' 그룹 → '최근 사용 항목' 명령 단추를 클릭해 **INDEX**를 선택합니다. ❸ '인수 선택' 대화 상자가 나타나면 **array,row_num,column_num**을 선택한 후 ❹ [확인] 단추를 클릭합니다.

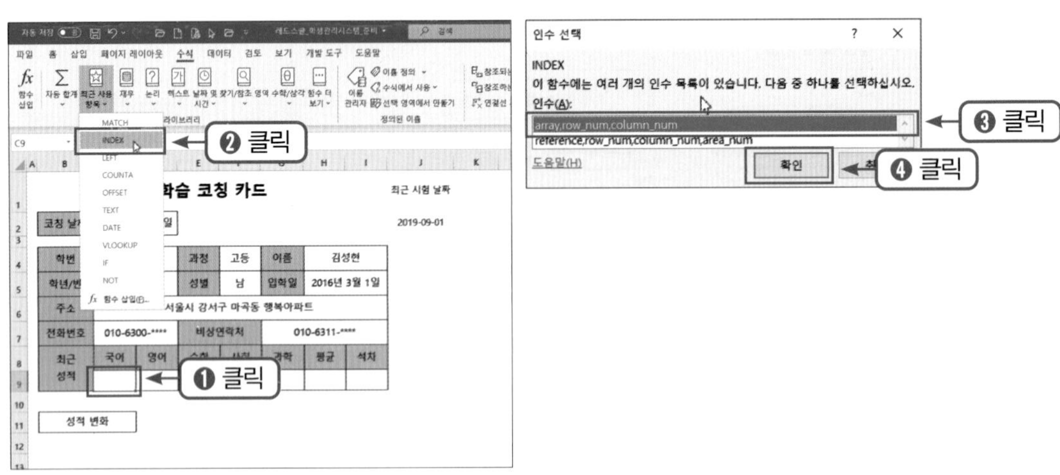

02 '함수 인수' 대화 상자가 나타나면 불러올 데이터가 앞에서 '성적관리' 시트에서 '성적'으로 이름 정의한 영역에 있으므로 ❶ 'Array'에 **성적**을 입력합니다. 'Row_num'에는 최근 시험날짜와 C4셀에 입력한 학번에 해당하는 데이터의 위치값을 불러옵니다. ❷ 'Row_num'을 선택한 후 ❸ '이름 상자' 내림 단추를 클릭하여 ❹ **MATCH**를 선택합니다.

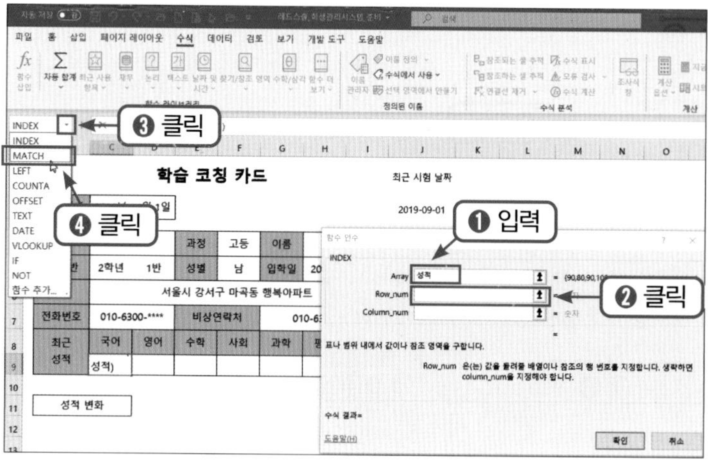

03 '함수 인수' 대화 상자가 나타나면 해당 학생의 학번과 최근 시험날짜가 일치하는 시험성적을 불러와야 하므로 ❶ 'Lookup_value'에 **$J$2&$C$4**를 입력합니다. ❷ 'Lookup_array'를 선택한 후 ❸ '이름 상자' 내림 단추를 클릭하여 ❹ **INDEX**를 선택합니다.

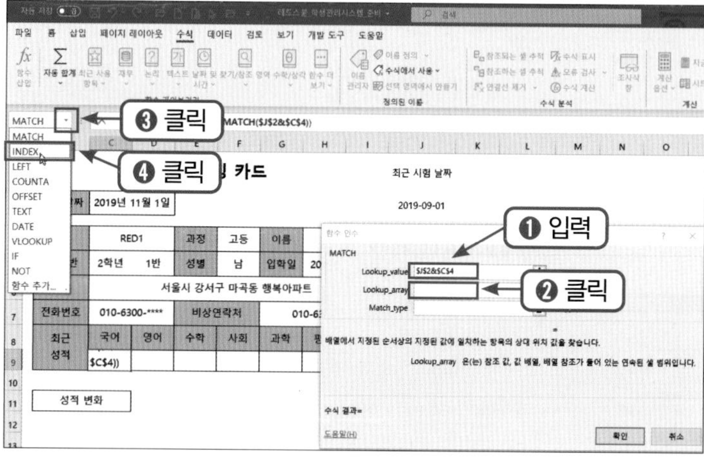

04 '함수 인수' 대화 상자가 나타나면 'Lookup_value' 인수에 입력한 값이 있는 배열을 만들어야 하므로 ❶ 'Array'에 **시험날짜&성적관리학번**을 입력합니다. ❷ 'Row_num'에 **0**을 입력하고 ❸ 수식 입력줄에서 **MATCH**를 선택합니다.

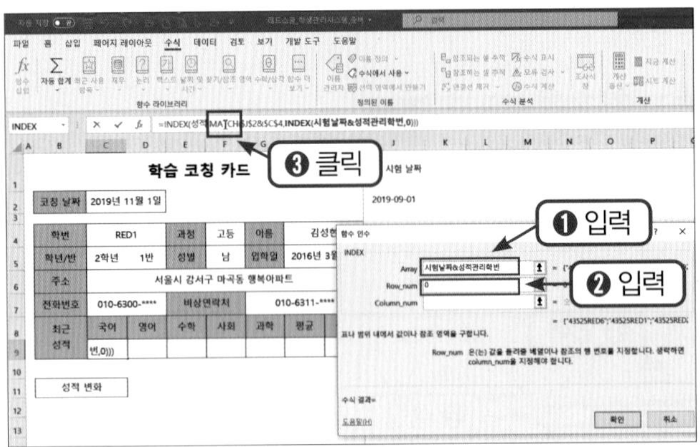

05 '함수 인수' 대화 상자가 나타나면 ❶ 'Match_type'에 **0**을 입력한 후 ❷ '수식 입력줄'에서 **INDEX**를 선택합니다.

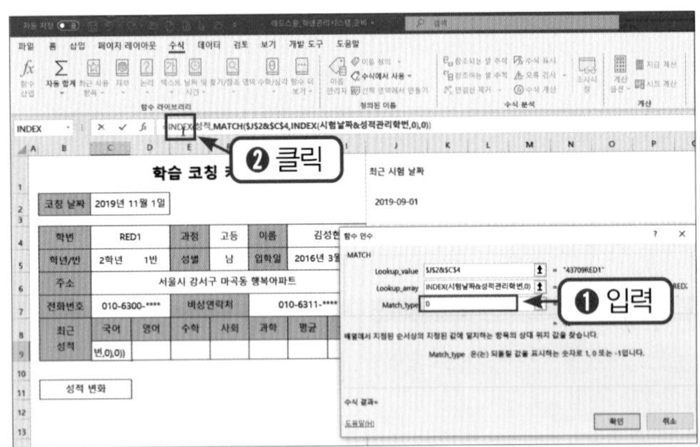

06 'Column_num'에는 과목에 해당하는 데이터의 위치값을 불러옵니다. ❶ 'Column_num'을 선택합니다. ❷ '이름 상자' 내림 단추를 클릭한 후 ❸ **MATCH**를 선택합니다.

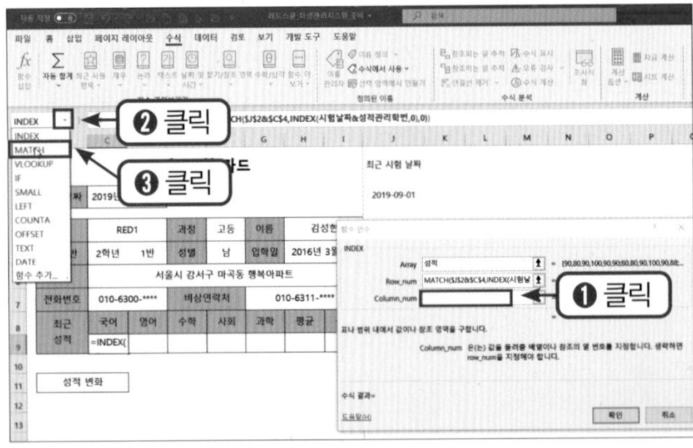

07 '함수 인수' 대화 상자가 나타나면 ❶ 'Lookup_value'에는 찾을 과목 데이터가 있는 **C8**, 'Lookup_array'에는 **성적관리!$E$1:$J$1**, 'Match_type'에는 **0**을 입력한 후 ❷ [확인] 단추를 클릭합니다.

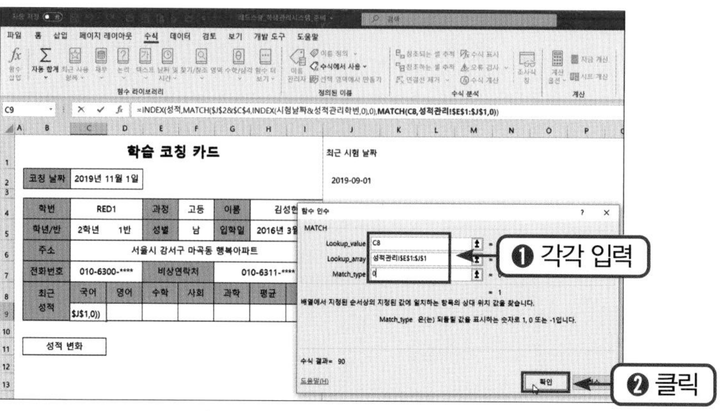

알아보기 최근 성적 불러오는 수식 알아보기

=INDEX(성적,MATCH($J$2&$C$4,INDEX(시험날짜&성적관리학번,0),0),MATCH(C8,성적관리!$E$1:$J$1,0))

❶ INDEX(시험날짜&성적관리학번,0),0): '성적관리' 시트에 있는 시험날짜(A열 데이터)와 '성적관리' 시트에 있는 학번(B열 데이터)을 &로 연결하여 시험날짜와 학번을 결합한 새로운 배열을 생성합니다. INDEX(시험날짜&성적관리학번,0) 영역을 선택하고 [F9] 키를 누르면 배열을 확인할 수 있습니다. 수식이나 함수 영역을 선택하고 [F9] 키를 누르면 수식 입력줄에서 결과값을 확인할 수 있습니다. 결과값을 확인한 후에는 반드시 [ESC] 키를 눌러 수식을 원래대로 해야 합니다. 그대로 [ENTER] 키를 누르면 수식이 사라지고 결과값이 수식 입력줄에 나타납니다.

```
=INDEX(성적,MATCH($J$2&$C$4,{"43525RED6";"43525RED1";"43525RED2";"43525RED5";"43525RED4";"43525RED11";"43525RED20";"43525RED9";"43525RED15";"43525RED17";"43525RED12";
"43525RED21";"43525RED3";"43525RED14";"43525RED18";"43525RED16";"43525RED13";"43525RED19";"43525RED7";"43525RED10";"43525RED8";"43617RED8";"43617RED9";"43617RED7";
"43617RED5";"43617RED3";"43617RED6";"43617RED14";"43617RED15";"43617RED13";"43617RED18";"43617RED1";"43617RED4";"43617RED10";"43617RED2";"43617RED19";"43617RED17";
"43617RED20";"43617RED16";"43617RED12";"43617RED21";"43617RED11";"43709RED1";"43709RED4";"43709RED7";"43709RED6";"43709RED21";"43709RED2";"43709RED9";"43709RED3";
"43709RED11";"43709RED8";"43709RED10";"43709RED19";"43709RED14";"43709RED5";"43709RED20";"43709RED13";"43709RED16";"43709RED18";"43709RED12";"43709RED17";"43709RED15";
"43800RED4";"43800RED2";"43800RED6";"43800RED13";"43800RED8";"43800RED10";"43800RED9";"43800RED3";"43800RED15";"43800RED1";"43800RED7";"43800RED5";"43800RED16";
"43800RED17";"43800RED20";"43800RED21";"43800RED19";"43800RED11";"43800RED12";"43800RED14";"43800RED18";"43891RED1";"43891RED2";"43891RED9";"43891RED4";"43891RED5";
"43891RED8";"43891RED7";"43891RED17";"43891RED6";"43891RED3";"43891RED18";"43891RED11";"43891RED10";"43891RED19";"43891RED14";"43891RED15";"43891RED13";"43891RED16";
"43891RED12";"43891RED21";"43891RED20"},0),MATCH(C8,성적관리!$E$1:$J$1,0))
```

❷ MATCH($J$2&$C$4,INDEX(시험날짜&성적관리학번,0),0): ①번 수식의 결과값으로 나온 배열에서 $J$2&$C$4의 값(43709RED1)이 몇 번째 위치에 있는지를 찾아 값을 반환합니다. 결과값은 43입니다.

❸ MATCH(C8,성적관리!$E$1:$J$1,0): C8셀에 있는 값(국어)이 '성적관리!$E$1:$J$1' 영역에서 몇 번째 위치에 있는지를 찾아 값을 반환합니다. 결과값은 1입니다.

❹ ②번과 ③번 수식을 실행하면 최종 함수는 =INDEX(성적,43,1)이 됩니다. '성적'으로 이름정의한 영역에서 행 방향으로 43번째, 열 방향으로 1번째 위치에 있는 값을 반환합니다.

08 C9셀의 자동 채우기 핸들(**+**)을 H9셀까지 드래그하여 나머지 과목의 성적도 불러옵니다.

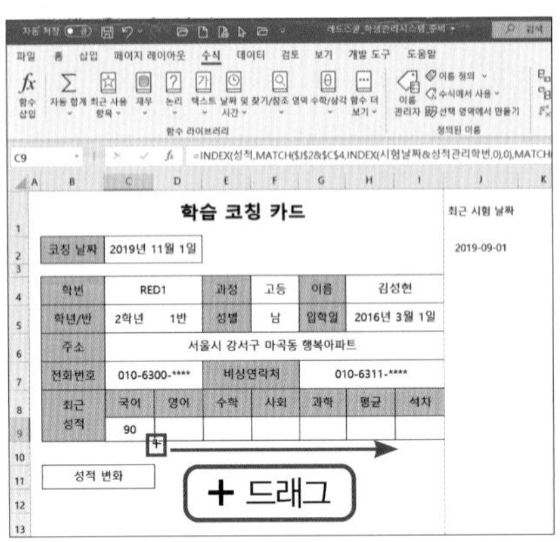

09 이번에는 석차를 구합니다. ❶ I9셀을 선택합니다. ❷ '수식 입력줄'에 **=SUM((H9<평균점수)*(J2=시험날짜))+1**을 입력한 후 ENTER 키를 누릅니다.

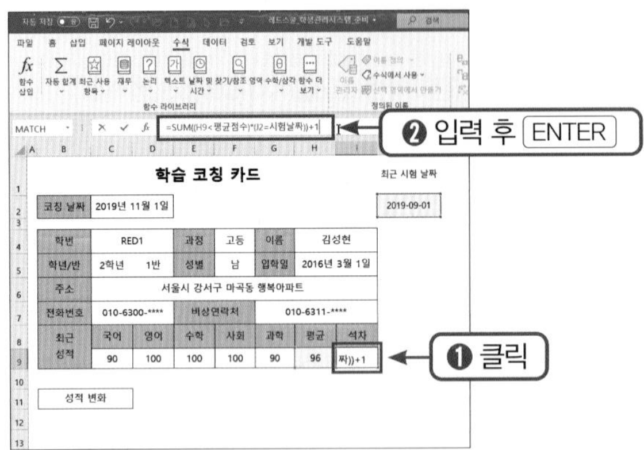

알아보기 **배열 함수**

여기서 사용된 수식 **=SUM((H9<평균점수)*(J2=시험날짜))+1**은 배열 함수입니다.

❶ H9<평균점수: H9셀에 입력된 값(여기서는 96)과 '평균점수'로 이름정의된 영역('성적관리' 시트의 J열)의 값을 하나하나 비교해서 96보다 작으면 TRUE, 96보다 크면 FALSE값을 환원합니다.

❷ J2=시험날짜: J2셀에 입력된 값, 즉 최근 시험날짜와 '시험날짜'로 이름정의된 영역('성적관리' 시트의 A열)의 값을 하나하나 비교해서 날짜값이 같으면 TRUE, 다르면 FALSE값을 환원합니다.

❸ (H9<평균점수)*(J2=시험날짜): ①번과 ②번에서 나온 값을 서로 곱합니다. 엑셀에서 TRUE는 1로, FALSE는 0으로 인식됩니다. 해당 영역을 선택한 후 F9 키를 누르면 수식 입력줄에 다음과 같이 나타납니다. =SUM({0;

0;0;0;0;0;0})+1

❹ 해당 학생의 평균 점수가 가장 높은 점수이므로 SUM 함수의 결과값이 모두 FALSE가 되어 0값으로 반환되었습니다. 맨 마지막에 1을 더하는 이유는 1등일 경우에는 이와 같이 SUM으로 나타나는 값이 0이므로 1을 더해서 1등으로 나타나게 하기 위함입니다.

❺ H9셀에 나타난 점수가 2등에 해당하는 점수일 경우 SUM 함수의 결과값이 1이 됩니다. 왜냐하면 해당 시험날짜에서 H9셀에 입력된 데이터보다 작은 데이터가(1등에 해당하는 값) 하나 존재하기 때문입니다.

배열 함수에 대해서는 부록2-6 '수학/삼각 함수와 배열 수식'(549P)을 참고하세요.

성적 변화 차트 만들기

01 이번에는 피벗 테이블 기능을 활용하여 성적 변화가 자동으로 나타나게 합니다. 먼저 피벗 테이블이 적용될 영역을 동적 영역으로 이름정의합니다.

❶ '코칭내역' 시트에서 [수식] 탭 → '정의된 이름' 그룹 → '이름 관리자' 명령 단추를 클릭합니다. ❷ '이름 관리자' 대화 상자가 나타나면 **시험날짜**를 선택합니다 ❸ '참조 대상'에 입력된 수식을 선택한 후 CTRL + C 키를 누르고 ❹ '새로 만들기'를 클릭합니다.

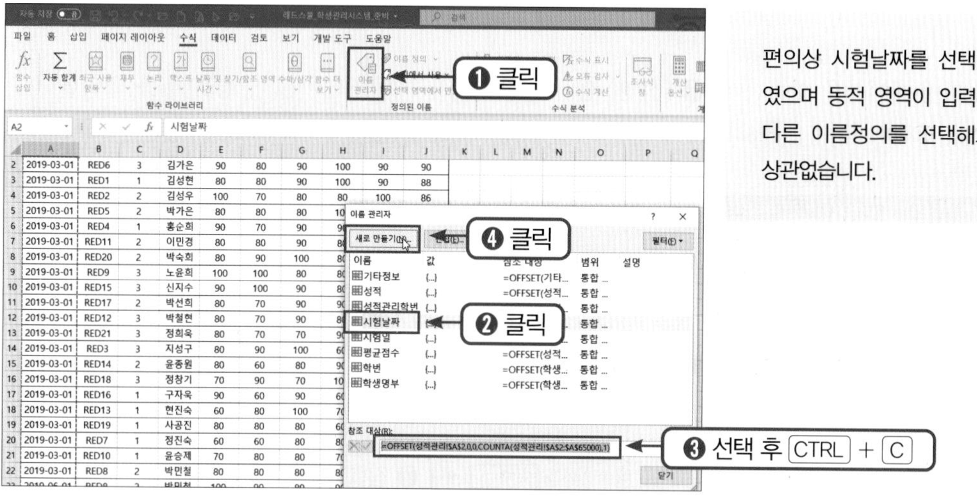

편의상 시험날짜를 선택하였으며 동적 영역이 입력된 다른 이름정의를 선택해도 상관없습니다.

02 '새 이름' 대화 상자가 나타나면 ❶ '이름'에 **성적관리**를 입력합니다. ❷ '참조 대상'에서 기존 참조 대상을 지우고 CTRL + V 키를 누릅니다. ❸ 입력된 수식을 **=OFFSET(성적관리!$A$1,0,0,COUNTA(성적관리!$A$1:$A$65000),10)**으로 수정하고 ❹ [확인] 단추를 클릭합니다.

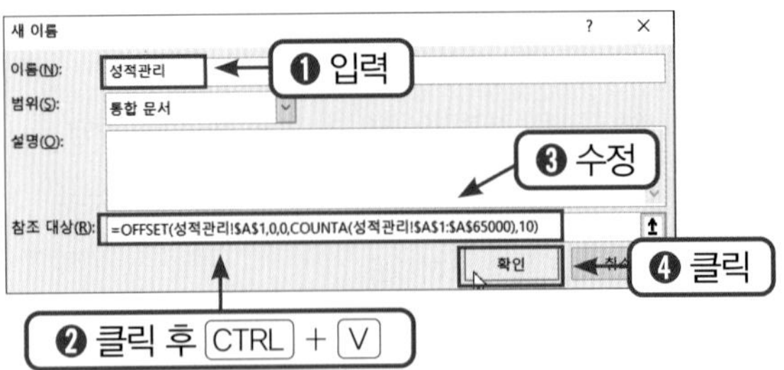

03 2번 과정에서 [확인] 단추를 클릭하면 '이름 관리자'에 성적관리가 새롭게 이름정의되어 있음을 확인할 수 있습니다. [닫기] 단추를 클릭합니다.

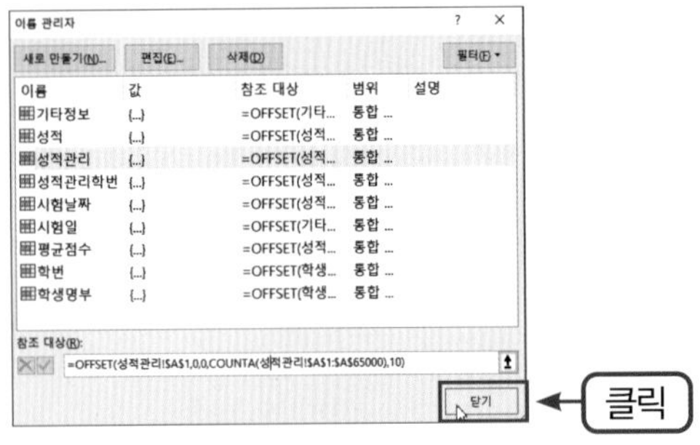

04 피벗 테이블을 만듭니다. ❶ [삽입] 탭 → '표' 그룹 → '피벗 테이블' 명령 단추를 클릭합니다. ❷ '피벗 테이블 만들기' 대화 상자가 나오면 '표/범위'에 **성적관리**를 입력합니다.

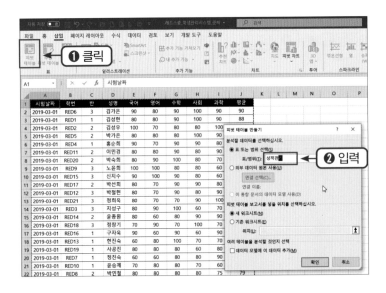

❶ 클릭

시험날짜	학번	반	성명	국어	영어	수학	사회	과학	평균
2019-03-01	RED6	3	김가은	90	80	90	100	90	90
2019-03-01	RED1	1	김성현	80	80	90	100	90	88
2019-03-01	RED2	2	김성우	100	70	80	80	100	
2019-03-01	RED5	2	박가은	80	80	80	100	90	
2019-03-01	RED4	1	홍순희	90	70	90	90	80	
2019-03-01	RED11	2	이민경	80	80	90	80	90	
2019-03-01	RED20	2	박숙희	80	90	100	80	70	
2019-03-01	RED9	3	노윤희	100	100	80	80	60	
2019-03-01	RED15	3	신지수	90	100	90	80	60	
2019-03-01	RED17	2	박선희	80	70	90	90	80	
2019-03-01	RED12	3	박철현	80	70	90	80	90	
2019-03-01	RED21	3	정희욱	80	70	70	90	100	
2019-03-01	RED3	3	지성구	80	90	100	60	70	
2019-03-01	RED14	2	윤종원	80	60	80	90	90	
2019-03-01	RED18	3	정창기	70	90	70	100	70	
2019-03-01	RED16	1	구자욱	90	60	90	60	90	
2019-03-01	RED13	1	현진숙	60	80	100	70	70	
2019-03-01	RED19	1	사공진	80	80	80	60	80	
2019-03-01	RED7	1	정진숙	60	60	80	80	90	
2019-03-01	RED10	1	윤승제	70	80	80	70	60	
2019-03-01	RED8	2	박민철	80	80	80	80	75	79

피벗 테이블 만들기
분석할 데이터를 선택하십시오.
표 또는 범위 선택(S)
표/범위(T): 성적관리
외부 데이터 원본 사용(U)
피벗 테이블 보고서를 넣을 위치를 선택하십시오.
새 워크시트(N)
기존 워크시트(E)
확인 취소

❷ 입력

05 ❶ '피벗 테이블 보고서를 넣을 위치를 선택하십시오'에서 **'기존 워크시트'**를 선택합니다. ❷ '학습코칭카드' 시트를 선택한 후 L2셀을 선택하여 입력합니다. ❸ [확인] 단추를 클릭합니다.

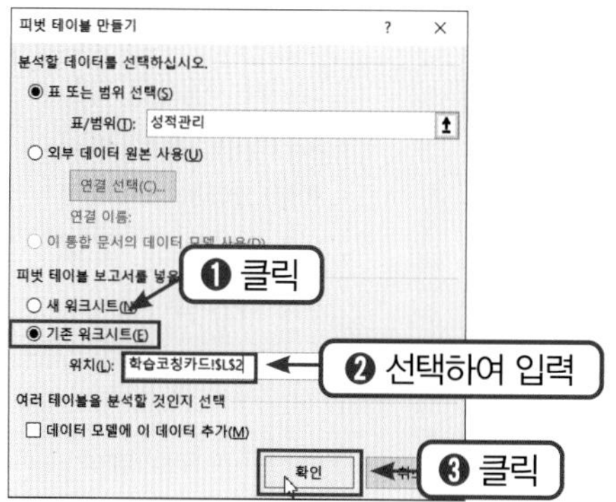

06 ❶ '피벗 테이블 필드' 목록에서 **성명**을 드래그하여 보고서 필드로 이동합니다. ❷ '피벗 테이블 필드' 목록에서 **평균**을 클릭합니다.

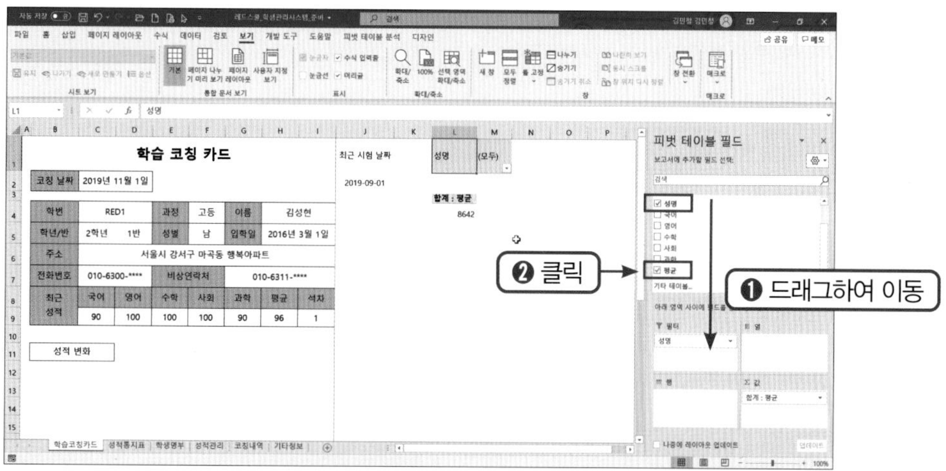

07 '피벗 테이블 필드' 목록에서 **시험날짜**를 클릭합니다.

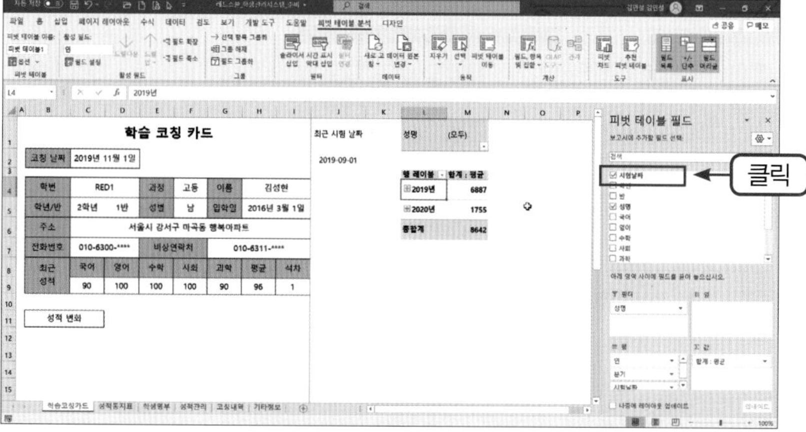

08 ❶ 피벗 테이블의 행 레이블 아무 셀이나 선택한 후(여기서는 L4셀을 선택합니다) ❷ [피벗 테이블 분석] 탭 → '그룹' 그룹에서 '그룹 해제' 명령 단추를 선택합니다.

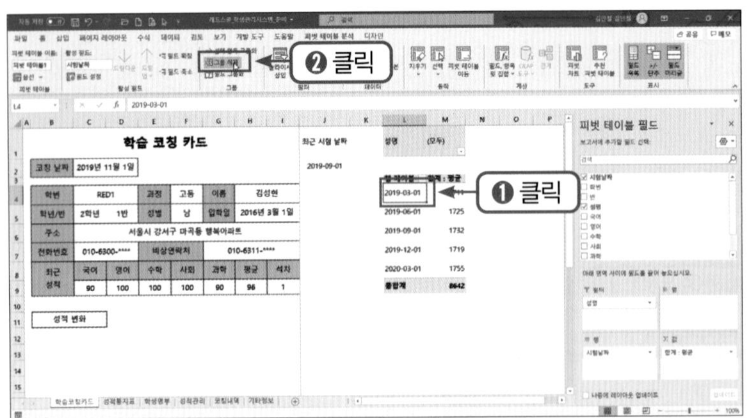

엑셀 2019 버전에서는 날짜가 자동으로 그룹화가 되어 나타나서 날짜를 그대로 나타나게 하기 위해서는 그룹 해제를 해야 합니다.

09 ❶ 피벗 테이블의 보고서 필드의 내림 단추를 선택합니다. ❷ 목록이 나타나면 **'여러 항목 선택'**을 선택한 후 ❸ 성명 목록이 나타나면 **모두**를 클릭해서 전체 목록을 해제합니다. ❹ **김성현**을 선택합니다. ❺ [확인] 단추를 클릭합니다.

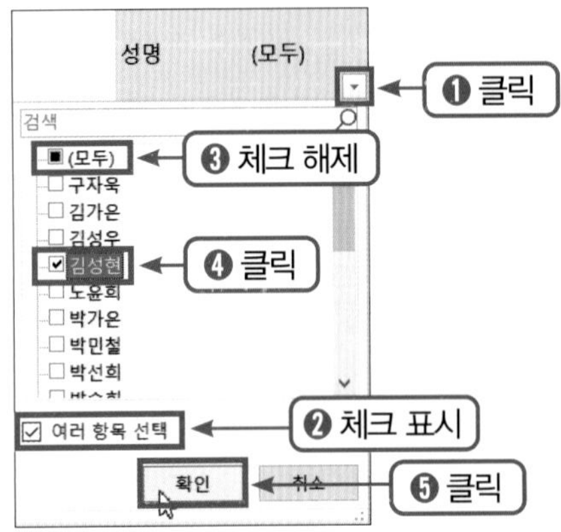

10 피벗 차트를 만듭니다. ❶ 피벗 테이블이 있는 영역을 선택한 후 ❷ [피벗 테이블 분석] 탭 → '도구' 그룹 → '피벗 차트' 명령 단추를 클릭합니다.

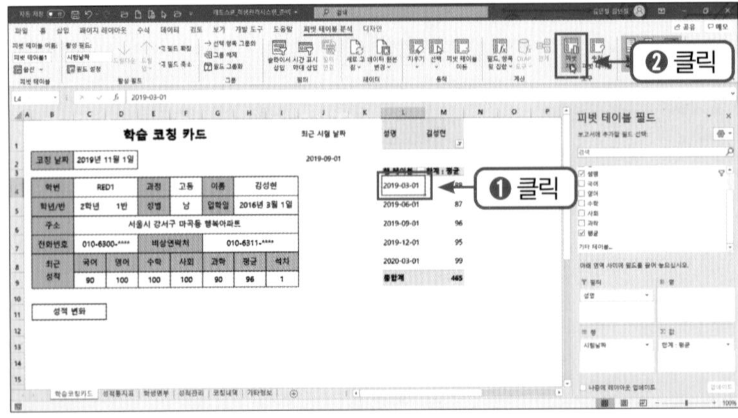

11 ❶ '차트 삽입' 대화 상자가 나타나면 **꺾은선형 차트**를 선택한 후 ❷ [확인] 단추를 클릭합니다.

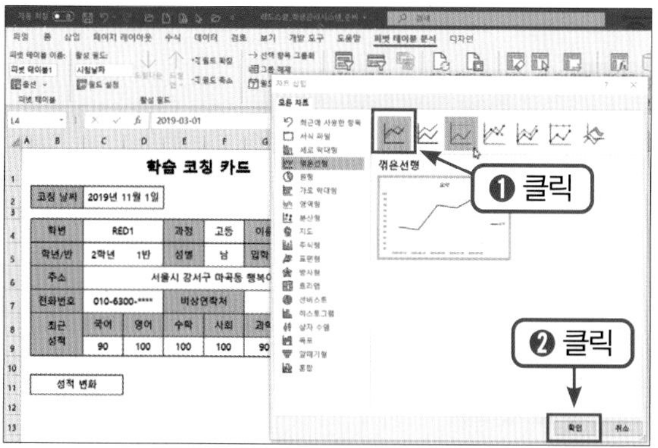

12 차트를 B11셀 아래로 드래그하여 이동하고 적당한 크기로 만듭니다.

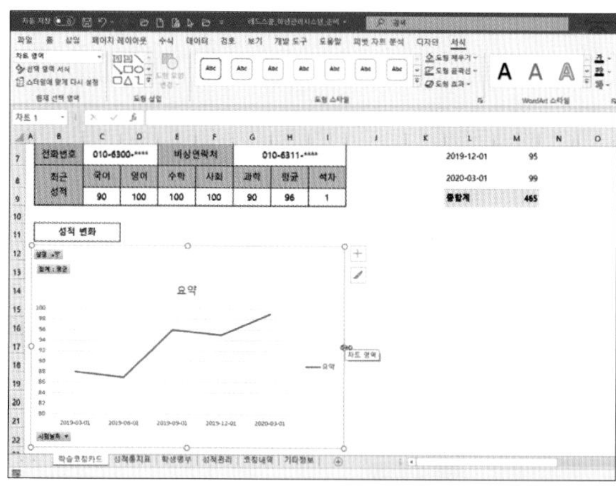

13 차트 스타일을 변경합니다. ❶ [디자인] 탭 → '차트 스타일' 그룹 → **스타일2**를 선택합니다. ❷ 차트 옆에 있는 차트 요소(+)를 클릭합니다.

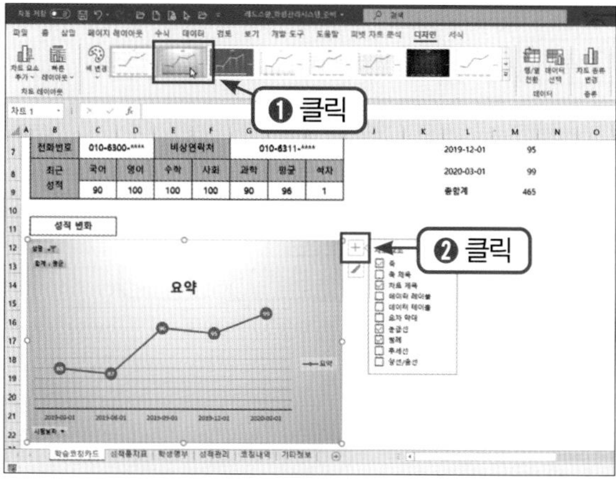

14 '차트 요소' 목록에서 **차트 제목**과 **범례**를 클릭하여 선택 해제합니다. 차트에서 '차트 제목'과 '범례'가 사라집니다.

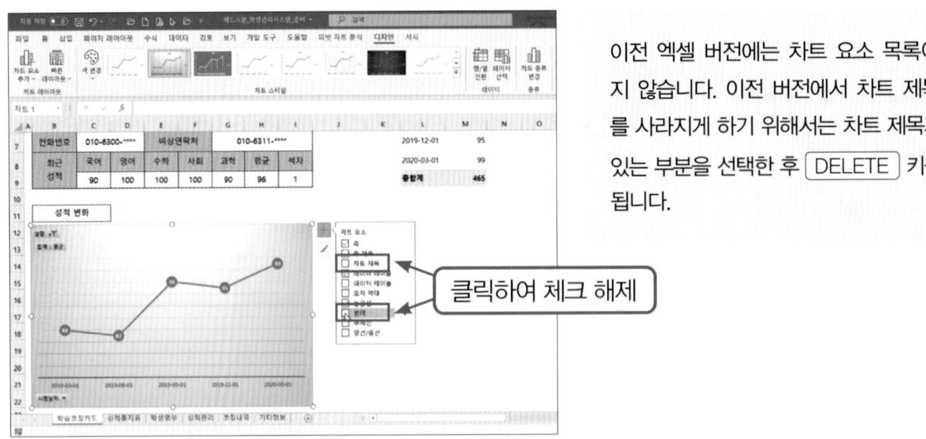

이전 엑셀 버전에는 차트 요소 목록이 나타나지 않습니다. 이전 버전에서 차트 제목과 범례를 사라지게 하기 위해서는 차트 제목과 범례가 있는 부분을 선택한 후 DELETE 키를 누르면 됩니다.

코칭 내용 불러오기

01 코칭 내용을 불러오기 위해 먼저 필요한 영역을 이름정의로 동적 영역으로 지정합니다. ❶ [수식] 탭 → '정의된 이름' 그룹 → '이름 관리자' 명령 단추를 클릭합니다. ❷ '이름 관리자' 대화상자가 나타나면 **시험날짜**를 선택한 후 ❸ '참조 대상'의 수식을 선택하고 CTRL + C 키를 누릅니다. ❹ '새로 만들기' 단추를 클릭합니다.

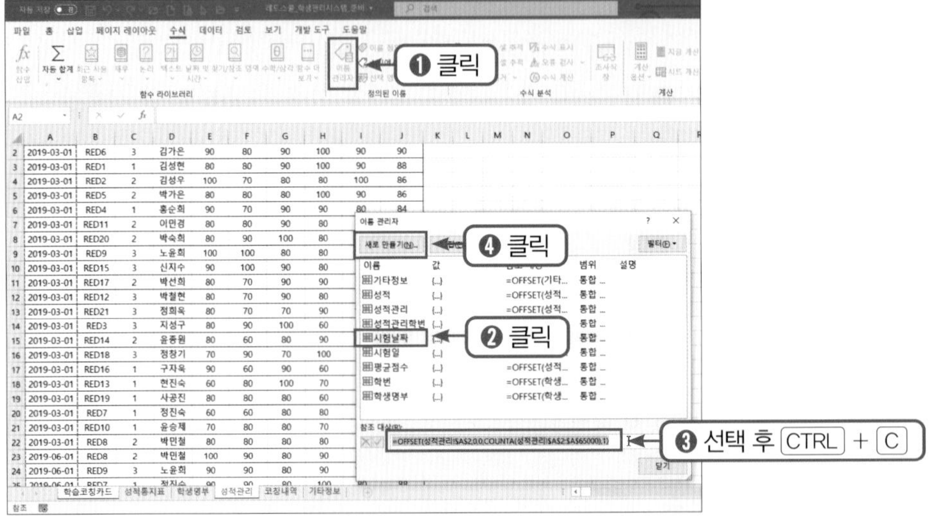

02 '새 이름' 대화 상자가 나타나면 ❶ '이름'에 **코칭날짜**를 입력합니다. ❷ '참조 대상'에서 기존 참조 대상을 지우고 CTRL + V 키를 누릅니다. 입력된 수식을 **=OFFSET(코칭내역!$C$2,0,0,COUNTA(코칭내역!$C$2:$C$65000),1)**로 수정하고 ❸ [확인] 단추를 클릭합니다.

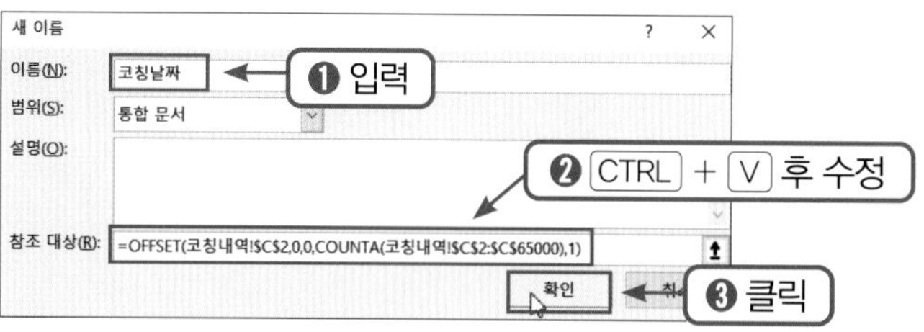

03 2번 과정에서 [확인] 단추를 클릭하면 '이름 관리자' 대화 상자가 나타납니다. '새로 만들기'를 클릭하여 계속 필요한 이름정의를 합니다. '새 이름' 대화 상자가 나타나면 ❶ '이름'에 **코칭내역**을 입력한 후 ❷ '참조 대상'에서 기존 참조 대상을 지우고 CTRL + V 키를 누른 후 **=OFFSET(코칭내역!$E$2,0,0,COUNTA(코칭내역!$E$2:$E$65000),1)**로 수정 입력합니다. ❸ [확인] 단추를 클릭합니다.

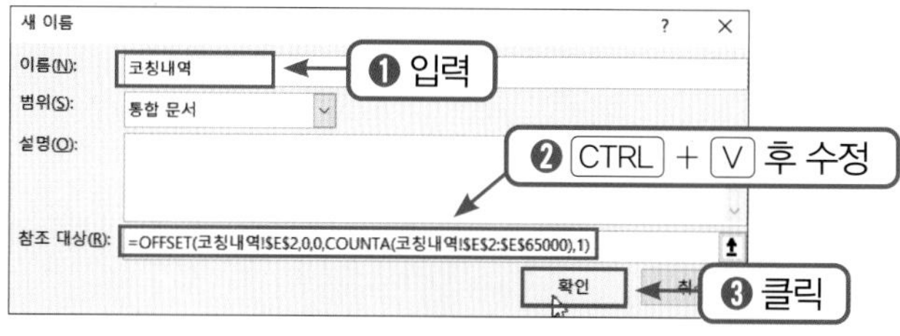

04 3번 과정에서 [확인] 단추를 클릭하면 '이름 관리자' 대화 상자가 나타납니다. '새로 만들기'를 클릭하여 계속 필요한 이름정의를 합니다. '새 이름' 대화 상자가 나타나면 ❶ '이름'에 **코칭성명**을 입력한 후 ❷ '참조 대상'에서 기존 참조 대상을 지우고 CTRL + V 키를 누른 후 **=OFFSET(코칭내역!$B$2,0,0,COUNTA(코칭내역!$B$2:$B$65000),1)**로 수정 입력합니다. ❸ [확인] 단추를 클릭합니다.

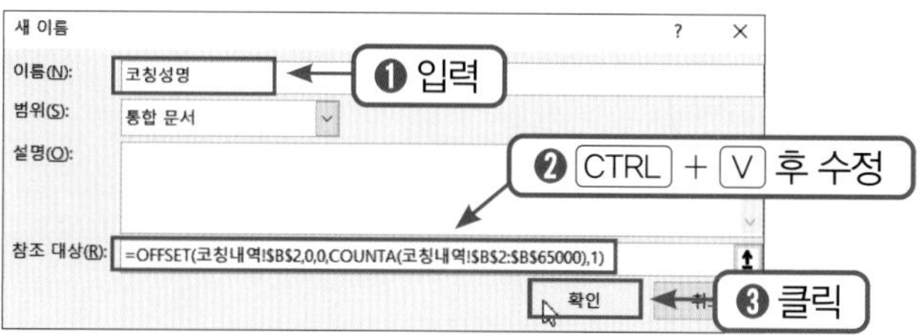

05 4번 과정에서 [확인] 단추를 클릭하면 '이름 관리자' 대화 상자가 나타나면서 이름정의 목록에 추가되었음을 확인할 수 있습니다. [닫기] 단추를 클릭합니다.

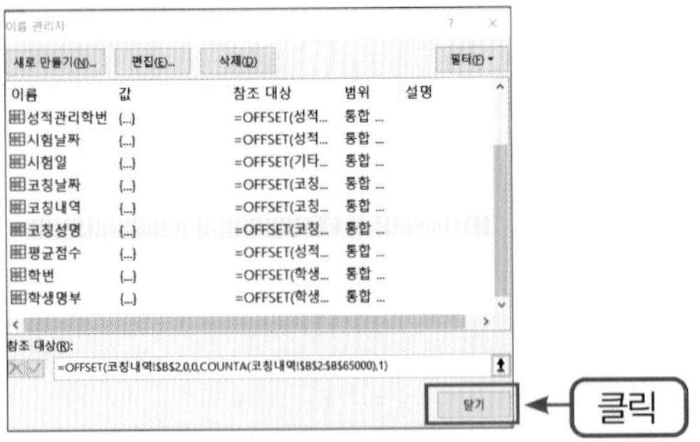

06 코칭한 날짜를 불러옵니다. ❶ B25셀을 선택합니다. ❷ [수식] 탭 → '함수 라이브러리' 그룹 → '최근 사용 항목' 명령 단추를 눌러 ❸ **INDEX**를 선택합니다.

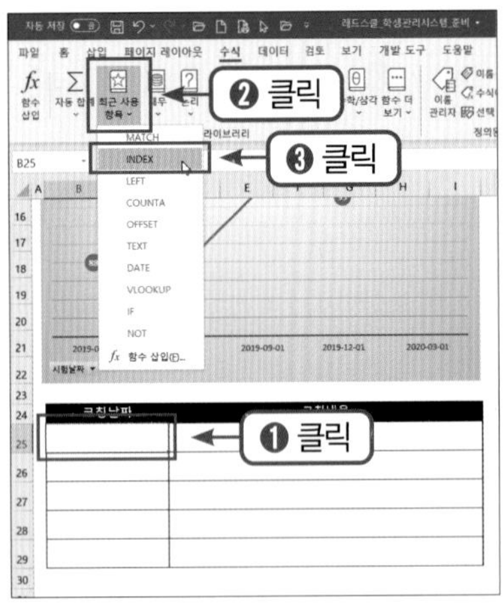

07 ❶ '인수 선택' 대화 상자가 나타나면 **array,row_num,column_num**을 선택한 후 ❷ [확인] 단추를 클릭합니다.

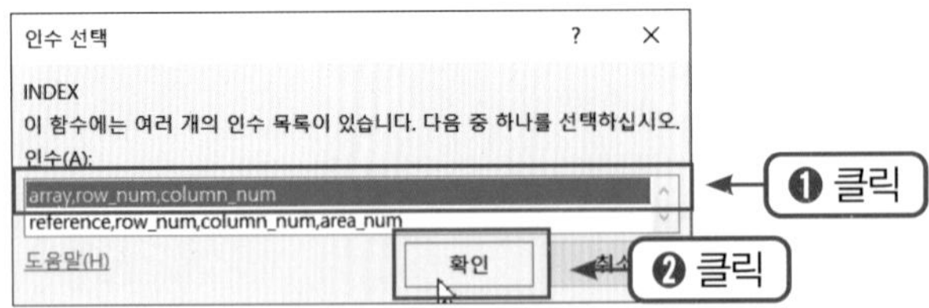

08 ❶ '함수 인수' 대화 상자가 나타나면 'Array'에 **코칭날짜**를 입력합니다. ❷ 'Row_num'을 선택하고 ❸ '이름 상자' 내림 단추를 클릭한 후 ❹ **함수 추가**를 선택합니다. '함수 마법사' 대화 상자가 나타나면 ❺ '범주 선택'을 **통계**로 선택하고 ❻ '함수 선택'에서 **SMALL**을 선택합니다. ❼ [확인] 단추를 클릭합니다.

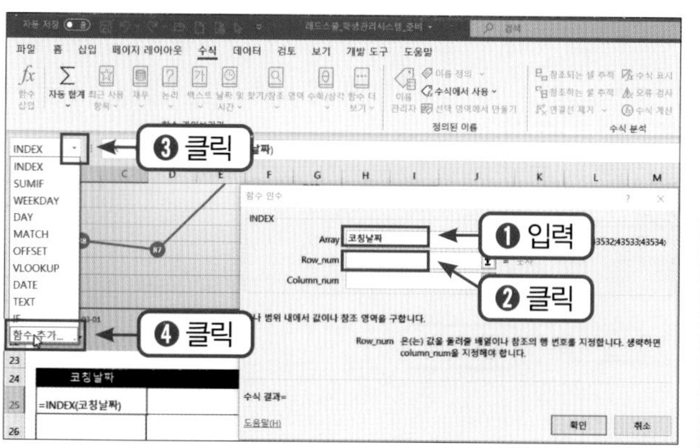

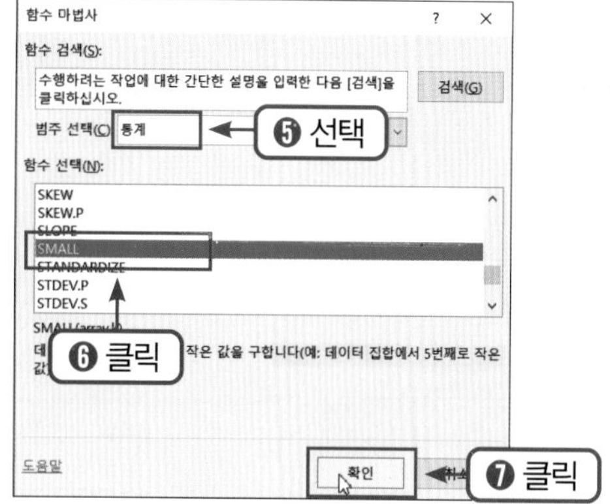

09 '함수 인수' 대화 상자가 나타나면 ❶ 'Array'를 선택한 후 ❷ '이름 상자' 내림 단추를 클릭해 ❸ **IF**를 선택합니다.

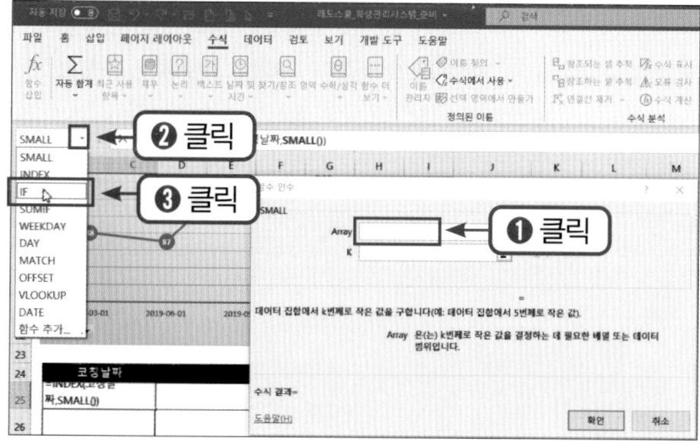

10 '함수 인수' 대화 상자가 나타나면 ❶ 'Logical_test'에 **코칭성명=$H$4**를 입력하고 ❷ 'Value_if_true'에는 **ROW(코칭성명)-1**을 입력합니다. ❸ 'Value_if_false'에는 **""**를 입력합니다. ❹ '수식 입력줄'에서 **SMALL**을 클릭합니다.

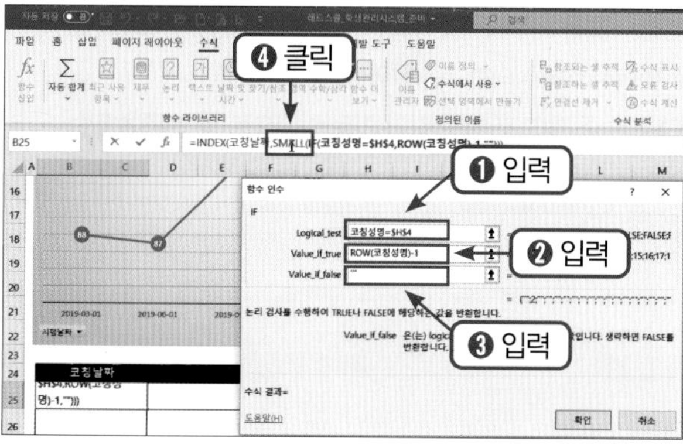

11 '함수 인수' 대화 상자가 나타나면 ❶ 'K'에 **ROW()-24**를 입력합니다. ❷ [확인] 단추를 클릭합니다.

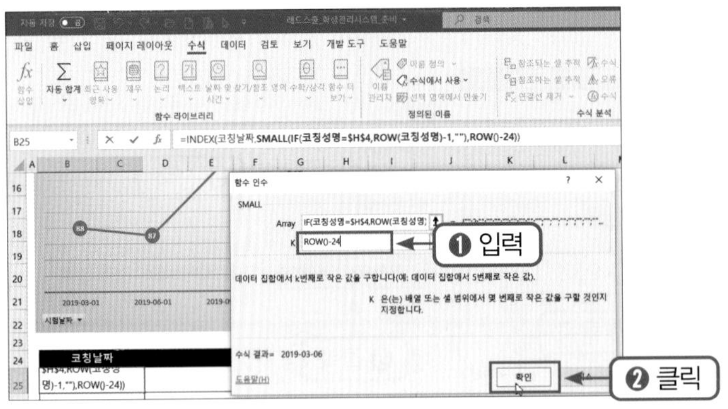

12 '수식 입력줄'에서 **=** 뒤에 **IFERROR(**를 입력하고 맨 뒤에 **,"")**를 입력한 후 ENTER 키를 누릅니다.

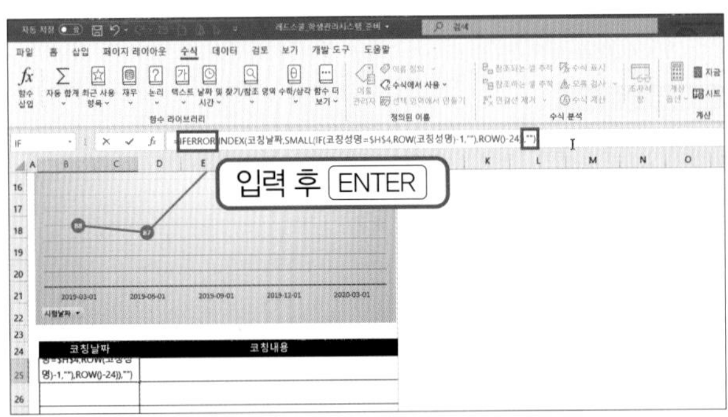

B28, B29셀에는 2019-5-28일 이후 코칭 내역이 없어서 오류값이 나타납니다. 추가 부분은 오류값이 나타날 경우에는 공백으로 나타나도록 지정하는 수식입니다.

알아보기

INDEX 함수

INDEX(Array, Row_num, Column_num) 함수는 지정한 범위(Array) 내에서 가로 방향으로 몇 번째(Row_num), 세로 방향으로 몇 번째(Column_num)에 있는 값을 찾아 반환합니다.

❶ Array: 찾고자 하는 값이 포함된 지정한 배열 상수 혹은 범위입니다. 여기서 1번째로 사용된 INDEX 함수의 Array는 찾고자 하는 값이 코칭날짜이므로 앞에서 이름정의한 코칭날짜를 입력하였습니다.

❷ Row_num: 값을 반환할 영역의 행을 의미합니다. 즉, 찾고자 하는 값이 가로 방향으로 몇 번째에 있는지를 의미합니다. 여기서는 SMALL 함수를 활용하여 값을 찾습니다.

❸ Column_num: 값을 반환할 영역의 열을 의미합니다.

IF 함수

IF(Logical_test, Value_if_true, Value_if_false) 함수는 가장 보편적으로 많이 알려진 함수입니다. 지정한 조건(Logical_test)에 대해 참(true)과 거짓(false)을 판단하여 참이면 1번째 인수에 입력한 값을(Value_if_true), 거짓이면 2번째 인수에 입력한 값을(Value_if_false) 반환합니다.

❶ Logical_test: 지정한 조건에 대해 참(true) 혹은 거짓(false)으로 판단할 수 있는 임의의 값 혹은 식입니다. 코칭성명과 H4셀에 입력된 값을 비교합니다.

❷ Value_if_true: Logical_test가 참(true)인 경우에 반환되는 값입니다. 코칭성명에 해당하는 행 번호에서 1을 뺀 값을 반환합니다.

❸ Value_if_false: Logical_test가 거짓(false)인 경우에 반환되는 값입니다. 공백을 반환합니다.

SMALL 함수

SMALL(Array, K): 지정한 데이터 영역(Array)에서 K번째로 작은 값을 반환합니다.

ROW(Reference): 참조(Reference)의 행 번호를 반환합니다. 참조(Reference)는 셀 또는 셀 범위입니다.

IFERROR 함수

IFERROR(Value, Value_if_error): 입력된 수식(Value)의 오류를 검사하여 오류일 경우 사용자가 지정한 값(Value_if_error)을 반환합니다.

수식 알아보기

=IFERROR(INDEX(코칭날짜,SMALL(IF(코칭성명=$H$4,ROW(코칭성명)–1,“”),ROW()–24)),“”)

❶ IF(코칭성명=$H$4,ROW(코칭성명)–1,“”): 코칭성명으로 이름정의한 영역(‘코칭내역’ 시트의 B열)의 값이 H4셀에 입력한 학생 이름과 같은지를 검사한 다음(코칭성명=$H$4), 같으면 코칭성명의 행 번호값에서 1을 뺀 값을 반환하고(ROW(코칭성명)–1), 다르면 공백(“”) 값을 반환합니다. 행 번호값에서 1을 빼는 이유는 ‘코칭내역’ 시트의 데이터값이 2행부터 시작하기 때문입니다. 해당 영역을 선택한 후 F9 키를 누르면 아래와 같이 결과값이 나타납니다.

{“”;2;“”;“
”;“”;“”;“”;“”;“”;“”;“”;“”;“”;“”;“”;“”;“”;“”;“”;51;“”;“”;“”;55;“”;“”;“”;“”;“”;“”;“”;“”}

❷ ROW()–24: B25셀에 수식이 입력되어 있으므로 ROW()는 25를 환원합니다. 여기서 24를 빼면 결과값은 1이 됩니다. 이 수식은 SMALL 함수의 K 인수에 해당하므로 SMALL(수식) 함수는 ① 과정에서 나타난 결과값 중 가장 작은 값, 즉 2를 반환합니다. B26셀로 수식을 복사하면 ROW()–24의 결과값이 2가 되어 수식에서 2번째로 작은 값을 결과값으로 가져옵니다.

❸ INDEX(코칭날짜,2): 코칭날짜로 이름정의된 영역(‘코칭내역’ 시트의 C2셀 이후 영역)에서 2번째 위치에 있는 값을 반환합니다. 2019–3–6이 결과값으로 나타납니다.

❹ IFFERROR(수식, “”): 위 수식이 오류일 경우, 즉 해당하는 값이 없을 경우에는 빈 셀로 나타나게 합니다. 여기서는 코칭을 받은 일수가 3일이므로 4번째부터는 공백으로 나타납니다.

13 B25셀의 자동 채우기 핸들(**+**)을 B29셀까지 드래그하여 완성합니다.

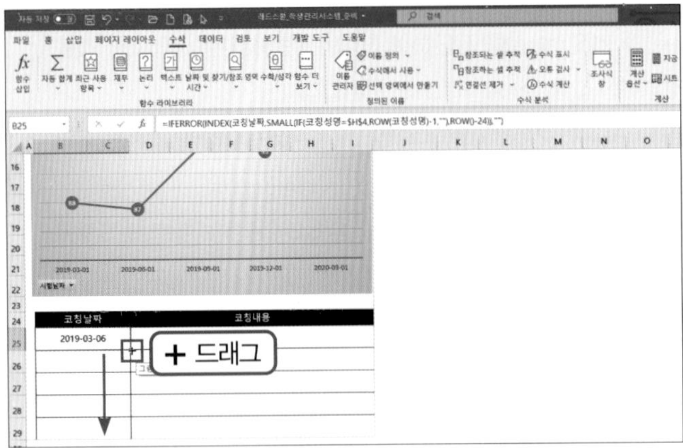

14 ❶ B25셀을 선택합니다. ❷ 수식 입력줄에서 입력한 수식을 선택하고 CTRL + C 키를 누른 후 ENTER 키를 누릅니다.

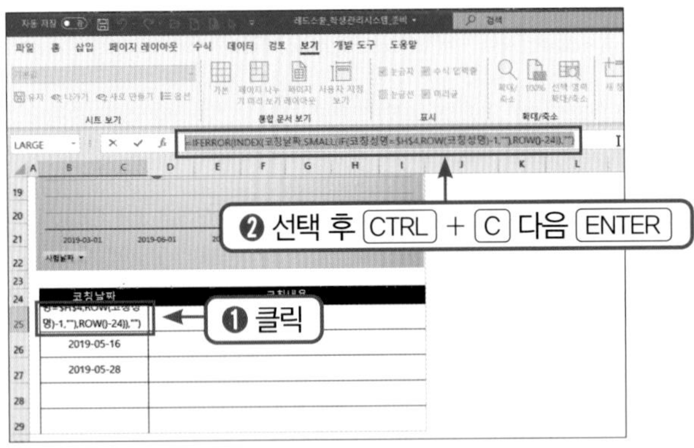

15 ❶ D25셀을 선택합니다. ❷ 수식 입력줄을 선택한 후 CTRL + V 키를 누릅니다. ❸ 수식에서 INDEX의 'Array' 인수 부분을 **코칭내역**으로 수정한 후 ENTER 키를 누릅니다.

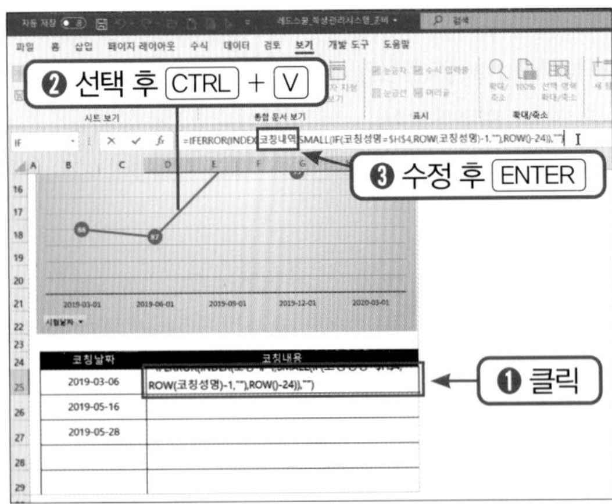

16 D25셀의 자동 채우기 핸들(**+**)을 D29셀까지 드래그하여 완성합니다.

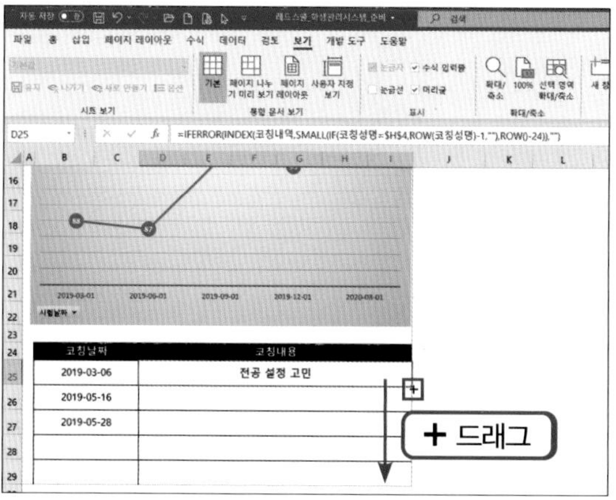

매크로를 활용하여 성적변화 차트 자동으로 나타내기

01 매크로를 활용하여 C4셀에서 학번을 선택하면 해당 학생의 성적 변화 차트가 자동으로 나타나도록 합니다. 스크롤을 위로 올린 다음 [개발 도구] 탭 → '코드' 그룹 → '매크로 기록' 명령 단추를 클릭합니다.

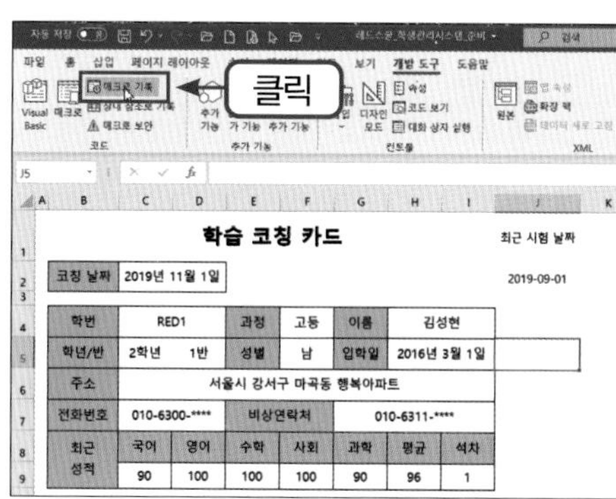

02 '매크로 기록' 대화 상자가 나타나면 ❶ '매크로 이름'에 **성적**을 입력하고 ❷ [확인] 단추를 클릭합니다.

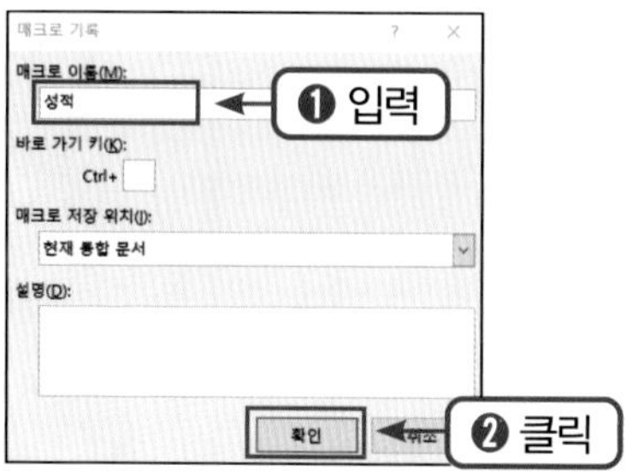

03 지금부터 매크로가 기록됩니다. ❶ '피벗 테이블' 보고서 영역의 필터링 단추를 클릭합니다. ❷ 성명 목록이 나타나면 **김성현**을 클릭해서 체크 해제합니다. ❸ **김성우**를 클릭해서 선택합니다. ❹ [확인] 단추를 클릭합니다.

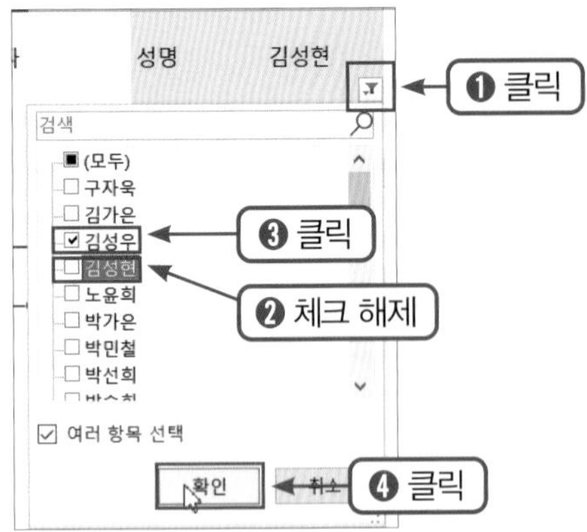

04 [개발 도구] 탭 → '코드' 그룹 → '기록 중지' 명령 단추를 누릅니다. 매크로 기록이 완료됩니다.

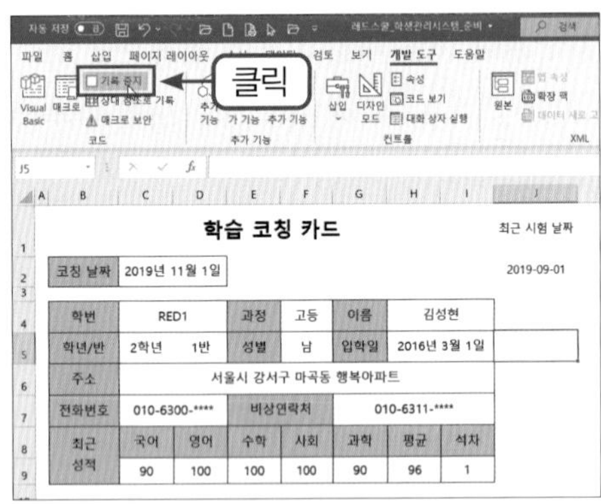

05 ALT + F11 키를 눌러 Visual Basic Editor 창을 열어서 매크로로 작성된 코드를 확인합니다. 프로젝트 창에서 모듈을 더블클릭하면 Module1이 나타납니다. ❶ Module1을 더블클릭하면 작성된 코드가 나타납니다. ❷ 여기에서 맨 앞에 어포스트로피(') 기호가 붙어 있는 부분은 주석(설명문)이라 불필요합니다. 그냥 둬도 무방하지만 여기서는 삭제하겠습니다.

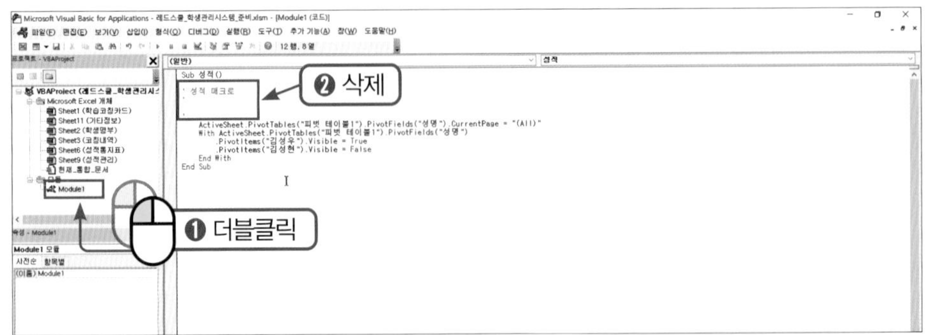

06 매크로로 기록된 코드를 다음과 같이 수정합니다.

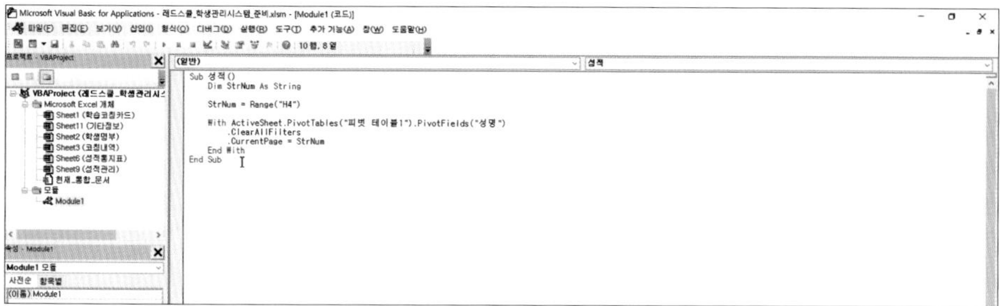

알아보기 매크로

```
1   Sub 성적 ( )
2       Dim StrNum As String
3
4       StrNum = Range("H4")
5
6       With ActiveSheet.PivotTables("피벗 테이블1").PivotFields("성명")
7           .ClearAllFilters
8           .CurrentPage = StrNum
9       End With
10  End Sub
```

2라인	**Dim StrNum As String**: 변수(StrNum)를 String(문자)으로 지정합니다. 3라인, 5라인은 변수값을 설정하는 코드를 보기 편하게 하기 위해 편의상 띄어쓰기를 하였습니다. 띄어쓰기 여부는 코드 실행에 큰 영향을 주지 않습니다.
4라인	**StrNum = Range("H4")**: StrNum을 H4셀의 값으로 설정합니다. 여기서는 선택하는 학생의 이름값이 됩니다.
6라인	**With ActiveSheet.PivotTables("피벗 테이블1").PivotFields("성명")**: 피벗 테이블의 성명 필드를 지정합니다.
7라인	**.ClearAllFilters**: 성명에 필터링된 것을 모두 지웁니다.
8라인	**.CurrentPage = StrNum**: StrNum의 값을 현재 보고서 목록에 나타나게 합니다. 여기서는 선택하는 학생의 이름값이 나타나게 됩니다.

변수에 대해서는 부록1-10 '매크로와 VBA'(529P)를 참고하세요.

07 C4셀에서 학번을 선택하면 자동으로 6번 과정에서 작성한 코드가 실행이 되도록 해 보겠습니다. VBA 프로젝트창에서 'Sheet1(학습코칭카드)'를 더블클릭합니다. 오른쪽에 코드를 입력할 수 있는 창이 나타납니다.

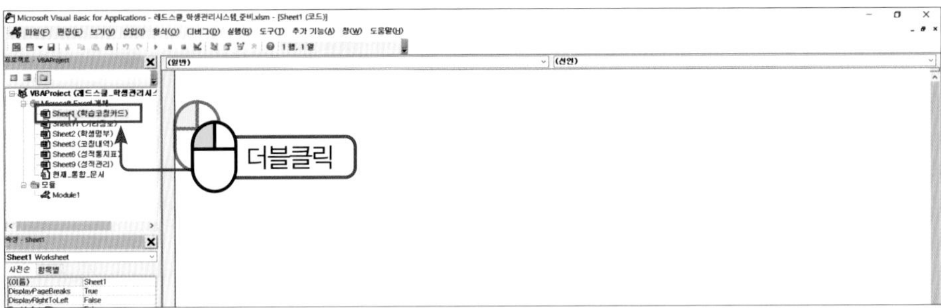

08 Visual Basic Editor 창이 나타나면 ❶ '개체' 내림 단추를 클릭한 후 ❷ **Worksheet**를 선택합니다.

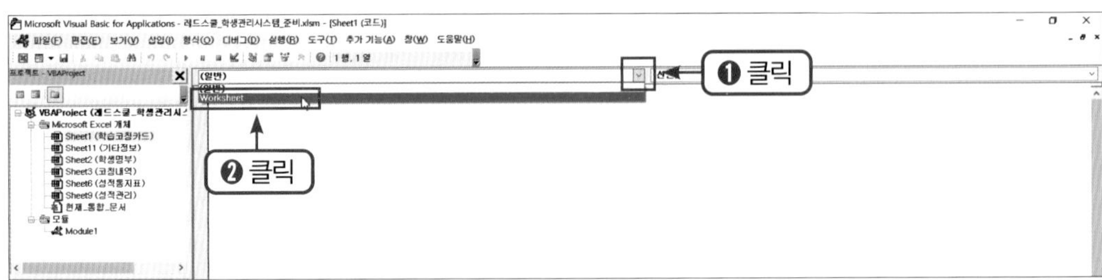

09 8번 과정을 실행하면 다음과 같은 명령문이 나타납니다.

```
Private Sub Worksheet_SelectionChange(ByVal Target As Range)

End Sub
```

Worksheet_SelectionChange 이벤트는 선택 영역이 변경될 때 발생합니다. 여기서는 셀값이 변경될 때 실행하는 이벤트 명령문이 필요합니다. ❶ 프로시저 내림 단추를 클릭한 후 ❷ **Change**를 선택합니다.

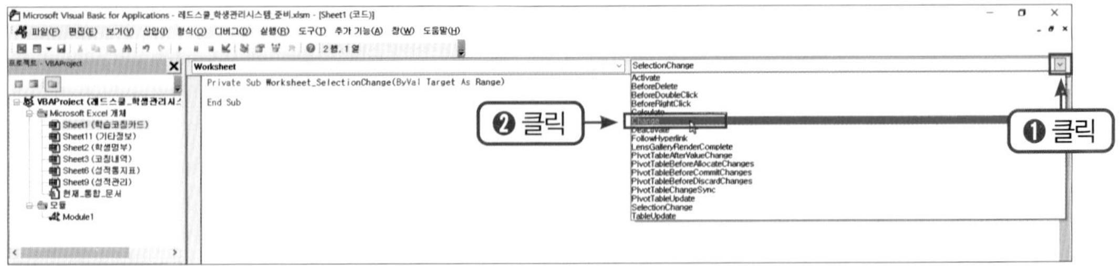

10 윗부분 매크로의 사이에 아래와 같이 명령문을 입력합니다. C4셀의 값이 바뀌면 성적 매크로가 실행되는 코드입니다.

```
If Not Intersect(Target, Target.Worksheet.Range("C4")) Is Nothing Then 성적
```

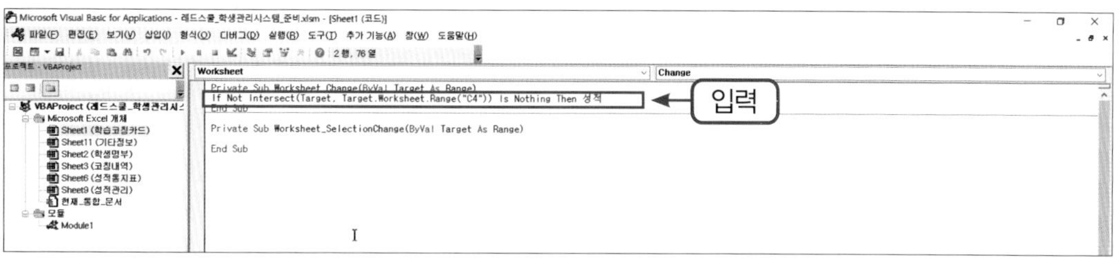

입력

11 1번째 End Sub 아래의 Private Sub Worksheet_SelectionChange(ByVal Target As Range) ~ End Sub 명령문은 불필요하므로 삭제합니다. 아래처럼 최종 코드가 작성되어 있어야 합니다.

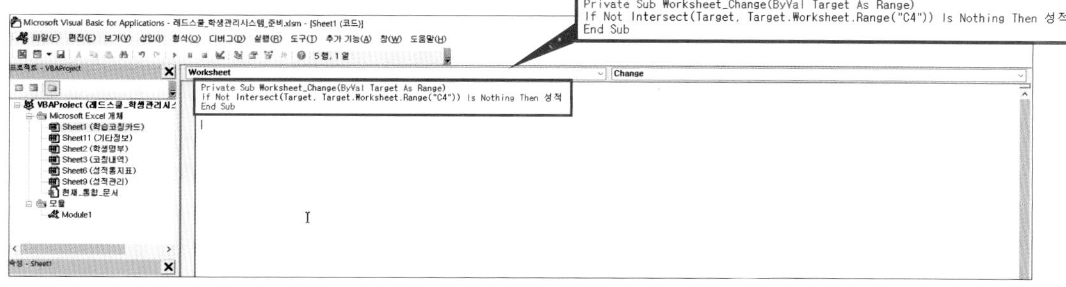

Private Sub Worksheet_Change(ByVal Target As Range)
If Not Intersect(Target, Target.Worksheet.Range("C4")) Is Nothing Then 성적
End Sub

12 다시 엑셀 시트로 돌아와서 출력할 화면을 지정합니다. ❶ [보기] 탭 → '통합 문서 보기' 그룹 → '페이지 나누기 미리 보기' 명령 단추를 클릭합니다. ❷ 마우스를 드래그하여 출력 화면을 조정합니다.

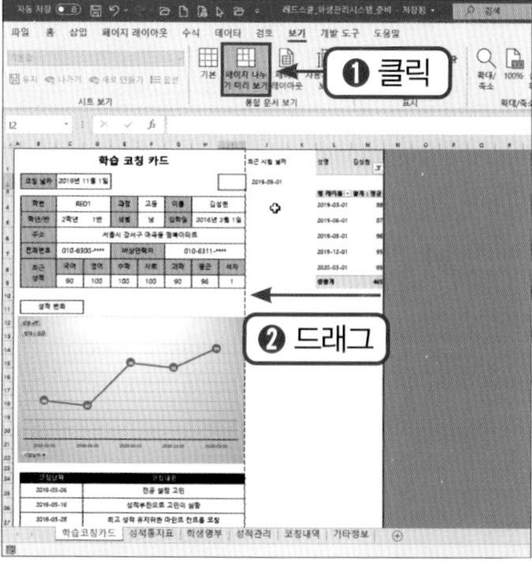

❶ 클릭
❷ 드래그
학습 코칭 카드

02 성적 통지표 만들기

학생들이 시험을 보고 가장 긴장되는 순간이 성적 통지표를 받는 순간일 것입니다. 비슷하게 시스템을 잘 갖춘 학교에서는 그렇지 않겠지만 시스템이 잘 갖춰져 있지 않은 학교 선생님들에게는 성적 통지표를 만드는 업무가 부담이 됩니다. 성적 데이터를 바탕으로 자동으로 성적 통지표가 완성되도록 해 보겠습니다.

실습 내용

기본 원리: 학번 목록을 선택하면 학생 인적사항, 시험 성적, 성적 차트 내용이 자동으로 나타납니다.

주요 기능: ❶ 이름정의 ❷ INDEX, MATCH 함수 ❸ AVERAGEIF 함수 ❹ 차트 작성

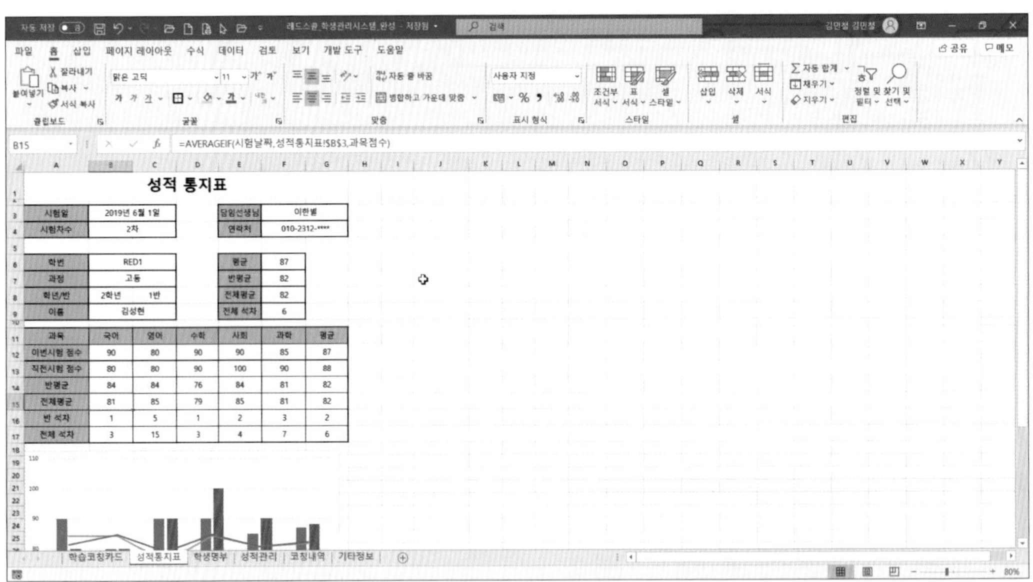

인적 사항 불러오기

01 B3셀에 유효성 검사 기능을 활용하여 시험일 목록을 작성합니다. ❶ B3셀을 선택합니다. ❷ [데이터] 탭 → '데이터 도구' 그룹 → '데이터 유효성 검사' 명령 단추를 클릭합니다. '데이터 유효성' 대화 상자가 나타나면 ❸ '제한 대상'을 **목록**으로 선택하고 ❹ '원본'에 **=시험일**을 입력합니다. ❺ [확인] 단추를 클릭합니다.

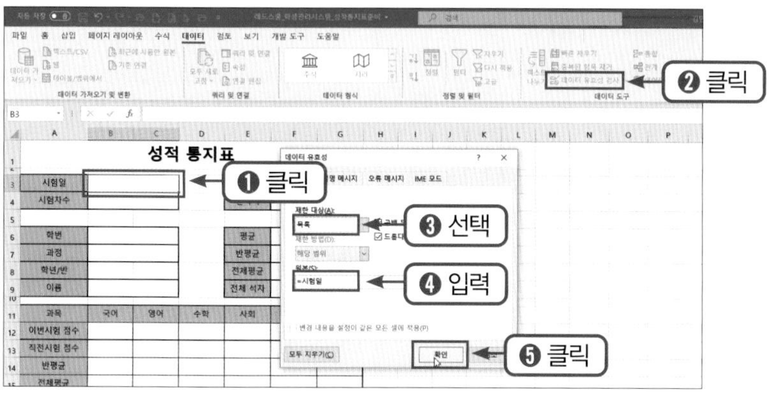

02 ❶ B3셀 목록에서 **2019-06-01**을 선택합니다. VLOOKUP 함수를 활용하여 B4셀에 시험일에 해당하는 시험 차수를 불러옵니다. ❷ B4셀을 선택합니다. ❸ [수식] 탭 → '함수 라이브러리' 그룹 → '찾기/참조 영역' 명령 단추를 클릭합니다. ❹ **VLOOKUP**을 선택합니다.

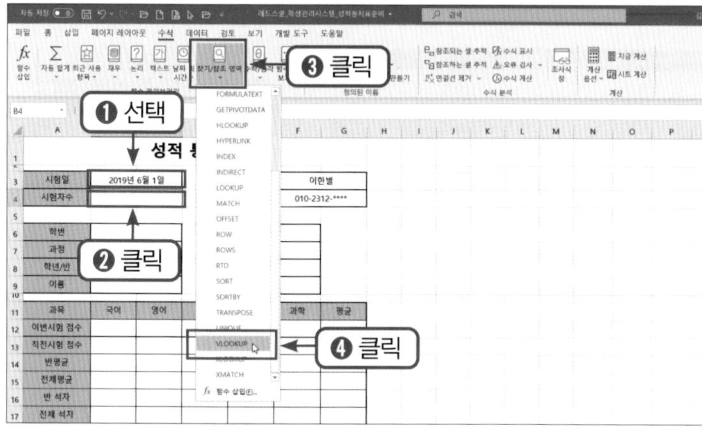

B3셀 셀 서식의 표시 형식으로 **년, 월, 일**이 나타나도록 미리 입력해 놓았습니다. B3셀을 선택한 후 CTRL + 1 키를 눌러보면 표시 형식이 **년, 월, 일** 날짜 형식으로 지정되어 있음을 확인할 수 있습니다.

03 '함수 인수' 대화 상자가 나타나면 ❶ 'Lookup_value'에서 B3셀을 선택한 후 F4 키를 눌러 절대참조로 지정합니다. ❷ 'Table_array'에 **기타정보**를, 'Col_index_num'에 **2**를, 'Range_lookup'에 **0**을 입력한 후 ❸ [확인] 단추를 클릭합니다.

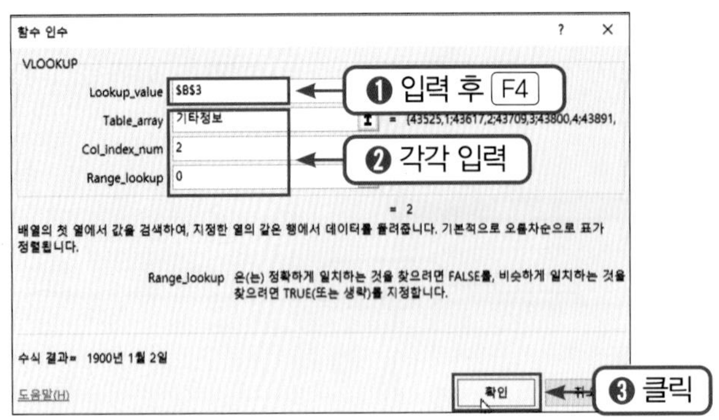

수식 실행의 결과로 나타나는 값은 2입니다. 화면에 **2차**로 나타나는 것은 B4셀 셀 서식의 표시 형식을 미리 **G/표준"차"**로 입력해 놓았기 때문입니다. B4셀을 선택한 후 CTRL + 1 키를 눌러 보면 표시 형식이 사용자 지정으로 **G/표준"차"**로 입력되어 있음을 확인할 수 있습니다.

04 유효성 검사 기능을 활용하여 B6셀에 학번 목록을 만듭니다. ❶ B6셀을 선택합니다. ❷ [데이터] 탭 → '데이터 도구' 그룹 → '데이터 유효성 검사' 명령 단추를 클릭합니다. '데이터 유효성' 대화 상자가 나타나면 ❸ '제한 대상'을 **목록**으로 선택하고 ❹ '원본'에 **=학번**을 입력합니다. ❺ [확인] 단추를 클릭합니다.

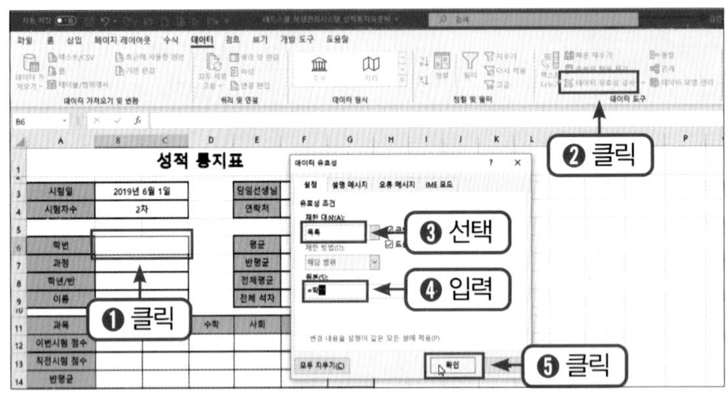

이후 내림 단추를 눌러 RED1을 선택합니다.

05 학번에 따른 인적 사항을 불러옵니다. 먼저 **과정**을 불러오기 위해 **학습코칭카드**에서 입력한 수식을 활용합니다. ❶ '학습코칭카드' 시트를 선택합니다. ❷ F4셀을 선택합니다. ❸ '수식 입력줄'의 수식을 선택하고 CTRL + C 키를 누른 후 ENTER 키를 누릅니다.

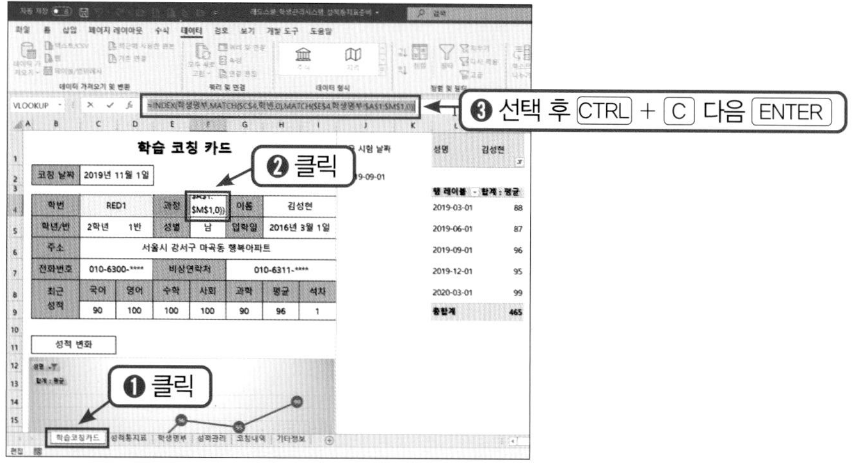

06 ❶ '성적통지표' 시트를 선택합니다. ❷ B7셀을 선택한 후 ❸ '수식 입력줄'을 선택하고 CTRL + V 키를 눌러 복사한 수식을 붙여넣기합니다. ❹ 1번째 MATCH 함수의 'Lookup_value'에는 **학번** 데이터가 있는 셀 주소를 입력해야 합니다. **$B$6**으로 수정합니다. ❺ 2번째 MATCH 함수의 'Lookup_value'에는 **과정**이 있는 셀 주소를 입력해야 합니다. **$A$7**로 수정한 후 ENTER 키를 누릅니다.

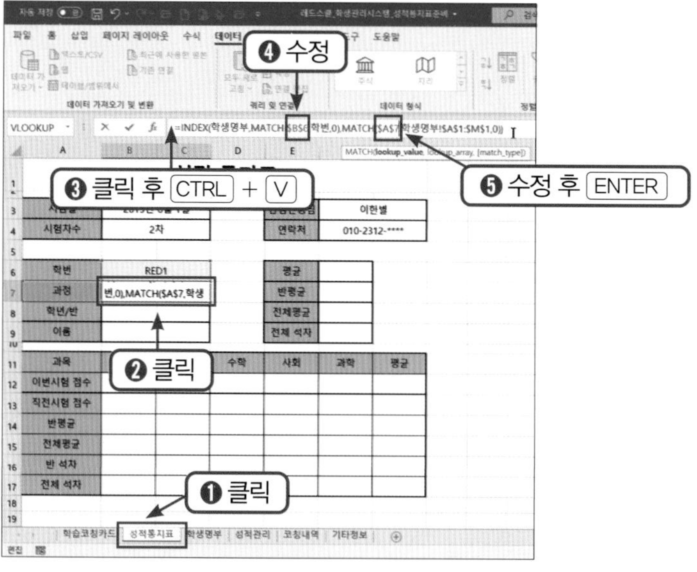

07 학년/반을 불러오기 위해 ❶ '학습코칭카드' 시트를 선택합니다. ❷ C5:D5 영역을 선택한 후 CTRL + C 키를 누릅니다.

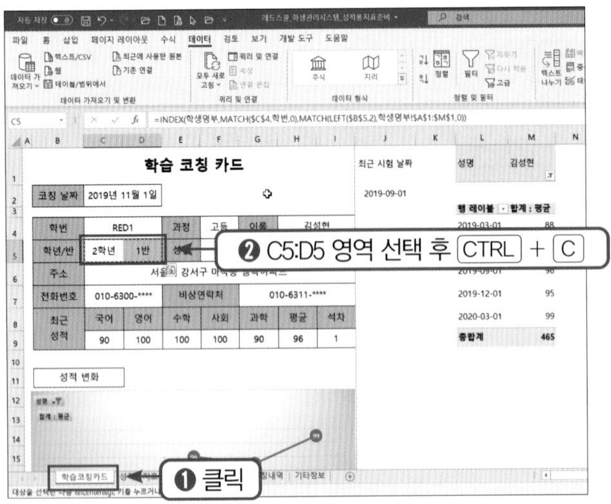

08 ❶ '성적통지표' 시트를 선택합니다. ❷ B8셀을 선택한 후 ❸ [홈] 탭 → '클립보드' 그룹 → '붙여넣기' 내림 단추를 클릭합니다. ❹ **수식 붙여넣기**를 선택합니다.

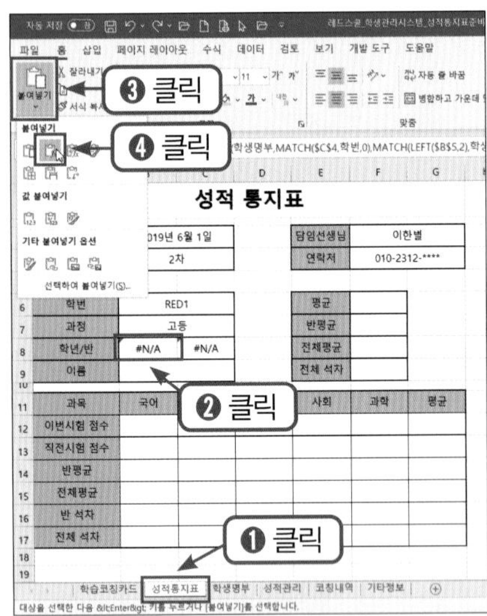

09 B8셀과 C8셀의 수식을 수식 입력줄에서 수정합니다. ❶ 1번째 MATCH 함수의 'Lookup_value'에는 **학번** 데이터가 있는 셀 주소를 입력해야 합니다. $C$4를 **$B$6**으로 수정합니다. ❷ 2번째 MATCH 함수의 'Lookup_value'에는 **과정**이 있는 셀 주소를 입력해야 합니다. $B$5를 **$A$8**로 수정한 후 ENTER 키를 누릅니다.

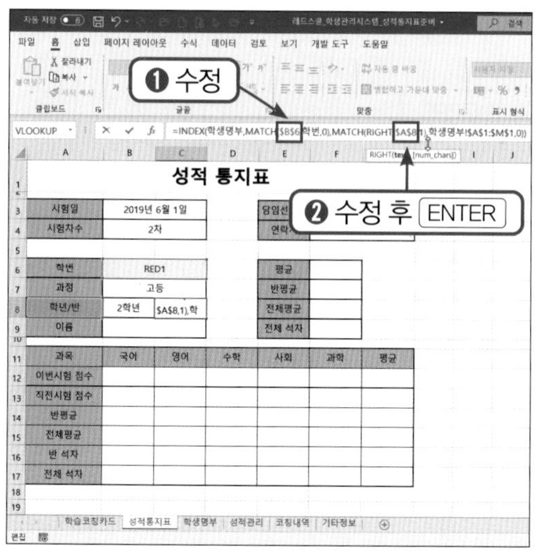

B8셀과 C8셀의 수정 부분은 같습니다. B8셀을 위 내용대로 수정했으면 C8셀의 해당 부분도 위 내용대로 수정합니다.

10 B9셀에 이름을 불러옵니다. ❶ B7셀을 선택한 후 CTRL + C 키를 누릅니다. ❷ B9셀을 선택합니다.

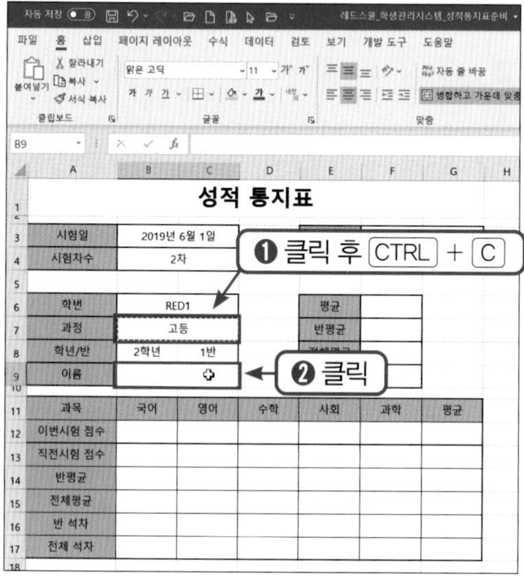

11 ❶ CTRL + V 키를 눌러 복사한 수식을 붙여넣기합니다. ❷ '수식 입력줄'에서 2번째 MATCH 함수의 'Lookup_value'를 **$A$9**로 수정한 후 ENTER 키를 누릅니다.

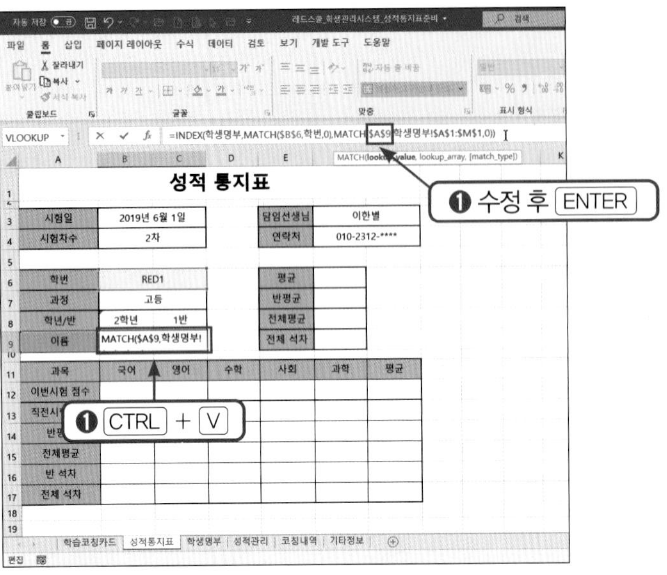

시험 성적 불러오기

01 이번 시험 점수를 불러옵니다. ❶ '학습코칭카드' 시트를 선택합니다. ❷ C9셀을 선택합니다. ❸ '수식 입력줄'에서 수식을 선택한 후 CTRL + C 키를 누르고 ENTER 키를 누릅니다.

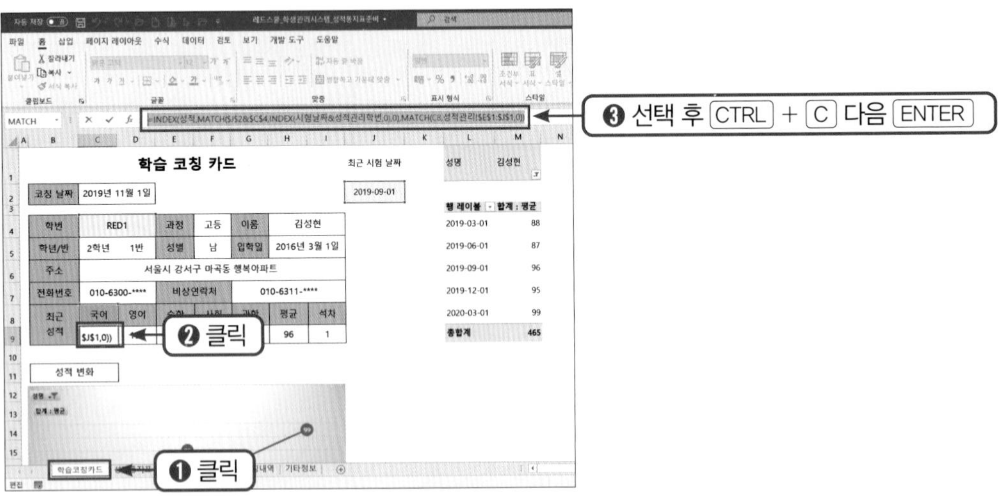

02 ❶ '성적통지표' 시트를 선택합니다. ❷ B12셀을 선택한 후 ❸ '수식 입력줄'에서 CTRL + V 키를 누릅니다. ❹ 1번째 MATCH 함수의 'Lookup_value'는 **$B$3&$B$6**으로 수정합니다. 2번째 MATCH 함수의 'Lookup_value'는 **B11**로 수정한 후 ENTER 키를 누릅니다

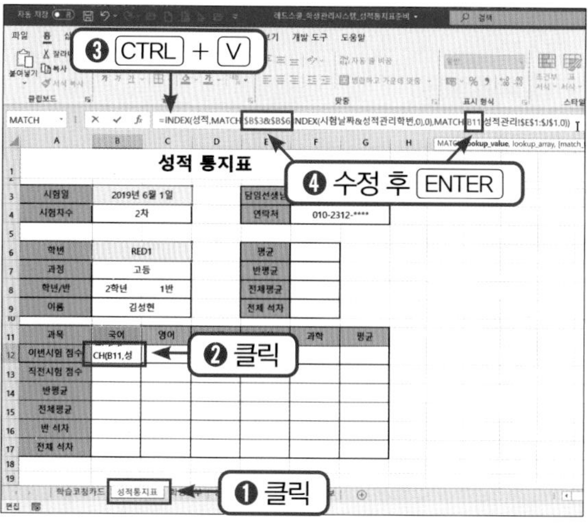

03 ❶ B12셀의 자동 채우기 핸들(**+**)을 G12셀까지 마우스 오른쪽 버튼으로 드래그한 후 ❷ '서식 없이 채우기'를 선택하여 나머지 과목 점수도 불러옵니다.

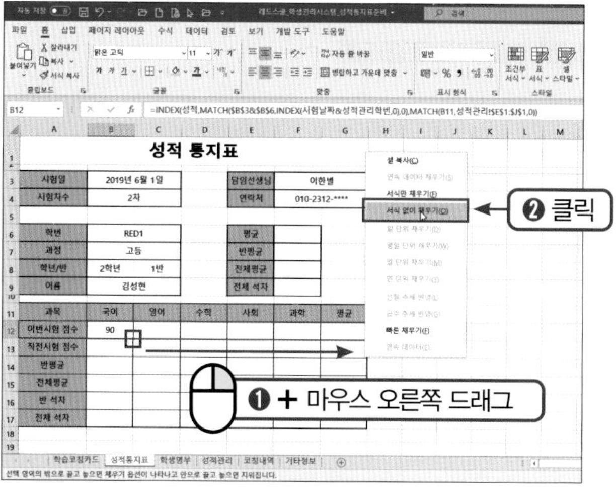

04 이번 시험 점수 수식을 활용하여 직전 시험 점수를 구합니다. ❶ B12셀을 선택합니다. ❷ '수식 입력줄'의 수식을 선택하여 CTRL + C 키를 누른 후 ENTER 키를 누릅니다.

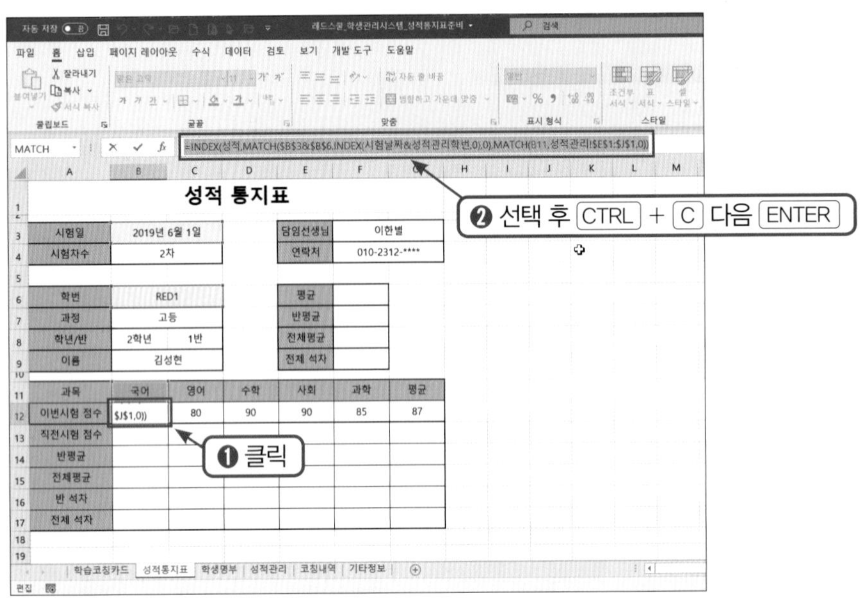

05 ❶ B13셀을 선택합니다. ❷ '수식 입력줄'에서 CTRL + V 키를 누릅니다. ❸ 붙여넣기한 수식에서 **$B$3&$B$6** 부분을 선택한 후 ❹ 함수 삽입(f_x) 명령 단추를 클릭합니다.

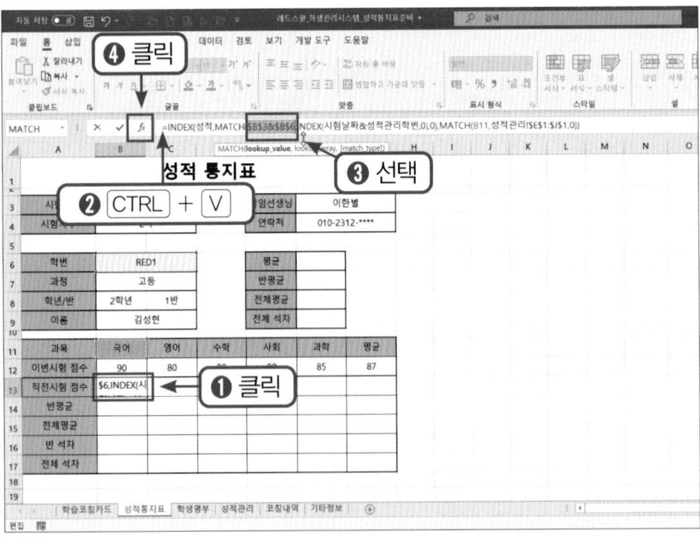

06 '함수 인수' 대화 상자가 나타나면 ❶ 'Lookup_value'에 입력된 내용을 선택한 후 DELETE 키를 눌러 삭제합니다. ❷ '이름 상자' 내림 단추를 클릭한 후 ❸ **함수 추가**를 누릅니다.

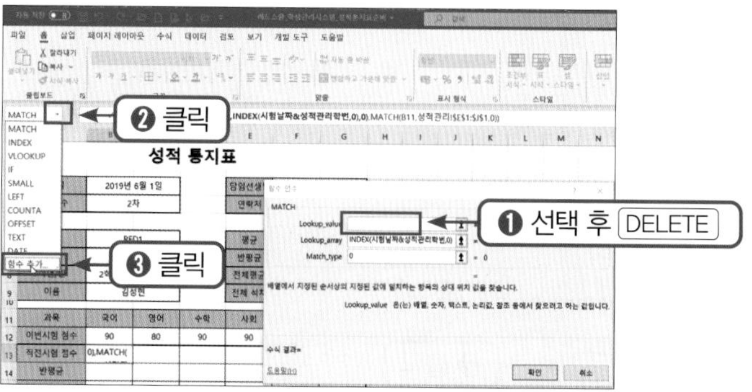

07 '함수 마법사' 대화 상자가 나타나면 ❶ '범주 선택'에서 **찾기/참조 영역**을 선택합니다. ❷ '함수 선택'에서 **INDIRECT**를 선택합니다. ❸ [확인] 단추를 클릭합니다.

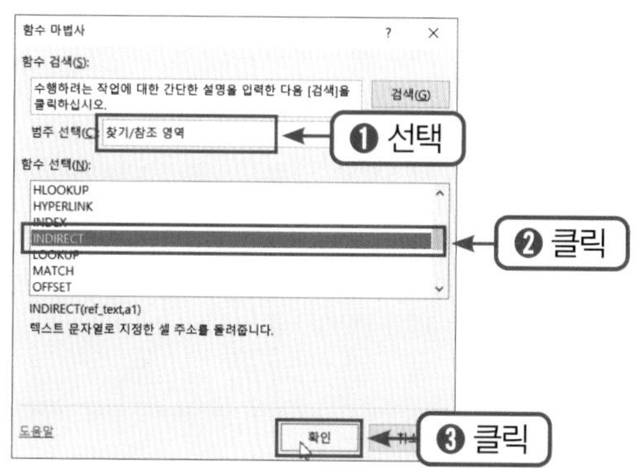

08 '함수 인수' 대화 상자가 나타나면 ❶ 'Ref_text'에 **"기타정보!A"&$B$4**를 입력합니다. ❷ '수식 입력줄'에서 1번째 **MATCH** 함수 부분을 선택합니다.

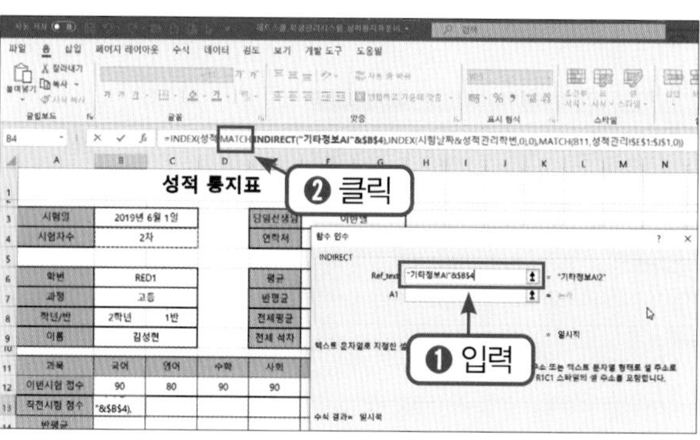

09 '함수 인수' 대화 상자가 나타나면 8번 과정에서 'Lookup_value'에 입력한 수식 뒤에 ❶ **&$B$6**을 입력합니다. ❷ [확인] 단추를 클릭합니다.

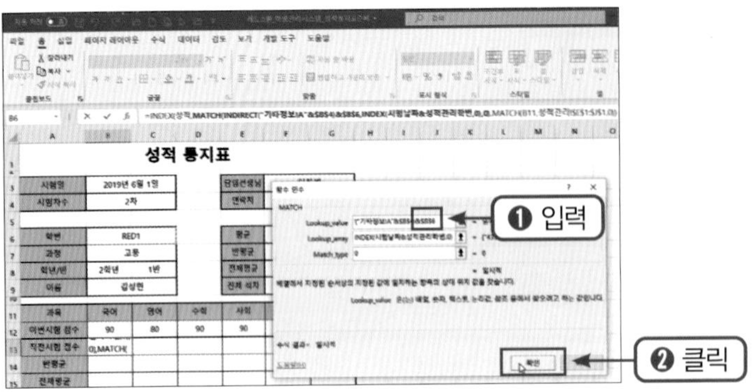

알아보기 INDIRECT 함수

INDIRECT(Ref_text, [a1]) 함수는 텍스트 문자열로 지정된 참조를 반환합니다. 참조가 바로 계산되어 해당 내용이 표시됩니다. 수식 자체는 변경하지 않고서 수식 안에 있는 셀에 대한 참조를 변경하려는 경우에 INDIRECT 함수를 사용합니다.

여기에서 INDIRECT 함수의 Ref_text 인수인 **"기타정보!A"&$B$4**는 텍스트로 입력된 기타정보!A와 B4셀에 입력된 값인 2를 조합하여 결과값으로 **기타정보!A2**로 나타납니다. 결론적으로 **INDIRECT(기타정보!A2)**와 동일한 수식이 되어 '기타정보' 시트 A2셀에 있는 **2019-03-01**을(2차 시험 기준 직전 시험은 2019-03-01자 시험이기 때문에) 환원합니다.

10 '수식 입력줄'에서 입력된 수식 중 = 뒤에 **IFERROR(**를 입력하고 맨 뒤에 **,"")**를 입력한 후 ENTER 키를 누릅니다. 이번 시험이 1번째 시험일 경우에는 직전 시험 점수가 없으므로 오류값이 나타납니다. 추가 부분은 오류값이 나타날 경우에는 공백으로 나타나도록 지정하는 수식입니다.

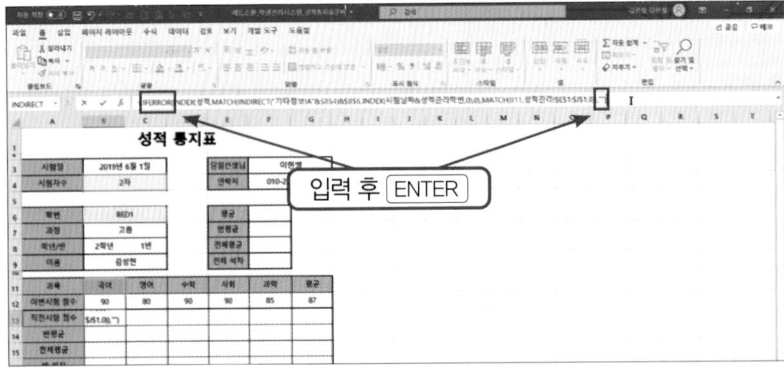

11 ❶ B13셀의 자동 채우기 핸들(✚)을 G13셀까지 마우스 오른쪽 버튼으로 드래그한 후 ❷ '서식 없이 채우기'를 선택하여 나머지 과목 점수도 불러옵니다. ❸ B14셀을 선택합니다.

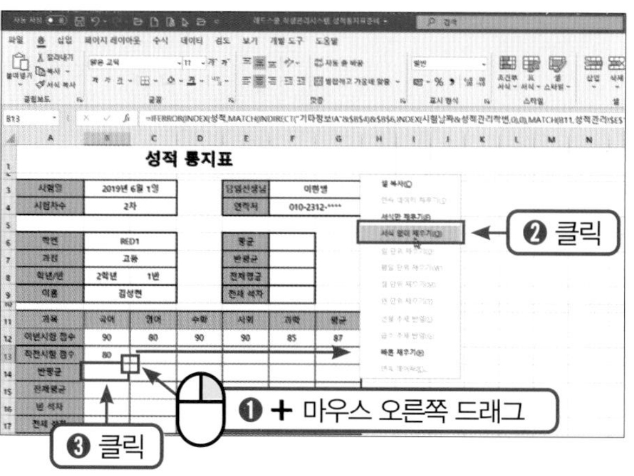

평균 구하기

01 반평균을 구하기 위해 각 과목 점수와 반에 대한 영역을 이름정의로 동적 영역으로 지정합니다. ❶ [수식] 탭 → '정의된 이름' 그룹 → '이름 관리자' 명령 단추를 클릭합니다. ❷ '이름 관리자' 대화 상자가 나타나면 **시험날짜**를 선택합니다. ❸ '참조 대상'에 입력된 수식을 CTRL + C 키를 눌러 복사하고 ENTER 키를 누릅니다. ❹ '새로 만들기'를 클릭합니다.

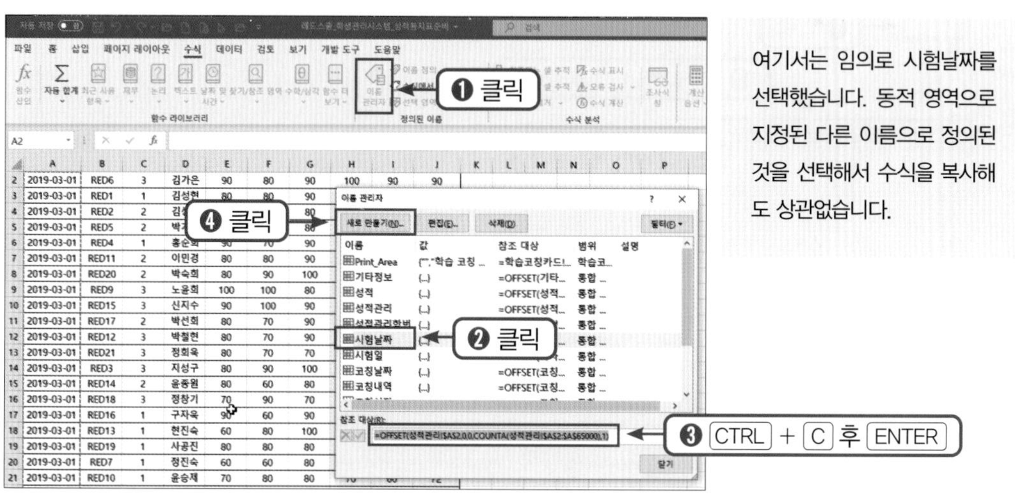

여기서는 임의로 시험날짜를 선택했습니다. 동적 영역으로 지정된 다른 이름으로 정의된 것을 선택해서 수식을 복사해도 상관없습니다.

02 '새 이름' 대화 상자가 나타나면 ❶ '이름'에 **과목점수**를 입력합니다. ❷ '참조 대상에서 기존 참조 대상을 지우고 복사한 수식을 CTRL + V 키를 눌러 붙여넣기한 후 **=OFFSET(성적관리!E$2,0,0, COUNTA(성적관리!$A$2:$A$65000),1)**로 수정합니다. ❸ [확인] 단추를 클릭합니다.

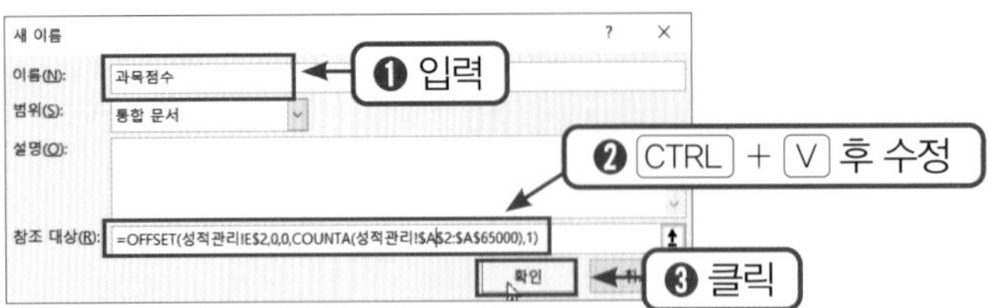

• 여기서 OFFSET 함수의 Reference 인수로는 열이 바뀔 때마다 과목영역도 함께 바뀌게 하기 위해 혼합참조를 사용하였습니다. 혼합참조에 대해서는 부록1-1 '셀 서식 및 셀 참조 이해하기'(488P)를 참고하세요.

• 수식을 수정할 때는 수정하려는 부분을 선택한 후 새로운 셀 주소를 선택하면 됩니다. 여기서 복사한 수식 OFFSET 함수의 Reference는 **성적관리!$A$2**입니다. 이 부분을 선택한 다음 '성적관리' 시트로 가서 새로운 셀 주소인 E2셀을 선택하고 F4 키를 누르면 혼합참조로 변경됩니다.

03 2번 과정에서 [확인] 단추를 클릭하면 '이름 관리자' 대화 상자가 나타납니다. '새로 만들기'를 클릭하여 계속 필요한 이름정의를 합니다. '새 이름' 대화 상자가 나타나면 ❶ '이름'에 **반**을 입력한 후 ❷ '참조 대상'에서 기존 참조 대상을 지우고 CTRL + V 키를 누른 후 **=OFFSET(성적관리!$C$2,0 ,0,COUNTA(성적관리!$A$2:$A$65000),1)**로 수정 입력합니다. ❸ [확인] 단추를 클릭합니다.

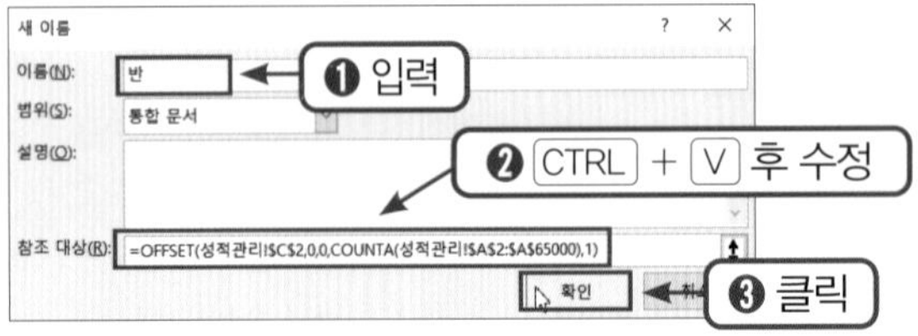

04 3번 과정에서 [확인] 단추를 클릭하면 '이름 관리자' 대화 상자가 나타나고 새롭게 이름정의한 항목이 나타남을 알 수 있습니다. [닫기] 단추를 클릭합니다.

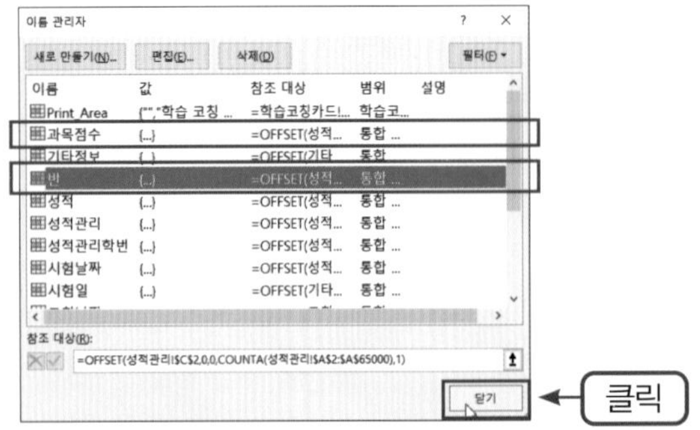

05 AVERAGEIFS 함수를 활용하여 반평균을 구합니다. ❶ B14셀을 선택합니다. ❷ [수식] 탭 → '함수 라이브러리' → '함수 더 보기' 명령 단추를 클릭한 후 ❸ '통계'를 클릭하여 ❹ **AVERAGEIFS**를 선택합니다.

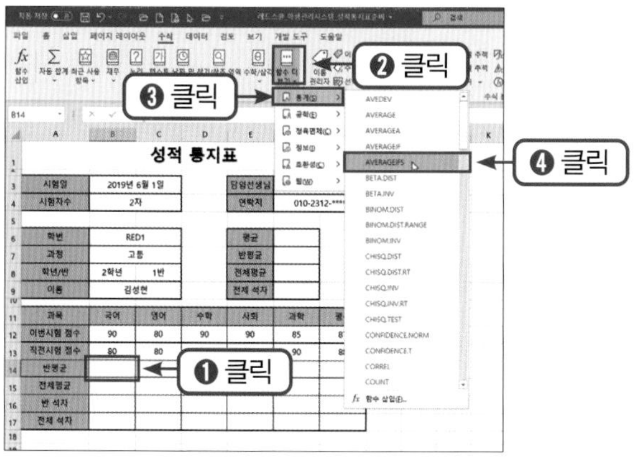

06 '함수 인수' 대화 상자가 나타나면 ❶ 'Average_range'에 **과목점수**, 'Criteria_range1'에 **시험날짜**, 'Criteria1'에 **$B$3**, 'Criteria2'에 **반**, 'Criteria2'에 **$C$8**을 입력한 후 ❷ [확인] 단추를 클릭합니다.

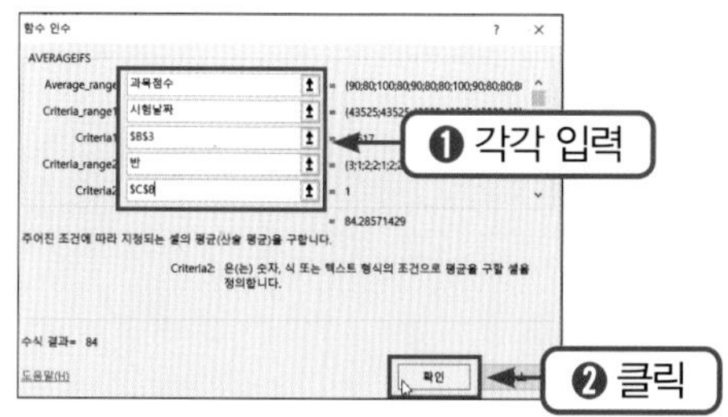

참조 영역을 동적 영역으로 이름정의하면 수식을 작성할 때 영역을 선택하여 입력하지 않아도 되어 편리합니다.

알아보기 AVERAGEIFS 함수

AVERAGEIFS(Average_range, Criteria_range1, Criteria1, [Criteria_range2, Criteria2], …) 함수는 여러 조건에 맞는 모든 셀의 평균(산술 방식)을 반환합니다.

❶ Average_range: 평균을 계산할 영역입니다. 여기서는 과목별 점수 영역이 됩니다.
❷ Criteria_range1, Criteria_range2…: 관련 조건을 평가할 범위입니다. 여기서는 시험날짜와 반이 있는 범위가 됩니다.
❸ Criteria1, Criteria2…: 관련 조건 혹은 관련 조건이 있는 셀입니다. 여기서는 시험날짜와 해당 학생이 속한 반이 됩니다.

07 ❶ B14셀의 자동 채우기 핸들(✚)을 G14셀까지 마우스 오른쪽 버튼으로 드래그한 후 ❷ '서식 없이 채우기'를 선택하여 나머지 과목 반평균 점수도 불러옵니다.

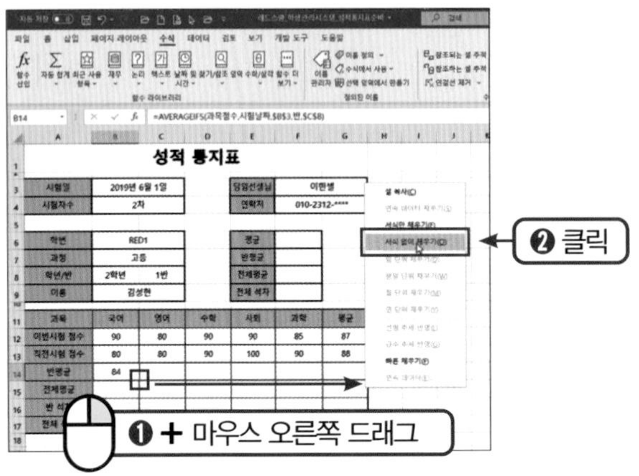

08 AVERAGEIF 함수를 활용하여 전체평균 점수를 불러옵니다. ❶ B15셀을 선택합니다. ❷ [수식] 탭 → '함수 라이브러리' → '함수 더 보기' 명령 단추를 클릭한 후 ❸ '통계'를 클릭하여 ❹ **AVERAGEIF**를 선택합니다.

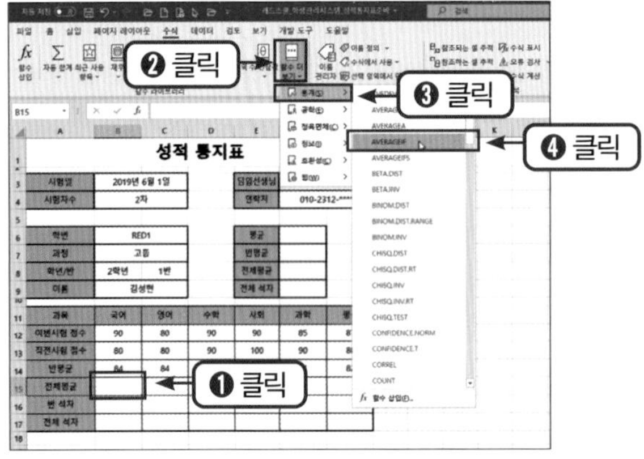

09 '함수 인수' 대화 상자가 나타나면 ❶ 'Range'에 **시험날짜**, 'Criteria'에 **$B$3**, 'Average_range'에 **과목점수**를 입력한 후 ❷ [확인] 단추를 클릭합니다.

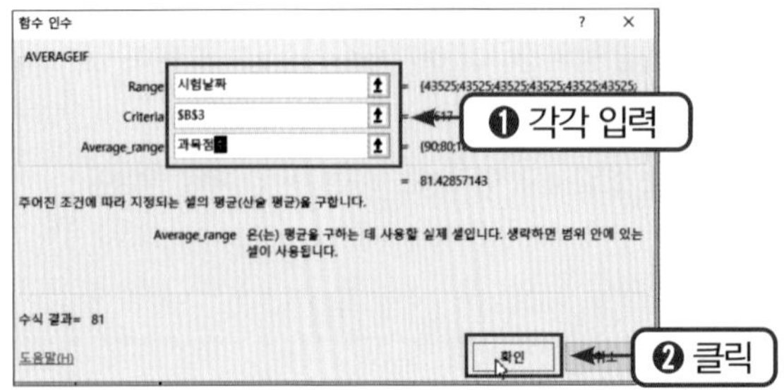

알아보기 AVERAGEIF 함수

AVERAGEIF(Range, Criteria, Average_range) 함수는 1가지 조건에 맞는 셀의 평균(산술 방식)을 반환합니다.

❶ Range: 관련 조건을 평가할 범위입니다. 여기서는 시험날짜가 됩니다.

❷ Criteria: 관련 조건입니다. 여기서는 시험날짜가 있는 셀(B3)이 됩니다.

❸ Average_range: 평균을 계산할 영역입니다. 여기서는 과목별 점수 영역이 됩니다.

1가지 조건에 맞는 평균을 구할 때는 AVERAGEIF를, 여러 조건에 맞는 평균을 구할 때는 AVERAGEIFS 함수를 사용합니다.

10 ❶ B15셀의 자동 채우기 핸들(**+**)을 G15셀까지 마우스 오른쪽 버튼으로 드래그한 후 ❷ '서식 없이 채우기'를 선택하여 나머지 과목 평균 점수도 불러옵니다.

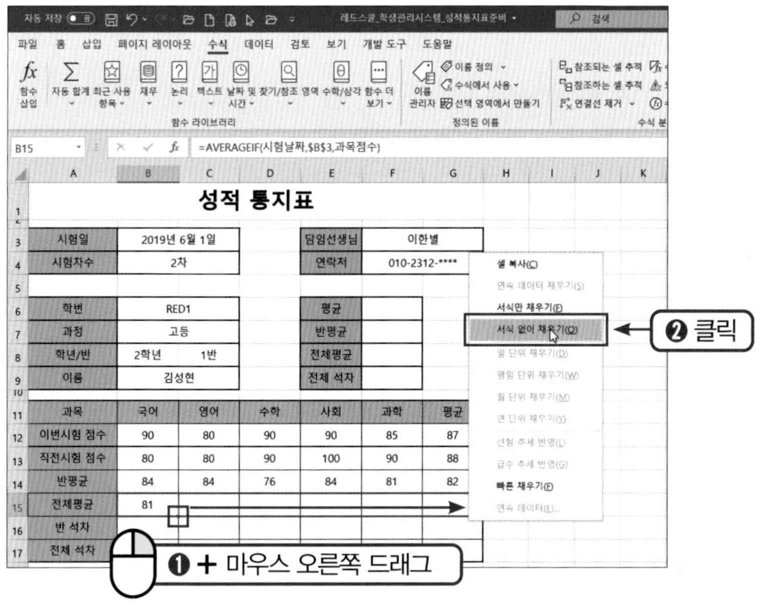

석차 구하기

01 이번에는 '학습코칭카드'에서 작성한 수식을 활용하여 전체 석차를 구합니다. ❶ '학습코칭카드' 시트를 선택합니다. ❷ I9셀을 선택합니다. ❸ 수식 입력줄에서 수식을 선택하고 CTRL + C 키를 누른 후 ENTER 키를 누릅니다.

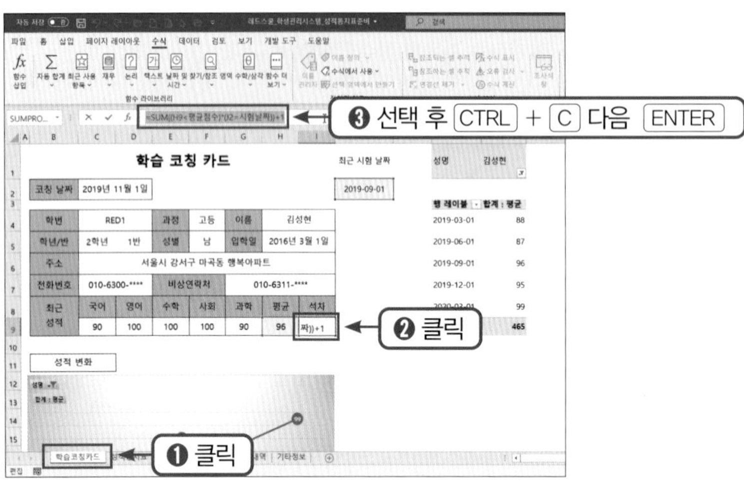

02 ❶ '성적통지표' 시트를 선택합니다. ❷ B17셀을 선택합니다. ❸ '수식 입력줄'에서 CTRL + V 키를 누릅니다. ❹ 과목점수를 비교하는 부분을(H9〈평균점수 부분) **B12〈과목점수**로, 시험날짜를 비교하는 부분을(J2=시험날짜 부분) **$B$3=시험날짜**로 수정한 후 ENTER 키를 누릅니다.

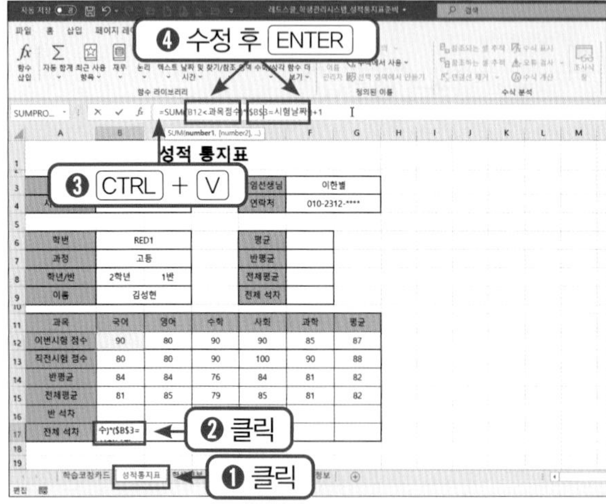

03 ❶ B17셀의 자동 채우기 핸들(✚)을 G17셀까지 마우스 오른쪽 버튼으로 드래그한 후 ❷ '서식 없이 채우기'를 선택하여 나머지 과목 전체 석차도 불러옵니다.

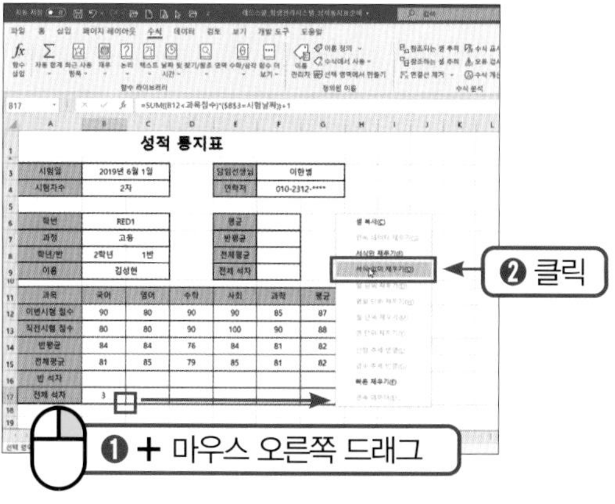

04 반 석차를 불러옵니다. 반 석차는 전체 석차에서 반을 비교하는 조건이 하나 더 추가된 것입니다. 전체 석차에 입력한 수식을 활용합니다. ❶ B17셀을 선택합니다. ❷ '수식 입력줄'에서 수식을 선택한 다음 CTRL + C 키를 누르고 ENTER 키를 누릅니다.

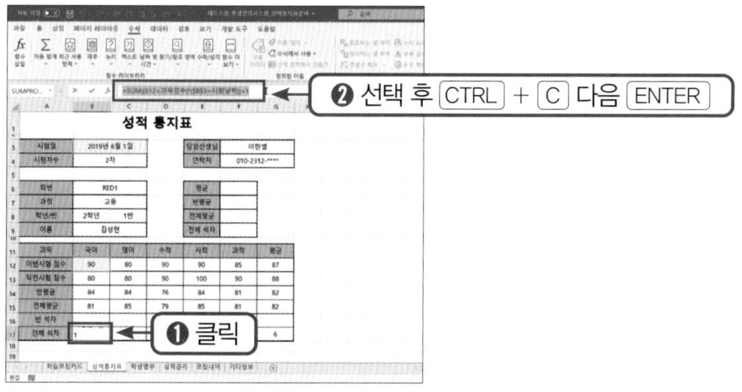

05 ❶ B16셀을 선택합니다. ❷ '수식 입력줄'에서 CTRL + V 키를 누릅니다. ❸ **=SUM((B12<과목점수)*($B$3=시험날짜)*($C$8=반))+1**로 수식을 수정한 후 ENTER 키를 누릅니다.

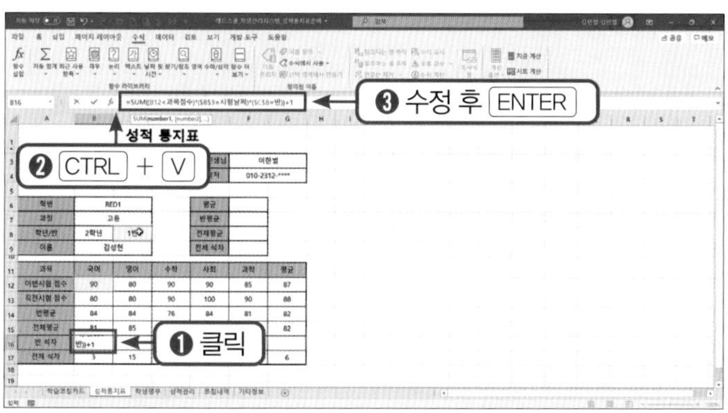

기존 수식 조건 뒤에 반 조건을 비교하는 수식을 추가했습니다.

06 ❶ B16셀의 자동 채우기 핸들(**+**)을 G16셀까지 마우스 오른쪽 버튼으로 드래그한 후 ❷ '서식 없이 채우기'를 선택하여 나머지 과목 전체 석차도 불러옵니다.

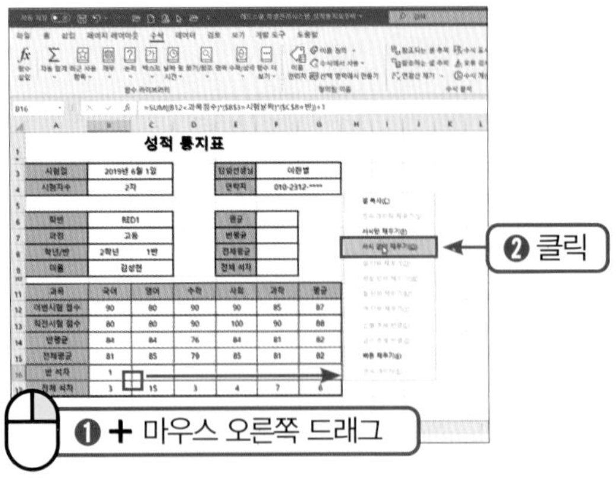

시험점수 차트 만들기

01 시험점수 차트를 작성합니다. ❶ A11:G15 영역을 선택합니다. ❷ [삽입] 탭 → '차트' 그룹 → '세로 또는 가로 막대형 차트 삽입' 명령 단추를 클릭합니다. ❸ **묶은 세로 막대형**을 선택합니다. ❹ 삽입한 차트 크기를 적당하게 조정한 후 마우스로 드래그하여 A19:G31 위치로 이동합니다.

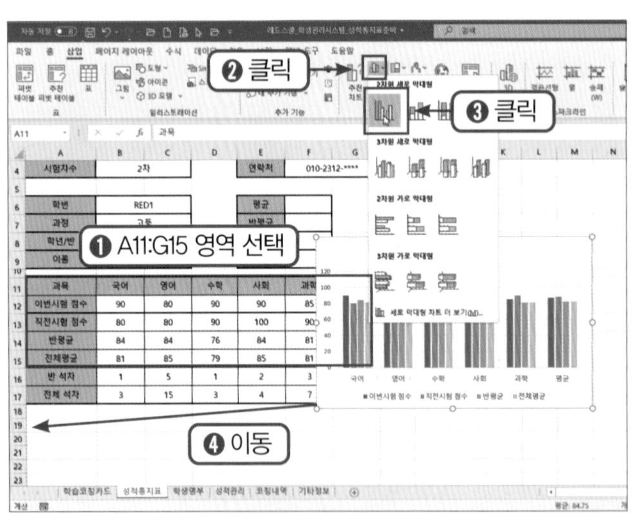

차트 영역을 미리 지정하면 차트 삽입에 마우스만 옮겨 놔도 차트 모양이 나타납니다.

02 전체평균과 반평균만 꺾은선 차트로 변경합니다. ❶ 차트를 선택한 다음 ❷ [차트 디자인] 탭 → '종류' 그룹 → '차트 종류 변경' 명령 단추를 클릭합니다.

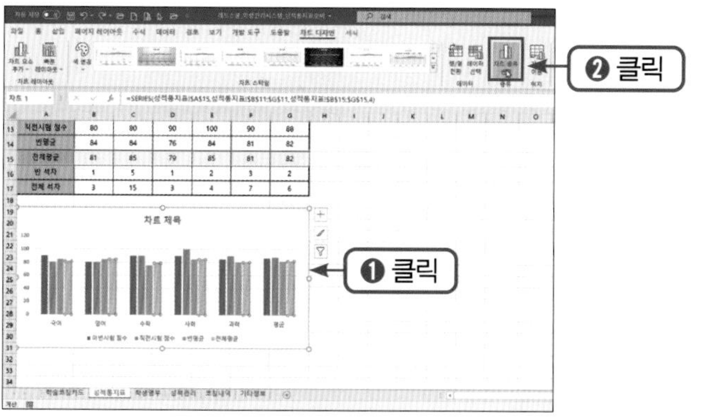

03 '차트 종류 변경' 대화 상자가 나타나면 ❶ [모든 차트] 탭을 선택한 후 ❷ '혼합'을 선택합니다. ❸ '데이터 계열에 대한 차트 종류와 축을 선택합니다'에서 반평균과 전체평균을 **꺾은선형**으로 선택하고 ❹ [확인] 단추를 클릭합니다.

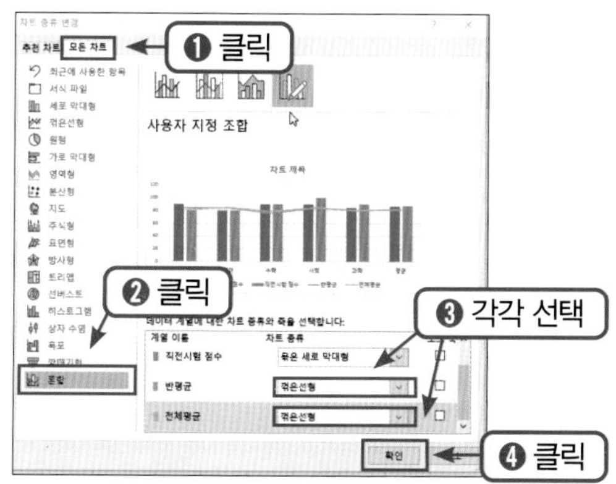

04 차트에서 시각 효과를 높이기 위해 기본 점수를 40점으로 조정합니다. ❶ 축 영역을 선택하고 마우스 오른쪽 버튼을 클릭합니다. ❷ **축 서식**을 선택합니다.

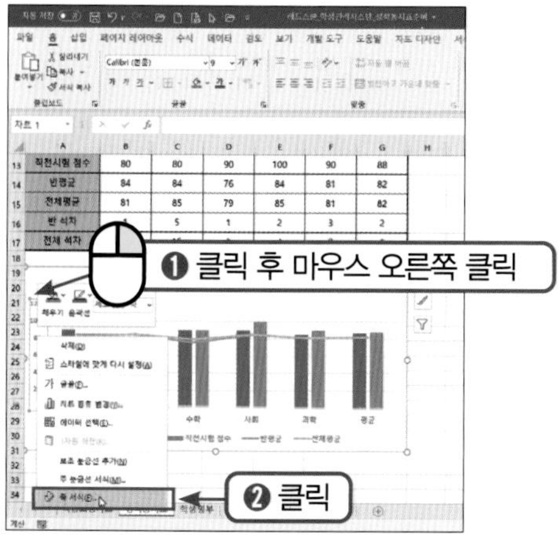

05 오른쪽에 '축 서식' 메뉴가 나타나면 '축 옵션'에서 최소값을 **40**으로 수정합니다.

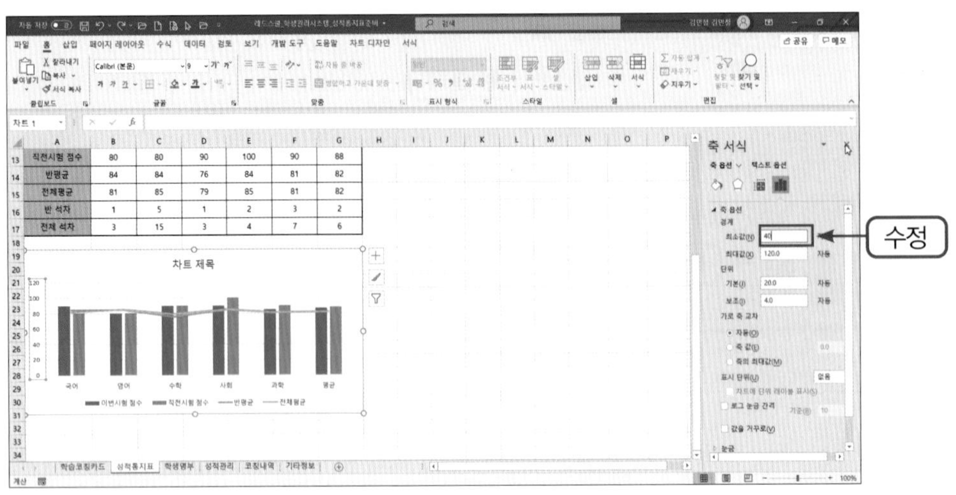

06 차트 제목 영역을 선택한 후 DELETE 키를 누릅니다.

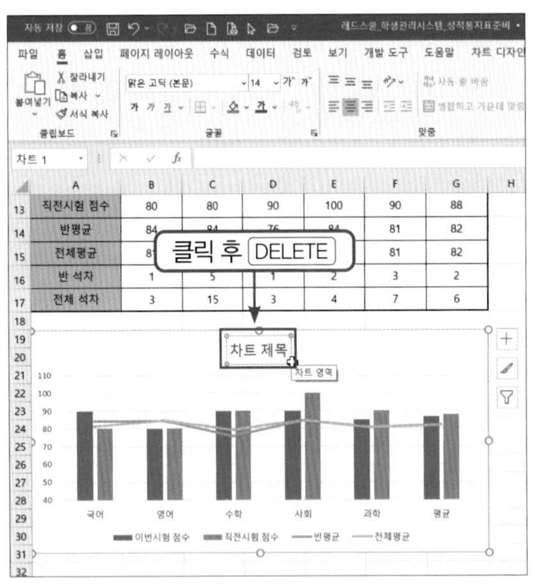

혹은 '차트 요소'(+)를 클릭한 후 차트 제목을 체크 해제하면 됩니다.

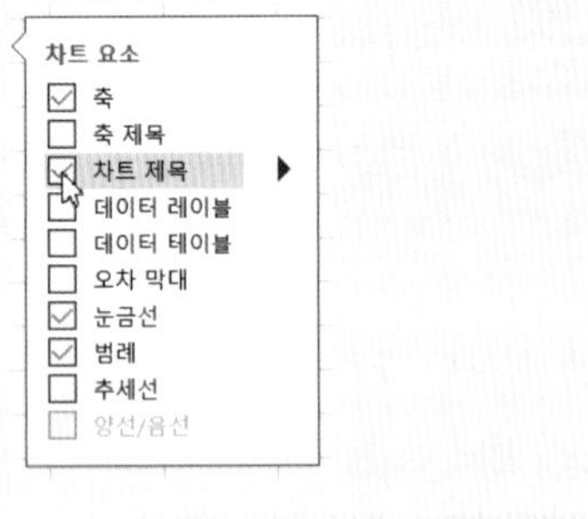

07 ❶ F6셀을 선택한 후 ❷ '수식 입력줄'에 **=G12**를 입력하고 ENTER 키를 누릅니다.

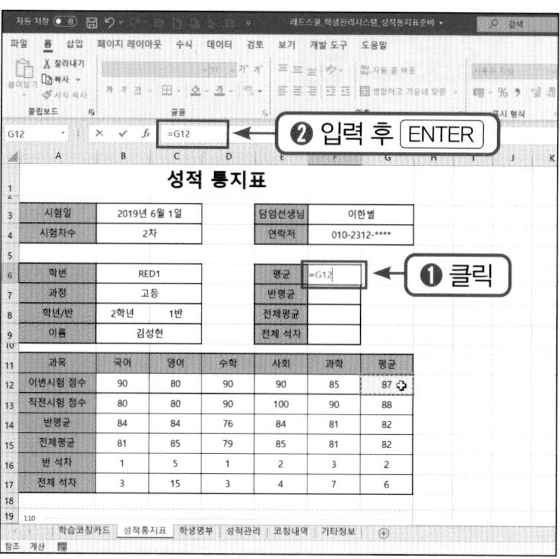

08 7번 과정과 같은 방법으로 F7, F8, F9셀을 각각 선택합니다. F7셀에는 **=G14**, F8셀에는 **=G15**, F9셀에는 **=G17**을 입력한 후 ENTER 키를 누릅니다.

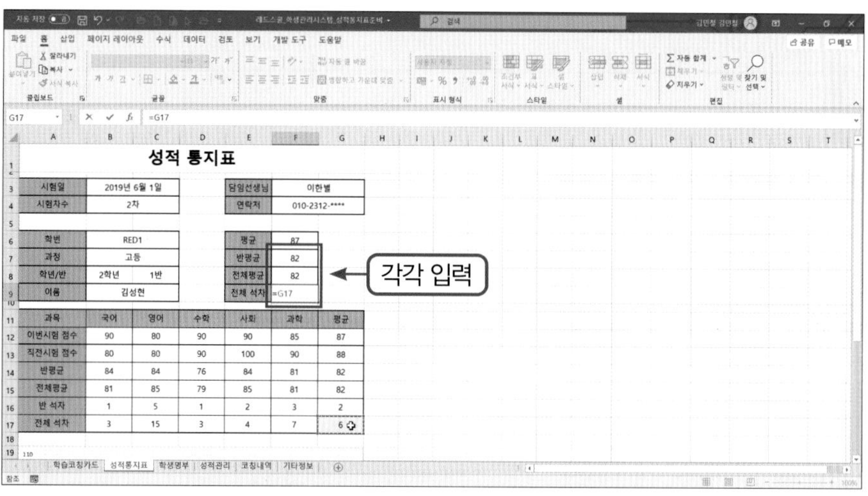

06 병원 관리 프로그램

병원에서는 환자를 돌보는 역할을 하는 사람과 그들을 지원하는 역할을 하는 사람이 있습니다. 대부분의 병원 시스템은 환자와 환자 치료에만 초점이 맞춰져 있어 일반 기업과 달리 데이터와 문서 업무를 지원하는 시스템이 빈약합니다. 그러다 보니 지원하는 역할을 하는 사람은 일반 회사의 사무직 직원과 똑같이 수많은 문서 업무에 시달리고 있습니다. 저는 병원에서 근무해 본 적이 없지만 제 아내가 병원에서 지원하는 역할을 하고 있어서 잘 알고 있습니다. 엑셀로 병원 업무를 자동화하는 데 관심을 가지게 된 것도 매일 야근을 밥 먹듯이 하는 아내를 도와주기 위한 것이었습니다. 이번 Chapter에서는 간호사 업무 중 가장 기본이 되는 번표와 근무표 그리고 간호사 상담에 기본이 되는 간호사 신상카드를 자동화하는 프로그램을 만들어 보겠습니다.

핵심 시트

기본 데이터: 간호사명부, 근무내역, 기타정보

제작 문서: 번표, 근무표, 신상카드

완성 프로그램

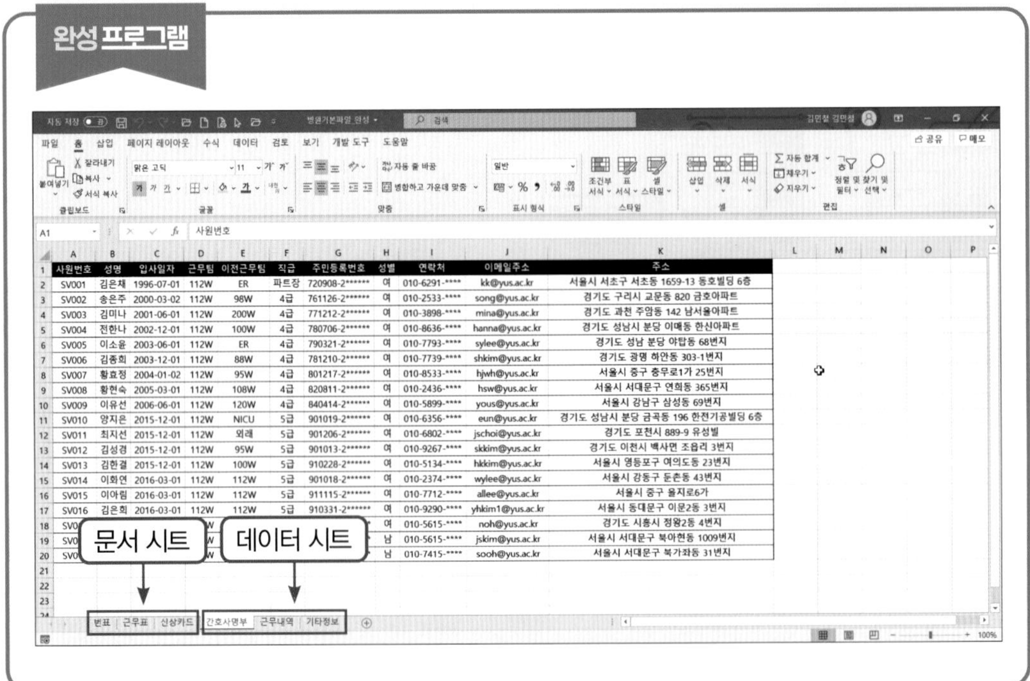

01 번표 만들기

간호사의 업무 중에서 가장 까다롭고 말이 많은 것이 번표 작성입니다. 예전에 아내가 이 업무를 하는 날에는 밤늦게 집에 오곤 했습니다. 번표 작성은 개인별 요청 사항도 매번 다르고 환자 상황에 따른 변수가 많아 현재로서는 완전 자동화를 하는 것은 불가능합니다. 대신 작성할 때 조금이라도 오류를 줄이고 작성 현황을 쉽게 확인할 수 있도록 하는 것이 1차 목표입니다. 이번 장에서는 스핀 단추, 조건부 서식, 함수를 활용하여 번표 작성 프로그램을 만들어 보도록 하겠습니다.

실습 내용

기본 원리: 스핀 단추로 연, 월을 선택하고 번표를 입력하면 번표 내역이 나타납니다. 완성된 번표는 번표 저장 버튼을 누르면 '근무내역' 시트에 저장됩니다.

주요 기능: ❶ 스핀 단추 ❷ 조건부 서식 ❸ TEXT, COUNTIF 함수 ❹ 매크로

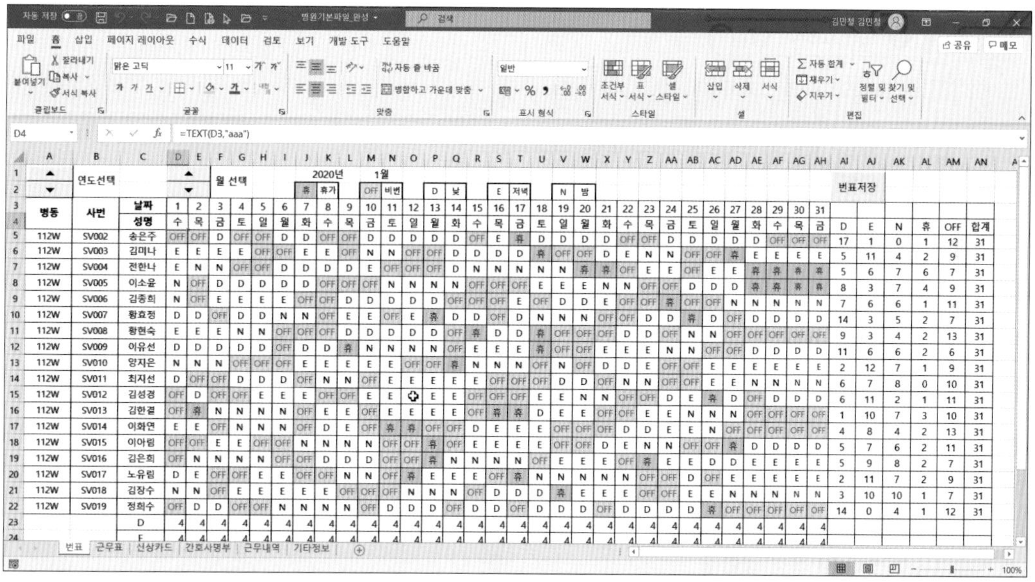

스핀 단추 만들기

01 스핀 단추를 활용하여 연, 월 데이터를 나타내도록 합니다. ❶ [개발 도구] 탭 → '컨트롤' 그룹 → '삽입' 명령 단추를 눌러 ❷ '양식 컨트롤'의 **스핀 단추**를 클릭합니다.

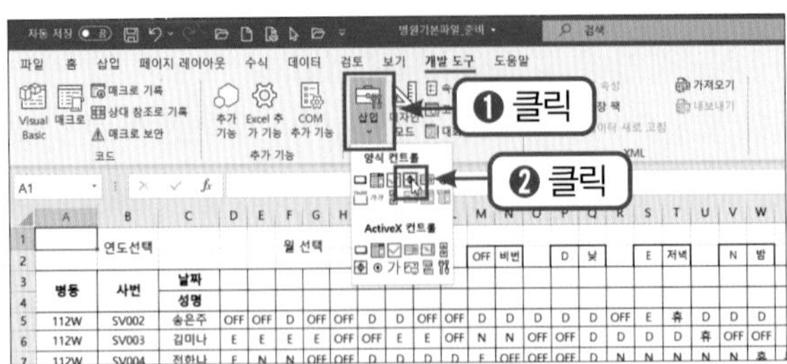

02 ❶ A1:A2 영역 사이에 적당한 크기로 스핀 단추를 만듭니다. ❷ 스핀 단추가 선택된 상태에서 마우스 오른쪽 버튼을 클릭하여 **컨트롤 서식**을 선택합니다.

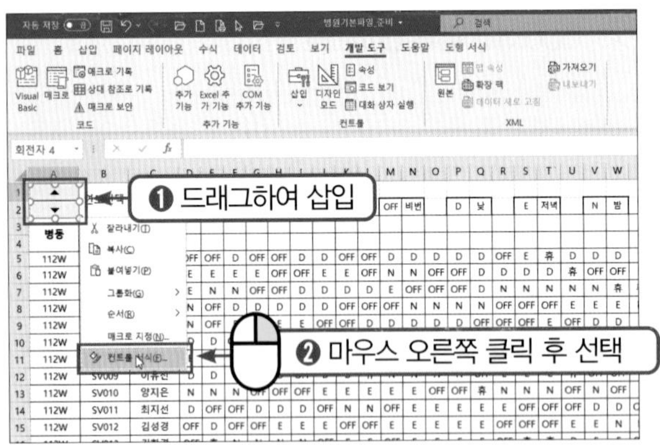

03 '컨트롤 서식' 대화 상자가 나타나면 ❶ '컨트롤' 탭을 선택합니다. ❷ 현재값에 **2020**을, 최소값에 **2010**을, 최대값에 **2030**을 입력합니다. ❸ 셀 연결에서 J1셀을 선택하여 입력합니다. ❹ [확인] 단추를 클릭합니다.

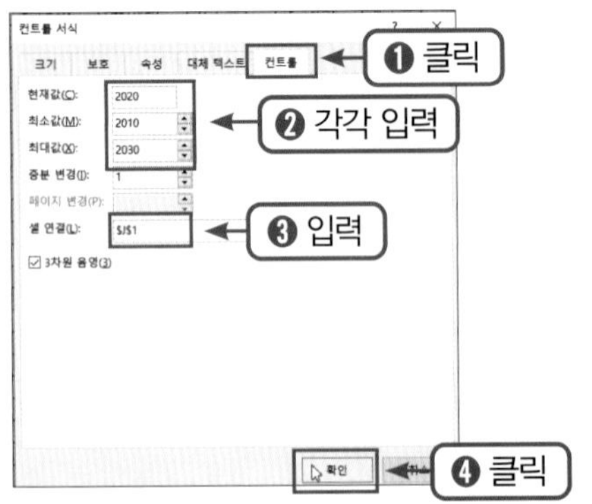

알아보기 스핀 단추 컨트롤 서식

❶ 현재값: 연결된 셀에 나타나는 값입니다. 여기서는 2020이 나타납니다.
❷ 최소값: 스핀 단추로 선택할 수 있는 최소값입니다. 여기서는 2010을 입력하였으므로 2009 이하 값은 선택할 수 없습니다.
❸ 최대값: 스핀 단추로 선택할 수 있는 최대값입니다. 여기서는 2030을 입력하였으므로 2031 이상 값은 선택할 수 없습니다.
❹ 셀 연결: 스핀 단추로 지정한 값이 나타나는 셀입니다. 여기서는 선택한 값이 J1셀에 나타납니다.

04 월을 선택할 수 있는 스핀 단추를 만듭니다. ❶ [개발 도구] 탭 → '컨트롤' 그룹 → '삽입' 명령 단추를 클릭하여 ❷ '양식 컨트롤'의 **스핀 단추**를 클릭합니다. ❸ D1:E2 영역 사이에 적당한 크기로 스핀 단추를 만든 후 ❹ 마우스 오른쪽 버튼을 클릭하여 **컨트롤 서식**을 선택합니다.

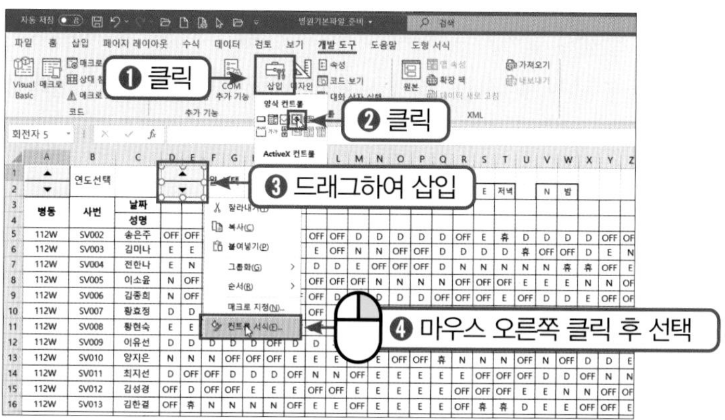

05 '컨트롤 서식' 대화 상자가 나타나면 ❶ '컨트롤' 탭을 선택합니다. ❷ 현재값에 **1**을, 최소값에 **1**을, 최대값에 **12**를 입력합니다. ❸ 셀 연결에서 M1셀을 선택하여 입력합니다. ❹ [확인] 단추를 클릭합니다.

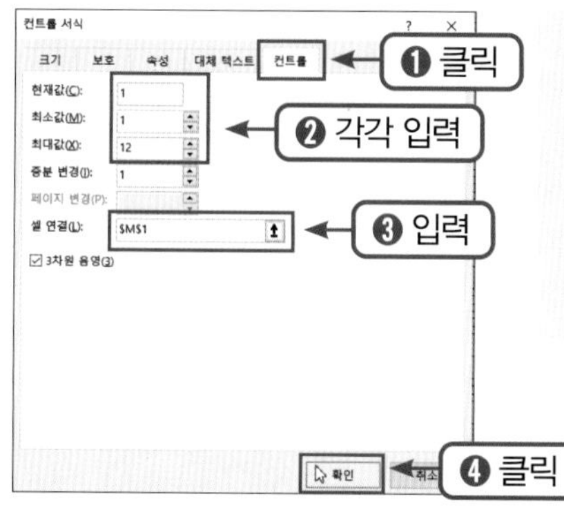

스핀 단추로 입력한 값은 화면상에는 J1셀에는 2020년, M1셀에는 1월로 나타납니다. 이것은 J1셀과 M1셀에 사전에 사용자 지정 서식으로 서식을 지정하였기 때문입니다. J1셀과 M1셀을 각각 선택한 후 CTRL + 1 키를 누르고 [표시 형식] 탭에서 **사용자 지정**을 누르면 입력된 서식을 확인할 수 있습니다.

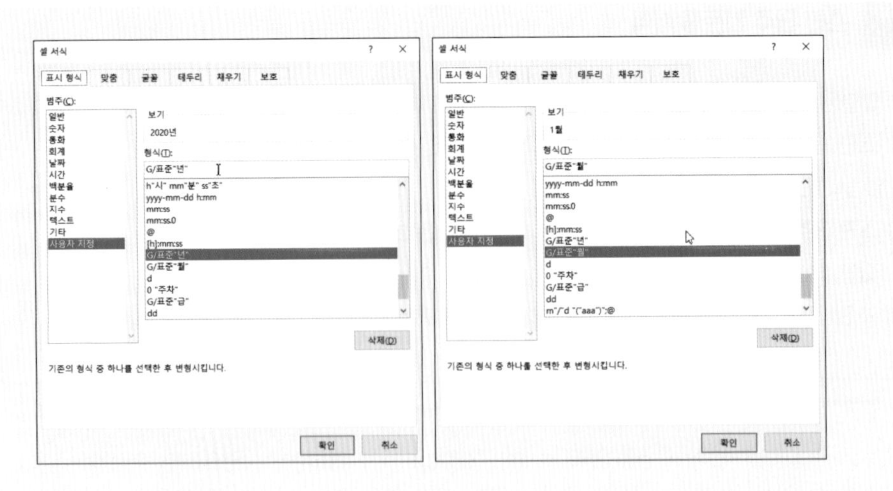

날짜, 요일 나타내기

01 D3:AH3 영역에 DATE 함수를 활용하여 날짜가 나타나게 합니다. ❶ D3셀을 선택합니다. ❷ [수식] 탭 → '함수 라이브러리' 그룹 → '날짜 및 시간' 명령 단추를 클릭한 후 **DATE**를 선택합니다.

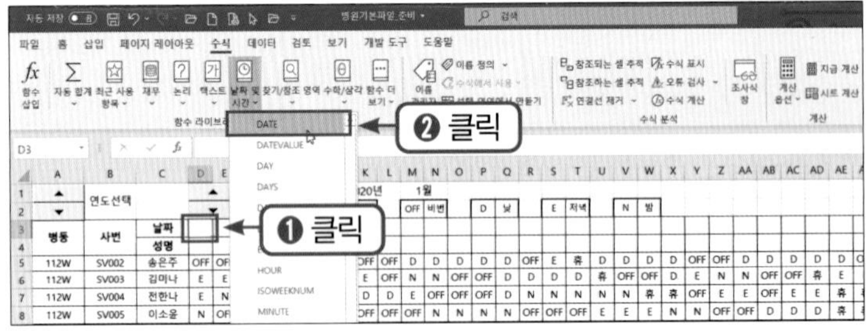

02 '함수 인수' 대화 상자가 나타나면 ❶ 'Year'에서 J1셀을 선택한 후 F4 키를 눌러 절대참조로 입력합니다. ❷ 'Month'에서 M1셀을 선택한 후 F4 키를 눌러 절대참조로 입력합니다. ❸ 'Day'에 **COLUMN( )-3**을 입력한 후 ❹ [확인] 단추를 클릭합니다.

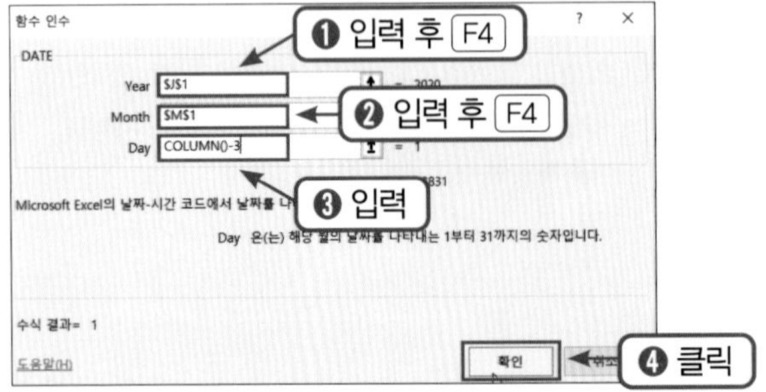

알아보기

DATE 함수

DATE(Year, Month, Day) 함수는 특정 날짜를 나타내는 순차적인 일련 번호를 반환합니다.

❶ Year: 연도입니다. 한 자리에서 네 자리 숫자까지 입력할 수 있지만 가능하면 네 자리 숫자를 입력하는 것이 오류를 방지할 수 있습니다. 여기서는 2020이 입력되어 있으므로 2020값을 반환합니다.
❷ Month: 월입니다. 1에서 12 사이의 정수입니다. 여기서는 1이 입력되어 있으므로 1값을 반환합니다.
❸ Day: 일입니다. 1에서 31 사이의 정수입니다. 여기서는 COLUMN()–3으로 입력되어 1값을 반환합니다.

COLUMN 함수

COLUMN() 함수는 선택한 셀의 열 번호값을 반환합니다. 여기서는 D3셀이 선택되었으므로 4가 됩니다.

03 D3셀에 값이 나타나면 D3셀의 자동 채우기 핸들(**+**)을 AH3셀까지 드래그하여 나머지 날짜를 불러옵니다.

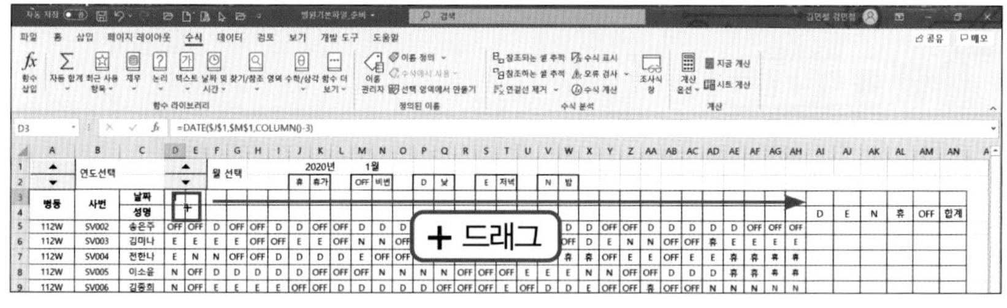

D3:AH3 영역에 날짜가 일에 해당하는 값만 나타나는 이유는 사용자 지정 서식을 활용하여 미리 서식을 지정하였기 때문입니다. D3:AH3 영역을 선택한 후 CTRL + 1 키를 누르고 [표시 형식] 탭에서 **사용자 지정**을 누르면 입력된 서식을 확인할 수 있습니다. 사용자 지정 서식에 대해서는 부록1–2 '표시 형식 활용하기'(491P)를 참고하세요.

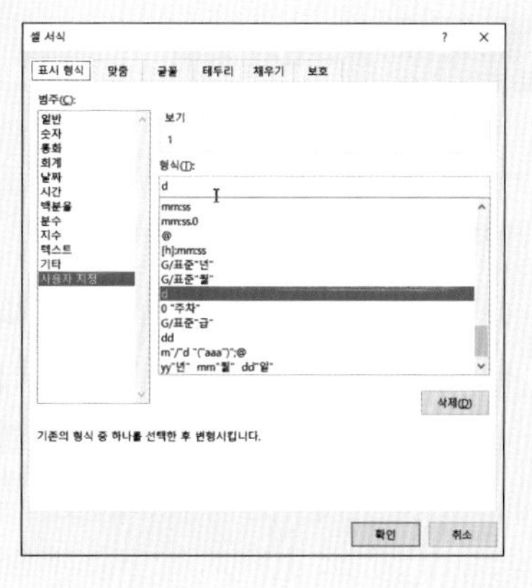

04 D4:AH4 영역에 요일이 나타나게 합니다. ❶ D4셀을 선택합니다. ❷ [수식] 탭 → '함수 라이브러리' 그룹 → '텍스트' 명령 단추를 클릭하여 **TEXT**를 선택합니다.

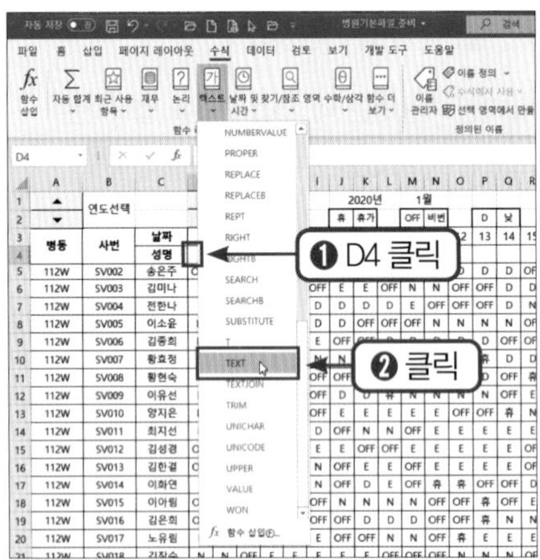

05 '함수 인수' 대화 상자가 나타나면 ❶ 'Value'에 **D3**을, 'Format_text'에 **"aaa"**를 입력한 후 ❷ [확인] 단추를 클릭합니다.

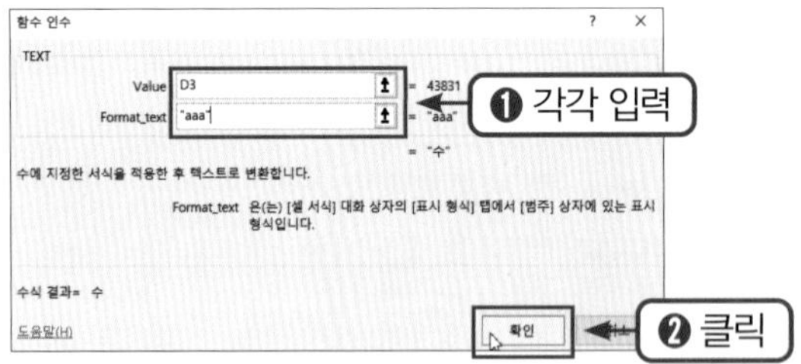

알아보기 TEXT 함수

TEXT(Value, Format_text) 함수는 숫자로 입력된 데이터(Value)에 대해 서식을 지정한 후(Format_text) 텍스트로 표시합니다.

❶ Value: 숫자 데이터여야 합니다. 여기에서는 D3셀의 날짜입니다.

❷ Format_text: 지정하는 서식입니다. 반드시 겹따옴표로 표시가 되어야 합니다. 여기서는 '월화수목금토일'로 요일이 나타나도록 "aaa"를 입력했습니다.

06 D4셀에 값이 나타나면 D4셀의 자동 채우기 핸들(**+**)을 AH4셀까지 드래그하여 나머지 날짜를 불러옵니다.

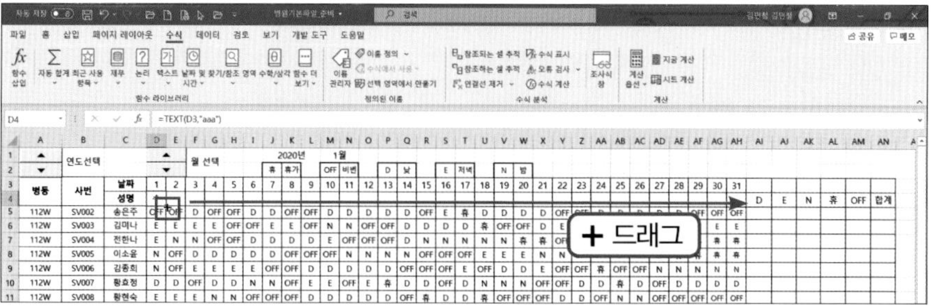

휴가, OFF 강조 표시하고 월에 해당하는 날짜만 나타내기

01 이번에는 입력된 번표에서 휴일 때 지정한 글꼴색과 채우기 색이 적용되도록 해 보겠습니다. ❶ D5:AH22 영역을 선택합니다. ❷ [홈] 탭 → '스타일' 그룹 → '조건부 서식' 명령 단추를 선택합니다. ❸ **셀 강조 규칙**에서 **같음**을 선택합니다.

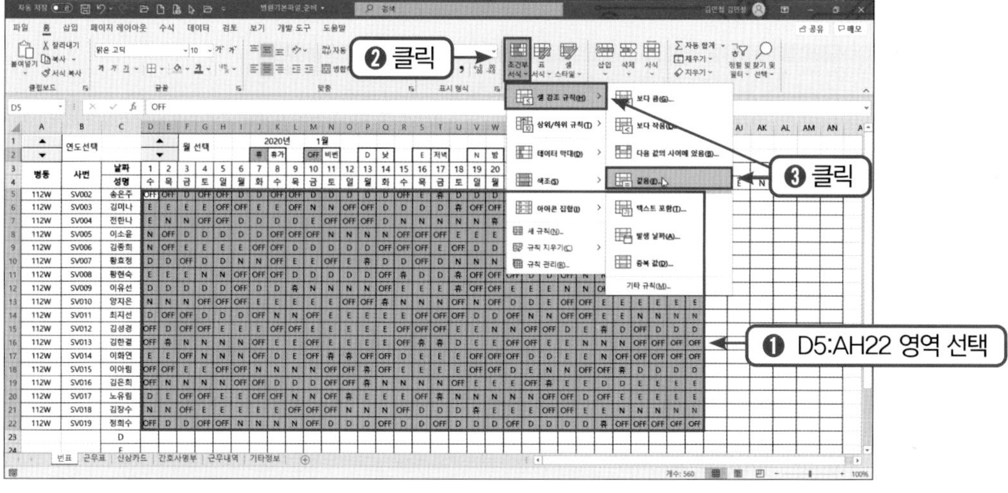

02 '같음' 대화 상자가 나타나면 ❶ '다음 값과 같은 셀의 서식 지정'에 **휴**를 입력하고 ❷ '적용할 서식'에서 **진한 빨강 텍스트가 있는 연한 빨강 채우기**를 선택한 후 ❸ [확인] 단추를 클릭합니다.

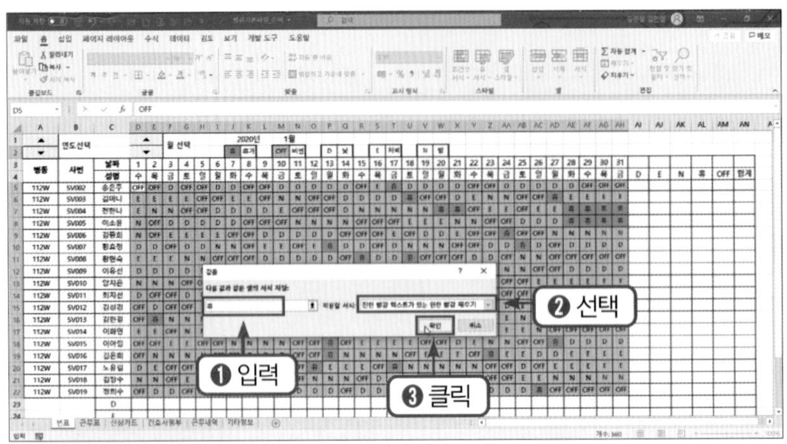

03 이번에는 입력된 번표에서 **OFF**일 때 지정한 글꼴색과 채우기 색이 적용되도록 해 보겠습니다. ❶ [홈] 탭 → '스타일' 그룹 → '조건부 서식' 명령 단추를 선택합니다. ❷ **셀 강조 규칙**에서 **같음**을 선택합니다.

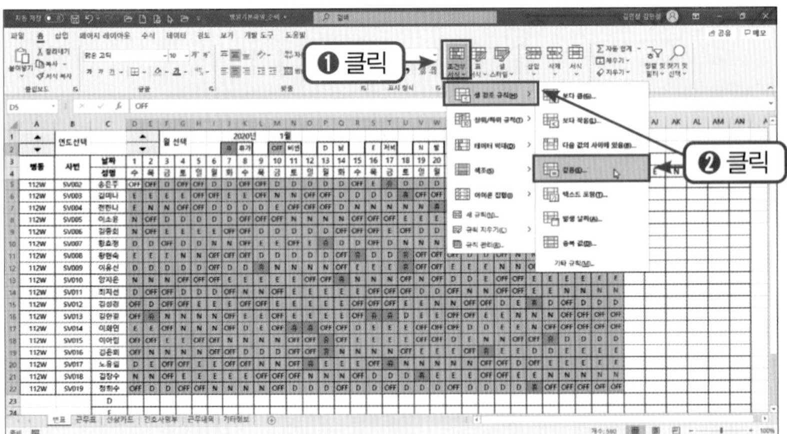

04 '같음' 대화 상자가 나타나면 ❶ '다음 값과 같은 셀의 서식 지정'에 **OFF**를 입력하고 ❷ '적용할 서식'에 **진한 노랑 텍스트가 있는 노랑 채우기**를 선택한 후 ❸ [확인] 단추를 클릭합니다.

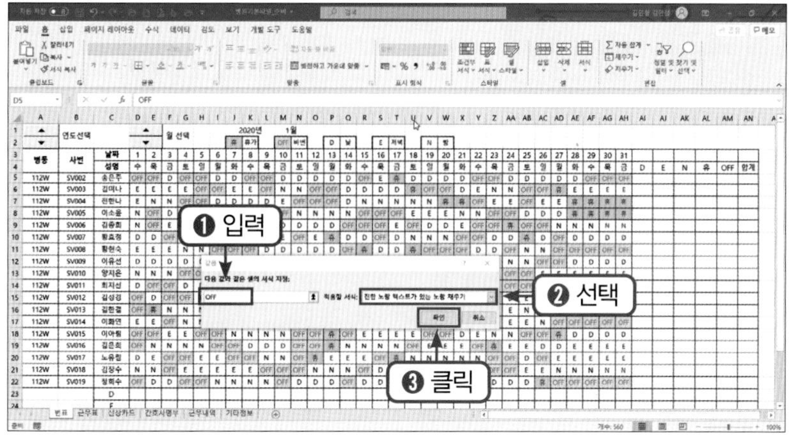

05 1월에는 31일까지 있지만 2월에는 28일 혹은 29일까지만 있습니다. 다시 3월에는 31일까지 있습니다. 매월 날짜수가 달라질 때마다 화면에도 날짜수가 다르게 나타나도록 해 보겠습니다. 먼저 AI2셀에 매월 마지막 날을 가져오도록 하겠습니다. ❶ AI2셀을 선택합니다. ❷ [수식] 탭 → '함수 라이브러리' 그룹 → '날짜 및 시간' 명령 단추를 클릭하여 **DATE**를 선택합니다.

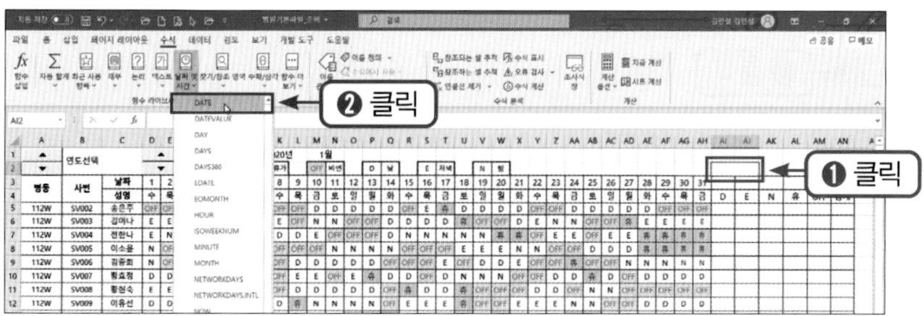

06 '함수 인수' 대화 상자가 나타나면 ❶ 'Year'에 **$J$1**, 'Month'에 **$M$1+1**, 'Day'에 **0**을 입력합니다. ❷ [확인] 단추를 클릭합니다.

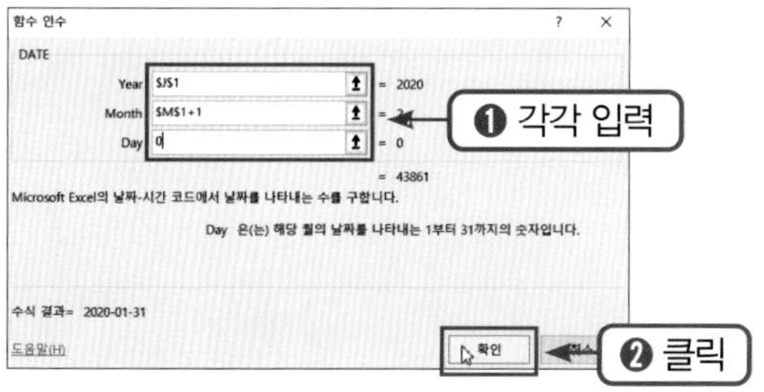

07 ❶ AF3:AH4 영역을 선택합니다. ❷ [홈] 탭 → '스타일' 그룹 → '조건부 서식' 명령 단추를 선택하여 **새 규칙**을 선택합니다.

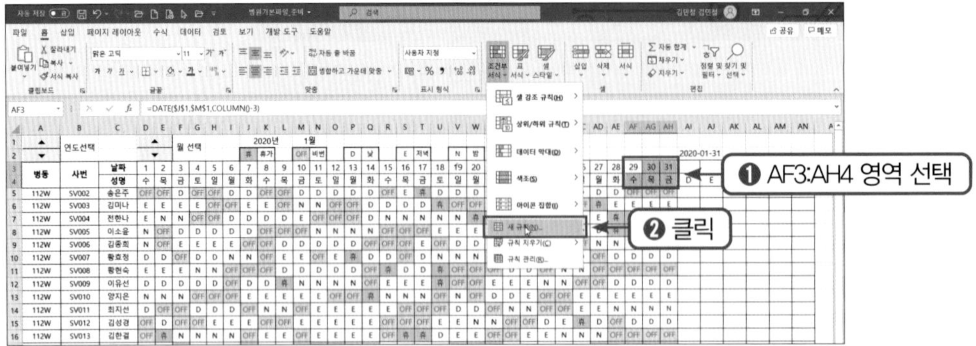

08 '서식 규칙 편집' 대화 상자가 나타나면 ❶ '수식을 사용하여 서식을 지정할 셀 결정'을 선택하고 '다음 수식이 참인 값의 서식 지정'에 ❷ **=DATE($J$1,$M$1+1,0)<AF$3**을 입력한 후 ❸ [서식] 단추를 클릭합니다.

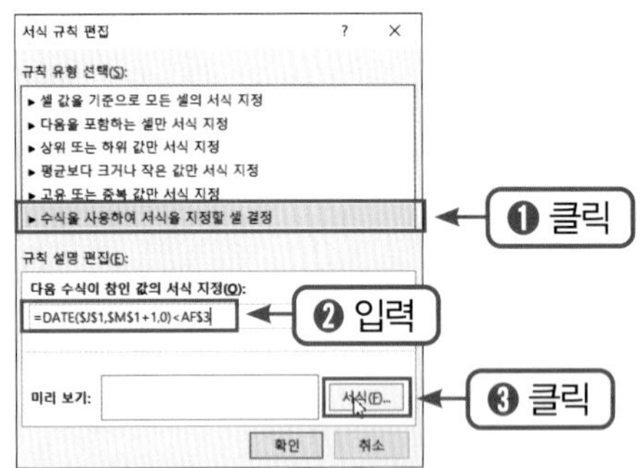

09 '셀 서식' 대화 상자가 나타나면 ❶ [글꼴] 탭을 선택하고 ❷ 색 내림 단추를 클릭하여 ❸ 흰색을 선택합니다. ❹ [확인] 단추를 클릭합니다. '셀 서식' 대화 상자가 나타나면 [확인] 단추를 클릭하여 나옵니다.

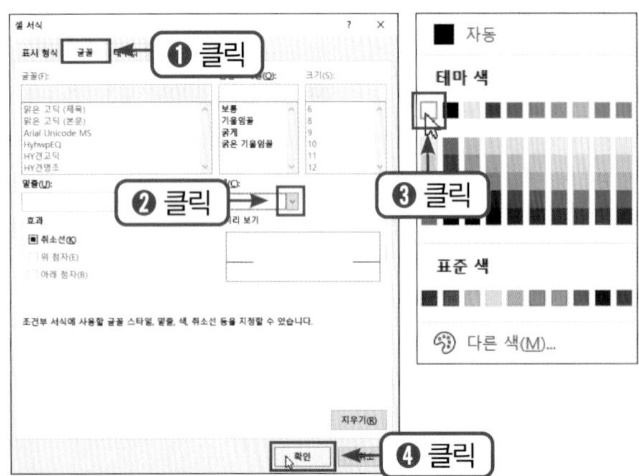

번표 현황 요약하기

01 COUNTIF 함수를 활용하여 번표 현황을 정리해 보겠습니다. ❶ AI5셀을 선택합니다. ❷ [수식] 탭 → '함수 라이브러리' 그룹 → '함수 더 보기' 명령 단추를 선택한 후 ❸ '통계' → **COUNTIF**를 선택합니다.

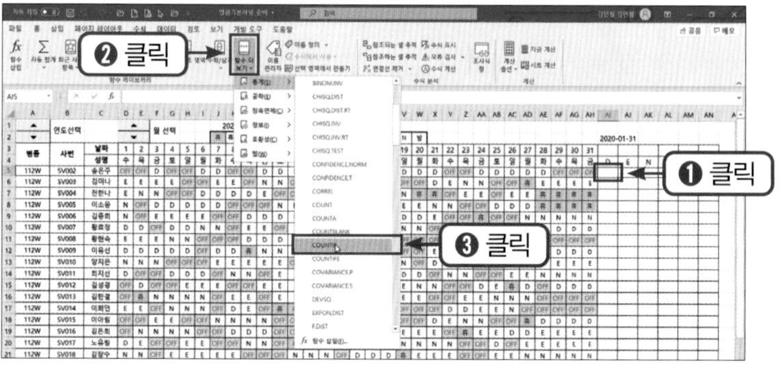

02 '함수 인수' 대화 상자가 나타나면 ❶ 'Range'에서 D5:AH5 영역을 선택한 후 F4 키를 3번 눌러 열 주소만 절대참조로 지정합니다. ❷ 'Criteria'에서 AI4셀을 선택한 후 F4 키를 2번 눌러 행 주소만 절대참조로 지정합니다. ❸ [확인] 단추를 클릭합니다.

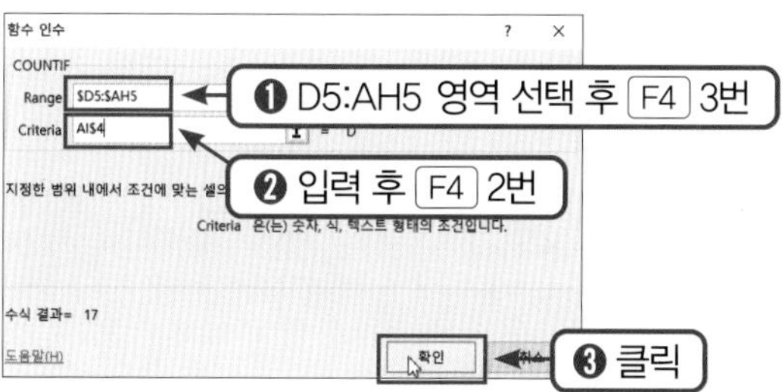

알아보기 COUNTIF 함수

COUNTIF(Range, Criteria) 함수는 기준을 충족하는 셀의 개수를 구하는 함수입니다.

❶ Range: 개수를 구하려는 셀 영역입니다. 여기서는 D5:AH5 영역을 지정하였습니다.

❷ Criteria: 개수를 구하려는 기준입니다. 여기서는 번표 내용(D, E, N, 휴, OFF)이 됩니다.

03 AI5셀의 자동 채우기 핸들(✚)을 AM5셀까지 드래그하여 나머지 번표 현황 수식을 완성합니다.

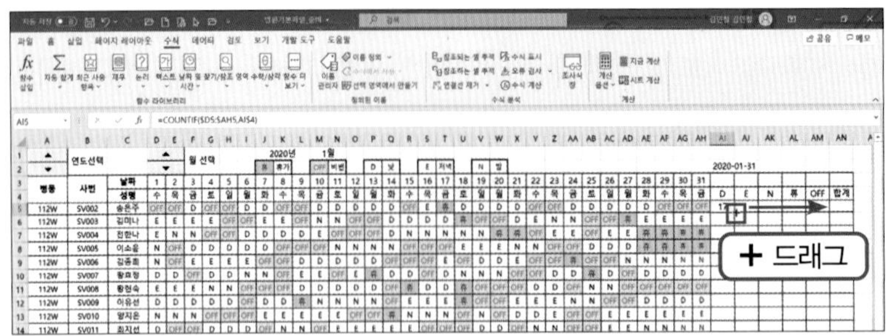

04 합계를 구합니다. ❶ AI5:AN5 영역을 선택한 후 ❷ [홈] 탭 → '편집' 그룹 → '자동 합계' 명령 단추를 클릭합니다.

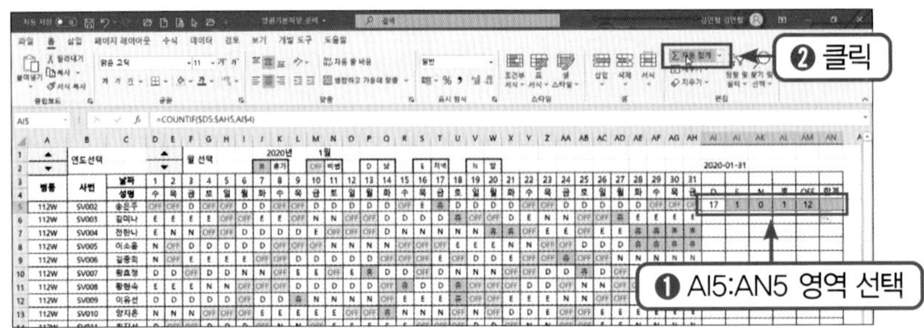

05 AI5:AN5 영역의 자동 채우기 핸들(✚)을 AN22셀까지 드래그하여 나머지 간호사의 번표 현황 수식을 완성합니다.

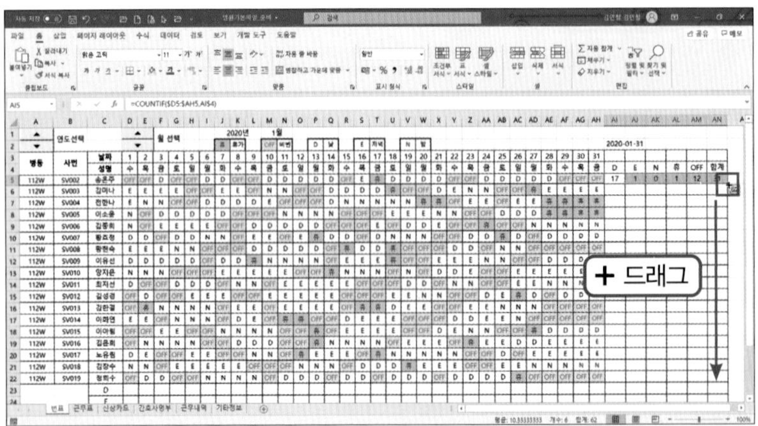

06 이번에는 간호사별 번표 현황을 정리해 보겠습니다. ❶ D23셀을 선택합니다. ❷ [수식] 탭 → '함수 라이브러리' 그룹 → '최근 사용 항목' 명령 단추를 선택한 후 **COUNTIF**를 선택합니다.

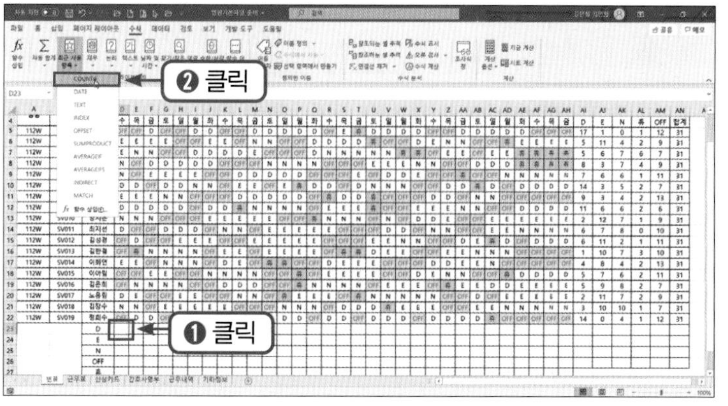

07 '함수 인수' 대화 상자가 나타나면 ❶ 'Range'에서 D5:D22 영역을 선택한 후 F4 키를 2번 눌러 행 주소만 절대참조로 지정합니다. ❷ 'Criteria'에서 C23셀을 선택한 후 F4 키를 3번 눌러 열 주소만 절대참조로 지정합니다. ❸ [확인] 단추를 클릭합니다.

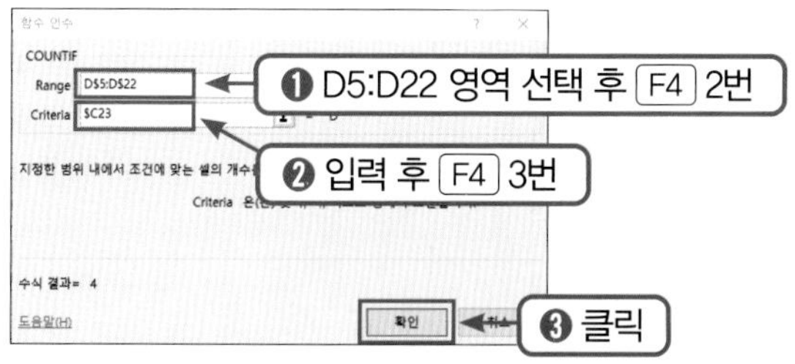

08 D23셀의 자동 채우기 핸들(**+**)을 D27셀까지 드래그하여 나머지 수식을 완성합니다.

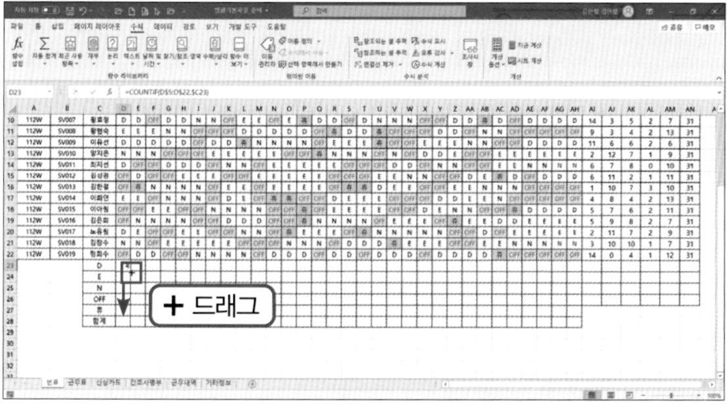

09 이번에는 합계를 구합니다. ❶ D23:D28 영역을 선택합니다. ❷ [수식] 탭 → '함수 라이브러리' 그룹 → '자동 합계' 명령 단추를 클릭합니다.

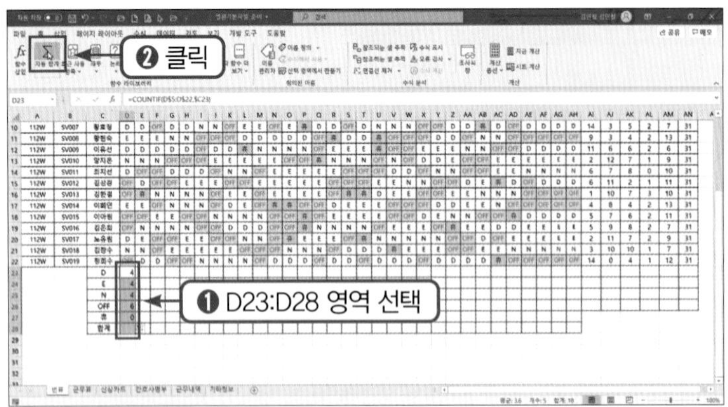

자동 합계 명령 단추는 [홈] 탭에도 있어서 편리하게 사용할 수 있습니다.

10 나머지 날짜에 대한 번표 현황도 구합니다. D23:D28 영역의 자동 채우기 핸들(**+**)을 AH28 셀까지 드래그하여 수식을 완성합니다.

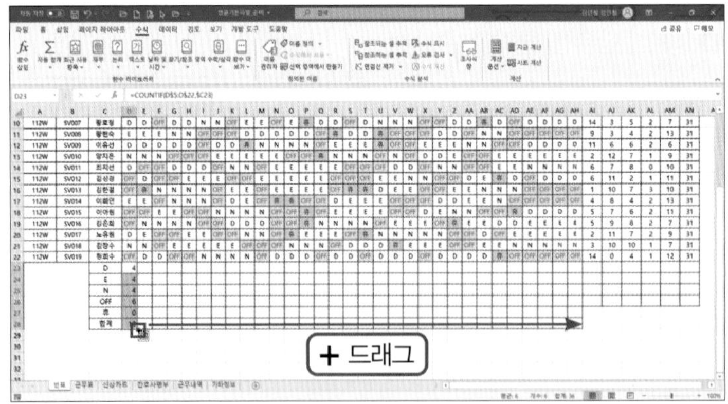

번표 저장 프로그램 만들기

01 완성한 번표를 간호사별 월별 현황만 저장하여 추후 번표를 작성할 때나 간호사 면담 시 사용할 수 있습니다. 이번에는 매크로를 활용하여 번표를 저장하는 프로그램을 만들어 보겠습니다. [개발 도구] 탭 → '코드' 그룹 → '매크로 기록' 명령 단추를 클릭합니다.

02 '매크로 기록' 대화 상자가 나타나면 ❶ '매크로 이름'에 **번표저장**이라고 입력하고 ❷ [확인] 단추를 클릭합니다.

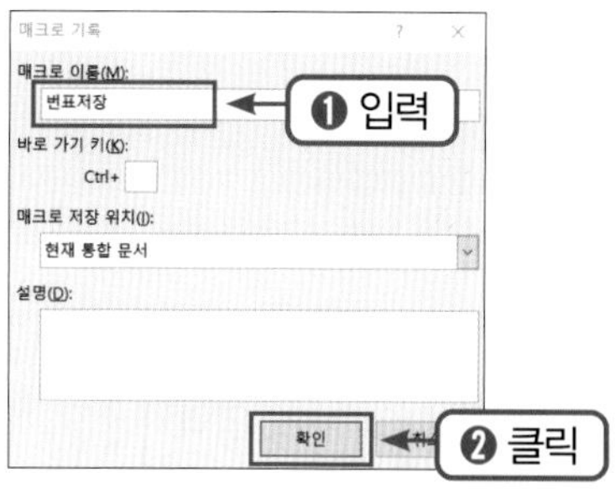

03 지금부터 시트상에서 일어나는 행위는 기록이 됩니다. 필요한 데이터를 순서대로 옮기는 작업을 합니다. 먼저 사번과 성명을 '근무내역' 시트에 저장합니다. B5:C22 영역을 선택한 후 CTRL + C 키를 누릅니다.

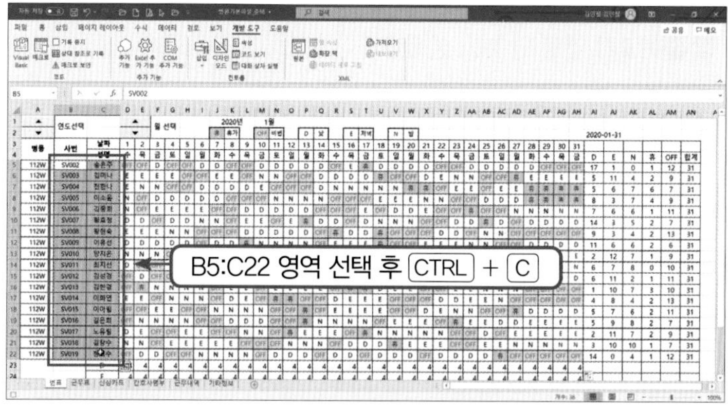

04 ❶ '근무내역' 시트를 선택합니다. ❷ B1셀을 선택한 후 CTRL + ↓ 키를 눌러 데이터의 맨 마지막 셀로 이동한 다음 ❸ B218셀을 선택하고 CTRL + V 키를 누릅니다.

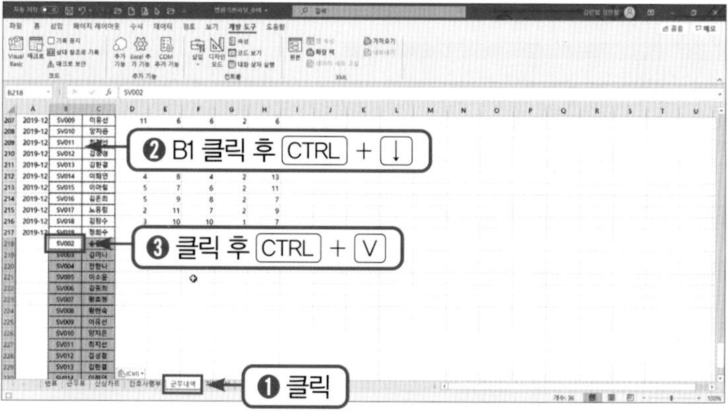

05 이번에는 간호사별 번표 현황을 저장합니다. ❶ '번표' 시트를 선택합니다. ❷ AI5:AM22 영역을 선택한 후 CTRL + C 키를 누릅니다.

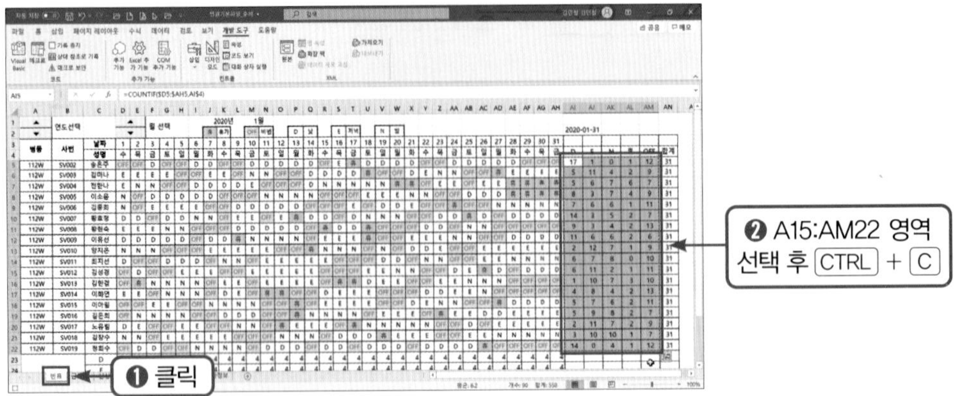

06 ❶ '근무내역' 시트를 선택합니다. ❷ D218셀을 선택합니다. ❸ [홈] 탭 → '클립보드' 그룹 → '붙여넣기' 내림 단추를 클릭하여 **값 붙여넣기** 명령 단추를 선택합니다.

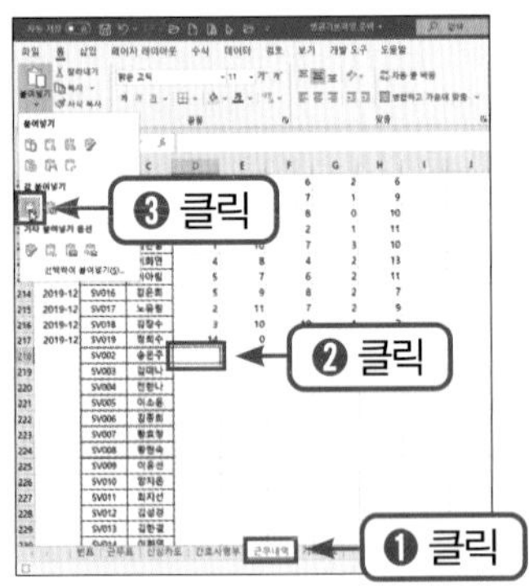

07 날짜를 저장합니다. ❶ '번표' 시트를 선택합니다. ❷ D3셀을 선택한 후 CTRL + C 키를 누릅니다.

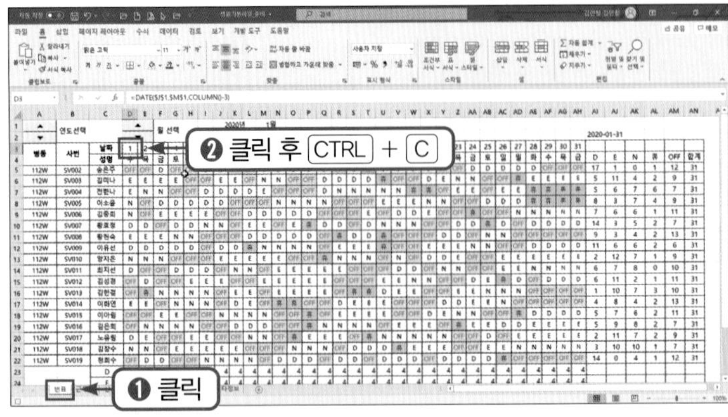

08 ❶ '근무내역' 시트를 선택합니다. ❷ A218:A235 영역을 드래그하여 선택합니다. ❸ [홈] 탭 → '클립보드' 그룹 → '붙여넣기' 내림 단추를 클릭하여 **값 붙여넣기** 명령 단추를 선택합니다.

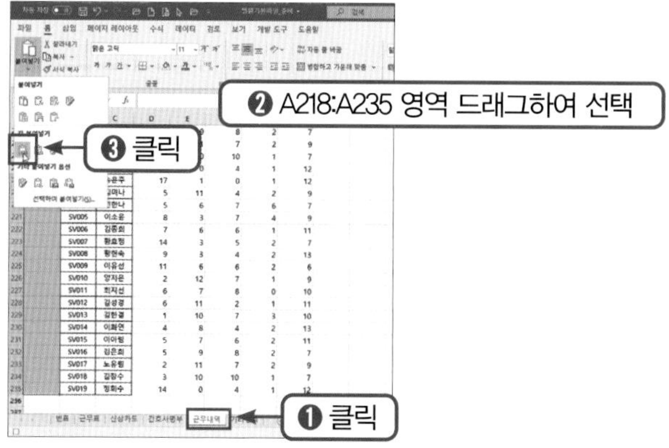

09 A열에 날짜 서식을 지정하여 연-월로 나타나게 합니다. ❶ A218:A235 영역이 선택된 상태에서 CTRL + 1 키를 누릅니다. '셀 서식' 대화 상자가 나타나면 ❷ [표시 형식] 탭 → '범주'에서 **사용자 지정**을 선택합니다. ❸ '형식'에 **yyyy-mm**을 입력한 후 ❹ [확인] 단추를 클릭합니다.

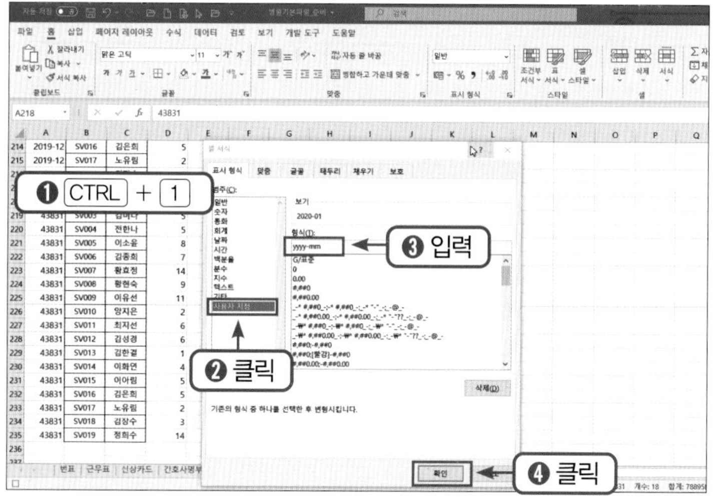

10 화면 왼쪽 하단에 있는 '기록 중지' 명령 단추를 눌러 매크로 기록을 완성합니다.

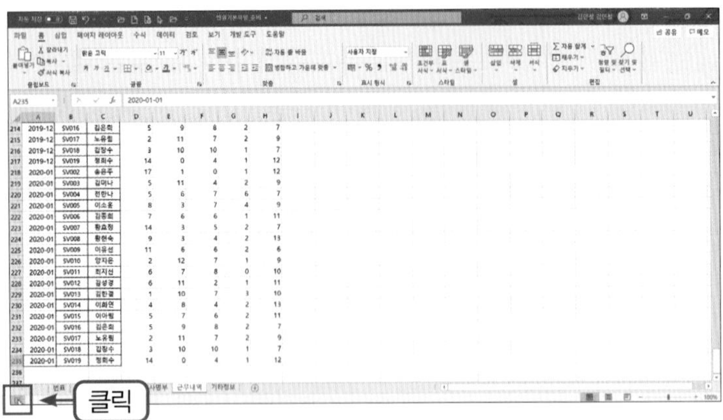

11 ALT + F11 키를 눌러 Visual Basic Editor 창을 열어서 매크로로 작성된 코드를 확인합니다.

❶ 프로젝트 창에서 모듈을 더블클릭하면 Module1이 나타납니다. ❷ Module1을 더블클릭하면 작성된 코드가 나타납니다.

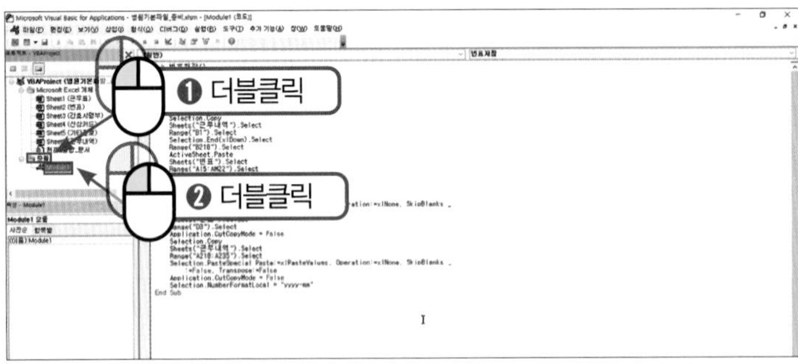

12 입력된 코드를 다음과 같이 수정합니다.

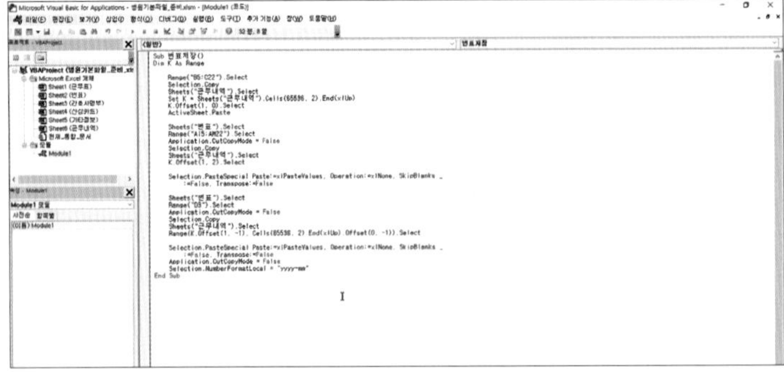

알아보기 매크로

```
Sub 번표저장()
Dim K As Range

    Range("B5:C22").Select
    Selection.Copy
    Sheets("근무내역").Select
    Set K = Sheets("근무내역").Cells(65536, 2).End(xlUp)
    K.Offset(1, 0).Select
    ActiveSheet.Paste

    Sheets("번표").Select
    Range("AI5:AM22").Select
    Application.CutCopyMode = False
    Selection.Copy
    Sheets("근무내역").Select
    K.Offset(1, 2).Select

    Selection.PasteSpecial Paste:=xlPasteValues, Operation:=xlNone, SkipBlanks _
        :=False, Transpose:=False

    Sheets("번표").Select
    Range("D3").Select
    Application.CutCopyMode = False
    Selection.Copy
    Sheets("근무내역").Select
    Range(K.Offset(1, -1), Cells(65536, 2).End(xlUp).Offset(0, -1)).Select

    Selection.PasteSpecial Paste:=xlPasteValues, Operation:=xlNone, SkipBlanks _
        :=False, Transpose:=False
    Application.CutCopyMode = False
    Selection.NumberFormatLocal = "yyyy-mm"
End Sub
```

전체 라인	맨 앞에 어퍼스트로피(') 기호가 있고 글꼴이 초록색으로 나타나는 부분은 주석입니다. 불필요하므로 삭제합니다.
2라인	먼저 데이터의 맨 마지막 셀을 선택하는 데 필요한 변수를 선언합니다. **Dim K As Range**를 추가합니다.
7~8라인	데이터의 맨 마지막 셀을 찾아 새로운 데이터를 붙여넣기할 셀을 지정하는 매크로인 **Range("B1").Select**와 **Selection.End(XlDown).Select**와 **Range("B218").Select**를 삭제하고 **Set K = Sheets("근무내역").Cells(65536, 2).End(xlUp)**과 **K.Offset(1, 0).Select**를 입력합니다. 여기서 코드를 수정하는 이유는 데이터의 맨 마지막에 새로운 데이터를 추가하기 위해서입니다. 수정하지 않고 그대로 두게 되면 항상 B218셀 아래에 새로운 데이터가 입력되어 데이터가 추가되는 것이 아니라 맨 마지막에 입력하는 데이터만 남게 됩니다. 7라인의 **Set K = Sheets("근무내역").Cells(65536, 2).End(xlUp)**은 데이터 영역에서 맨 마지막 셀을 K 변수로 정의합니다. **Sheets("근무내역").Cells(65536, 2).End(xlUp)**은 '근무내역' 시트의 B65536셀에서 CTRL + ↑ 키를 누른 것과 동일한 결과를 나타냅니다. 여기서 코드를 실행하면 K = B217셀이 됩니다. B65536셀을 기준으로 한 이유는 데이터 양이 그 이상 되지 않을 것이라 생각했기 때문입니다. 만약 데이터 양이 훨씬 더 많을 것으로 예상된다면 Cells(100000, 2)와 같이 기준이 되는 행 번호를 더 늘리면 됩니다. 여기에서 사용된 코드는 매크로를 활용하여 데이터를 자동으로 추가하는 프로그램을 만들 때 반드시 알아야 할 코드입니다. 8라인의 **K.Offset(1, 0).Select**는 K셀(여기서는 B217셀)에서 행 방향으로 하나 아래 셀(Offset(1, 0)을 선택(Select)합니다. B218셀이 선택됩니다.
16라인	**Range("D218").Select**를 삭제하고 **K.Offset(1, 2).Select**를 입력합니다. **K.Offset(1, 2).Select**는 K(B217셀)로부터 행 방향으로 하나, 열 방향으로 둘 위치에 있는 셀을 선택합니다. D218셀을 선택합니다.
26라인	**Range("A218:A235").Select**를 삭제하고 **Range(K.Offset(1, -1), Cells(65536, 2).End(xlUp).Offset(0, -1)).Select**를 입력합니다. 이는 K셀(B217셀)로부터 행 방향으로 하나 아래, 열 방향으로 하나 왼쪽 위치에 있는 셀(A218셀)에서 B열에 데이터가 있는 마지막 셀에서 열 방향으로 하나 왼쪽 위치에 있는 셀(A235셀)까지의 영역을 선택합니다.

• 맨 처음에 Dim K As Range를 추가합니다. 이는 변수(K)를 Range(영역)로 지정한다는 의미입니다. 변수에 대해서는 부록1-10 '매크로와 VBA'(529P)를 참고하세요.

• Offset(1, 0): 일반적으로 복사한 데이터를 붙여넣기하거나 새로운 데이터를 저장할 때는 기존에 입력된 데이터의 다음 셀부터 입력이 되어야 합니다. 이때 사용하는 명령어입니다. 많이 사용하기 때문에 잘 알아두어야 합니다.

• 매크로 설명 박스에서 18, 28라인을 두 줄로 나눈 것은 지면상 한 줄에 담지 못해서일 뿐입니다. 실제 매크로 창에서는 라인을 구분하지 말고 한 라인에 이어서 쭉 쓰면 됩니다.

13 기록한 매크로를 실행하도록 명령 단추를 만듭니다. 엑셀 시트 중 '번표' 시트로 돌아와 [개발 도구] 탭 → '컨트롤' 그룹 → '삽입' 명령 단추를 클릭하여 **단추**를 선택합니다.

14 ❶ AI1:AJ2 영역에 적당한 크기로 단추를 만듭니다. ❷ 마우스를 놓으면 '매크로 저장' 대화 상자가 나타납니다. '매크로 이름'에서 **번표저장**을 선택하고 ❸ [확인] 단추를 클릭합니다.

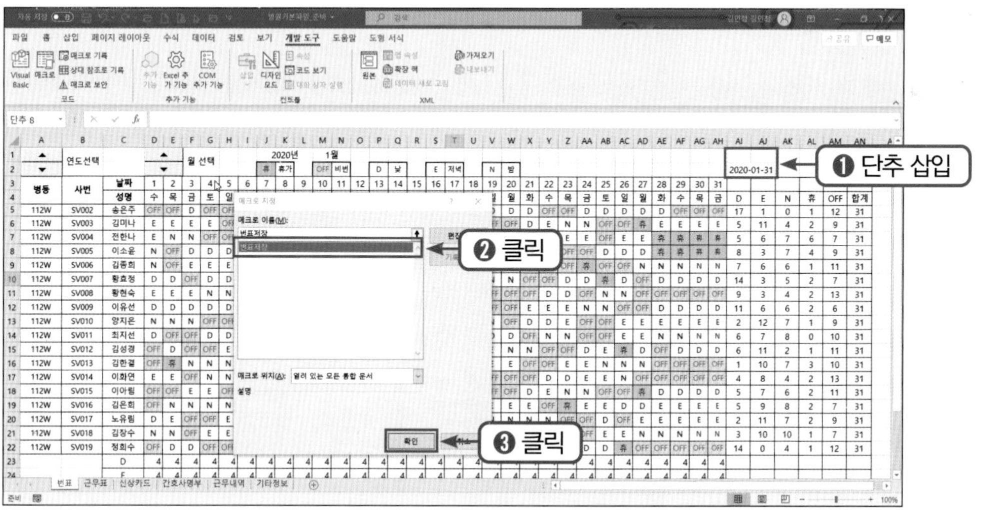

15 '단추' 이름을 **번표저장**으로 수정합니다.

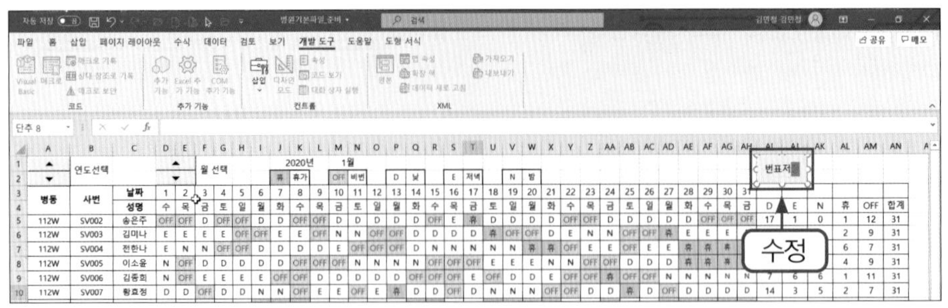

알아보기 매크로 사용 문서 저장

이렇게 완성된 문서는 'Excel 매크로 사용 통합 문서(*.xlsm)'로 저장되어야 합니다.

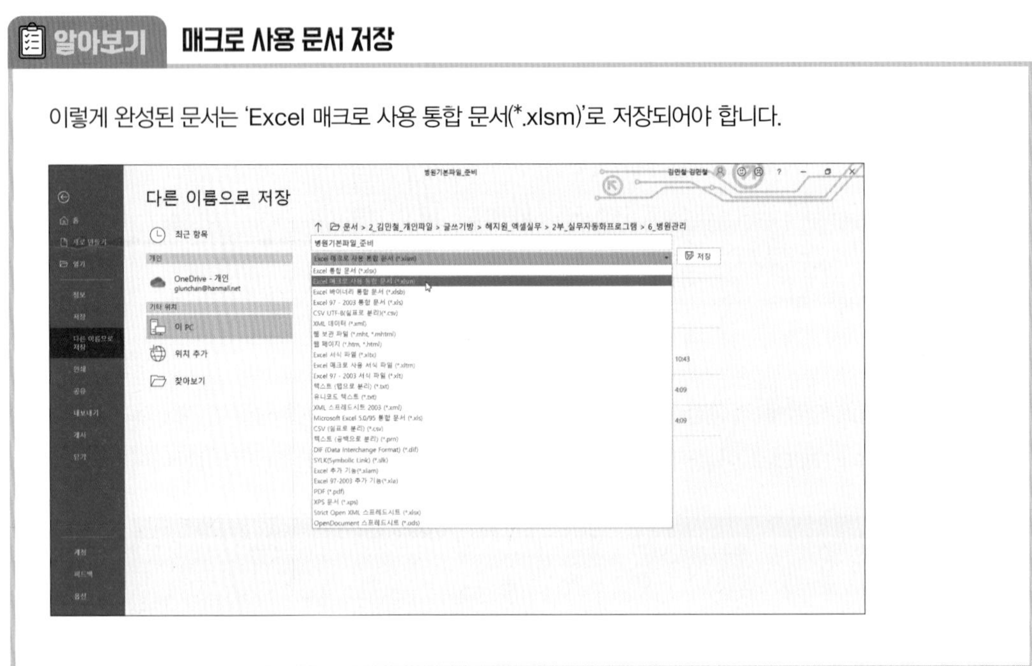

02 근무표 만들기

간호사는 환자만 간호하는 것으로 알고 있지만 간호사의 업무는 환자를 돌보는 것 외에도 다양합니다. 이번에는 작성된 번표와 연동하여 각 근무별 간호사의 업무를 결정하는 근무표를 작성해 보도록 하겠습니다. 근무표도 번표와 마찬가지로 업무 특성상 완전한 자동화는 불가능합니다. 대신 작성할 때 조금이라도 오류를 줄이고 작성 현황을 쉽게 확인할 수 있도록 하는 것이 목표입니다. 이번 장에서는 이름정의와 유효성 검사, 함수를 활용하여 근무표 작성 프로그램을 만들어 보도록 하겠습니다.

실습 내용

기본 원리: 각 근무별 간호사 목록을 만들고 목록에서 선택하면 입력이 되도록 합니다.

주요 기능: ❶ 이름정의 ❷ 유효성 검사 ❸ INDEX, SMALL, ROW 함수

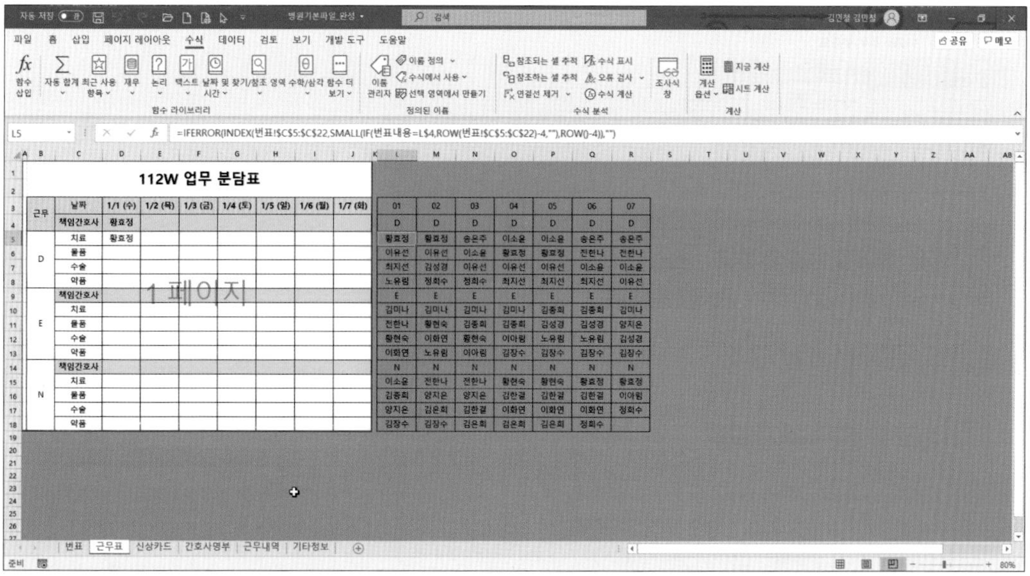

날짜 나타내기

01 먼저 일주일 분의 날짜가 자동으로 나타나게 하겠습니다. 맨 첫 날짜는 상황에 따라 달라질 수 있어 입력하도록 했습니다. 첫 날짜만 입력하면 나머지 날짜는 자동으로 나타나도록 하겠습니다. ❶ E3셀을 선택합니다. ❷ 수식 입력줄에 **=D3+1**을 입력한 후 ENTER 키를 누릅니다.

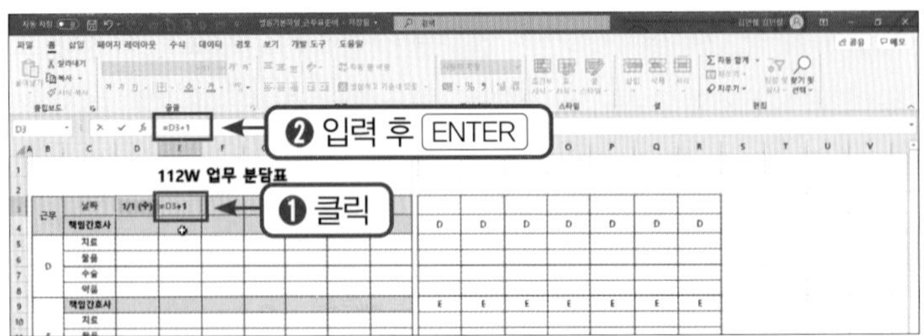

02 E3셀의 자동 채우기 핸들(**+**)을 J3셀까지 드래그하여 나머지 날짜도 불러옵니다.

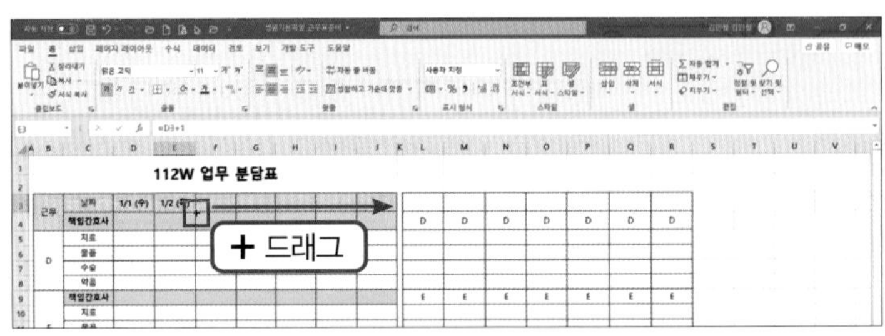

D3:J3 영역에는 셀 서식을 미리 지정해 놓았습니다. D3:J3 영역을 선택한 다음 CTRL + 1 키를 눌러 '셀 서식' 대화 상자를 보면 [표시 형식] 탭에 사용자 지정으로 **m"/"d "("aaa")";@**로 되어 있음을 확인할 수 있습니다.

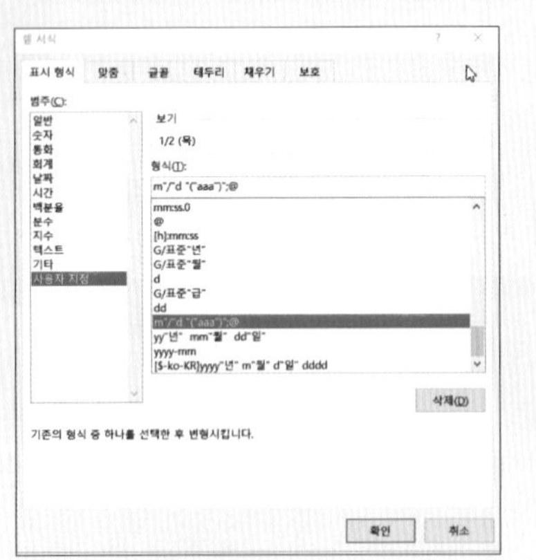

03 L3:R3 영역에 D3:J3 영역과 동일한 날짜가 나타나게 합니다. ❶ L3셀을 선택합니다. ❷ '수식 입력줄'에서 **=D3**을 입력한 후 [ENTER] 키를 누릅니다.

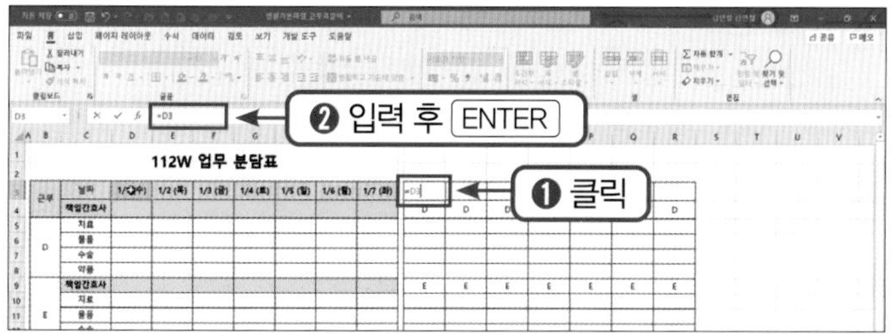

04 L3셀의 자동 채우기 핸들(**+**)을 R3셀까지 드래그하여 나머지 날짜도 완성합니다.

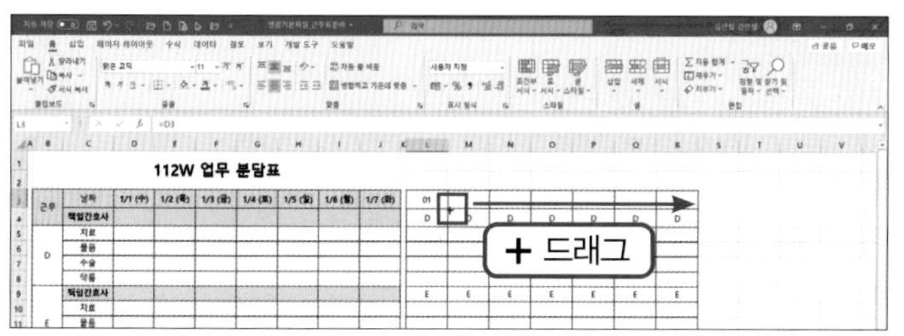

L3:R3 영역에는 미리 셀 서식을 지정해 놓았습니다. L3:R3 영역을 선택한 다음 [CTRL] + [1] 키를 눌러 '셀 서식' 대화 상자를 보면 [표시 형식] 탭에 사용자 지정으로 **dd**로 되어 있음을 확인할 수 있습니다.

번표 내역 동적 영역 지정하기

01 '번표' 시트에 작성되어 있는 내용이 근무표에 나타나도록 합니다. 먼저 번표 내용을 OFFSET 함수와 이름정의 기능을 활용하여 동적 영역으로 지정하겠습니다. ❶ 데이터가 없는 임의의 셀을 선택합니다(여기서는 T3셀을 선택했습니다). ❷ [수식] 탭 → '함수 라이브러리' 그룹 → '찾기/참조 영역' 명령 단추를 누른 후 **OFFSET**을 선택합니다.

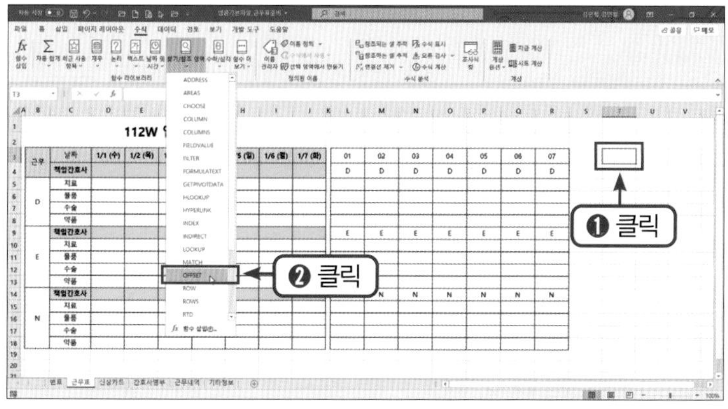

02 '함수 인수' 대화 상자가 나타나면 ❶ 'Reference'에 **번표!$D$5**를 입력하고 'Rows'에 **0**을 입력합니다. ❷ 'Cols'에서는 ❸ '이름 상자' 내림 단추를 눌러 ❹ **MATCH**를 선택합니다.

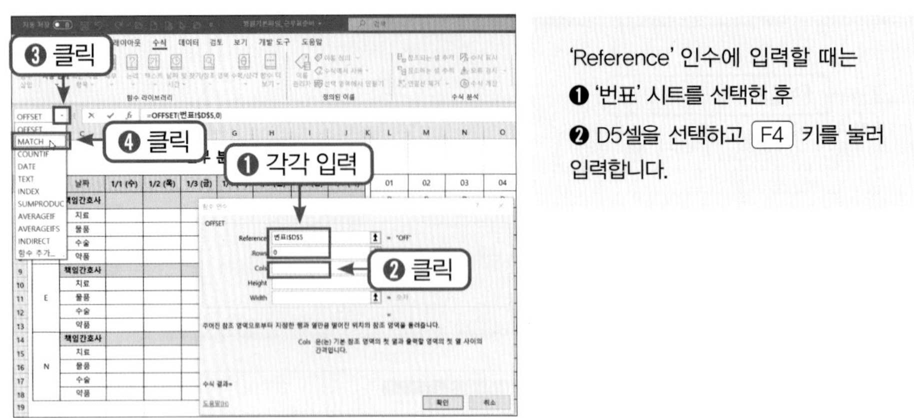

'Reference' 인수에 입력할 때는
❶ '번표' 시트를 선택한 후
❷ D5셀을 선택하고 F4 키를 눌러 입력합니다.

03 '함수 인수' 대화 상자가 나타나면 ❶ 'Lookup_value'에 **L$3**, 'Lookup_array'에 **번표!$D$3:$AH$3**, 'Match_type'에 **0**을 입력한 후 ❷ 수식 입력줄에서 **OFFSET**을 클릭합니다.

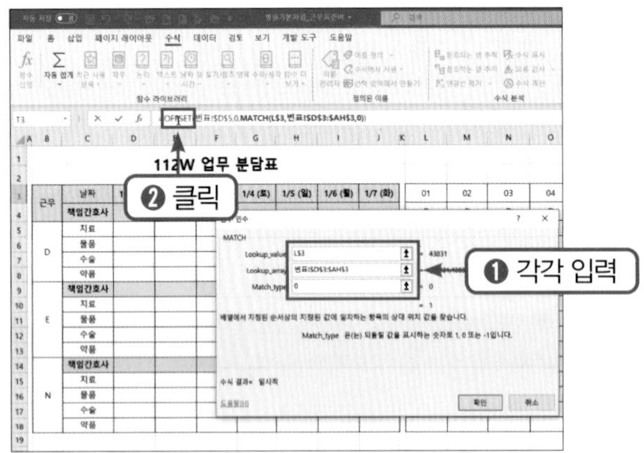

04 '함수 인수' 대화 상자가 나타나면 ❶ 'Cols'에서 3번 과정에서 입력한 수식 뒤에 **-1**을 입력합니다. ❷ 'Heights'에 **18**을, 'Width'에 **1**을 입력한 후 ❸ [확인] 단추를 클릭합니다.

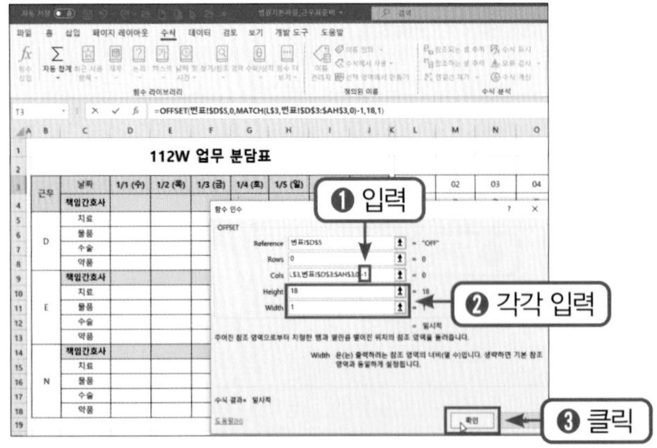

05 T3셀에 입력한 수식을 복사합니다. T3셀의 '수식 입력줄'의 수식을 선택한 후 CTRL + C 키를 누르고 ENTER 키를 누릅니다.

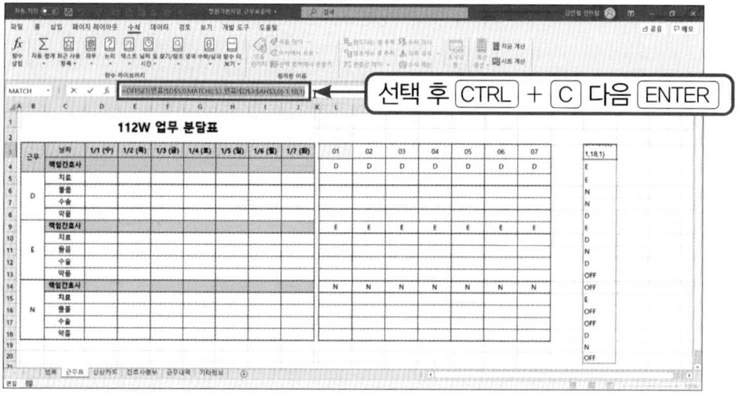

06 복사한 수식을 이름정의합니다. [수식] 탭 → '정의된 이름' 그룹 → '이름 정의' 명령 단추를 선택합니다.

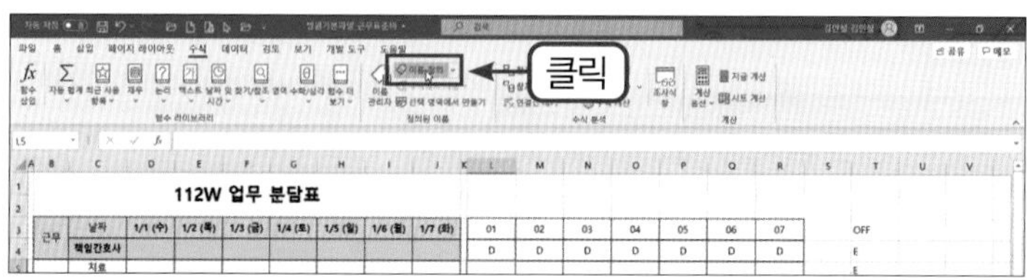

07 '새 이름' 대화 상자가 나타나면 ❶ '이름'에 **번표내용**을 입력합니다. ❷ '참조 대상'에서 기존 참조 대상을 지우고 CTRL + V 키를 눌러 수식을 붙여 넣습니다. ❸ [확인] 단추를 클릭합니다.

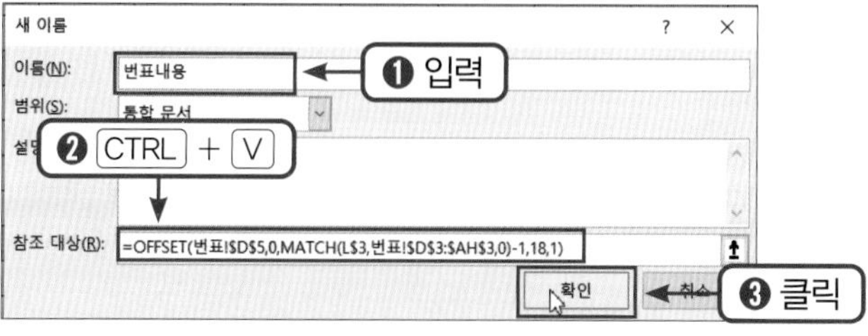

08 T3셀에 입력한 수식을 [DELETE] 키를 눌러 삭제합니다.

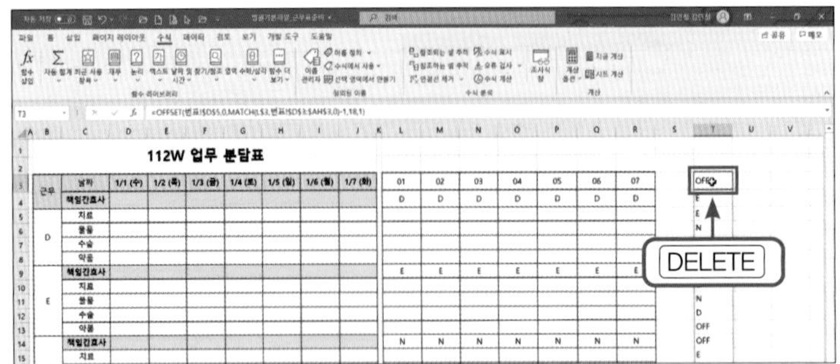

DUTY별 근무자 명단 불러오기

01 번표에 따른 근무자 명단을 불러옵니다. ❶ L5셀을 선택합니다. ❷ [수식] 탭 → '함수 라이브러리' 그룹 → '찾기/참조 영역' 명령 단추를 선택한 후 **INDEX**를 선택합니다.

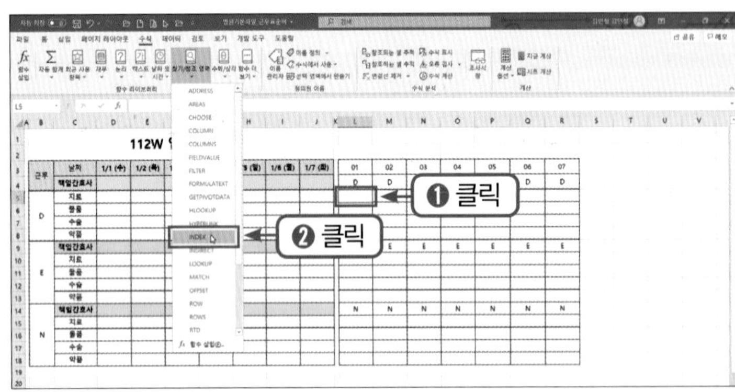

02 '인수 선택' 대화 상자가 나타나면 ❶ **array,row_num,column_num**을 선택한 후 ❷ [확인] 단추를 클릭합니다.

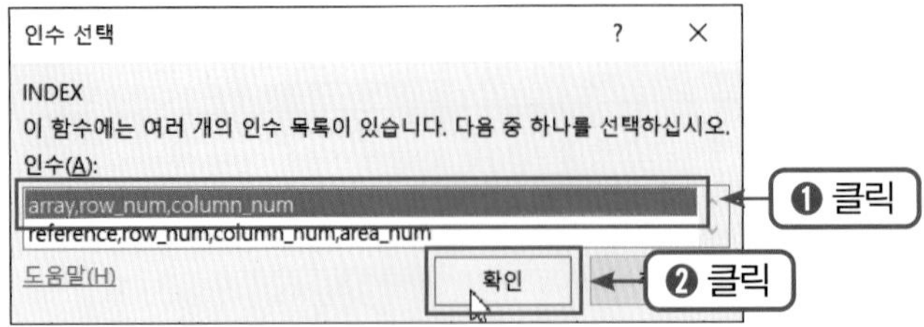

03 '함수 인수' 대화 상자가 나타나면 ❶ 'Array'에 **번표!$C$5:$C$22**를 입력합니다. ❷ 'Row_num'에서 ❸ '이름 상자' 내림 단추를 클릭한 후 ❹ **함수 추가**를 클릭합니다.

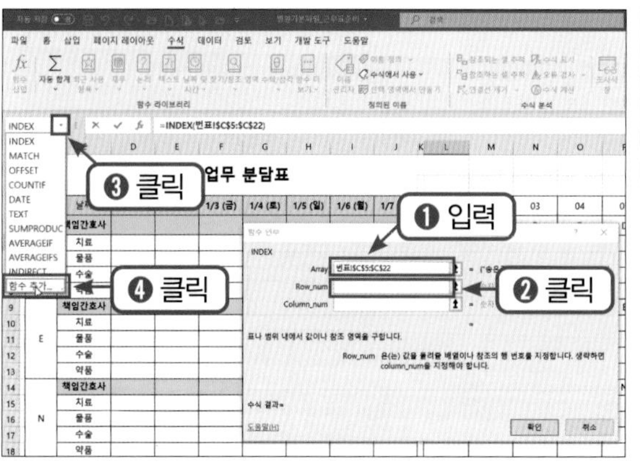

'Array' 인수에 입력할 때는 ❶ '번표' 시트를 선택한 후 ❷ C5:C22 영역을 선택하고 F4 키를 눌러 입력합니다.

04 '함수 마법사' 대화 상자가 나타나면 ❶ '범주 선택'을 **통계**로 하고 ❷ '함수 선택'을 **SMALL**로 한 후 ❸ [확인] 단추를 클릭합니다.

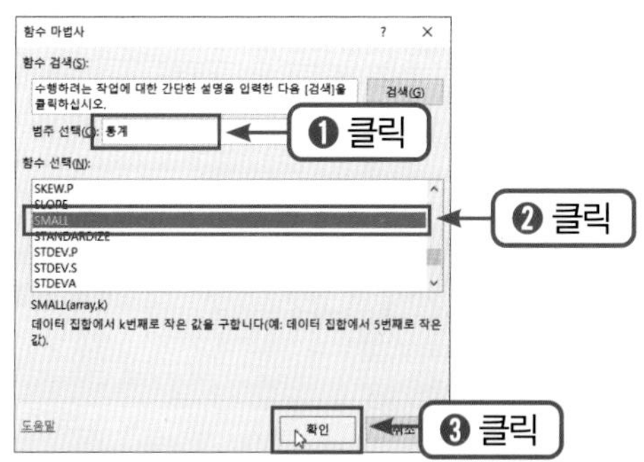

05 '함수 인수' 대화 상자가 나타나면 ❶ 'Array'에서 '이름 상자' 내림 단추를 클릭하여 ❷ **함수 추가**를 누릅니다.

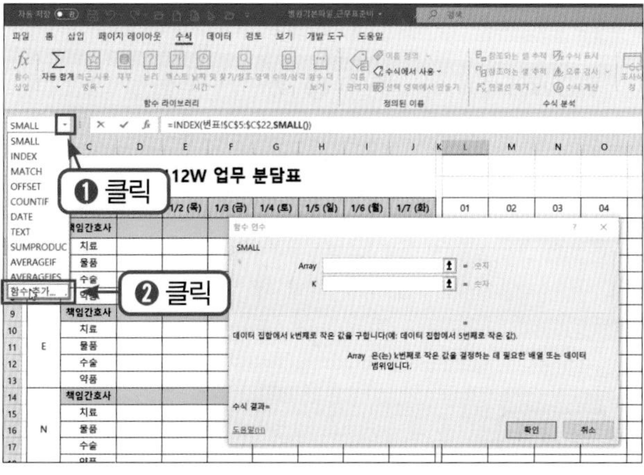

06 '함수 마법사' 대화 상자가 나타나면 ❶ '범주 선택'을 **논리**로 하고 ❷ '함수 선택'을 **IF**로 한 후 ❸ [확인] 단추를 클릭합니다.

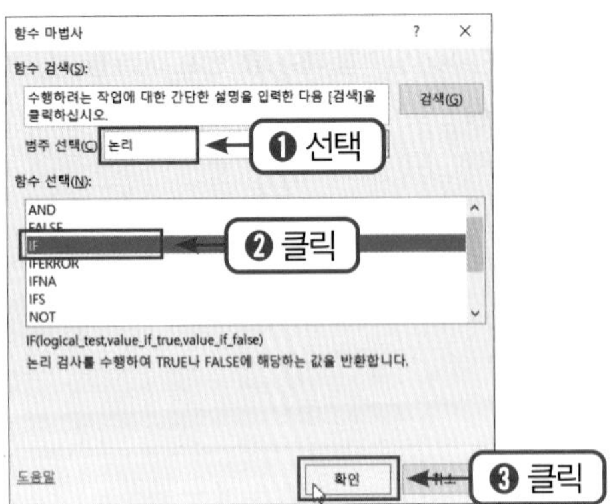

07 '함수 인수' 대화 상자가 나타나면 ❶ 'Logical_test'에 **번표내용=L$4**를, 'Value_if_true'에 **ROW(번표!$C$5:$C$22)-4**를, 'Value_if_false'에 **""**를 입력합니다. ❷ 수식 입력줄에서 **SMALL**을 클릭합니다.

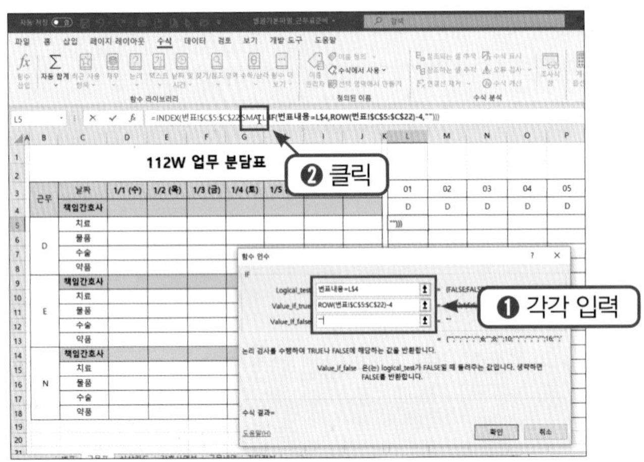

08 '함수 인수' 대화 상자가 나타나면 ❶ 'K'에 **ROW( )-4**를 입력한 후 ❷ [확인] 단추를 클릭합니다.

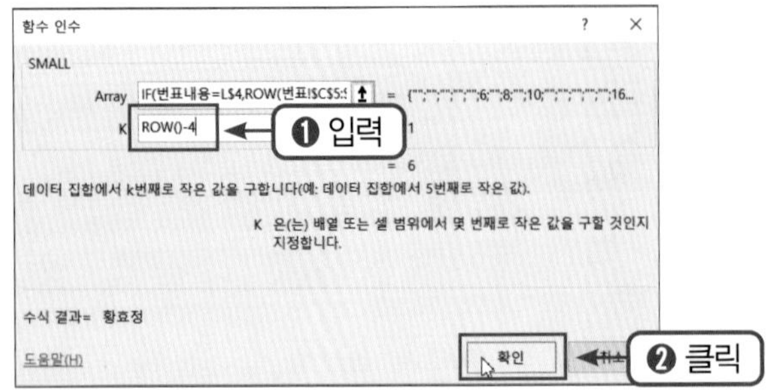

09 수식 입력줄에서 = 뒤에 **IFERROR(**를 입력하고 맨 뒤에 **,“”)**를 입력한 후 ENTER 키를 누릅니다.

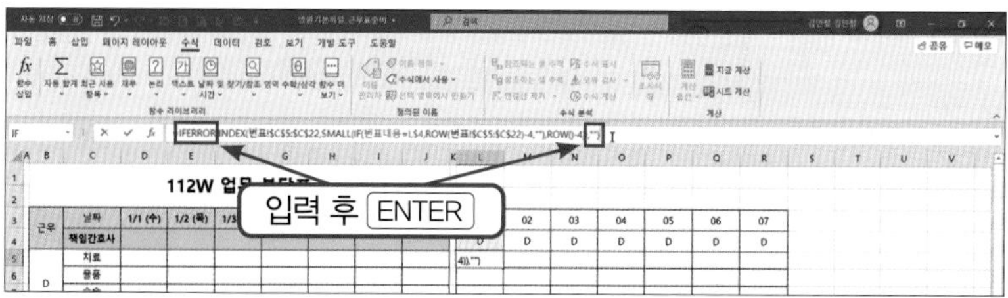

알아보기 수식 알아보기

=IFERROR(INDEX(번표!$C$5:$C$22,SMALL(IF(번표내용=L$4,ROW(번표!$C$5:$C$22)–4,“”),ROW()–4)),“”)

❶ IF(번표내용=L$4,ROW(번표!$C$5:$C$22)–4,“”): 번표내용으로 이름정의한 영역(‘번표’ 시트의 D:AH 열)의 값이 L4셀에 입력한 내용과 같은지를 검사해서, 같을 경우 번표!$C$5:$C$22 영역의 행 번호값에서 4를 뺀 값을 반환하고, 다르면 공백(“”)값을 반환합니다. 행 번호값에서 4를 빼는 이유는 ‘근무표’ 시트의 데이터값이 5행부터 시작하기 때문입니다. 해당 영역을 선택한 후 F9 키를 누르면 아래와 같이 결과값이 배열로 나타납니다. 배열에 대해서는 부록2–6 ‘수학/삼각 함수와 배열 수식’(549P)을 참고하세요.
{“”;“”;“”;“”;“”;6;“”;8;“”;10;“”;“”;“”;“”;“”;16;“”;“”}

❷ ROW()–4: L5셀에 수식이 입력되어 있으므로 ROW()는 5를 환원합니다. 여기서 4를 빼면 결과값은 1이 됩니다. 이 수식은 SMALL 함수의 K 인수에 해당하므로 SMALL(수식) 함수는 ①번에서 나타난 결과값 중 가장 작은 값, 즉 6을 반환합니다.

❸ INDEX(번표!$C$5:$C$22,): 번표!$C$5:$C$22 영역에서 6번째 위치에 있는 값을 반환합니다. 황효정이 결과값으로 나타납니다.

❹ IFFERROR(수식, “”): 위 수식이 오류일 경우, 즉 해당하는 값이 없을 경우에는 빈 셀로 나타나게 합니다.

10 L5셀의 자동 채우기 핸들(**+**)을 R5셀까지 드래그합니다.

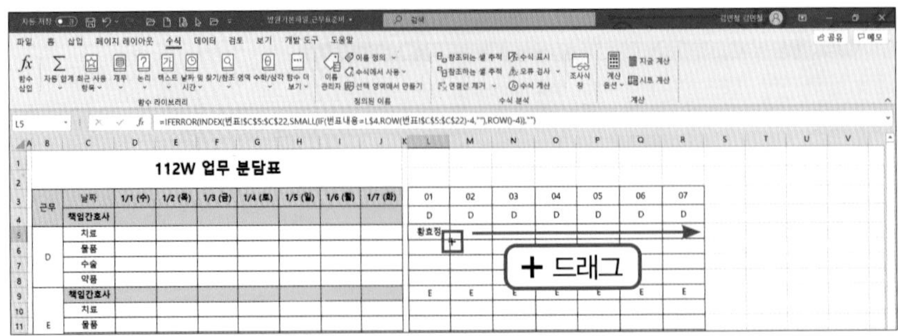

11 L5:R5 영역의 자동 채우기 핸들(**+**)을 R8셀까지 드래그하여 나머지 D 근무자를 불러옵니다.

12 ❶ L5:R8 영역을 선택한 후 CTRL + C 키를 누릅니다. ❷ L10셀을 선택합니다.

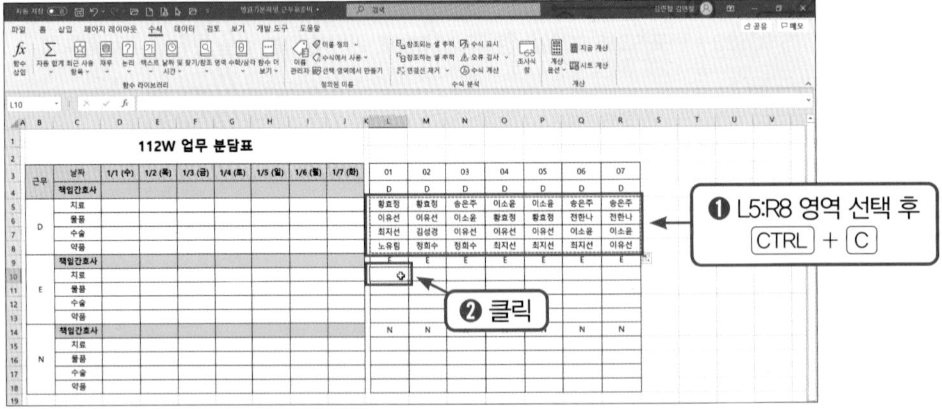

13 ❶ CTRL + V 키를 눌러 복사한 수식을 붙여넣기합니다. ❷ 수식 입력줄에서 IF 함수의 'Logical_test' 인수 부분을 **번표내용=L$9**로, SMALL 함수의 'K' 인수를 **ROW()-9**로 수정한 후 CTRL + ENTER 키를 누릅니다.

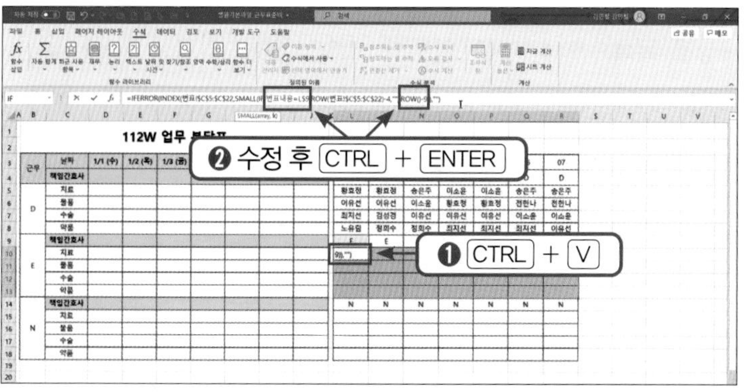

14 ❶ L10:R13 영역을 선택한 후 CTRL + C 키를 누릅니다. ❷ L15셀을 선택한 후 CTRL + V 키를 누릅니다. ❸ 수식 입력줄에서 IF 함수의 'Logical_test' 인수 부분을 **번표내용=L$14**로, SMALL 함수의 'K' 인수를 **ROW()-14**로 수정한 후 CTRL + ENTER 키를 누릅니다.

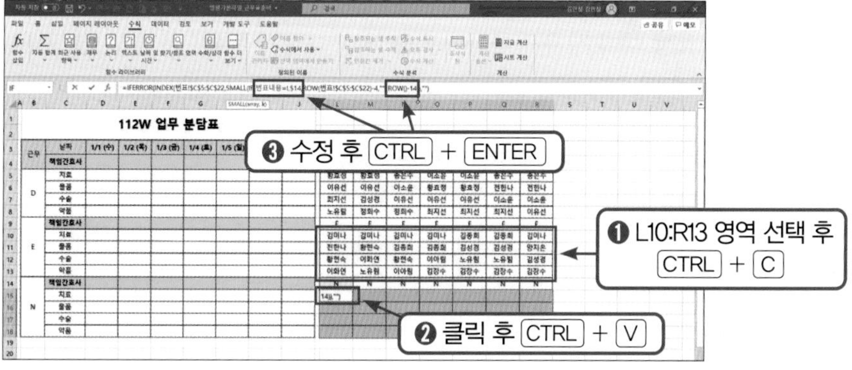

업무 분담표 만들기

01 유효성 검사 기능을 활용하여 근무자 목록을 작성합니다. ❶ D5:J8 영역을 선택합니다. ❷ [데이터] 탭 → '데이터 도구' 그룹 → '데이터 유효성 검사' 명령 단추를 누릅니다. '데이터 유효성' 대화 상자가 나타나면 ❸ '제한 대상'을 **목록**으로 하고 ❹ '원본'에 **=L$5:L$8**을 입력한 후 ❺ [확인] 단추를 클릭합니다.

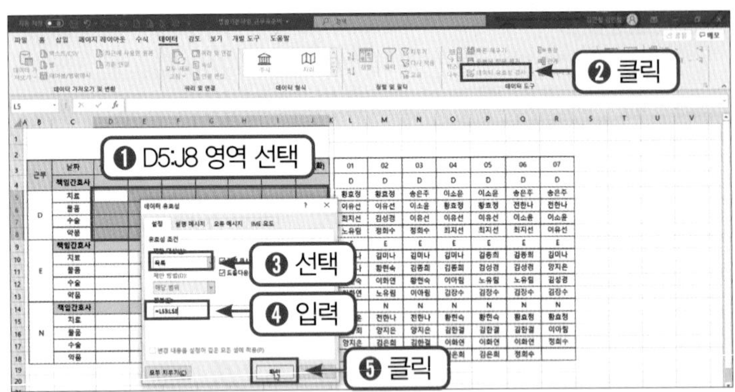

02 ❶ D10:J13 영역을 선택합니다. ❷ [데이터] 탭 → '데이터 도구' 그룹 → '데이터 유효성 검사' 명령 단추를 누릅니다. '데이터 유효성' 대화 상자가 나타나면 ❸ '제한 대상'을 **목록**으로 하고 ❹ '원본'에 **=L$10:L$13**을 입력한 후 ❺ [확인] 단추를 클릭합니다.

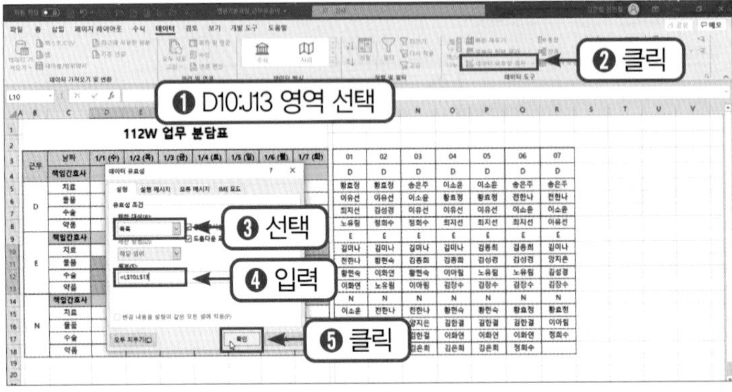

03 N 근무자의 목록을 만듭니다. ❶ D15:J18 영역을 선택합니다. ❷ [데이터] 탭 → '데이터 도구' 그룹 → '데이터 유효성 검사' 명령 단추를 누릅니다. '데이터 유효성' 대화 상자가 나타나면 ❸ '제한 대상'을 **목록**으로 하고 ❹ '원본'에 **=L$15:L$18**을 입력한 후 ❺ [확인] 단추를 클릭합니다.

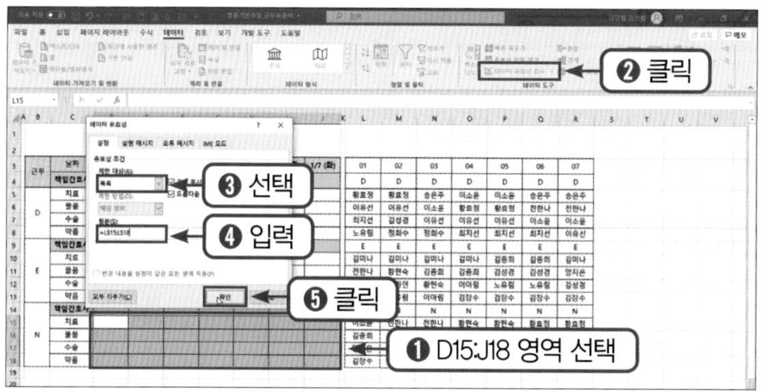

04 치료를 담당하는 간호사가 책임 간호사에 나타나게 합니다. ❶ D5셀의 목록에서 **황효정**을 선택합니다. ❷ D4셀을 선택합니다. ❸ [수식] 탭 → '함수 라이브러리' 그룹 → '논리' 명령 단추를 눌러 **IF**를 선택합니다.

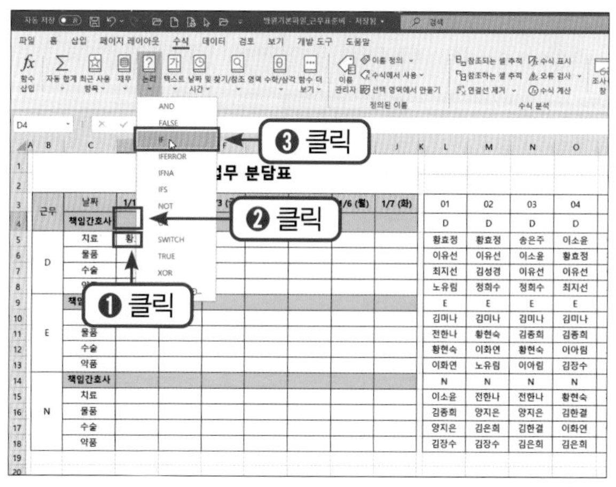

05 '함수 인수' 대화 상자가 나타나면 ❶ 'Logical_test'에 **D5=""**, 'Value_if_true'에 **""**, 'Value_if_false'에 **D5**를 입력하고 ❷ [확인] 단추를 클릭합니다.

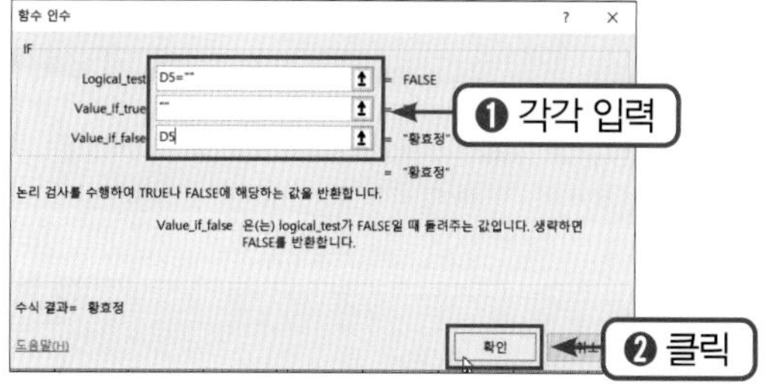

알아보기 수식 알아보기

=IF(D5="","",D5): D5셀이 공백이면(값이 입력되어 있지 않으면) 공백("")을 나타내고, 값이 입력되어 있으면 D5셀에 입력된 값을 불러옵니다.

06 D4셀의 자동 채우기 핸들(+)을 J4셀까지 드래그합니다.

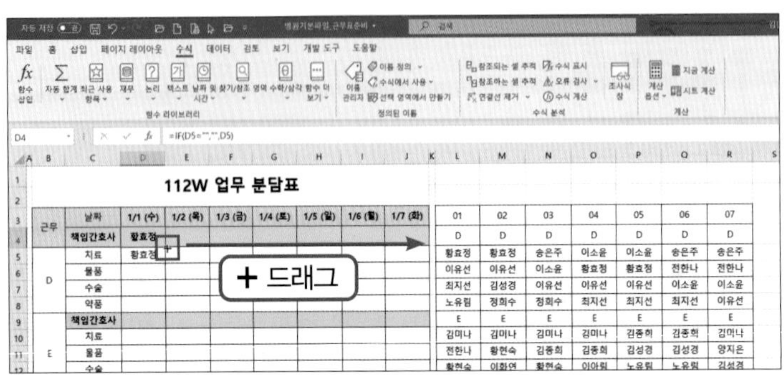

07 ❶ D4:J4 영역을 선택한 후 CTRL + C 키를 누릅니다. ❷ D9:J9 영역을 선택하고 CTRL 키를 누른 상태에서 ❸ D14:J14 영역을 선택한 후 CTRL + V 키를 누릅니다.

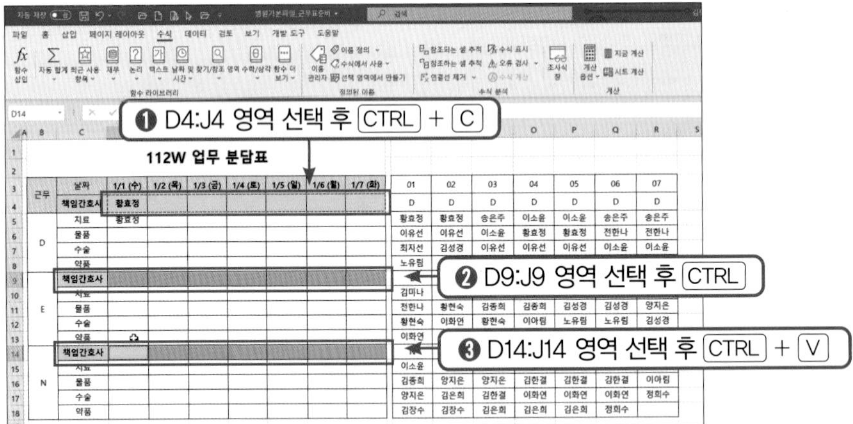

08 페이지 나누기 미리 보기 기능을 활용하여 업무 분담표 부분만 화면에 출력이 되게 합니다. [보기] 탭 → '통합 문서 보기' 그룹 → '페이지 나누기 미리 보기' 명령 단추를 선택합니다.

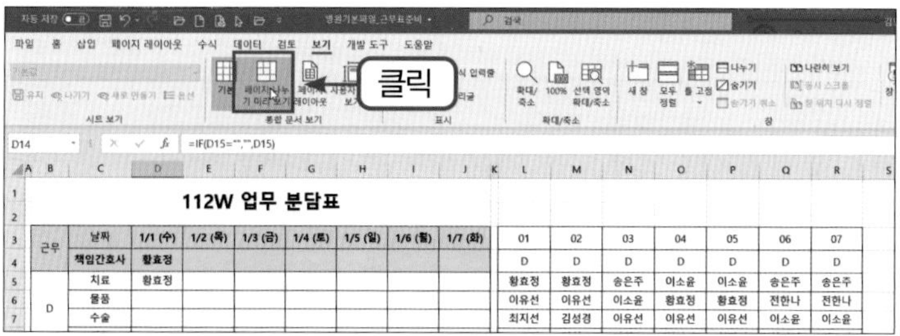

09 A1:J18 영역까지만 화면에 출력이 되도록 마우스로 드래그하여 출력 영역을 수정합니다.

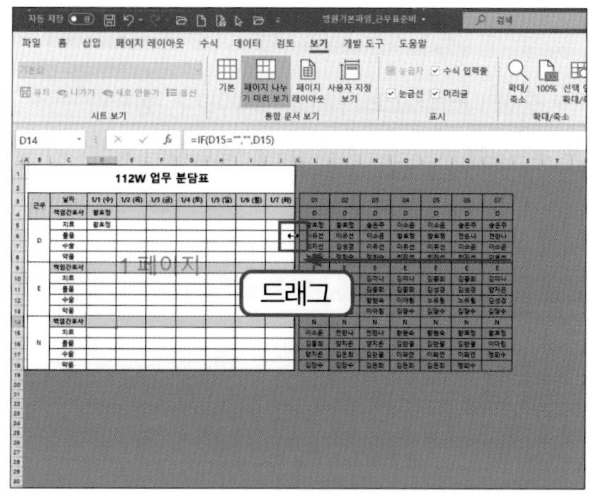

처음부터 D:J열에 근무별 근무자 목록을 만들려면 많이 어려울 뿐 아니라 완성한 다음에도 정확하게 입력하였는지 확인하는 데도 어려움이 있습니다. 하지만 여기와 같이 빈 셀 영역을 활용하면 보다 쉽게 만들 수 있습니다. 저는 업무를 할 때 이와 같이 빈 셀을 활용하여 가능하면 쉬운 방법으로 원하는 결과값을 가져오는 방법을 사용합니다.

03 신상카드 만들기

제 아내는 병원 수간호사입니다. 병원 수간호사가 맡는 핵심 업무는 간호사를 관리하고 환자를 돌보는 데 집중하는 환경을 만드는 것입니다. 병원 규모가 클수록 간호사들의 업무 강도가 강하기 때문에 한 사람 한 사람의 고충을 들어주고 구성원들 간의 갈등을 조율해 주는 것이 중요합니다. 특히 간호사들의 번표를 공정하게 조정하는 것이 중요합니다. 번표를 작성할 때 해당 간호사에 대한 과거 이력을 참고할 수 있으면 유용할 것 같다는 생각이 들어 아내를 위해 해당 프로그램을 만들어 보았습니다.

실습 내용

기본 원리: 사번 목록에서 사번을 선택하면 기본 인적 사항이 나타나고 과거 번표 내용이 나타납니다.

주요 기능: ❶ 이름정의 ❷ 유효성 검사 ❸ VLOOKUP 함수 ❹ INDEX, MATCH 함수로 사진 불러오기

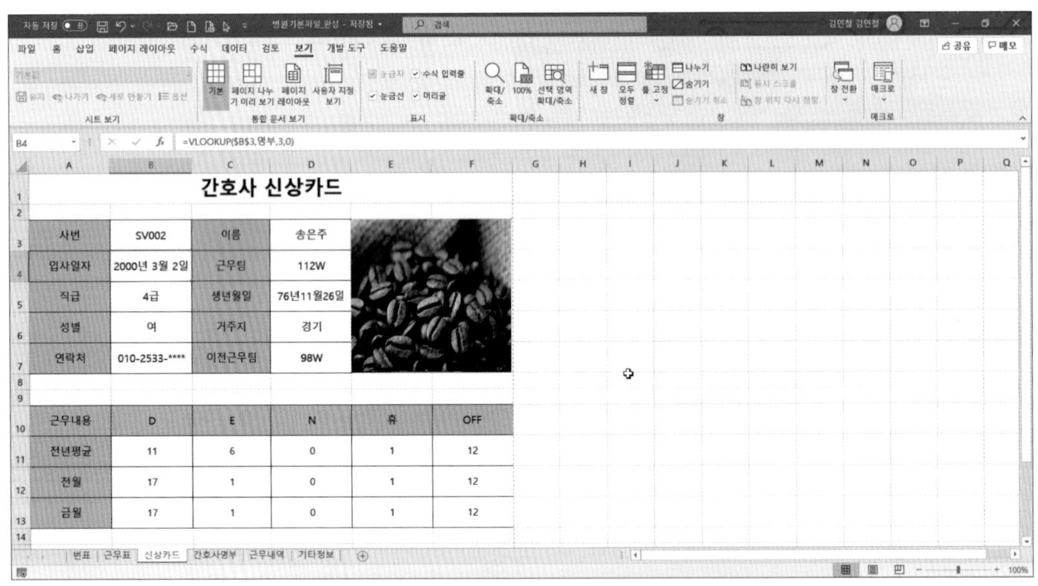

동적 영역 지정하기

01 간호사 인적 사항을 불러오기 위해 간호사 명부를 동적 영역으로 지정합니다. ❶ 임의의 빈 셀을 선택합니다(여기서는 H3셀을 선택했습니다). ❷ [수식] 탭 → '함수 라이브러리' 그룹 → '찾기/참조 영역' 명령 단추를 클릭하여 **OFFSET**을 선택합니다.

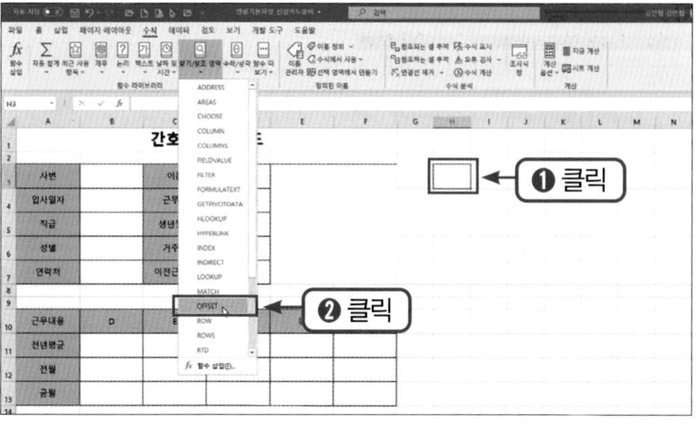

02 '함수 인수' 대화 상자가 나타나면 ❶ 'Reference'에 **간호사명부!$A$2**를 입력하고, 'Rows'에 **0**, 'Cols'에 **0**을 입력합니다. ❷ 'Height'에서 ❸ '이름 상자' 내림 단추를 눌러 ❹ **함수 추가**를 선택합니다.

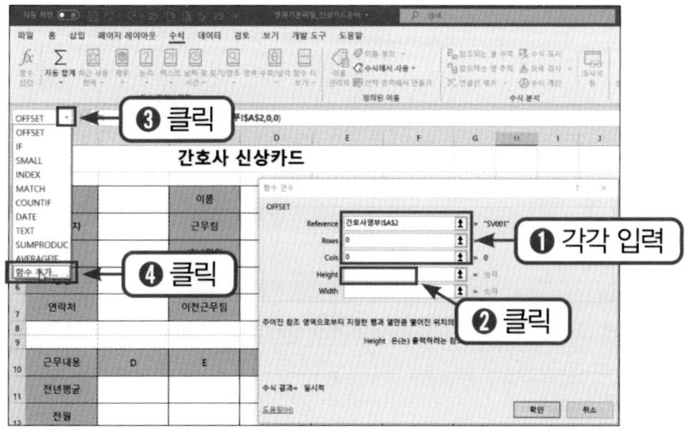

03 '함수 마법사' 대화 상자가 나타나면 ❶ '범주 선택'에서 **통계**를 선택합니다. ❷ '함수 선택'에서 **COUNTA**를 선택하고 ❸ [확인] 단추를 클릭합니다.

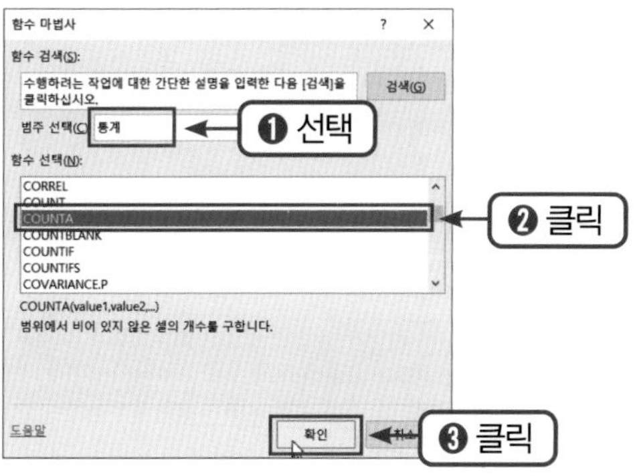

04 '함수 인수' 대화 상자가 나타나면 ❶ 'Value1'에 **간호사명부!$A$2:$A$65000**을 입력합니다. ❷ 수식 입력줄의 **OFFSET**을 클릭합니다.

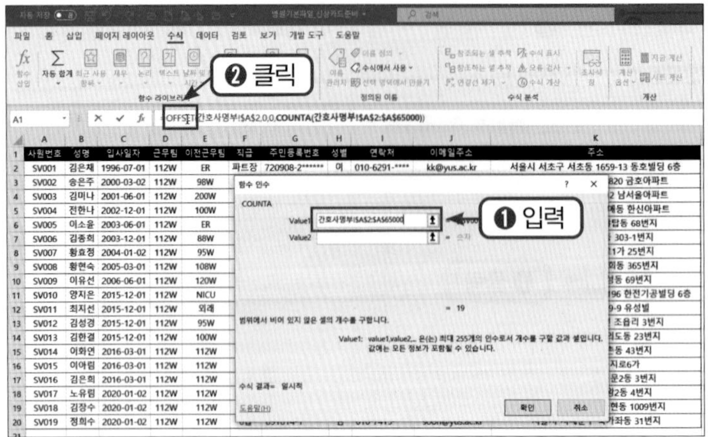

05 '함수 인수' 대화 상자가 나타나면 ❶ 'Width'에 **1**을 입력한 후 ❷ [확인] 단추를 클릭합니다.

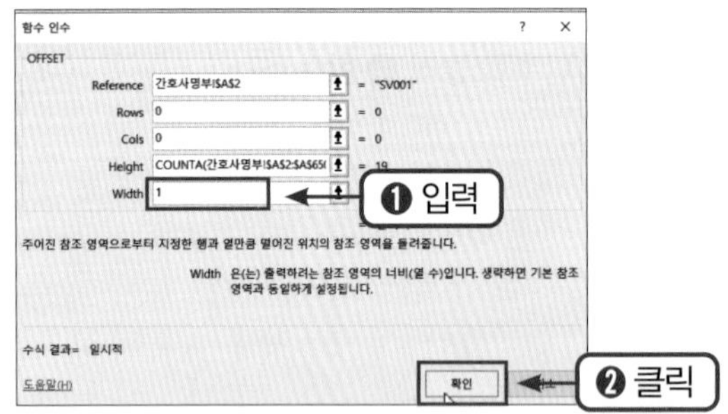

06 H3셀의 수식 입력줄에서 수식을 선택한 후 CTRL + C 키를 누르고 ENTER 키를 누릅니다.

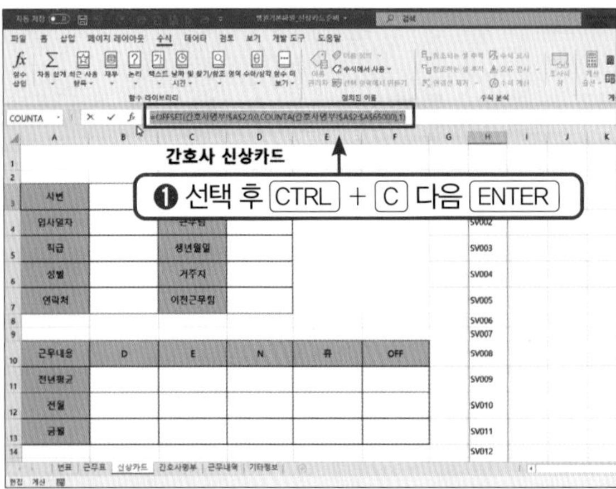

07 ❶ [수식] 탭 → '정의된 이름' 그룹 → '이름 정의' 명령 단추를 누릅니다. '새 이름' 대화 상자가 나타나면 ❷ '이름'에 **사번**을 입력하고 ❸ '참조 대상'에서 기존 참조 대상을 지우고 CTRL + V 키를 눌러 복사한 수식을 붙여넣기합니다. ❹ [확인] 단추를 클릭합니다.

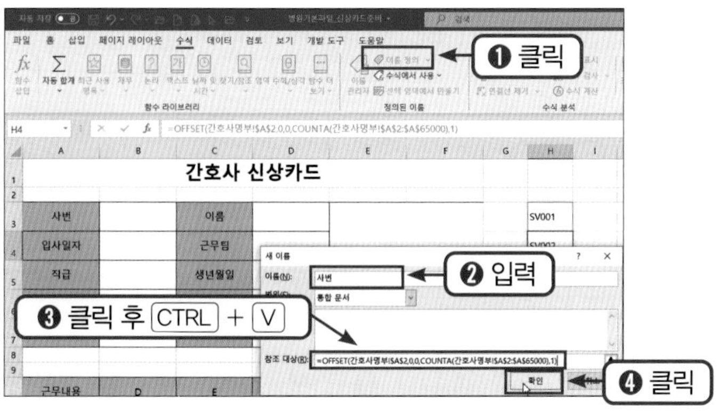

08 ❶ [수식] 탭 → '정의된 이름' 그룹 → '이름 관리자' 명령 단추를 클릭합니다. '이름 관리자' 대화 상자가 나타나면 ❷ '새로 만들기'를 클릭합니다.

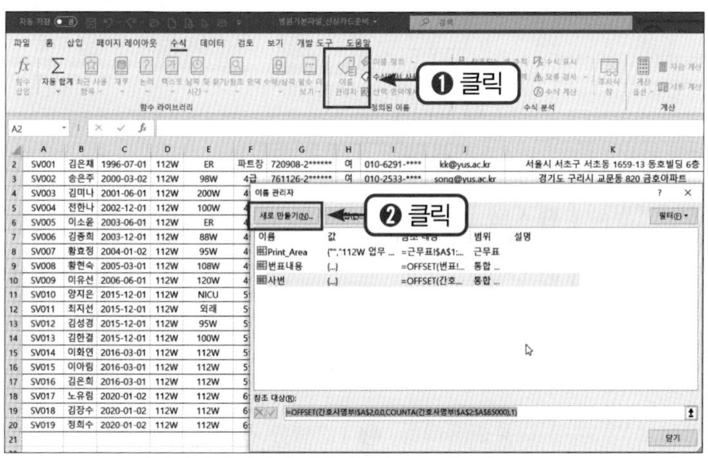

09 '새 이름' 대화 상자가 나타나면 ❶ '이름'에 **명부**라고 입력합니다. ❷ '참조 대상'에서 기존 참조 대상을 지우고 CTRL + V 키를 누른 후 수식을 **=OFFSET(간호사명부!$A$2,0,0,COUNTA(간호사명부!$A$2:$A$65000),11)**로 수정합니다. ❸ [확인] 단추를 클릭합니다.

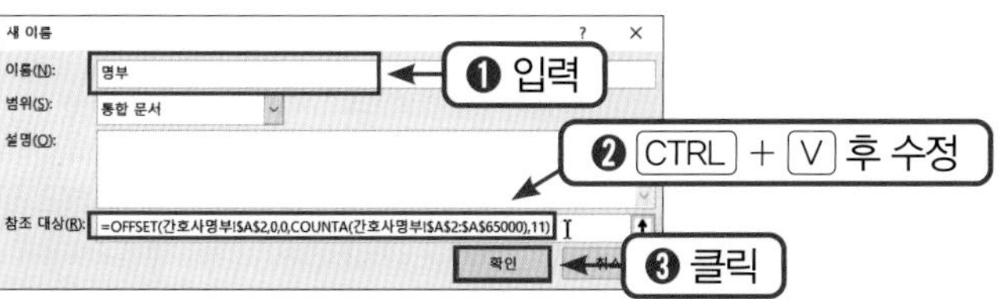

10 [확인] 단추를 클릭하면 '이름 관리자' 대화 상자가 나타나고 **명부**가 이름정의되어 있음을 확인할 수 있습니다. [닫기] 명령 단추를 클릭합니다.

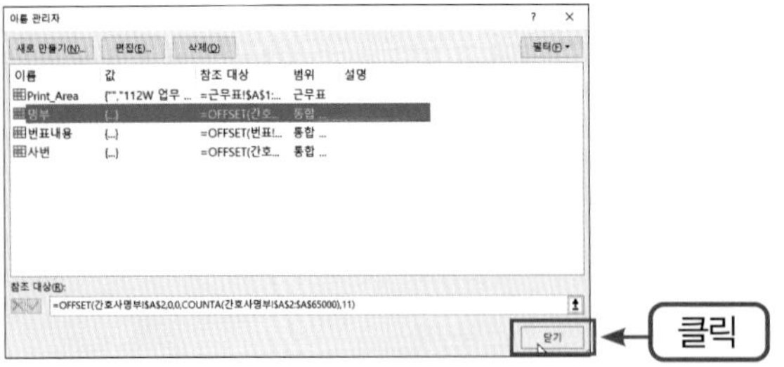

인적 사항 불러오기

01 ❶ H3셀에서 DELETE 키를 눌러 입력한 수식을 삭제합니다. ❷ B3셀을 선택합니다. ❸ [데이터] 탭 → '데이터 도구' 그룹 → '데이터 유효성 검사' 명령 단추를 누릅니다. '데이터 유효성' 대화 상자가 나타나면 ❹ '제한 대상'을 **목록**으로 선택하고 ❺ '원본'에 **=사번**을 입력합니다. ❻ [확인] 단추를 클릭합니다.

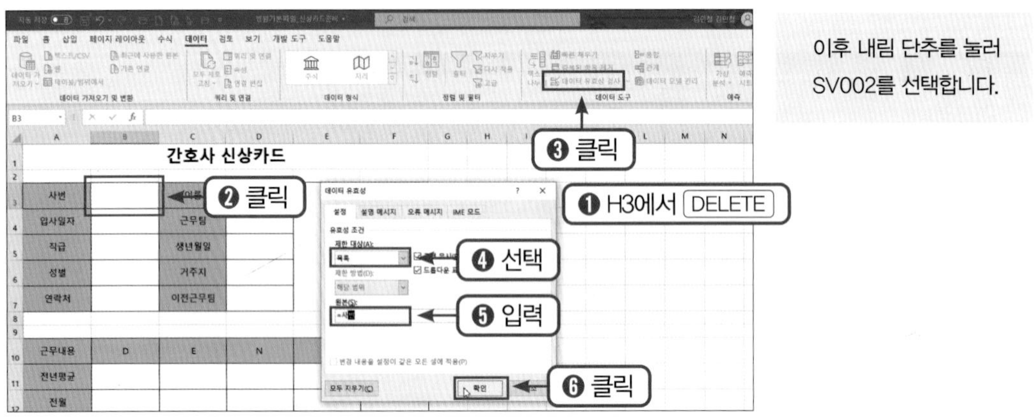

이후 내림 단추를 눌러 SV002를 선택합니다.

02 VLOOKUP 함수를 활용하여 인적 사항을 불러옵니다. ❶ D3셀을 선택합니다. ❷ [수식] 탭 → '함수 라이브러리' 그룹 → '찾기/참조 영역' 명령 단추를 클릭한 후 **VLOOKUP**을 선택합니다.

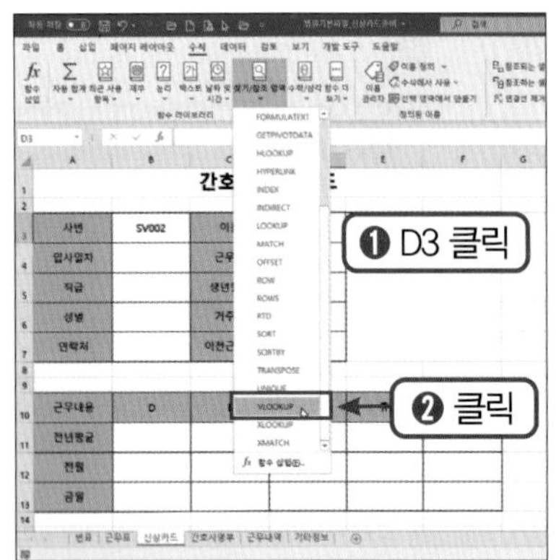

03 '함수 인수' 대화 상자가 나타나면 ❶ 'Lookup_value'에서 B3셀을 선택한 후 [F4] 키를 눌러 절대참조로 지정합니다. ❷ 'Table_array'에 **명부**를, 'Col_index_num'에 **2**를, 'Range_lookup'에 **0**을 입력한 후 ❸ [확인] 단추를 클릭합니다.

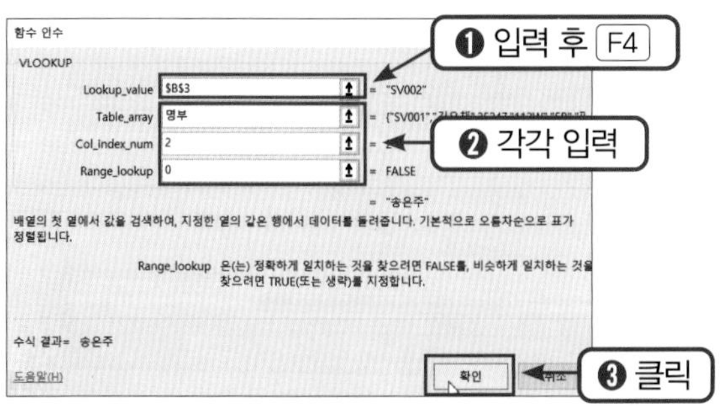

04 ❶ D3셀을 선택한 후 [CTRL] + [C] 키를 누릅니다. ❷ B4:B7, D4:D7 영역을 [CTRL] 키를 누른 상태에서 선택한 후 [CTRL] + [V] 키를 누릅니다.

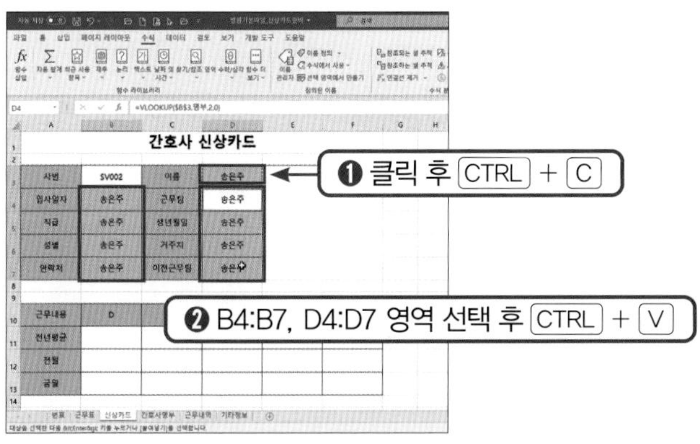

05 수식 입력줄에서 VLOOKUP 함수의 'Col_index_num' 부분을 수정하여 완성합니다. B4셀은 **3**, B5셀은 **6**, B6셀은 **8**, B7셀은 **9**, D4셀은 **4**, D5셀은 **7**, D6셀은 **11**, D7셀은 **5**로 수정한 후 [ENTER] 키를 누릅니다.

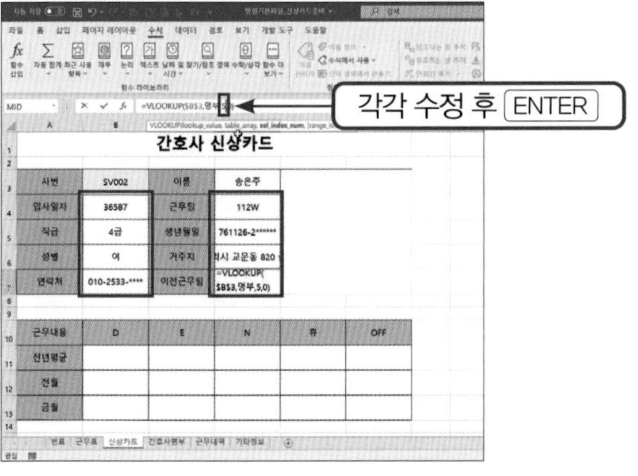

06 주민등록번호가 나와 있는 D5셀에 생년월일이 나타나게 합니다. ❶ D5셀을 선택합니다. ❷ D5셀의 수식 입력줄에서 수식을 선택한 후 CTRL + X 키를 누릅니다.

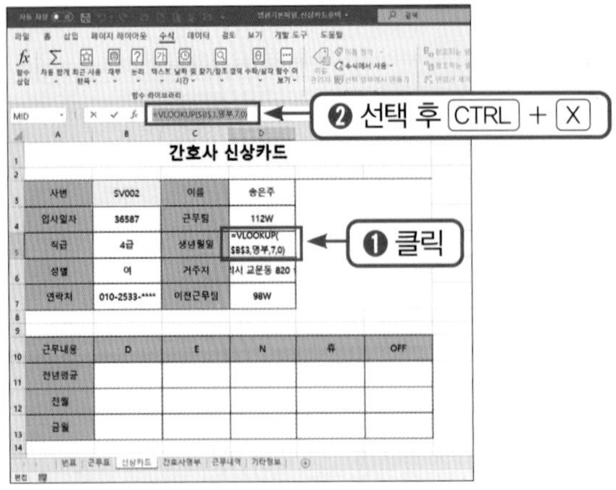

07 [수식] 탭 → '함수 라이브러리' 그룹 → '텍스트' 명령 단추를 클릭 후 **MID**를 선택합니다.

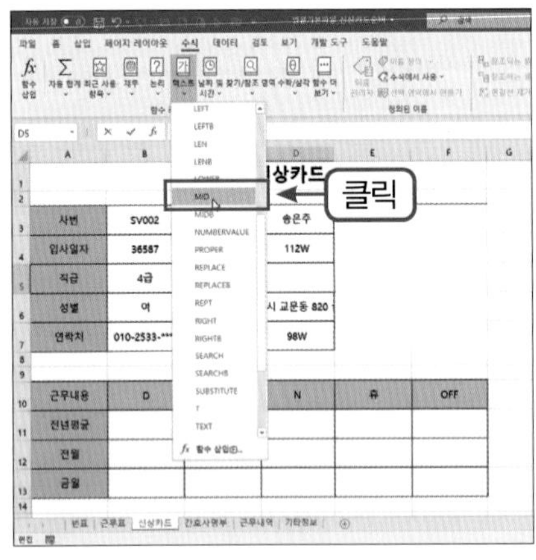

08 '함수 인수' 대화 상자가 나타나면 ❶ 'Text'에서 CTRL + V 키를 눌러 잘라 낸 수식을 붙여 넣은 다음 맨 앞에 있는 **=**를 삭제합니다. ❷ 'Start_num'에 **1**을, 'Num_chars'에 **2**를 입력한 후 ❸ [확인] 단추를 클릭합니다.

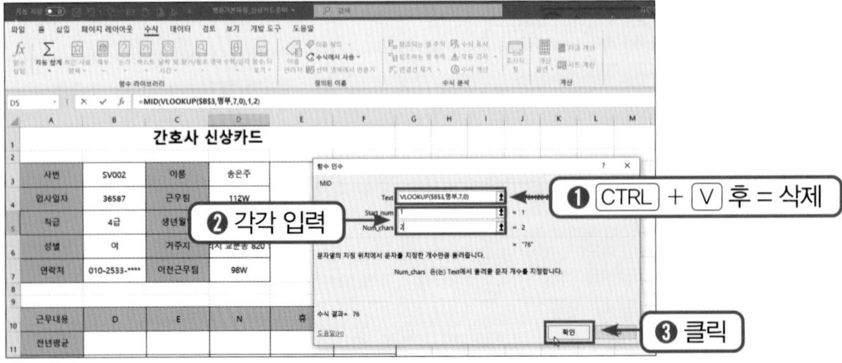

09 D5셀의 수식 입력줄에서 =을 제외한 수식 부분만 선택한 후 CTRL + C 키를 누릅니다.

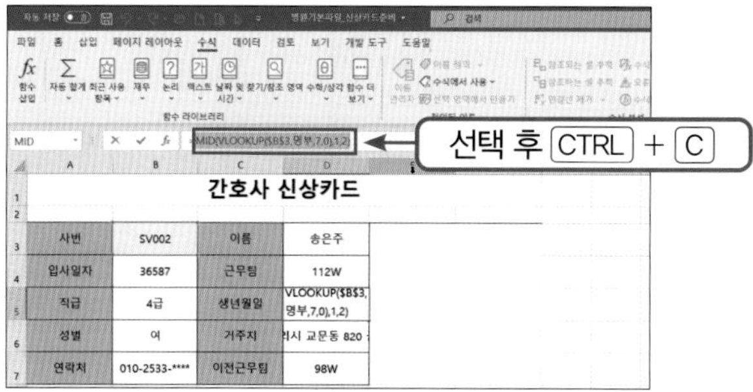

10 입력된 수식 맨 뒤에 ❶ **&"년"&**를 입력합니다. ❷ 계속해서 CTRL + V 키를 눌러 복사한 수식을 붙여 넣고 MID 함수의 'Start_num' 인수를 **3**으로 수정합니다. ❸ 계속해서 **&"월"&**를 입력합니다. ❹ CTRL + V 키를 눌러 복사한 수식을 붙여 넣고 MID 함수의 'Start_num' 인수를 **5**로 수정합니다. ❺ 계속해서 **&"일"**을 입력한 후 ENTER 키를 누릅니다.

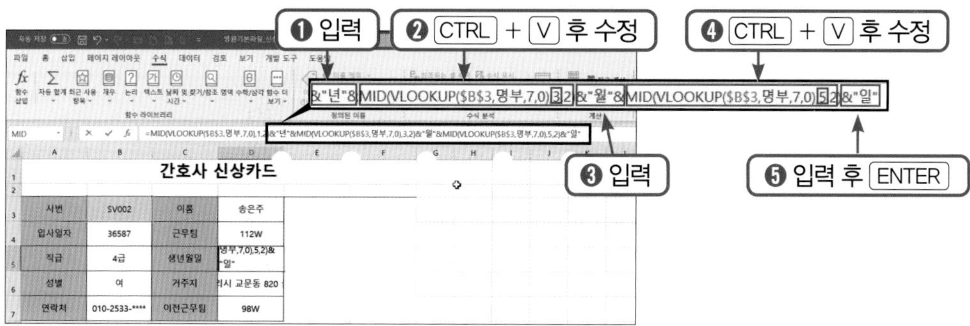

알아보기 MID 함수

MID(Text, Start_num, Num_chars) 함수는 텍스트(Text)에서 지정한 위치(Start_num)부터 지정한 개수(Num_char)만큼의 문자를 반환합니다.

❶ Text: 추출할 문자가 있는 텍스트입니다. 여기에서는 주민등록번호가 됩니다. VLOOKUP 함수를 활용하여 주민등록번호를 불러왔습니다.
❷ Start_num: 추출할 첫 문자의 위치입니다.
❸ Num_chars: 추출할 문자 수입니다.

11 D6셀에는 주소 대신 거주지만 나타나게 수정합니다. ❶ D6셀을 선택합니다. ❷ 수식 입력줄에서 수식을 선택한 후 CTRL + X 키를 누릅니다.

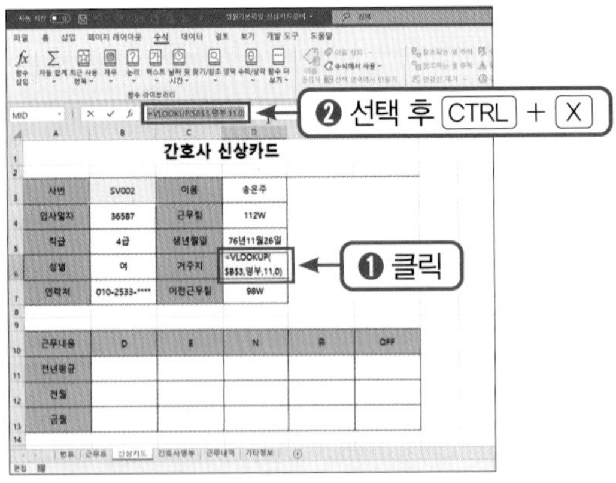

12 [수식] 탭 → '함수 라이브러리' 그룹 → '텍스트' 명령 단추를 클릭한 후 **LEFT**를 선택합니다.

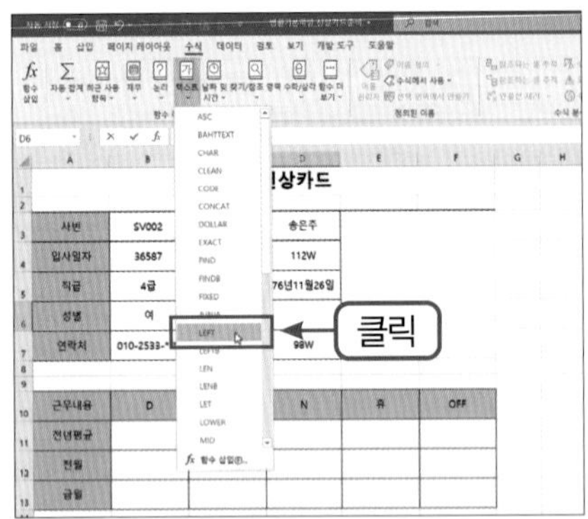

13 '함수 인수' 대화 상자가 나타나면 ❶ 'Text'에서 CTRL + V 키를 눌러 잘라낸 수식을 붙여 넣은 다음 맨 앞에 있는 **=**는 삭제합니다. ❷ 'Num_chars'에 **2**를 입력한 후 ❸ [확인] 단추를 클릭합니다.

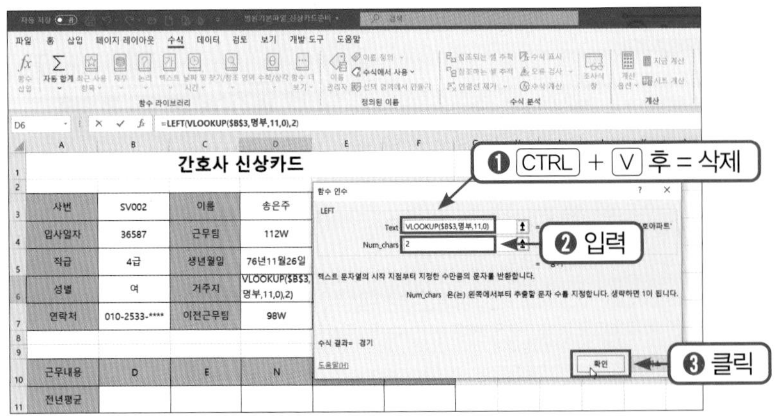

사진 불러오기

01 간호사 사진을 불러오기 위해 사진 데이터가 있는 영역을 이름정의합니다. ❶ '기타정보' 시트를 선택합니다. ❷ [수식] 탭 → '정의된 이름' 그룹 → '이름 정의' 명령 단추를 클릭합니다. '새 이름' 대화 상자가 나타나면 ❸ '이름'에 **사진**을 입력합니다. ❹ '참조 대상'에서 기존 참조 대상을 지우고 B열 머리를 선택하여 **=기타정보!$B:$B**로 입력합니다. ❺ [확인] 단추를 클릭합니다.

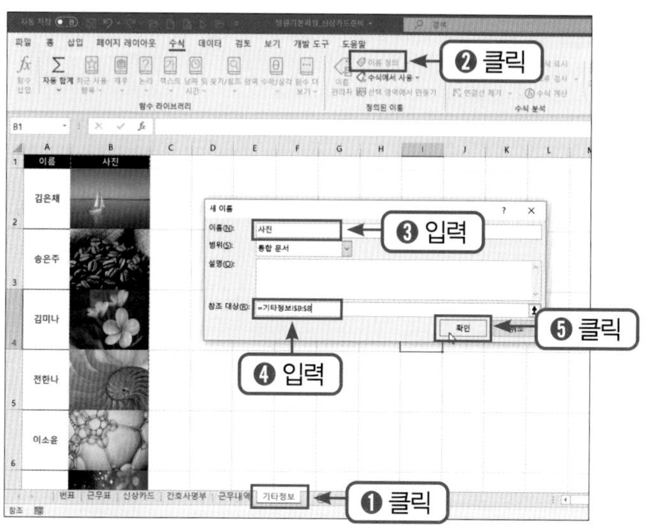

02 ❶ [수식] 탭 → '정의된 이름' 그룹 → '이름 정의' 명령 단추를 클릭합니다. '새 이름' 대화 상자가 나타나면 ❷ '이름'에 **이름**을 입력합니다. ❸ '참조 대상'에서 기존 참조 대상을 지우고 A열 머리를 선택하여 **=기타정보!$A:$A**로 입력합니다. ❹ [확인] 단추를 클릭합니다.

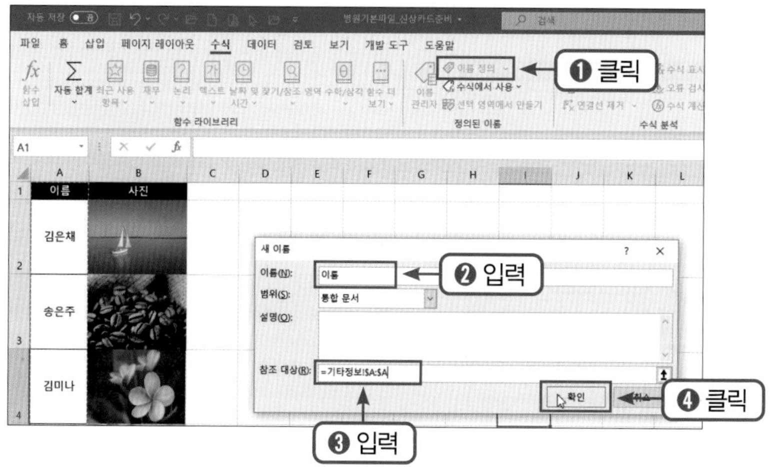

03 사진을 불러올 수식을 작성합니다. ❶ '신상카드' 시트를 선택합니다. ❷ 데이터가 없는 임의의 셀을 선택합니다(여기서는 H4셀을 선택하였습니다). ❸ [수식] 탭 → '함수 라이브러리' → '찾기/참조 영역' 명령 단추를 클릭하여 **INDEX**를 선택합니다.

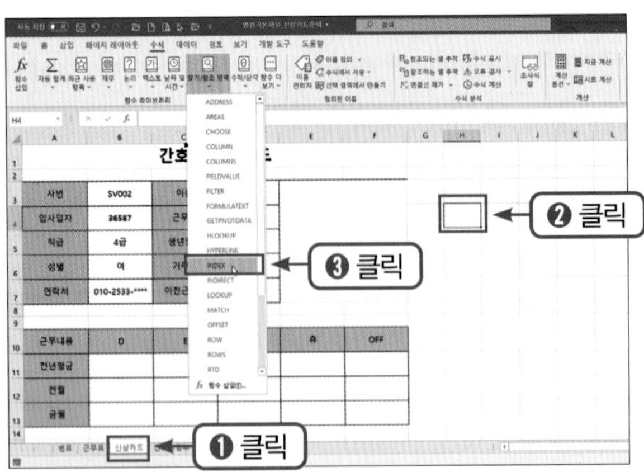

04 '인수 선택' 대화 상자가 나타나면 ❶ **array,row_num,column_num**을 선택한 후 ❷ [확인] 단추를 클릭합니다.

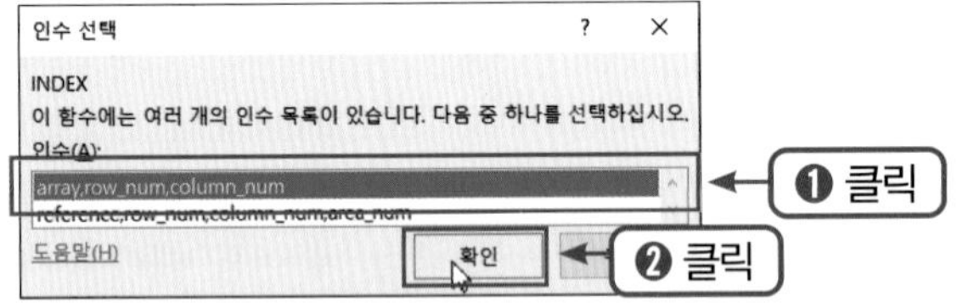

05 '함수 인수' 대화 상자가 나타나면 ❶ 'Array'에 **사진**을 입력합니다. ❷ 'Row_num'을 선택한 후 ❸ '이름 상자' 내림 단추를 눌러 ❹ **MATCH**를 선택합니다.

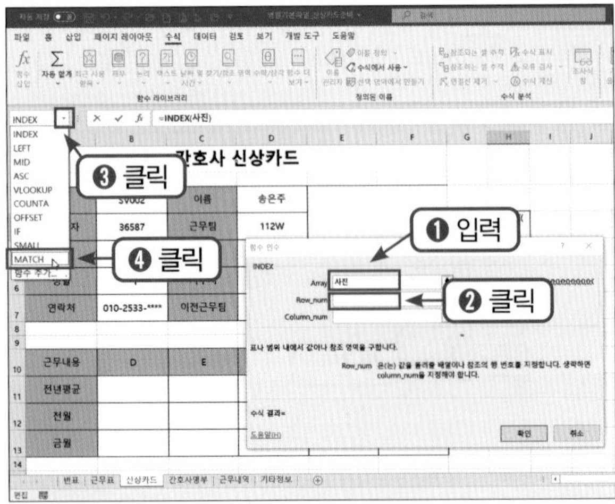

06 '함수 인수' 대화 상자가 나타나면 ❶ 'Lookup_value'에서 D3셀을 선택한 후 [F4] 키를 눌러 절대참조로 지정합니다. ❷ 'Lookup_array'에는 **이름**, 'Match_type'에는 **0**을 입력합니다. ❸ [확인] 단추를 클릭합니다.

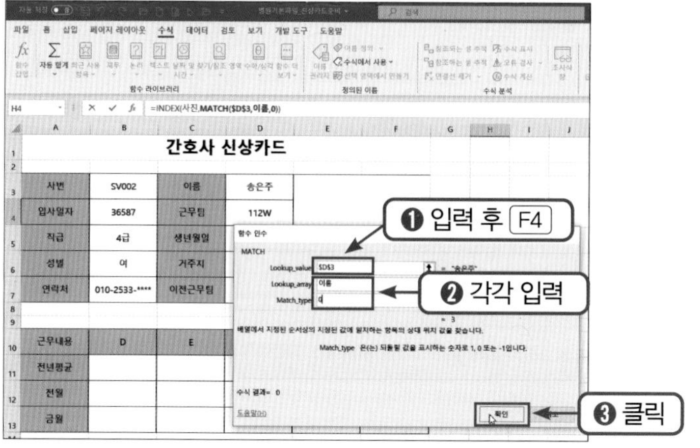

07 사진을 불러오는 수식을 이름정의합니다. H4셀에 입력된 수식을 수식 입력줄에서 선택한 후 [CTRL] + [C] 키를 누르고 [ENTER] 키를 누릅니다.

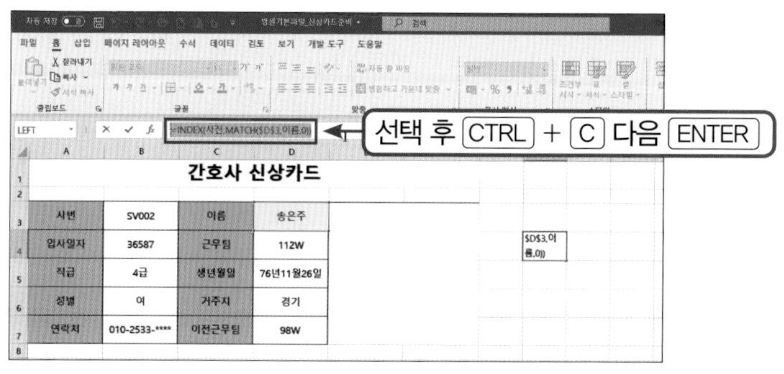

08 ❶ [수식] 탭 → '정의된 이름' 그룹 → '이름 정의' 명령 단추를 클릭합니다. '새 이름' 대화 상자가 나타나면 ❷ '이름'에 **사진불러오기**를 입력합니다. ❸ '참조 대상'에서 기존 참조 대상을 지우고 [CTRL] + [V] 키를 눌러 복사한 수식을 붙여 넣습니다. ❹ [확인] 단추를 누릅니다.

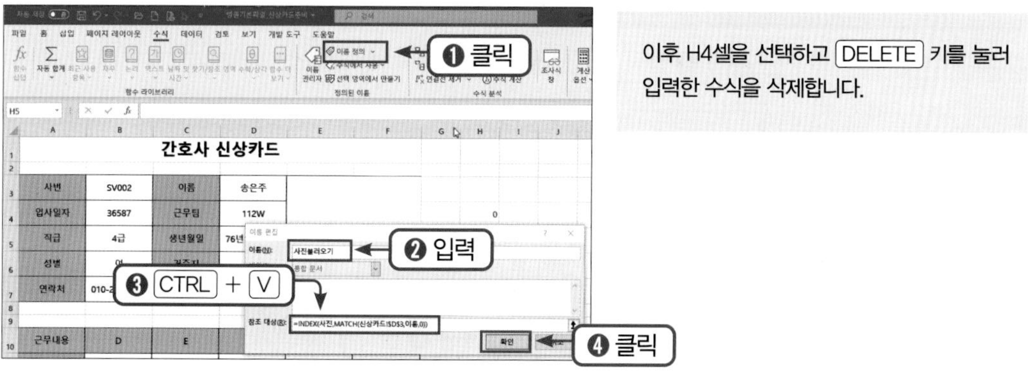

이후 H4셀을 선택하고 [DELETE] 키를 눌러 입력한 수식을 삭제합니다.

09 ❶ 임의의 빈 셀을 선택하여 CTRL + C 키를 누릅니다(여기서는 H5셀을 선택했습니다). ❷ E3셀을 선택한 후 ❸ [홈] 탭 → '클립보드' 그룹 → '붙여넣기' 내림 단추를 클릭하여 기타 붙여넣기 옵션에서 **연결된 그림 붙여넣기**를 선택합니다.

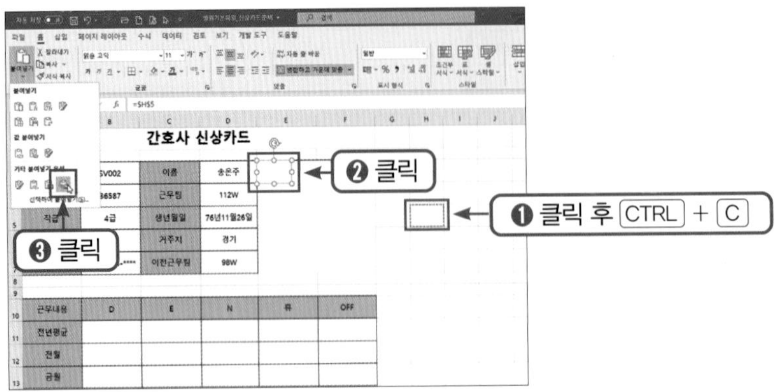

10 '수식 입력줄'에 입력된 **=$H$5**를 삭제하고 **=사진불러오기**를 입력한 후 ENTER 키를 누릅니다.

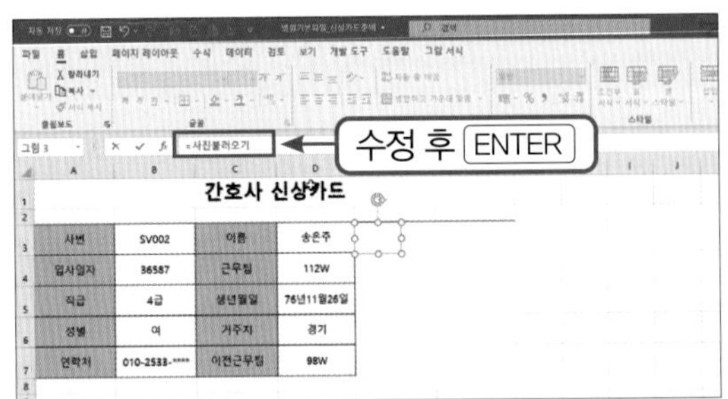

불러온 사진은 드래그하여 적당한 크기로 조정합니다.

과거 근무 내역 불러오기

01 '근무내역' 시트에 있는 데이터를 바탕으로 간호사별 과거 번표 내역을 불러오겠습니다. ❶ [수식] 탭 → '정의된 이름' 그룹 → '이름 관리자' 명령 단추를 클릭합니다. ❷ '이름 관리자' 대화상자가 나타나면 **명부**를 선택한 후 ❸ '참조 대상'에 있는 수식을 선택하여 CTRL + C 키를 누릅니다. ❹ [닫기] 단추를 클릭합니다.

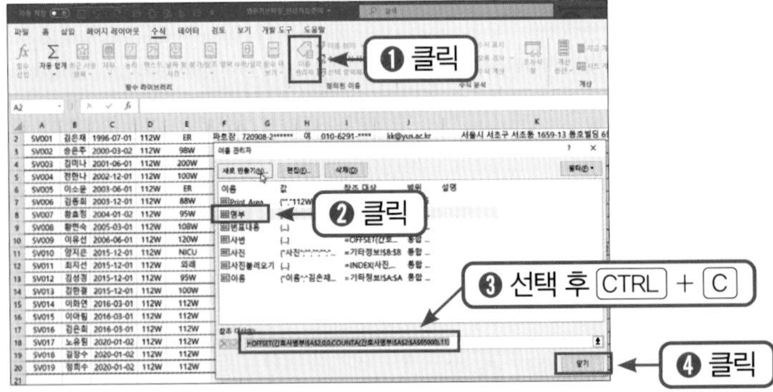

02 ❶ B11셀을 선택합니다. ❷ [수식] 탭 → '정의된 이름' 그룹 → '이름 정의' 명령 단추를 클릭합니다. '새 이름' 대화 상자가 나타나면 ❸ '이름'에 **근무내역**을 입력합니다. ❹ '참조 대상'에서 기존 참조 대상을 지우고 CTRL + V 키를 눌러 복사한 수식을 붙여 넣고 수식을 **=OFFSET(근무내역!D$2,0,0,COUNTA(근무내역!$A$2:$A$65000),1)**로 수정합니다. ❺ [확인] 단추를 클릭합니다.

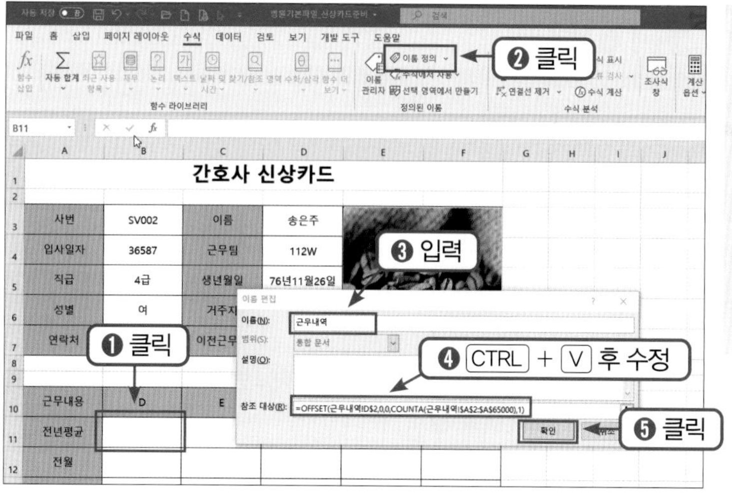

여기는 참조 기준이 되는 셀의 행 주소만 고정이 되고 열 주소는 근무지에 따라 변동되어야 합니다. 그래서 혼합참조를 사용했습니다. 혼합참조에 대해서는 부록1-1 '셀 주소 및 셀 참조 이해하기'(488P)를 참고하세요.

03 계속하여 이름정의를 합니다. ❶ [수식] 탭 → '정의된 이름' 그룹 → '이름 정의' 명령 단추를 클릭합니다. '새 이름' 대화 상자가 나타나면 ❷ '이름'에 **근무사번**을 입력합니다. ❸ '참조 대상'에서 기존 참조 대상을 지우고 CTRL + V 키를 눌러 복사한 수식을 붙여 넣고 수식을 **=OFFSET(근무내역!$B$2,0,0,COUNTA(근무내역!$A$2:$A$65000),1)**로 수정합니다. ❹ [확인] 단추를 클릭합니다.

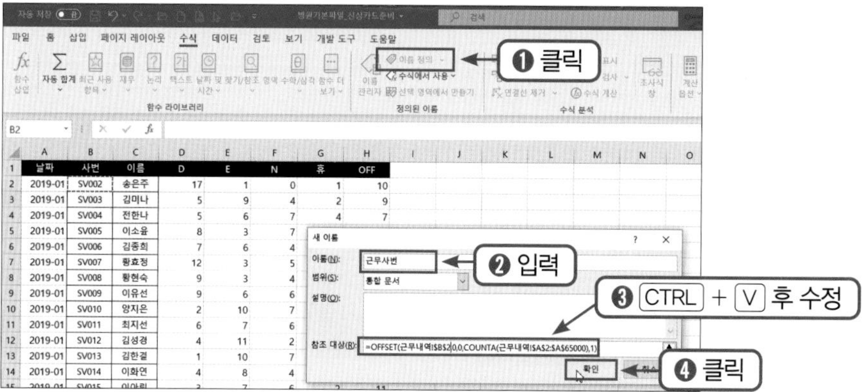

04 ❶ [수식] 탭 → '정의된 이름' 그룹 → '이름 정의' 명령 단추를 클릭합니다. '새 이름' 대화 상자가 나타나면 ❷ '이름'에 **근무날짜**를 입력합니다. ❸ '참조 대상'에서 기존 참조 대상을 지우고 CTRL + V 키를 눌러 복사한 수식을 붙여 넣고 수식을 **=OFFSET(근무내역!$A$2,0,0,COUNTA(근무내역!$A$2:$A$65000),1)**로 수정합니다. ❹ [확인] 단추를 누릅니다.

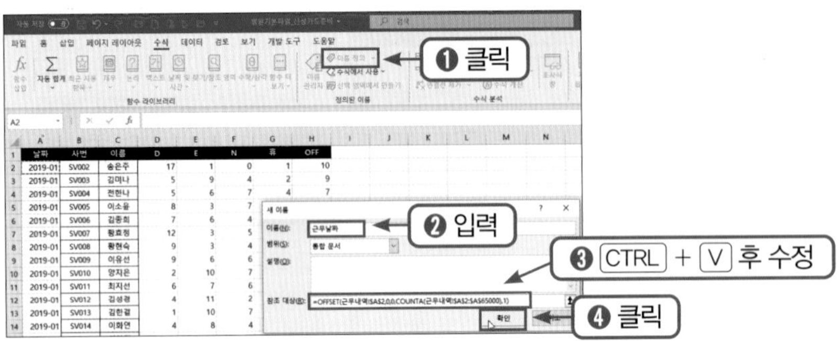

05 ❶ B11셀을 선택합니다. ❷ 수식 입력줄에 **=SUM((YEAR(근무날짜)=번표!$J$1-1)*(근무사번=$B$3)*근무내역)/12**로 수식을 입력한 후 ENTER 키를 누릅니다.

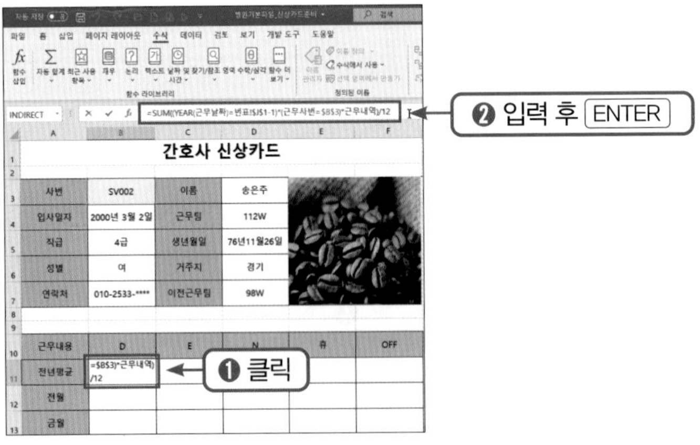

알아보기 수식 알아보기

여기서 사용된 수식 **=SUM((YEAR(근무날짜)=번표!$J$1-1)*(근무사번=$B$3)*근무내역)/12**는 배열 함수입니다.

❶ YEAR(근무날짜)=번표!$J$1-1: 근무날짜의 연도와 '번표' 시트의 J1셀에 입력한 연도에서 1을 뺀 연도(전년)가 같으면 TRUE, 다르면 FALSE값을 환원합니다.
❷ (근무사번=$B$3): 근무사번이 지정한 간호사의 근무사번과 일치하는지를 확인합니다. 일치하면 TRUE, 다르면 FALSE값을 환원합니다.
❸ 마지막에 합계를 구할 근무내역을 곱하고 월 평균을 구해야 하므로 12로 나누었습니다.
배열 함수에 대해서는 부록2-6 '수학/삼각 함수와 배열 수식'(549P)을 참고하세요.

06 D11셀의 자동 채우기 핸들(**+**)을 F11셀까지 드래그하여 나머지 데이터도 불러옵니다.

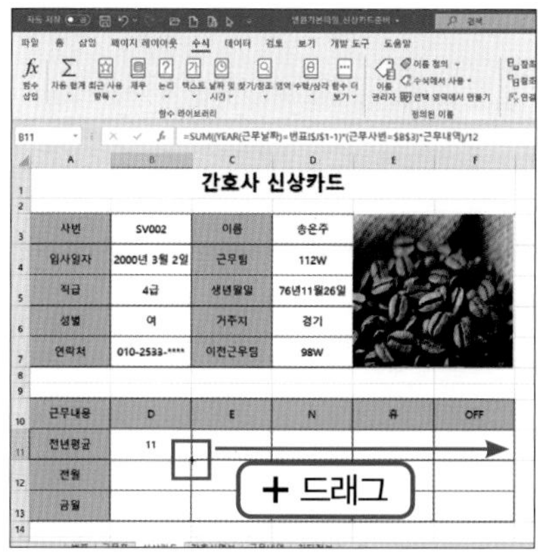

07 B11셀의 수식을 복사하여 전월 데이터를 구합니다. ❶ B11셀을 선택합니다. ❷ 수식 입력줄에서 **=SUM((YEAR(근무날짜)=번표!$J$1-1)*(근무사번=$B$3)*근무내역)** 부분만 선택하고 CTRL + C 키를 누른 후 ENTER 키를 누릅니다.

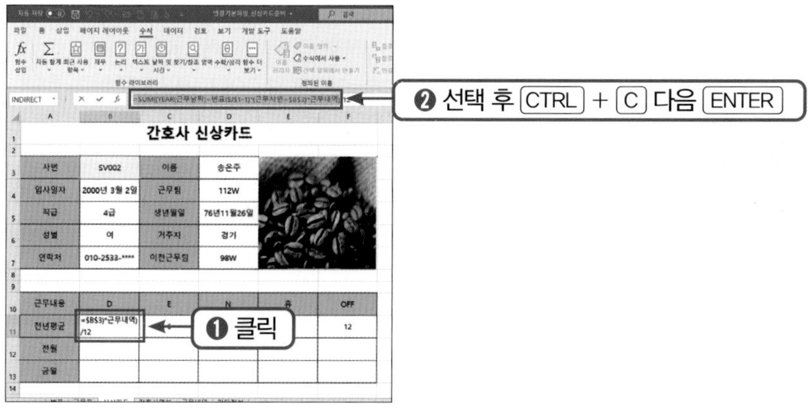

08 ❶ B12셀을 선택합니다. ❷ '수식 입력줄'에서 CTRL + V 키를 눌러 복사한 수식을 붙여넣기 합니다. ❸ 수식을 **=SUM((근무날짜=DATE(번표!$J$1,번표!$M$1-1,1))*(근무사번=$B$3)*근무내역)**으로 수정한 후 ENTER 키를 누릅니다.

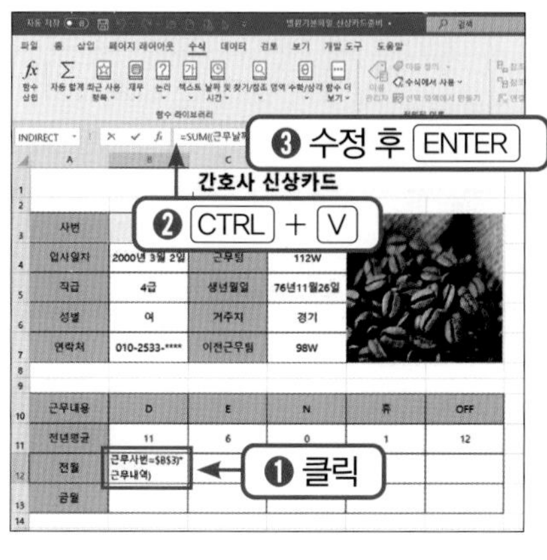

DATE 함수의 월에 해당하는 인수에서 1을 빼서 전월 데이터를 불러오도록 수식을 작성하였습니다.

09 B12셀의 자동 채우기 핸들(**+**)을 F12셀까지 드래그하여 나머지 데이터도 불러옵니다.

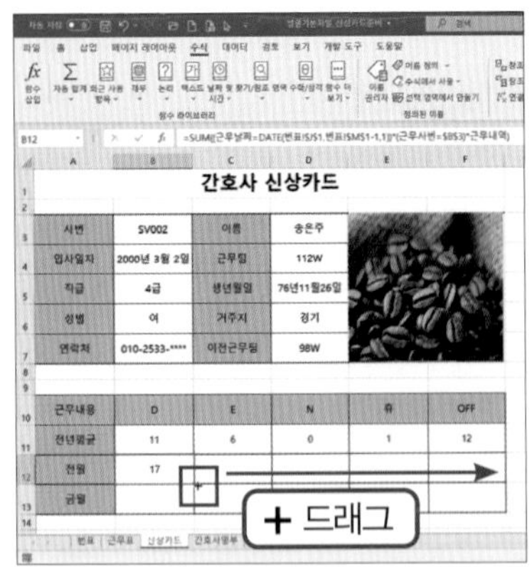

10 금월 데이터는 새롭게 나온 XLOOKUP 함수를 사용하여 불러와 보겠습니다. ❶ B13셀을 선택합니다. ❷ [수식] 탭 → '함수 라이브러리' 그룹 → '찾기/참조 영역' 명령 단추를 클릭하여 **XLOOKUP**을 선택합니다.

2019 이전 버전에서는 XLOOKUP 함수가 없습니다. 이전 버전 사용자는 VLOOKUP 함수를 수식 입력줄에 입력하면 됩니다.
=VLOOKUP($B$3,번표!$B$5:$AM$22,COLUMN()+32,0)

11 '함수 인수' 대화 상자가 나타나면 ❶ 'Lookup_value'에 **$B$3**을 입력합니다. ❷ 'Lookup_array'에서 '번표' 시트를 선택한 후 ❸ B5:B22 영역을 선택하고 F4 키를 눌러 절대참조로 지정합니다. ❹ 'Return_array'에서 '번표' 시트를 선택한 후 AI5:AI22를 선택하여 입력하고 F4 키를 2번 눌러 행 주소만 절대참조로 지정합니다. ❺ [확인] 단추를 클릭합니다.

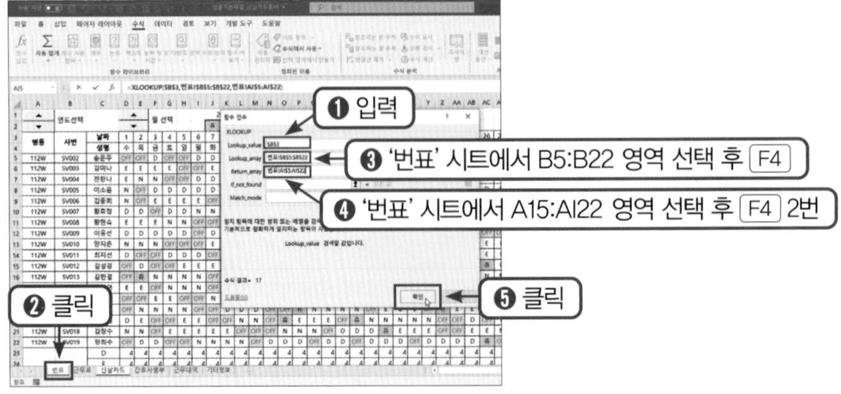

12 B13셀의 자동 채우기 핸들(✚)을 F13셀까지 드래그하여 나머지 데이터도 불러옵니다.

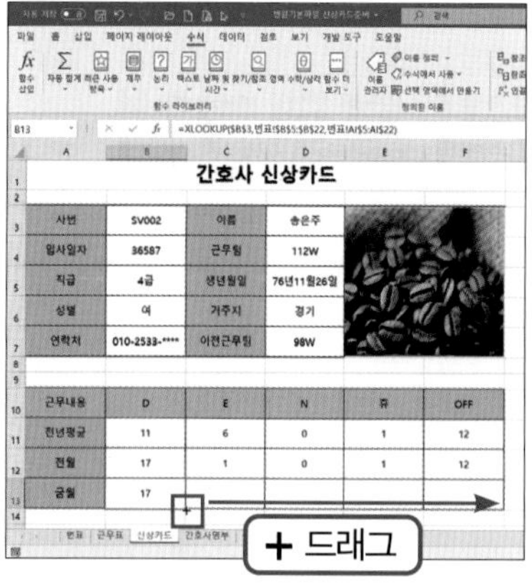

알아보기 XLOOKUP 함수

XLOOKUP(Lookup_value, Lookup_array, Return_array) 함수는 범위 또는 배열을 검색하고 검색된 1번째 일치 항목과 일치하는 항목을 반환합니다. 2019 버전에 추가된 함수입니다.

❶ Lookup_value: 조회할 값입니다. 여기서는 간호사의 사번이 있는 셀이 됩니다.
❷ Lookup_array: 검색할 배열 또는 범위입니다. 여기서는 '번표' 시트에서 사번이 있는 영역이 됩니다.
❸ Return_array: 반환할 값이 있는 배열 또는 범위입니다. 여기서는 '번표' 시트에서 근무 요약본이 있는 영역이 됩니다.

XLOOKUP 함수는 VLOOKUP 함수와 달리 기준열에서 몇 번째 열에 위치하는지 찾지 않아도 되어 좀 더 편리합니다. 또한 XLOOKUP 함수를 중첩하여 사용하면 가로, 세로 조건을 비교하여 일치하는 값을 가지고 올 수 있는 기능도 있어 상황에 따라 INDEX, MATCH 함수를 대체할 수도 있습니다.

13 ❶ B4셀을 선택한 후 CTRL + 1 키를 누릅니다. '셀 서식' 대화 상자가 나타나면 ❷ [표시 형식] 탭에서 '범주'를 **날짜**로 선택하고 ❸ '형식'에서 **2012년 3월 14일**을 선택합니다. ❹ [확인] 단추를 클릭합니다.

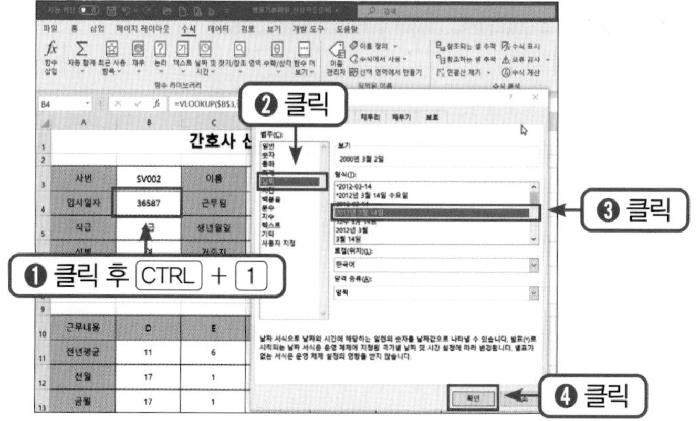

07 컨테이너 재고 관리 프로그램

현재 제가 하고 있는 일은 컨테이너로 하는 국제 해상 운송업입니다. 물건을 판매하는 모든 회사에서 재고 관리를 잘하는 것은 중요합니다. 국제 해상 운송용 컨테이너를 소유하고 있는 물류 회사에게 컨테이너 재고 관리는 특별히 더 중요합니다. 다른 화물과 다르게 컨테이너는 전 세계로 움직입니다. 그렇기 때문에 재고 관리나 컨테이너 추적 관리 시스템을 잘 갖추고 있지 않으면 사업을 진행할 수 없습니다.

대기업이나 자금 여력이 있는 회사는 이런 시스템을 구축할 수 있지만 중소기업은 쉽지 않습니다. 컨테이너에 GPS를 장착해 관리하는 시스템도 있지만 적지 않은 비용이 발생합니다. 하지만 엑셀을 활용하면 간편하게 컨테이너 재고 관리 프로그램을 만들 수 있습니다. 이번 Chapter에서는 국제 해상 운송용 컨테이너 재고 관리 프로그램을 만들어 보겠습니다.

핵심 시트

기본 데이터: 컨테이너 MOVEMENT

제작 문서: Long_staying(컨테이너 현재 위치 및 보관 일수 확인), Inventory(지역별 재고 현황)

완성 프로그램

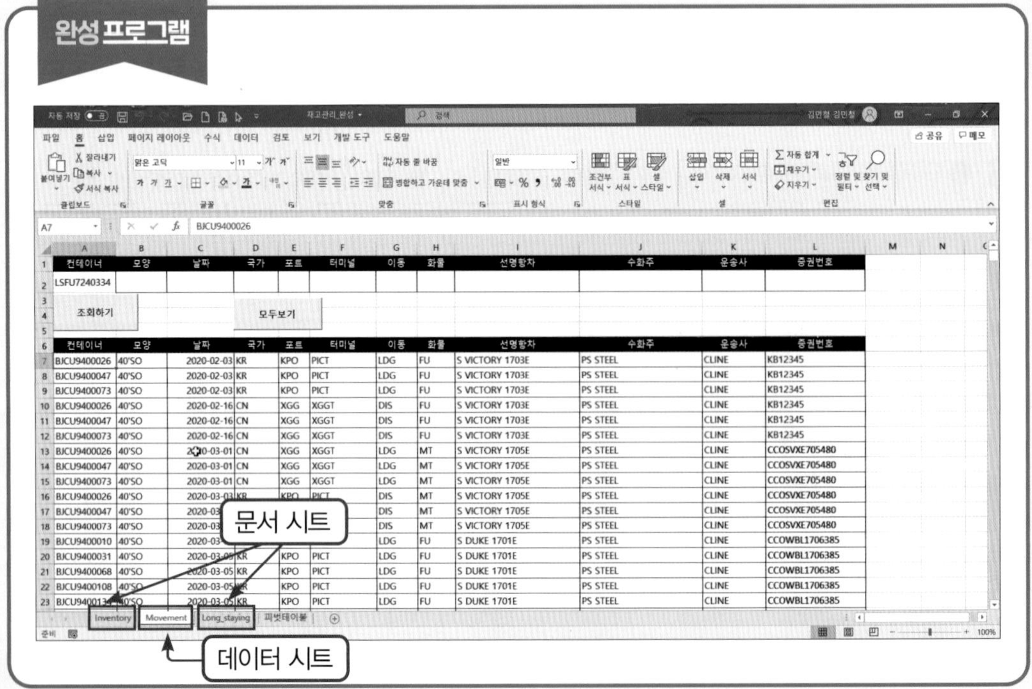

준비 파일 재고관리_준비.xlsm

01 컨테이너 운용 History 조회 프로그램 만들기

국제 해상 운송용 컨테이너는 한 국가에서 다른 국가로 이송되므로 운용 History 관리를 잘해야 합니다. 컨테이너 운용 History 데이터는 재고 관리를 위한 기본 데이터이면서 컨테이너의 사용 빈도나 선적 관련 정보가 함께 기록되어 있습니다. 이번 장에서는 간단한 매크로로 컨테이너 운용 History 조회 프로그램을 만들어 보겠습니다.

실습 내용

기본 원리: A2셀에 컨테이너 번호를 입력하고 조회하기 버튼을 누르면 해당 컨테이너 History가 조회되도록 합니다.

주요 기능: ❶ 동적 영역 ❷ 고급 필터 ❸ 매크로

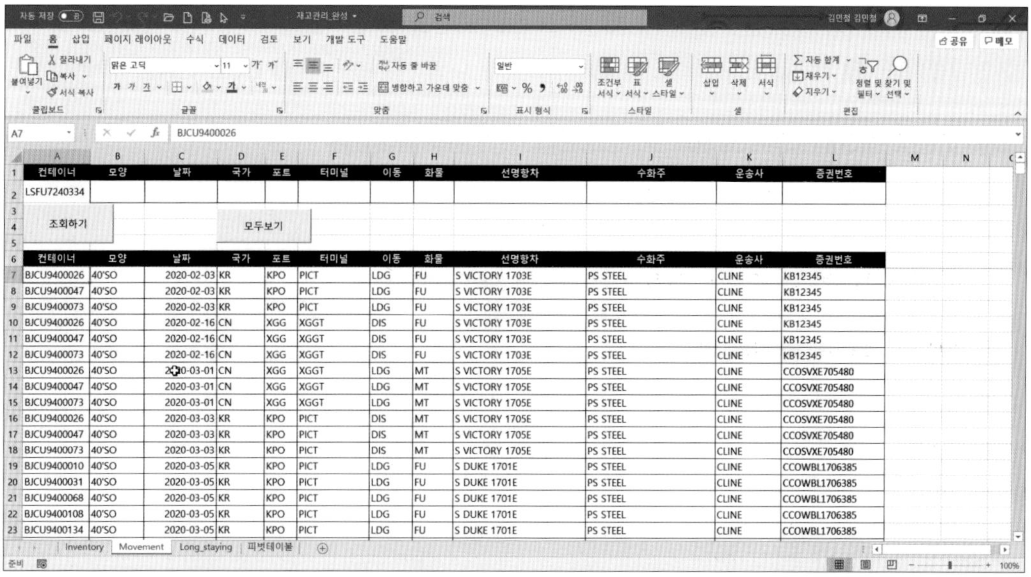

	A	B	C	D	E	F	G	H	I	J	K	L
1	컨테이너	모양	날짜	국가	포트	터미널	이동	화물	선명항차	수화주	운송사	증권번호
2	LSFU7240334											
3												
4	조회하기			모두보기								
5												
6	컨테이너	모양	날짜	국가	포트	터미널	이동	화물	선명항차	수화주	운송사	증권번호
7	BJCU9400026	40'SO	2020-02-03	KR	KPO	PICT	LDG	FU	S VICTORY 1703E	PS STEEL	CLINE	KB12345
8	BJCU9400047	40'SO	2020-02-03	KR	KPO	PICT	LDG	FU	S VICTORY 1703E	PS STEEL	CLINE	KB12345
9	BJCU9400073	40'SO	2020-02-03	KR	KPO	PICT	LDG	FU	S VICTORY 1703E	PS STEEL	CLINE	KB12345
10	BJCU9400026	40'SO	2020-02-16	CN	XGG	XGGT	DIS	FU	S VICTORY 1703E	PS STEEL	CLINE	KB12345
11	BJCU9400047	40'SO	2020-02-16	CN	XGG	XGGT	DIS	FU	S VICTORY 1703E	PS STEEL	CLINE	KB12345
12	BJCU9400073	40'SO	2020-02-16	CN	XGG	XGGT	DIS	FU	S VICTORY 1703E	PS STEEL	CLINE	KB12345
13	BJCU9400026	40'SO	2[illegible]0-03-01	CN	XGG	XGGT	LDG	MT	S VICTORY 1705E	PS STEEL	CLINE	CCOSVXE705480
14	BJCU9400047	40'SO	2020-03-01	CN	XGG	XGGT	LDG	MT	S VICTORY 1705E	PS STEEL	CLINE	CCOSVXE705480
15	BJCU9400073	40'SO	2020-03-01	CN	XGG	XGGT	LDG	MT	S VICTORY 1705E	PS STEEL	CLINE	CCOSVXE705480
16	BJCU9400026	40'SO	2020-03-03	KR	KPO	PICT	DIS	MT	S VICTORY 1705E	PS STEEL	CLINE	CCOSVXE705480
17	BJCU9400047	40'SO	2020-03-03	KR	KPO	PICT	DIS	MT	S VICTORY 1705E	PS STEEL	CLINE	CCOSVXE705480
18	BJCU9400073	40'SO	2020-03-03	KR	KPO	PICT	DIS	MT	S VICTORY 1705E	PS STEEL	CLINE	CCOSVXE705480
19	BJCU9400010	40'SO	2020-03-05	KR	KPO	PICT	LDG	FU	S DUKE 1701E	PS STEEL	CLINE	CCOWBL1706385
20	BJCU9400031	40'SO	2020-03-05	KR	KPO	PICT	LDG	FU	S DUKE 1701E	PS STEEL	CLINE	CCOWBL1706385
21	BJCU9400068	40'SO	2020-03-05	KR	KPO	PICT	LDG	FU	S DUKE 1701E	PS STEEL	CLINE	CCOWBL1706385
22	BJCU9400108	40'SO	2020-03-05	KR	KPO	PICT	LDG	FU	S DUKE 1701E	PS STEEL	CLINE	CCOWBL1706385
23	BJCU9400134	40'SO	2020-03-05	KR	KPO	PICT	LDG	FU	S DUKE 1701E	PS STEEL	CLINE	CCOWBL1706385

Inventory | Movement | Long_staying | 피벗테이블

✎ 동적 영역 지정하기

01 OFFSET 함수와 이름정의 기능을 활용하여 데이터 동적 영역을 지정합니다. ❶ 데이터가 없는 임의의 셀(여기서는 N6셀)을 선택합니다. ❷ [수식] 탭 → '함수 라이브러리' 그룹 → '찾기/참조' 명령 단추를 눌러 **OFFSET**을 클릭합니다.

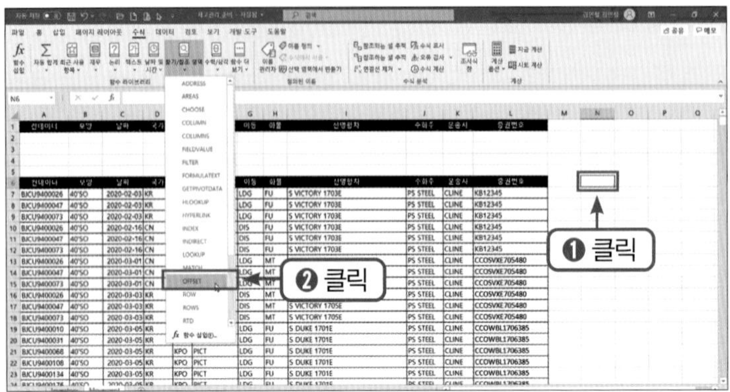

02 '함수 인수' 대화 상자가 나타나면 ❶ 'Reference'에 **$A$6**을 입력하고 'Rows'에 **0**, 'Cols'에 **0**을 입력합니다. ❷ 'Height'를 클릭한 후 ❸ '이름 상자' 내림 단추를 눌러 ❹ **COUNTA**를 선택합니다.

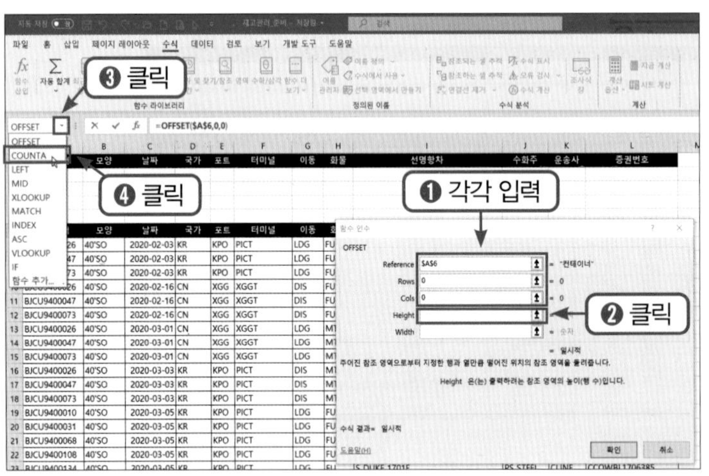

'이름 상자' 내림 단추를 클릭했는데 COUNTA가 보이지 않는다면 '함수 추가'를 클릭합니다. '함수 마법사' 대화 상자가 나타나면 ❶ '범주 선택'을 **통계**로 하고 ❷ '함수 선택' 목록에서 COUNTA를 선택합니다.

03 '함수 인수' 대화 상자가 나타나면 ❶ 'Value1'에 **$A$6:$A$65000**을 입력합니다. ❷ '수식 입력줄'에서 **OFFSET**을 클릭합니다.

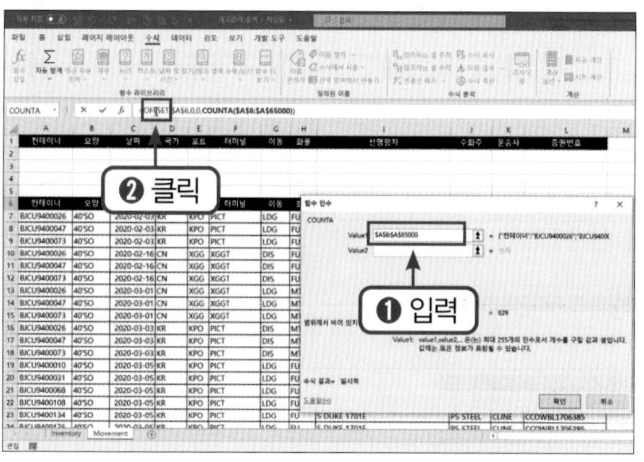

04 '함수 인수' 대화 상자가 나타나면 ❶ 'Width'에 **12**를 입력한 후 ❷ [확인] 단추를 클릭합니다.

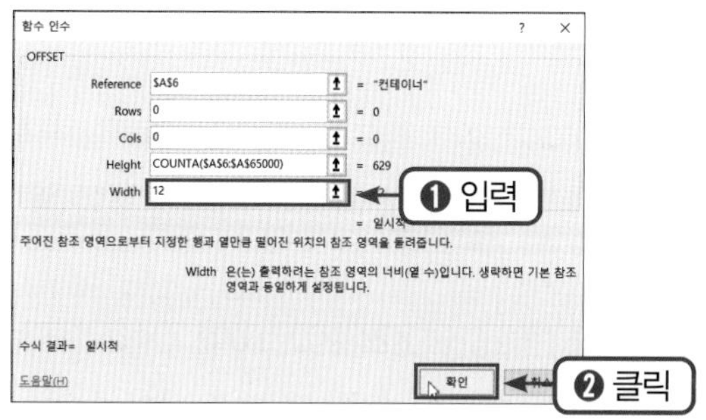

05 N6셀 이하에 영역 데이터가 나타납니다. '수식 입력줄'에서 수식을 선택한 후 CTRL + C 키를 누르고 ENTER 키를 누릅니다.

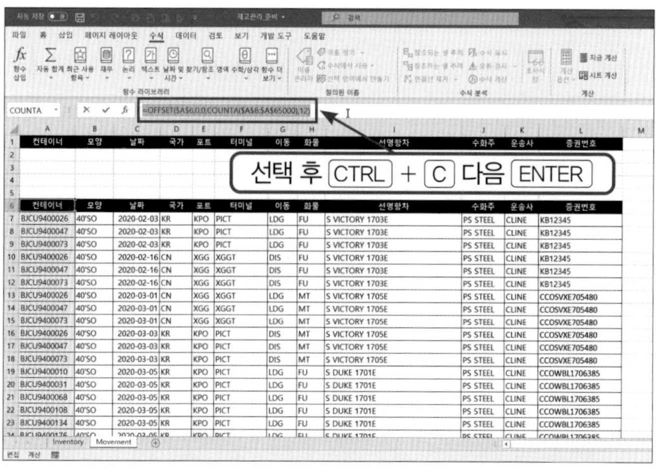

2019 이전 버전에서는 N6셀에만 값이 나타납니다. 이때도 내용은 똑같으니 N6셀의 수식을 그대로 복사하여 이용하면 됩니다.

06 복사한 수식을 활용해 이름정의를 합니다. ❶ [수식] 탭 → '정의된 이름' 그룹 → '이름 정의' 명령 단추를 누릅니다. '새 이름' 대화 상자가 나타나면 ❷ '이름'에 **데이터범위**라고 입력하고 ❸ '참조 대상'에서 기존 참조 대상을 지우고 CTRL + V 키를 눌러 복사한 수식을 붙여넣기합니다. ❹ [확인] 단추를 클릭합니다.

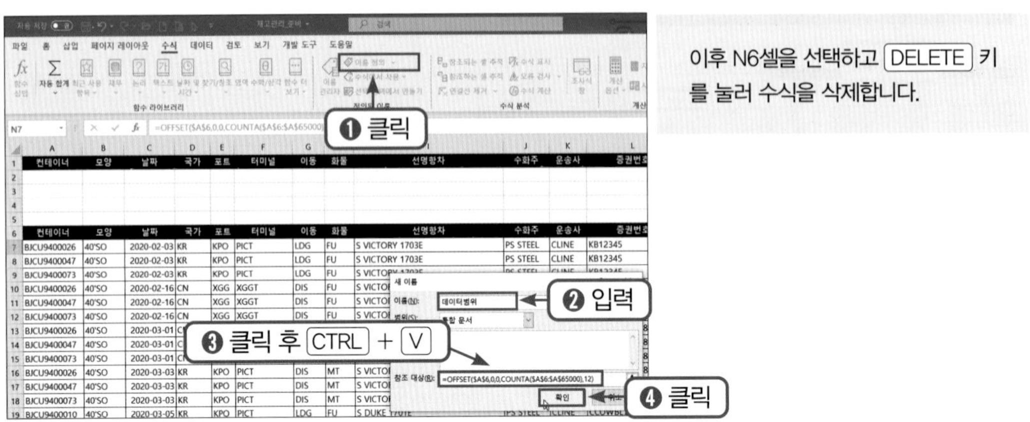

이후 N6셀을 선택하고 DELETE 키를 눌러 수식을 삭제합니다.

HISTORY 조회 프로그램 만들기

01 지금부터 고급 필터 매크로 기능을 활용하여 컨테이너 History 조회 프로그램을 만들어 보겠습니다. ❶ A2셀에 컨테이너명 중 하나인 **LSFU7240334**를 입력합니다. ❷ 왼쪽 하단에 있는 '매크로 기록' 명령 단추를 클릭합니다.

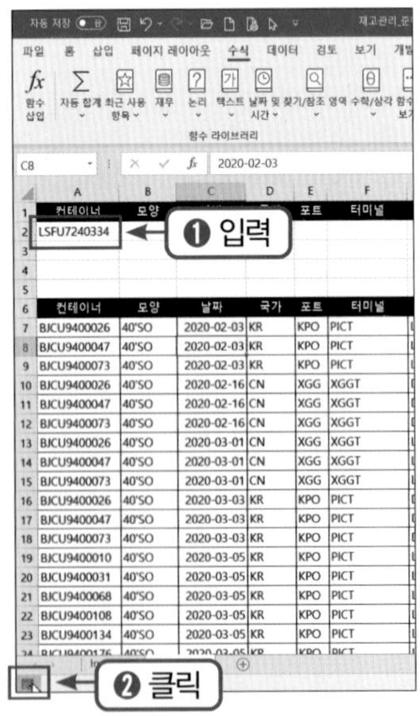

02 '매크로 기록' 대화 상자가 나타나면 ❶ '매크로 이름'에 **조회**라고 입력하고 ❷ [확인] 단추를 클릭합니다.

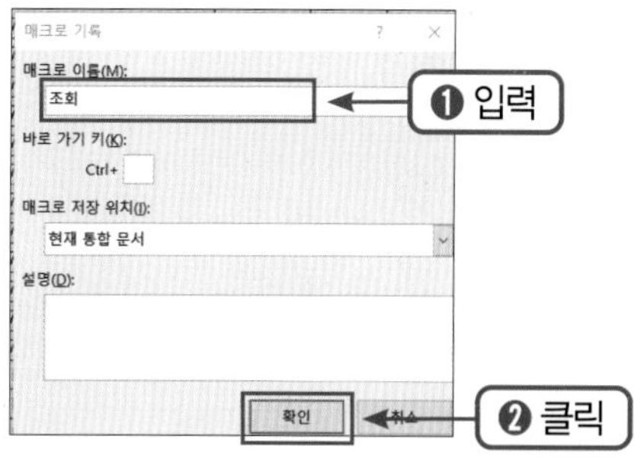

03 지금부터 시트에서 실행하는 모든 것이 기록이 됩니다. ❶ [데이터] 탭 → '정렬 및 필터' 그룹 → '고급' 명령 단추를 클릭합니다. '고급 필터' 대화 상자가 나타나면 ❷ '목록 범위'에 **데이터범위**라고 입력하고 '조건 범위'에서 A1:L2 영역을 선택하여 입력합니다. ❸ [확인] 단추를 클릭합니다.

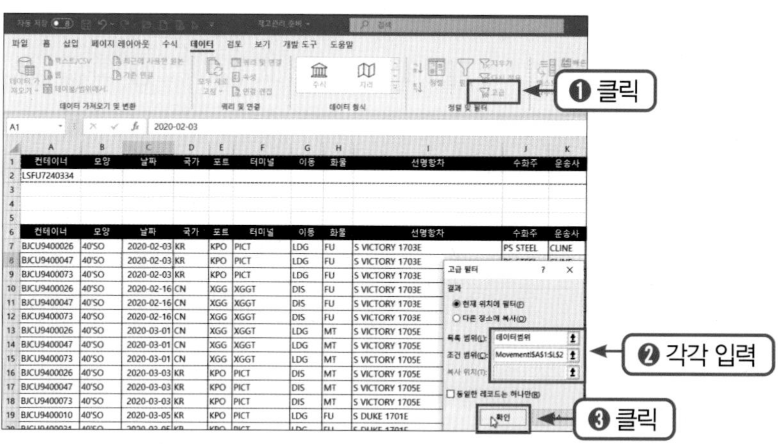

04 해당 컨테이너에 대한 History 데이터가 나타났습니다. 왼쪽 아래에 있는 '매크로 기록 중지' 명령 단추를 클릭해 매크로 기록을 중지합니다.

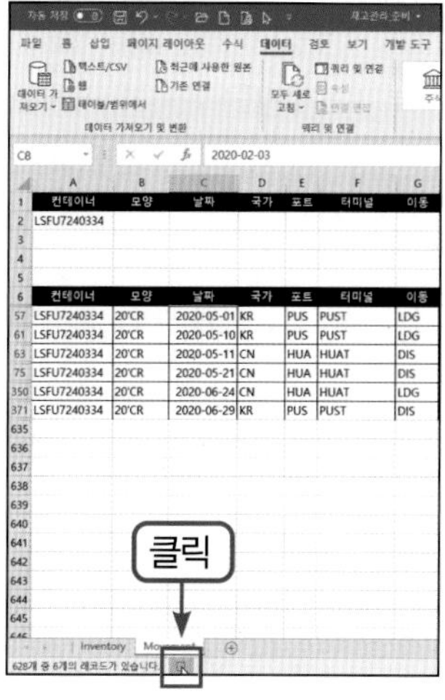

05 이번에는 모든 데이터가 다 나오는, 데이터를 원래 상태로 되돌리는 매크로를 작성하겠습니다. '매크로 기록' 명령 단추를 클릭합니다.

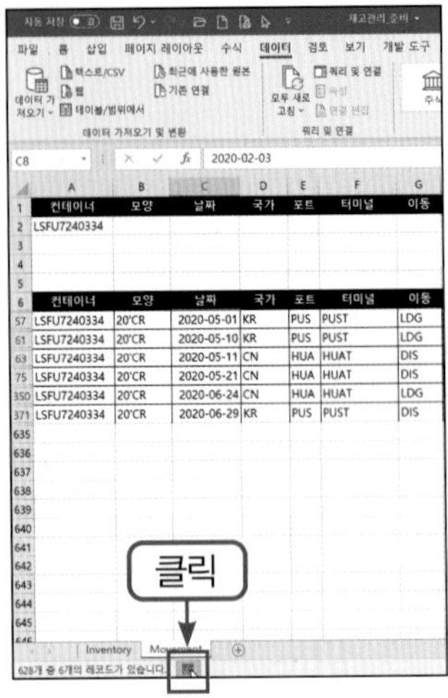

06 '매크로 기록' 대화 상자가 나타나면 ❶ '매크로 이름'에 **모두보기**라고 입력하고 ❷ [확인] 단추를 클릭합니다.

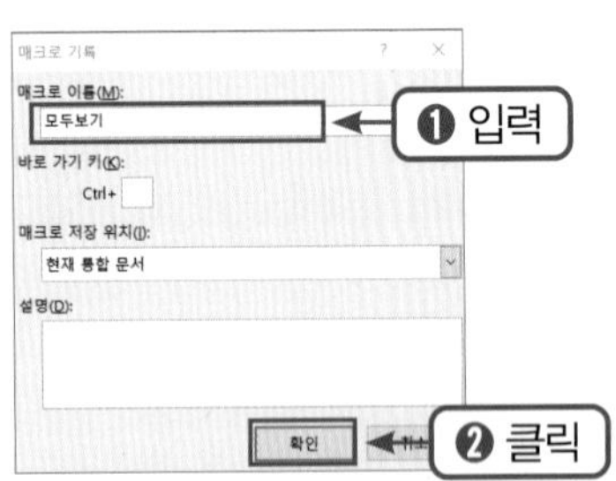

07 ❶ [데이터] 탭 → '정렬 및 필터' 그룹 → '지우기' 명령 단추를 클릭합니다. ❷ '매크로 기록 중지' 명령 단추를 클릭합니다.

08 이번에는 조회하기 명령 단추를 만들어 보겠습니다. [개발 도구] 탭 → '코드' 그룹 → '삽입' 명령 단추를 클릭해 **단추(양식 컨트롤)**를 클릭합니다.

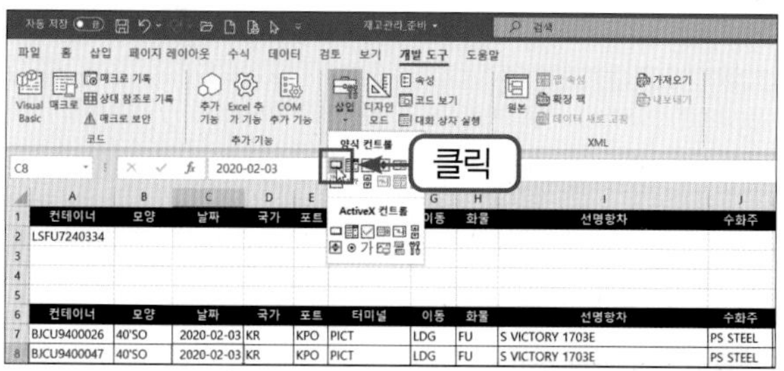

09 ❶ A3:B5 영역 사이에서 마우스로 드래그하여 적당한 크기로 명령 단추를 만들면 '매크로 지정' 대화 상자가 나타납니다. ❷ '매크로 이름'에서 **조회**를 선택한 후 ❸ [확인] 단추를 클릭합니다.

10 명령 단추를 클릭하여 이름을 **조회하기**로 수정합니다.

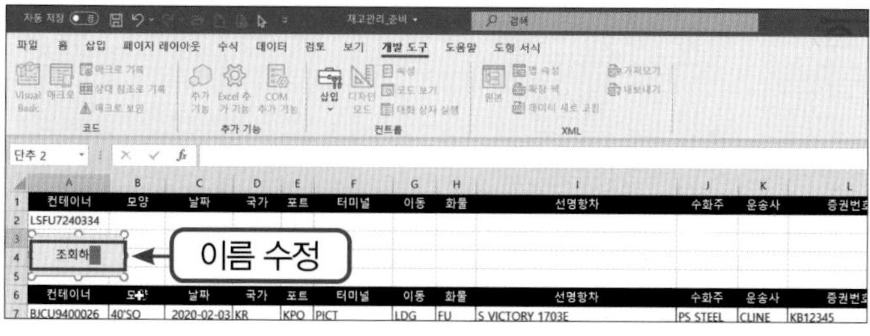

11 같은 방법으로 **모두보기** 명령 단추를 만들어 보겠습니다. ❶ [개발 도구] 탭 → '코드' 그룹 → '삽입' 명령 단추를 클릭해 **단추(양식 컨트롤)**를 클릭합니다. ❷ **조회하기** 명령 단추 옆에 마우스로 드래그하여 적당한 크기로 명령 단추를 만들면 '매크로 지정' 대화 상자가 나타납니다. ❸ '매크로 이름'에서 **모두보기**를 선택한 후 ❹ [확인] 단추를 클릭합니다.

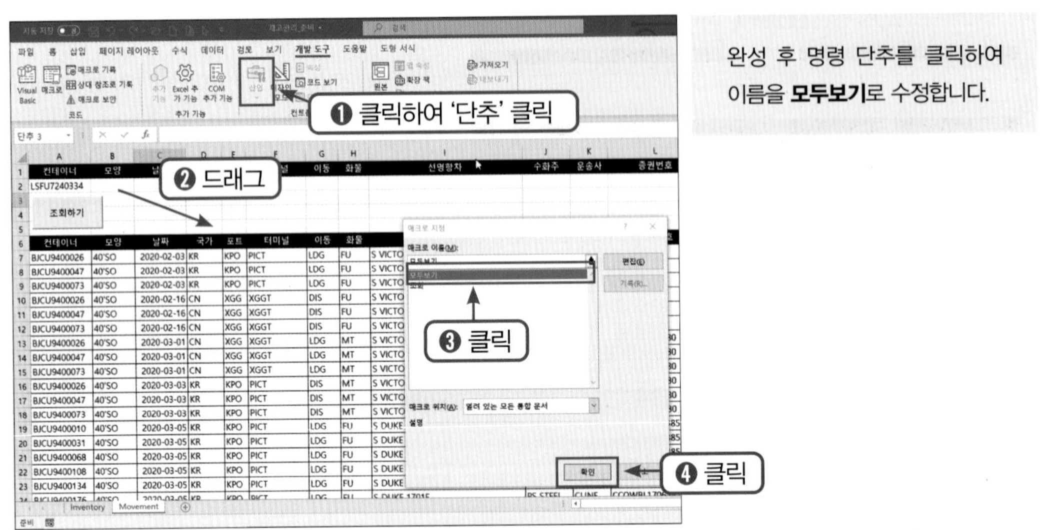

완성 후 명령 단추를 클릭하여 이름을 **모두보기**로 수정합니다.

12 틀 고정 기능을 활용해서 6행 이전 데이터는 항상 화면에 나타나게 합니다. ❶ 7행 머리를 클릭하여 7행 전체를 선택합니다. ❷ [보기] 탭 → '창' 그룹 → '틀 고정' 명령 단추를 클릭하고 ❸ **틀 고정**을 선택합니다.

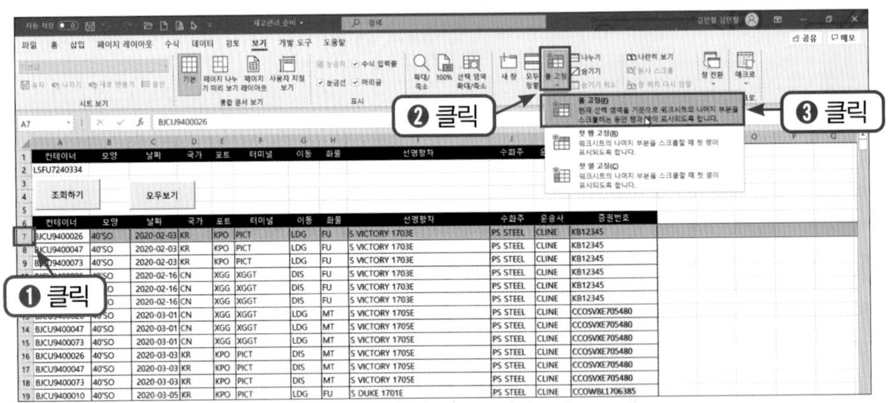

02 포트별 재고 현황 조회 프로그램 만들기

국제 운송 물류 회사에서는 각 국가에 흩어져 있는 컨테이너 재고 현황을 매일 정확하게 파악하고 있어야 합니다. 원활한 영업 활동이 가능하고 컨테이너를 분실하는 위험을 방지할 수 있기 때문입니다. 각 포트에 있는 컨테이너 재고를 정확하게 파악하기 위해서 컨테이너 History 데이터를 활용합니다. 이번에는 포트별 현재 컨테이너 재고 현황을 조회하는 프로그램을 만들어 보겠습니다.

실습 내용

기본 원리: ❶ 피벗 테이블과 이동 옵션 기능을 활용해 컨테이너의 마지막 위치 데이터를 추출합니다.
❷ 추출한 데이터를 바탕으로 COUNTIFS 함수를 활용하여 각 포트별 재고 현황이 자동으로 나타나게 합니다.

주요 기능: ❶ 동적 영역 ❷ 피벗 테이블 ❸ 이동 옵션

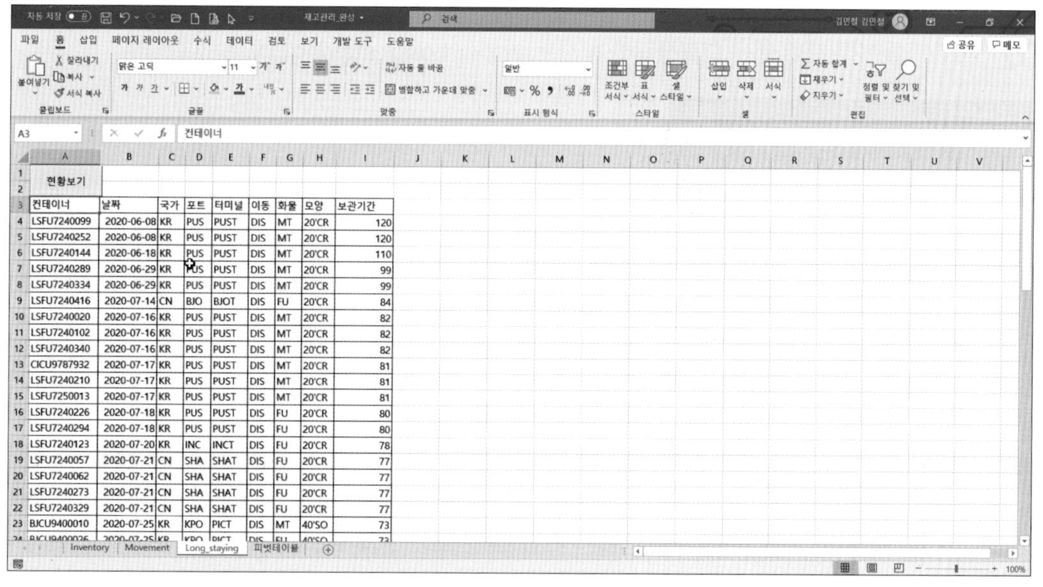

컨테이너	날짜	국가	포트	터미널	이동	화물	모양	보관기간
LSFU7240099	2020-06-08	KR	PUS	PUST	DIS	MT	20'CR	120
LSFU7240252	2020-06-08	KR	PUS	PUST	DIS	MT	20'CR	120
LSFU7240144	2020-06-18	KR	PUS	PUST	DIS	MT	20'CR	110
LSFU7240289	2020-06-29	KR	PUS	PUST	DIS	MT	20'CR	99
LSFU7240334	2020-06-29	KR	PUS	PUST	DIS	MT	20'CR	99
LSFU7240416	2020-07-14	CN	BJO	BJOT	DIS	FU	20'CR	84
LSFU7240020	2020-07-16	KR	PUS	PUST	DIS	MT	20'CR	82
LSFU7240102	2020-07-16	KR	PUS	PUST	DIS	MT	20'CR	82
LSFU7240340	2020-07-16	KR	PUS	PUST	DIS	MT	20'CR	82
CICU9787932	2020-07-17	KR	PUS	PUST	DIS	MT	20'CR	81
LSFU7240210	2020-07-17	KR	PUS	PUST	DIS	MT	20'CR	81
LSFU7250013	2020-07-17	KR	PUS	PUST	DIS	MT	20'CR	81
LSFU7240226	2020-07-18	KR	PUS	PUST	DIS	FU	20'CR	80
LSFU7240294	2020-07-18	KR	PUS	PUST	DIS	FU	20'CR	80
LSFU7240123	2020-07-20	KR	INC	INCT	DIS	FU	20'CR	78
LSFU7240057	2020-07-21	CN	SHA	SHAT	DIS	FU	20'CR	77
LSFU7240062	2020-07-21	CN	SHA	SHAT	DIS	FU	20'CR	77
LSFU7240273	2020-07-21	CN	SHA	SHAT	DIS	FU	20'CR	77
LSFU7240329	2020-07-21	CN	SHA	SHAT	DIS	FU	20'CR	77
BJCU9400010	2020-07-25	KR	KPO	PICT	DIS	MT	40'SO	73

재고 데이터 추출하기

01 먼저 포트별 컨테이너 보관현황 데이터를 나타낼 시트를 추가합니다. 화면 아래에 있는 '새 시트'(⊕) 명령 단추를 클릭합니다.

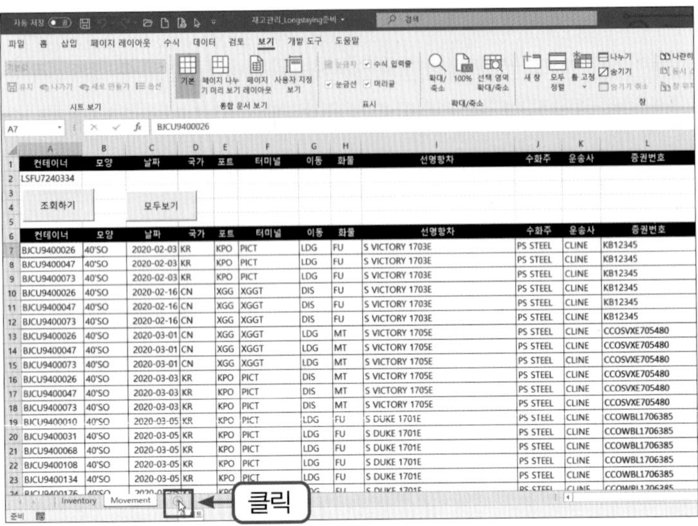

02 새로 만들어진 시트 탭을 **더블클릭**하여 시트 이름을 **Long_staying**으로 수정합니다.

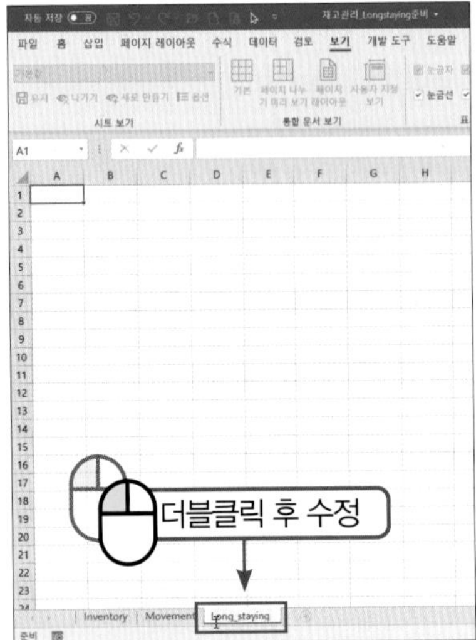

03 다음으로 피벗 테이블을 만듭니다. ❶ 'Movement' 시트에서 [삽입] 탭 → '표' 그룹 → '피벗 테이블' 명령 단추를 클릭합니다. '피벗 테이블 만들기' 대화 상자가 나타나면 ❷ '표/범위'에 **데이터 범위**라고 입력하고 ❸ [확인] 단추를 클릭합니다.

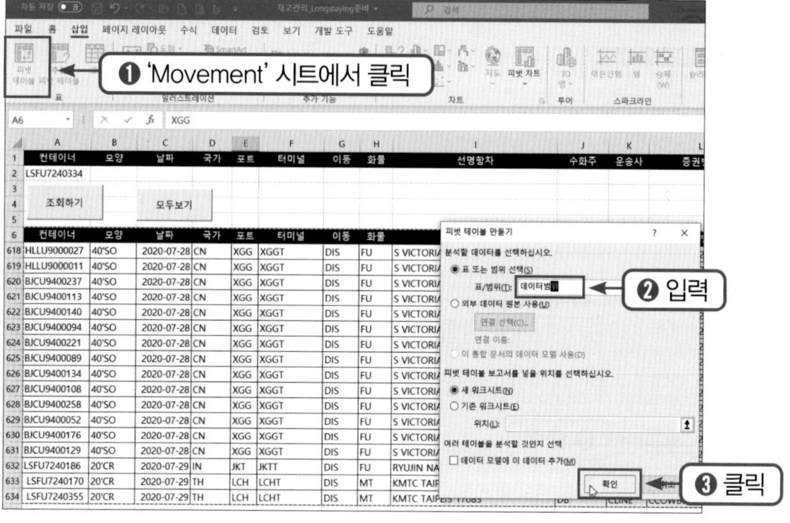

04 데이터를 효과적으로 관리하기 위해 새로 삽입된 시트 이름을 **피벗테이블**로 수정하고 시트 탭을 마우스로 드래그하여 맨 뒤로 이동합니다.

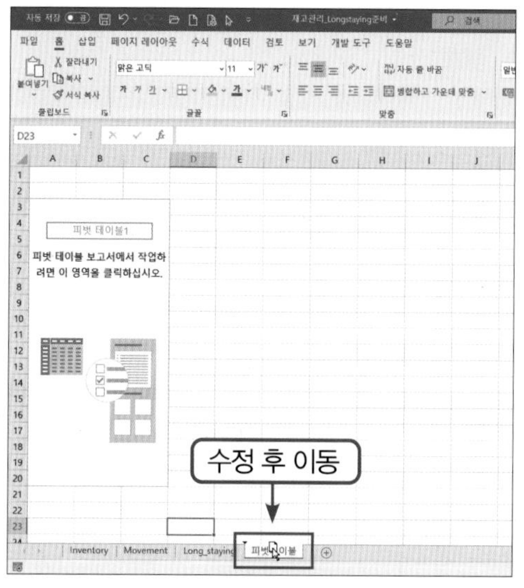

05 원하는 모양으로 데이터를 추출하기 위해 피벗 테이블 표시 형식을 변경합니다. ❶ 피벗 테이블1 영역을 선택합니다. ❷ [피벗 테이블 분석] 탭 → '피벗 테이블' 그룹 → '옵션' 명령 단추를 클릭합니다. '피벗 테이블 옵션' 대화 상자가 나타나면 ❸ [표시] 탭을 클릭하여 ❹ **클래식 피벗 테이블 레이아웃 표시(눈금에서 필드 끌기 사용)**을 선택합니다. ❺ [확인] 명령 단추를 클릭합니다.

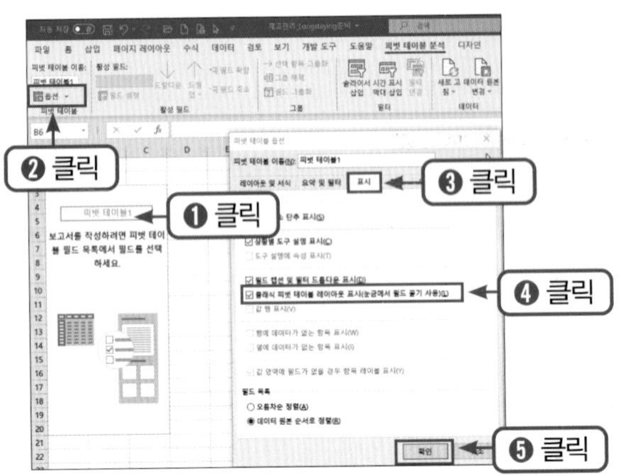

06 ❶ '피벗 테이블 필드' 목록에서 **컨테이너**와 **날짜**를 체크 표시합니다. ❷ 피벗 테이블 중 월이 있는 영역에서 임의의 셀을 선택합니다(여기서는 B6셀을 선택했습니다). ❸ [피벗 테이블 분석] 탭 → '그룹' 탭 → '그룹 해제' 명령 단추를 클릭합니다.

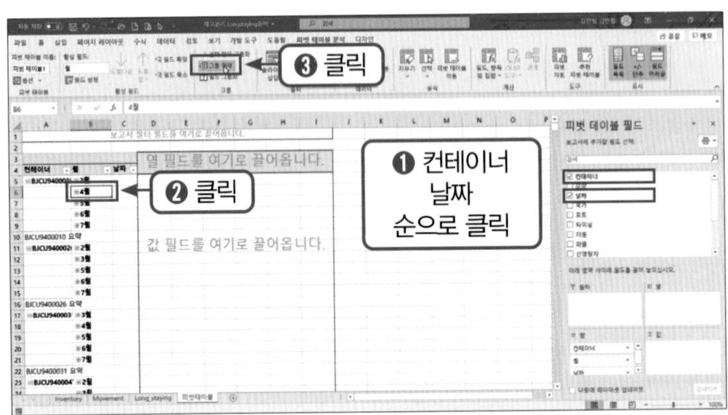

2019 이전 버전에서는 자동으로 그룹화가 되지 않으므로 6번 과정을 생략하시면 됩니다.

07 피벗 테이블 목록에서 **국가, 포트, 터미널, 이동, 화물, 모양** 순서대로 클릭하여 체크 표시합니다.

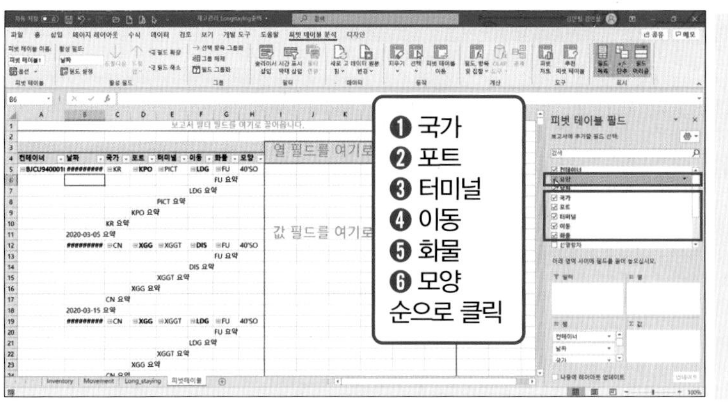

피벗 테이블 필드 목록에서 체크 표시를 하는 순서대로 데이터 모양이 결정됩니다. 실제 업무에서는 사용자가 임의로 지정해도 무방하지만 여기서는 순서를 바꿀 경우 이후 진행하는 부분에 차질이 생길 수 있으므로 꼭 순서대로 체크 표시를 해야 합니다.

08 각 그룹 하단에 나타난 부분합을 없애도록 하겠습니다. [디자인] 탭 → '레이아웃' 그룹 → '부분합' 명령 단추를 클릭하여 **부분합 표시 안 함**을 선택합니다.

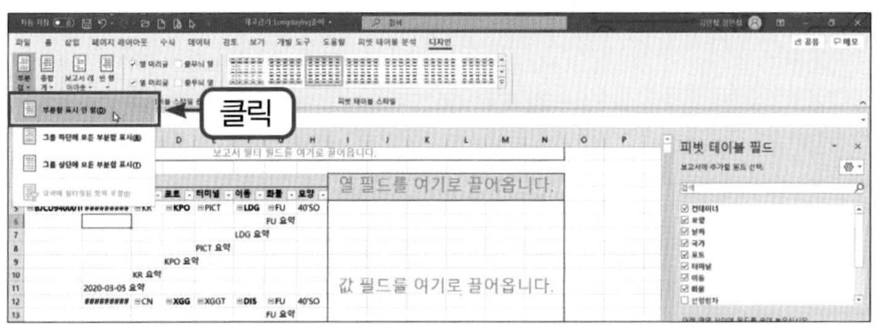

저의 경우 실제 업무에서 피벗 테이블의 부분합이 필요한 적이 거의 없었습니다. 보고서 작성을 위해 피벗 테이블을 사용할 경우, 대부분의 사용자들이 동일한 상황일 것이라 생각합니다.

09 날짜 영역에 데이터가 ########으로 나타난 것은 데이터가 표시될 자리가 부족해서입니다. B열 머리와 C열 머리 사이에 마우스를 이동해서 더블클릭하면 열 너비가 확장되면서 데이터가 나타납니다.

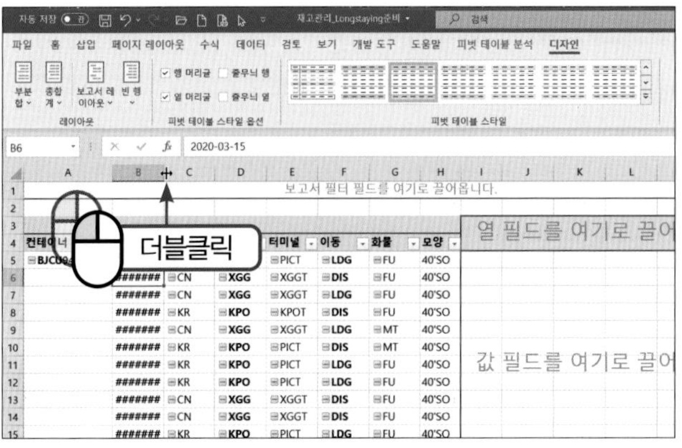

10 날짜를 내림차순으로 정렬합니다. [홈] 탭 → '편집' 그룹 → '정렬 및 필터' 명령 단추를 클릭해 **날짜/시간 내림차순 정렬**을 클릭합니다.

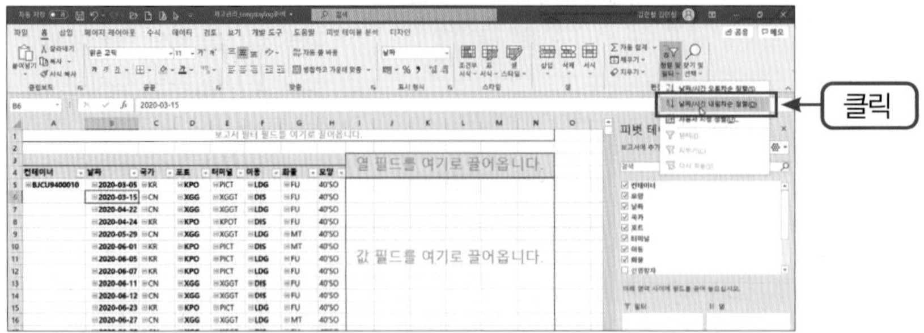

가장 최근 컨테이너 이동 데이터 추출하기

01 A4:H632 영역을 선택한 후 CTRL + C 키를 누릅니다.

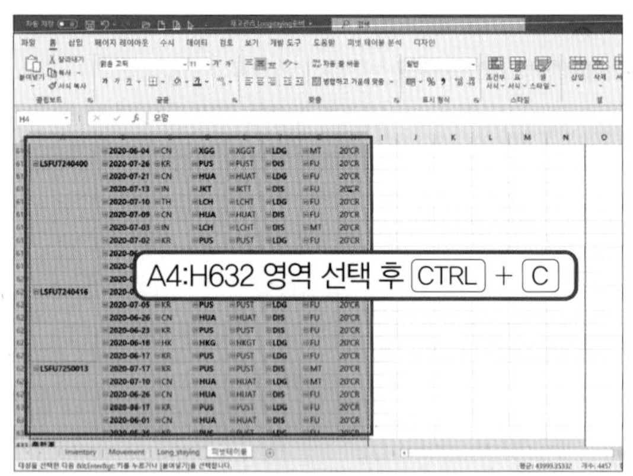

영역을 선택할 때는 H4셀을 선택한 후 CTRL + SHIFT + ↓ 키를 누르고 다시 CTRL + SHIFT + ← 키를 누르면 해당 영역이 선택됩니다.

02 ❶ 'Long_staying' 시트를 클릭합니다. ❷ A3셀을 선택하고 [홈] 탭 → '클립보드' 그룹 → '붙여넣기' 내림 단추를 클릭하여 **값 붙여넣기** 명령 단추를 선택합니다.

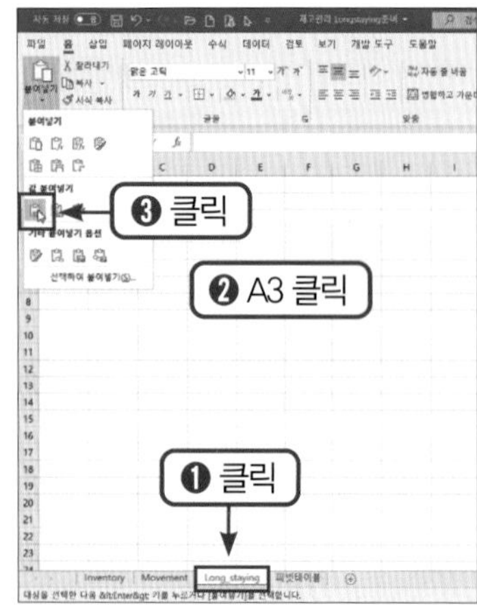

03 ❶ A:H열을 선택합니다. ❷ A열 머리와 B열 머리 사이로 마우스를 이동한 후 더블클릭해서 열 너비를 조정합니다.

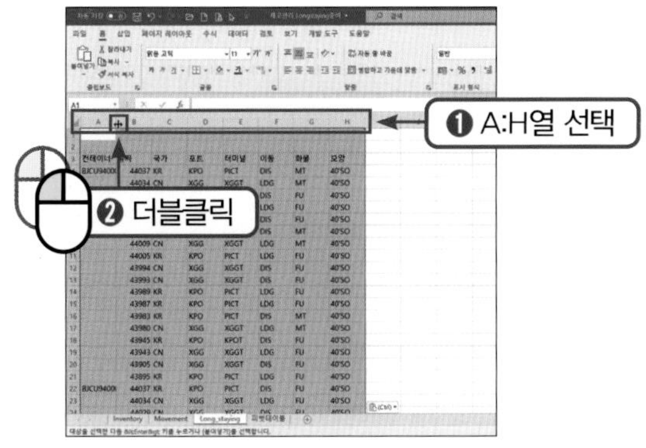

04 컨테이너별로 가장 최근에 이동한 내역에 대한 데이터만 남기고 나머지 데이터는 삭제합니다. A열에서 컨테이너 번호가 나타나 있는 셀이 컨테이너별 가장 최근에 이동한 내역입니다. A열에서 컨테이너 번호가 나타나 있는 행만 남기고 나머지는 삭제합니다. ❶ A4:A631 영역을 선택합니다. ❷ [홈] 탭 → '편집' 그룹 → '찾기 및 선택' 명령 단추를 클릭한 후 **이동 옵션**을 클릭합니다.

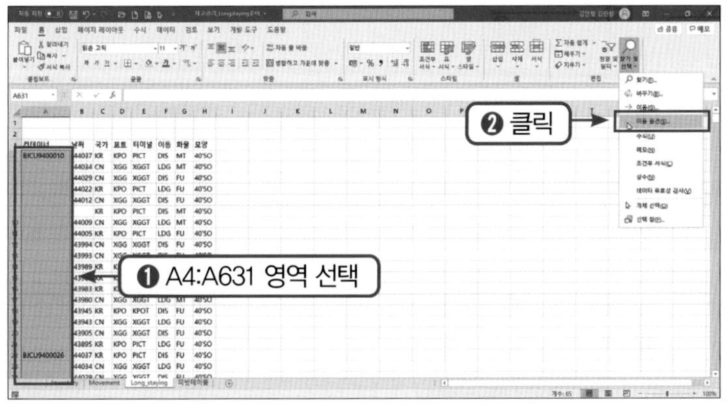

영역을 선택할 때는 H3셀을 선택한 후 CTRL + ↓ 키를 눌러 H열에서 데이터가 있는 맨 아래 셀을 선택합니다. 그 다음 A631셀을 선택한 후 마우스 스크롤이나 스크롤바로 화면을 위로 올리고 SHIFT 키를 누르고 A4셀을 선택하면 편리합니다.

05 '이동 옵션' 대화 상자가 나타나면 ❶ 종류에서 '빈 셀'을 선택하고 ❷ [확인] 단추를 클릭합니다.

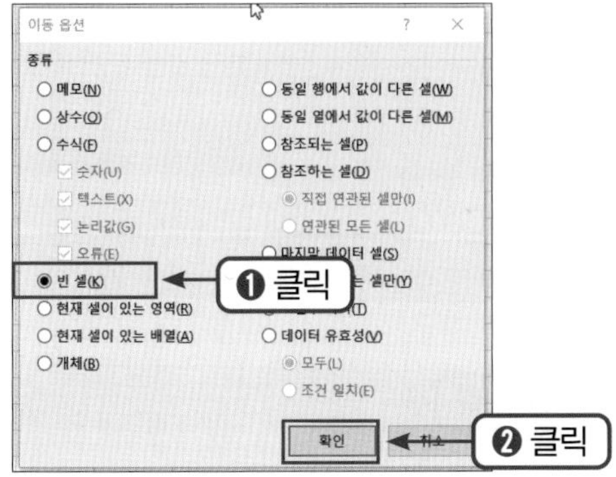

06 선택 영역의 빈 셀만 선택되어 있습니다. ❶ 마우스 오른쪽 버튼을 클릭하고 ❷ 나타나는 메뉴 중 **삭제**를 클릭합니다.

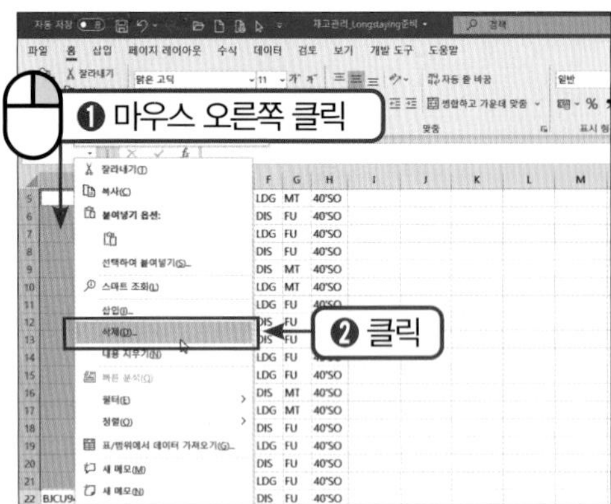

07 '삭제' 대화 상자가 나타나면 ❶ '행 전체'를 선택한 후 ❷ [확인] 단추를 클릭합니다.

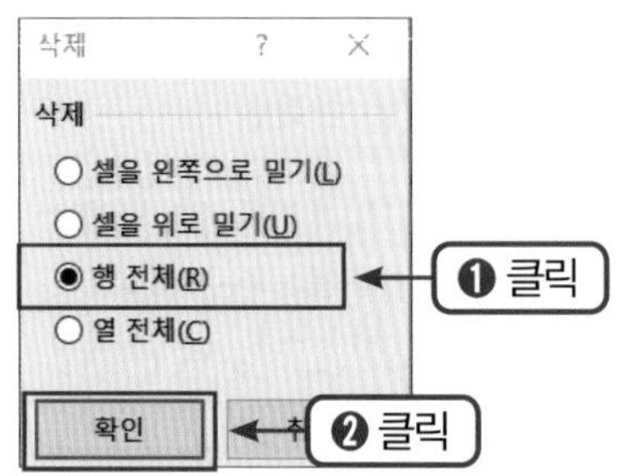

08 ❶ B4셀을 선택한 후 CTRL + SHIFT + ↓ 키를 눌러 B4:B68 영역을 선택하고 CTRL + 1 키를 누릅니다. '셀 서식' 대화 상자가 나타나면 ❷ [표시 형식] 탭의 '범주'에서 **날짜**를 선택하고 ❸ 형식에서 날짜 형식을 선택합니다. ❹ [확인] 단추를 클릭합니다.

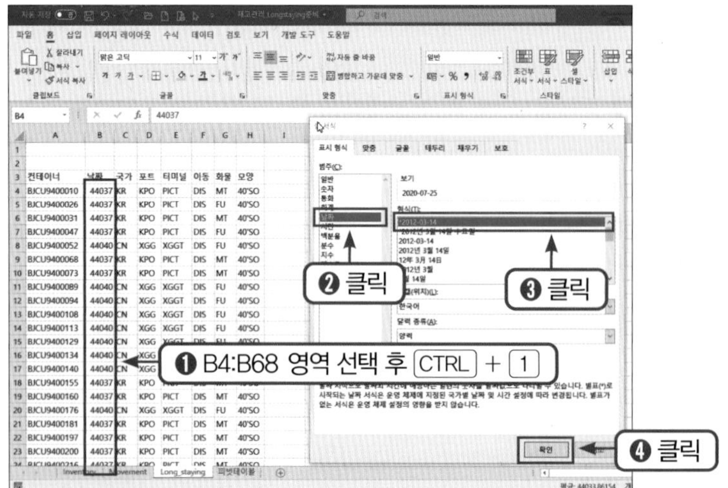

09 ❶ I3셀에 **보관기간**이라고 입력하고 ENTER 키를 누릅니다. ❷ I4셀 수식 입력줄에 **=TODAY()-B4**를 입력한 후 ENTER 키를 누릅니다.

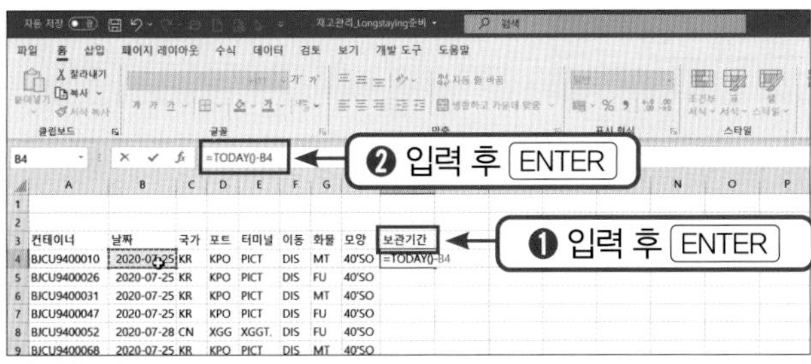

알아보기 **TODAY()-B4 수식 알아보기**

TODAY() 함수는 오늘 날짜값을 반환합니다. **=TODAY()-B4** 수식의 결과값은 오늘 날짜값에서 B4셀에 입력된 값을 뺀 결과값을 반환합니다. 그러므로 예제 파일을 실행하는 날에 따라 결과값이 달라져 실행 날짜 기준으로 컨테이너의 경과일수가 계산됩니다.

10 ❶ I4셀을 선택한 후 CTRL + 1 키를 누릅니다. '셀 서식' 대화 상자가 나타나면 ❷ [표시 형식] 탭의 '범주'에서 **일반**을 선택한 후 ❸ [확인] 단추를 클릭합니다.

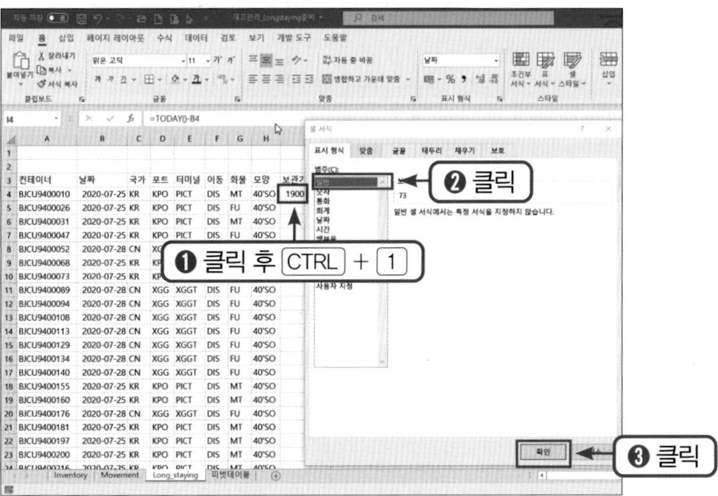

11 마우스를 I4셀의 오른쪽 아래쪽으로 이동시키고 I4셀의 자동 채우기 핸들(**+**)을 더블클릭하여 나머지 수식을 완성합니다.

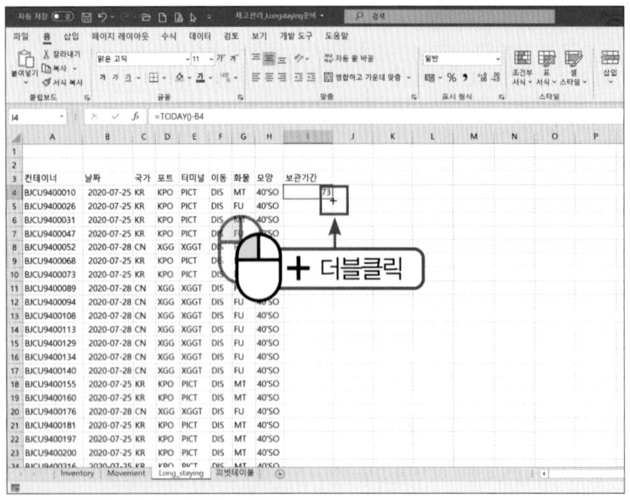

12 추출된 데이터가 각 포트에 오래 적체된 순서대로 나타나도록 합니다. ❶ I4셀을 선택합니다. ❷ [홈] 탭 → '편집' 그룹 → '정렬 및 필터' 명령 단추를 클릭한 후 **숫자 내림차순 정렬** 명령 단추를 클릭합니다.

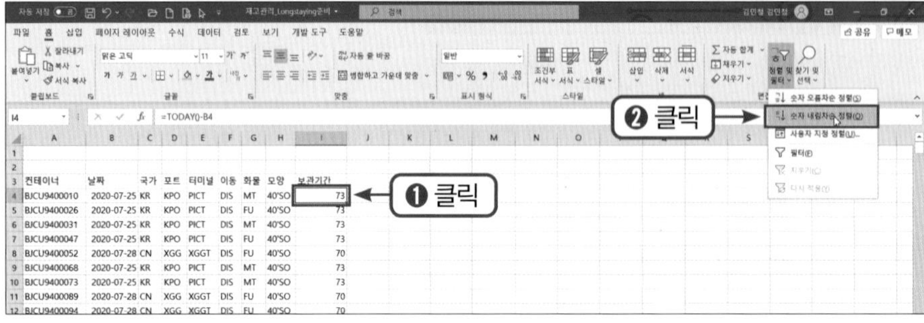

재고 데이터 동적 영역 지정하기

01 추출한 데이터를 바탕으로 포트별 현재 재고 현황이 나타나도록 합니다. 먼저 필요한 영역을 동적 영역으로 지정합니다. ❶ [수식] 탭 → '정의된 이름' 그룹 → '이름 관리자' 명령 단추를 클릭합니다. '이름 관리자' 대화 상자가 나타나면 ❷ **'데이터범위'**를 선택한 후 ❸ '참조 대상'에서 수식을 선택하고 CTRL + C 키를 누릅니다. ❹ '새로 만들기' 명령 단추를 클릭합니다.

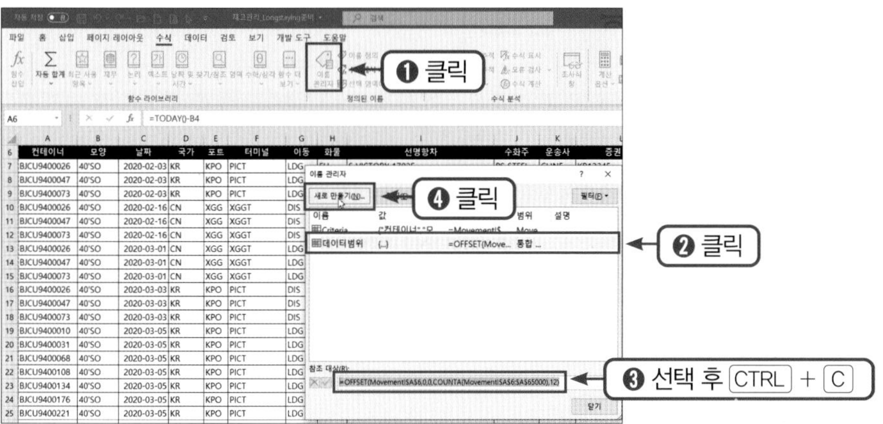

02 '새 이름' 대화 상자가 나타나면 ❶ '이름'에 **C_PORT**라고 입력합니다. ❷ '참조 대상에서 기존 참조 대상을 지우고 CTRL + V 키를 눌러 수식을 복사한 후 **=OFFSET(Long_staying!$D$4,0,0,COUNTA(Long_staying!$D$4:$D$65000),1)**로 수정합니다. ❸ [확인] 단추를 클릭합니다.

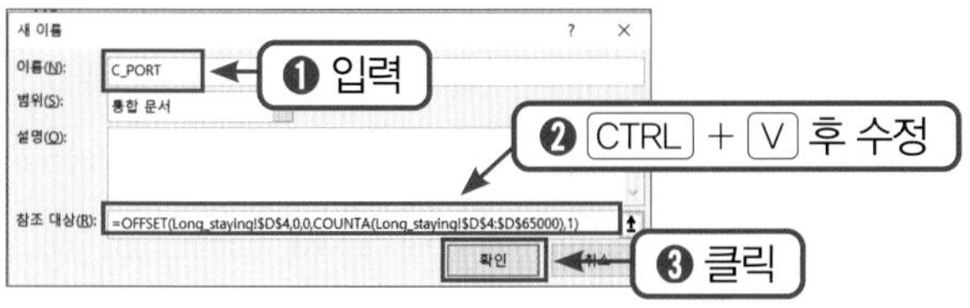

03 '이름 관리자' 대화 상자가 나타나면 '새로 만들기' 명령 단추를 누릅니다. '새 이름' 대화 상자가 나타나면 ❶ '이름'에 **C_TYPE**이라고 입력합니다. ❷ '참조 대상'에서 기존 참조 대상을 지우고 CTRL + V 키를 눌러 수식을 복사하고 **=OFFSET(Long_staying!$H$4,0,0,COUNTA(Long_staying!$H$4:$H$65000),1)**로 수정합니다. ❸ [확인] 단추를 클릭합니다.

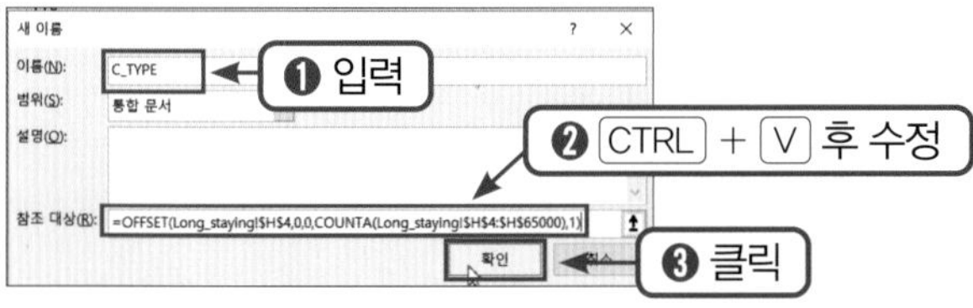

04 '이름 관리자' 대화 상자가 나타나면 [닫기] 단추를 클릭합니다.

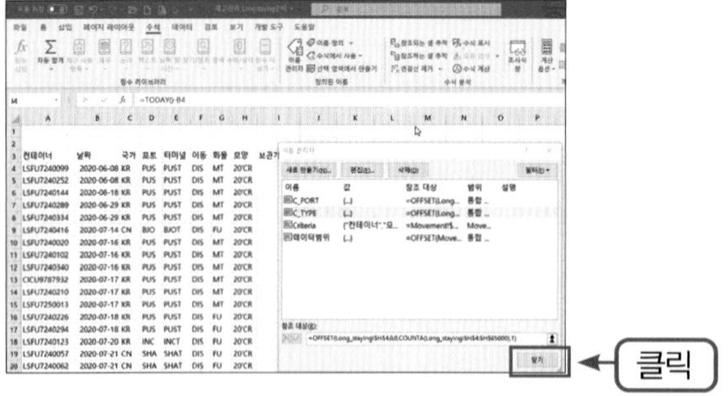

포트별 재고 현황 나타내기

01 ❶ Inventory 시트를 클릭한 후 ❷ D4셀을 선택합니다. ❸ [수식] 탭 → '함수 라이브러리' 그룹 → '함수 더 보기' → '통계' 명령 단추를 눌러 ❹ **COUNTIFS**를 선택합니다.

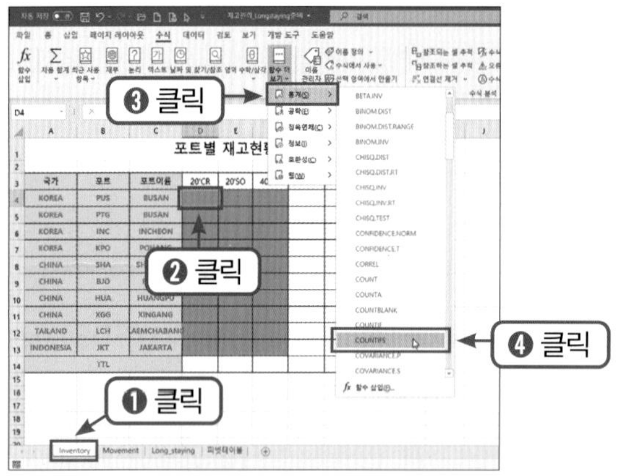

02 '함수 인수' 대화 상자가 나타나면 ❶ 'Criterial_range1'에 **C_PORT**를 입력하고 ❷ 'Criterial1'에서 B4셀을 클릭한 후 [F4] 키를 3번 눌러 B열만 절대참조로 지정합니다. ❸ 'Criterial_range2'에 **C_TYPE**을 입력하고 ❹ 'Criterial2'에서 D3셀을 클릭한 후 [F4] 키를 2번 눌러 3행만 절대참조로 지정합니다. ❺ [확인] 단추를 클릭합니다.

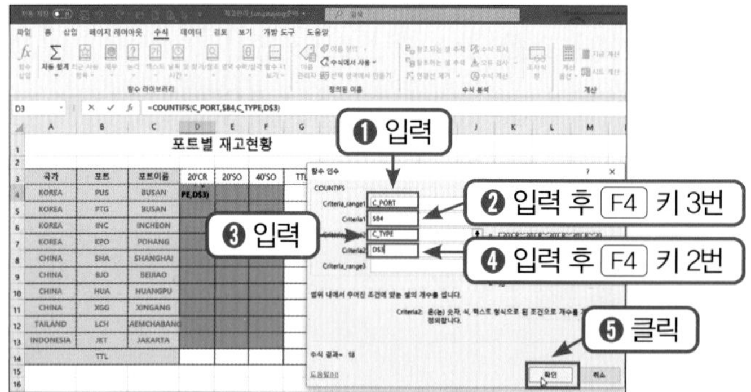

03 D4셀의 자동 채우기 핸들(**+**)을 F4셀까지 드래그합니다.

04 ❶ D4:G4 영역을 선택한 후 ❷ [수식] 탭 → '함수 라이브러리' 그룹 → '자동 합계' 명령 단추를 클릭합니다.

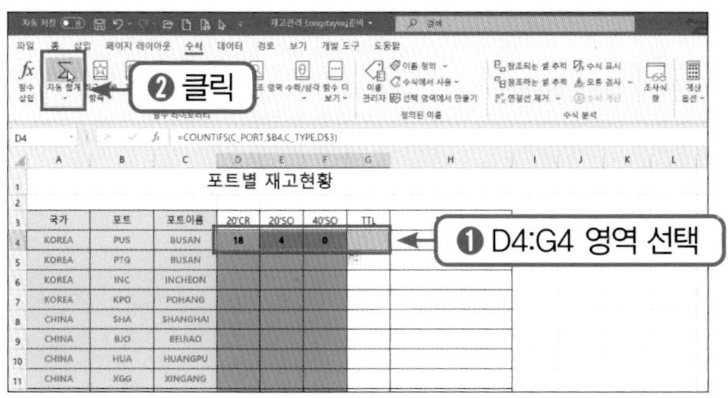

05 D4:G4 영역의 자동 채우기 핸들(**+**)을 G13셀까지 드래그하여 나머지 수식을 완성합니다.

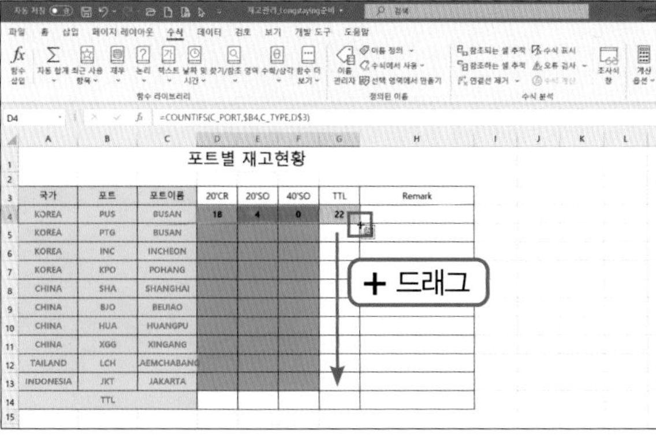

06 ❶ D4:D14 영역을 선택합니다. ❷ [수식] 탭 → '함수 라이브러리' 그룹 → '자동 합계' 명령 단추를 누릅니다.

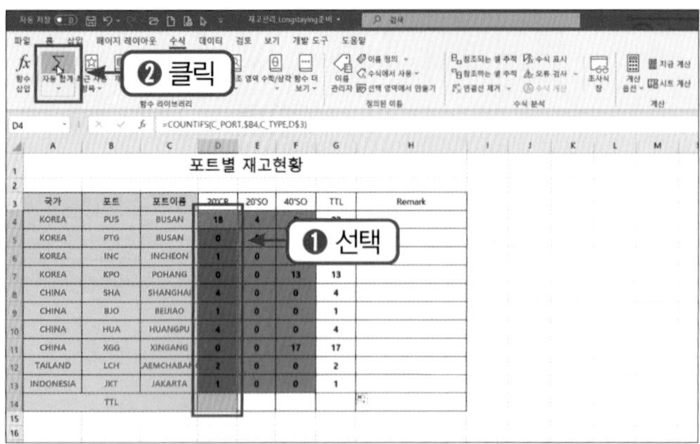

07 D14셀의 자동 채우기 핸들(**+**)을 G14셀까지 드래그하여 완성합니다.

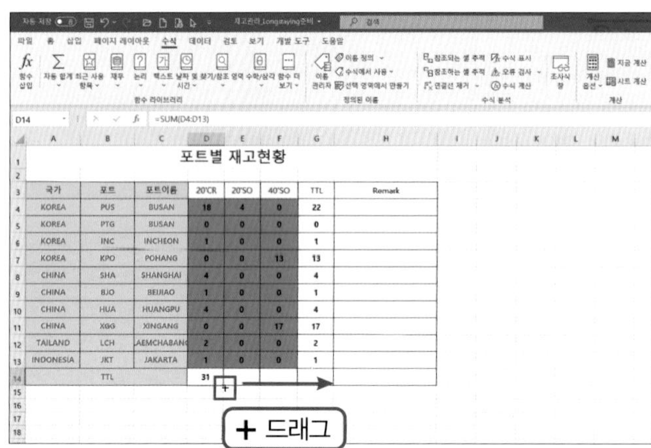

03 재고 관리 자동화 프로그램 만들기

이번에는 지금까지 작성한 문서를 바탕으로 매크로 기능을 활용하여 클릭 한 번으로 자동으로 나타나도록 하는 재고 관리 자동화 프로그램을 만들어 보겠습니다.

실습 내용

기본 원리: 'Long_staying_'시트의 현황보기 명령 단추를 클릭하면 포트별 재고 현황이 자동으로 나타납니다.

주요 기능: 매크로

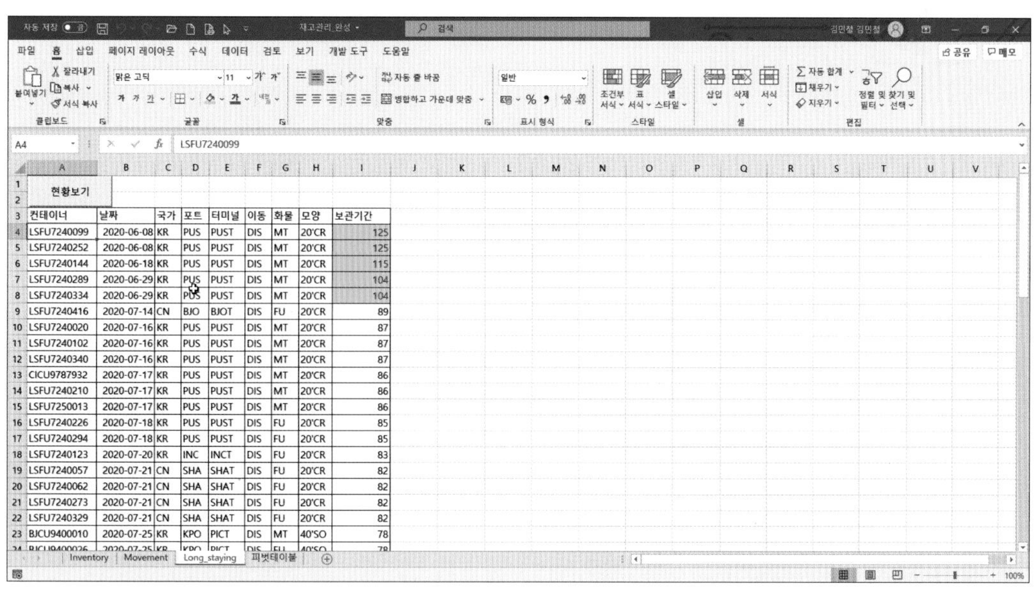

매크로 기록하기

01 ❶ '매크로 기록' 명령 단추를 클릭합니다. '매크로 기록' 대화 상자가 나타나면 ❷ '매크로 이름'에 **현황보기**라고 입력하고 ❸ [확인] 단추를 클릭합니다.

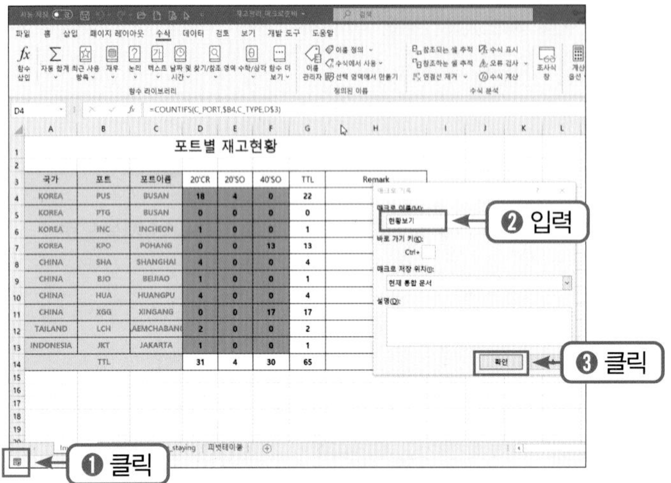

02 ❶ 'Long_staying' 시트를 클릭합니다. ❷ A4셀을 선택한 후 CTRL + SHIFT + ↓ 키와 CTRL + SHIFT + → 키를 순서대로 눌러 데이터 영역을 선택합니다. ❸ DELETE 키를 눌러 데이터를 지웁니다.

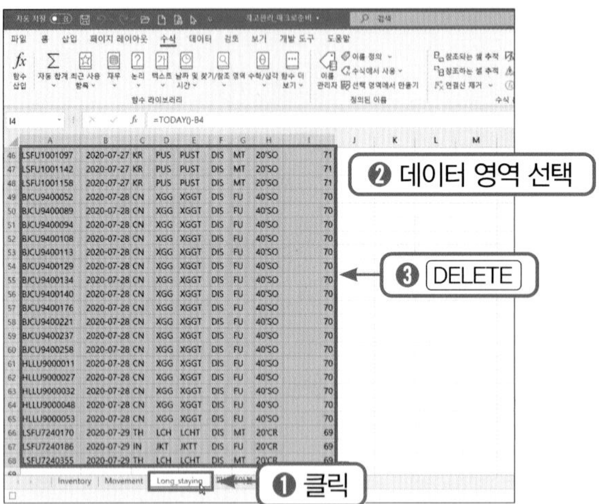

03 ❶ '피벗테이블' 시트를 클릭합니다. ❷ 피벗 테이블 영역의 임의의 셀(여기서는 H614셀을 선택합니다)을 선택한 후 ❸ [피벗 테이블 분석] 탭 → '데이터' 그룹 → '새로 고침' 명령 단추를 클릭합니다.

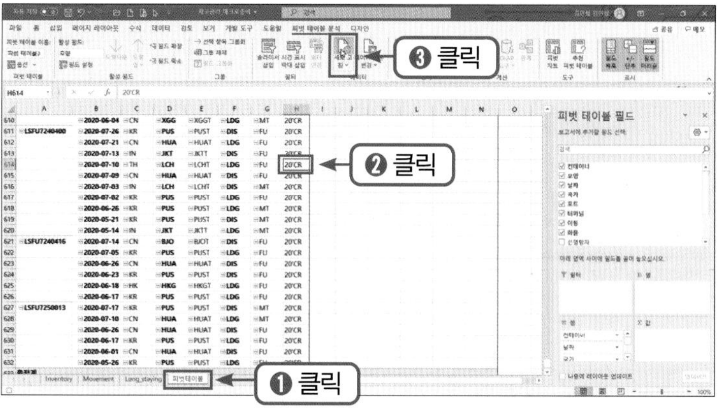

04 ❶ CTRL + ↑ 키를 눌러 데이터가 있는 맨 위 셀로 이동한 후 H5셀을 선택합니다. ❷ 이후 CTRL + SHIFT + ↓ 키와 CTRL + SHIFT + ← 키를 순서대로 눌러 A5:H632 영역을 선택한 후 ❸ CTRL + C 키를 누릅니다.

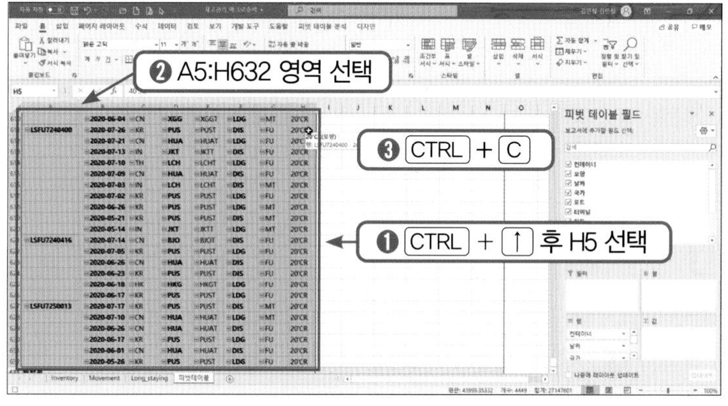

05 ❶ 'Long_staying' 시트를 클릭합니다. ❷ A4셀을 선택하고 ❸ [홈] 탭 → '클립보드' 그룹 → '붙여넣기' 내림 단추를 클릭하여 **값 붙여넣기** 명령 단추를 선택합니다.

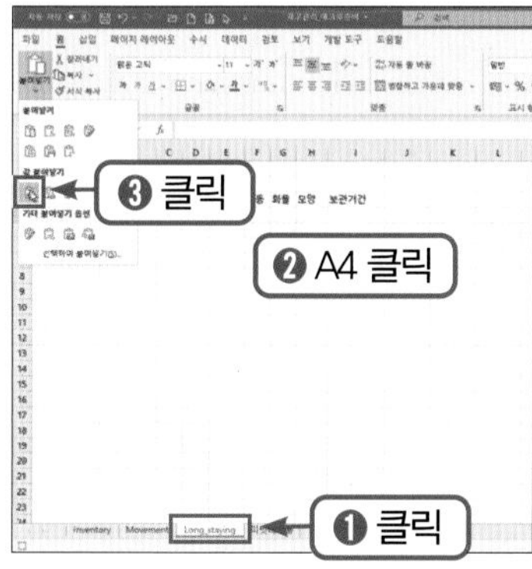

06 ❶ H4셀을 선택한 후 CTRL + ↓ 키를 눌러 데이터 맨 아래 셀을 선택합니다. ❷ A631셀을 선택한 후 마우스를 스크롤하여 화면을 위로 올리고 SHIFT 키를 누른 상태로 A4셀을 클릭해 A4:A631 영역을 선택합니다. ❸ [홈] 탭 → '편집' 그룹 → '찾기 및 선택' 명령 단추를 클릭한 후 **이동 옵션**을 클릭합니다.

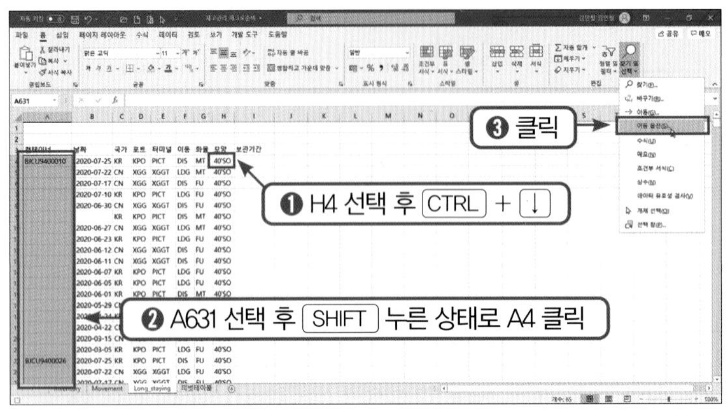

07 '이동 옵션' 대화 상자가 나타나면 ❶ 종류에서 '빈 셀'을 선택하고 ❷ [확인] 단추를 클릭합니다.

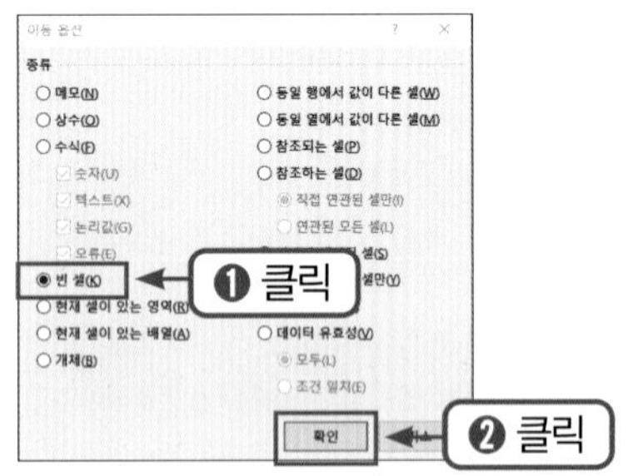

08 ❶ 마우스 오른쪽 버튼을 클릭하고 ❷ 나오는 메뉴 중 **삭제**를 클릭합니다.

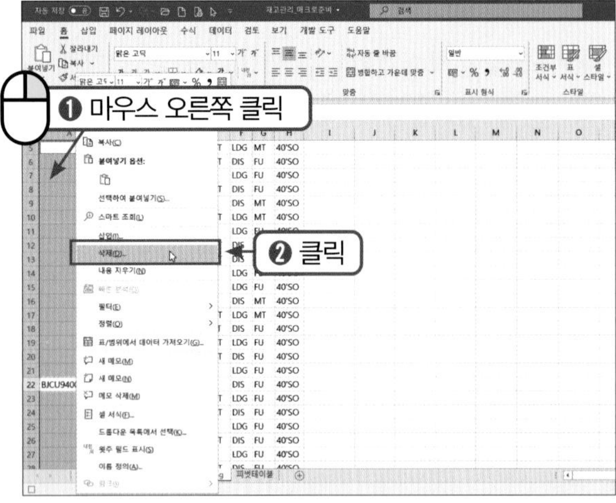

09 '삭제' 대화 상자가 나타나면 ❶ '행 전체'를 선택한 후 ❷ [확인] 단추를 클릭합니다

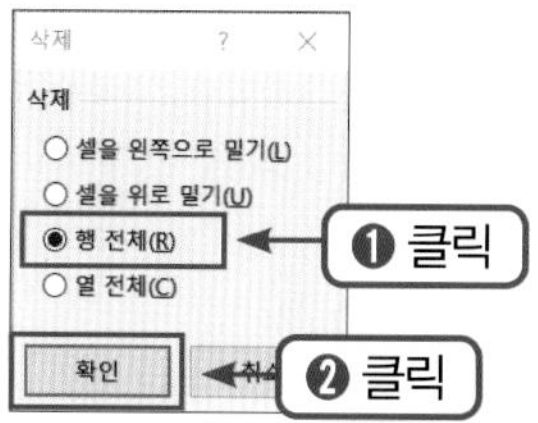

10 ❶ B4셀을 선택한 후 CTRL + SHIFT + ↓ 키를 눌러 B4:B68 영역을 선택하고 CTRL + 1 키를 누릅니다. '셀 서식' 대화 상자가 나타나면 ❷ [표시 형식] 탭의 '범주'에서 **날짜**를 선택하고 ❸ 형식에서 날짜 형식을 선택합니다. ❹ [확인] 단추를 클릭합니다.

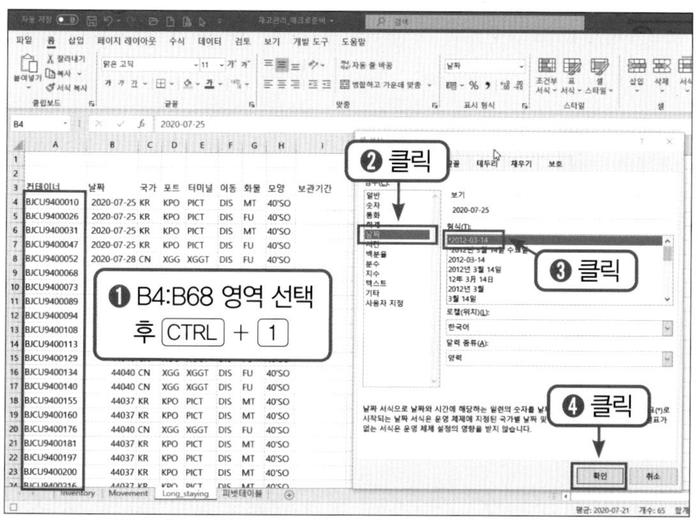

11 I4셀 수식 입력줄에 **=TODAY()-B4**를 입력한 후 ENTER 키를 누릅니다.

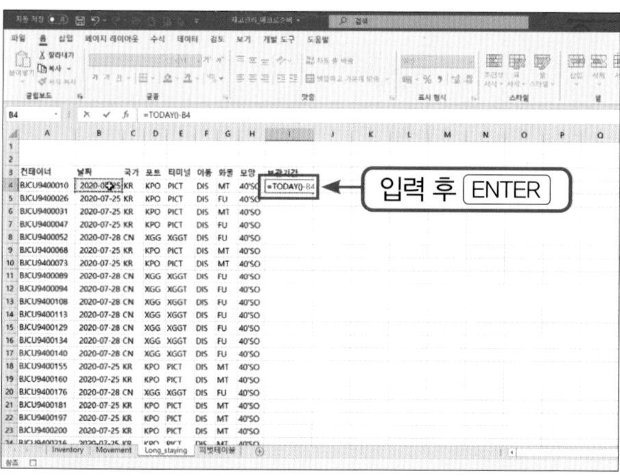

12 ❶ I4셀을 선택한 후 CTRL + 1 키를 누릅니다. '셀 서식' 대화 상자가 나타나면 ❷ [표시 형식] 탭의 '범주'에서 **일반**을 선택한 후 ❸ [확인] 단추를 클릭합니다.

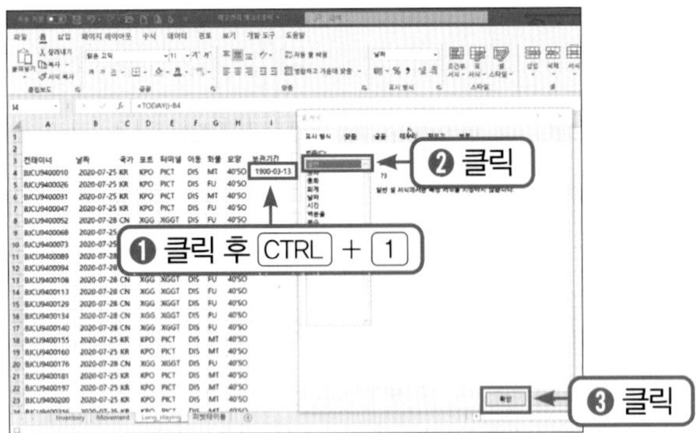

13 마우스를 I4셀의 오른쪽 아래로 이동시키고 I4셀의 자동 채우기 핸들(**+**)을 더블클릭하여 나머지 수식을 완성합니다.

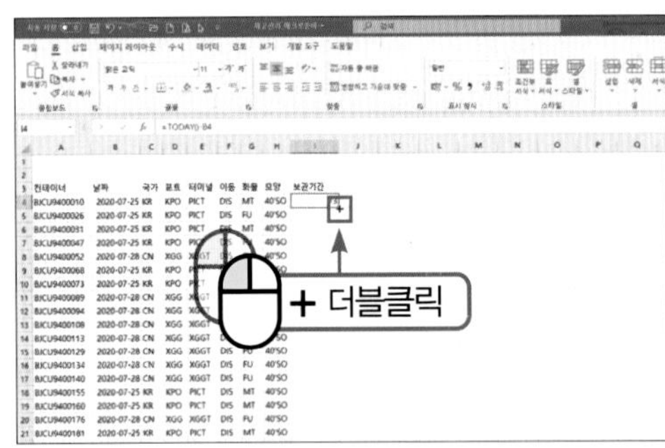

14 ❶ I4셀을 선택합니다. ❷ [홈] 탭 → '편집' 그룹 → '정렬 및 필터' 명령 단추를 클릭한 후 **숫자 내림차순 정렬** 명령 단추를 클릭합니다.

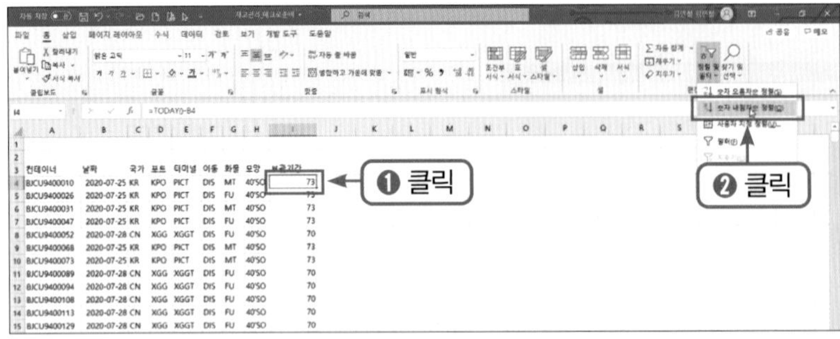

15 ❶ CTRL + SHIFT + * 키를 눌러 전체 영역을 선택합니다. ❷ [홈] 탭 → '글꼴' 그룹 → '테두리' 명령 단추를 클릭하여 '모든 테두리'를 선택합니다.

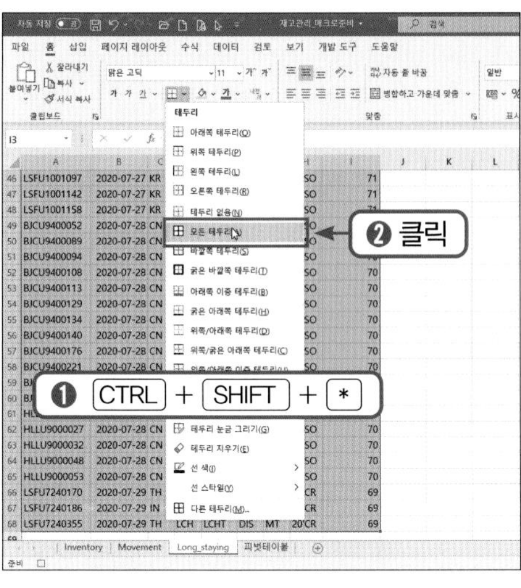

키보드 오른쪽 숫자키에 있는 *을 누르면 되지 않습니다. 위쪽 숫자키에 있는 *을 누릅니다.

16 ❶ 'Inventory' 시트를 선택합니다. ❷ D3셀을 선택한 후 ❸ '매크로 기록 중지' 명령 단추를 누릅니다.

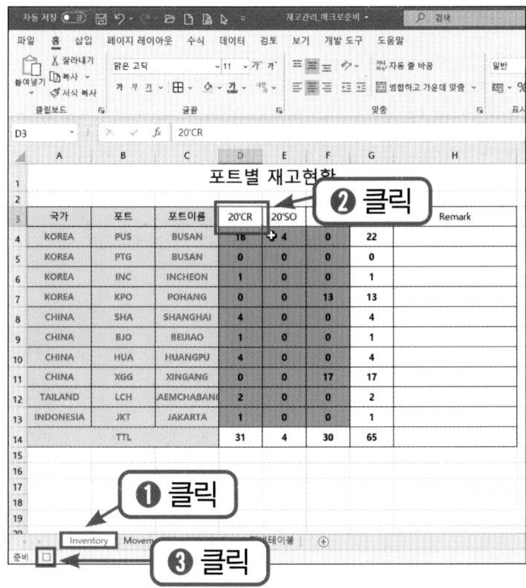

매크로 편집하기

01 ALT + F11 키를 눌러 Visual Basic Editor 창을 열어서 매크로로 작성된 코드를 확인합니다. 프로젝트 창에서 Module2를 더블클릭하면 작성된 코드가 나타납니다.

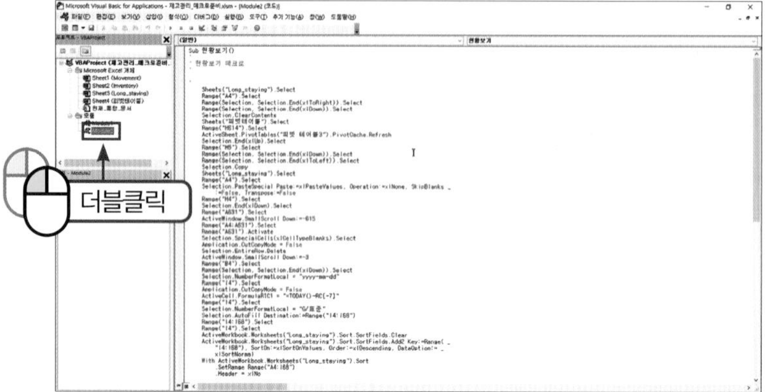

02 ❶ 중간에 있는 **Range("A631").Select**를 **Selection.Offset(0, -7).Select**로 수정합니다. ❷ 그 아래의 **ActiveWindow.SmallScroll Down:=-615**는 삭제합니다.

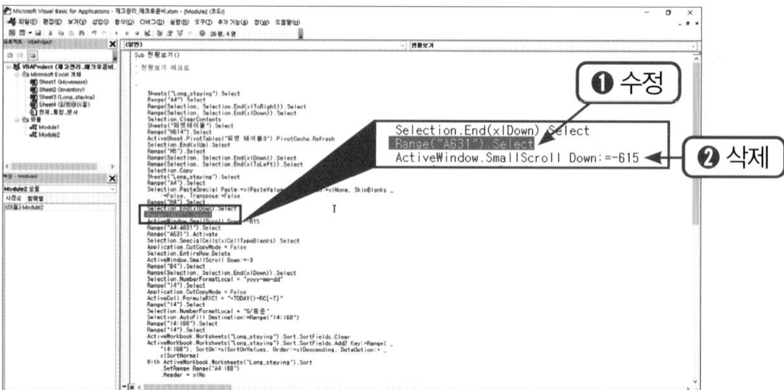

Range("A631").Select를 **Selection.Offset(0, −7).Select**로 수정하는 이유는 컨테이너 대수가 변경될 경우 추출한 데이터의 A열 맨 마지막 셀이 A631이 아닐 수도 있으므로 H열의 마지막 셀에서 왼쪽으로 7번째 위치한 셀을 선택하도록 명령문을 작성하기 위해서입니다. SmallScroll 횟수는 사용자마다 다를 수 있습니다.

03 ❶ 엑셀 창으로 돌아와 'Long_staying' 시트에서 [개발 도구] 탭 → '컨트롤' 그룹 → '삽입' 명령 단추를 누른 후 **단추(양식 컨트롤)**를 클릭합니다. ❷ A1:A2 영역에 적당한 크기로 단추를 만듭니다.

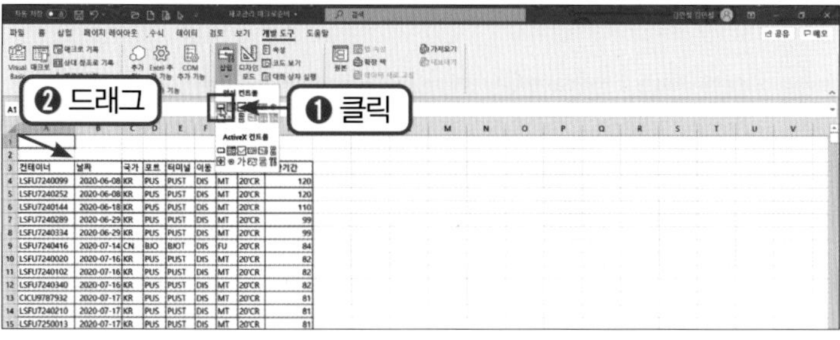

04 '매크로 지정' 대화 상자가 나타나면 ❶ **현황보기**를 선택한 후 ❷ [확인] 단추를 클릭합니다.

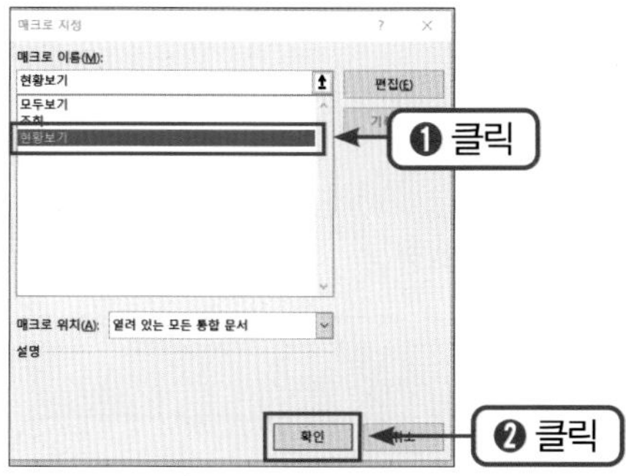

05 명령 단추 이름을 **현황보기**로 수정하여 완성합니다.

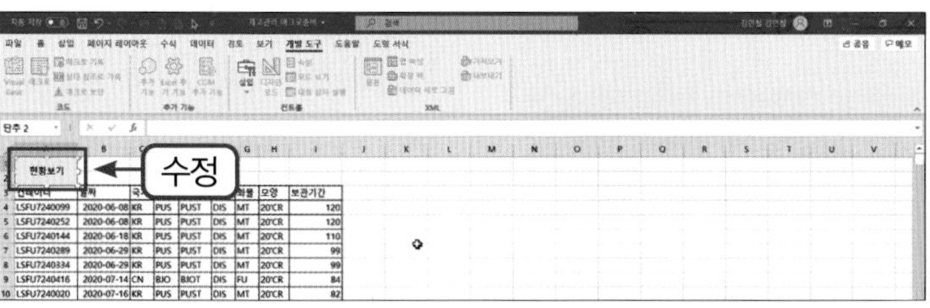

이와 같이 엑셀 함수와 간단한 엑셀 기능 그리고 매크로 기능만으로도 어려운 VBA 코딩 작업 없이 훌륭한 업무 자동화 프로그램을 작성할 수 있습니다.

08 고객 초청 골프 대회 프로그램

회사 생활을 하다 보면 정규 업무 외에도 일정 시기에 이벤트 형식으로 진행하는 업무가 있습니다. 이벤트성으로 진행하는 업무는 전임자와 인수인계가 잘 되지 않거나 업무 매뉴얼을 가지고 있지 않을 경우 일을 진행하는 데 어려움이 많습니다. 제가 과거에 진행한 고객사 초청 골프 대회도 1년에 한 번 있는 이벤트성 업무였습니다. 그때 지금 만드는 매뉴얼 같은 프로그램이 있었다면 편하게 이벤트를 진행할 수 있었을 것 같습니다. 나중에 다른 업무를 할 때 이벤트성 업무를 진행하는 프로그램을 만들면 좋겠다는 생각이 들어서 이후부터는 쉽게 업무를 추진할 수 있었습니다. 이번에는 엑셀로 이벤트성 업무를 처리할 수 있는 간단한 프로그램을 만들어 보겠습니다.

핵심 시트

홈: 고객 조회 및 업무 목록

업무 문서: 초청자명단, 스텝명단, 조장명단, 초청자명찰, 조장명찰, 초청장

완성 프로그램

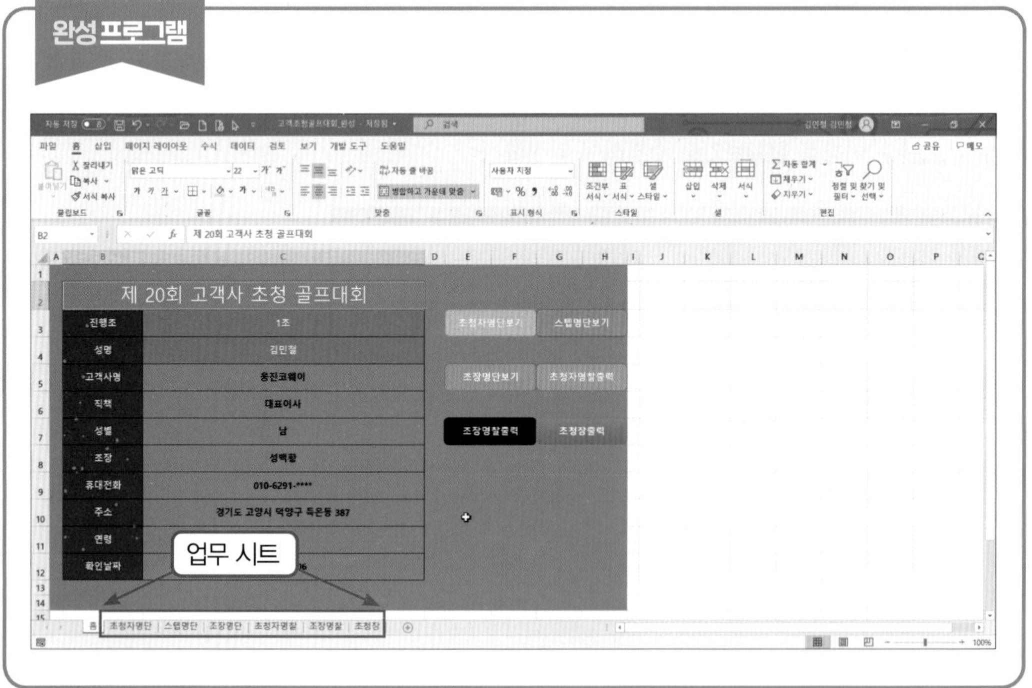

01 홈 시트(관리 시트) 만들기

하나의 이벤트나 프로젝트를 추진할 때는 여러 가지 업무를 동시에 진행해야 합니다. 이를 효율적으로 관리하기 위해서는 한눈에 핵심 업무 내용을 조회할 수 있고 업무 현황을 파악할 수 있도록 업무 자체를 관리하는 시트가 있으면 편리합니다. 여기서는 임의로 '홈' 시트로 정의하였습니다.

실습 내용

기본 원리: ❶ 진행조와 성명을 입력하면 참가자 인적 사항이 조회됩니다.
❷ 업무현황을 볼 수 있는 명령 단추를 만들어 클릭하면 현황보기로 이동하거나 업무가 진행됩니다.

주요 기능: ❶ 동적 영역 ❷ VLOOKUP 함수 ❸ 도형 그리기 ❹ 매크로

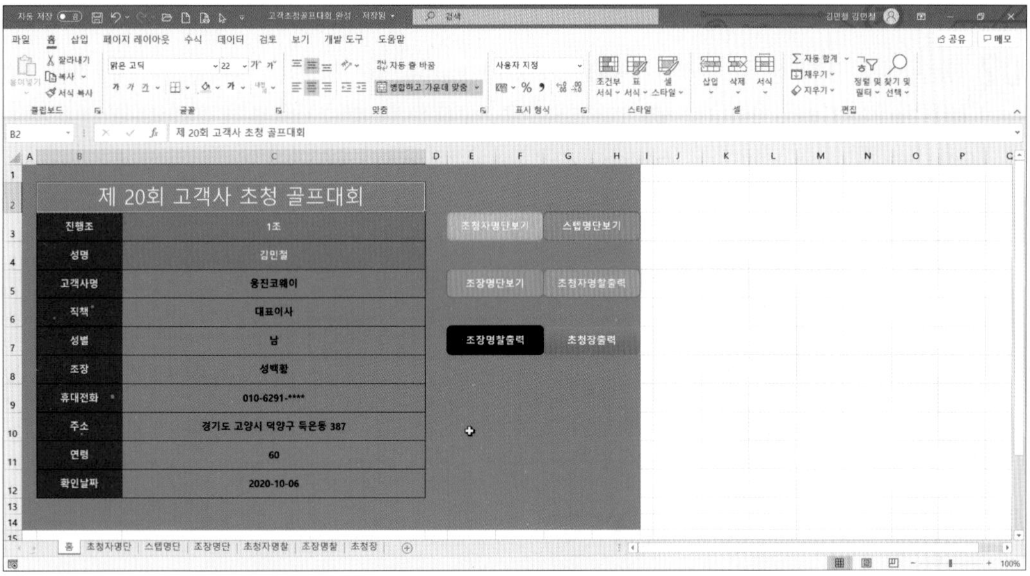
제 20회 고객사 초청 골프대회
진행조
1조
성명
김민철
고객사명
웅진코웨이
직책
대표이사
성별
남
조장
성백황
휴대전화
010-6291-****
주소
경기도 고양시 덕양구 득은동 387
연령
60
확인날짜
2020-10-06
초청자명단보기
스텝명단보기
조장명단보기
초청자명찰출력
조장명찰출력
초청장출력
홈
초청자명단
스텝명단
조장명단
초청자명찰
조장명찰
초청장

조장 명단 만들기

01 VLOOKUP 함수를 활용하여 조장 명단을 작성합니다. ❶ '조장명단' 시트를 선택합니다. ❷ C5셀을 선택한 후 [수식] 탭 → '함수 라이브러리' 그룹 → '찾기/참조' 명령 단추를 눌러 **VLOOKUP**을 클릭합니다.

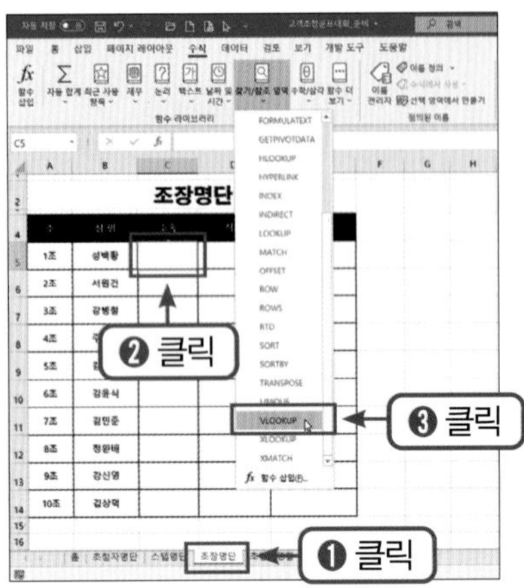

02 '함수 인수' 대화 상자가 나타나면 ❶ 'Lookup_value'에서 B5셀을 선택한 후 F4 키를 3번 눌러 행만 절대참조로 지정합니다. ❷ 'Table_array'에서 '스텝명단' 시트를 클릭하여 D4:G31 영역을 선택한 후 F4 키를 누릅니다. ❸ 'Col_index_num'에 **COLUMN()-1**, 'Range_lookup'에 **0**을 입력한 후 ❹ [확인] 단추를 클릭합니다.

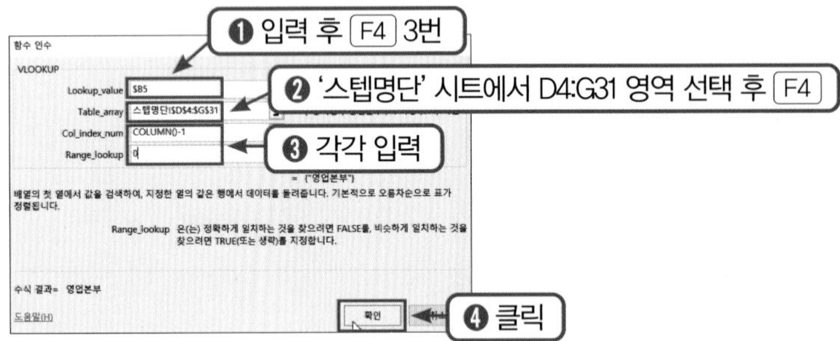

알아보기 COLUMN 함수 응용

'Col_index_num'에 COLUMN()-1을 입력하는 이유는 소속, 직위, 내선번호를 불러올 때 Col_index_num을 수정하고 않고 자동으로 변동이 되게 하기 위함입니다.

03 C5셀의 자동 채우기 핸들(**+**)을 E5셀까지 드래그하여 **직위**, **내선번호**를 함께 불러옵니다.

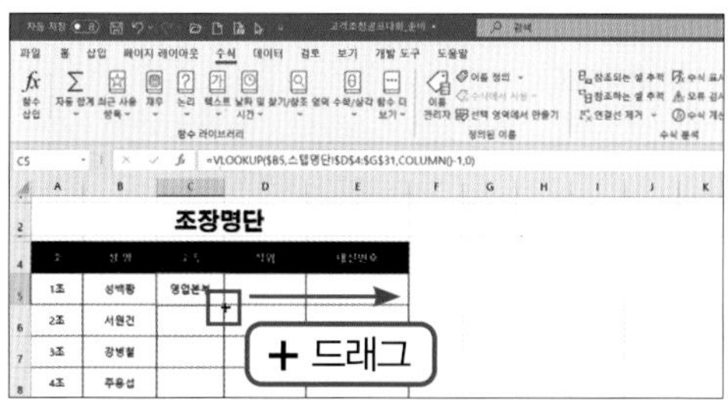

04 C5:E5 영역을 선택한 상태에서 E5셀의 자동 채우기 핸들(**+**)을 E14셀까지 드래그하여 나머지 조장에 대한 인적정보를 불러옵니다.

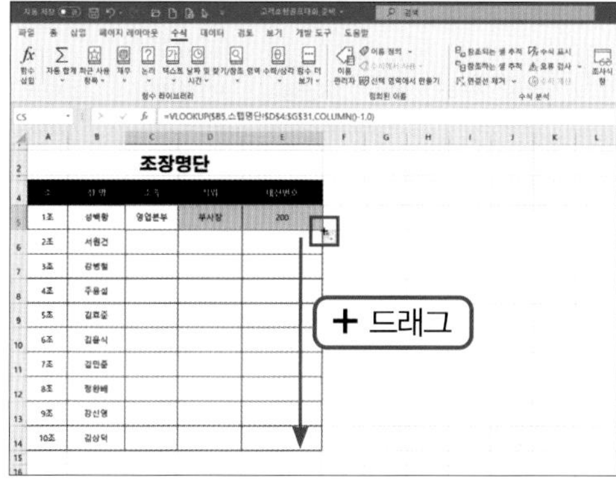

초청 고객 인적사항 불러오기

01 '홈' 시트를 완성해 보겠습니다. ❶ '홈' 시트를 선택합니다. ❷ C3셀을 선택한 후 ❸ [데이터] 탭 → '데이터 도구' 그룹 → '데이터 유효성 검사' 명령 단추를 클릭합니다. '데이터 유효성' 대화 상자가 나타나면 ❹ '제한 대상'을 **목록**으로 선택합니다.

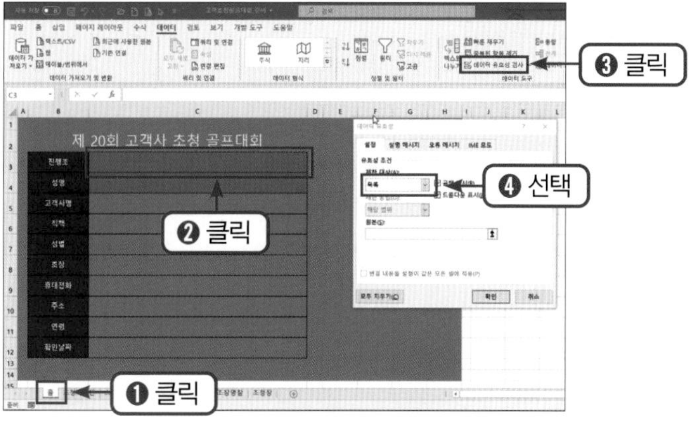

02 '원본'에서 ❶ '조장명단' 시트를 클릭한 후 ❷ A5:A14 영역을 선택합니다. ❸ [확인] 단추를 클릭합니다.

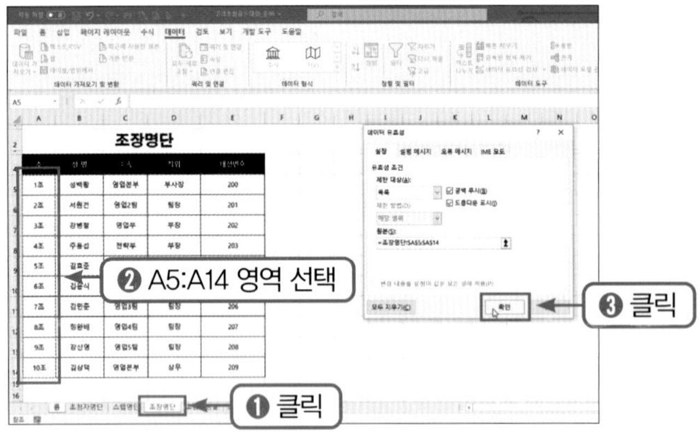

03 ❶ C3셀 목록에서 **1조**를 선택하여 입력합니다. C4셀에 진행조에 해당하는 인원만 목록으로 나타나도록 합니다. ❷ 수식 이름정의를 위해 먼저 값이 없는 임의의 셀을 선택합니다(여기서는 F3셀을 선택했습니다). ❸ [수식] 탭 → '함수 라이브러리' 그룹 → '찾기/참조 영역' 명령 단추를 누른 후 **OFFSET**을 선택합니다.

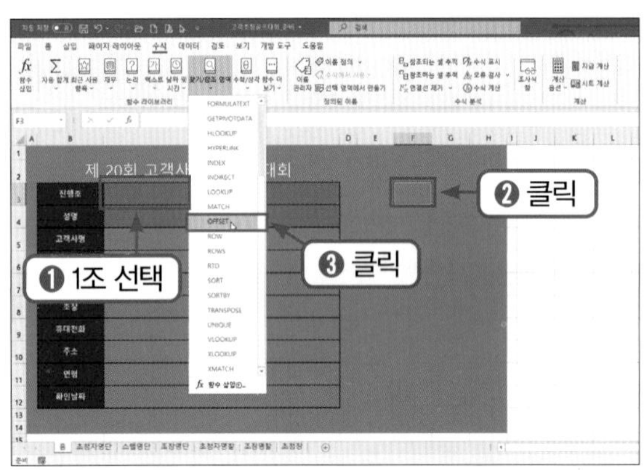

04 '함수 인수' 대화 상자가 나타나면 ❶ 'Reference'에 **초청자명단!$C$4**를 입력합니다. ❷ 'Rows'에서 '이름 상자' 내림 단추를 눌러 ❸ **MATCH**를 선택합니다.

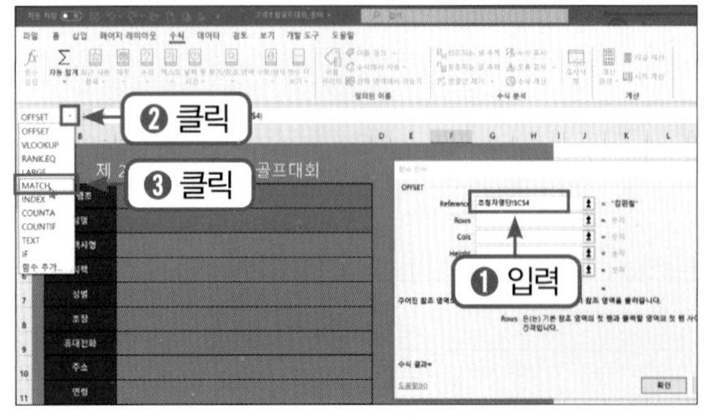

이름 상자 내림 단추에 MATCH가 없으면 함수 추가를 눌러 '범주 선택'에서 **찾기/참조 영역**, '함수 선택'에서 **MATCH**를 선택하고 [확인] 단추를 클릭합니다.

05 '함수 인수' 대화 상자가 나타나면 ❶ 'Lookup_value'에 **$C$3**, 'Lookup_array'에 **초청자명단!$B$4:$B$33**, 'Match_type'에 **0**을 입력한 후 ❷ 수식 입력줄에서 **OFFSET**을 클릭합니다.

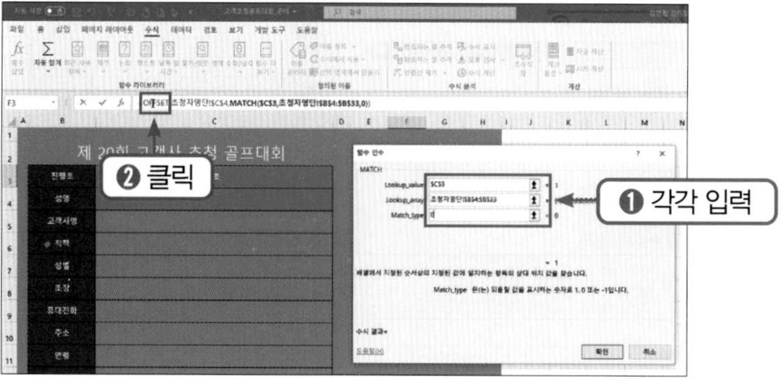

06 '함수 인수' 대화 상자가 나타나면 ❶ 'Rows'에 입력된 수식 뒤에 **-1**을 입력합니다. ❷ 'Cols'에 **0**, 'Heights'에 **3**, 'Width'에 **1**을 입력한 후 ❸ [확인] 단추를 클릭합니다.

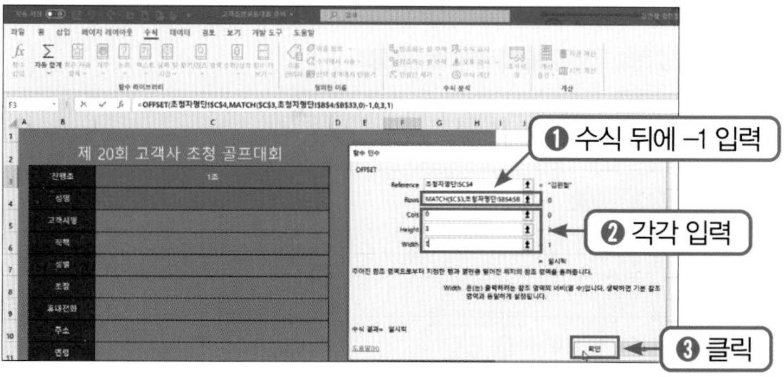

07 F3셀 수식 입력줄의 수식을 선택한 후 CTRL + C 키를 누르고 ENTER 키를 누릅니다.

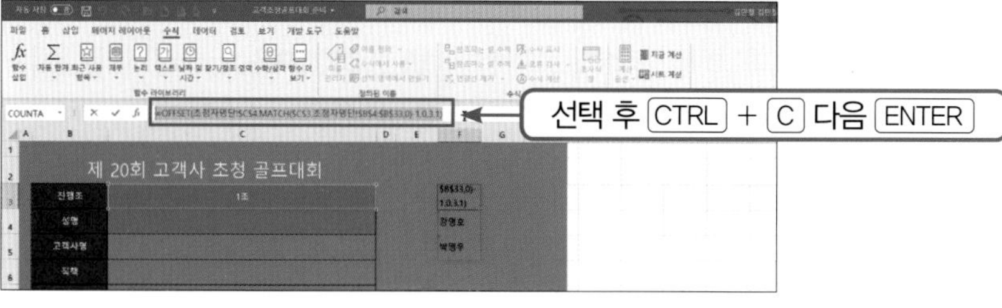

08 ❶ [수식] 탭 → '정의된 이름' 그룹 → '이름 정의' 명령 단추를 클릭합니다. '새 이름' 대화 상자가 나타나면 ❷ '이름'에 **조**를 입력합니다. ❸ '참조 대상'에서 기존 참조 대상을 지우고 CTRL + V 키를 눌러 복사한 수식을 붙여넣습니다. ❹ [확인] 단추를 클릭합니다.

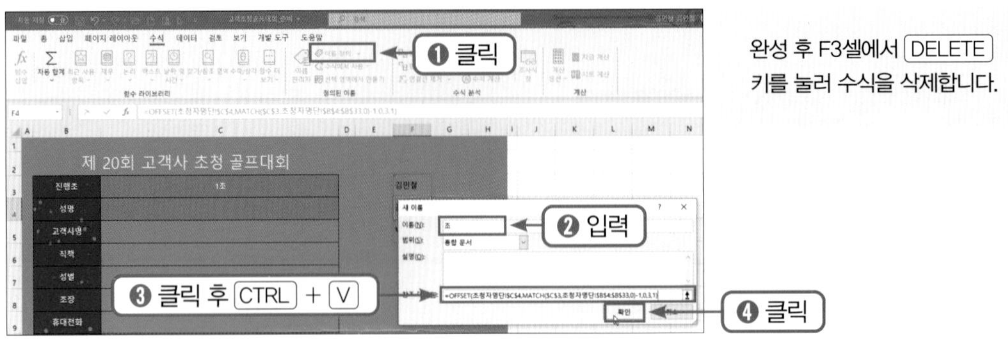

완성 후 F3셀에서 DELETE 키를 눌러 수식을 삭제합니다.

09 ❶ C4셀을 선택합니다. ❷ [데이터] 탭 → '데이터 도구' 그룹 → '데이터 유효성 검사' 명령 단추를 클릭합니다. '데이터 유효성' 대화 상자가 나타나면 ❸ '제한 대상'을 **목록**으로 선택합니다. ❹ '원본'에 **=조**를 입력하고 ❺ [확인] 단추를 클릭합니다.

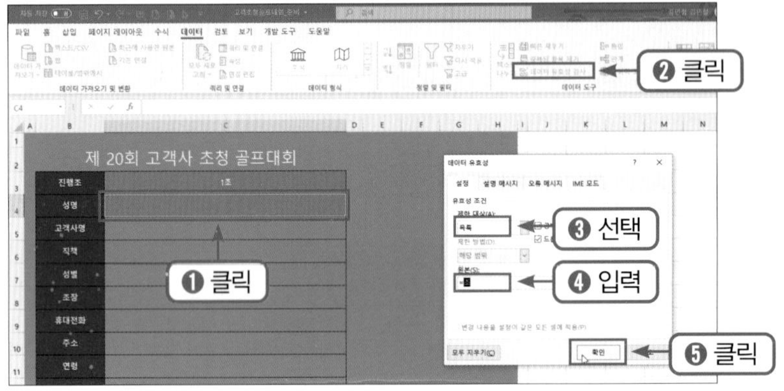

10 ❶ C4셀 목록에서 **김민철**을 선택하여 입력합니다. ❷ C5셀을 선택합니다. ❸ [수식] 탭 → '함수 라이브러리' 그룹 → '찾기/참조 영역' 명령 단추를 클릭한 후 **VLOOKUP**을 선택합니다.

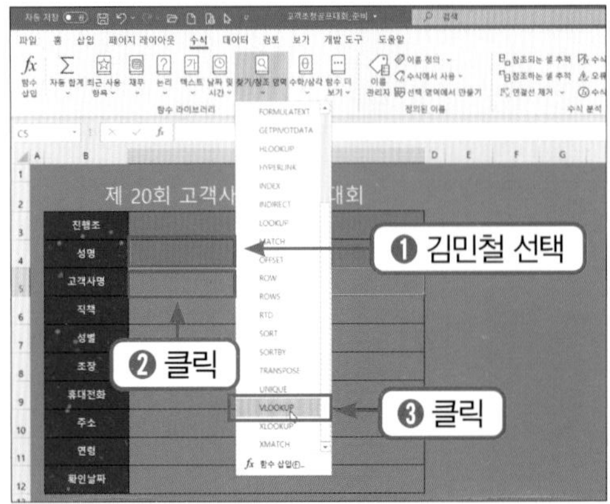

11 '함수 인수' 대화 상자가 나타나면 ❶ 'Lookup_value'에 **$C$4**, 'Table_array'에 **초청자명단!$C$4:$K$33**, 'Col_index_num'에 **ROW()-3**, 'Range_lookup'에 **0**을 입력한 후 ❷ [확인] 단추를 클릭합니다.

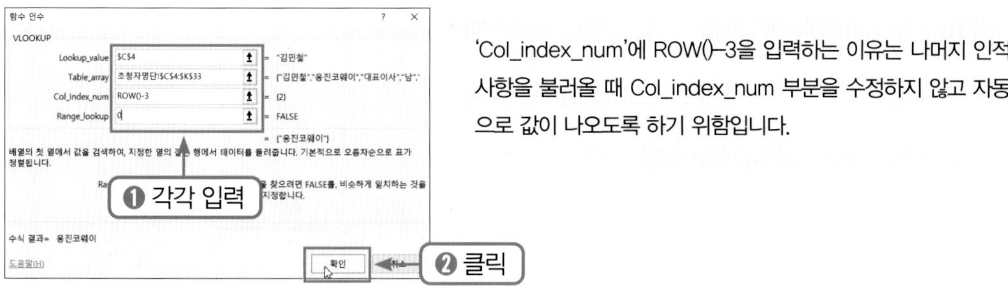

'Col_index_num'에 ROW()-3을 입력하는 이유는 나머지 인적 사항을 불러올 때 Col_index_num 부분을 수정하지 않고 자동으로 값이 나오도록 하기 위함입니다.

12 C5셀의 자동 채우기 핸들(**+**)을 C12셀까지 드래그하여 나머지 인적 사항을 불러옵니다.

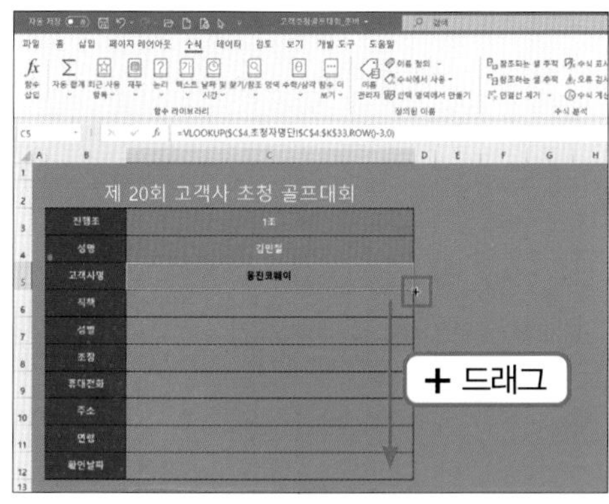

13 C11셀에 연령이 60세로 나타나게 합니다. ❶ C11셀을 선택한 후 CTRL + 1 키를 누릅니다. ❷ [표시 형식] 탭 → '범주'를 **사용자 지정**으로 선택합니다. ❸ 형식에 **0"세"**를 입력한 후 ❹ [확인] 단추를 클릭합니다.

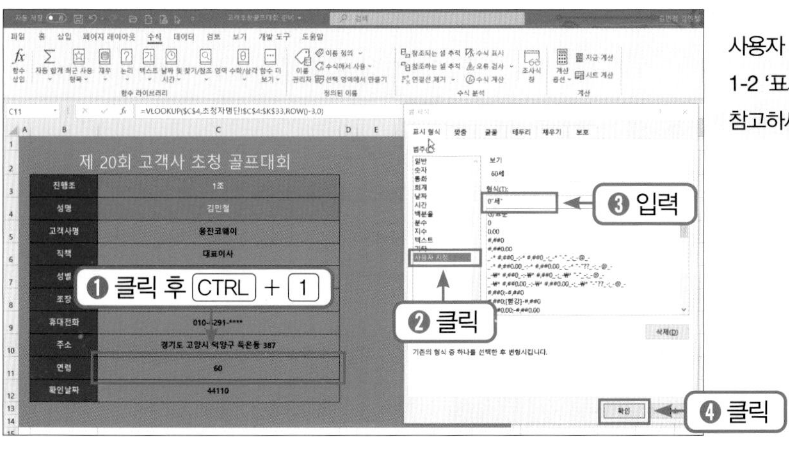

사용자 지정 서식에 대해서는 부록 1-2 '표시 형식 활용하기'(491P)를 참고하세요.

14 C12셀에 날짜 형식으로 나타나게 합니다. ❶ C12셀을 선택한 후 CTRL + 1 키를 누릅니다. ❷ [표시 형식] 탭 → '범주'를 **날짜**로 선택하고 ❸ 형식에서 날짜 형식을 선택한 후 ❹ [확인] 단추를 클릭합니다.

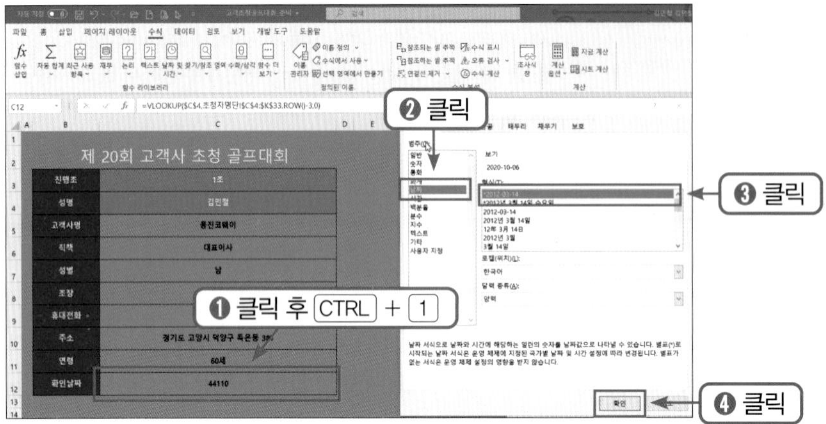

명령 단추 만들기

01 이번에는 도형을 활용하여 명령 단추를 만들어 보겠습니다. ❶ [삽입] 탭 → '일러스트레이션' 그룹 → '도형' 명령 단추를 클릭합니다. ❷ 도형 모양이 나타나면 **사각형: 둥근모서리**를 선택합니다.

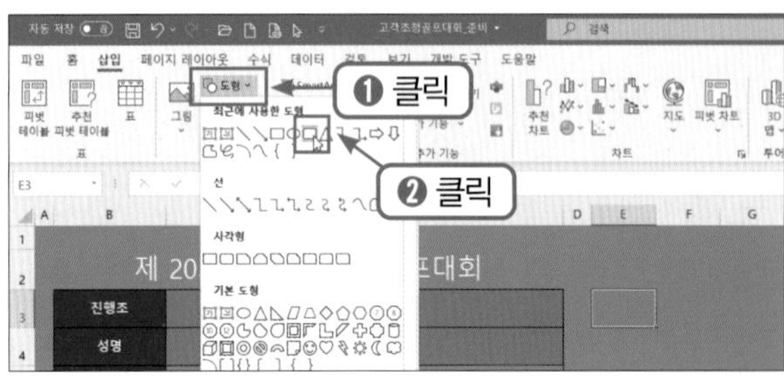

02 ALT 키를 누른 상태에서 E3:F3 영역에 마우스를 드래그하여 도형을 만듭니다.

ALT 키를 누르고 도형을 만들면 셀 크기에 맞게 도형이 작성됩니다.

03 도형을 선택한 상태에서 ❶ 마우스 오른쪽 버튼을 눌러 ❷ **텍스트 편집**을 클릭합니다.

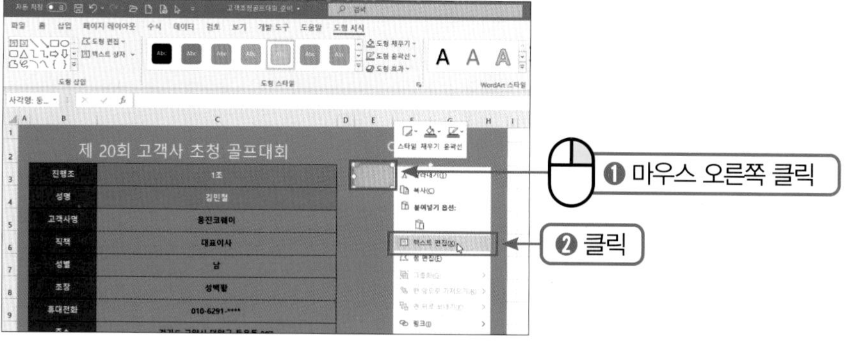

04 ❶ **초청자명단보기**라고 입력합니다. ❷ 도형 가장자리를 클릭하여 도형을 선택합니다. ❸ [홈] 탭 → '글꼴' 그룹에서 '굵게' 명령 단추를 클릭합니다. ❹ [홈] 탭 → '맞춤' 그룹에서 '가운데 맞춤' 명령 단추를 클릭합니다.

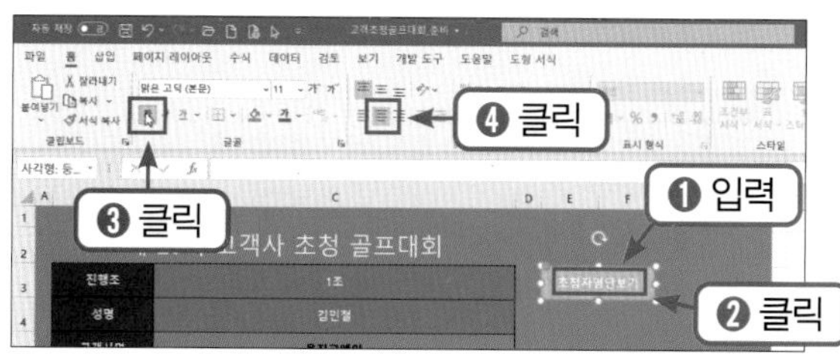

05 도형을 선택한 상태에서 ❶ CTRL + C 키를 누른 후 ❷ CTRL + V 키를 5번 눌러 동일한 도형 5개를 추가로 만듭니다.

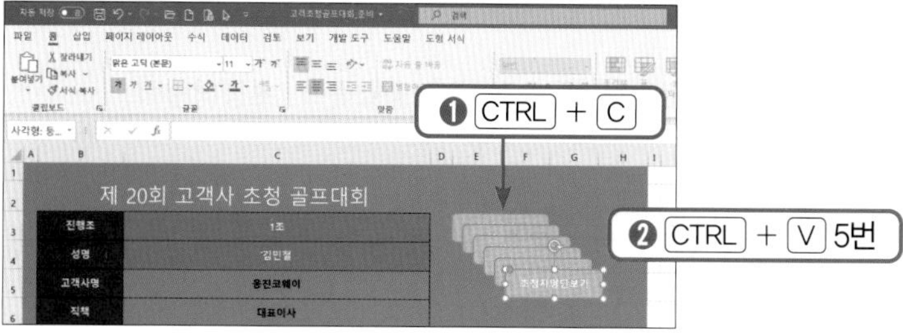

06 복사한 도형을 각각 ALT 키를 누르고 마우스로 드래그하여 G3:H3, E5:F5, G5:H5, E7:F7, G7:H7 영역으로 이동합니다.

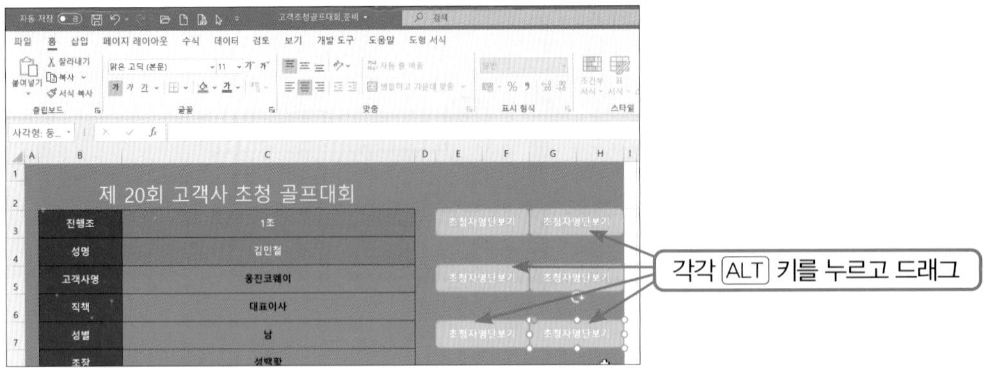

07 ❶ 도형을 선택한 다음 ❷ [도형 서식] 탭 → '도형 스타일' 그룹에서 **테마 스타일**을 각 도형마다 다르게 지정합니다.

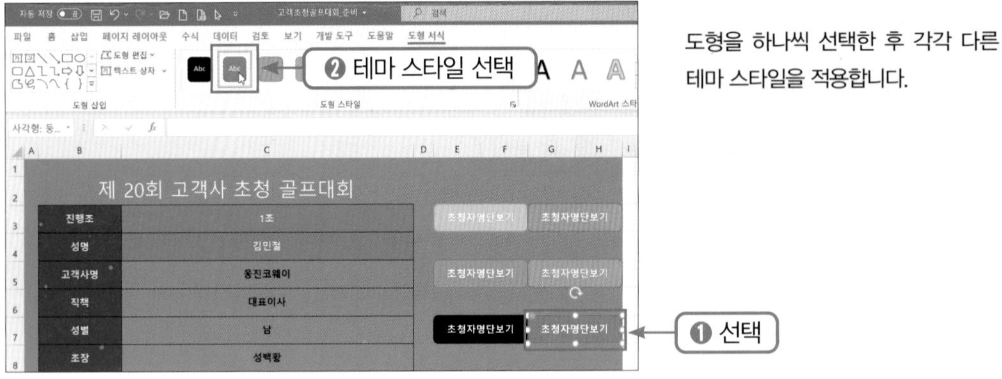

도형을 하나씩 선택한 후 각각 다른 테마 스타일을 적용합니다.

08 도형 이름을 **스텝명단보기**, **조장명단보기**, **초청자명찰출력**, **조장명찰출력**, **초청장출력**으로 수정하여 완성합니다.

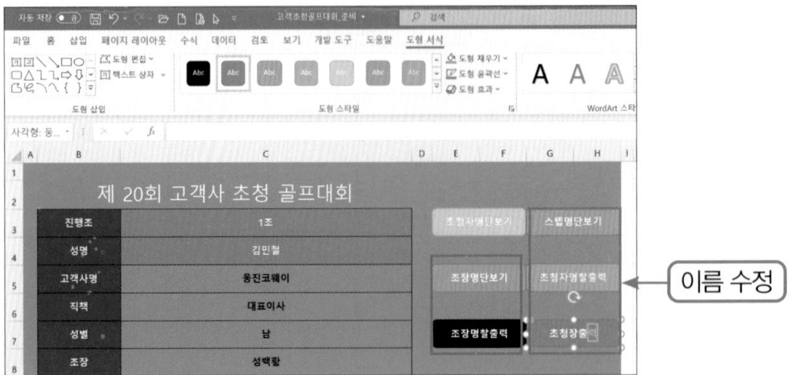

매크로 기능을 활용하여 시트 이동 명령 만들기

01 오른쪽 아래에 있는 '매크로 기록' 명령 단추를 클릭합니다.

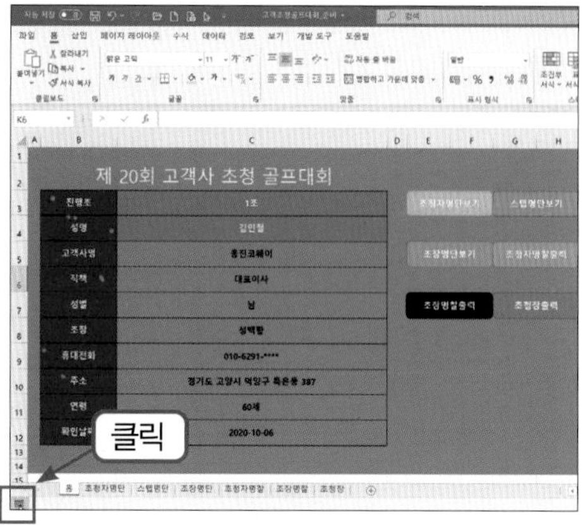

02 '매크로 기록' 대화 상자가 나타나면 ❶ '매크로 이름'에 **초청자명단**이라고 입력하고 ❷ [확인] 단추를 클릭합니다.

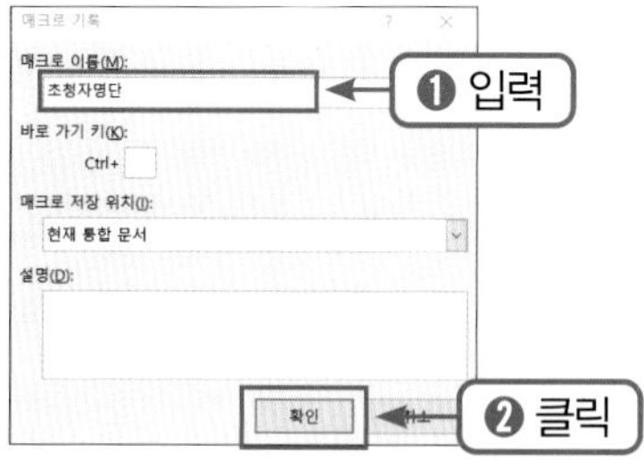

03 ❶ '초청자명단' 시트를 선택하고 ❷ A3셀을 클릭합니다. ❸ '기록 중지' 명령 단추를 클릭합니다.

04 ❶ '매크로 기록' 명령 단추를 누릅니다. '매크로 기록' 대화 상자가 나타나면 ❷ '매크로 이름'에 **홈으로가기**라고 입력하고 ❸ [확인] 단추를 클릭합니다.

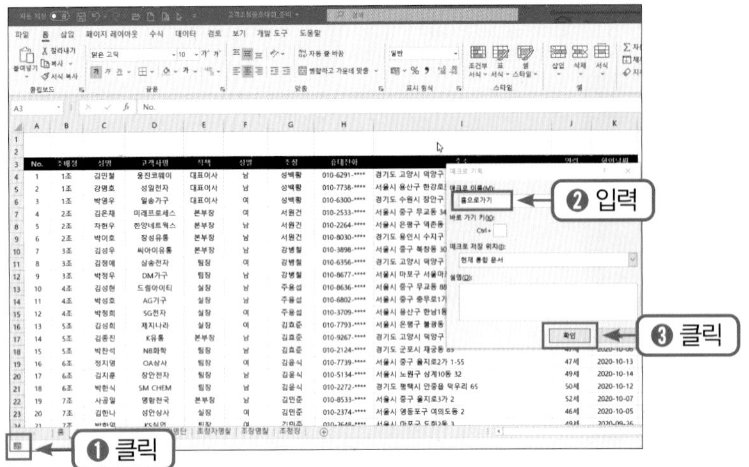

05 ❶ '홈' 시트를 클릭하고 ❷ B2셀을 클릭합니다. ❸ '기록 중지' 명령 단추를 클릭합니다.

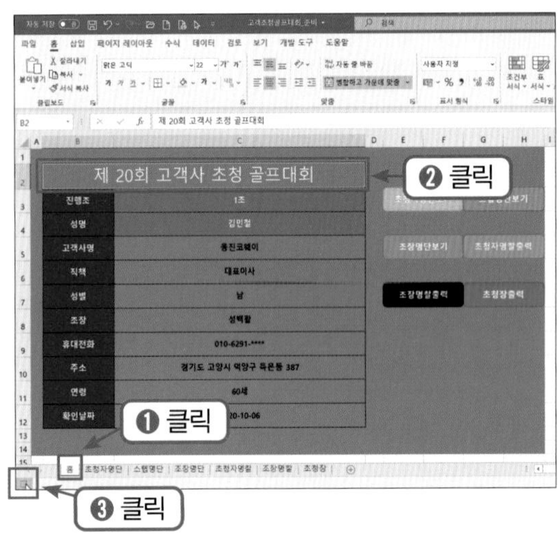

06 ❶ ALT + F11 키를 눌러 Visual Basic Editor 창을 열어서 매크로로 작성된 코드를 확인합니다. 프로젝트 창에서 모듈을 더블클릭하면 Module1이 나타납니다. Module1을 더블클릭하면 작성된 코드가 나타납니다. ❷ **초청자명단** 매크로 전체를 선택한 후 CTRL + C 키를 눌러 복사합니다.

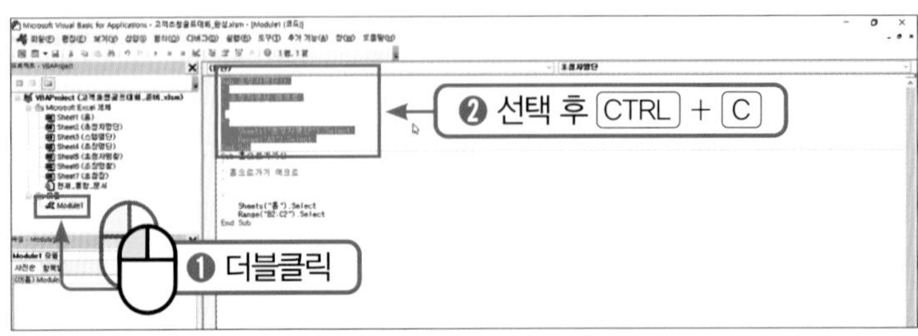

07 **홈으로가기** 매크로 끝의 End Sub에서 ENTER 키를 누릅니다. CTRL + V 키를 눌러 복사한 내용을 붙여넣습니다.

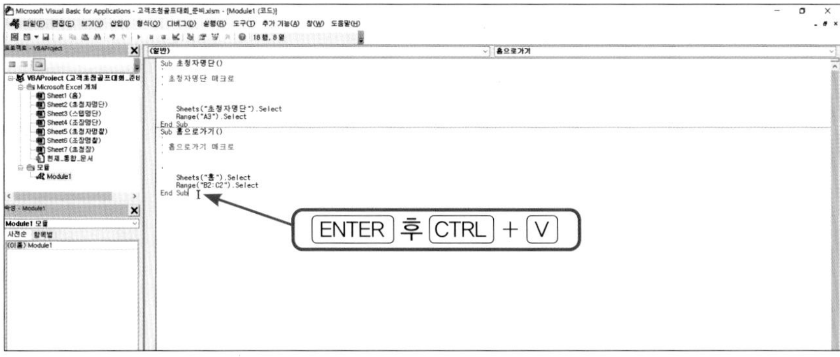

08 매크로 이름을 **스텝명단**으로 수정하고 선택하는 시트 이름도 **스텝명단**으로 수정합니다.

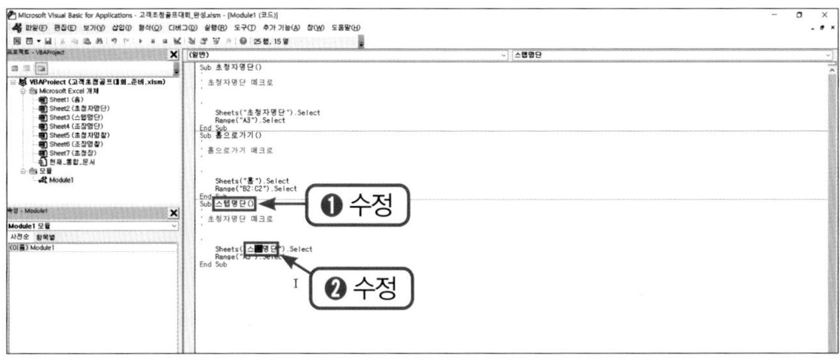

09 **스텝명단** 매크로 끝의 End Sub에서 ENTER 키를 누릅니다. CTRL + V 키를 눌러 복사한 내용을 붙여넣습니다.

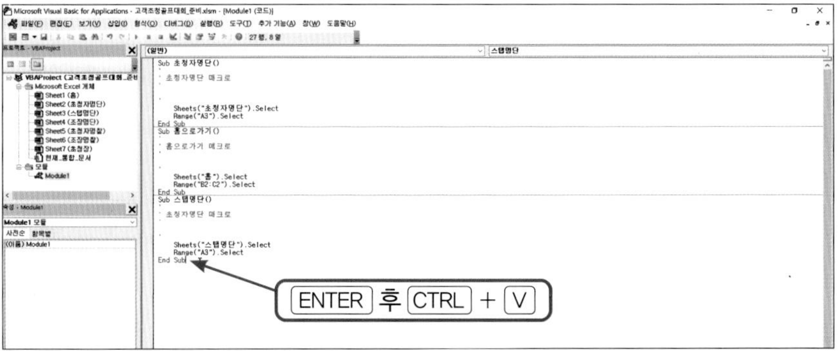

10 매크로 이름을 **조장명단**으로 수정하고 선택하는 시트 이름도 **조장명단**으로 수정합니다.

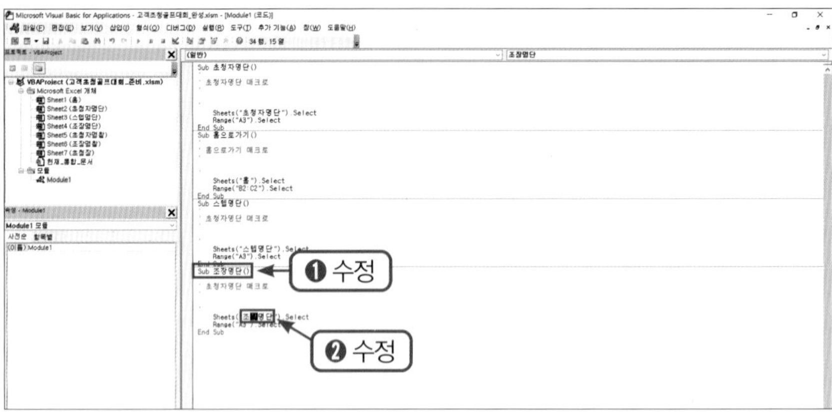

11 엑셀 시트로 돌아온 후 ❶ '홈' 시트를 선택합니다. ❷ **초청자명단보기** 도형을 마우스 오른쪽 버튼으로 선택한 후 ❸ '매크로 지정'을 클릭합니다.

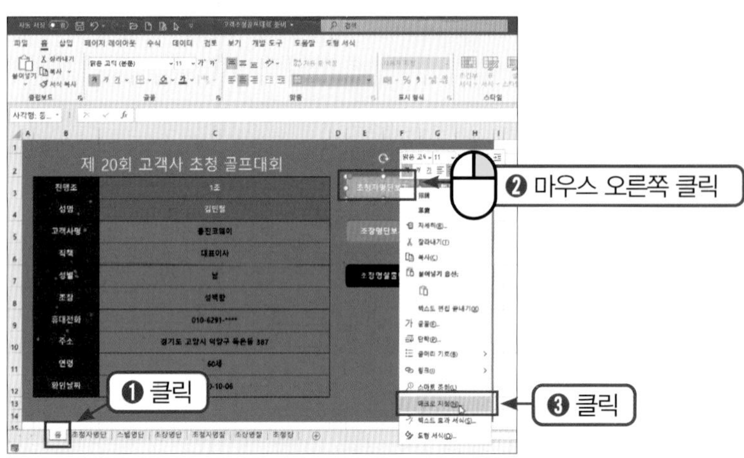

12 '매크로 지정' 대화 상자가 나타나면 ❶ '매크로 이름'에서 **초청자명단**을 선택한 후 ❷ [확인] 단추를 클릭합니다.

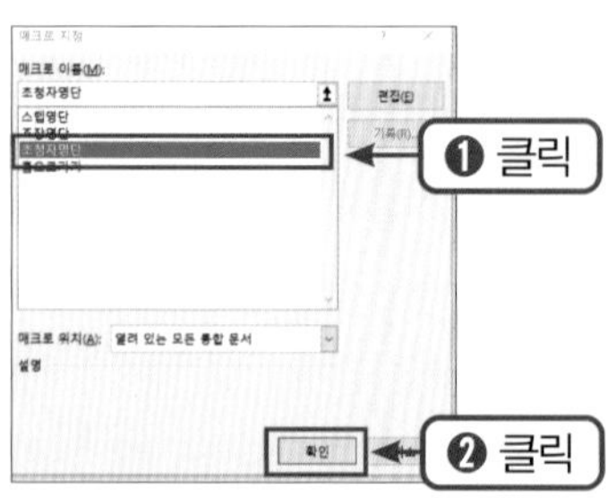

13 ❶ **스텝명단보기** 도형을 마우스 오른쪽 버튼으로 선택한 후 '매크로 지정'을 클릭합니다. '매크로 지정' 대화 상자가 나타나면 ❷ '매크로 이름'에서 **스텝명단**을 선택한 후 ❸ [확인] 단추를 클릭합니다.

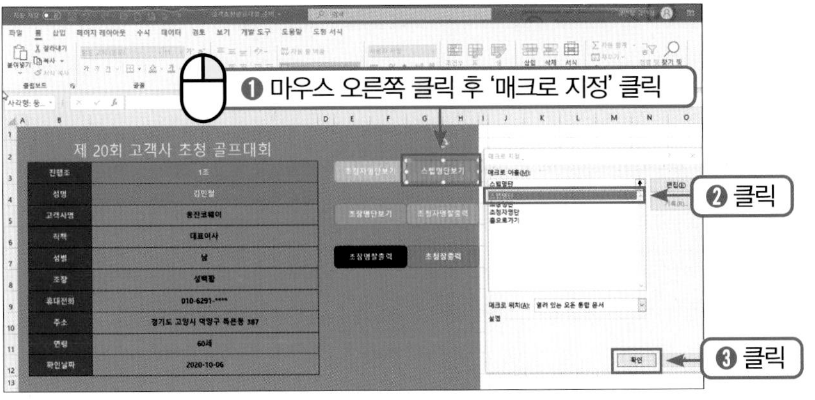

14 ❶ **조장명단보기** 도형을 마우스 오른쪽 버튼으로 선택한 후 '매크로 지정'을 클릭합니다. '매크로 지정' 대화 상자가 나타나면 ❷ '매크로 이름'에서 **조장명단**을 선택한 후 ❸ [확인] 단추를 클릭합니다.

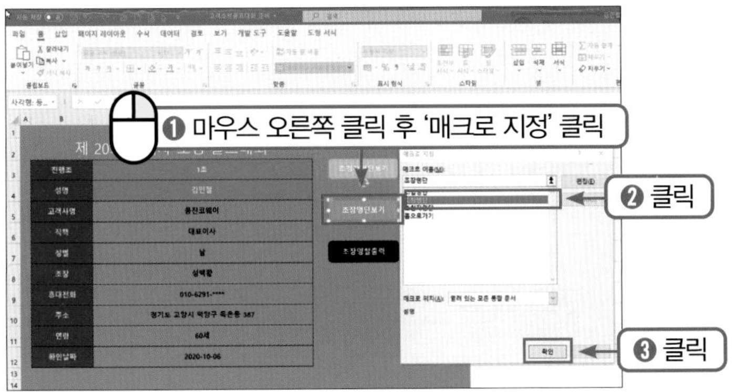

15 **초청자명단보기** 도형을 클릭하면 '초청자명단' 시트로 이동합니다.

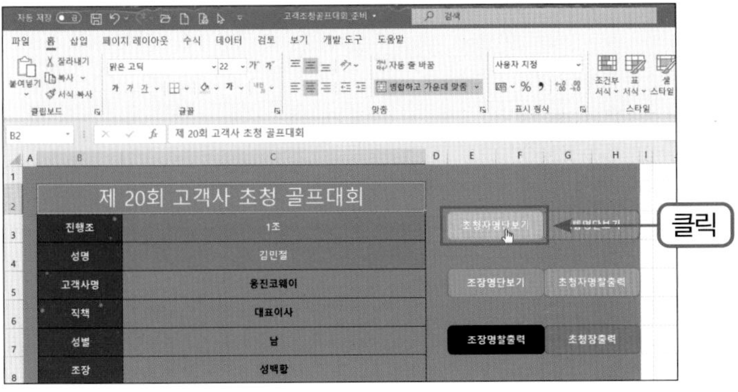

16 '초청자명단' 시트에서 [개발 도구] 탭 → '컨트롤' 그룹 → '삽입' 명령 단추를 눌러 **단추(양식 컨트롤)**를 클릭합니다.

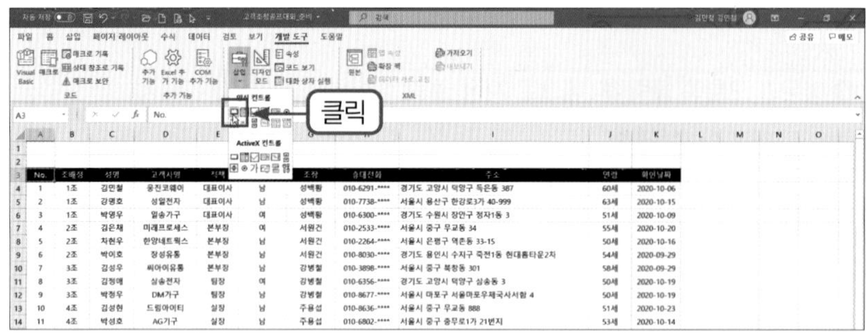

17 ❶ A1:B2 영역 사이에 적당한 크기로 드래그하여 명령 단추를 만듭니다. 마우스를 떼면 '매크로 지정' 대화 상자가 나타납니다. ❷ '매크로 이름'에서 **홈으로가기**를 선택한 후 ❸ [확인] 단추를 클릭합니다.

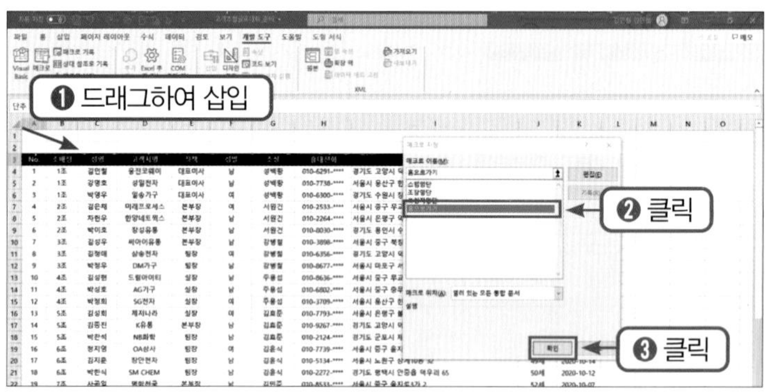

18 명령 단추를 선택하여 **홈으로가기**로 단추 이름을 변경합니다.

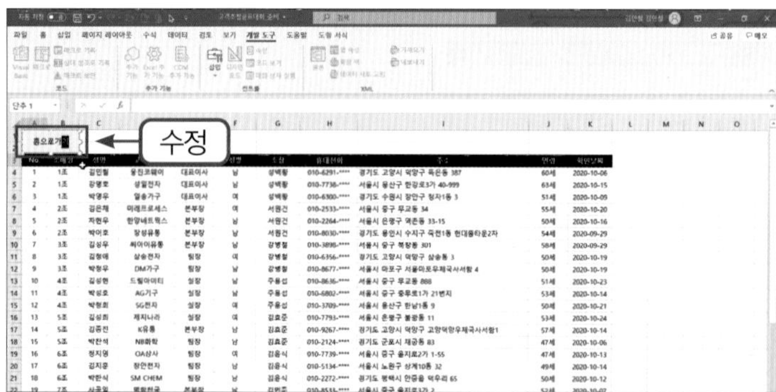

19 ❶ 명령 단추를 마우스 오른쪽 버튼으로 선택한 후 ❷ **복사**를 클릭합니다.

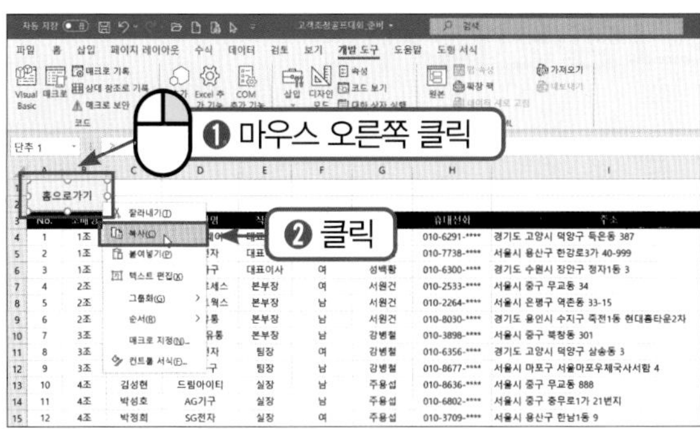

20 ❶ '스텝명단' 시트를 선택합니다. ❷ A1셀을 선택하고 CTRL + V 키를 누릅니다.

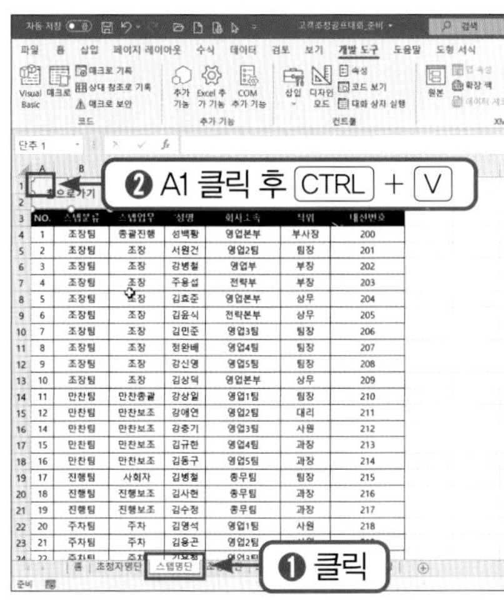

21 ❶ '조장명단' 시트를 선택합니다. ❷ A1셀을 선택하고 CTRL + V 키를 누릅니다.

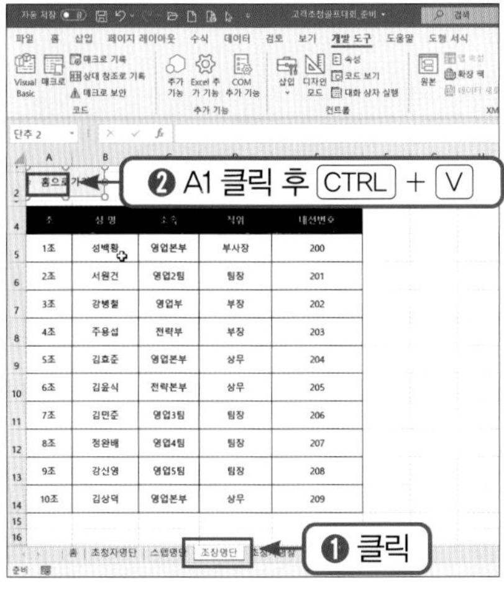

준비 파일 고객초청골프대회_자동출력_준비.xlsm

02 자동 출력 프로그램 만들기

엑셀 함수와 매크로를 혼합하여 사용하면 복잡한 코딩 작업 없이도 자동화 프로그램을 쉽게 만들 수 있습니다. 다른 프로그램과 달리 엑셀만 가지고 있는 가장 강력한 기능이라고 저는 생각합니다. 이번 장에서는 명찰과 초청장을 클릭 한 번으로 출력할 수 있는 프로그램을 VLOOKUP 함수와 간단한 코딩을 활용하여 만들어 보겠습니다.

실습 내용

기본 원리: 초청자명찰출력, 조장명찰출력, 초청장출력 명령 단추를 누르면 출력이 자동으로 됩니다.

주요 기능: ❶ VLOOKUP 함수 ❷ 매크로 및 출력 코딩

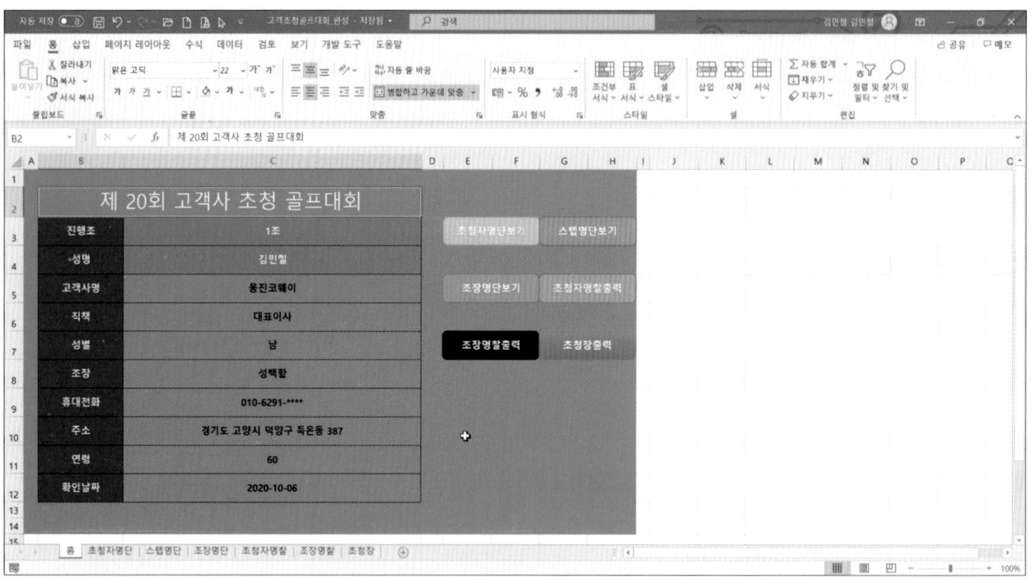

초청자 명단 만들기

01 먼저 초청자명찰이 자동으로 출력되도록 합니다. '초청자명찰' 시트의 A1셀과 H1셀에 미리 **1**과 **6**을 입력했습니다. 이 숫자를 활용해서 필요한 데이터를 불러오고 자동으로 출력이 되도록 프로그램을 작성합니다. ❶ A6셀을 선택하여 ❷ '수식 입력줄'에 **=A1+1**을 입력한 후 [ENTER] 키를 누릅니다. ❸ A6셀에서 [CTRL] + [C] 키를 누릅니다.

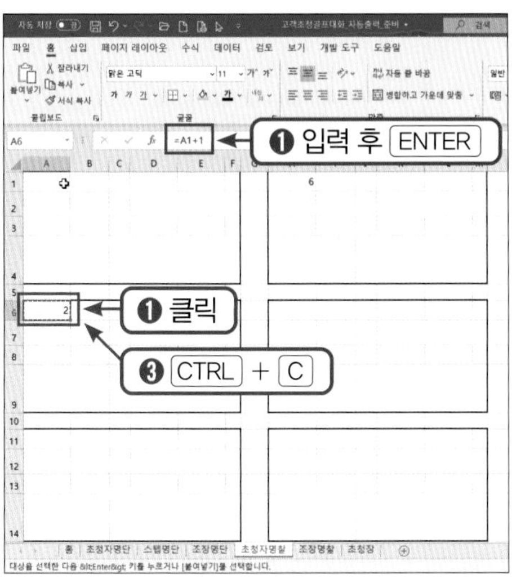

워크시트의 셀을 최대한 활용하여 간단한 매크로 기능만으로 원하는 결과를 가져올 수 있도록 할 수 있습니다. 여기서는 A1~H21셀을 활용하여 간단한 코딩으로 초청자 명찰을 자동으로 출력할 수 있도록 하였습니다.

02 ❶ H6셀을 선택하고 [CTRL] 키를 누른 상태에서 A11, H11, A16, H16, A21, H21셀을 선택합니다. ❷ [CTRL] + [V] 키를 누른 후 [ENTER] 키를 누릅니다.

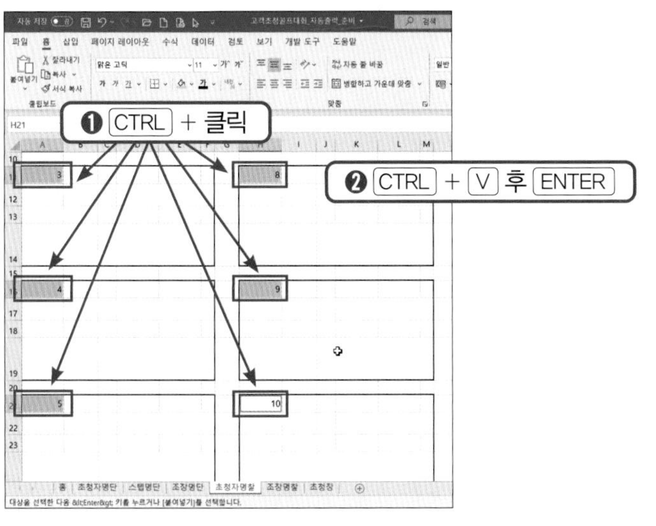

03 ❶ D2셀을 선택합니다. ❷ [수식] 탭 → '함수 라이브러리' 그룹 → '찾기/참조 영역' 명령 단추를 클릭한 후 **VLOOKUP**을 선택합니다.

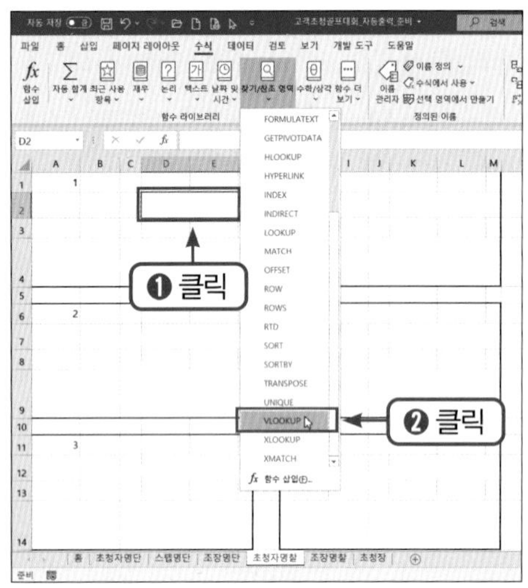

04 '함수 인수' 대화 상자가 나타나면 ❶ 'Lookup_value'에 **A1**, 'Table_array'에 **초청자명단!$A$4:$K$33**, 'Col_index_num'에 **4**, 'Range_lookup'에 **0**을 입력한 후 ❷ [확인] 단추를 클릭합니다.

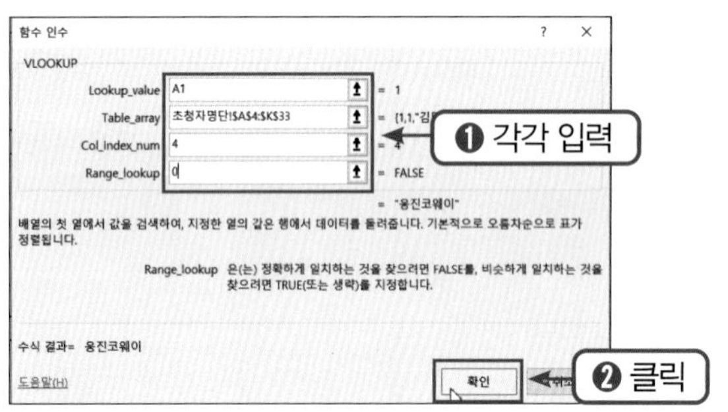

05 D2셀을 선택한 후 [CTRL] + [C] 키를 누릅니다.

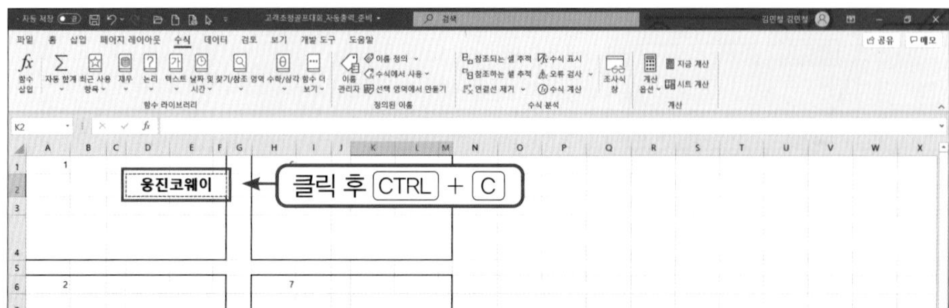

06 K2셀을 선택한 후 CTRL 키를 누르고 D7, K7, D12, K12, D17, K17, D22, K22셀을 선택한 다음 CTRL + V 키를 누릅니다.

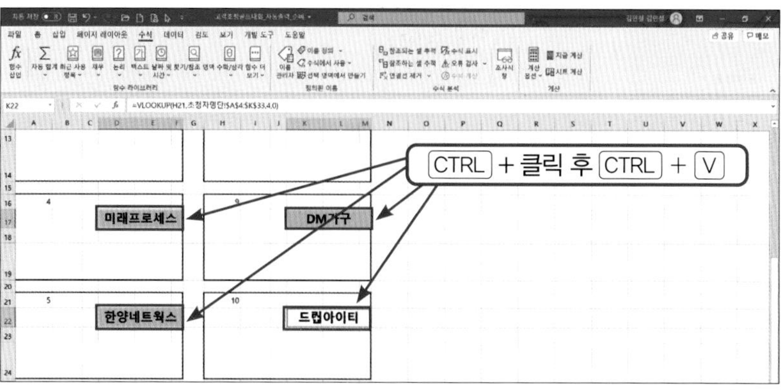

07 ❶ D2셀을 선택합니다. ❷ '수식 입력줄'에서 수식을 드래그하여 선택한 후 CTRL + C 키를 누르고 ENTER 키를 누릅니다.

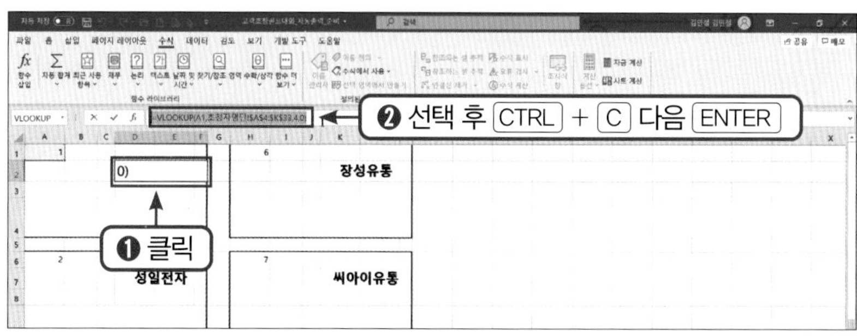

08 ❶ A4셀을 선택합니다. ❷ '수식 입력줄'에서 CTRL + V 키를 눌러 복사한 수식을 붙여넣기 한 다음 'Col_index_num'을 **5**로 수정하고 ENTER 키를 누릅니다.

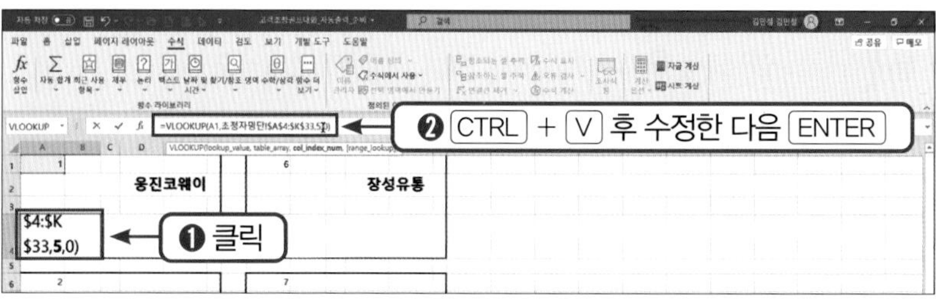

09 A4셀을 선택한 후 [CTRL] + [C] 키를 누릅니다.

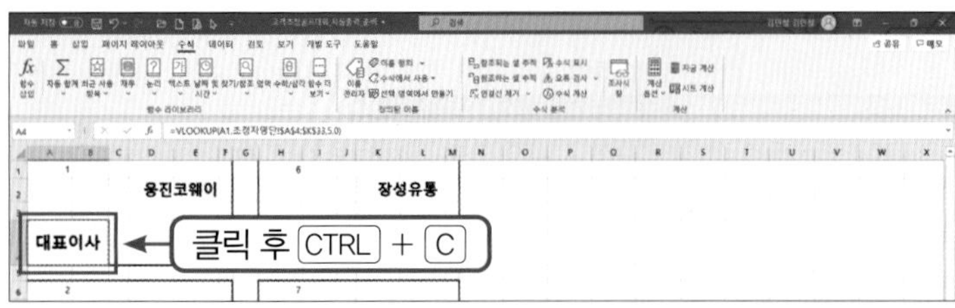

10 H4셀을 선택한 후 [CTRL] 키를 누르고 A9, H9, A14, H14, A19, H19, A24, H24셀을 선택한 다음 [CTRL] + [V] 키를 누릅니다.

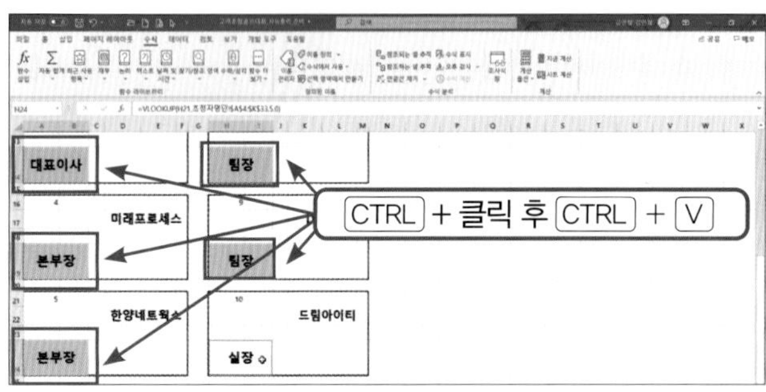

11 ❶ A4셀을 선택합니다. ❷ '수식 입력줄'에서 수식을 드래그하여 선택하고 [CTRL] + [C] 키를 누른 후 [ENTER] 키를 누릅니다.

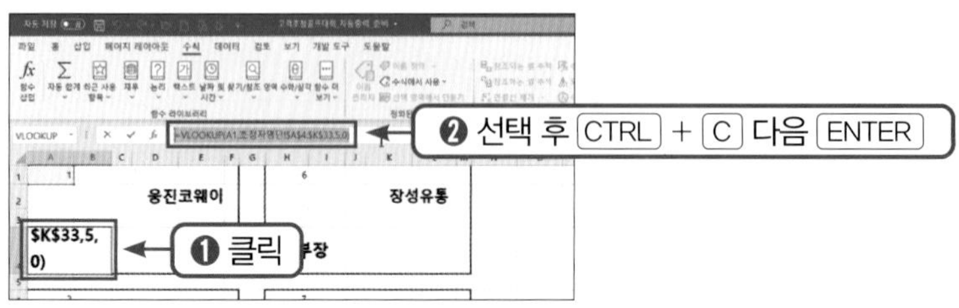

12 ❶ C4셀을 선택합니다. ❷ '수식 입력줄'에서 [CTRL] + [V] 키를 누른 후 'Col_index_num' 부분을 **3**으로 수정하고 [ENTER] 키를 누릅니다. ❸ C4셀에서 [CTRL] + [C] 키를 누릅니다.

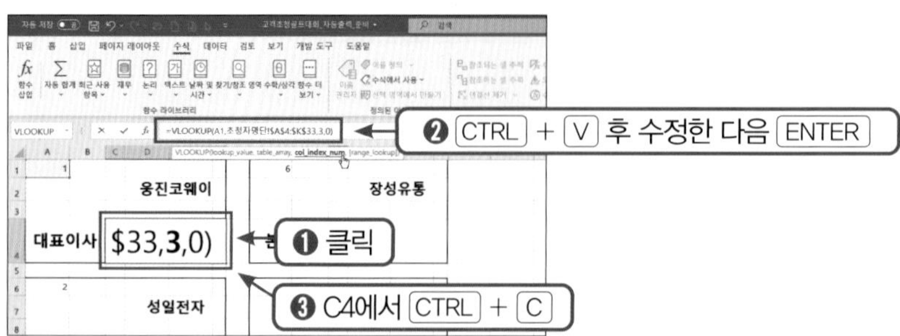

13 J4셀을 선택한 후 CTRL 키를 누르고 C9, J9, C14, J14, C19, J19, C24, J24셀을 선택한 다음 CTRL + V 키를 누릅니다.

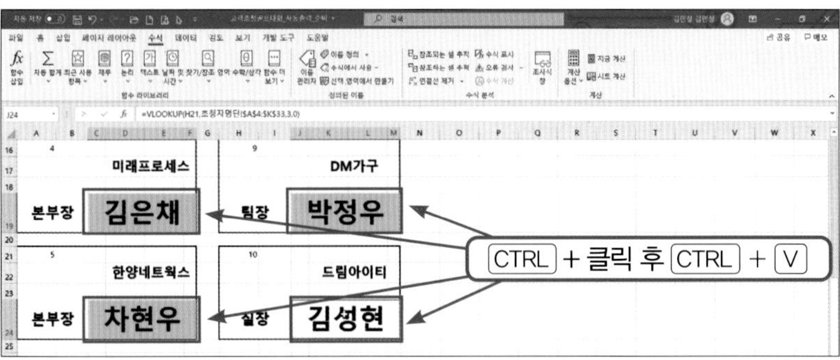

조장 명찰 명단과 초청장 만들기

01 다음으로 조장 명찰을 출력하기 위해 VLOOKUP 함수를 활용하여 기본 데이터가 나타나게 합니다. ❶ '조장명찰' 시트를 선택합니다. ❷ D2셀에 **1**을 입력하고 ENTER 키를 누릅니다. ❸ D2셀을 선택하고 CTRL + 1 키를 누릅니다. '셀 서식' 대화 상자가 나타나면 ❹ [표시 형식]에서 **사용자 지정**을 선택하고 ❺ '형식'에 **0"조장"**을 입력합니다. ❻ [확인] 단추를 클릭합니다.

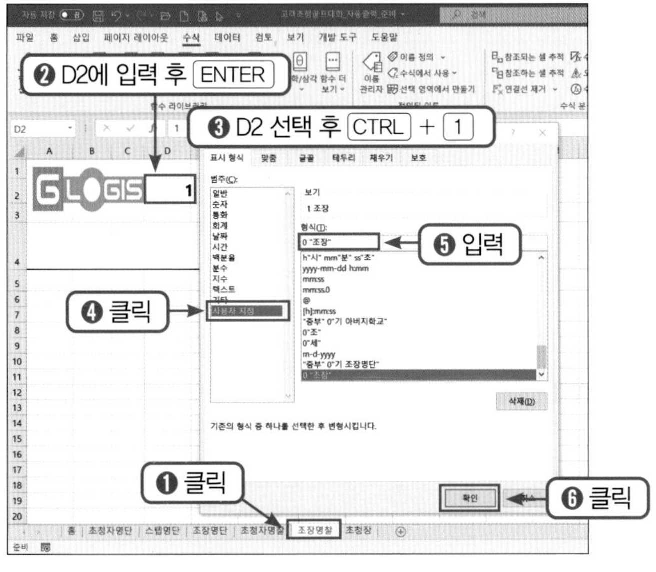

02 ❶ A4셀을 선택합니다. ❷ [수식] 탭 → '함수 라이브러리' 그룹 → '찾기/참조 영역' 명령 단추를 클릭한 후 **VLOOKUP**을 선택합니다. '함수 인수' 대화 상자가 나타나면 ❸ 'Lookup_value'에 **D2**, 'Table_array'에 **스텝명단!$A$4:$G$31**, 'Col_index_num'에 **5**, 'Range_lookup'에 **0**을 입력한 후 ❹ [확인] 단추를 클릭합니다.

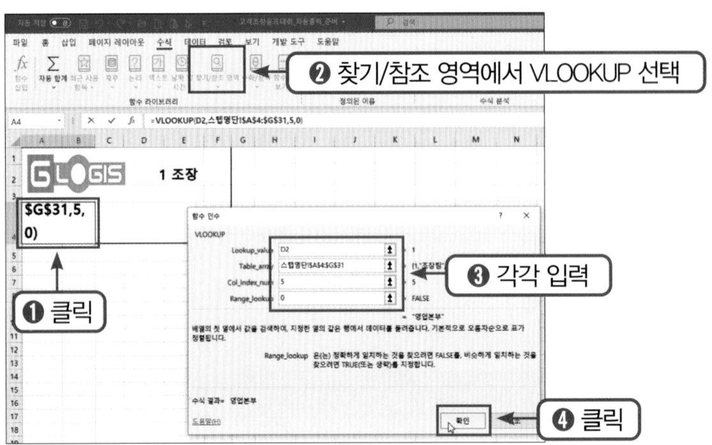

03 A4셀의 '수식 입력줄'에서 수식을 선택한 후 CTRL + C 키를 누르고 ENTER 키를 누릅니다.

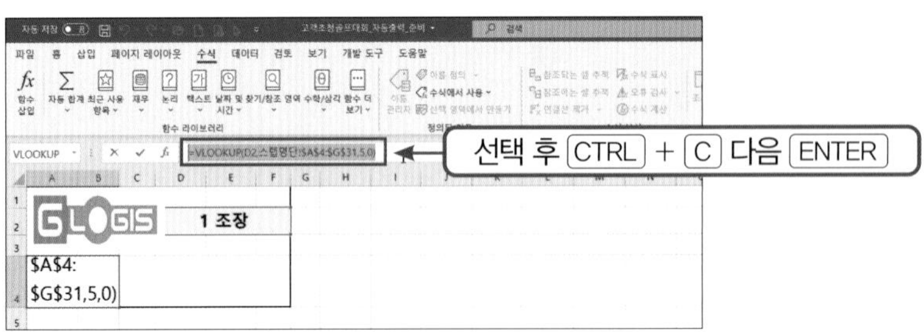

04 ❶ C4셀을 선택합니다. ❷ '수식 입력줄'에서 CTRL + V 키를 누른 후 'Col_index_num'을 **4**로 수정하고 ENTER 키를 누릅니다.

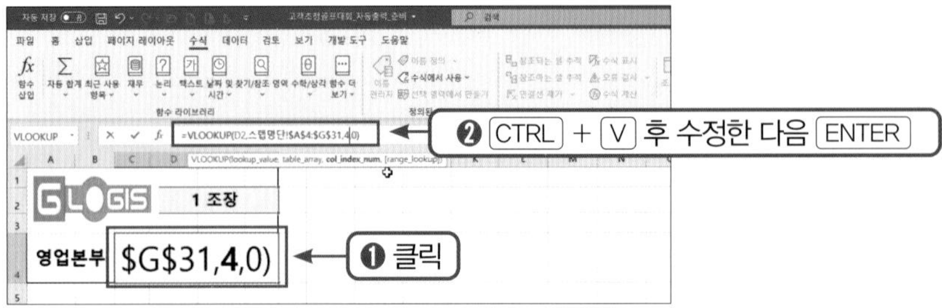

05 초청자 명찰에 입력한 수식을 활용하여 초청장을 완성합니다. ❶ '초청자명찰' 시트를 선택합니다. ❷ C19셀을 선택합니다. ❸ '수식 입력줄'에서 수식을 선택하고 CTRL + C 키를 누르고 ENTER 키를 누릅니다.

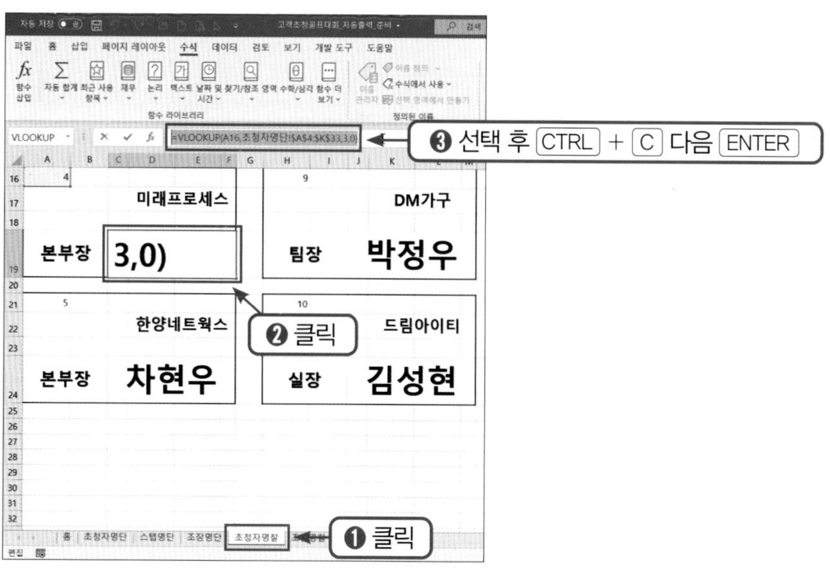

06 ❶ '초청장' 시트를 선택합니다. ❷ A4셀을 선택합니다. ❸ '수식 입력줄'에서 CTRL + V 키를 누릅니다. '초청장' 시트 1번째 초청장에서 조회값이 있는 셀이 A2셀이므로 'Lookup_value'를 **A2**로 수정합니다.

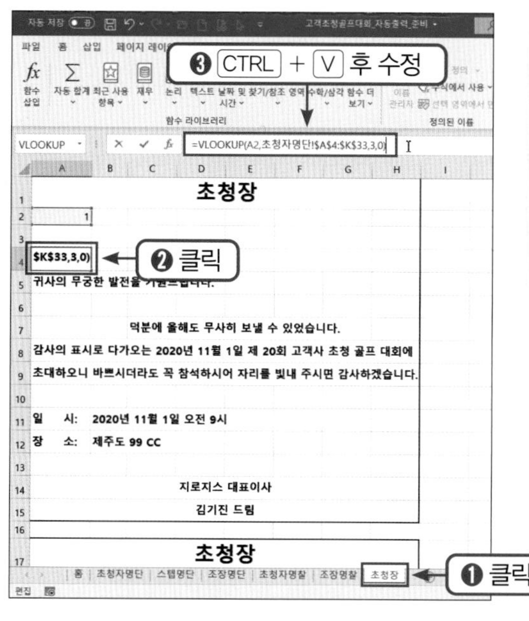

여기서 VLOOKUP 함수를 활용하여 초청자 명단을 불러오기 위해 조회하는 값(Lookup_value 인수)에 임의의 셀(여기서는 A2, A18셀)을 선택하여 숫자값을 입력하였습니다. 여기에 입력된 셀값이 VLOOKUP 함수의 Lookup_value 인수값이 되어 초청자 이름을 불러옵니다.

07 A4셀의 '수식 입력줄'에서 **=** 부분을 제외한 나머지 수식 영역을 선택한 후 CTRL + C 키를 누릅니다.

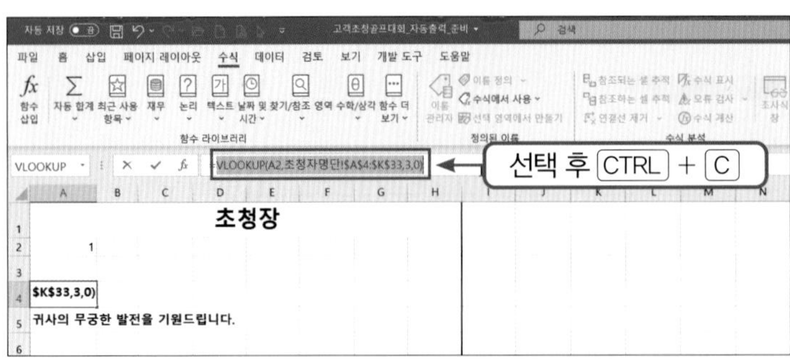

08 A4셀의 수식 뒤에 ❶ **&" "&**을 입력하고 ❷ CTRL + V 키를 누른 후 'Col_index_num'을 **5**로 수정합니다. 다시 ❸ **&"님"**을 입력한 후 ENTER 키를 누릅니다.

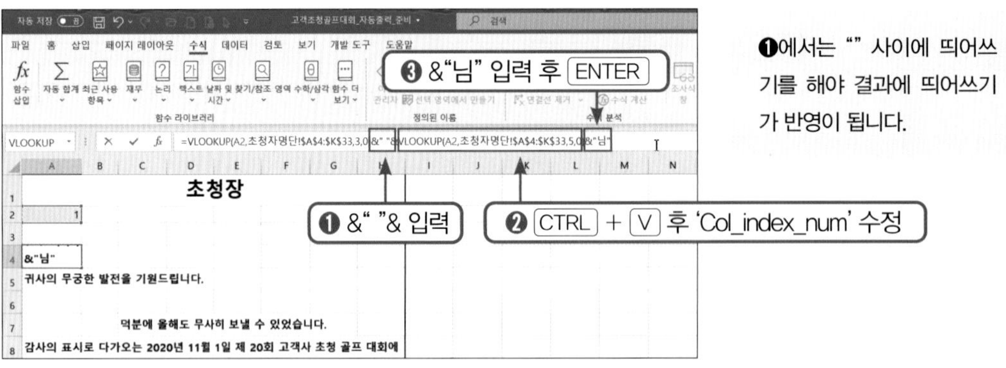

09 ❶ A7셀을 선택한 후 ❷ '수식 입력줄'에 **=A4**를 입력하고 ENTER 키를 누릅니다.

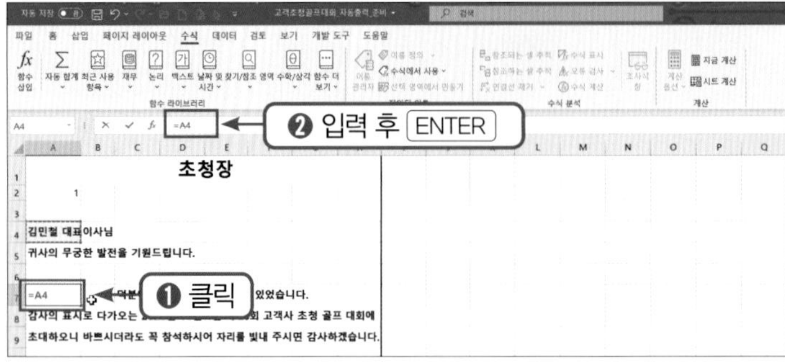

10 ❶ A4셀을 선택한 후 CTRL + C 키를 누릅니다. ❷ A20셀을 선택한 후 CTRL + V 키를 누릅니다.

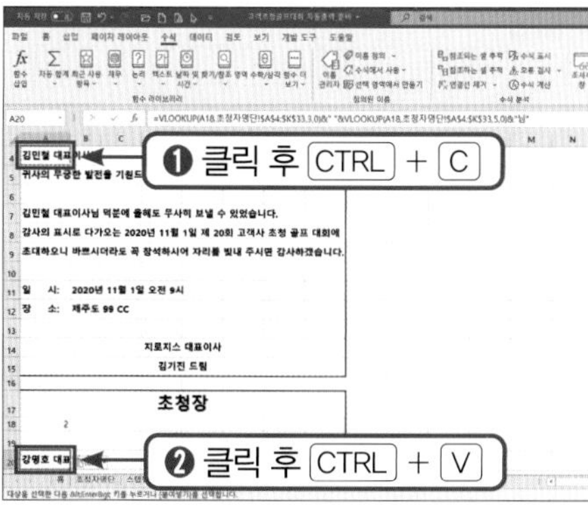

11 ❶ A23셀을 선택하여 ❷ '수식 입력줄'에 **=A20**을 입력한 후 ENTER 키를 누릅니다.

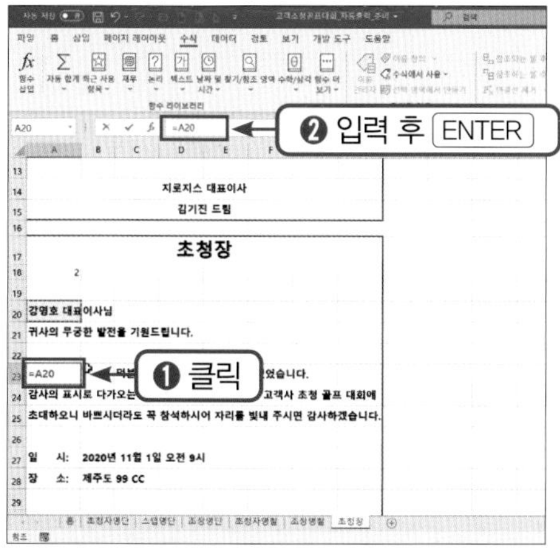

자동 출력 프로그램 만들기

01 ALT + F11 키를 눌러 Microsoft Visual Basic for Application 창을 엽니다. VBA Editor 창 맨 위의 **Sub 홈으로가기()** 앞을 클릭한 후 ENTER 키를 누릅니다.

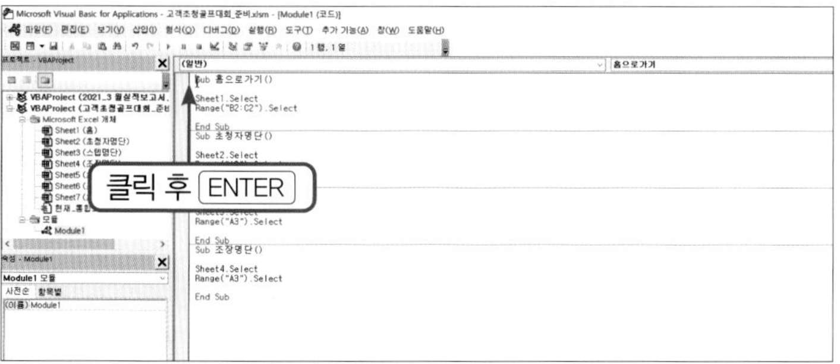

02 다음과 같이 코드를 입력합니다.

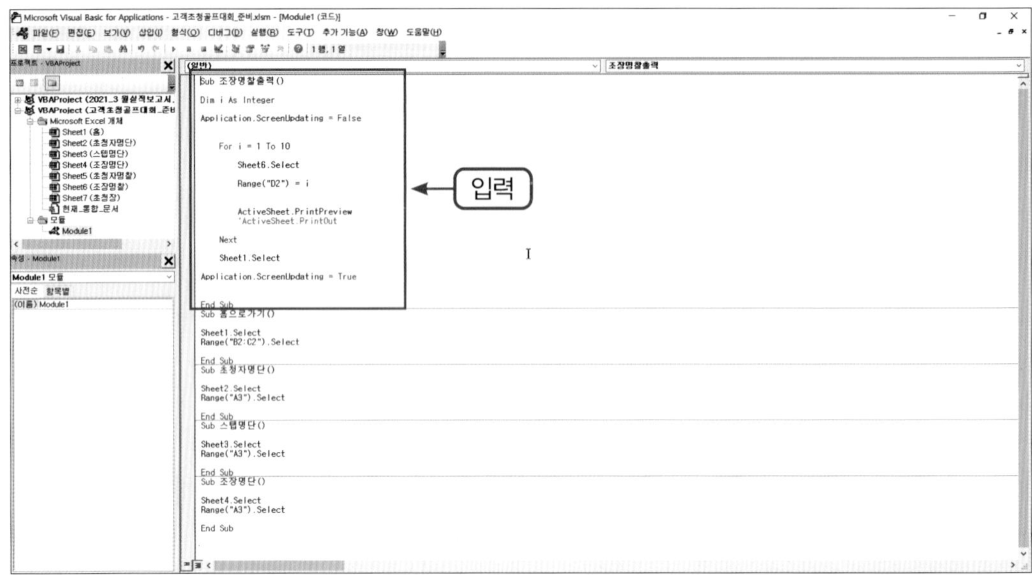

알아보기 매크로

```
Sub 조장명찰출력()
Dim i As Integer
Application.ScreenUpdating = False
    For i = 1 To 10
        Sheet6.Select
        Range("D2") = i
        ActiveSheet.PrintPreview
        'ActiveSheet.PrintOut
    Next
    Sheet1.Select
```

```
21
22    Application.ScreenUpdating = True
23
24
25    End Sub
```

1라인	**Sub 조장명찰출력()**: 조장명찰을 출력한다는 의미로 매크로 이름을 입력합니다.
3라인	**Dim i As Integer**: 변수 선언을 합니다.
5라인	**Application.ScreenUpdating = False**: 매크로가 실행되는 동안 화면 갱신을 하지 말라는 것입니다. 매크로 실행 중에 화면을 갱신하면 처리 속도가 떨어집니다. 처리 속도를 높이기 위해 일반적으로 많이 사용하는 명령입니다.
8라인	**For i = 1 To 10**: i값을 1부터 10까지 차례대로 대입합니다.
10라인	**Sheet6.Select**: '조장명찰' 시트를 선택합니다.
12라인	**Range("D2") = i**: D2셀에 i값을 입력합니다. 맨 처음 값은 1이 되고 맨 마지막 값은 10이 됩니다.
15라인	**ActiveSheet.PrintPreview**: 인쇄 미리 보기 명령을 실행합니다.
16라인	**'ActiveSheet.PrintOut**: 인쇄 명령을 실행합니다. 맨 앞의 홑따옴표(')는 주석 처리하여 명령문이 실행되지 않게 하였습니다. 실제 업무에서 바로 인쇄하려면 인쇄 미리 보기 명령문을 삭제하고 이 부분 주석 처리를 해제('를 삭제)하면 됩니다.
18라인	**Next**: 여기까지 명령문을 수행하면 다시 위로 올라가서 i값이 변하게 됩니다. 즉 For i = 1 Next, For i = 2 Next … For i = 10까지 수행한 후 다음으로 넘어갑니다.
20라인	**Sheet1.Select**: '홈' 시트를 선택합니다.
22라인	**Application.ScreenUpdating = True**: 화면 갱신을 실행합니다.
25라인	**End Sub**: 명령 실행을 마칩니다.

변수에 대해서는 부록1-10 '매크로와 VBA'(529P)를 참고하세요.

03 '조장명찰출력' 매크로를 선택한 후 CTRL + C 키를 눌러 복사합니다.

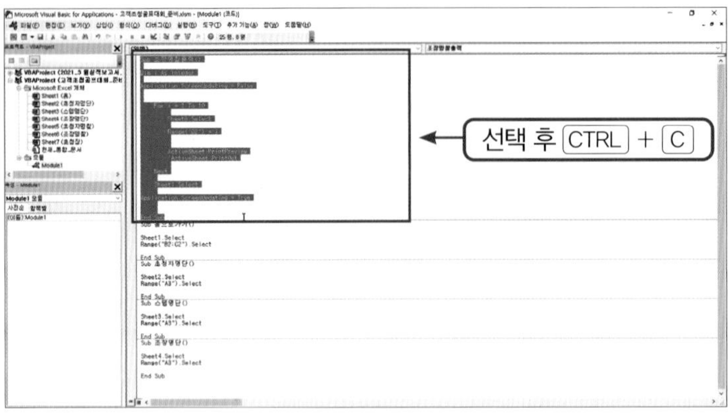

04 End Sub 뒤를 클릭한 후 ENTER 키를 눌러 복사한 수식을 붙여넣기할 수 있는 자리를 만들어 줍니다.

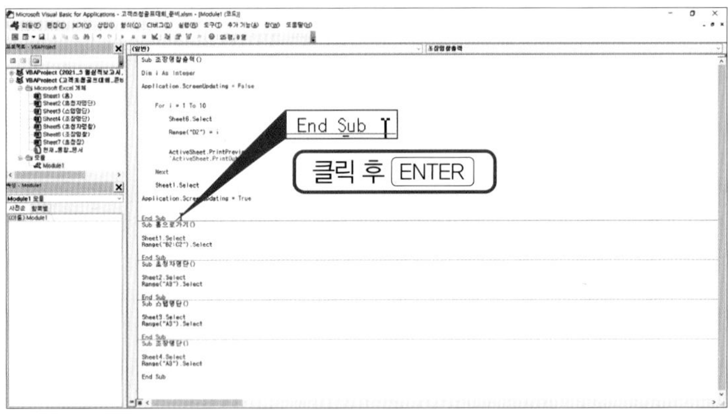

05 CTRL + V 키를 눌러 매크로를 붙여넣은 후 다음과 같이 수정합니다.

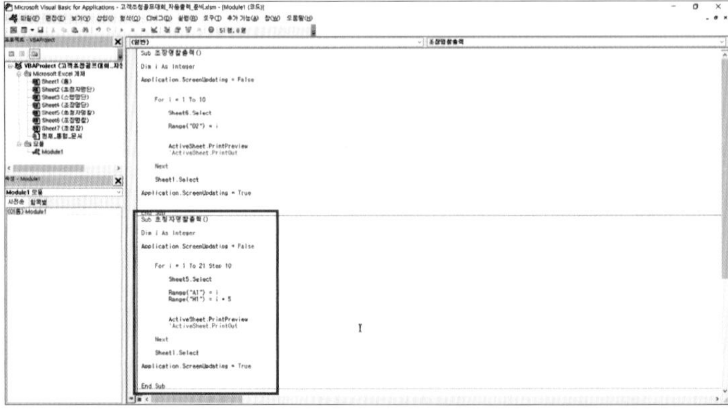

알아보기 매크로

```
1   Sub 초청자명찰출력()
2
3   Dim i As Integer
4
5   Application.ScreenUpdating = False
6
7
8       For i = 1 To 21 Step 10
9
10          Sheet5.Select
11
12          Range("A1") = i
13          Range("H1") = i + 5
14
15
16          ActiveSheet.PrintPreview
17          'ActiveSheet.PrintOut
18
19      Next
20
21      Sheet1.Select
22
23  Application.ScreenUpdating = True
24
25
26  End Sub
```

1라인	**Sub 초청자명찰출력()**: 초청자명찰을 출력한다는 의미로 매크로 이름을 지정합니다.
3라인	**Dim i As Integer**: 변수를 정의합니다.
8라인	**For i = 1 To 21 Step 10**: 한 번에 10개의 명찰이 인쇄되므로 증가값을 10으로 입력했습니다. 맨 처음 i값은 1이 되고 2번째 i값은 11이 됩니다.
10라인	**Sheet5.Select**: '초청자명찰' 시트를 선택합니다.
12라인	**Range("A1") = i**: A1셀에 i값을 입력합니다.
13라인	**Range("H1") = i + 5**: H1셀에 i값에 5를 더한 값을 입력합니다.

06 같은 방법으로 초청장을 자동으로 출력하도록 합니다. ❶ '초청자명찰출력'의 End sub 뒤에서 ENTER 키를 누른 후 ❷ CTRL + V 키를 누른 후 다음과 같이 수정합니다.

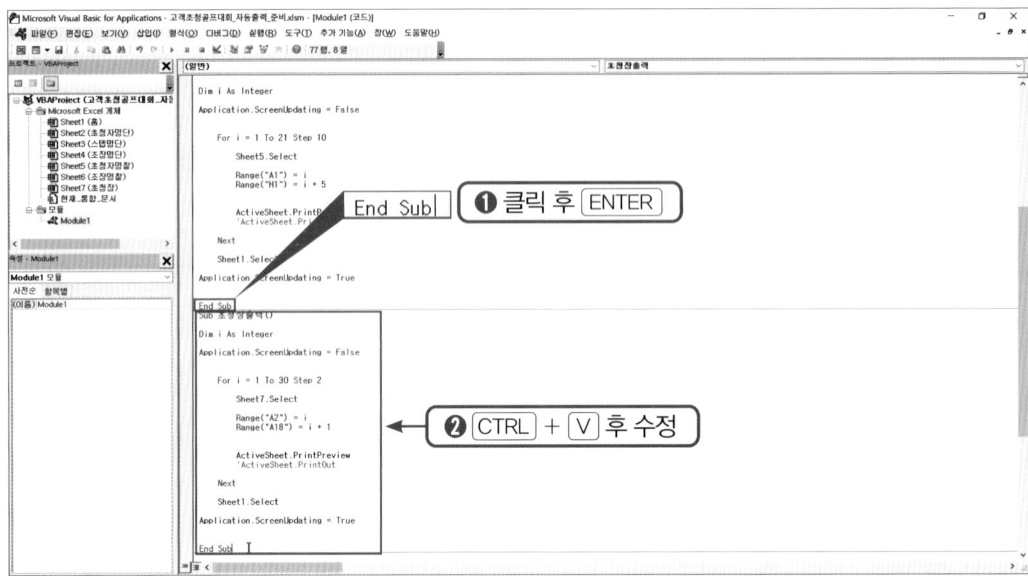

알아보기 **매크로**

```
Sub 초청장출력()
Dim i As Integer
Application.ScreenUpdating = False
    For i = 1 To 30 Step 2
        Sheet7.Select
        Range("A2") = i
        Range("A18") = i + 1
        ActiveSheet.PrintPreview
        'ActiveSheet.PrintOut
```

```
19        Next
20
21        Sheet1.Select
22
23    Application.ScreenUpdating = True
24
25
26    End Sub
```

1라인	**Sub 초청장출력()**: 초청장을 출력한다는 의미로 매크로 이름을 지정합니다.
8라인	**For i = 1 To 30 Step 2**: 한 번에 2개의 초청장이 인쇄가 되므로 증가값을 2로 입력합니다. i값은 1, 3, 5, 7, 9,….. 29값이 순환합니다.
10라인	**Sheet7.Select**: '초청장' 시트를 선택합니다.
12라인	**Range("A2") = i**: A2셀에 i값을 입력합니다.
13라인	**Range("A18") = i + 1**: A18셀에 i + 1값을 입력합니다.

07 ❶ 엑셀 창으로 돌아와서 '홈' 시트를 선택합니다. ❷ '초청자명찰출력' 도형을 마우스 오른쪽 버튼으로 클릭하고 ❸ '매크로 지정'을 클릭합니다.

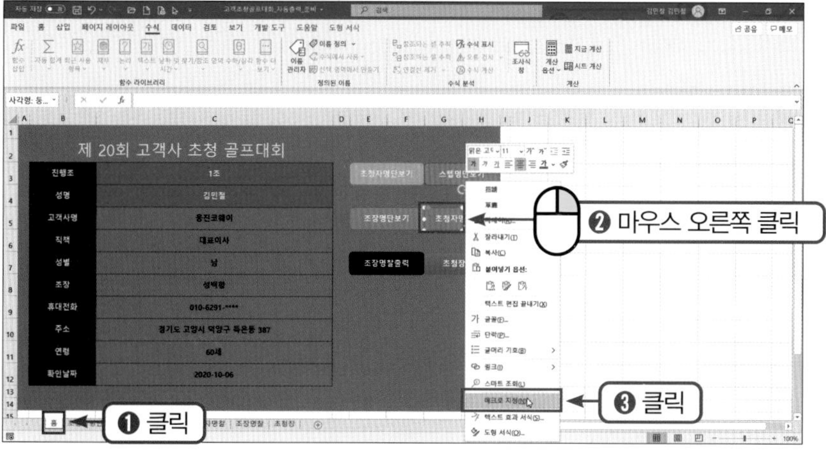

08 '매크로 지정' 대화 상자가 나타나면 ❶ '매크로 이름'에서 **초청자명찰출력**을 클릭한 후 ❷ [확인] 단추를 클릭합니다.

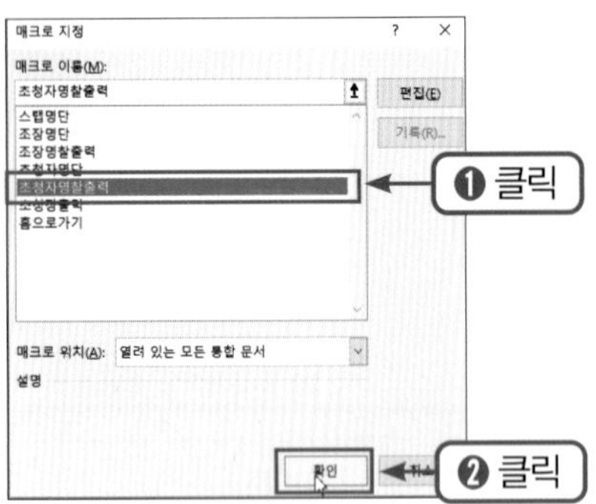

09 ❶ 조장명찰출력 도형을 마우스 오른쪽 버튼으로 클릭한 후 '매크로 지정'을 누릅니다. '매크로 지정' 대화 상자가 나타나면 ❷ '매크로 이름'에서 **조장명찰출력**을 선택한 후 ❸ [확인] 단추를 클릭합니다.

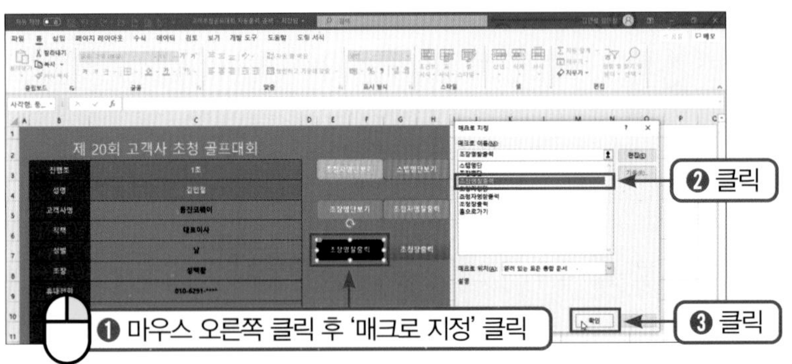

10 ❶ 초청장출력 도형을 마우스 오른쪽 버튼으로 클릭한 후 '매크로 지정'을 클릭합니다. '매크로 지정' 대화 상자가 나타나면 ❷ '매크로 이름'에서 **초청장출력**을 선택한 후 ❸ [확인] 단추를 클릭합니다.

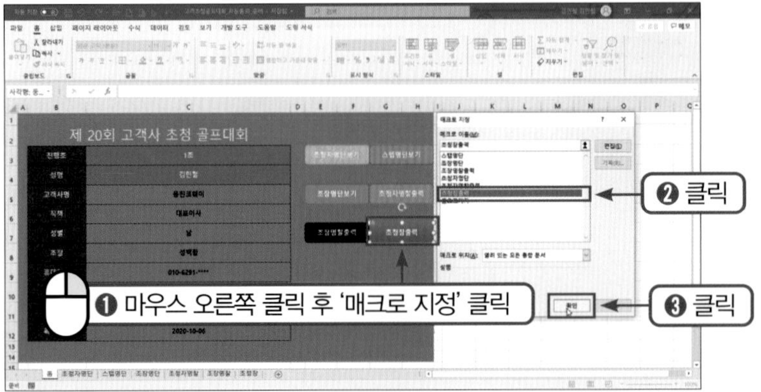

11 ❶ '초청자명찰' 시트를 선택합니다. ❷ A1셀을 선택한 후 CTRL 키를 누른 상태로 H1, A6, A11, A16, A21, H1, H6, H11, H16, H21셀을 선택합니다. ❸ [홈] 탭 → '글꼴' 그룹 → 글꼴 색을 흰색으로 선택합니다.

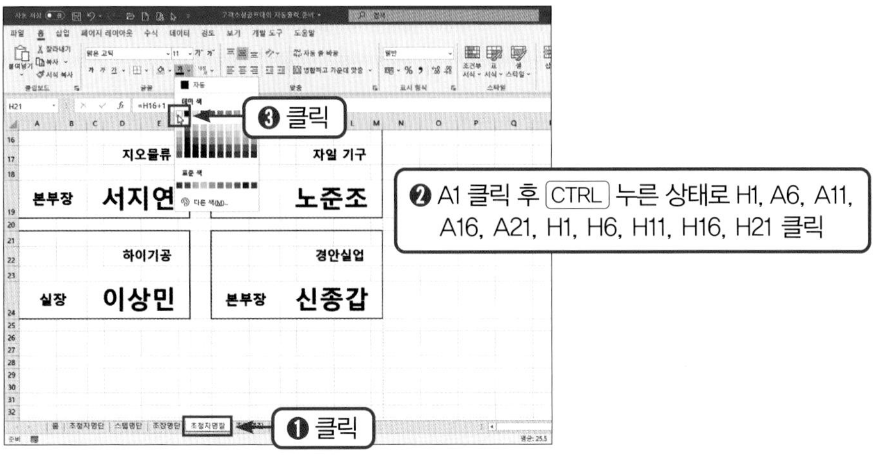

12 ❶ '초청장' 시트를 선택합니다. ❷ A2셀을 선택한 후 CTRL 키를 누른 상태로 A18셀을 선택합니다. ❸ [홈] 탭 → '글꼴' 그룹 → 글꼴 색을 흰색으로 선택합니다.

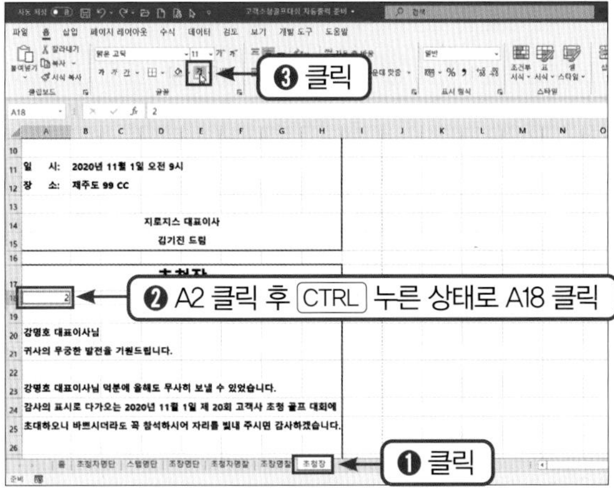

09 생활 관리 프로그램

오늘날 많은 사람들이 여러 가지 이유로 시간이 부족한 삶을 살고 있습니다. 바쁘게 하루하루를 보내고 있지만 어떻게 시간을 보내고 있는지 아는 사람은 많지 않습니다. 그리스어에는 시간을 뜻하는 2개의 단어가 있습니다. 크로노스(Chronos)와 카이로스(Kairos)입니다. 크로노스는 절대적인 시간으로, 일반적으로 알고 있는 흘러 가는 시간을 말합니다. 카이로스는 상대적인 시간으로, 의미가 있는 시간입니다. 카이로스는 꿈을 꾸고 꿈을 이루는 시간입니다. 시간을 크로노스로만 본다면 시간의 노예에서 벗어날 수 없습니다.

카이로스적 시간이 많을수록 주도적인 삶을 살 수 있고 상대적으로 더 행복한 삶을 살 수 있습니다. 저는 10년 전부터 엑셀로 시간 기록 프로그램을 만들어서 시간을 기록해 왔습니다. 그러자 그냥 흘러간 시간이 하나하나 제게 의미가 있는 시간으로 바뀌는 경험을 했습니다. 이번 Chapter에서는 시간을 기록하고 분석할 수 있는 프로그램을 만들어 보겠습니다.

핵심 시트

기본 데이터: TIME, 분류표

입력 및 조회 시트: 시간입력

완성 프로그램

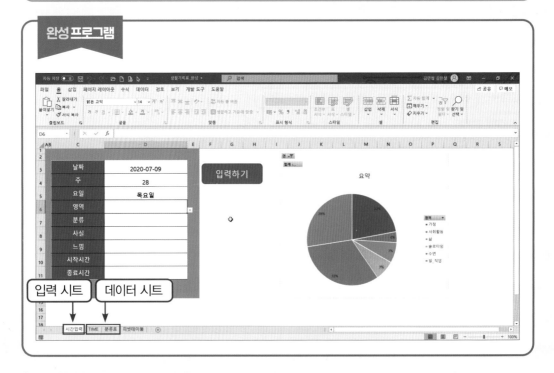

01 데이터 입력 시트 만들기

데이터를 입력할 때는 오류가 없이 정확하게 입력하는 것이 중요합니다. 데이터 시트와 데이터를 입력하는 시트를 구분하여 관리하면 데이터를 오류 없이 정확하게 입력할 수 있습니다. 시간 사용 내역을 정확하게 입력하기 위해서 데이터 시트와 별도로 입력 시트를 작성합니다.

실습 내용

기본 원리: '시간입력' 시트에 시간 사용 내역을 입력한 후 '입력하기' 명령 단추를 클릭하면 'Time' 시트에 데이터가 자동으로 입력됩니다.

주요 기능: ❶ 동적 유효성 검사 ❷ WEEKNUM, TEXT, OFFSET, MATCH 함수

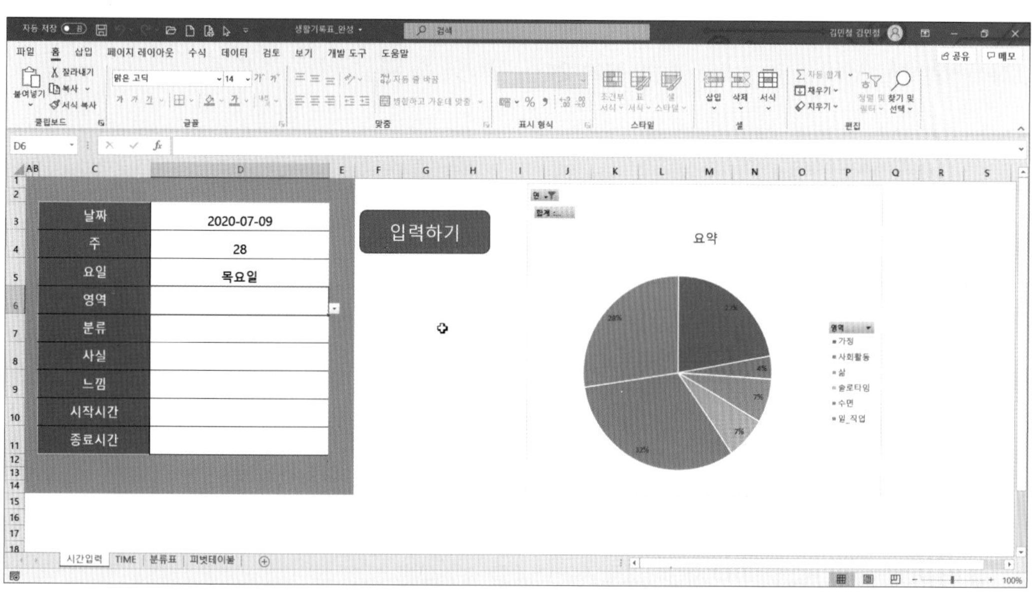

경과 시간 계산하기

01 시작 시간과 종료 시간을 바탕으로 경과 시간이 나타나게 합니다. 여기서는 시작 시간이 종료 시간보다 클 경우, 즉 다음날까지 일이 진행될 경우를 대비해 IF 함수를 활용하여 수식을 작성합니다. ❶ J2셀을 선택합니다. ❷ [수식] 탭 → '함수 라이브러리' 그룹 → '논리' 명령 단추를 눌러 **IF**를 선택합니다.

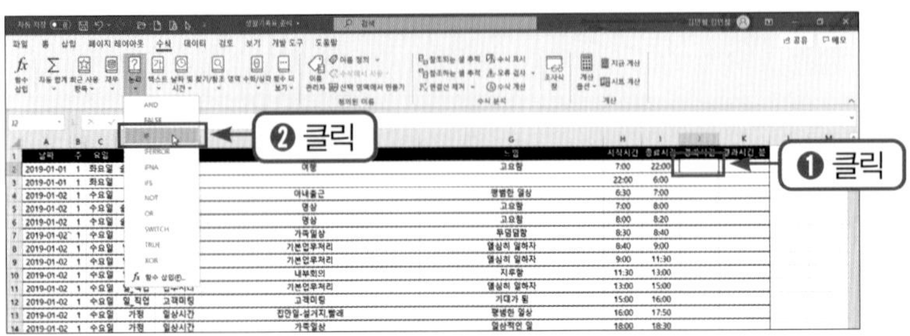

02 '함수 인수' 대화 상자가 나타나면 ❶ 'Logical_test'에 **H2>I2**, 'Value_if_true'에 **(I2+1-H2)*24**, 'Value_if_false'에 **(I2-H2)*24**를 입력한 후 ❷ [확인] 단추를 클릭합니다.

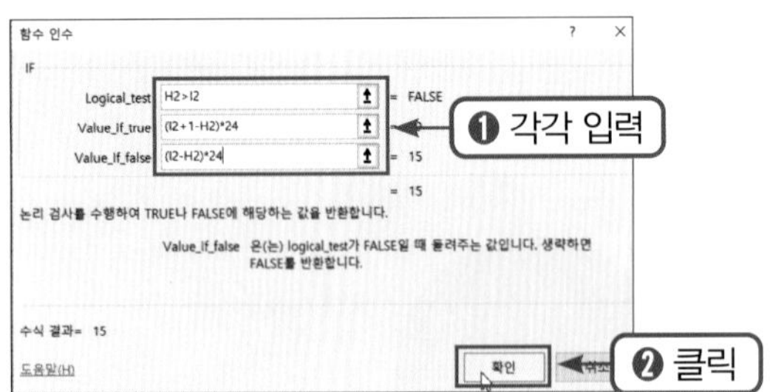

알아보기 수식 알아보기

❶ **Logical_test:** H2>I2. 시작 시간이 종료 시간보다 클 경우입니다.

❷ **Value_if_true:** (I2+1-H2)*24. Logical_test가 참일 경우 종료 시간에 1을 더해 종료 시간이 다음날임을 인식하게 하고 24를 곱해 시간이 정수로 나타나게 합니다. 엑셀에서 날짜는 하루가 1의 값이므로 1시간은 1/24의 값이 됩니다.

❸ **Value_if_false:** (I2-H2)*24. Logical_test가 거짓일 경우 종료 시간에서 시작 시간을 빼고 24를 곱해 시간이 정수로 나타나게 합니다.

03 입력한 수식을 이름정의합니다. J2셀의 수식 입력줄에 입력한 수식을 선택하고 CTRL + C 키를 누른 후 ESC 키를 누릅니다. ESC 키를 누르면 셀이 이동하지 않고 그대로 J2셀이 선택됩니다.

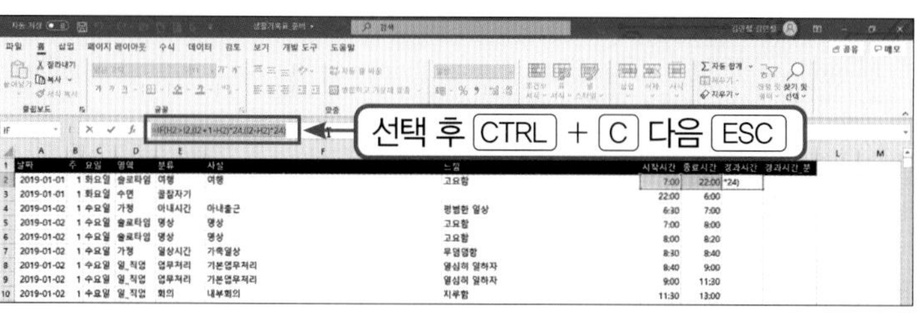

여기서 수식을 이름정의하는 이유는 매크로 기록 시 편리하게 사용하기 위해서입니다. 매크로를 통한 업무 자동화를 할 때는 아주 간단한 수식이 아니면 수식을 이름정의하는 것이 좋습니다.

04 ❶ [수식] 탭 → '정의된 이름' 그룹 → '이름 정의' 명령 단추를 클릭합니다. '새 이름' 대화 상자가 나타나면 ❷ '이름'에 **시간계산**이라고 입력합니다. ❸ '참조 대상'에서 기존 참조 대상을 지우고 CTRL + V 키를 눌러 복사한 수식을 붙여넣습니다. ❹ [확인] 단추를 클릭합니다.

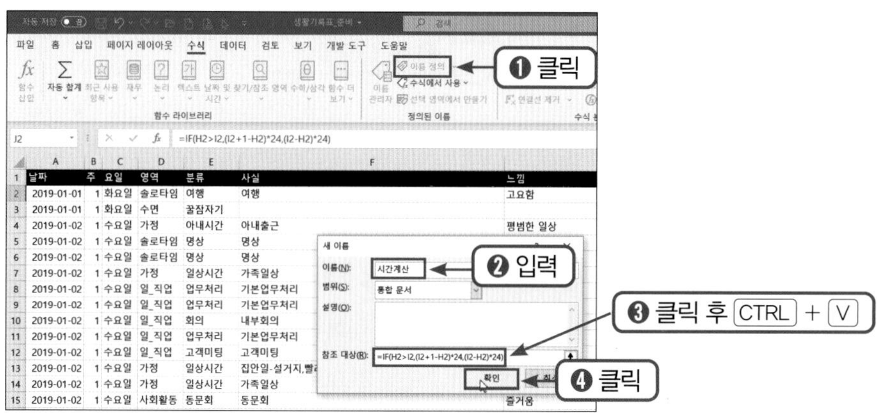

05 J2셀에 기존에 입력된 수식을 삭제하고 **=시간계산**을 입력하고 ENTER 키를 누릅니다.

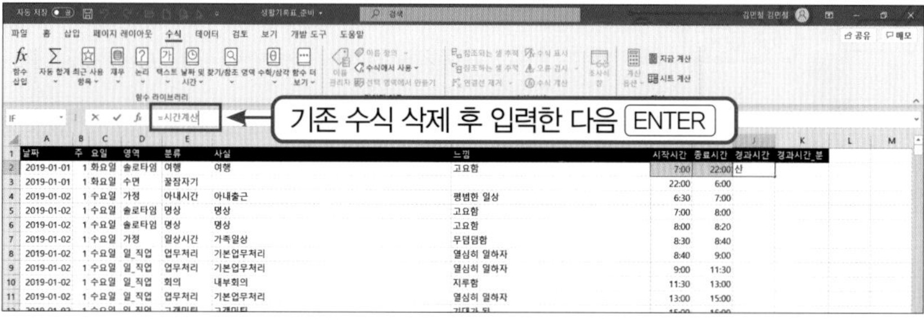

06 ❶ K2셀을 선택합니다. ❷ '수식 입력줄'에 **=J2*60**을 입력한 후 ENTER 키를 누릅니다. 시간에 60을 곱해서 분으로 환산하는 수식입니다.

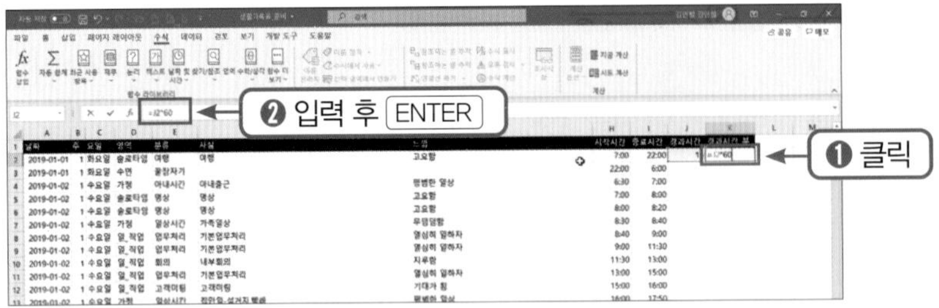

07 ❶ J2:K2 영역을 선택한 후 ❷ K2셀의 자동 채우기 핸들(**+**)을 더블클릭하여 나머지 데이터의 경과 시간을 계산합니다.

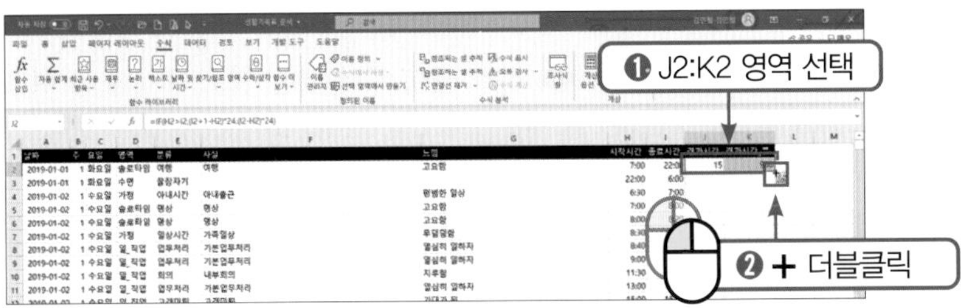

주/요일 나타내기

01 ❶ '시간입력' 시트를 선택합니다. ❷ D3셀을 선택한 후 ❸ [데이터] 탭 → '데이터 도구' 그룹 → '데이터 유효성 검사' 명령 단추를 클릭합니다. '데이터 유효성' 대화 상자가 나타나면 ❹ '제한 대상'에서 **날짜**를 선택하고, ❺ 시작 날짜에 **2000-01-01**, 끝 날짜에 **2100-12-31**을 입력합니다.

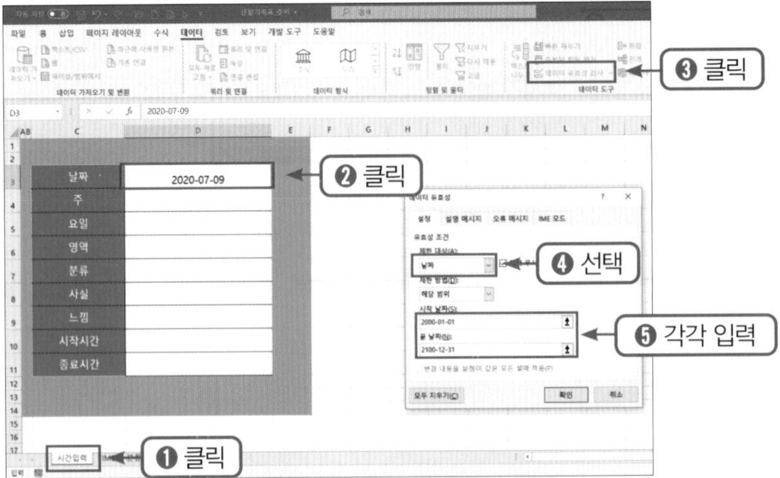

02 ❶ [설명 메시지] 탭을 선택한 후 ❷ '제목'에 **날짜입력**, '설명 메시지'에 **2020-01-01 혹은 2020/01/01 형식으로 입력합니다.**를 입력한 후 ❸ [확인] 단추를 클릭합니다.

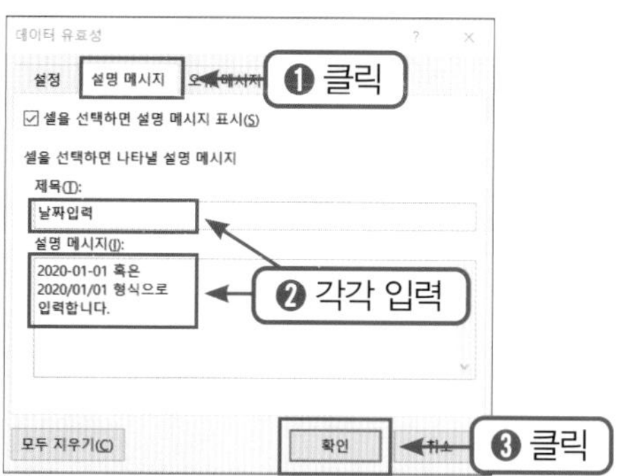

03 D4셀에는 입력한 날짜가 몇 주차인지 나타나게 합니다. ❶ D4셀을 선택합니다. ❷ '수식 입력줄'에 **=WEEKNUM(D3)**을 입력한 후 ENTER 키를 누릅니다.

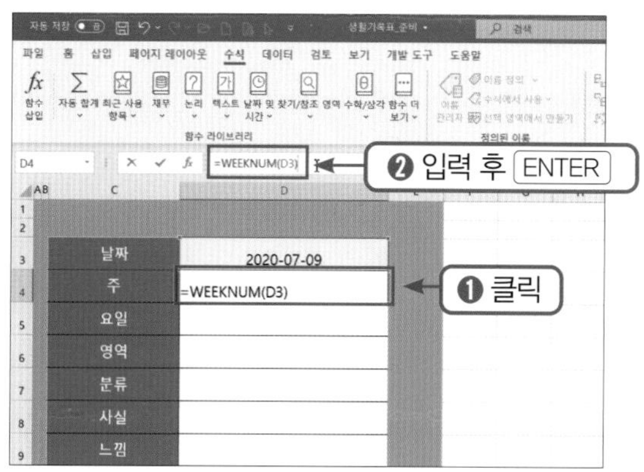

알아보기 WEEKNUM 함수

WEEKNUM(Serial_number, [Return_type]) 함수는 특정 날짜의 주 번호를 반환합니다. 예를 들어 1월 1일을 포함하는 주는 연도의 첫째 주이고 주 번호가 1로 매겨집니다.

❶ Serial_number: 날짜를 입력합니다.

❷ Return_type: 주의 시작 요일을 결정합니다. 생략하거나 1을 입력하면 일요일부터 주가 시작됩니다.

04 D5셀에 요일이 나타나게 합니다. ❶ D5셀을 선택합니다. ❷ [수식] 탭 → '함수 라이브러리' 그룹 → '텍스트' 명령 단추를 클릭하여 **TEXT**를 선택합니다.

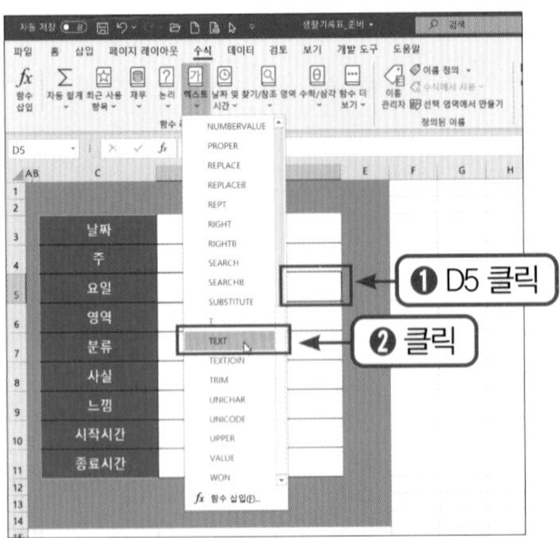

05 '함수 인수' 대화 상자가 나타나면 ❶ 'Value'에 **D3**, 'Format_text'에 **"AAAA"**를 입력하고 ❷ [확인] 단추를 클릭합니다.

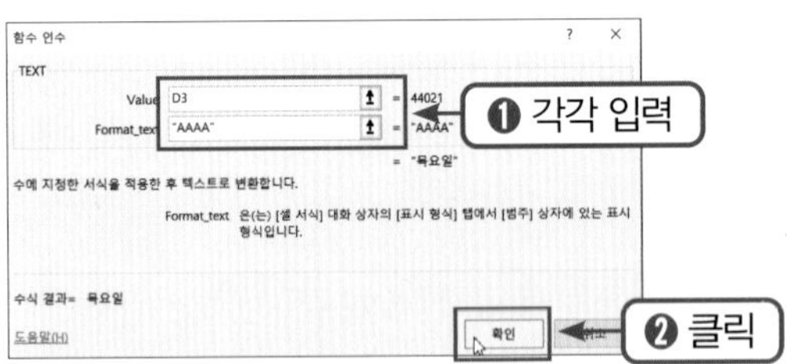

영역 목록 만들기

01 영역과 분류 유효성 검사로 목록을 나타내기 위해 영역을 이름정의합니다. 먼저 이름정의할 수식을 작성합니다. ❶ '분류표' 시트를 선택합니다. ❷ 데이터가 없는 임의의 셀(여기서는 F2 셀을)을 선택합니다. ❸ [수식] 탭 → '함수 라이브러리' 그룹 → '찾기/참조 영역' 명령 단추를 눌러 **OFFSET**을 선택합니다.

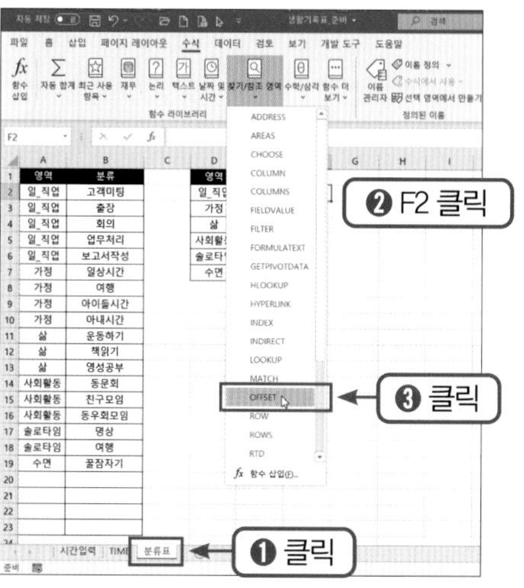

02 '함수 인수' 대화 상자가 나타나면 ❶ 'Reference'에 **$D$2**를 입력하고 'Rows'에 **0**, 'Cols'에 **0**을 입력합니다. ❷ 'Height'에서는 ❸ '이름 상자' 내림 단추를 눌러 ❹ **COUNTA**를 선택합니다.

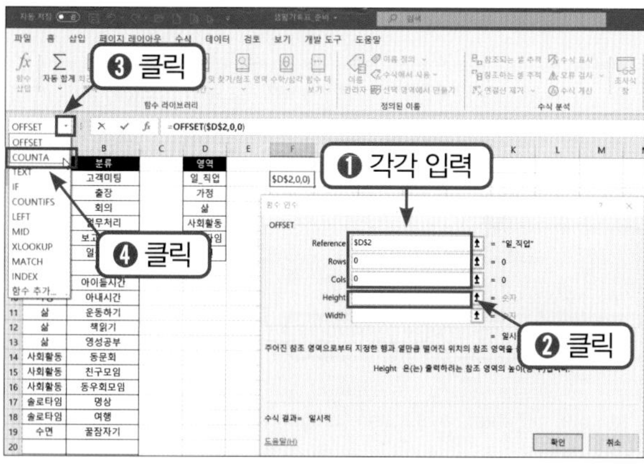

이름 상자 내림 단추에 COUNTA가 없으면 함수 추가를 눌러 '범주 선택'에서 **통계**, '함수 선택'에서 **COUNTA**를 선택하고 [확인] 단추를 클릭합니다.

03 '함수 인수' 대화 상자가 나타나면 ❶ 'Value1'에 **$D$2:$D$300**을 입력합니다. ❷ '수식 입력줄'에서 **OFFSET**을 선택합니다.

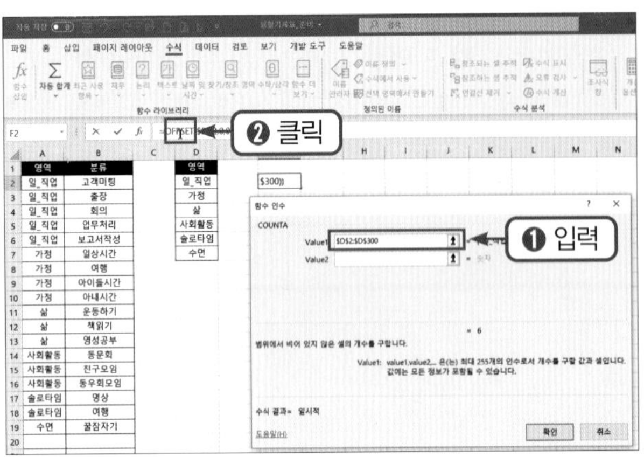

04 '함수 인수' 대화 상자가 나타나면 ❶ 'Width'에 **1**을 입력한 후 ❷ [확인] 단추를 클릭합니다.

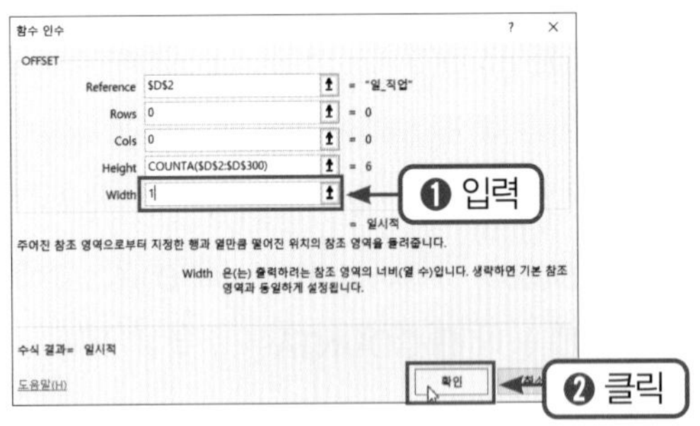

05 F2셀의 수식 입력줄에서 완성된 수식을 선택한 후 CTRL + C 키를 누르고 ENTER 키를 누릅니다.

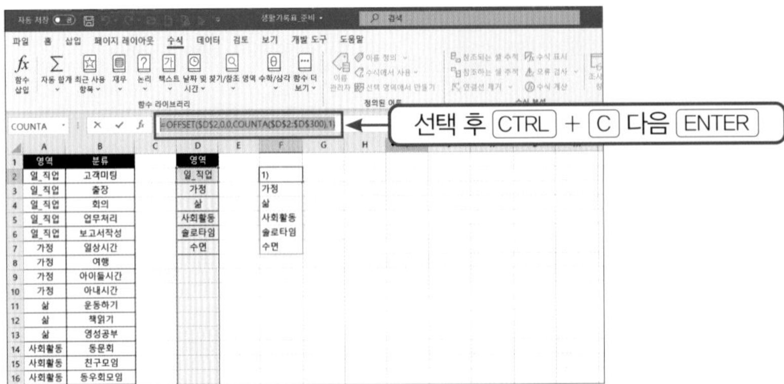

06 ❶ [수식] 탭 → '정의된 이름' 그룹 → '이름 정의' 명령 단추를 선택합니다. ❷ '새 이름' 대화 상자가 나타나면 '이름'에 **영역**을 입력합니다. ❸ '참조 대상'에서 기존 참조 대상을 지우고 CTRL + V 키를 눌러 복사한 수식을 붙여넣기합니다. ❹ [확인] 단추를 클릭합니다.

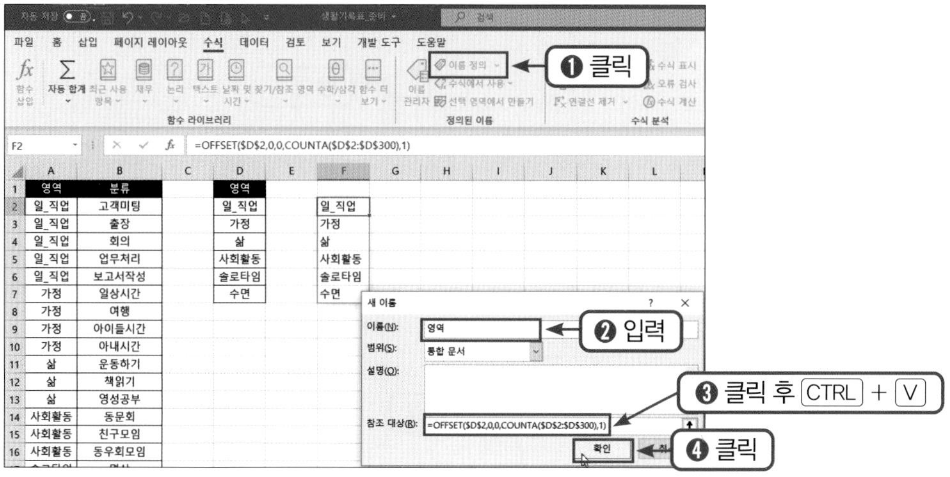

07 ❶ [수식] 탭 → '정의된 이름' 그룹 → '이름 정의' 명령 단추를 누릅니다. ❷ '새 이름' 대화 상자가 나타나면 '이름'에 **분류**를 입력합니다. ❸ '참조 대상'에서 기존 참조 대상을 지우고 CTRL + V 키를 눌러 복사한 수식을 붙여넣기한 후 수식을 **=OFFSET(분류표!$A$2,0,0,COUNTA(분류표!$A$2:$A$300),1)**로 수정합니다. ❹ [확인] 단추를 클릭합니다.

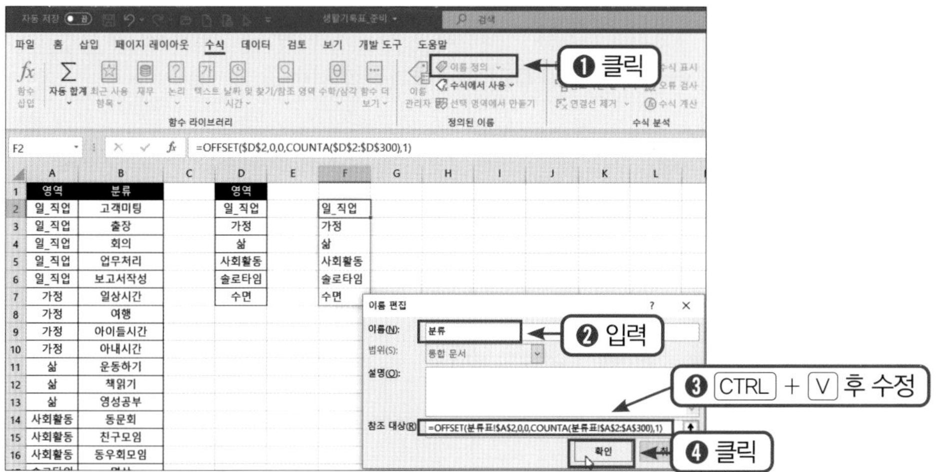

08 ❶ '시간입력' 시트를 선택합니다. ❷ D6셀을 선택합니다. ❸ [데이터] 탭 → '데이터 도구' 그룹 → '데이터 유효성 검사' 명령 단추를 누릅니다. '데이터 유효성' 대화 상자가 나타나면 ❹ '제한 대상'을 **목록**으로 선택하고 ❺ '원본'에 **=영역**을 입력합니다. ❻ [확인] 단추를 클릭합니다.

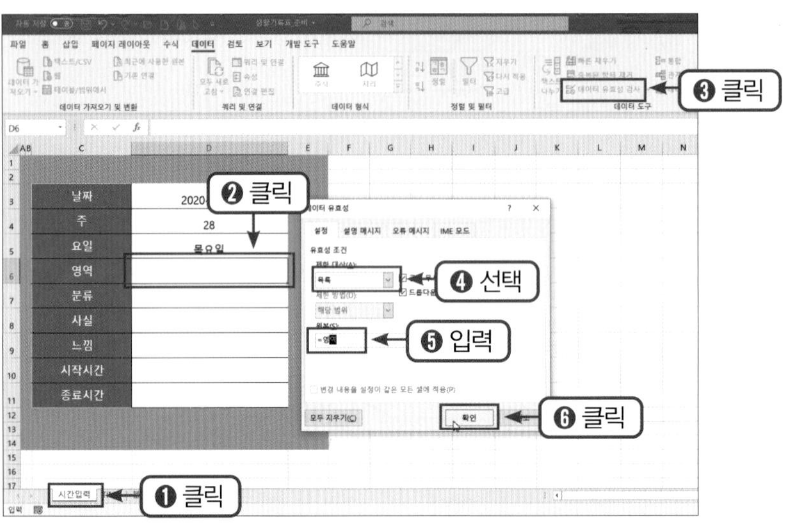

분류 동적 목록 만들기

01 동적 유효성 목록을 만들기 위한 수식을 작성합니다. ❶ D6셀 목록에서 **일_직업**을 선택하여 입력합니다. ❷ 데이터가 없는 임의의 셀(여기서는 G5셀)을 선택합니다. ❸ [수식] 탭 → '함수 라이브러리' 그룹 → '찾기/참조 영역' 명령 단추를 눌러 **OFFSET**을 선택합니다.

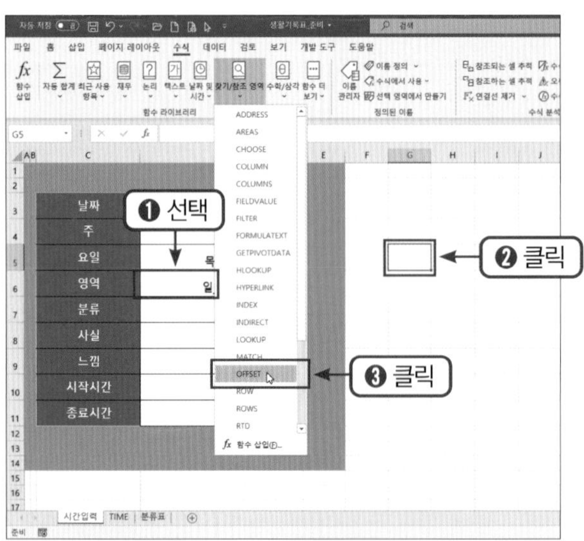

02 '함수 인수' 대화 상자가 나타나면 ❶ 'Reference'에 **분류표!$B$2**를 입력합니다. ❷ 'Row'에서 ❸ '이름 상자' 내림 단추를 클릭하여 ❹ **MATCH**를 선택합니다.

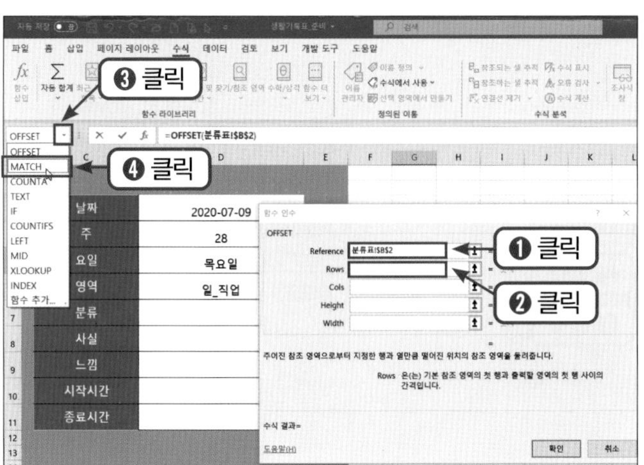

- **분류표!$B$2**를 입력할 때는 '분류표' 시트에서 B2셀을 선택한 후 F4 키를 눌러 절대참조로 입력하면 됩니다.
- '이름 상자'에서 MATCH가 보이지 않는다면 함수 추가를 눌러 **찾기/참조 영역**에서 **MATCH**를 찾아서 선택하면 됩니다.

03 '함수 인수' 대화 상자가 나타나면 ❶ 'Lookup_value'에서 D6셀을 선택한 후 F4 키를 눌러 절대참조로 지정하여 입력하고, 'Lookup_array'에 **분류**, 'Match_type'에 **0**을 입력합니다. ❷ 수식 입력줄의 **OFFSET**을 클릭합니다.

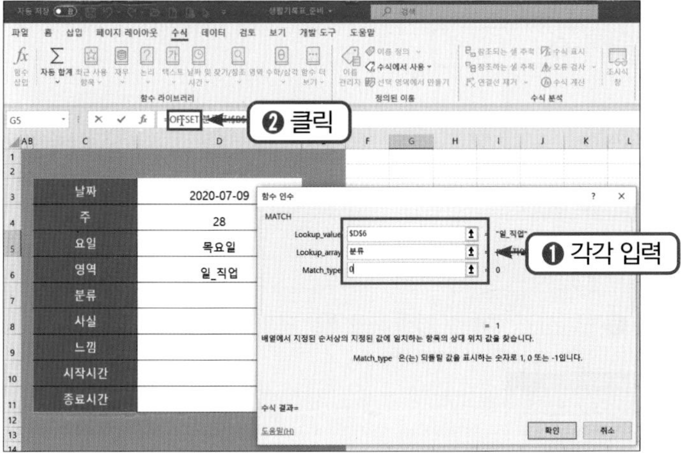

04 '함수 인수' 대화 상자가 나타나면 ❶ 'Rows'에서 입력된 함수 뒤에 **-1**을 입력합니다. ❷ 'Cols'에 **0**을 입력합니다. ❸ 'Height'에서는 ❹ '이름 상자'에서 ❺ **COUNTIF**를 선택합니다.

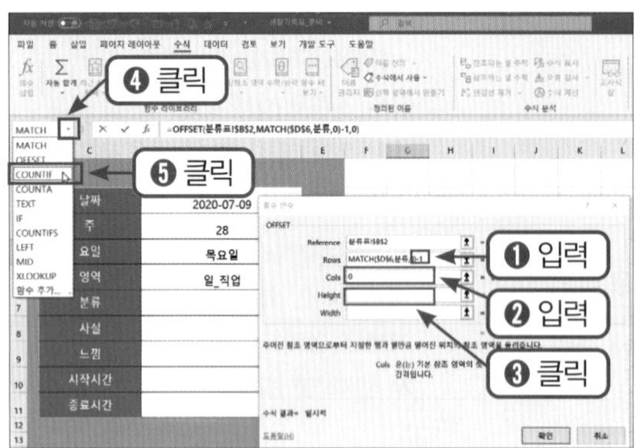

Rows에 입력한 MATCH 함수 뒤에 1을 빼 줘야 하는 이유는 OFFSET 함수에서 Rows 함수의 기본 지정 위치가 0에서부터 시작하기 때문입니다. 여기서 MATCH 함수를 실행하면 결과값이 1부터 시작됩니다. 1을 빼 주지 않으면 OFFSET(1,0,Height,Width)가 되어 기준이 되는 셀이 하나 아래로 내려가게 됩니다.

05 '함수 인수' 대화 상자가 나타나면 ❶ 'Range'에 **분류**를 입력하고 'Criteria'에서 D6셀을 선택한 후 F4 키를 눌러 절대참조로 입력합니다. ❷ '수식 입력줄'의 **OFFSET**을 선택합니다.

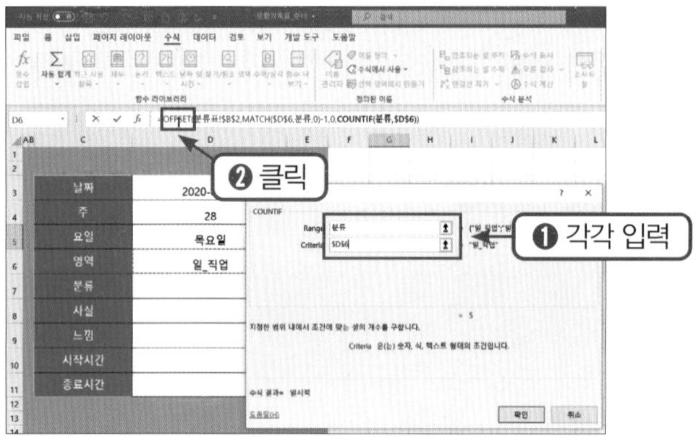

06 '함수 인수' 대화 상자가 나타나면 ❶ 'Width'에 **1**을 입력하고 ❷ [확인] 단추를 클릭합니다.

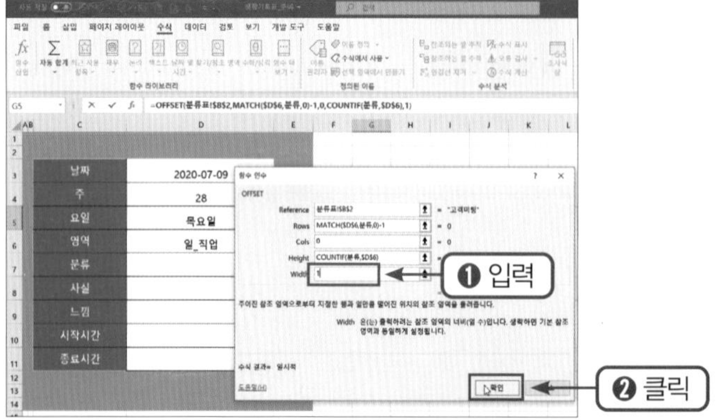

07 작성한 수식을 이름정의합니다. G5셀의 '수식 입력줄'에서 수식을 선택한 후 CTRL + C 키를 누른 다음 ENTER 키를 누릅니다.

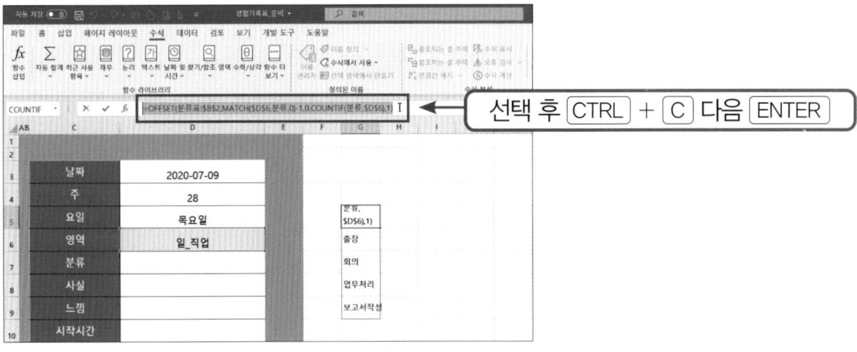

08 ❶ [수식] 탭 → '정의된 이름' 그룹 → '이름 정의' 명령 단추를 누릅니다. '새 이름' 대화 상자가 나타나면 ❷ '이름'에 **동적분류**를 입력합니다. ❸ '참조 대상'에서 기존 참조 대상을 지우고 CTRL + V 키를 눌러 수식을 붙여넣기합니다. ❹ [확인] 단추를 클릭합니다.

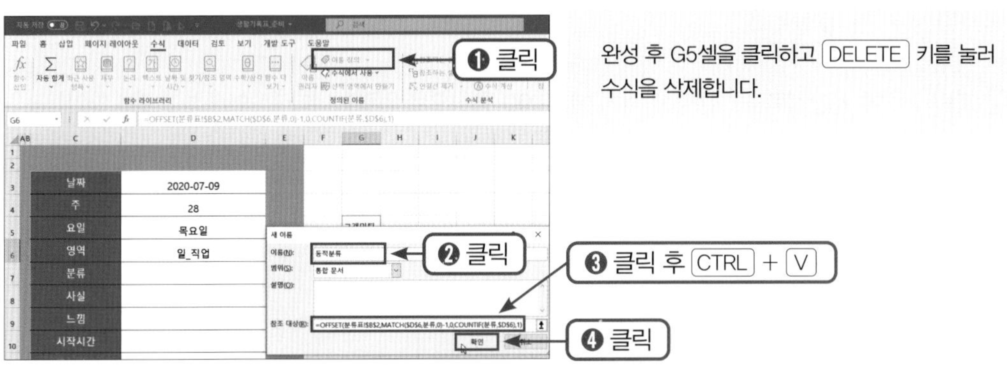

완성 후 G5셀을 클릭하고 DELETE 키를 눌러 수식을 삭제합니다.

09 ❶ D7셀을 선택합니다. ❷ [데이터] 탭 → '데이터 도구' 그룹 → '데이터 유효성 검사' 명령 단추를 누릅니다. '데이터 유효성' 대화 상자가 나타나면 ❸ '제한 대상'을 **목록**으로 하고 ❹ '원본'에 **=동적분류**라고 입력합니다. ❺ [확인] 단추를 클릭합니다.

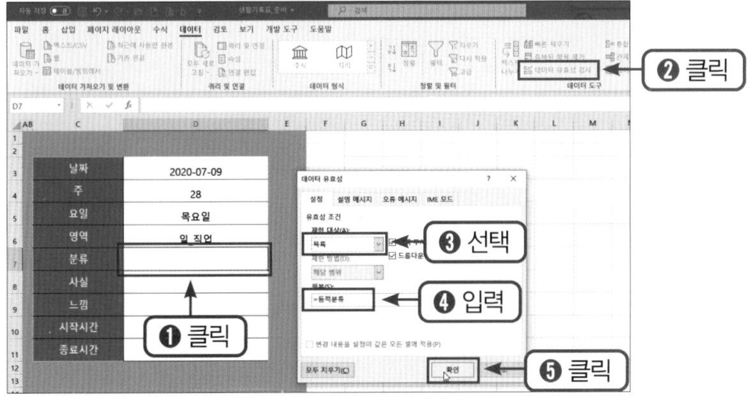

✎ 시간 입력 조건 설정하기

01 ❶ D7셀에서 **고객미팅**을 선택하여 입력합니다. D10셀에 시간만 입력할 수 있도록 합니다. ❷ D10셀을 선택합니다. ❸ [데이터] 탭 → '데이터 도구' 그룹 → '데이터 유효성 검사' 명령 단추를 누릅니다. '데이터 유효성' 대화 상자가 나타나면 ❹ '제한 대상'을 **시간**으로 하고 ❺ '시작 시간'에 **00:00**, '종료 시간'에 **23:59**라고 입력합니다. ❻ [설명 메시지] 탭을 클릭합니다.

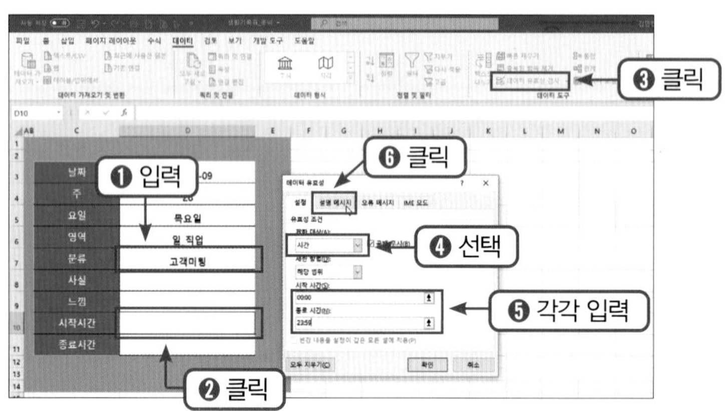

02 ❶ '제목'에 **시간입력**을, '설명 메시지'에 **13:00 형식으로 입력합니다.**를 입력하고 ❷ [확인] 단추를 클릭합니다.

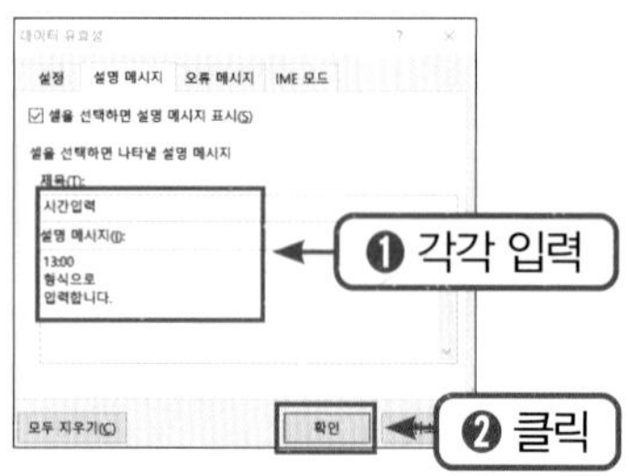

03 D10셀의 자동 채우기 핸들(**+**)을 D11셀까지 드래그하여 D11셀에도 동일한 유효성 검사 규칙이 적용되도록 합니다.

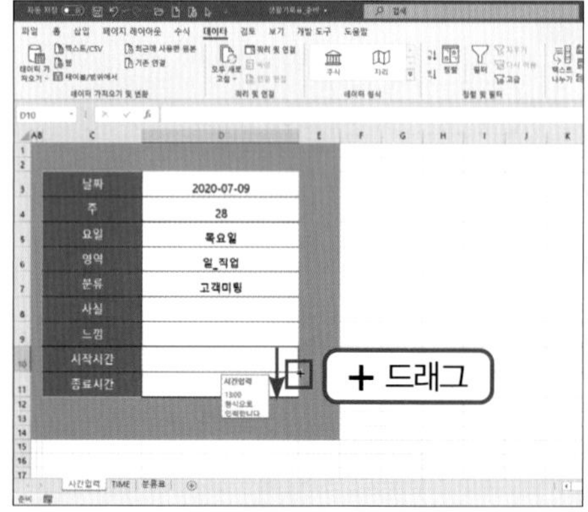

02 시간 데이터 입력하고 분석하기

이번에는 실제 시간 사용 내역을 입력하고 입력한 내역을 데이터 시트인 'TIME' 시트에 옮겨 보겠습니다. 아울러 시간 데이터를 바탕으로 실제 시간을 어떻게 사용하고 있는지 피벗 테이블 기능을 활용하여 분석하고 피벗 차트를 활용하여 '시간입력' 시트에 차트가 나타나도록 하겠습니다.

실습 내용

기본 원리: 시간 데이터를 입력하고 피벗 테이블 기능을 활용하여 시간 사용 내역을 분석합니다.

주요 기능: ❶ 선택하여 붙여넣기 ❷ 피벗 테이블, 피벗 차트

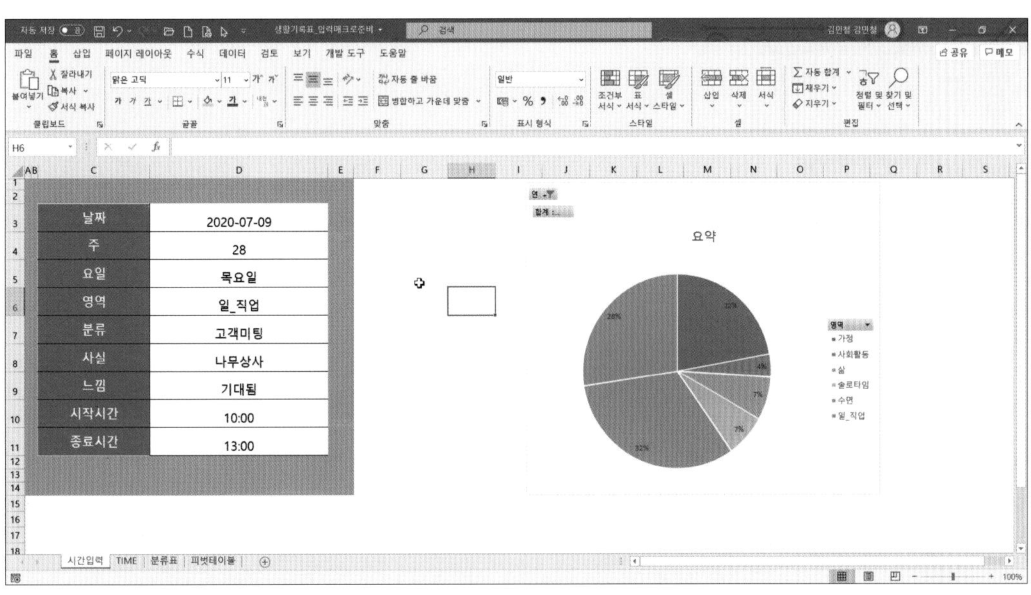

데이터 입력하기

01 D8:D11 영역까지 데이터를 입력합니다. D8셀에는 **나무상사**, D9셀에는 **기대됨**, D10셀에는 **10:00**, D11셀에는 **13:00**을 입력합니다.

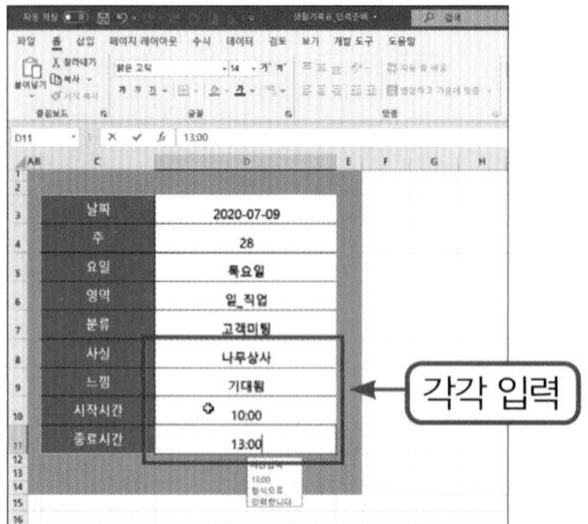

02 D3:D11 영역을 선택한 후 CTRL + C 키를 누릅니다.

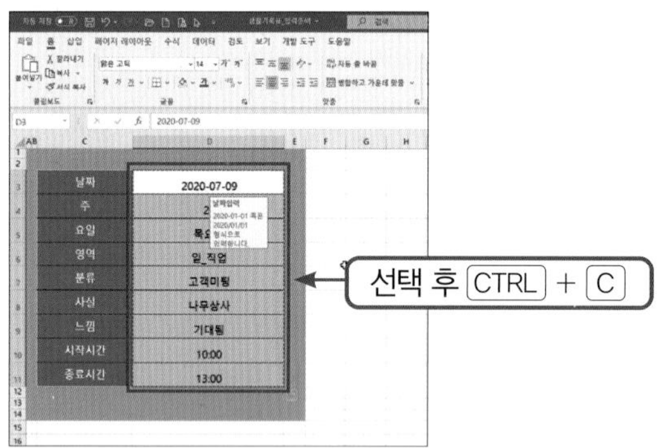

03 ❶ 'TIME' 시트를 선택합니다. ❷ A4225셀을 선택합니다. ❸ [홈] 탭 → '클립보드' 그룹 → '붙여넣기' 내림 단추를 클릭한 후 **선택하여 붙여넣기**를 클릭합니다.

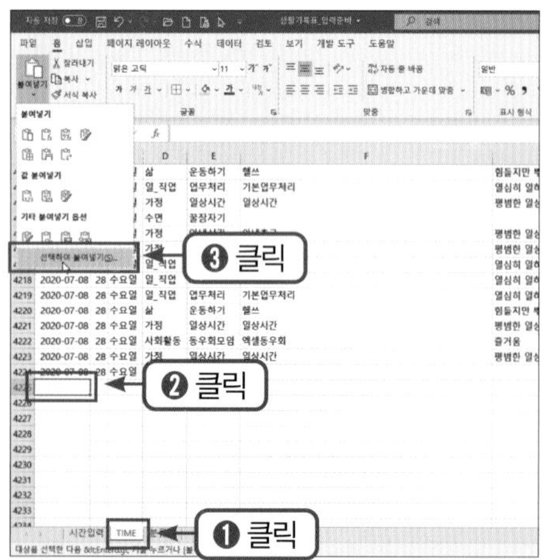

04 '선택하여 붙여넣기' 대화 상자가 나타나면 ❶ 붙여넣기 옵션에서는 **값**을 선택하고, ❷ **행/열 바꿈**을 체크 표시한 후 ❸ [확인] 단추를 클릭합니다.

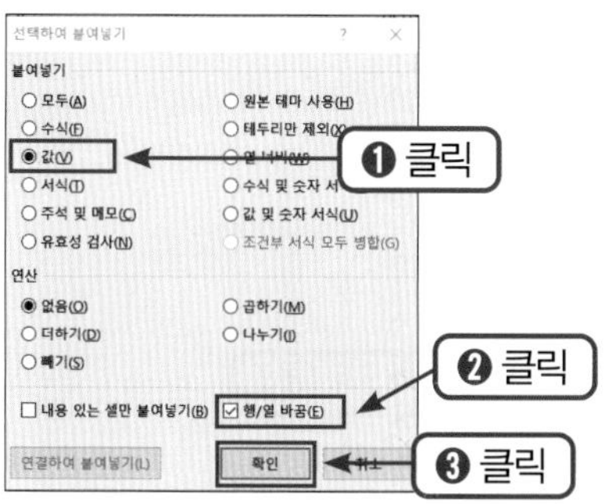

05 ❶ J4225셀을 선택한 후 ❷ '수식 입력줄'에 **=시간계산**을 입력하고 ENTER 키를 입력합니다. K4224셀에 자동으로 경과시간_분이 계산되어 나타납니다.

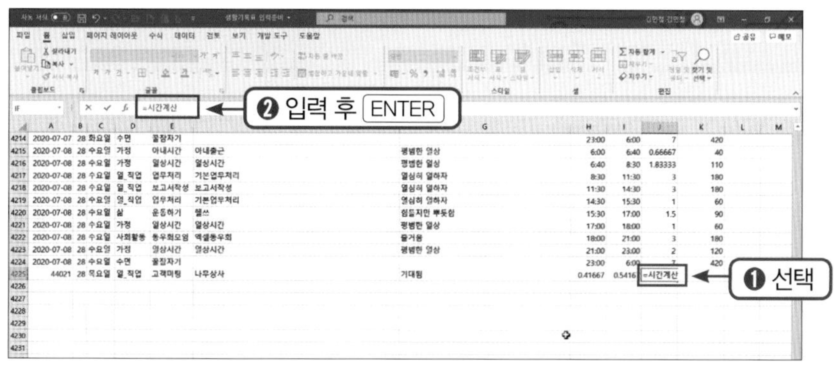

06 ❶ A4225셀을 선택하고 CTRL + 1 키를 누릅니다. '셀 서식' 대화 상자가 나타나면 ❷ '범주'에서 **날짜**를 선택하고 '형식'에서 날짜 형식을 선택합니다. ❸ [확인] 단추를 클릭합니다.

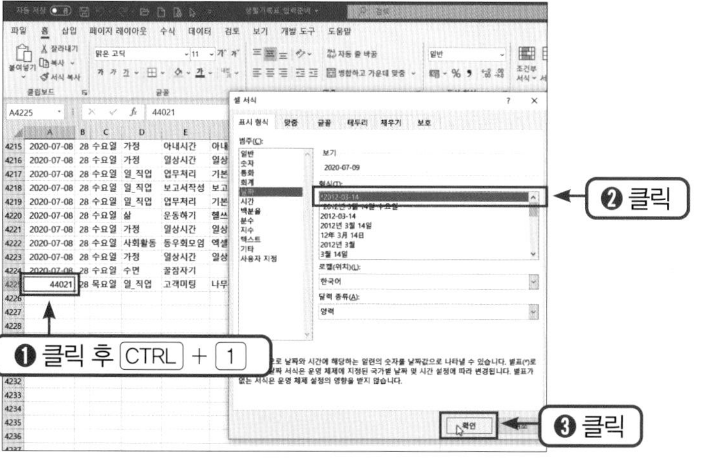

07 ❶ H4225:I4225 영역을 선택하고 CTRL + 1 키를 누릅니다. '셀 서식' 대화 상자가 나타나면 ❷ '범주'에서 **시간**을 선택하고 '형식'에서 시간 형식을 선택합니다. ❸ [확인] 단추를 클릭합니다.

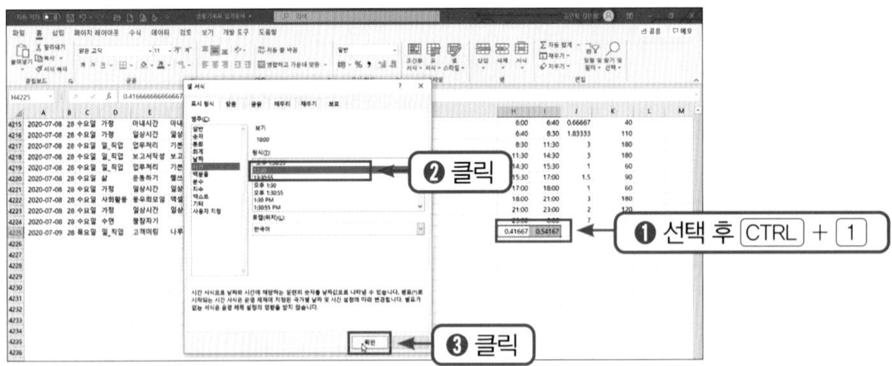

시간 사용 내역 피벗 테이블 만들기

01 데이터 업데이트와 분석을 위해 데이터 영역을 동적 영역으로 지정합니다. ❶ [수식] 탭 → '정의된 이름' 그룹 → '이름 관리자' 명령 단추를 누릅니다. '이름 관리자' 대화 상자가 나타나면 ❷ **분류**를 선택한 후 ❸ '참조 대상'에서 수식을 선택하고 CTRL + C 키를 누릅니다. ❹ '새로 만들기' 명령 단추를 클릭합니다.

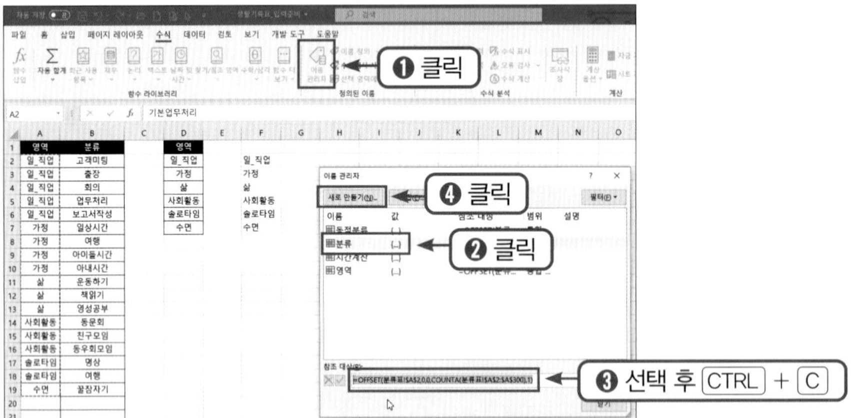

02 '새 이름' 대화 상자가 나타나면 ❶ '이름'에 **데이터영역**이라고 입력합니다. ❷ '참조 대상'에서 기존 참조 대상을 지우고 CTRL + V 키를 누른 후 수식을 **=OFFSET(TIME!$A$1,0,0,COUNTA(TIME!$A$1:$A$65000),11)**로 수정합니다. ❸ [확인] 단추를 클릭합니다.

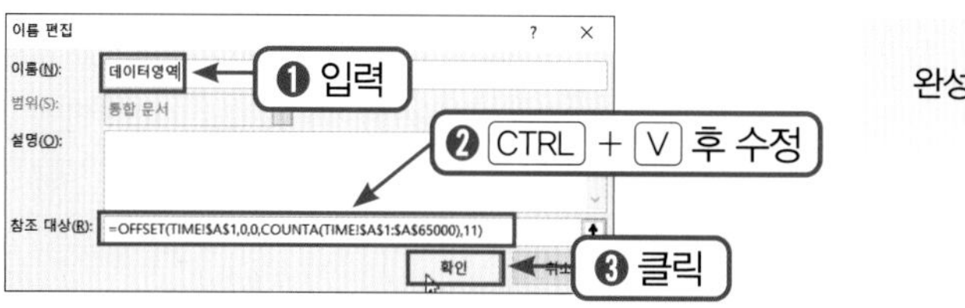

완성 후 [닫기] 단추를 클릭합니다.

03 피벗 테이블을 만듭니다. ❶ 'TIME' 시트를 선택합니다. ❷ [삽입] 탭 → '표' 그룹 → '피벗 테이블' 명령 단추를 클릭합니다. '피벗 테이블 만들기' 대화 상자가 나타나면 ❸ '표/범위'에 **데이터영역**이라고 입력하고 ❹ [확인] 단추를 클릭합니다.

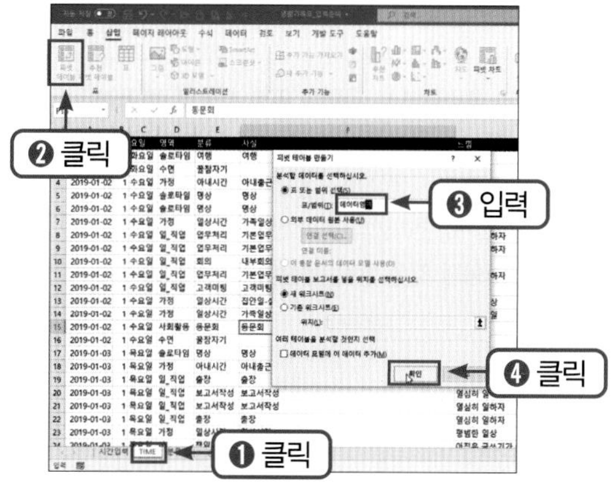

04 ❶ 'Sheet1' 시트 탭을 더블클릭하여 선택한 후 시트 이름을 '피벗테이블'로 수정합니다. ❷ 시트 탭을 마우스로 드래그하여 시트를 맨 뒤로 이동합니다.

05 피벗 테이블 필드에서 **영역**과 **경과시간**을 선택하여 피벗 테이블에 데이터를 가져옵니다.

06 ❶ [피벗 테이블 분석] 탭 → '피벗 테이블' 그룹 → '옵션' 대화 상자를 클릭합니다. '피벗 테이블 옵션' 대화 상자가 나타나면 ❷ [표시] 탭을 선택합니다. ❸ **클래식 피벗 테이블 레이아웃 표시(눈금에서 필드 끌기 사용)**을 선택한 후 ❹ [확인] 단추를 클릭합니다.

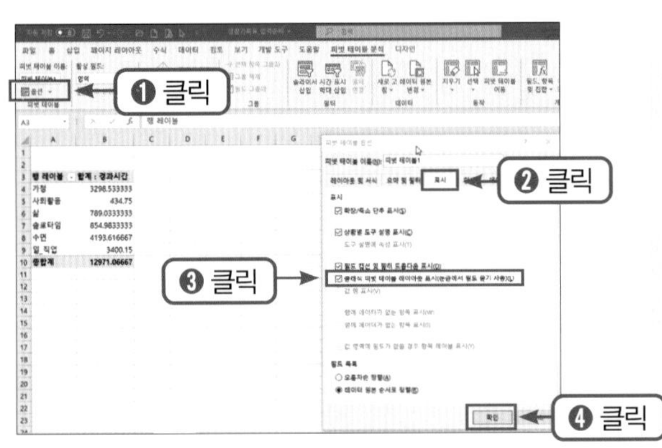

피벗 테이블에서 **클래식 피벗 테이블 레이아웃 표시(눈금에서 필드 끌기 사용)**으로 하는 것이 보고서 작성에도 좋고 피벗 테이블을 활용할 때도 편리합니다. 저는 피벗 테이블 기능을 사용할 경우 일단 옵션에서 위와 같이 수정합니다.

07 ❶ B5:B11 영역을 선택한 후 CTRL + 1 키를 누릅니다. ❷ '셀 서식' 대화 상자가 나타나면 [표시 형식] 탭에서 '범주'를 **숫자**로 선택하고 ❸ '1000단위 구분 기호 사용'을 체크 표시합니다. ❹ [확인] 단추를 클릭합니다.

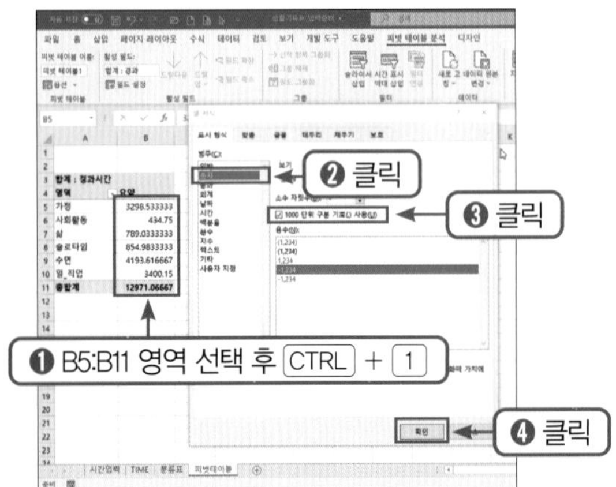

피벗 차트 만들기

01 피벗 차트를 만듭니다. ❶ [피벗 테이블 분석] 탭 → '도구' 그룹 → '피벗 차트' 명령 단추를 클릭합니다. '차트 삽입' 대화 상자가 나타나면 ❷ '원형'을 클릭하고 **원형 차트**를 선택합니다. ❸ [확인] 단추를 클릭합니다.

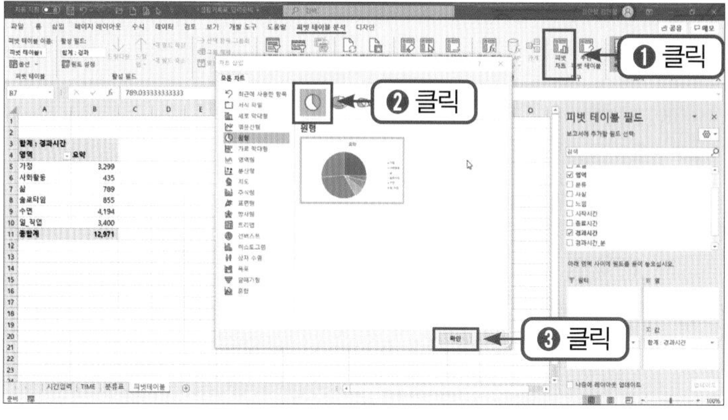

02 차트가 나타나면 ❶ [디자인] 탭 → '위치' 그룹 → '차트 이동' 명령 단추를 누릅니다. '차트 이동' 대화 상자가 나타나면 ❷ '워크시트에 삽입'을 선택하고 이동할 시트로 **시간입력**을 선택합니다. ❸ [확인] 단추를 클릭합니다.

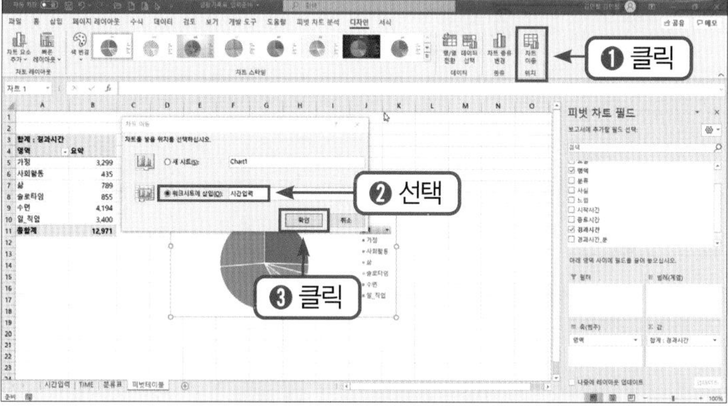

03 ❶ 마우스로 드래그하여 차트 크기를 적당히 조정합니다. 차트의 데이터 영역을 선택한 후 마우스 오른쪽 버튼을 클릭하여 ❷ **데이터 레이블 추가**를 선택합니다.

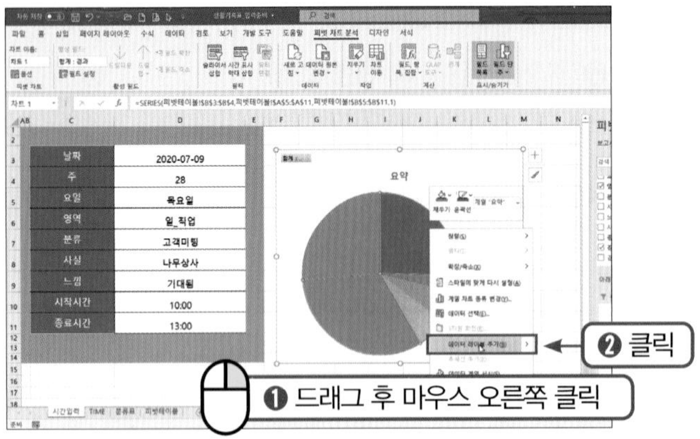

04 데이터 레이블이 나타나면 ❶ 데이터 레이블을 선택한 후 마우스 오른쪽 버튼을 클릭하여 ❷ **데이터 레이블 서식**을 클릭합니다.

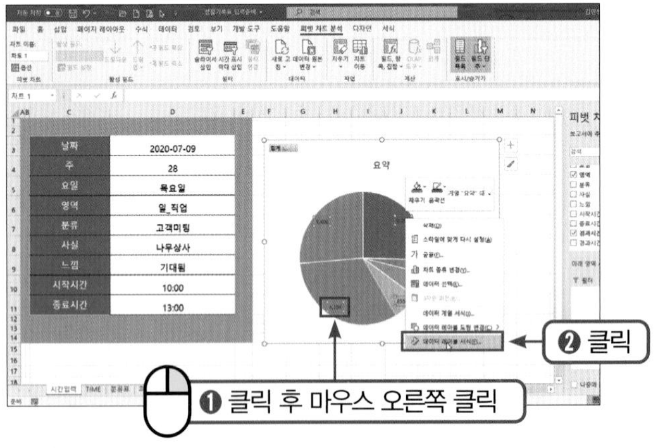

05 '데이터 레이블 서식' 필드 목록이 나타나면 ❶ **값**을 클릭하여 체크 표시를 해제하고 ❷ **백분율**을 클릭하여 체크 표시가 나타나게 합니다. ❸ 필드를 닫습니다.

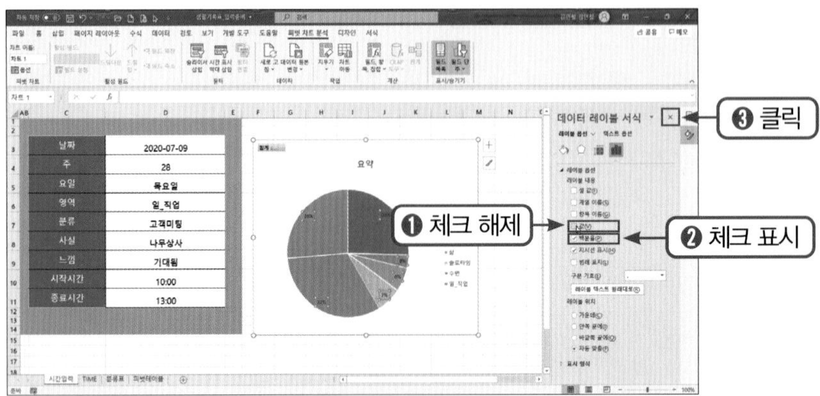

06 전년도 데이터만 피벗 차트에 나타나게 합니다. ❶ '피벗테이블' 시트를 클릭합니다. ❷ 피벗 테이블 필드 목록에서 **날짜**를 클릭합니다.

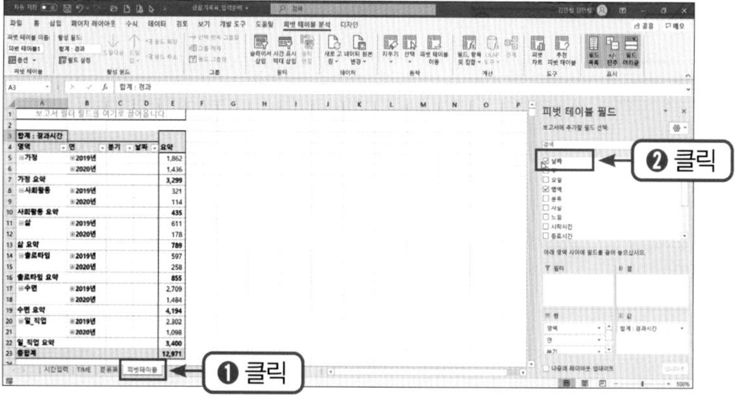

07 **날짜**와 **분기**를 체크 표시 해제합니다.

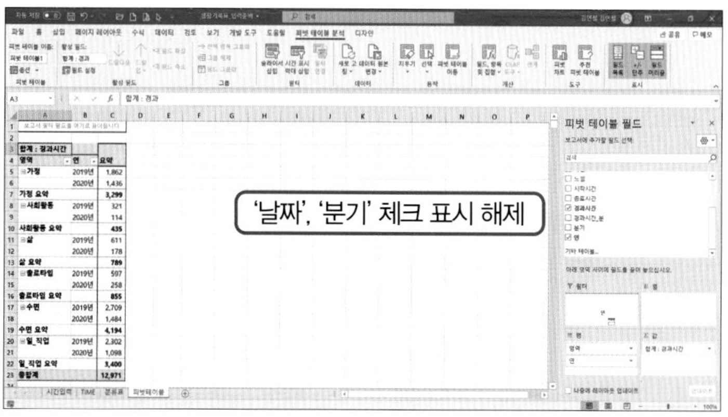

08 피벗 테이블에서 **연** 항목을 마우스로 드래그하여 보고서 영역으로 이동합니다.

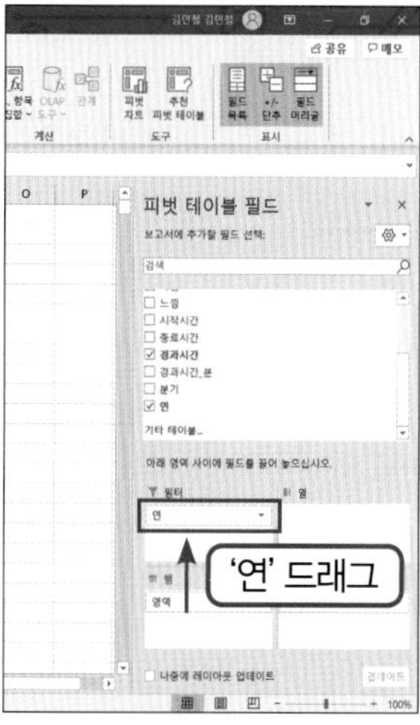

09 ❶ 피벗 테이블 보고서 영역에서 내림 단추를 클릭한 후 ❷ **여러 항목 선택**을 체크 표시합니다. ❸ **2019**년만 체크 표시를 하고 나머지는 체크 표시를 해제합니다. ❹ [확인] 단추를 클릭합니다.

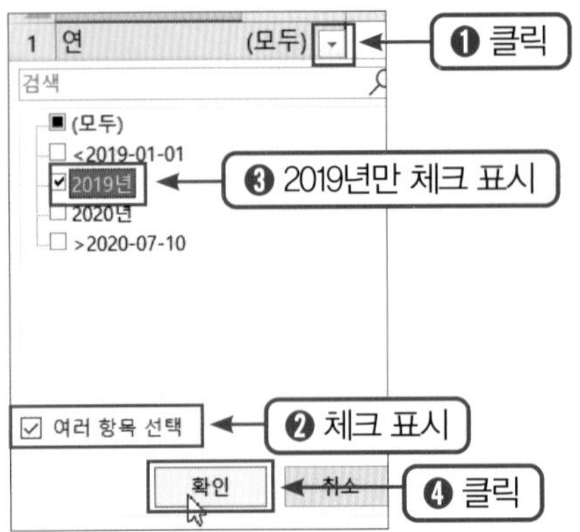

10 '시간입력' 시트를 클릭하면 변경된 차트를 확인할 수 있습니다.

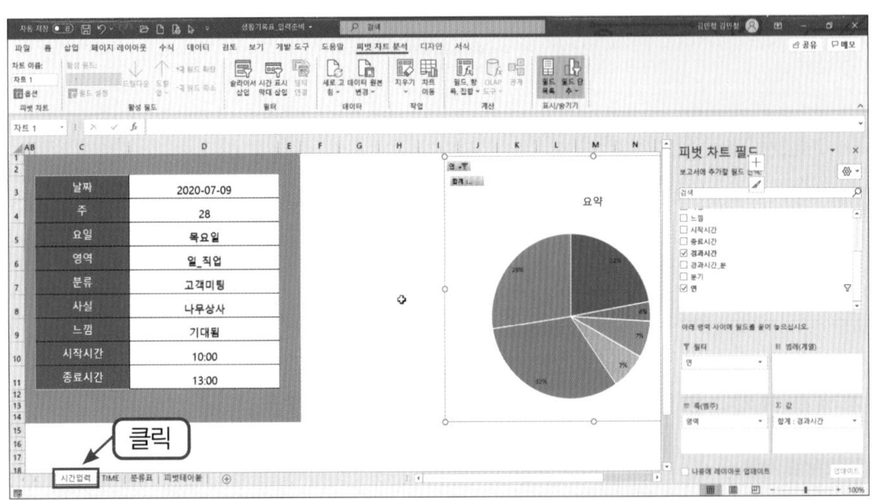

03 시간 입력 자동화 프로그램 만들기

마지막으로 시간 사용 내역을 입력하고 명령 단추를 클릭하면 입력한 내역이 자동으로 'TIME' 시트로 이동하면서 동시에 차트도 변경이 되도록 프로그램을 만들어 보겠습니다. 매크로 기능을 활용하여 시간 사용 내역을 자동으로 'TIME' 시트에 나타나게 하고 분석할 수 있습니다. 이처럼 회사에서 엑셀로 어떤 업무를 하더라도 마지막은 클릭 한 번으로 대부분의 업무가 해결되도록 프로그램을 만드는 것으로 마무리되어야 합니다.

실습 내용

기본 원리: 매크로 명령 단추를 클릭하여 시간 사용 내역이 자동으로 입력되도록 합니다.

주요 기능: 매크로

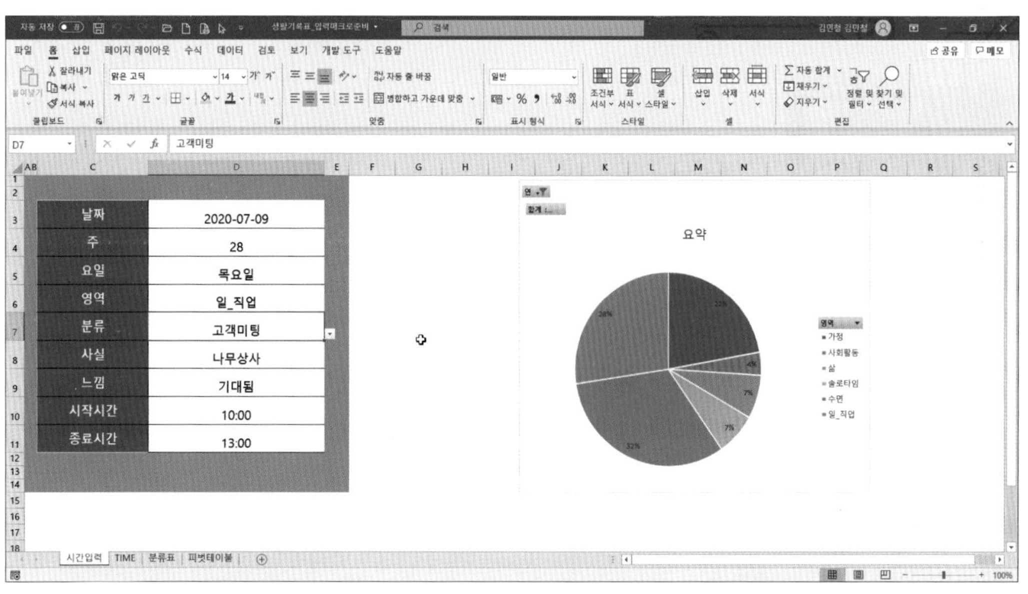

데이터 입력 매크로 만들기

01 ❶ '매크로 기록' 명령 단추를 클릭합니다. '매크로 기록' 대화 상자가 나타나면 ❷ '매크로 이름'에 **신규입력**이라고 입력하고 ❸ [확인] 단추를 클릭합니다.

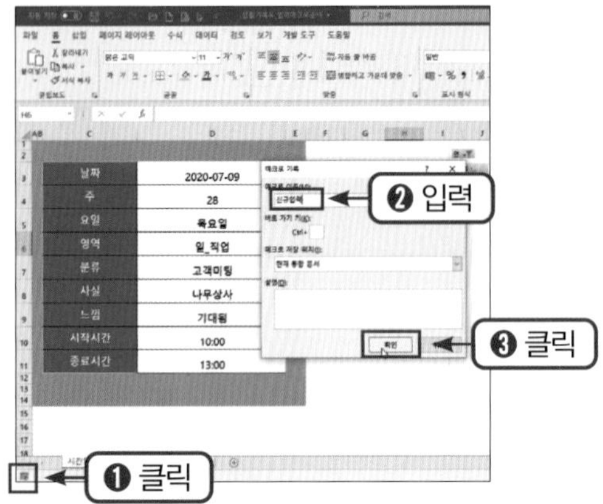

02 ❶ D3:D11 영역을 선택한 후 CTRL + C 키를 누릅니다.

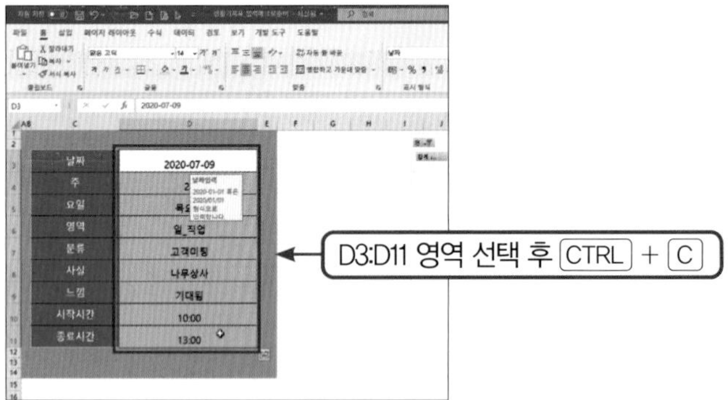

03 ❶ 'TIME' 시트를 선택합니다. ❷ CTRL + ↓ 키를 눌러 맨 아래로 이동한 다음 A4226셀을 선택합니다. ❸ [홈] 탭 → '클립보드' 그룹 → '붙여넣기' 내림 단추를 클릭한 후 **선택하여 붙여넣기**를 클릭합니다.

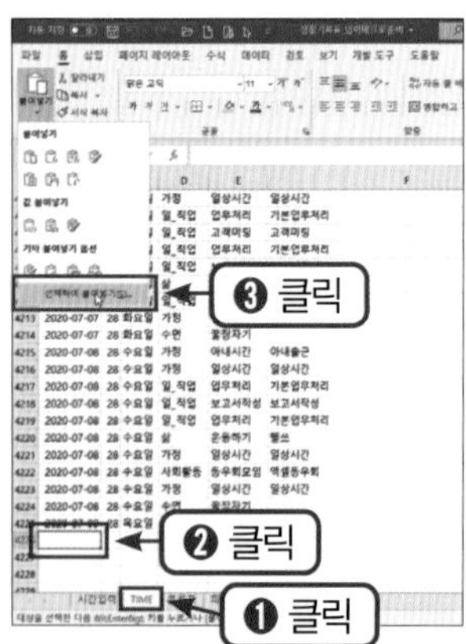

04 '선택하여 붙여넣기' 대화 상자가 나타나면 ❶ '붙여넣기' 옵션에서 **값**을 선택하고 ❷ **행/열 바꿈**을 체크 표시합니다. ❸ [확인] 단추를 클릭합니다.

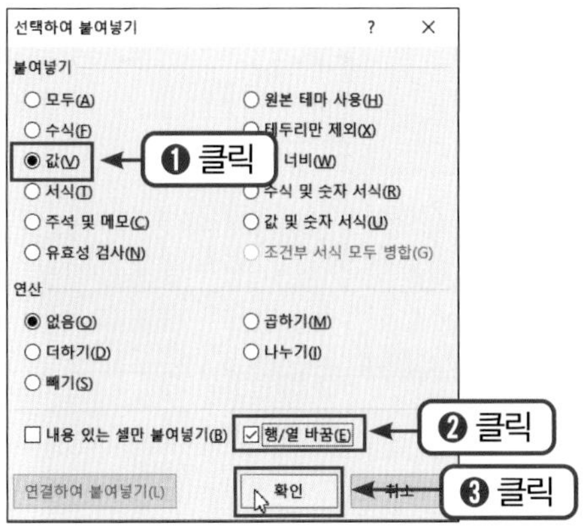

05 ❶ J4226셀을 선택합니다. ❷ '수식 입력줄'에 **=시간계산**을 입력한 후 ENTER 키를 누릅니다.

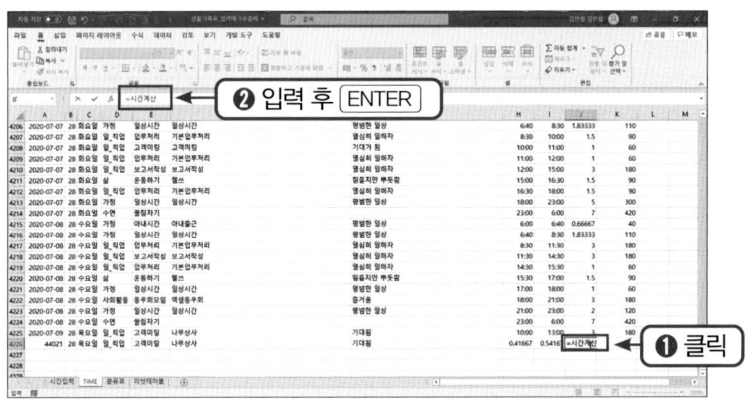

06 ❶ K4226셀을 선택합니다. ❷ '수식 입력줄'에 **=J4226*60**을 입력한 후 ENTER 키를 누릅니다.

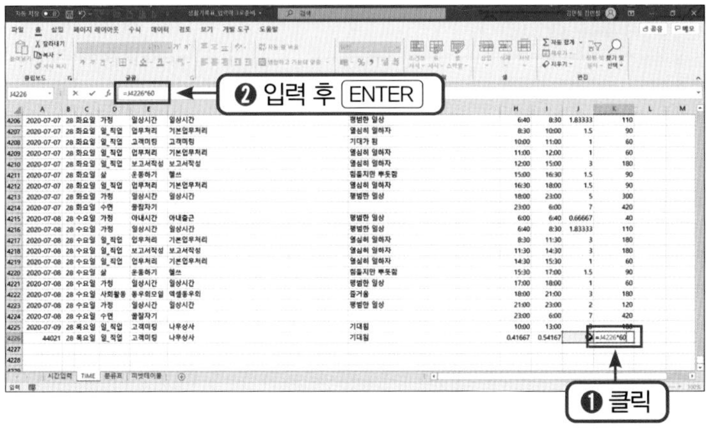

J4226셀에 수식을 입력하고 ENTER 키를 누르면 엑셀의 자동 수식 완성 로직에 의해 자동으로 K4226셀에 수식이 입력되지만 **경과시간_분**을 계산하는 수식을 매크로로 기록하기 위해 수식을 다시 입력하였습니다.

07 ❶ A4226셀을 선택하고 CTRL + 1 키를 누릅니다. '셀 서식' 대화 상자가 나타나면 ❷ '범주'에서 **날짜**를 선택하고 '형식'에서 날짜 형식을 선택합니다. ❸ [확인] 단추를 클릭합니다.

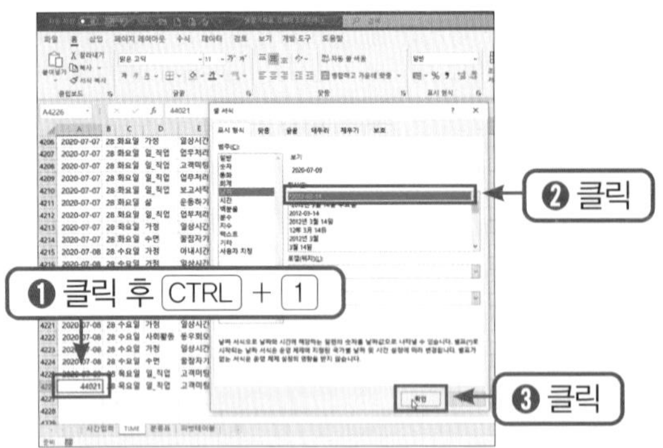

08 ❶ H4226:I4226 영역을 선택하고 CTRL + 1 키를 누릅니다. ❷ '셀 서식' 대화 상자가 나타나면 '범주'에서 **시간**을 선택하고 '형식'에서 시간 형식을 선택합니다. ❸ [확인] 단추를 클릭합니다.

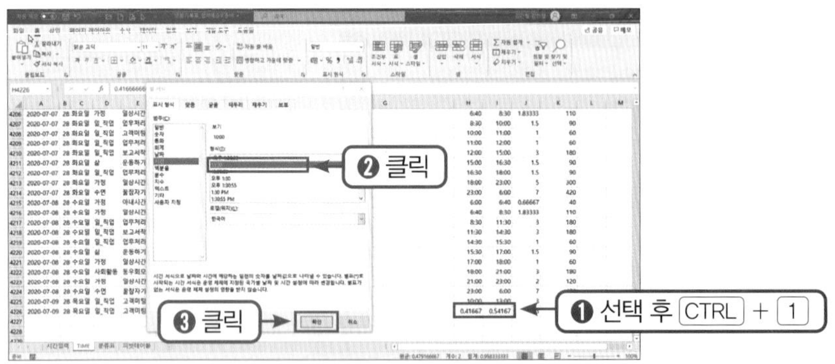

09 ❶ '피벗테이블' 시트를 선택합니다. ❷ [피벗 테이블 분석] 탭 → '데이터' 그룹 → '새로 고침' 명령 단추를 클릭합니다.

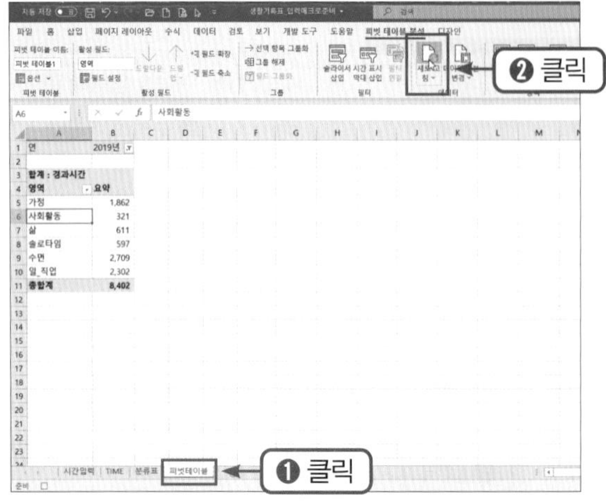

10 ❶ '시간입력' 시트를 클릭합니다. ❷ D6:D11 영역을 선택한 후 DELETE 키를 누릅니다. ❸ D3셀을 선택하고 ❹ '매크로 기록 중지' 명령 단추를 클릭합니다.

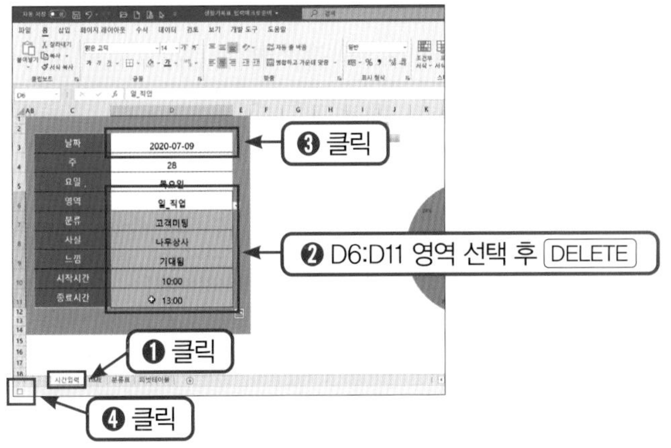

코드 수정하기

01 ALT + F11 키를 눌러 Visual Basic Editor 창을 열어서 매크로로 작성된 코드를 확인합니다. ❶ 프로젝트 창에서 모듈을 더블클릭하면 Module1이 나타납니다. ❷ Module1을 더블클릭하면 작성된 코드가 나타납니다.

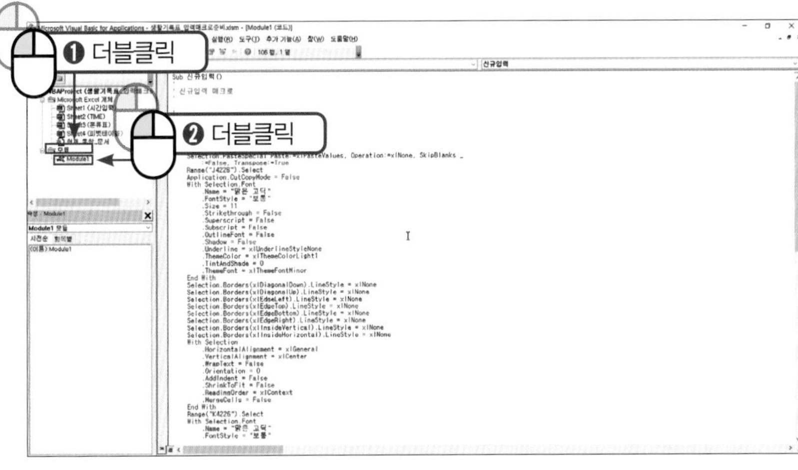

02 엑셀 시트에서 실제로 실행한 기능보다 훨씬 많은 코드가 나타납니다. 15행부터 91행까지는 사용자가 엑셀 기능을 사용하지 않았지만 엑셀의 자동 완성 기능에 의해 이전 데이터의 셀 서식과 수식을 자동으로 완성하는 코드입니다. 불필요한 코드이므로 15행 ~ 91행(**Application.CutCopyMode = False**부터 **Range("J4226").Select**까지)을 선택 후 삭제합니다.

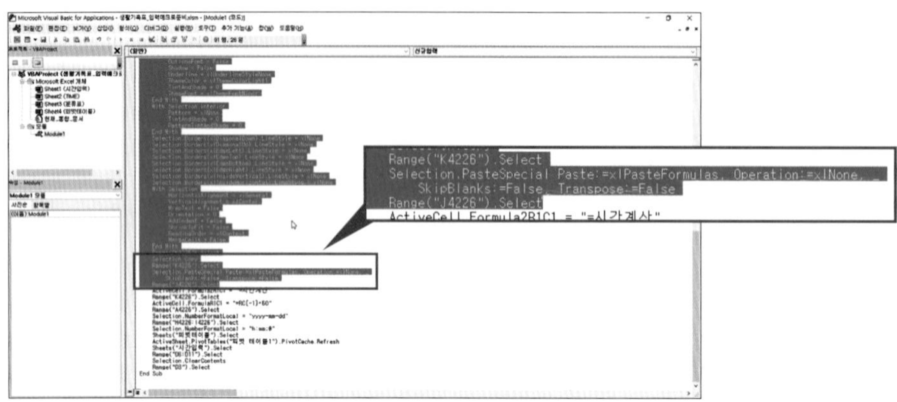

03 2번 과정을 실행하면 다음과 같이 실제로 엑셀에서 수행한 기능에 대한 것만 코드로 나타납니다.

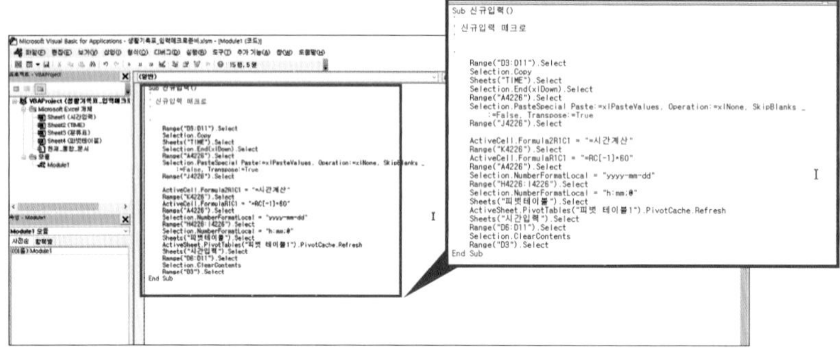

04 매크로로 작성한 코드를 다음과 같이 수정합니다.

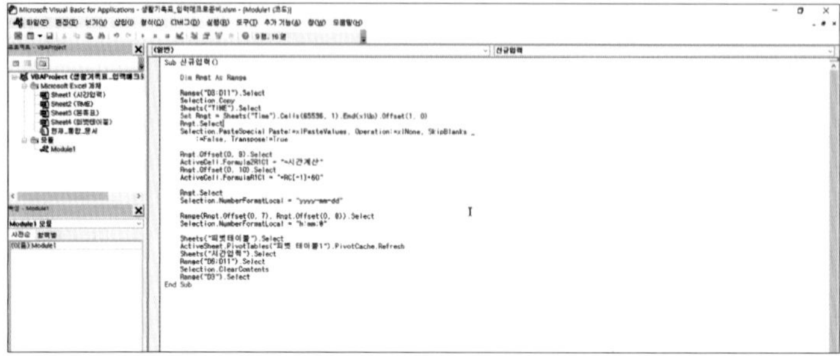

알아보기 매크로

```
1     Sub 신규입력()
2
3         Dim Rngt As Range
4
5         Range("D3:D11").Select
6         Selection.Copy
7         Sheets("TIME").Select
8         Set Rngt = Sheets("Time").Cells(65536, 1).End(xlUp).Offset(1, 0)
9         Rngt.Select
10        Selection.PasteSpecial Paste:=xlPasteValues,
          Operation:=xlNone, SkipBlanks _
11            :=False, Transpose:=True
12
13        Rngt.Offset(0, 9).Select
14        ActiveCell.Formula2R1C1 = "=시간계산"
15        Rngt.Offset(0, 10).Select
16        ActiveCell.FormulaR1C1 = "=RC[-1]*60"
17
18        Rngt.Select
19        Selection.NumberFormatLocal = "yyyy-mm-dd"
20
21        Range(Rngt.Offset(0, 7), Rngt.Offset(0, 8)).Select
22        Selection.NumberFormatLocal = "h:mm;@"
23
24        Sheets("피벗테이블").Select
25        ActiveSheet.PivotTables("피벗 테이블1").PivotCache.Refresh
26        Sheets("시간입력").Select
27        Range("D6:D11").Select
28        Selection.ClearContents
29        Range("D3").Select
30    End Sub
```

전체 라인	홑따옴표(')로 주석 처리가 된 부분은 불필요한 부분이고 영향을 주지도 않는 부분이라 삭제했습니다. 아울러 2, 4, 12, 17, 20, 23라인 등은 명령을 수행하는 부분을 구분하기 위해 편의상 공백으로 두었습니다. 이러한 공백은 명령문 실행에 아무런 영향을 주지 않습니다.
3라인	**Dim Rngt As Range**: 변수 선언을 합니다. '입력하는 코드입니다.

5라인	**Range("D3:D11").Select**: D3:D11 영역을 선택합니다. 매크로로 기록된 코드입니다.
6라인	**Selection.Copy**: 선택한 영역을 복사합니다. 매크로로 기록된 코드입니다.
7라인	**Sheets("TIME").Select:** 'TIME' 시트를 선택합니다. 매크로로 기록된 코드입니다.
8라인	**Set Rngt = Sheets("Time").Cells(65536, 1).End(xlUp).Offset(1, 0)**: 변수로 선언한 Rngt를 A열에 데이터가 있는 맨 마지막 셀 다음 셀로 지정합니다. 데이터가 입력되어 있는 맨 마지막 셀을 선택할 때 사용하는 코드입니다. **Cells(65536, 1)**은 A65536셀을 의미합니다. **Cells(65536, 1).End(xlUp)**은 A65536셀에서 CTRL + ↑ 키를 누른 것과 동일한 역할을 하여 A열의 맨 마지막 데이터가 있는 셀을 의미합니다. **Offset(1, 0)**은 데이터가 있는 맨 마지막 셀에서 행 방향으로 하나 아래 셀을 의미합니다. 이처럼 동적 코드는 새로 입력하는 데이터의 셀의 위치를 설정합니다. 입력하는 코드입니다.
9라인	**Rngt.Select**: 신규 데이터가 입력되는 셀을 선택합니다. 입력하는 코드입니다.
10~11라인	**Selection.PasteSpecial Paste:=xlPasteValues, Operation:=xlNone, SkipBlanks _ :=False, Transpose:=True**: 복사한 데이터를 행열 바꿈을 하고 값으로 붙여넣기합니다. 매크로로 기록된 코드입니다.
13라인	**Rngt.Offset(0, 9).Select**: Rngt로 지정한 셀에서 열 방향으로 9번째에 있는 셀을 선택합니다. 경과시간 수식이 입력되어야 할 셀을 선택합니다. 입력하는 코드입니다.
14라인	**ActiveCell.Formula2R1C1 = "=시간계산"**: 선택한 셀에 시간계산으로 이름정의한 수식을 입력합니다. 매크로로 기록된 코드입니다.
15라인	**Rngt.Offset(0, 10).Select**: Rngt로 지정한 셀에서 열 방향으로 9번째에 있는 셀을 선택합니다. 경과시간_분 수식이 입력되어야 할 셀을 선택합니다. 입력하는 코드입니다.
16라인	**ActiveCell.FormulaR1C1 = "=RC[-1]*60"**: 선택한 셀에 시간계산_분 수식을 입력합니다. 매크로로 기록된 코드입니다.
18라인	**Rngt.Select**: **Rngt**셀을 선택합니다. 입력하는 코드입니다.
19라인	**Selection.NumberFormatLocal = "yyyy-mm-dd"**: 선택한 셀의 표시 형식을 날짜 형식으로 지정합니다. 매크로로 기록된 코드입니다.
21라인	**Range(Rngt.Offset(0, 7), Rngt.Offset(0, 8)).Select**: Rngt셀에서 열 방향으로 7번째와 8번째에 위치한 셀을 선택합니다. 시작시간과 종료시간이 입력된 영역을 선택합니다. 입력하는 코드입니다.
22라인	**Selection.NumberFormatLocal = "h:mm;@"**: 선택한 영역의 표시 형식을 시간 표시 형식으로 지정합니다. 매크로로 기록된 코드입니다.

24라인	**Sheets("피벗테이블").Select**: '피벗테이블' 시트를 선택합니다. 매크로로 기록된 코드입니다.
25라인	**ActiveSheet.PivotTables("피벗 테이블1").PivotCache.Refresh**: 피벗 테이블 새로 고침을 합니다. 매크로로 기록된 코드입니다.
26라인	**Sheets("시간입력").Select**: '시간입력' 시트를 선택합니다. 매크로로 기록된 코드입니다.
27라인	**Range("D6:D11").Select**: D6:D11 영역을 선택합니다. 매크로로 기록된 코드입니다.
28라인	**Selection.ClearContents**: 선택한 영역의 데이터를 삭제합니다. 매크로로 기록된 코드입니다.
29라인	**Range("D3").Select**: D3셀을 선택합니다. 매크로로 기록된 코드입니다.

매크로 설명 박스에서 10라인을 두 줄로 나눈 것은 지면상 한 줄에 담지 못해서일 뿐입니다. 실제 매크로 창에서는 라인을 구분하지 말고 한 라인에 이어서 쭉 쓰면 됩니다.

05 매크로를 실행할 명령 단추를 만듭니다. [삽입] 탭 → '일러스트레이션' 그룹 → '도형' 명령 단추를 선택한 후 **사각형(둥근 모서리)**을 선택합니다.

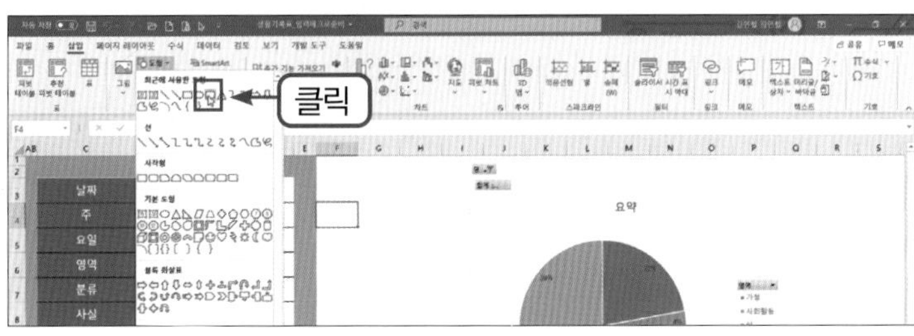

06 ❶ F열과 H열 사이에 마우스를 드래그하여 적당한 크기로 도형을 그린 다음 ❷ 도형에 **입력하기**를 입력합니다. ❸ 글꼴 크기를 **20**으로 하고 ❹ '가운데 맞춤'으로 설정합니다.

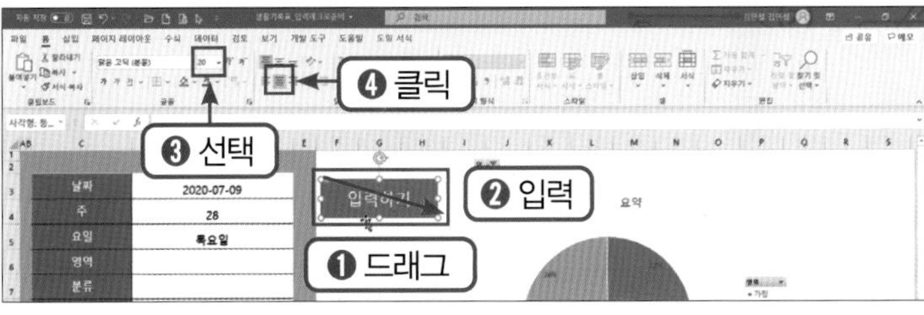

07 ❶ 마우스 오른쪽 버튼으로 도형을 선택한 후 ❷ '매크로 지정'을 클릭합니다.

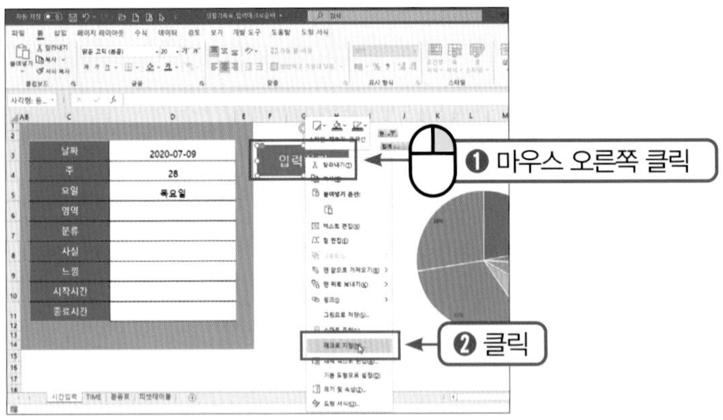

08 '매크로 지정' 대화 상자가 나타나면 ❶ **신규입력**을 선택한 후 ❷ [확인] 단추를 클릭합니다.

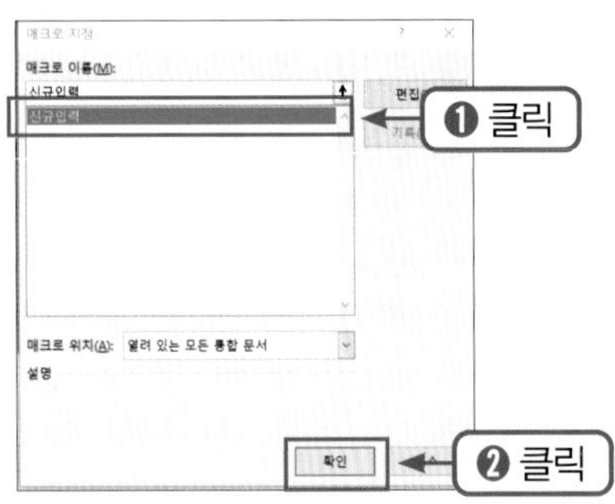

09 셀 보호 기능을 활용하여 수식이 입력되어 있는 D4셀과 D5셀에 데이터를 입력할 수 없도록 하겠습니다. ❶ A열 머리와 1행 머리 사이를 클릭해서 셀 전체 범위를 선택하고 CTRL + 1 키를 누릅니다. '셀 서식' 대화 상자가 나타나면 ❷ [보호] 탭을 선택하고 ❸ '잠금'과 '숨김'의 체크 표시를 해제합니다. ❹ [확인] 단추를 클릭합니다.

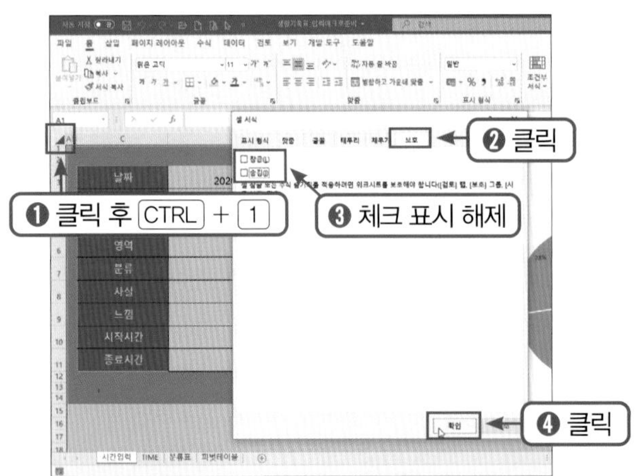

10 ❶ D4:D5 영역을 선택하고 CTRL + 1 키를 누릅니다. '셀 서식' 대화 상자가 나타나면 ❷ [보호] 탭을 선택하고 ❸ '잠금'과 '숨김'을 체크 표시합니다. ❹ [확인] 단추를 클릭합니다.

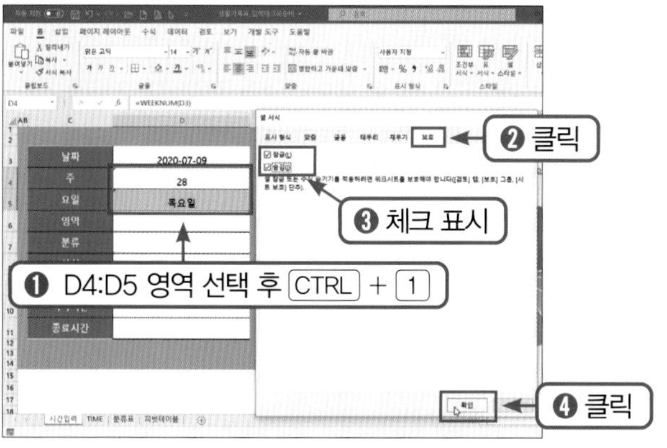

11 ❶ [검토] 탭 → '보호' 그룹 → '시트 보호' 명령 단추를 클릭합니다. '시트 보호' 대화 상자가 나타나면 ❷ **잠긴 셀 선택**과 **잠기지 않은 셀 선택**을 체크 표시 확인하고 ❸ [확인] 단추를 클릭합니다.

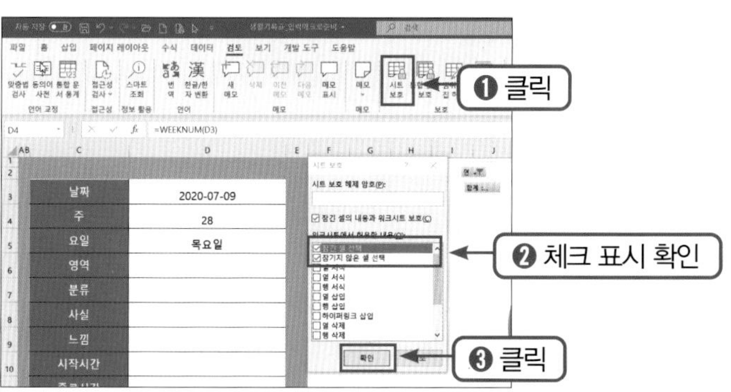

12 D4셀이나 D5셀에 데이터를 입력하면 오류 메시지가 나타나는 것을 확인할 수 있습니다.

여기서 유효성 검사와 동일하게 데이터 입력 오류를 방지하기 위해 시트 보호 기능을 활용했습니다. 여러 사람이 작업한 내용을 한 사람이 취합해서 보고서나 문서를 작성해야 할 때, 시트 보호 기능을 활용하여 입력하면 안 되는 셀에는 데이터가 입력되지 않도록 하면 입력 오류를 방지할 수 있어 편리합니다.

알아보기 생활 관리 프로그램 활용 예

저는 2010년부터 지금까지 생활 관리 프로그램을 활용하여 시간 사용 내역을 기록하고 있습니다. 처음에는 단순히 시간을 어떻게 사용하고 있는지가 궁금해서 기록하기 시작했습니다. 데이터가 조금씩 쌓이다 보니 기록한 데이터에서 내 삶이 보였습니다. 그냥 데이터가 아니고 **'나의 삶 데이터'**였던 것입니다. 지금은 단순히 시간을 입력하는 것으로 끝나지 않고 삶 데이터를 바탕으로 계획을 세우고, 삶을 돌아보는 도구로 활용하고 있습니다.

입력한 데이터는 계획대로 잘 살고 있는지 매달 확인하고 리뷰하는 데 사용하고 있습니다. 여기서는 2021년 계획을 세우기 위해 2020년 삶 데이터를 분석하고 평가한 내용을 소개하겠습니다.

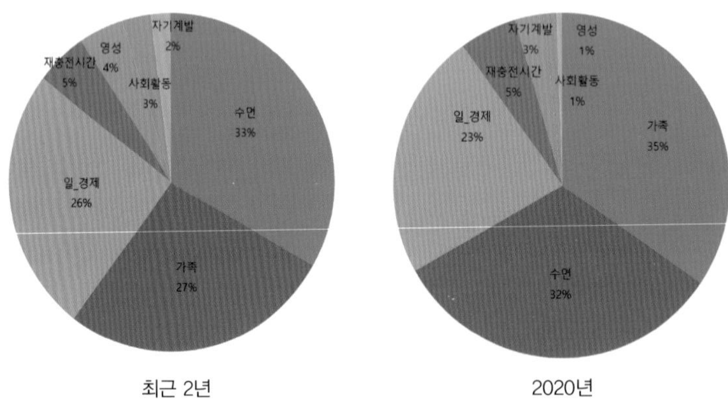

최근 2년 2020년

2020년 이전에는 제가 추구하는 균형 잡힌 삶을 살고 있었습니다. 하루 8시간 잠자는 시간과 일, 가족, 나에게 투자하는 시간이 계획한 대로 잘 배분되어 있습니다. 그런데 2020년에는 코로나 바이러스가 전 세계를 덮쳤습니다. 그로 인해 한동안 할 수 있는 일이 없어서 힘들었지만, 주어진 상황을 받아들이고 내가 할 수 있는 것에 집중하자고 선택했습니다. 그 선택은 가족에게 시간을 더 투자하자는 것이었습니다. 그래서 생애 처음으로 가족을 위해 요리도 하고 바쁜 아내를 대신해 빨래, 청소, 육아를 도맡아서 했습니다.

이렇듯 코로나가 내 삶에 어떤 영향을 주었는지는 일과 경제 활동에 보낸 시간을 분석해 보면 명확하게 알 수 있습니다.

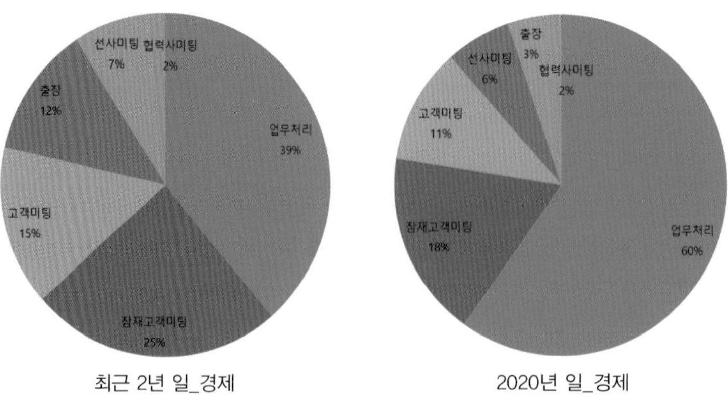

최근 2년 일_경제 2020년 일_경제

2020년에 업무 처리 시간이 21% 증가한 것을 확인할 수 있습니다. 그만큼 고객 미팅과 출장 시간이 감소하였습니다. 생활 관리 프로그램 덕분에 코로나 바이러스가 내 삶에도 큰 영향을 주었다는 것을 한 눈으로 확인할 수 있었습니다.

저는 이렇게 분석한 데이터를 바탕으로 2021년 계획을 다음과 같이 세웠습니다. 업무량은 조금 늘어날 것으로 생각하지만 코로나 영향이 여전할 것으로 예상되어 사람을 만나는 활동은 자제하고 대신 나에게 투자하는 시간을 늘리기로 선택하였습니다.

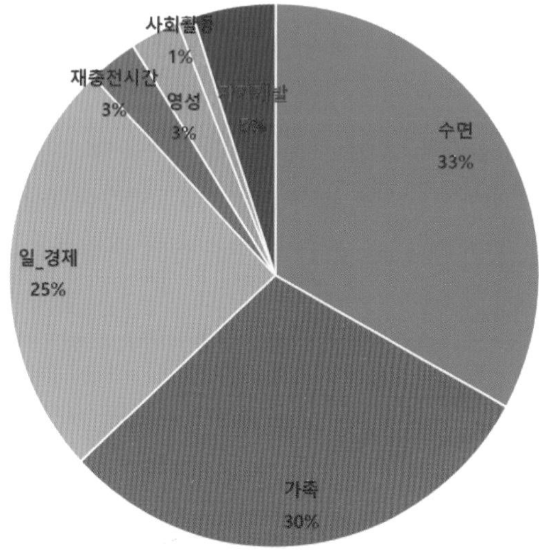

2021년 계획

이렇게 생활 관리 프로그램을 잘 활용하면 계획을 세울 때 현 위치 파악이 잘 되기 때문에 목표 달성률이 높아질 수 있습니다. 독자 여러분도 생활에 잘 활용하면 좋겠습니다.

10 인맥 관리 프로그램

우리는 태어나는 순간부터 죽을 때까지 매일 사람을 만납니다. 누구를 만나는가에 따라 인생이 달라지기도 합니다. 우리 인생에서 가장 중요한 것이 사람 관계입니다. 문득 내가 어떤 사람들과 관계를 맺고 있는지 궁금해졌습니다. 그래서 제가 만났던 사람들을 모두 엑셀로 정리해 보았습니다.

인맥 관리 프로그램을 활용하면서 누가 제게 소중한 사람인지, 어떤 사람에게 제가 더 많은 시간과 에너지를 사용해야 하는지가 명확해졌습니다. 시간과 사람을 잡으면 인생에서 모든 것을 다 가진 것입니다. 생활 관리 프로그램과 함께 인맥 관리 프로그램을 만들어 사용하면 더 가치 있는 삶을 살 수 있을 것이라 생각합니다. 이번 Chapter에서는 간단한 인맥 관리 프로그램을 만들어 보겠습니다.

핵심 시트

메인: 인적 사항 및 인맥 조회 시트

데이터: 인적 사항 데이터가 저장되는 시트

완성 프로그램

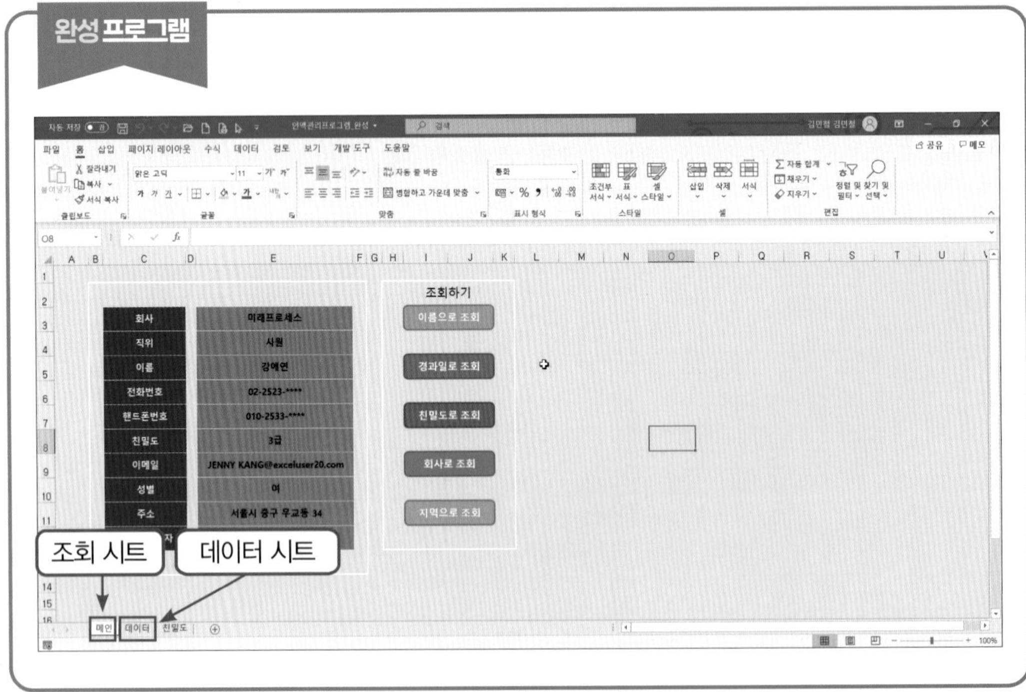

준비 파일 인맥관리프로그램_준비.xlsm

01 메인 시트 만들기

데이터를 관리할 때 데이터 시트에서 조회 및 입력을 해도 되지만 데이터 양이 많은 경우에는 데이터를 확인하는 데 어려움이 있습니다. 이럴 때 따로 조회 시트를 만들어 관리하면 편리합니다. 이번에는 함수와 도형을 활용하여 조회 기능이 있는 메인 시트를 만들어 보겠습니다.

실습 내용

기본 원리: E5셀에 이름이 입력되면 인적 사항이 나타납니다.

주요 기능: ❶ 동적 영역 ❷ INDEX, MATCH, VLOOKUP 함수 ❸ 도형 그리기

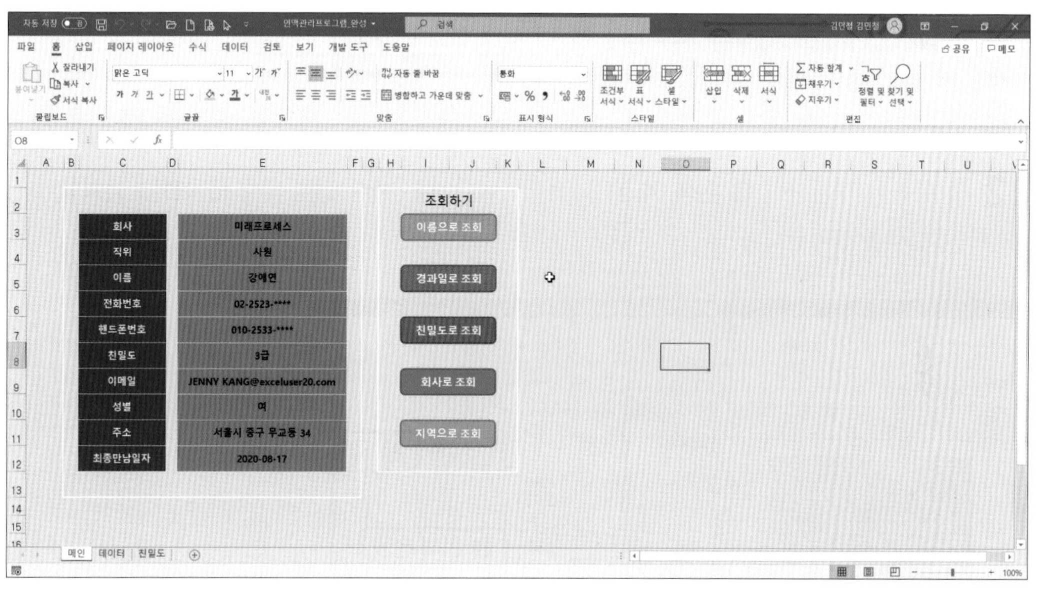

조회 화면 만들기

01 셀 서식 기능을 활용하여 조회 화면을 만들어 봅니다. ❶ B2:F13 영역을 선택한 후 CTRL 키를 누르고 H2:K12 영역을 선택한 다음 CTRL + 1 키를 누릅니다. '셀 서식' 대화 상자가 나타나면 ❷ [테두리] 탭을 선택합니다. ❸ '스타일'에서 **굵은 테두리**를 선택합니다. ❹ '색' 내림 단추를 클릭합니다.

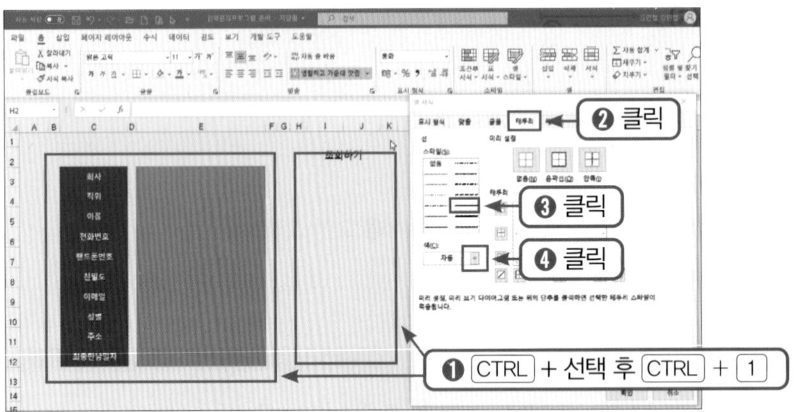

02 색 목록이 나타나면 ❶ **흰색, 배경1**을 선택합니다. ❷ '미리 설정'에서 **윤곽선**을 클릭합니다. ❸ [확인] 단추를 클릭합니다.

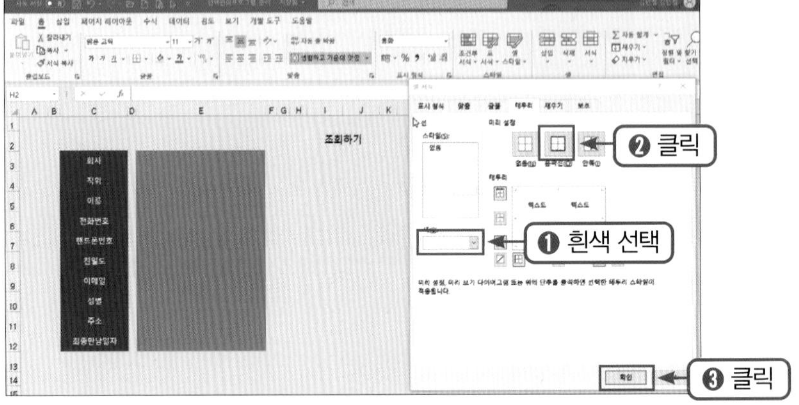

03 ❶ C3:C12 영역을 선택한 후 CTRL 키를 누르고 E3:E12 영역을 선택한 다음 CTRL + 1 키를 누릅니다. '셀 서식' 대화 상자가 나타나면 ❷ [테두리] 탭을 선택합니다. ❸ '스타일'에서 **굵은 테두리**를 선택합니다. ❹ '색'에서 내림 단추를 클릭합니다.

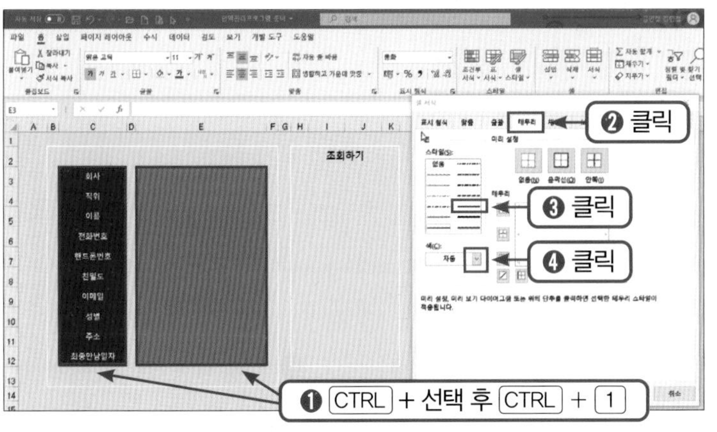

04 색 목록이 나타나면 ❶ **흰색, 배경1**을 선택합니다. ❷ '미리 설정'에서 **윤곽선**과 **안쪽**을 클릭합니다. ❸ [확인] 단추를 클릭합니다.

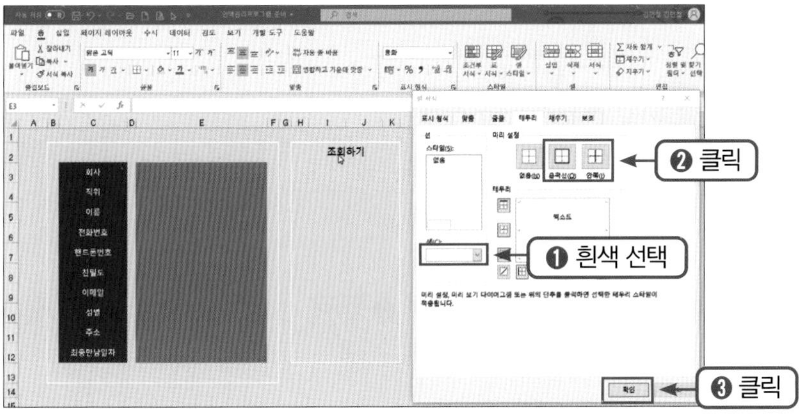

05 이번에는 조회 시 사용할 명령 단추를 도형을 활용하여 만들어 보겠습니다. ❶ [삽입] 탭 → '일러스트레이션' 그룹 → '도형' 명령 단추를 클릭합니다. ❷ 도형 모양이 나타나면 **사각형: 둥근모서리**를 선택합니다. ❸ ALT 키를 누른 상태에서 I3:J3 영역에 마우스를 드래그하여 도형을 만듭니다.

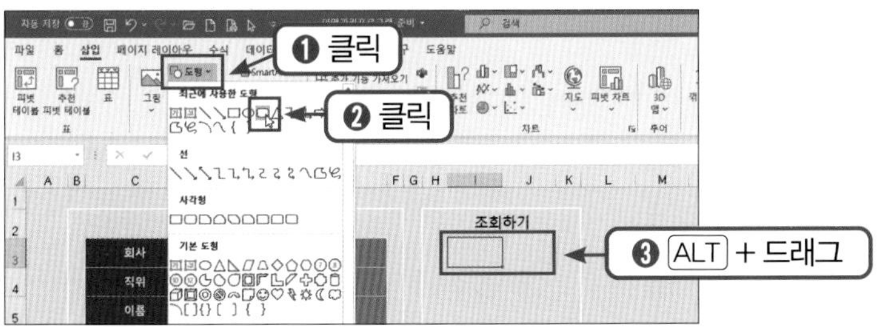

06 ❶ 도형을 선택한 다음 ❷ [도형 서식] 탭 → '도형 스타일' 그룹에서 **테마 스타일**을 지정합니다. 여기서는 **색 채우기 - 황록색, 강조3**을 선택합니다.

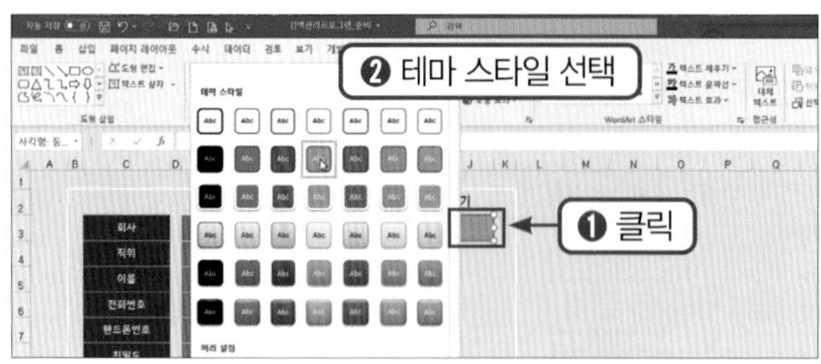

07 ❶ 도형을 더블클릭하여 텍스트를 **이름으로 조회**로 입력합니다. ❷ 도형 가장자리를 클릭하여 도형을 선택합니다. ❸ [홈] 탭 → '글꼴' 그룹에서 **굵게** 명령 단추를 클릭하고 ❹ '글꼴' 크기를 **12**로 선택합니다. ❺ [홈] 탭 → '맞춤' 그룹에서 '가운데 맞춤' 명령 단추를 클릭합니다.

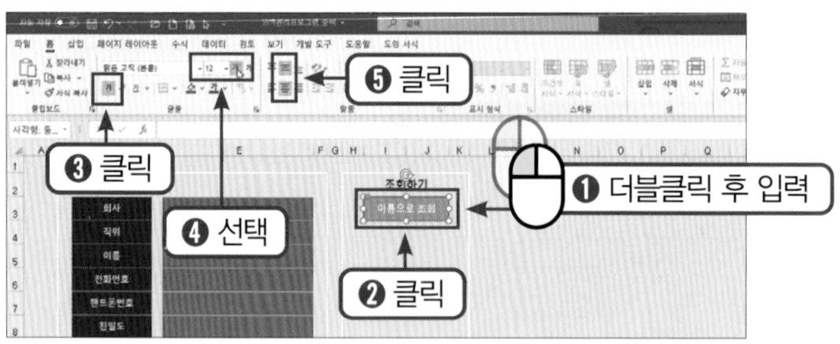

08 도형을 선택한 상태에서 ❶ CTRL + C 키를 누른 후 ❷ CTRL + V 키를 4번 눌러 동일한 도형 4개를 추가로 만듭니다.

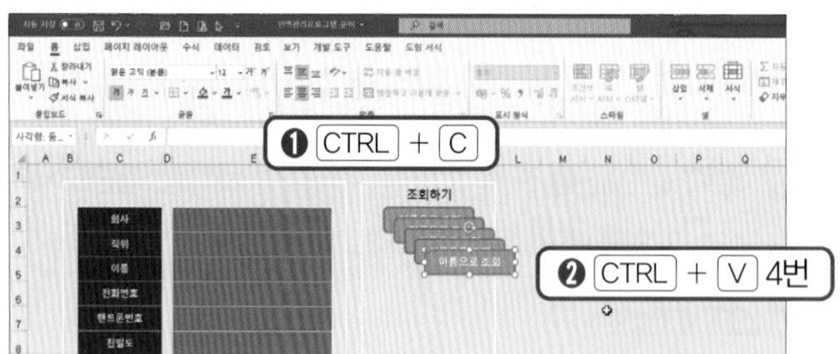

09 ❶ 도형을 ALT 키를 누르고 드래그하여 적당한 위치로 이동합니다. ❷ 각 도형을 더블클릭하여 **경과일로 조회**, **친밀도로 조회**, **회사로 조회**, **지역으로 조회**로 텍스트를 수정합니다.

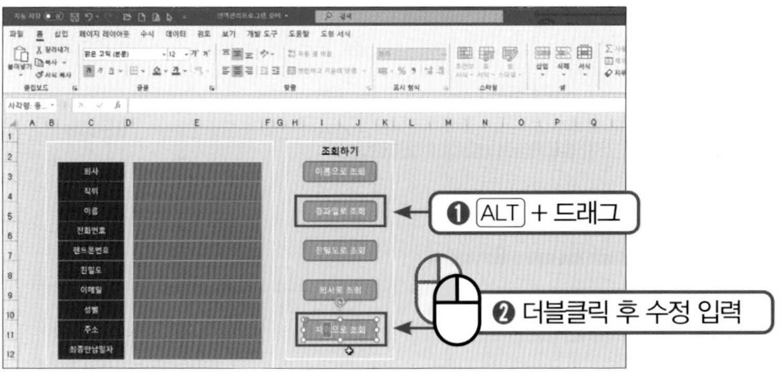

10 ❶ 도형을 선택한 다음 ❷ [도형 서식] 탭 → '도형 스타일' 그룹에서 **테마 스타일**을 각 도형마다 다르게 지정합니다.

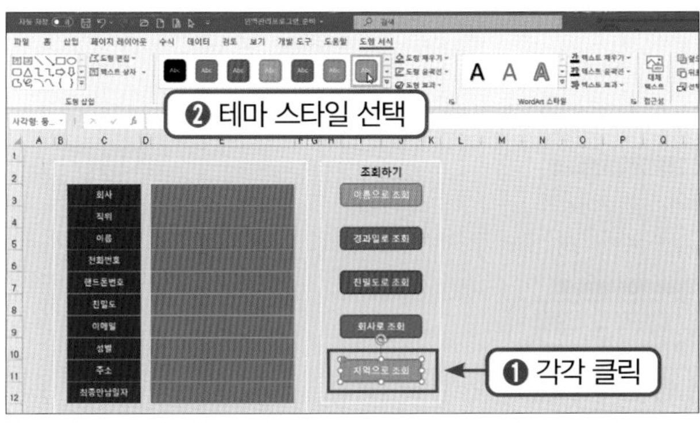

✎ 동적 영역 지정하기

01 인적 사항을 불러오기 위해 먼저 이름정의를 합니다. ❶ '데이터' 시트를 선택합니다. ❷ 값이 없는 임의의 셀을 선택합니다(여기서는 M5셀을 선택했습니다). ❸ [수식] 탭 → '함수 라이브러리' 그룹 → '찾기/참조 영역' 명령 단추를 누른 후 **OFFSET**을 선택합니다.

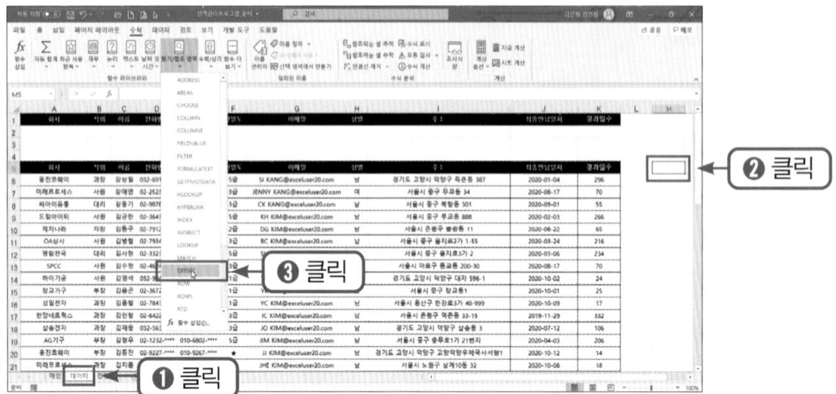

02 '함수 인수' 대화 상자가 나타나면 ❶ 'Reference'에 **$A$6**을 입력하고 'Rows'에 **0**, 'Cols'에 **0**을 입력합니다. ❷ 'Height'에서 ❸ '이름 상자' 내림 단추를 눌러 ❹ **COUNTA**를 선택합니다.

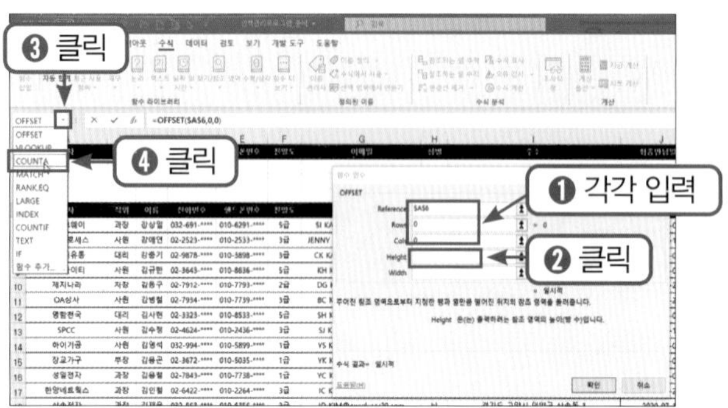

03 '함수 인수' 대화 상자가 나타나면 ❶ 'Value1'에 **$A$6:$A$65000**을 입력하고 ❷ '수식 입력줄'에서 **OFFSET**을 클릭합니다.

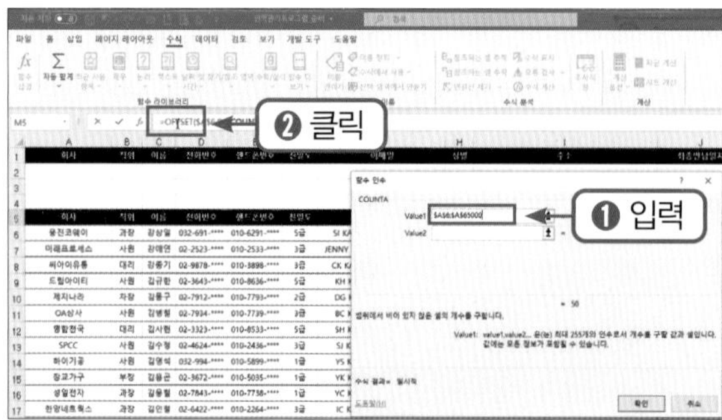

04 '함수 인수' 대화 상자가 나타나면 ❶ 'Width'에 **1**을 입력하고 ❷ [확인] 단추를 클릭합니다.

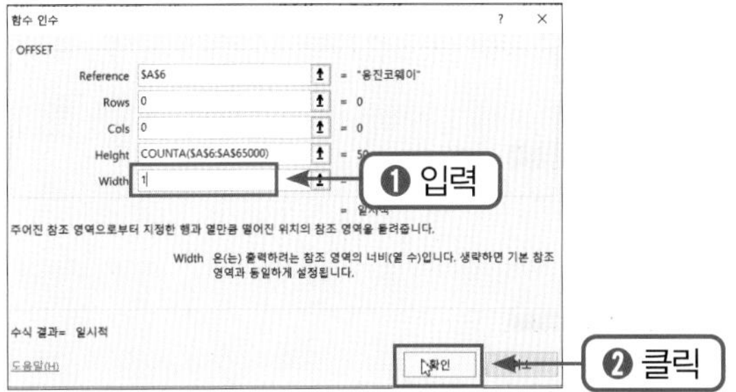

05 M5셀의 '수식 입력줄'에서 수식을 선택한 후 CTRL + C 키를 누르고 ENTER 키를 누릅니다.

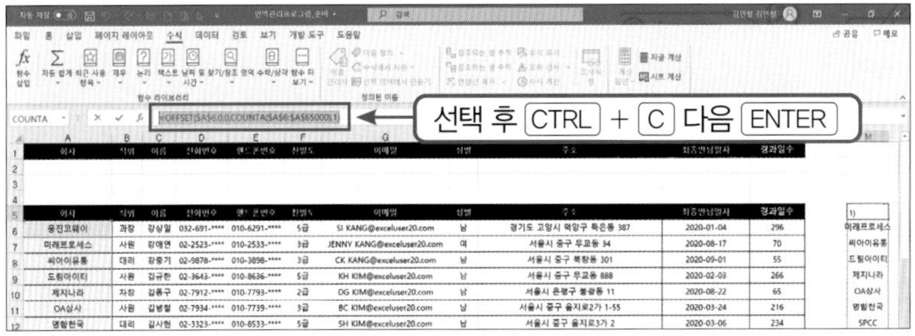

06 ❶ [수식] 탭 → '정의된 이름' 그룹 → '이름 정의' 명령 단추를 누릅니다. '새 이름' 대화 상자가 나타나면 ❷ '이름'에 **회사**라고 입력하고 ❸ '참조 대상'에서 기존 참조 대상을 지우고 CTRL + V 키를 눌러 복사한 수식을 붙여넣습니다. ❹ [확인] 단추를 클릭합니다.

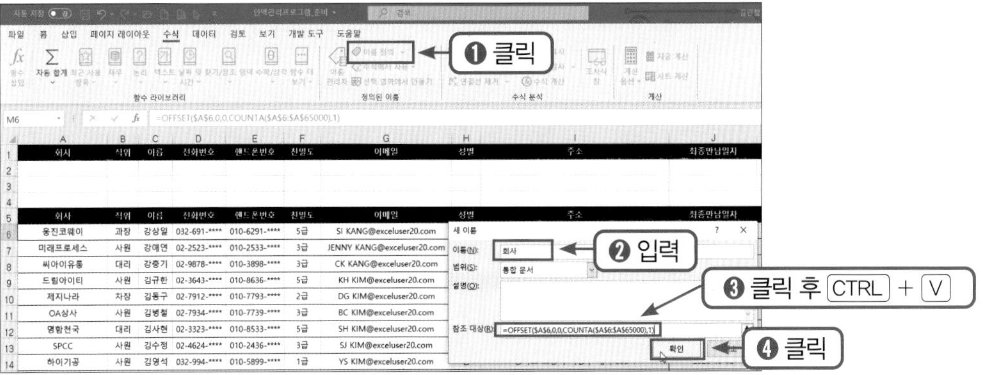

07 ❶ [수식] 탭 → '정의된 이름' 그룹 → '이름 정의' 명령 단추를 누릅니다. '새 이름' 대화 상자가 나타나면 ❷ '이름'에 **직위**라고 입력합니다. ❸ '참조 대상'에서 기존 참조 대상을 지우고 CTRL + V 키를 눌러 복사한 수식을 붙여넣고 **=OFFSET($B$6,0,0,COUNTA($A$6:$A$65000),1)**로 수정합니다. ❹ [확인] 단추를 클릭합니다.

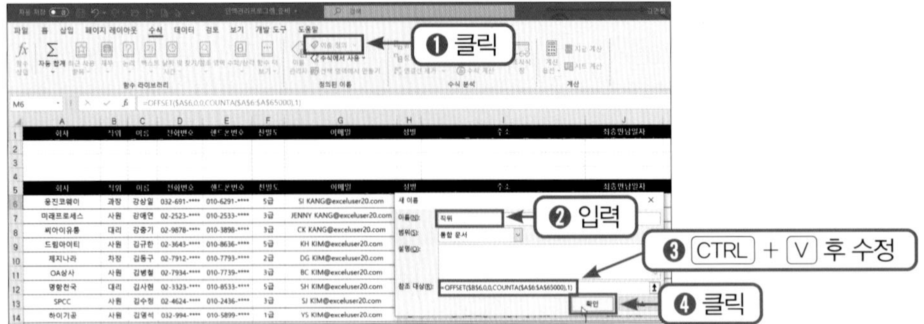

08 ❶ [수식] 탭 → '정의된 이름' 그룹 → '이름 정의' 명령 단추를 누릅니다. '새 이름' 대화 상자가 나타나면 ❷ '이름'에 **이름**이라고 입력합니다. ❸ '참조 대상'에서 기존 참조 대상을 지우고 CTRL + V 키를 눌러 복사한 수식을 붙여넣고 **=OFFSET($C$6,0,0,COUNTA($A$6:$A$65000),1)**로 수정합니다. ❹ [확인] 단추를 클릭합니다.

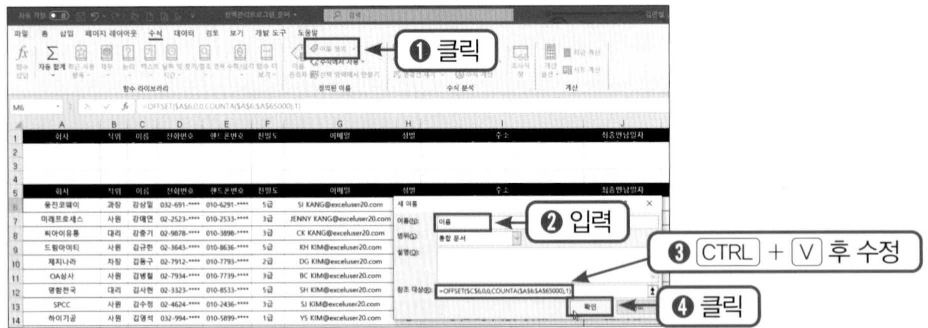

09 ❶ [수식] 탭 → '정의된 이름' 그룹 → '이름 정의' 명령 단추를 누릅니다. '새 이름' 대화 상자가 나타나면 ❷ '이름'에 **인적사항**이라고 입력합니다. ❸ '참조 대상'에서 기존 참조 대상을 지우고 CTRL + V 키를 눌러 복사한 수식을 붙여넣고 수식을 **=OFFSET($C$6,0,0,COUNTA($A$6:$A$65000),9)**로 수정합니다. ❹ [확인] 단추를 클릭합니다.

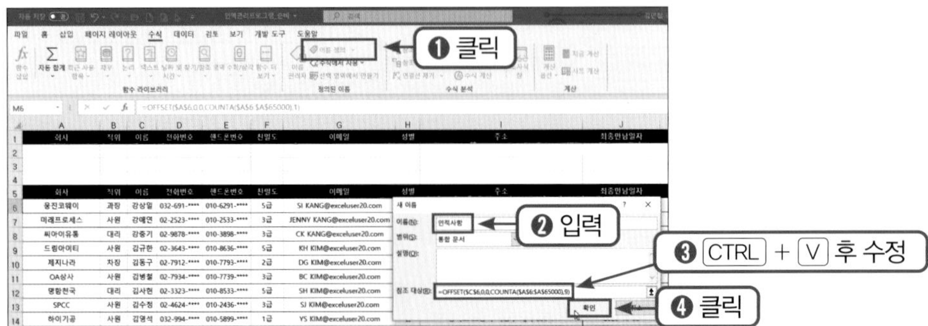

10 ❶ [수식] 탭 → '정의된 이름' 그룹 → '이름 정의' 명령 단추를 누릅니다. '새 이름' 대화 상자가 나타나면 ❷ '이름'에 **데이터영역**이라고 입력합니다. ❸ '참조 대상'에서 기존 참조 대상을 지우고 CTRL + V 키를 눌러 복사한 수식을 붙여넣고 수식을 **=OFFSET($A$5,0,0,COUNTA($A$5:$A$65000),11)**로 수정합니다. ❹ [확인] 단추를 클릭합니다.

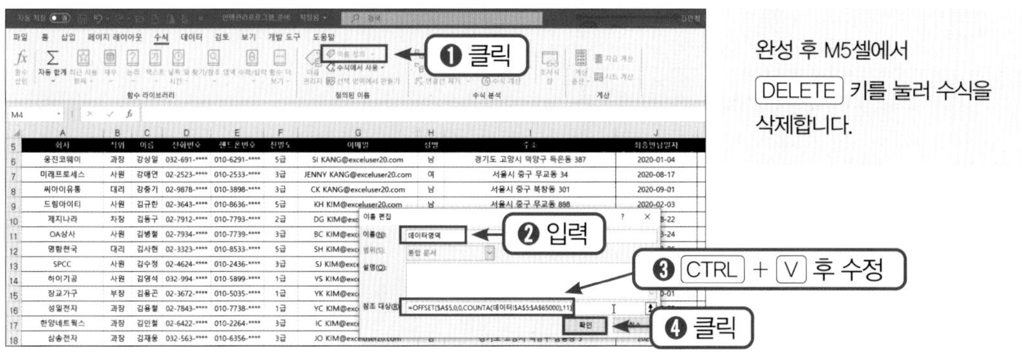

완성 후 M5셀에서 DELETE 키를 눌러 수식을 삭제합니다.

인적 사항 불러오기

01 ❶ '메인' 시트에서 E6셀을 선택합니다. ❷ [수식] 탭 → '함수 라이브러리' 그룹 → '찾기/참조 영역' 명령 단추를 클릭한 후 **VLOOKUP**을 선택합니다.

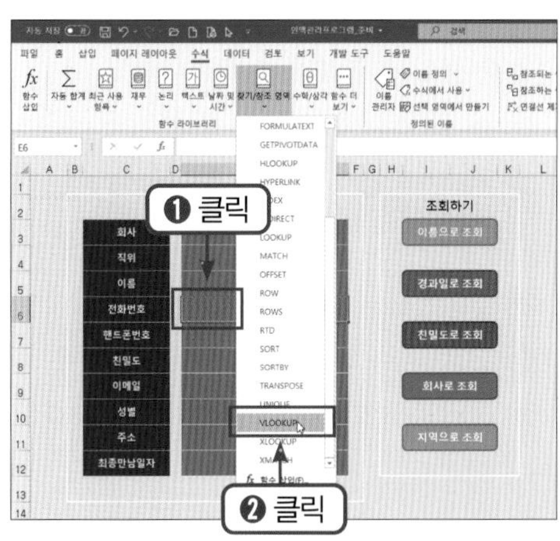

E5셀에 미리 **'강상일'**이라고 입력합니다.

02 '함수 인수' 대화 상자가 나타나면 ❶ 'Lookup_value'에 **$E$5**, 'Table_array'에 **인적사항**, 'Col_index_num'에 **ROW()-4**, 'Range_lookup'에 **0**을 입력한 후 ❷ [확인] 단추를 클릭합니다.

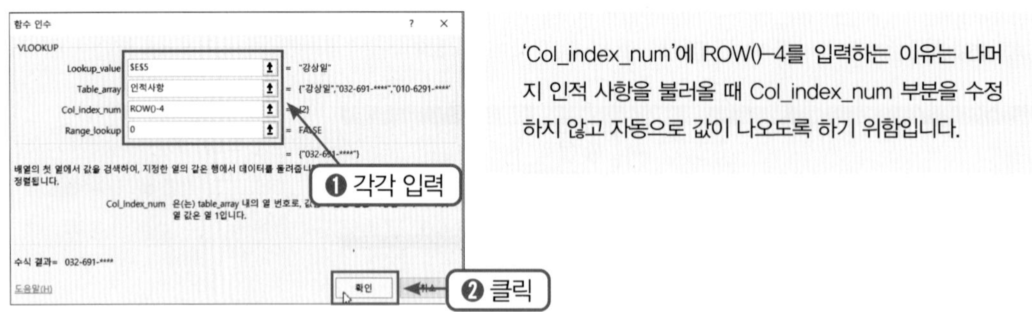

'Col_index_num'에 ROW()-4를 입력하는 이유는 나머지 인적 사항을 불러올 때 Col_index_num 부분을 수정하지 않고 자동으로 값이 나오도록 하기 위함입니다.

03 ❶ E6셀의 '수식 입력줄'에서 수식을 선택한 후 CTRL + X 키를 누릅니다.

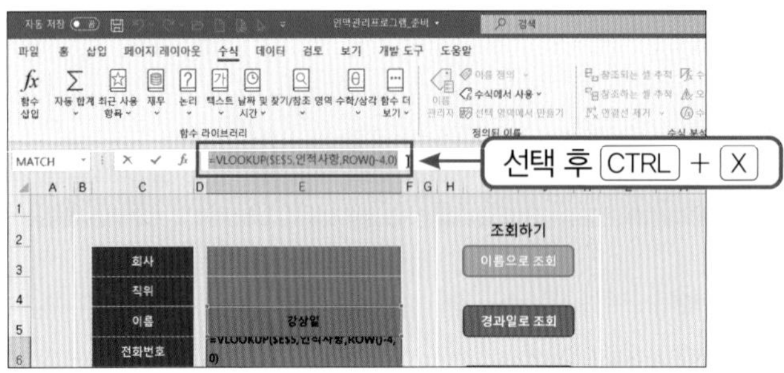

04 [수식] 탭 → '함수 라이브러리' 그룹 → '논리' 명령 단추를 클릭한 후 **IF**를 선택합니다.

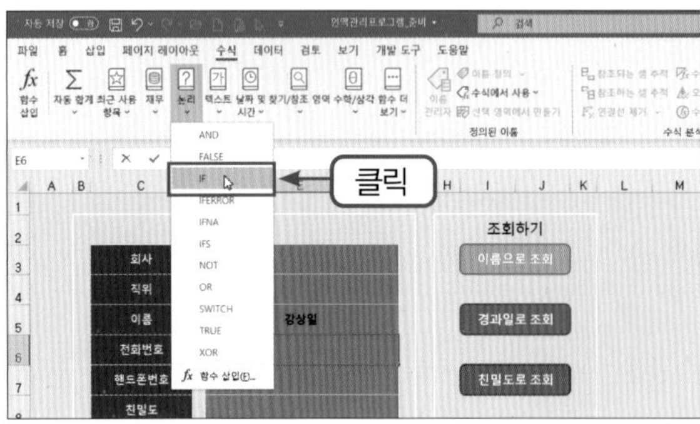

05 '함수 인수' 대화 상자가 나타나면 ❶ 'Logical_test'에 **$E$5=""**를 입력하고, 'Value_if_true'에 **""**를 입력합니다. ❷ 'Value_if_false'에서 CTRL + V 키를 누른 후 맨 앞의 **=**를 삭제합니다. ❸ [확인] 단추를 클릭합니다.

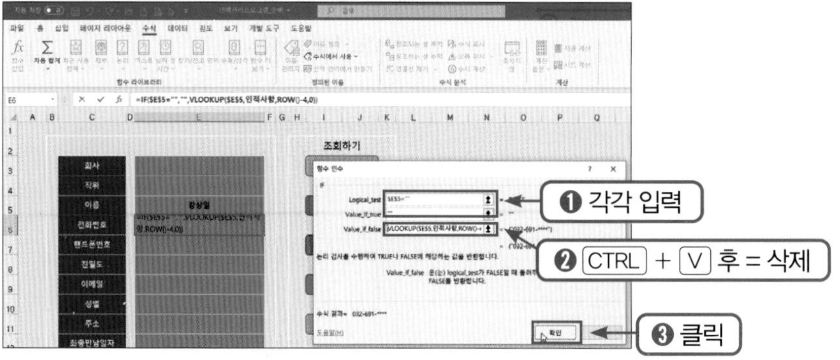

알아보기 참조값이 공백일 때 결괏값도 공백으로 나타나게 하기

IF($E$5="","",VLOOKUP 수식)은 E5셀이 공백인지 아닌지를 확인 후 공백이면, 즉 값이 입력되어 있지 않으면 공백으로 나타내고 값이 입력되어 있으면 VLOOKUP 수식을 실행한 값을 불러옵니다. 이와 같이 IF 함수를 활용하여 참조가 되는 셀에 값이 입력되어 있지 않으면 공백으로 나타나게 할 수 있습니다.

06 E5셀의 자동 채우기 핸들(**+**)을 E12셀까지 드래그하여 나머지 인적 사항을 불러옵니다.

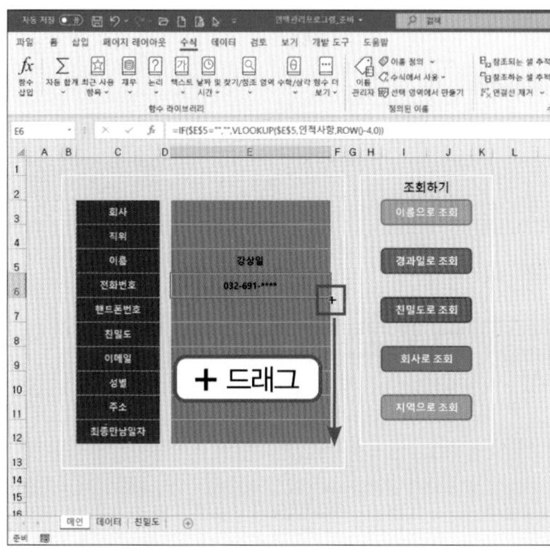

07 ❶ E8셀을 선택하고 CTRL + 1 키를 누릅니다. '셀 서식' 대화 상자가 나타나면 ❷ [표시 형식] 탭에서 '범주'를 **사용자 지정**으로 선택합니다. ❸ '형식'에 **0"급"**을 입력한 후 ❹ [확인] 단추를 클릭합니다.

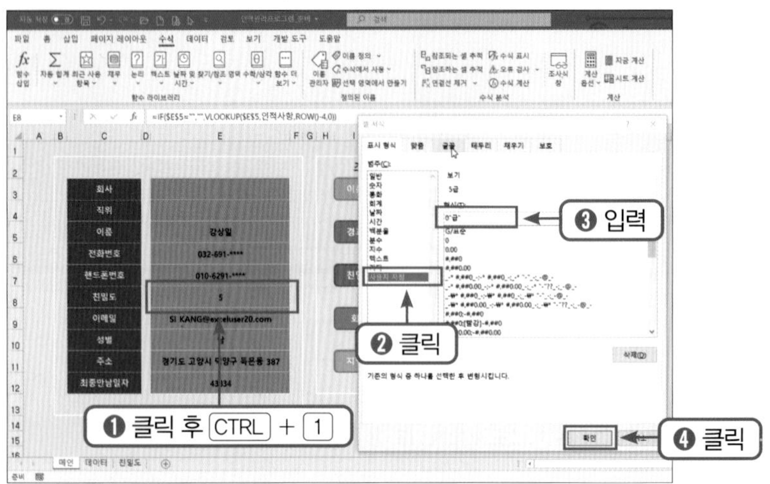

08 ❶ E12셀을 선택하고 CTRL + 1 키를 누릅니다. '셀 서식' 대화 상자가 나타나면 ❷ [표시 형식] 탭에서 '범주'를 **날짜**로 선택합니다. ❸ '형식'에서 날짜 형식을 클릭한 후 ❹ [확인] 단추를 클릭합니다.

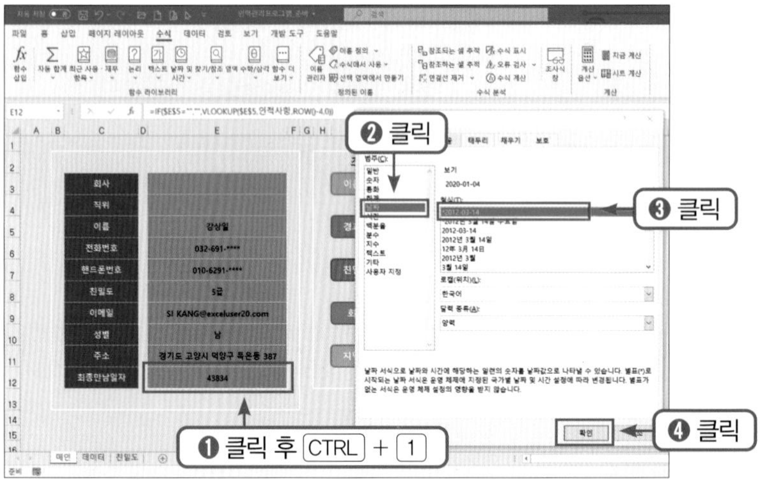

09 ❶ E3셀을 선택합니다. ❷ [수식] 탭 → '함수 라이브러리' 그룹 → '찾기/참조 영역' 명령 단추를 클릭하여 **INDEX**를 선택합니다.

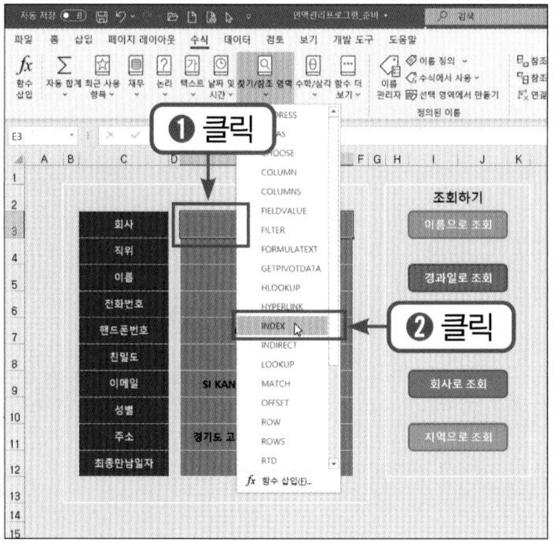

10 '인수 선택' 대화 상자가 나타나면 ❶ **array,row_num,column_num**을 선택한 후 ❷ [확인] 단추를 클릭합니다.

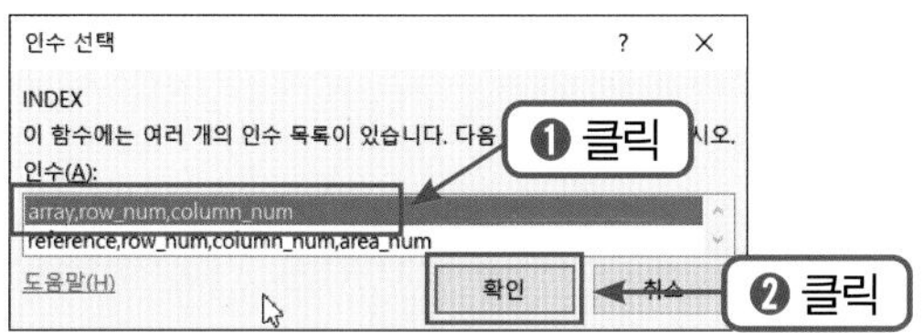

11 '함수 인수' 대화 상자가 나타나면 ❶ 'Array'에 **회사**라고 입력하고 ❷ 'Row_num'에서 ❸ '이름 상자' 내림 단추를 클릭하여 ❹ **MATCH**를 선택합니다.

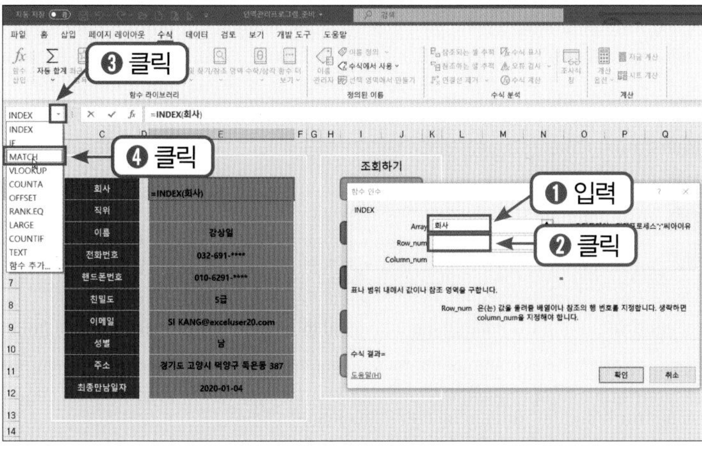

12 '함수 인수' 대화 상자가 나타나면 ❶ 'Lookup_value'에 **$E$5**, 'Lookup_array'에 **이름**, 'Match_type'에 **0**을 입력한 후 ❷ [확인] 단추를 클릭합니다.

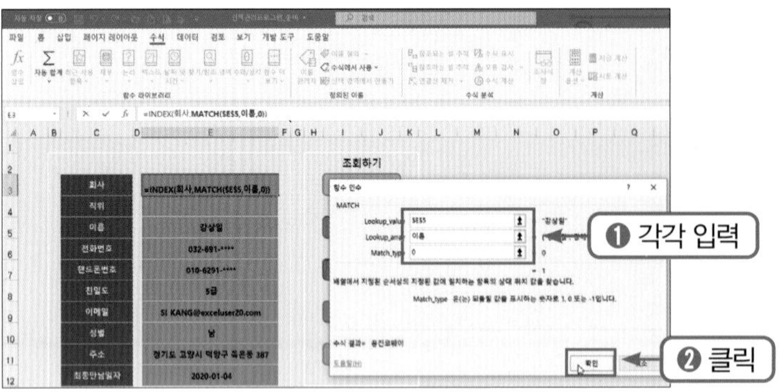

13 ❶ E3셀의 '수식 입력줄'에서 수식을 선택한 후 CTRL + X 키를 누릅니다.

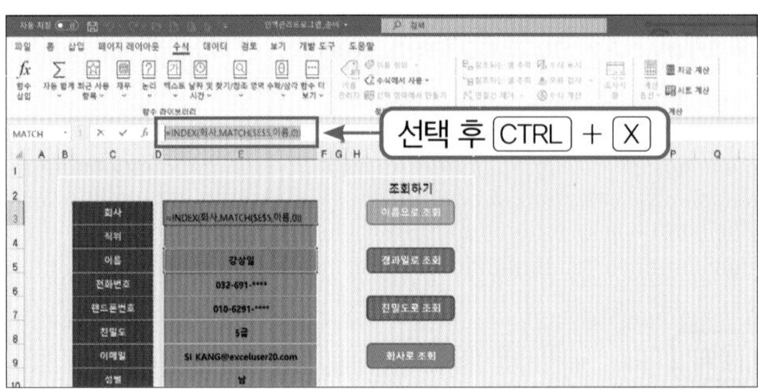

14 [수식] 탭 → '함수 라이브러리' 그룹 → '논리' 명령 단추를 클릭한 후 **IF**를 선택합니다.

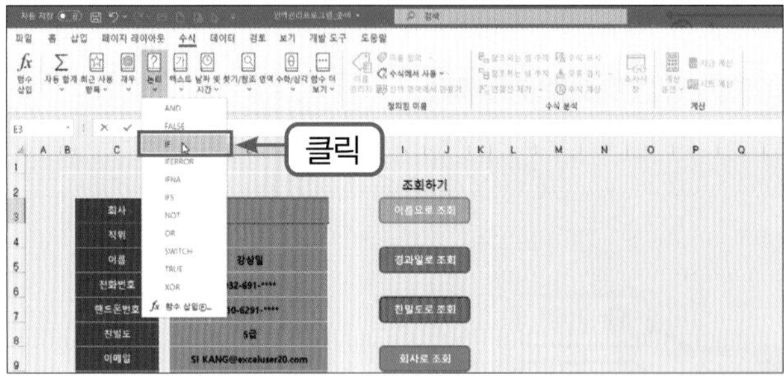

15 '함수 인수' 대화 상자가 나타나면 ❶ 'Logical_test'에 **$E$5=""**를 입력하고, 'Value_if_true'에 **""**를 입력합니다. ❷ 'Value_if_false'에서 CTRL + V 키를 누른 후 맨 앞의 **=**를 삭제합니다. ❸ [확인] 단추를 클릭합니다.

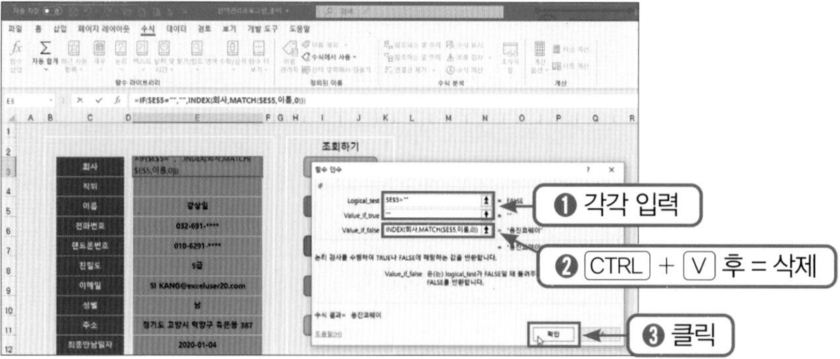

16 E3셀의 자동 채우기 핸들(**+**)을 E4셀까지 드래그하여 수식을 붙여넣기합니다.

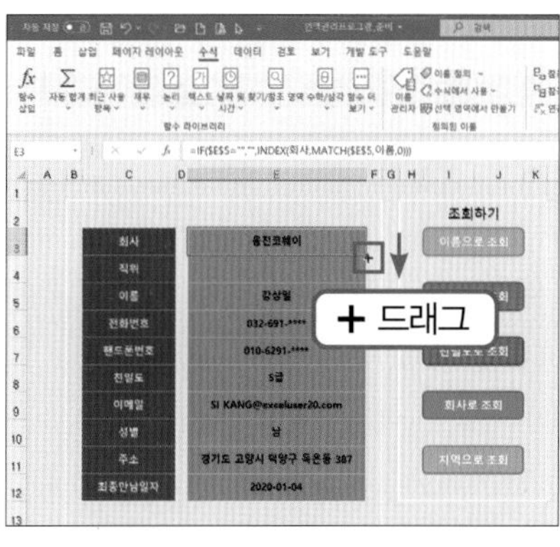

17 E4셀의 '수식 입력줄'에서 **INDEX** 함수의 'Array' 인수를 **직위**로 수정하고 ENTER 키를 누릅니다.

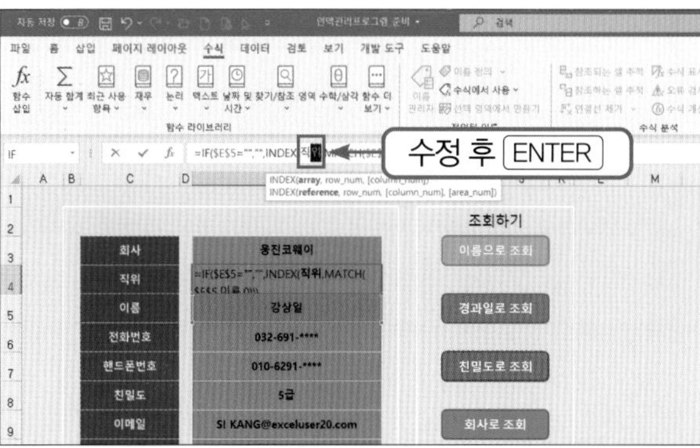

02 조회 프로그램 만들기

입력된 인맥 데이터를 데이터 시트에서 조회하는 것보다 메인 시트에서 조회 단추를 클릭하여 찾는 것이 더 효율적입니다. 데이터 시트는 가급적 그대로 두는 것이 원하지 않게 데이터가 변경되거나 데이터가 삭제되는 오류를 방지할 수 있습니다. 이번에는 매크로 기능을 활용하여 인맥 데이터를 조회하는 프로그램을 만들어 보겠습니다.

실습 내용

기본 원리: 조회하기 명령 단추를 누르면 원하는 조건으로 인맥을 조회할 수 있습니다.

주요 기능: 매크로

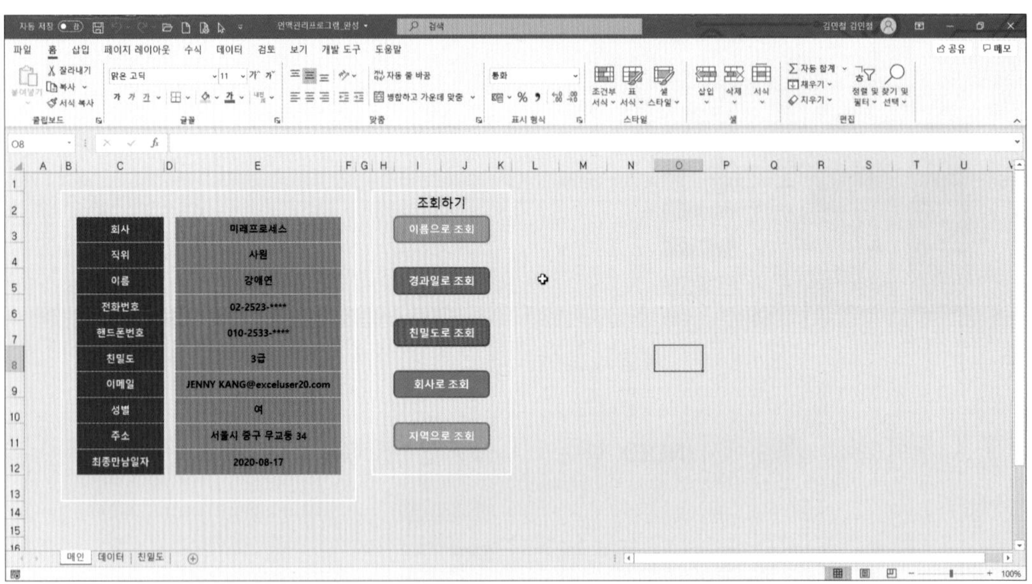

매크로 기록하기

01 먼저 고급 필터 기능을 매크로로 기록하여 원하는 데이터를 조회하는 매크로를 작성합니다. 화면 왼쪽 아래에 있는 '매크로 기록' 명령 단추를 클릭합니다.

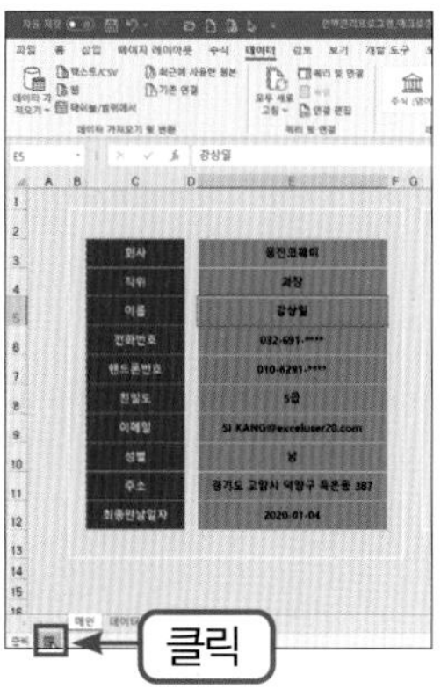

02 '매크로 기록' 대화 상자가 나타나면 ❶ '매크로 이름'에 **이름으로조회**라고 입력하고 ❷ [확인] 단추를 클릭합니다.

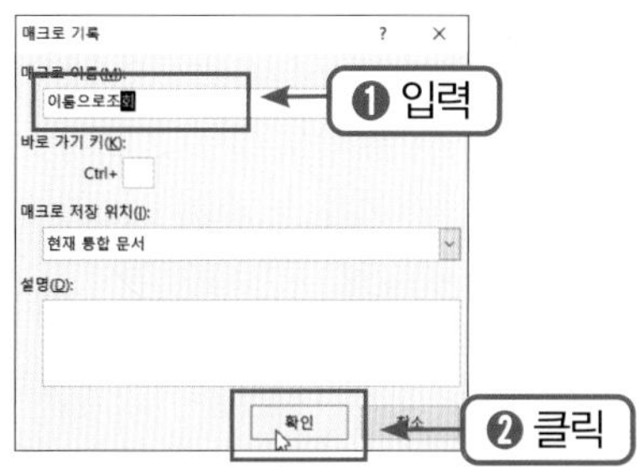

03 ❶ '데이터' 시트를 선택합니다. ❷ C2셀에 **강상일**을 입력하고 [ENTER] 키를 누릅니다. ❸ [데이터] 탭 → '정렬 및 필터' 그룹 → '고급' 명령 단추를 클릭합니다. '고급 필터' 대화 상자가 나타나면 ❹ '목록 범위'에 **데이터영역**이라고 입력하고, '조건 범위'에서 A1:K2 영역을 선택하여 입력합니다. ❺ [확인] 단추를 클릭합니다.

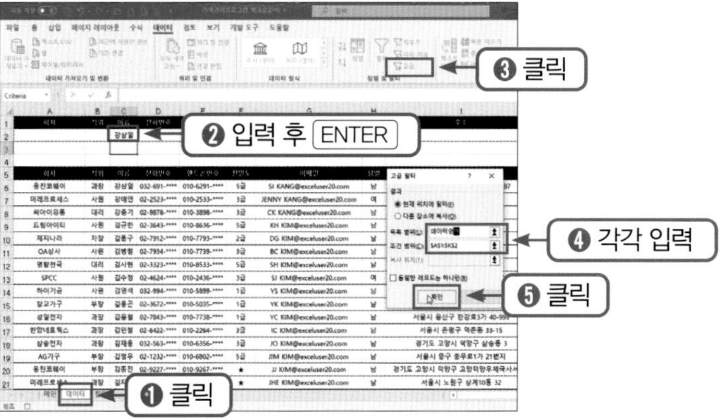

04 ❶ '메인' 시트를 선택하고 ❷ E5셀을 선택합니다. ❸ '기록 중지' 명령 단추를 클릭합니다.

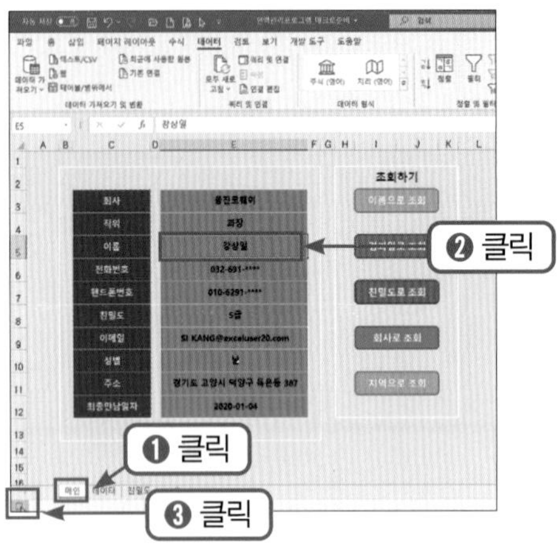

05 다른 조건으로 조회할 때 필요한 매크로를 작성하기 위해 한 번 더 '매크로 기록' 명령 단추를 클릭합니다.

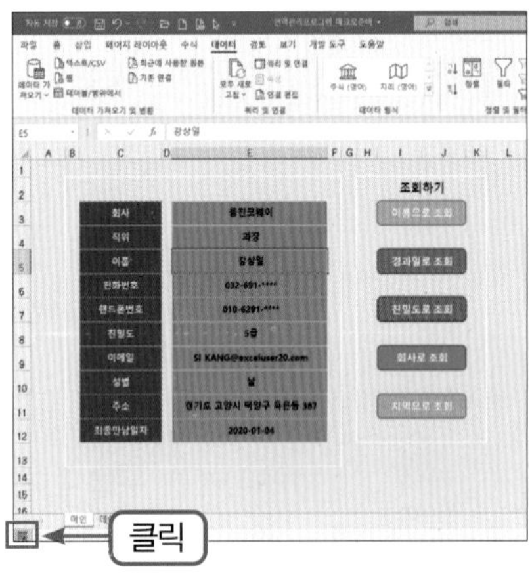

06 '매크로 기록' 대화 상자가 나타나면 ❶ '매크로 이름'에 **회사로조회**라고 입력하고 ❷ [확인] 단추를 클릭합니다.

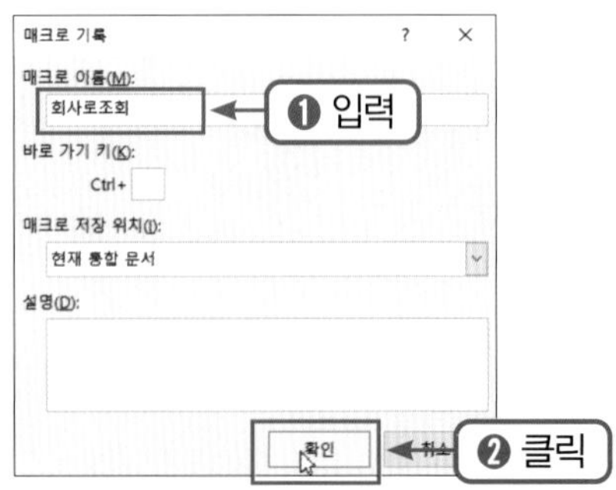

07 ❶ '데이터' 시트를 클릭합니다. ❷ A2:K2 영역을 선택한 후 DELETE 키를 눌러 데이터를 삭제합니다.

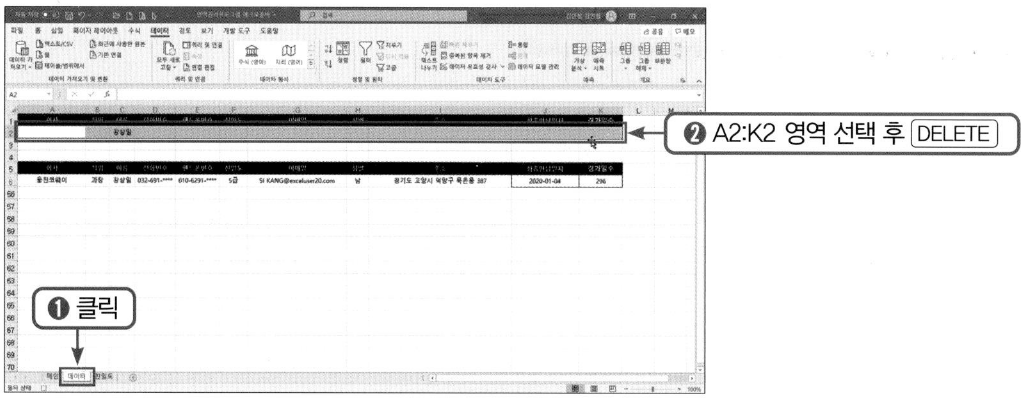

08 [데이터] 탭 → '정렬 및 필터' 그룹 → '지우기' 명령 단추를 클릭하여 고급 필터를 해제합니다.

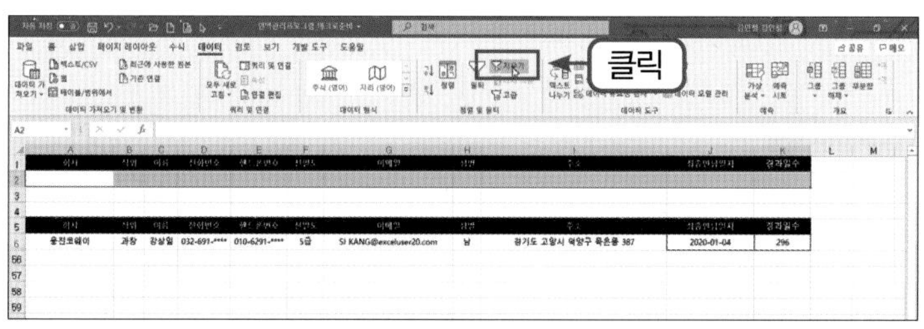

09 ❶ A2셀에 **웅진코웨이**라고 입력하고 ENTER 키를 누릅니다. ❷ [데이터] 탭 → '정렬 및 필터' → '고급' 명령 단추를 클릭합니다. '고급 필터' 대화 상자가 나타나면 ❸ '목록 범위'에 **데이터영역**이라고 입력하고, '조건 범위'에 입력된 **$A$1:$K$2**는 그대로 두고 ❹ [확인] 단추를 클릭합니다.

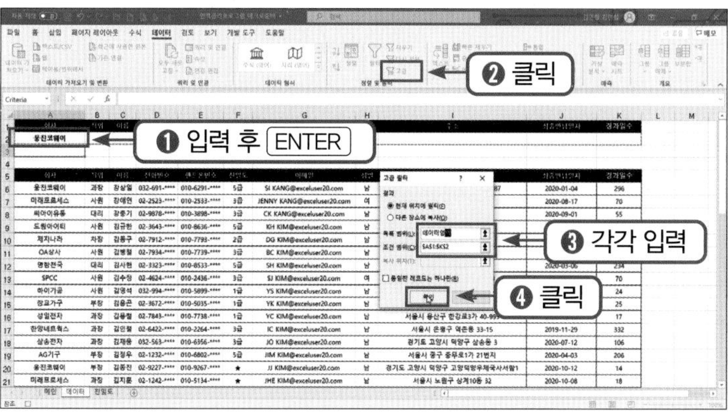

10 '기록 중지' 명령 단추를 클릭합니다.

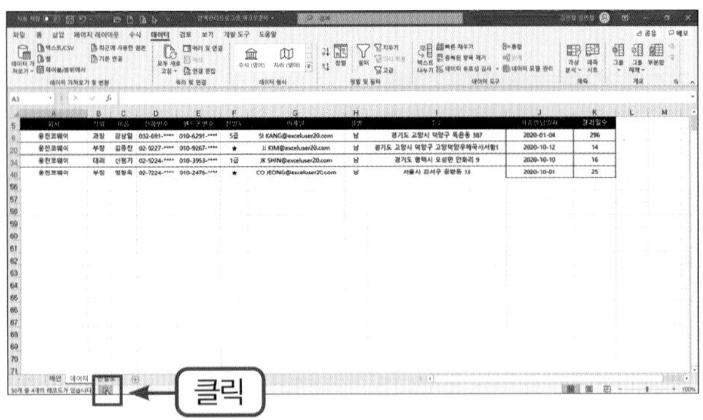

코드 수정하기

01 ALT + F11 키를 눌러 Visual Basic Editor 창을 열어서 매크로로 작성된 코드를 확인합니다. ❶ 프로젝트 창에서 모듈을 더블클릭하면 Module1이 나타납니다. ❷ Module1을 더블클릭하면 작성된 코드가 나타납니다.

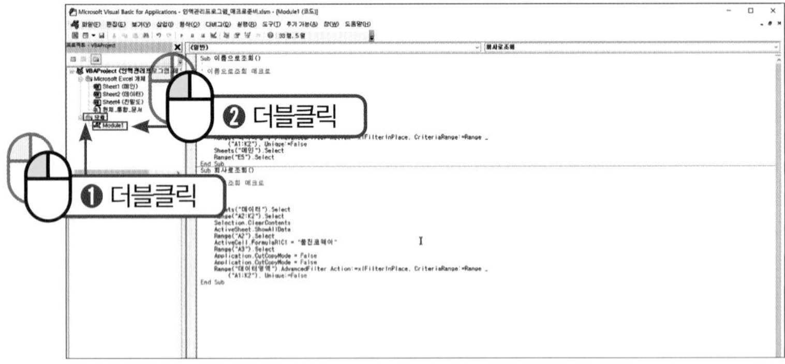

02 매크로로 작성한 코드를 다음과 같이 수정합니다.

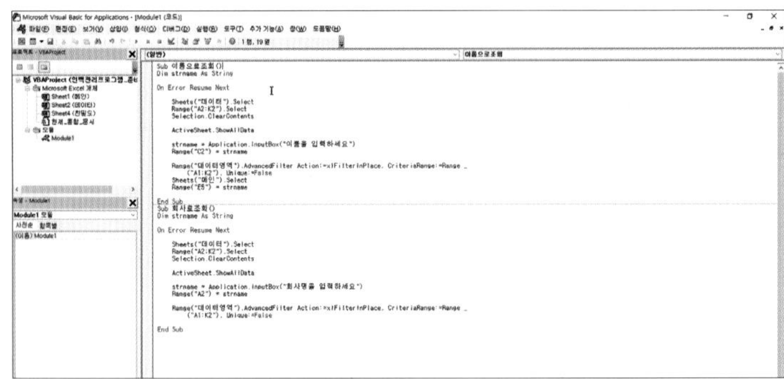

알아보기 매크로

```
Sub 이름으로조회()
Dim strname As String

On Error Resume Next

    Sheets("데이터").Select
    Range("A2:K2").Select
    Selection.ClearContents

    ActiveSheet.ShowAllData

    strname = Application.InputBox("이름을 입력하세요")
    Range("C2") = strname

    Range("데이터영역").AdvancedFilter Action:=xlFilterInPlace,
    CriteriaRange:=Range _
        ("A1:K2"), Unique:=False
    Sheets("메인").Select
    Range("E5") = strname

End Sub
```

```
Sub 회사로조회()
Dim strname As String

On Error Resume Next

    Sheets("데이터").Select
    Range("A2:K2").Select
    Selection.ClearContents

    ActiveSheet.ShowAllData

    strname = Application.InputBox("회사명을 입력하세요")
    Range("A2") = strname

    Range("데이터영역").AdvancedFilter Action:=xlFilterInPlace,
    CriteriaRange:=Range _
        ("A1:K2"), Unique:=False

End Sub
```

전체 라인	홑따옴표(')로 주석 처리가 된 부분은 불필요한 부분이고 영향을 주지도 않는 부분이라 삭제했습니다.
2라인	**Dim strname As String**: 변수 선언을 합니다.
4라인	**On Error Resume Next**: 오류가 발생하더라도 그대로 실행되도록 합니다.
6라인	**Sheets("데이터").Select**: '데이터' 시트를 선택하고 C2셀을 선택합니다.
7~8라인	**Range("A2:K2").Select** **Selection.Clearcontents**: 고급 필터에서 지정한 조건 영역을 선택하고 기존에 입력된 값을 삭제합니다. 기존에 입력된 조건값을 삭제해야 새롭게 입력하는 조건에 해당하는 데이터만 필터링이 됩니다. 가령 강상일로 한 번 조회한 후 다시 웅진코웨이로 조회할 때 기존 데이터인 강상일이 남아 있으면 웅진코웨이와 강상일 조건을 모두 만족하는 데이터를 불러오게 되어 원하는 대로 데이터가 추출되지 않습니다. 그러므로 반드시 기존에 입력된 데이터를 삭제해야 합니다.
10라인	**Activesheet.ShowAllData**: 다른 조건으로 필터링을 하기 전에 기존 고급 필터를 해제합니다. 꼭 필요한 것은 아니지만 조건값을 입력할 때 기존에 입력된 데이터를 보면서 입력하는 것이 편리해서 추가하였습니다.
12~13 라인	'이름으로조회' 매크로에서는 Range("C2").Select와 ActiveCell.FormulaR1C1 = "강상일"과 Range("C3").Select를 삭제하고 **strname = Application.inputBox-("이름을 입력하세요")**와 **Range("C2") = strname**를 입력합니다. 셀에 조회값을 입력하는 방법이 아닌 Inputbox 메서드를 이용하여 입력하는 방법을 사용하였습니다. InputBox 메서드는 대화 상자에 메시지를 보여 주고, 사용자가 입력 상자에 내용을 입력한 후 ENTER 키를 누르거나 [확인] 단추를 클릭하면 입력한 내용의 문자열을 반환해 주는 기능을 합니다. 여기서는 입력한 값을 strname라는 변수에 담아 C2셀에 Inputbox 대화 상자에 입력한 값이 나타나도록 하였습니다. 한편 32~33라인에서는 ActiveCell.FormulaR1C1 = "웅진코웨이"와 Range("A3")를 삭제하고 **strname = Application.inputBox("회사명을 입력하세요")**와 **Range("A2") = strname**를 입력합니다.
13라인	Application.CutCopyMode = False는 불필요한 구문이라 삭제했습니다.
18라인	Range("E5").Select를 삭제하고 **Range("E5") = strname**를 입력합니다. Input-box로 입력한 값이 '메인' 시트의 E5셀에 나타나게 해서 조회한 사람에 대한 인적사항 정보가 자동으로 나타나게 합니다.

매크로 설명 박스에서 15라인과 35라인을 두 줄로 나눈 것은 지면상 한 줄에 담지 못해서일 뿐입니다. 실제 매크로 창에서는 라인을 구분하지 말고 한 라인에 이어서 쭉 쓰면 됩니다.

03 다시 엑셀 시트로 돌아와서 ❶ '메인' 시트를 선택합니다. ❷ '이름으로 조회' 도형을 마우스 오른쪽 버튼으로 클릭한 후 ❸ '매크로 지정'을 클릭합니다.

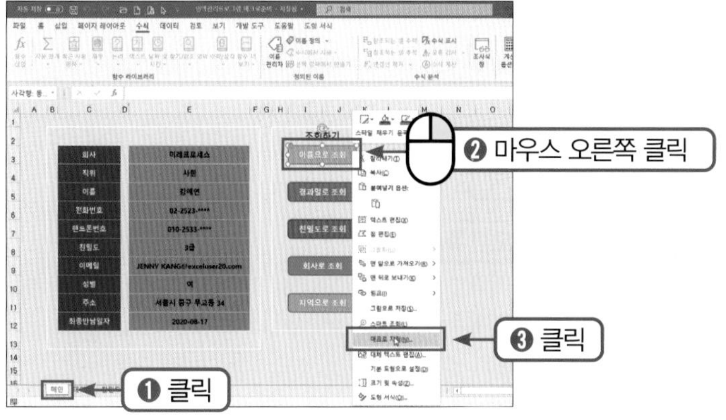

04 '매크로 지정' 대화 상자가 나타나면 ❶ '매크로 이름'에서 **이름으로조회**를 선택하고 ❷ [확인] 단추를 클릭합니다. ❸ 매크로 지정을 완료한 후 '이름으로 조회' 명령 단추를 클릭합니다.

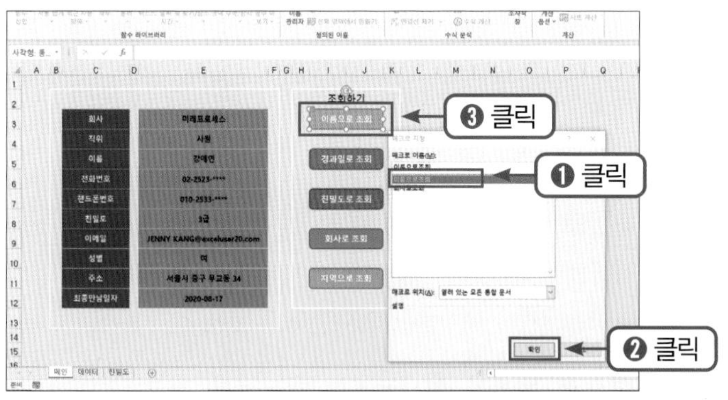

05 '이름으로 조회' 명령 단추를 클릭하면 '데이터' 시트로 이동하면서 '입력' 대화 상자가 나타납니다. ❶ **강애연**을 입력한 후 ❷ [확인] 단추를 클릭하면 결과가 나타납니다.

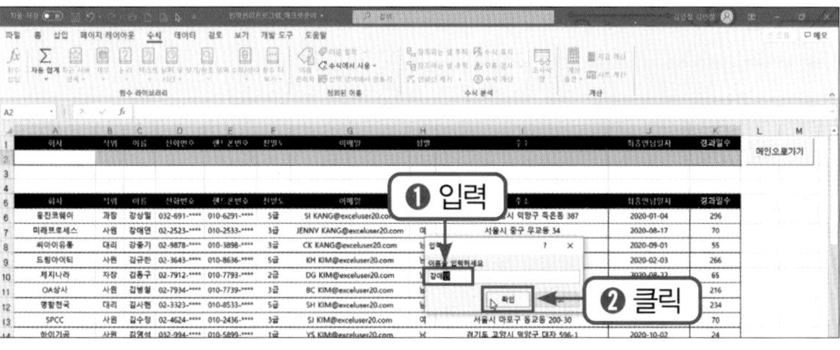

06 ❶ '회사로 조회' 도형을 마우스 오른쪽 버튼으로 선택한 후 ❷ '매크로 지정'을 클릭합니다.

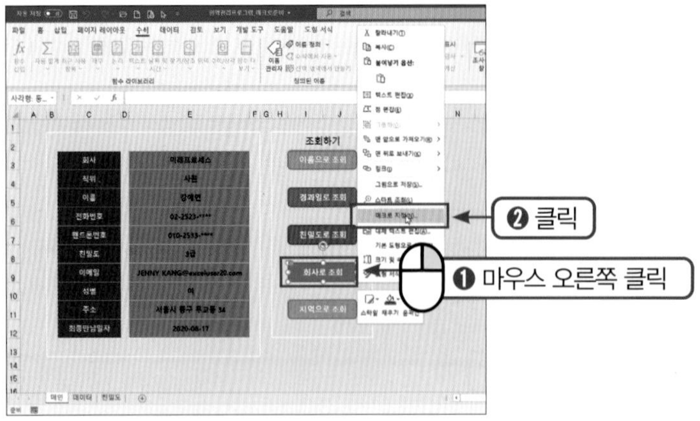

07 '매크로 지정' 대화 상자가 나타나면 ❶ '매크로 이름'에서 **회사로조회**를 클릭하고 ❷ [확인] 단추를 클릭합니다.

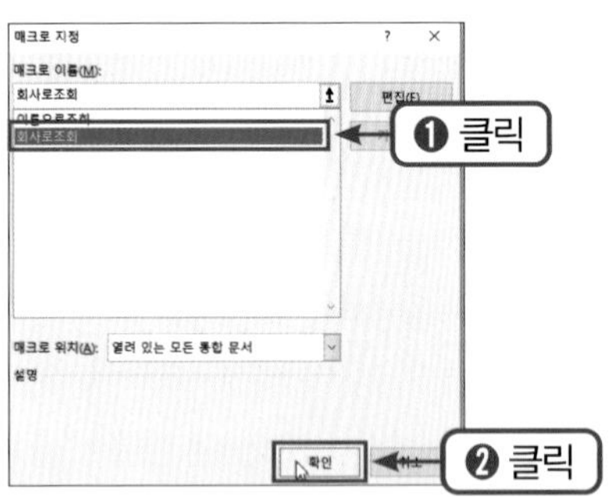

08 ALT + F11 키를 눌러 매크로 화면으로 들어가 **회사로조회** 매크로를 전부 선택한 후 CTRL + C 키를 누릅니다.

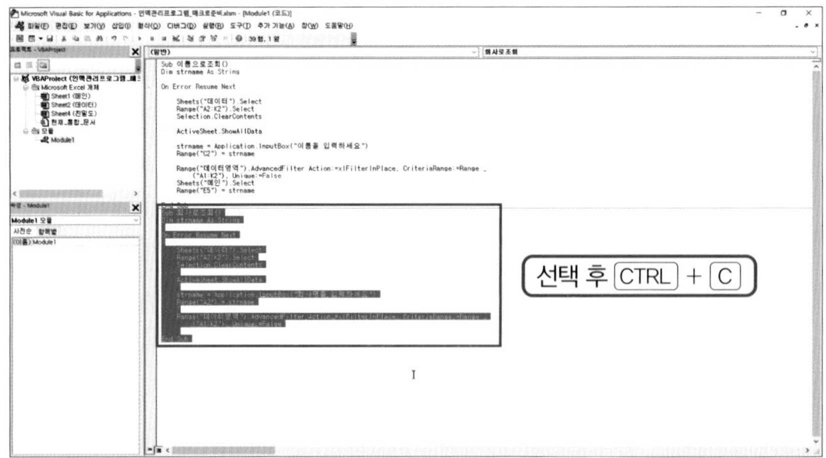

09 ❶ 회사로 조회 매크로의 끝인 End Sub에서 ENTER 키를 누른 후 CTRL + V 키를 눌러 복사한 코드를 붙여넣기합니다. ❷ 매크로 이름을 **경과일로조회**로 변경합니다. **InputBox("회사명을 입력하세요")**를 **InputBox("경과일을 입력하세요")**로, **Range("A2") = strname**를 **Range("K2") = ">" & strname**로 수정 입력합니다.

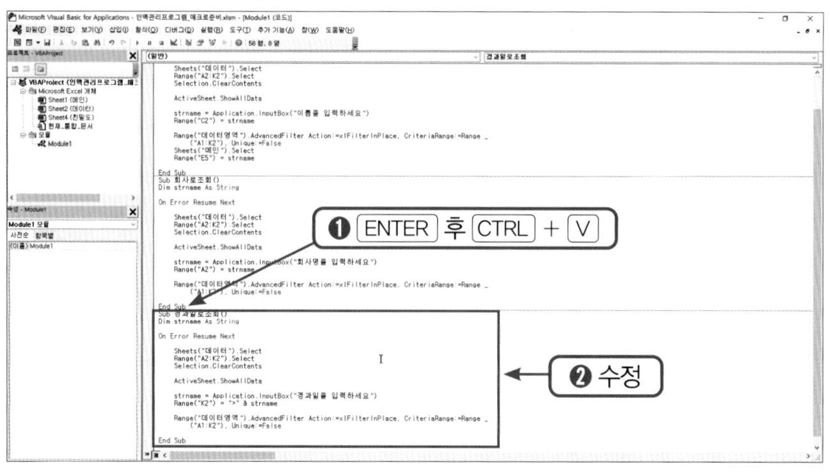

Range("K2") = ">" & strname로 입력하는 이유는 경과일 조건의 경우 입력한 값보다 큰 값, 즉 경과일이 지난 데이터를 조회하기 위해서입니다.

10 ❶ 다시 한번 경과일로조회 매크로의 끝인 End Sub 뒤에서 ENTER 키를 누르고 CTRL + V 키를 눌러 복사한 코드를 붙여넣기합니다. ❷ 매크로 이름을 **지역으로조회**로 변경합니다. **InputBox("회사명을 입력하세요")**를 **InputBox("지역명을 입력하세요")**로, **Range("A2") = strname**를 **Range("I2") = "*" & strname & "*"**로 수정 입력합니다.

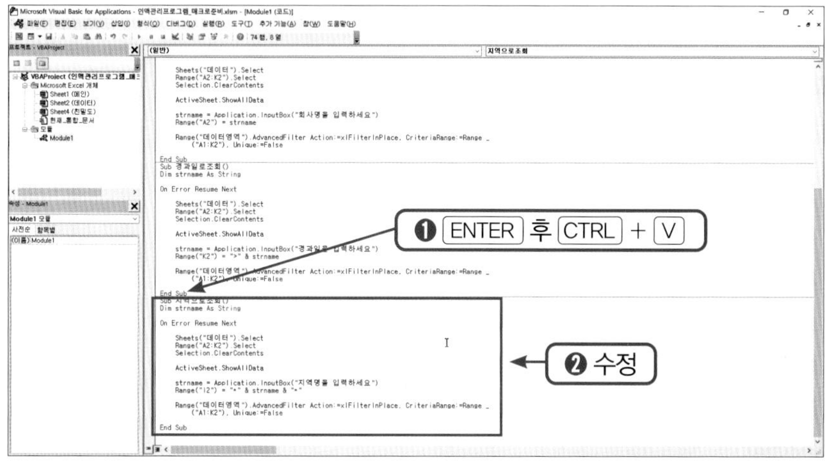

Range("A2") = strname를 Range("I2") = "*" & strname & "*"로 입력하는 이유는 입력한 값이 들어간 모든 데이터를 조회하기 위해서입니다.

11 다시 한번 ❶ 지역으로조회 매크로의 끝인 End Sub 뒤에서 ENTER 키를 누르고 CTRL + V 키를 눌러 복사한 코드를 붙여넣기합니다. ❷ 매크로 이름을 **친밀도로조회**로 변경합니다. 기존 변수 **Dim strname As String**을 **Dim I as Integer**로 수정합니다. **strname = Application.InputBox("회사명을 입력하세요")**를 **I = Application.InputBox("친밀도를 입력하세요")**로, **Range("A2") = strname**를 **Range("F2") = I**로 수정 입력합니다.

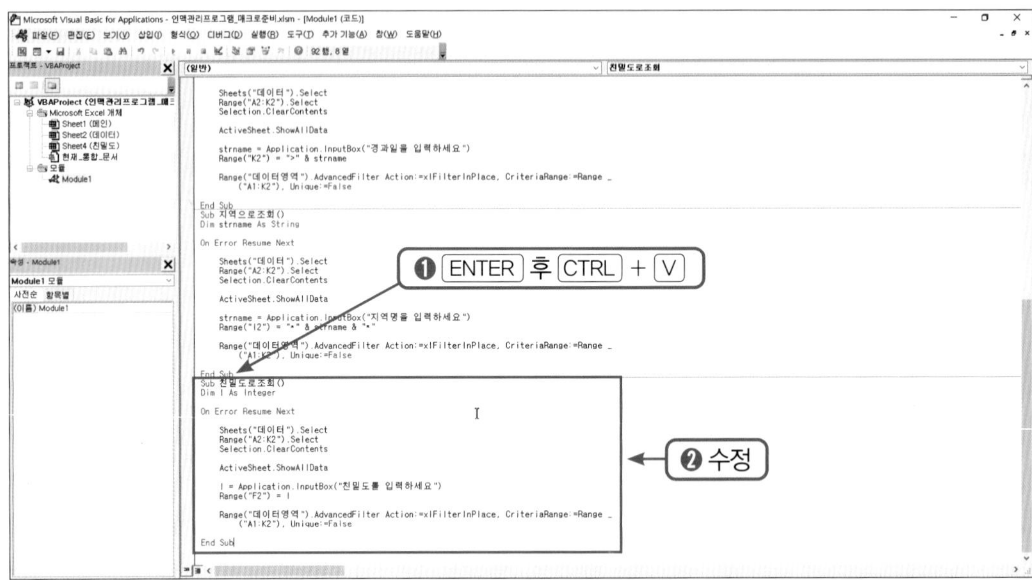

여기서 Integer 변수로 선언하는 이유는 친밀도의 값이 0~5의 숫자값이기 때문입니다.

12 엑셀 시트로 돌아와서 ❶ '경과일로 조회' 도형을 마우스 오른쪽 버튼으로 선택한 후 ❷ '매크로 지정'을 클릭합니다.

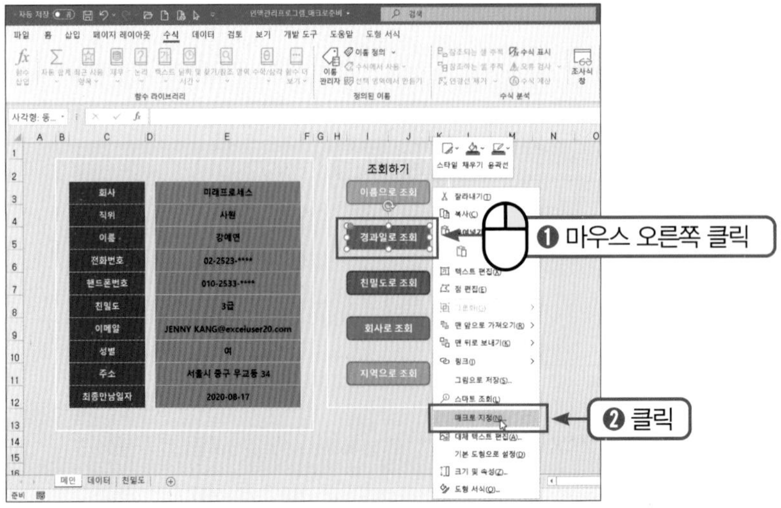

13 '매크로 지정' 대화 상자가 나타나면 ❶ '매크로 이름'에서 **경과일로조회**를 클릭하고 ❷ [확인] 단추를 클릭합니다.

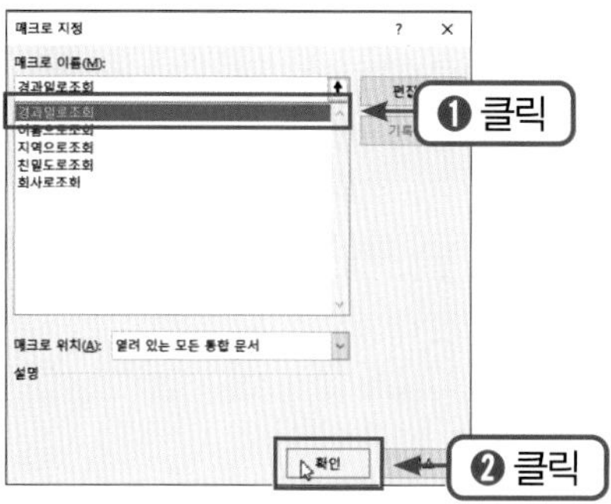

14 ❶ '친밀도로 조회' 도형을 마우스 오른쪽 버튼으로 클릭하여 '매크로 지정'을 클릭합니다. '매크로 지정' 대화 상자가 나타나면 ❷ '매크로 이름'에서 **친밀도로조회**를 클릭하고 ❸ [확인] 단추를 클릭합니다.

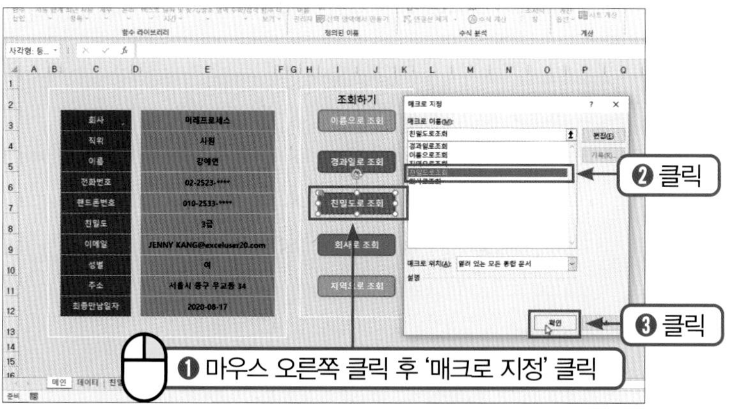

15 ❶ '친밀도로 조회' 도형을 마우스 오른쪽 버튼으로 클릭하여 '매크로 지정'을 클릭합니다. '매크로 지정' 대화 상자가 나타나면 ❷ '매크로 이름'에서 **지역으로조회**를 클릭하고 ❸ [확인] 단추를 클릭합니다.

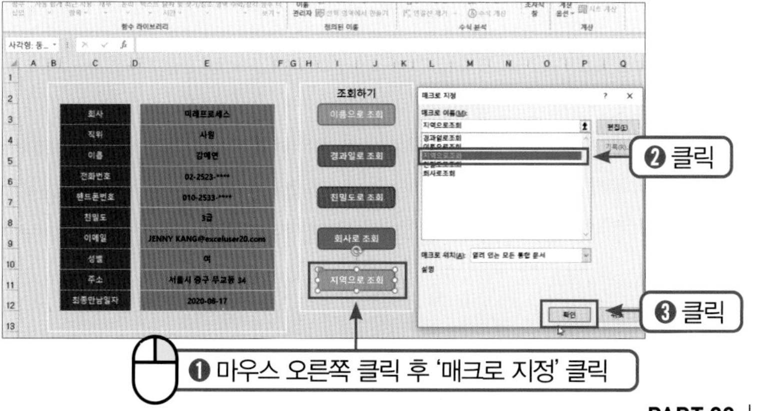

시트 이동 명령 만들기

01 VISUAL BASIC EDITOR 창으로 가서 ❶ '친밀도로조회' 매크로의 끝인 End Sub 뒤에서 ENTER 키를 누르고 ❷ 다음과 같이 입력합니다.

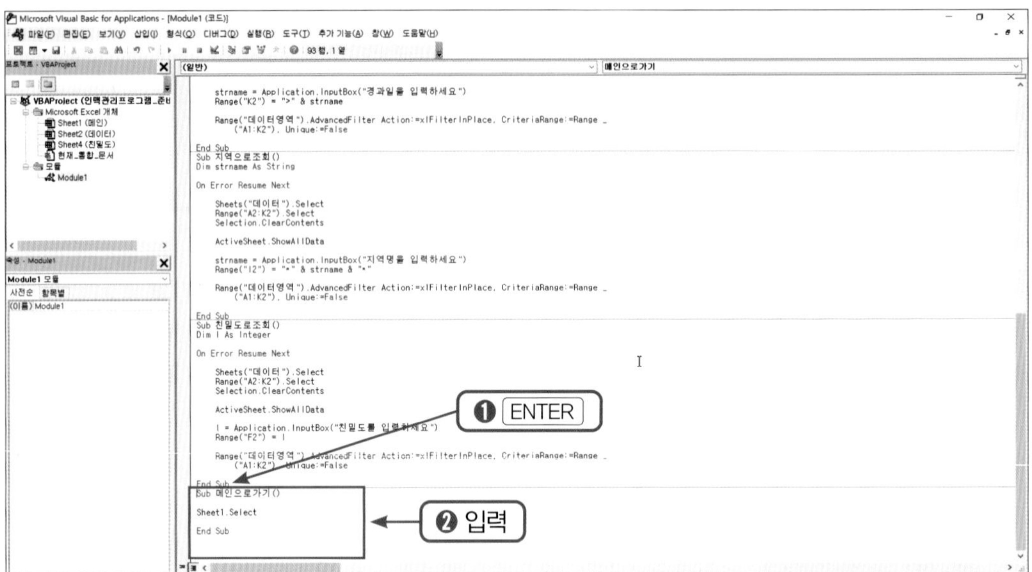

```
Sub 메인으로가기()

Sheet1.Select

End Sub
```

'메인' 시트로 가는 매크로입니다. Chapter8에서는 매크로 기록으로 만들었지만 간단한 내용이라 코드를 직접 입력해 보았습니다.

02 엑셀 시트로 돌아와서 ❶ '데이터' 시트를 선택합니다. ❷ [개발 도구] 탭 → '컨트롤' 그룹 → '삽입' 명령 단추를 누르고 **단추(양식 컨트롤)**를 클릭합니다.

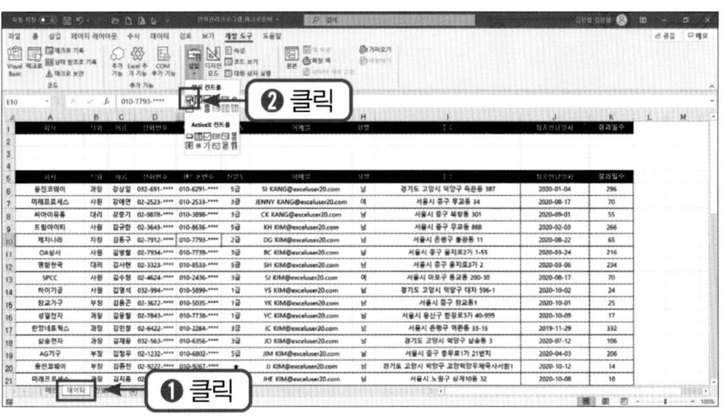

03 ❶ L1:M2 영역 사이에 드래그하여 적당한 크기로 단추를 만듭니다. '매크로 지정' 대화 상자가 나타나면 ❷ '매크로 이름'에서 **메인으로가기**를 선택하고 ❸ [확인] 단추를 클릭합니다.

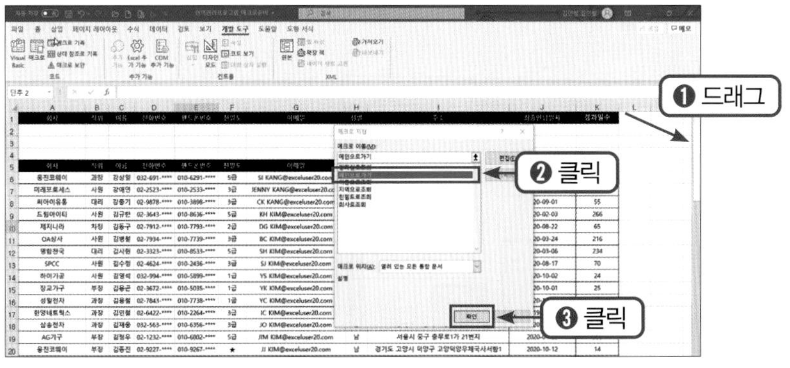

04 단추 이름을 **메인으로가기**로 수정합니다.

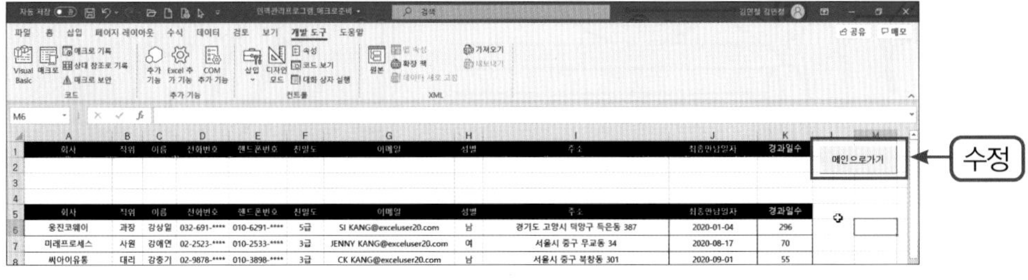

부록 01

핵심 엑셀 기능 30

1 셀 주소 및 셀 참조 이해하기

엑셀은 셀에 데이터를 입력하는 방법으로 사용합니다. 셀에 입력하는 데이터는 열 문자 주소와 행 번호 주소의 조합으로 이루어진 셀 주소를 가집니다. 엑셀로 계산을 하거나 특정 데이터를 불러올 때는 셀 주소를 참조합니다. 셀을 참조하는 방식에는 '상대참조', '절대참조', '혼합참조'가 있습니다. 엑셀의 기본 참조 방식은 '상대참조'입니다.

(1) 상대참조와 절대참조 이해하기

준비 파일 상대참조_절대참조.xlsx

예제 파일을 보면서 상대참조와 절대참조에 대해 알아보겠습니다. 상대참조는 데이터가 나타나는 셀 주소에 따라 참조되는 셀 주소도 변경되는 것을 말합니다. '상대참조_절대참조' 시트에서 ❶ D1셀을 선택하고 ❷ 수식 입력줄에 **=A1**을 입력한 후 [ENTER] 키를 누릅니다. ❸ D1셀을 선택한 후 [CTRL] + [C] 키를 누릅니다. ❹ E5셀을 선택한 후 [CTRL] + [V] 키를 누릅니다. E5셀 수식 입력줄에 **=B5**가 나타나는 것을 확인할 수 있습니다. 데이터를 불러오는 수식이 입력되어 있는 D1셀과 E5셀 차이만큼 참조하는 주소도 A1셀에서 B5셀로 변경됩니다. D1셀에서 오른쪽으로 1칸, 아래로 4칸 이동한 만큼 A1셀에서 오른쪽으로 1칸, 아래로 4칸 이동한 것입니다.

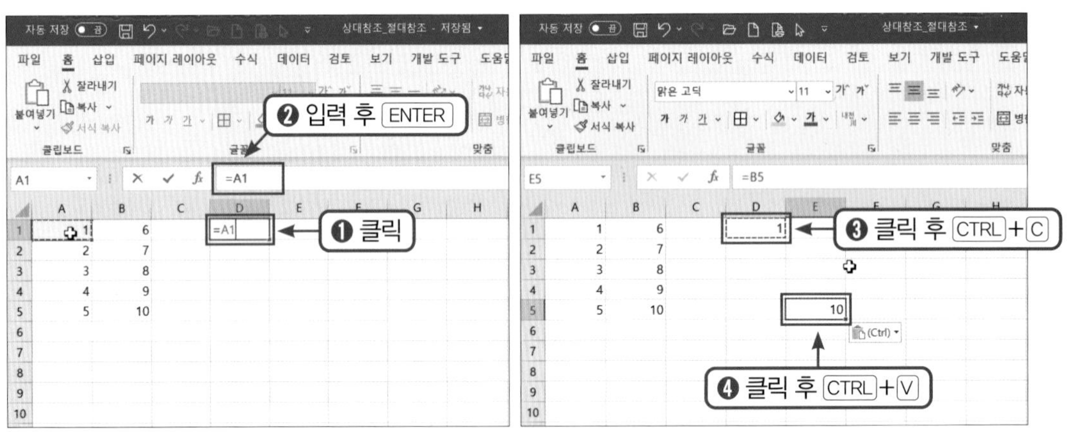

절대참조는 수식이 입력된 셀 주소와 상관없이 항상 고정된 셀 주소를 참조하는 것을 말합니다. ❶ D2셀을 선택하고 ❷ 수식 입력줄에 **=A2**를 입력한 후 [F4] 키를 누르고 [ENTER] 키를 누릅니다. ❸ D2셀을 선택한 후 [CTRL] + [C] 키를 누릅니다. ❹ E4셀을 선택한 후 [CTRL] + [V] 키를 누릅니다. E4셀 수식 입력줄에 **=$A$2**가 나타나는 것을 확인할 수 있습니다. 절대참조는 수식을 입력한 후 [F4] 키를 눌러 열 문자 주소와 행 번호 주소에 각각 **$** 기호를 입력하여 사용합니다.

(2) 상대참조와 절대참조 응용

준비 파일 앞에서 연 파일로 진행

- 환율 적용하여 수입 과일에 대한 국내 판매가 구하기

상대참조와 절대참조는 동일한 계산이나 참조를 불러오는 수식을 작성할 때 사용하는 자동 채우기 핸들 기능을 잘 사용하기 위해 반드시 이해해야 하는 개념입니다. '실전예제' 시트에 보면 과일을 수입할 때의 US$ 원가와 US$ 대비 원화 환율이 입력되어 있습니다. 수입 원가와 환율을 계산하여 국내 판매가를 결정하는 수식을 작성해 보겠습니다.

❶ D5셀을 선택하고 ❷ 수식 입력줄에 **=B5*C5**를 입력한 후 ENTER 키를 누릅니다. ❸ D5셀의 자동 채우기 핸들(✚)을 D9셀까지 드래그하여 나머지 국내 판매가도 구합니다. D5:D9 영역에 각각의 과일값에 해당하는 원가에 환율이 곱해져서 국내 판매가가 계산되어 있음을 확인할 수 있습니다.

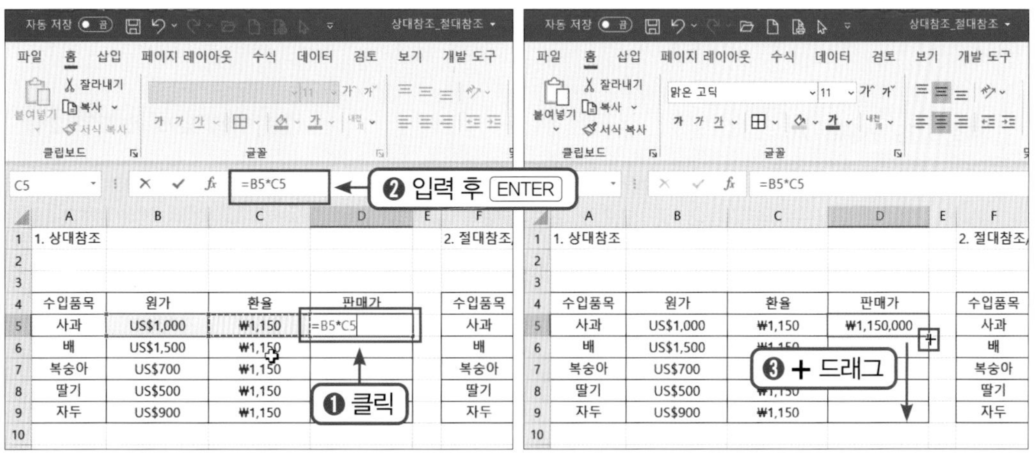

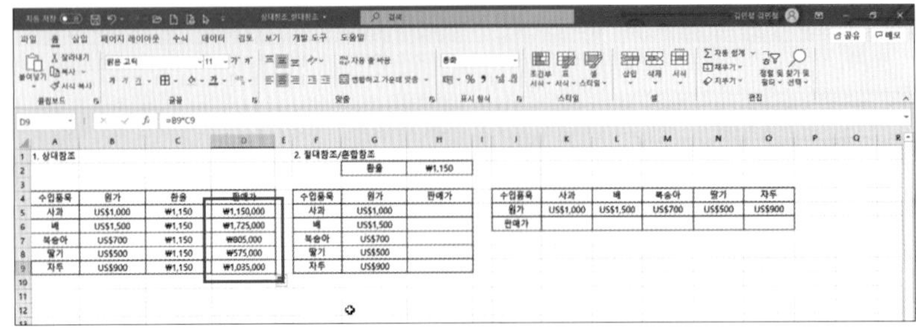

앞에서 구한 국내 판매가는 환율이 변동하게 되면 C열에 입력한 데이터를 모두 변경해야 정확한 국내 판매가를 구할 수 있다는 단점이 있습니다. 환율만 따로 셀에 입력해 환율 데이터만 변경해도 국내 판매가가 자동으로 변경되어 편리합니다. 이럴 때 참조 주소가 고정되는 절대참조를 사용합니다. ❶ H5셀을 선택합니다. ❷ 수식 입력줄에 **=G5*H2**를 입력한 후 H2 부분만 선택하여 F4 키를 누르고 ENTER 키를 누릅니다. ❸ H5셀의 자동 채우기 핸들(**+**)을 H9셀까지 드래그하여 나머지 수식도 완성합니다. 셀 주소를 입력한 후 F4 키를 한 번 누르면 **$** 기호가 행과 열 주소 앞에 붙으면서 절대참조로 변경됩니다. 입력한 수식에서 G5셀은 상대참조로, H2셀은 절대참조로 지정하여 각 과일의 원가에 H2셀에 입력된 환율이 곱해져서 국내 판매가가 나타납니다.

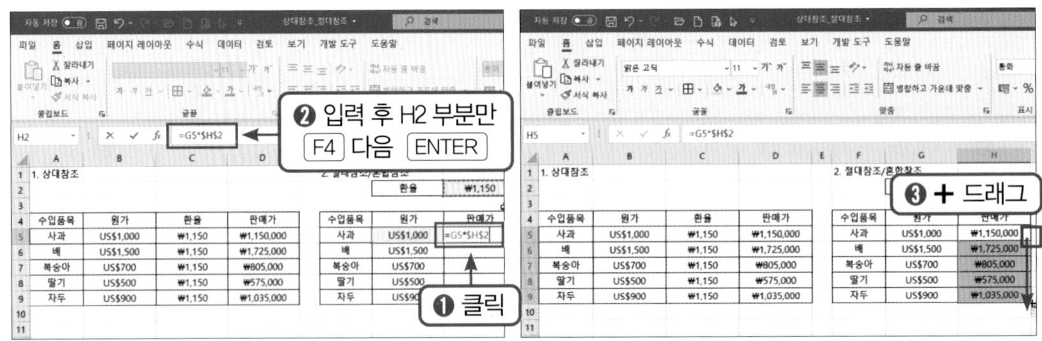

(3) 혼합참조 이해하기

준비 파일 **앞에서 연 파일로 진행**

여기서 **$** 기호는 주소를 고정한다는 의미입니다. 열 주소와 행 주소에 모두 **$** 기호가 있다는 것은 열과 행 주소 모두를 고정함을 의미합니다. 열 주소에만 **$** 기호가 있을 경우에는 열 주소만, 행 주소에만 **$** 기호가 있을 경우에는 행 주소만 고정됩니다. 이를 혼합참조라 부릅니다. ❶ H5:H9 영역을 선택한 후 DELETE 키를 눌러 데이터를 삭제합니다. ❷ 삭제 후 H5:H9 영역이 선택된 상태에서 수식 입력줄에 **=G5*H$2**를 입력한 후 CTRL + ENTER 키를 누릅니다. 수식이 정확하게 반영되는 것을 확인할 수 있습니다. 여기에서 2행을 절대참조로 지정했기 때문에 수식이 입력되는 셀의 행 주소가 변경이 되더라도 참조하는 셀의 행 주소는 변함없이 2행이 됩니다. 반면 열 주소는 상대참조로 하였지만 여기서는 수식이 채워지는 열 주소가(H열) 변동이 없으므로 절대참조로 지정한 것과 동일한 결과값이 나타납니다.

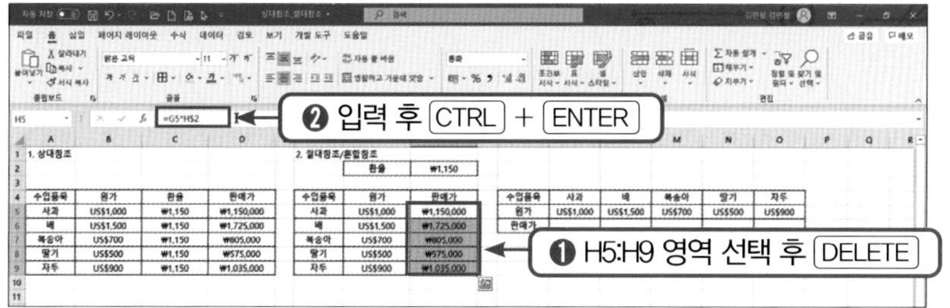

❶ K6:O6 영역을 선택한 후 ❷ K6셀의 수식 입력줄에 **=K5*$H2**를 입력한 후 CTRL + ENTER 키를 누릅니다. 여기에서는 H열을 절대참조로 지정했습니다. 수식이 입력되는 셀의 열 주소가 변경이 되더라도 참조하는 셀의 열 주소는 변함없이 H열이 되어 H2셀에 입력된 환율이 정확하게 계산이 됩니다.

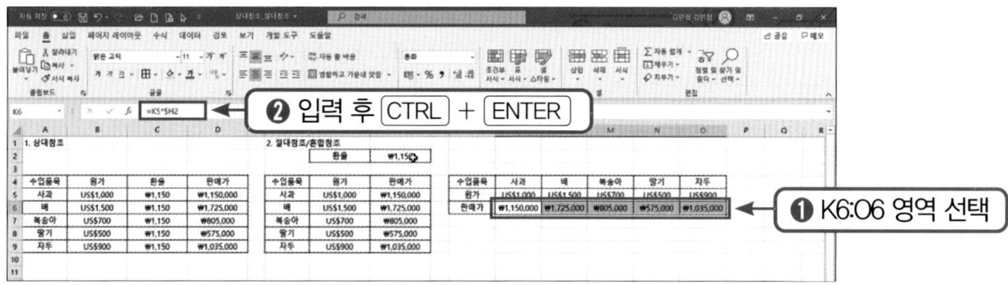

혼합참조 응용하기: 혼합참조_응용.xlsx 파일을 열어서 '문제' 시트에 있는 문제를 풀어 보세요. 해답은 '해답' 시트에 있습니다.

2 표시 형식 활용하기

엑셀을 엑셀답게 사용하기 위해 가장 중요한 것은 데이터 입력을 잘하는 것입니다. 데이터 입력을 어떻게 하는지만 봐도 엑셀 사용 전문가인지 아닌지 알 수 있습니다. 엑셀에 입력할 수 있는 데이터는 숫자와 문자(텍스트) 2가지입니다. 셀에는 숫자를 입력해야 할 때는 숫자만, 문자를 입력해야 할 때는 문자만 입력해야 합니다. 그런데 입력하는 값과 화면에 나타나야 하는 값(인쇄되는 값)이 다르게 나타나야 할 경우가 있는데 이럴 때 유용하게 사용하는 기능이 '셀 서식'의 '표시 형식' 기능입니다. '표시 형식' 기능은 입력된 데이터의 값을 바꾸는 것이 아니라 화면에 어떻게 나타나는지를 결정하는 기능입니다. '표시 형식' 기능이 있기 때문에 데이터를 입력할 때는 화면에 어떻게 출력될지를 생각하지 않고 데이터 그 자체로 입력할 수 있습니다.

여기서는 편의상 엑셀에서 기본으로 제공하는 기본 표시 형식과 '사용자 지정' 기능을 활용한 심화 표시 형식으로 나누어서 설명하겠습니다.

(4) 기본 표시 형식

준비 파일 표시형식.xlsx

엑셀에는 엑셀 사용자들이 많이 사용하는 '표시 형식'을 몇 가지 범주로 나누어 미리 만들어 두었습니다. 그중에서도 사용자들에게 유용한 '표시 형식'을 다음과 같이 정리하였습니다.

범주	입력값	셀 표시값	설명
일반	123	123	입력하는 대로 화면에 나타남
숫자	-123	123	음수를 입력하면 글꼴 색이 붉은색으로 나타남
숫자	-123	(123)	음수를 입력하면 괄호 안에 붉은색으로 글꼴이 나타남
숫자	1234	1,234	숫자를 입력하면 천 단위 구분 기호가 나타남
숫자	123.45	123.5	소수 첫자리까지만 나타남(둘째자리에서 반올림)
통화	1234	₩1,234	숫자를 입력하면 원화 표시가 나타남
회계	1234	₩ 1,234	숫자를 입력하면 통화 기호와 열이 정렬되어 나타남
백분율	20	20%	숫자를 입력하면 백분율로 나타남
분수	0.5	1/2	숫자를 입력하면 분수로 나타남
기타	7412091790214	741209-1234567	숫자를 입력하면 주민등록번호가 나타남
기타	222223333	(02) 2222-3333	숫자를 입력하면 전화번호가 나타남

표시형식.xlsx 파일을 열어서 '기본표시형식' 시트를 클릭하면 위의 기본 표시 형식이 정리되어 있습니다. 여기서 C열에 있는 셀을 각각 선택한 후 단축키 CTRL + 1 키를 누르거나 [홈] 탭 → '표시 형식' 그룹의 표시 형식 내림 단추를 클릭하면 '셀 서식' 대화 상자에 선택된 [표시 형식] 탭이 나타납니다. '표시 형식'을 결정하는 방법은 ❶ 해당 범주를 선택합니다. ❷ 원하는 '표시 형식'을 선택한 후 ❸ [확인] 단추를 클릭하면 됩니다.

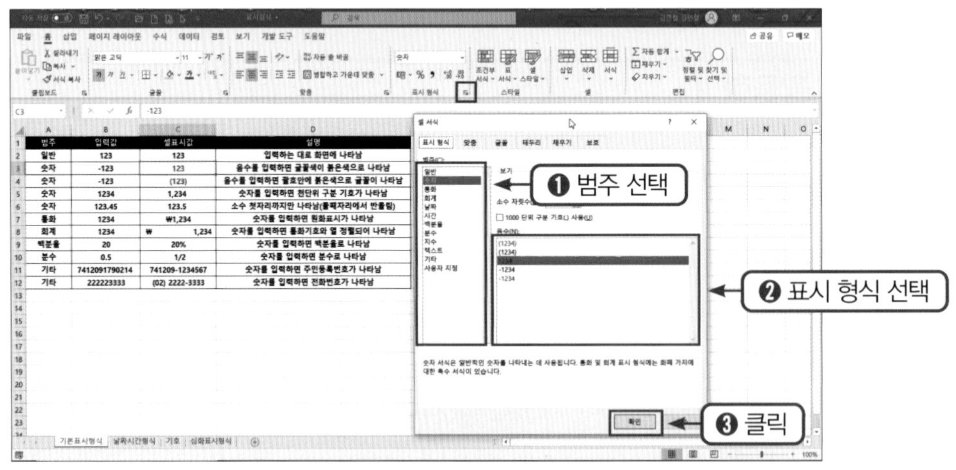

예제 파일에서 하나씩 해 보면 어렵지 않게 표시 형식을 지정할 수 있습니다. 다른 표시 형식도 한 번 해 보면서 표시 형식이 어떻게 적용되는지 알아보기 바랍니다.

(5) 심화 표시 형식

준비 파일 앞에서 연 파일로 진행

기본 표시 형식에 원하는 내용이 없을 경우에는 '사용자 지정'에서 기호를 입력하여 표시 형식을 직접 지정할 수 있습니다. 사용자 지정 표시 형식에 사용되는 기호는 크게 숫자, 날짜, 시간, 문자, 특수 문자로 나눌 수 있습니다. 범주에 해당하는 값이 셀에 입력될 때 사용자 지정 표시 형식에 입력한 규칙이 적용이 됩니다. 엑셀 사용자가 반드시 알아야 할 기호는 다음과 같습니다.

범주	셀표시값	설명
숫자	#	유효 자릿수만 나타나고 유효하지 않은 0은 나타나지 않음
	0	유효하지 않은 0이 나타남
날짜	y	연도를 지정함
	m	월을 지정함
	d	일을 지정함
시간	h	시를 지정함
	m	분을 지정함
	s	초를 지정함
문자	@	문자를 지정함
특수문자	[]	조건을 입력할 때 사용함
	,	천 단위 표시
	_	간격 표시를 할 때 사용
	-	날자 표시 혹은 하이픈
	:	시간 표시
	;	양수, 음수, 0, 문자 서식 구분 기호
	*	채우기 기호
	" "	겹따옴표 안이 문자임을 표시

각 기호에 대해 조금 더 자세하게 알아보겠습니다. '심화표시형식' 시트를 클릭하면 심화 표시 형식에 대한 설명이 나와 있습니다. B열은 입력한 원본값, C열은 표시 형식이 적용되어 화면에 나타나는 값입니다. D열에는 C열에 지정한 표시 형식을, E열에는 표시 형식에 대해 간략하게 설명을 하였습니다. 시트의 예시를 바탕으로 설명하겠습니다.

먼저 #과 0의 차이는 1번과 2번의 표시 형식 차이로 알 수 있습니다. C2셀과 C3셀에 똑같이 **12**를 입력하였지만 화면에 나타나는 값은 **12**, **012**로 차이가 있습니다. 이와 같이 실제 계산에는 영향을 주지 않지만 자릿수가 정해져서 화면에 나타나야 할 경우에 표시 형식에서 0을 표시합니다. 예제 5번은 숫자를 입력하면 천 단위 구분 기호가 나타나게 하는 표시 형식입니다.

사용자 지정 표시 형식에서는 **세미콜론(;)**을 활용하여 최대 4가지 규칙(**양수, 음수, 0, 문자**)을 동시에 지정할 수 있습니다. 세미콜론(;)을 한 번 사용하면 양수와 음수에 대한 규칙을 적용합니다. 예제 6번은 세미콜론(;) 앞 부분은 양수가 입력될 때 적용이 되고 뒷부분은 음수가 입력될 때 적용이 됩니다. 음수가 입력되어 2번째 입력한 규칙(**-#,##0**)이 적용되었습니다. 입력한 숫자 앞에 - 기호가 나타나고 천 단위 구분 기호가 나타납니다. 세미콜론(;)을 두 번 사용하면 양수, 음수, 0에 대한 규칙을 적용합니다. 예제 7번에서는 0이 입력되어 3번째 규칙이 적용되었습니다. 화면에 -로 나타납니다. 세미콜론(;)을 세 번 사용하면 양수, 음수, 0, 문자가 셀에 입력될 때 적용되는 표시 형식을 지정합니다. 예제 8번에서는 문자가 입력되어 4번째 규칙이 적용되었습니다. 입력한 문자 뒤에 **귀하**가 나타납니다. 문자를 입력할 때는 반드시 겹따옴표("") 안에 입력해야 합니다.

9~10번은 양수와 음수가 입력될 때 대괄호([ ]) 안에 지정된 글꼴색으로 나타나는 표시 형식입니다. 양수를 입력하면 파랑색으로, 음수를 입력하면 빨강색으로 나타납니다. 11~12번이 공란으로 나타나는 이유는 세미콜론(;) 뒤에 3번째와 4번째 규칙을 입력하지 않았기 때문입니다. 3번째와 4번째 부분은 각각 0과 문자를 입력했을 때 어떻게 보이는지에 대한 표시 형식입니다. 0이나 문자를 입력하면 공란으로 나타납니다. ; 뒤에 **0;@** 이렇게 입력하면, 0을 입력하면 0으로 나타나고 문자를 입력하면 문자 그대로 나타납니다.

13~14번은 천 단위를 반올림하여 화면에 숫자가 나타나도록 하는 표시 형식입니다. 13번을 보면 12345를 입력하면 천 단위에서 반올림된 숫자인 12만 화면에 나타나는 것을 볼 수 있습니다. 14번에는 백 만 단위에서 반올림한 값이 나타납니다. 숫자가 큰 보고서를 작성할 때 이 서식을 적용해서 숫자 단위를 조정하면 도움이 됩니다.

15번은 입력된 값이 조건을 충족할 때 적용되는 표시 형식입니다. 저는 입력한 값이 1000보다 크면 빨강색으로, 100 ~ 1000 사이 값이면 파랑색으로, 그 이하 값이면 녹색으로 나타나도록 지정했습니다.

16번은 언더 바(_) 기능과 관련된 표시 형식입니다. 주로 하이픈(-)과 함께 사용하는데 _-는 스페이스 1칸 크기만큼 뛰어서 나타나게 합니다.

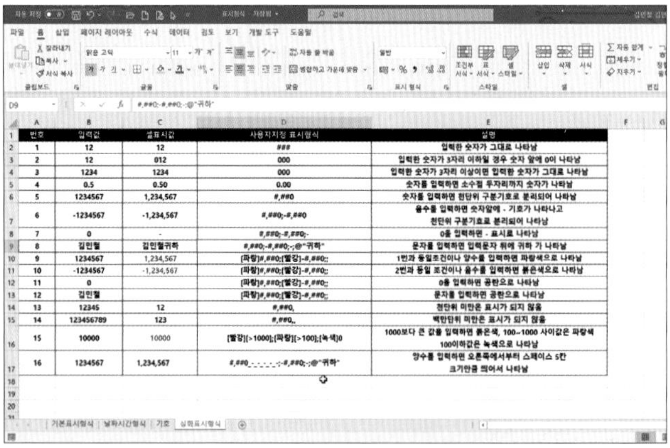

번호	입력값	셀표시값	사용자지정 표시형식	설명
1	12	12	###	입력한 숫자가 그대로 나타남
2	12	012	000	입력한 숫자가 3자리 이하일 경우 숫자 앞에 0이 나타남
3	1234	1234	000	입력한 숫자가 3자리 이상이면 입력한 숫자가 그대로 나타남
4	0.5	0.50	0.00	숫자를 입력하면 소수점 두자리까지 숫자가 나타남
5	1234567	1,234,567	#,##0	숫자를 입력하면 천단위 구분기호로 분리되어 나타남
6	-1234567	-1,234,567	#,##0;-#,##0	음수를 입력하면 숫자앞에 - 기호가 나타나고 천단위 구분기호로 분리되어 나타남
7	0	-	#,##0;-#,##0;-	0을 입력하면 - 표시로 나타남
8	김민철	김민철귀하	#,##0;-#,##0;-;@"귀하"	문자를 입력하면 입력문자 뒤에 귀하 가 나타남
9	1234567	1,234,567	[파랑]#,##0;[빨강]-#,##0;;	1번과 동일조건이나 양수를 입력하면 파랑색으로 나타남
10	-1234567	-1,234,567	[파랑]#,##0;[빨강]-#,##0;;	2번과 동일 조건이나 음수를 입력하면 붉은색으로 나타남
11	0		[파랑]#,##0;[빨강]-#,##0;;	0을 입력하면 공란으로 나타남
12	김민철		[파랑]#,##0;[빨강]-#,##0;;	문자를 입력하면 공란으로 나타남
13	12345	12	#,##0,	천단위 미만은 표시가 되지 않음
14	123456789	123	#,##0,,	백만단위 미만은 표시가 되지 않음
15	10000	10000	[빨강][>1000];[파랑][>100];[녹색]0	1000보다 큰 값을 입력하면 붉은색, 100~1000 사이값은 파랑색 100이하값은 녹색으로 나타남
16	1234567	1,234,567	#,##0_-_-_-_-_-;-#,##0;-;@"귀하"	양수를 입력하면 오른쪽에서부터 스페이스 5칸 크기만큼 띄어서 나타남

이 외 숫자를 지정하는 기호에 **?**도 있습니다. **?**는 **0**을 입력했을 때 0이 셀에 나타나지 않는 대신 공백으로 나타나게 합니다.

(6) 날짜/시간 표시 형식

날짜 표시 형식은 데이터를 입력할 때 0000-00-00 또는 0000/00/00 형식으로 입력하면 표시 형식이 자동으로 0000-00-00 형식으로 지정되어 셀에 나타납니다. 시간도 00:00 형식으로 입력하면 자동으로 00:00 시간 형식으로 지정되어 나타나지만 상황에 따라 자동으로 나타나는 표시 형식 외에 다른 형식으로 나타나게 해야 할 필요가 있습니다.

❶ '날짜시간형식' 시트를 선택합니다. ❷ B2셀을 선택하고 CTRL + 1 키를 누릅니다. ❸ '범주'를 날짜로 선택하면 '형식'에 지정할 수 있는 표시 형식 목록이 나타납니다. ❹ 여기에서 원하는 형식을 선택한 후 [확인] 단추를 클릭하면 날짜 서식이 지정됩니다.

만약 '형식'에 원하는 표시 형식이 없을 경우에는 '사용자 지정'을 눌러 입력할 수 있습니다. 사용자 지정 서식에 입력할 때 앞에서 알려드린 날짜, 시간 기호를 사용하면 됩니다. 기호 하나가 자릿수를 의미합니다. 즉, **yyyy**를 입력하면 연도가 네 자리로 나타나고 **yy** 혹은 **y**로 입력하면 연도가 두 자리로 나타납니다.

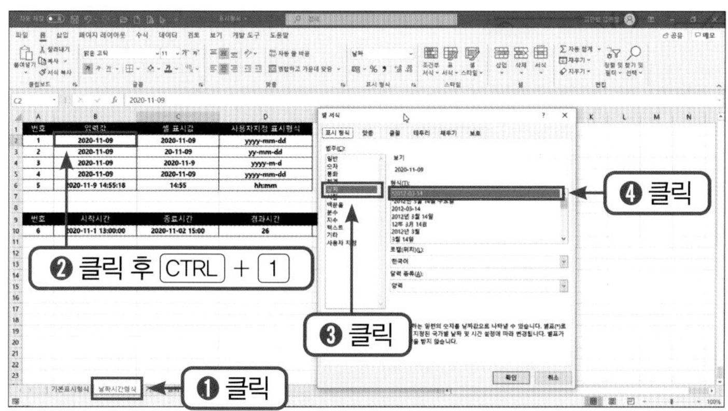

6번은 누적 시간이 나타나도록 하는 표시 형식입니다. 보통 경과 시간이 하루가 지났을 때 사용하는 기호입니다. D10셀에 경과 시간을 계산하는 수식이 입력되어 있습니다. [h] 표시 형식이 적용되어 셀에 나타나는 값은 26이 됩니다. 만약 표시 형식을 [h]로 지정하지 않으면 경과 시간이 원하는 형식으로 나타나지 않습니다.

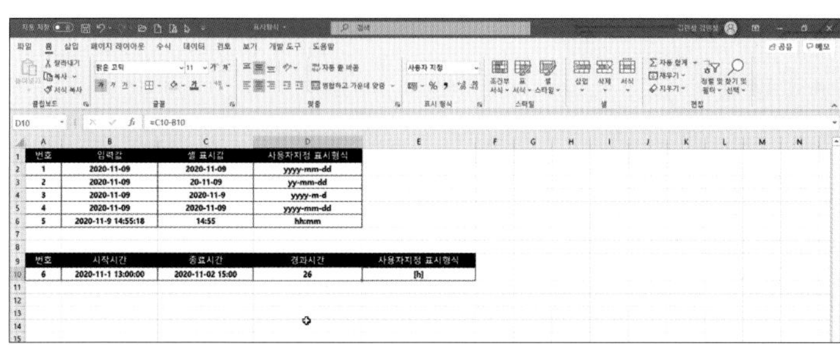

표시 형식 응용하기: 표시형식_응용.xlsx 파일을 열어서 '문제' 시트에 있는 문제를 풀어 보세요. 해답은 '해답' 시트에 있습니다.

3 [홈] 탭 - '클립보드' 활용하기

엑셀에서 사용하는 기능은 거의 대부분 리본 메뉴에 있습니다. 그중에서도 업무에서 자주 사용하고 잘 사용하면 도움이 되는 기능을 하나씩 알아보겠습니다. 먼저 [홈] 탭 → 클립보드에 있는 기능 중 유용하면서 자주 사용하는 '선택하여 붙여넣기' 기능에 대해 알아보겠습니다. '선택하여 붙여넣기'는 말 그대로 복사한 데이터를 그대로 붙여넣기를 하는 것이 아니고 사용자가 필요한 내용이나 형식으로 붙여넣기를 할 수 있게 하는 기능입니다.

(7) 선택하여 붙여넣기 - 붙여넣기 옵션

준비 파일 선택하여붙여넣기.xlsx

'선택하여 붙여넣기' 기능 중 가장 유용하면서 많이 사용하는 값 붙여넣기에 대해서 알아보겠습니다. ❶ 예제 파일의 F2:G6 영역을 선택하고 CTRL + C 키를 누릅니다. ❷ K2셀을 선택하고 CTRL + V 키를 눌러 봅니다. 복사한 데이터를 그대로 붙여넣기를 하면 원하는 데이터가 나타나지 않습니다. F2:G6 영역에 입력한 수식이 K2:L6 영역에 참조 주소만 변경되어 붙여넣기가 되었기 때문입니다.

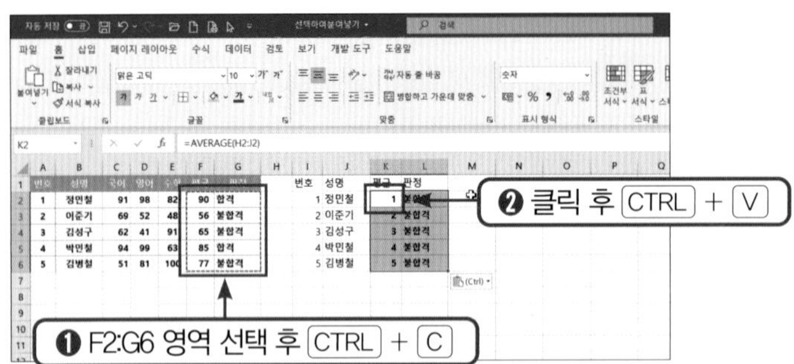

이럴 때 '값 붙여넣기' 기능을 사용하면 원본 데이터의 결과값만 붙여넣기할 수 있습니다. ❶ F2:G6 영역을 선택하고 CTRL + C 키를 누릅니다. ❷ K2셀을 선택하고 ❸ [홈] 탭 → '클립보드' 그룹 → '붙여넣기' 내림 단추를 클릭한 후 **값 붙여넣기**를 클릭합니다.

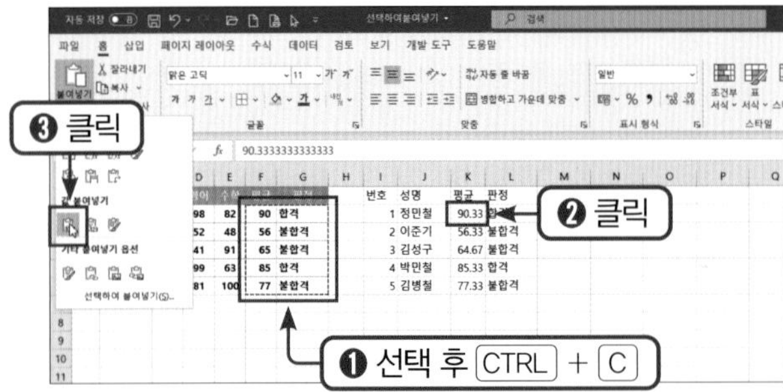

위와 같이 '선택하여 붙여넣기' 기능 중에서도 많이 사용하는 기능은 '붙여넣기' 내림 단추를 클릭하면 명령 단추로 나타납니다. 여기에서 필요한 기능을 클릭하면 바로 적용할 수 있습니다. 그렇지 않은 기능은 **선택하여 붙여넣기** 명령 단추를 클릭하여 '선택하여 붙여넣기' 대화 상자에서 선택하여 적용하면 됩니다.

알아보기 선택하여 붙여넣기 - 붙여넣기 옵션

❶ 모두: 원본 데이터를 그대로 붙여넣습니다. CTRL + V 키를 누르는 것과 동일한 결과를 가져오므로 보통 CTRL + V 키를 사용합니다.
❷ 수식: 수식만 붙여넣기합니다. 이때 원본 데이터 서식은 적용되지 않습니다.
❸ 값: 원본 데이터의 값만 붙여넣기합니다. 원본 데이터의 셀에 나타난 결과값만 붙여넣기가 되고 수식이나 서식은 적용되지 않습니다. 가장 많이 사용하는 기능입니다.
❹ 서식: 원본 데이터의 서식만 붙여넣기합니다. 자주 사용하지 않습니다. 대신 서식 복사 기능을 많이 사용합니다.
❺ 주석 및 메모: 원본 데이터에 입력되어 있는 주석이나 메모만 붙여넣기합니다.
❻ 유효성 검사: 원본 데이터에 작성된 유효성 검사만 붙여넣기합니다.

나머지 기능들은 직관적으로 알 수 있고 많이 사용하지 않아서 설명을 생략하겠습니다.

(8) 선택하여 붙여넣기 – 연산

준비 파일 앞에서 연 파일로 진행

한 학생이 국어 시험에 대해 문제 제기를 해서 확인해 봤더니 한 문제가 잘못 출제되었다는 것을 확인하였습니다. 그래서 모든 학생의 국어 점수를 6점씩 올려야 하는데 이럴 때 유용하게 사용할 수 있는 기능이 '선택하여 붙여넣기'의 '연산' 기능입니다. ❶ C8셀에 **6**을 입력하고 CTRL + C 키를 누릅니다. ❷ C2:C6 영역을 선택합니다. ❸ [홈] 탭 → '클립보드' 그룹 → '붙여넣기' 내림 단추를 클릭한 후 '선택하여 붙여넣기' 대화 상자를 불러옵니다. ❹ '연산'에서 **더하기**를 선택하고 ❺ [확인] 단추를 클릭합니다.

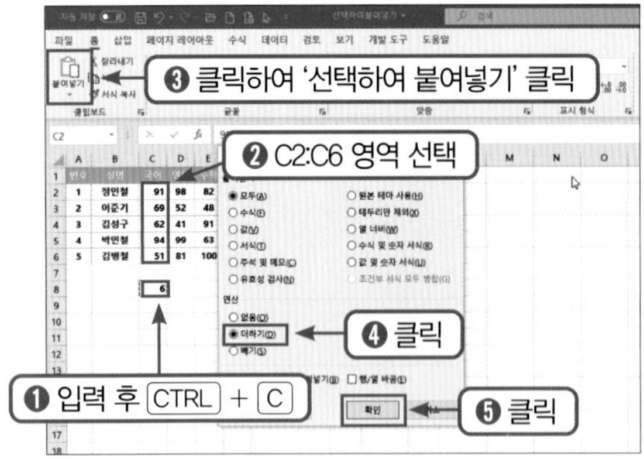

(9) 선택하여 붙여넣기 - 행 열 바꾸기

준비 파일 **행열바꿈.xlsx**

데이터를 입력할 때는 열 단위로 입력해야 합니다. 필드명이 열 단위로 나열되어 있어야 엑셀 기능을 제대로 활용할 수 있습니다. 하지만 다른 직원으로부터 데이터를 받았는데 열 단위가 아닌 행 단위로 입력되어 있을 경우가 가끔 있습니다. 이럴 때 유용하게 사용할 수 있는 기능이 '선택하여 붙여넣기'의 '행/열 바꿈' 기능입니다.

❶ 예제 파일의 A1:K9 영역을 선택한 후 CTRL + C 키를 누릅니다. ❷ A12셀을 선택합니다. ❸ [홈] 탭 → '클립보드' 그룹 → '붙여넣기' 내림 단추를 클릭한 후 '선택하여 붙여넣기' 대화 상자를 불러옵니다. ❹ '행/열 바꿈'을 체크 표시하고 ❺ [확인] 단추를 클릭합니다.

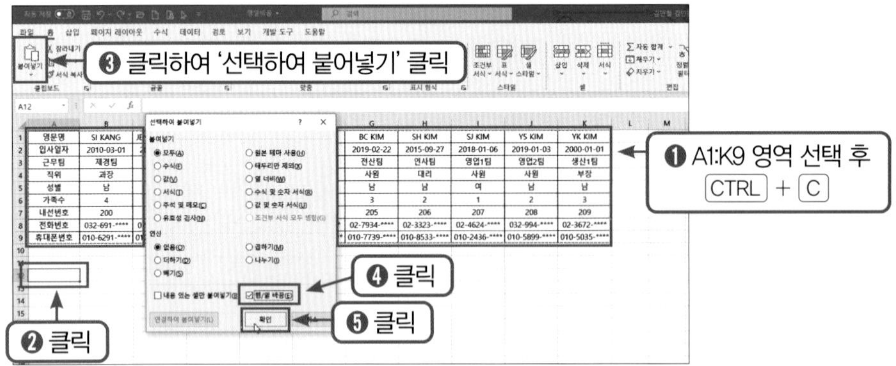

(10) 선택하여 붙여넣기 - 연결된 그림 붙여넣기

준비 파일 **연결하여 그림으로 붙여넣기.xlsx**

엑셀은 기본적으로 문서 작성을 위한 프로그램이 아닙니다. 하지만 데이터와 연결된 문서나 보고서를 작성할 때는 엑셀을 사용하는 것이 유용합니다. 엑셀로 보고서 작업을 할 때 어려운 부분이 행별로 열 너비를 조정하는 것이 불가능하다는 것입니다. 이럴 때 연결된 그림 붙여넣기 기능을 사용하면 편리합니다.

❶ 예제 파일에서 '고객사별시적' 시트를 선택합니다. ❷ A1:G16 영역을 선택한 후 CTRL + C 키를 누릅니다. ❸ '실적보고서' 시트를 클릭합니다.

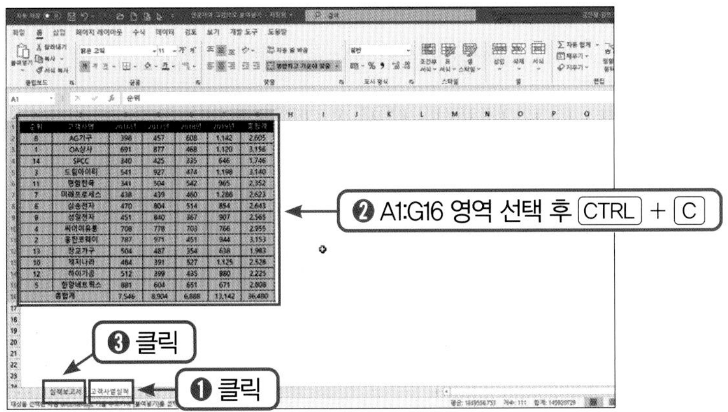

❹ [홈] 탭 → '클립보드' 그룹 → '붙여넣기' 내림 단추를 클릭한 후 **연결된 그림 붙여넣기** 명령 단추를 클릭합니다. 보시는 것처럼 B열 매출액과 고객사명의 열 너비가 다른 것처럼 화면에 나타납니다. **연결된 그림 붙여넣기**를 하면 '고객사별실적' 시트에서 데이터가 변경이 되면 '실적보고서'에 붙여넣기한 데이터도 동시에 변경됩니다. 보고서 업무를 자동화하는 데 사용하면 편리합니다.

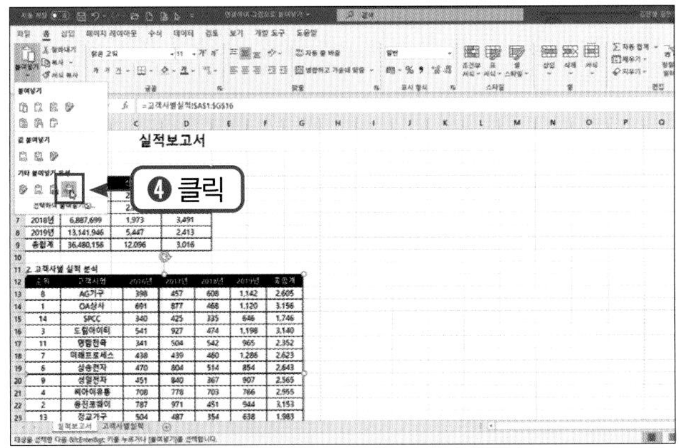

(11) 서식 복사

준비 파일 **서식복사.xlsx**

'서식 복사'는 복사한 셀이나 영역의 서식만 붙여넣기하는 기능으로 실제 업무에 자주 사용하는 유용한 기능입니다. ❶ 예제 파일에서 A1:D6 영역을 선택하고 ❷ [홈] 탭 → '클립보드' 그룹 → '서식 복사' 명령 단추를 클릭합니다. ❸ I1셀을 클릭하면 서식만 I1셀에 복사가 됩니다. '서식 복사' 명령 단추 위에 마우스를 올리면 '서식 복사' 기능에 대한 설명이 나타납니다.

클립보드 응용하기: 클립보드_응용.xlsx 파일을 열어서 '문제' 시트에 있는 문제를 풀어 보세요. 해답은 '해답' 시트에 있습니다.

4 조건부 서식 활용하기

조건부 서식은 조건에 따라 셀 서식을 지정하여 데이터의 시각적 효과를 극대화할 수 있는 기능입니다. 조건부 서식 기능은 [홈] 탭의 '스타일' 그룹에 있습니다. 서식을 지정할 셀이나 영역을 선택한 후 '조건부 서식' 명령 단추를 눌러 조건을 선택하면 실행됩니다. 조건부 서식에는 엑셀에서 기본으로 제공하는 서식을 적용하는 방법과 수식을 직접 입력하여 서식을 적용하는 방법이 있습니다.

(12) 엑셀이 기본으로 제공하는 조건부 서식 적용

준비 파일 조건부서식.xlsx

엑셀 사용자들이 많이 사용하는 '조건부 서식' 기능은 몇 가지 범주로 구분되어 있습니다. ❶ 예제 파일의 G2:G18 영역을 선택합니다. ❷ [홈] 탭 → '스타일' 그룹 → '조건부 서식' 명령 단추를 클릭합니다. ❸ '셀 강조 규칙'을 클릭하면 적용할 조건이 나타납니다. ❹ '보다 큼'을 선택합니다.

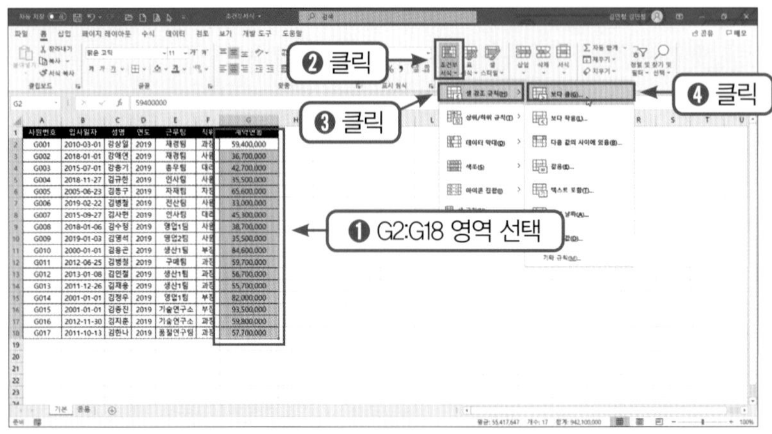

'보다 큼' 대화 상자가 나타나면 ❺ '다음 값보다 큰 셀의 서식 지정'에 **90000000**을 입력한 후 ❻ [확인] 단추를 클릭합니다. 계약 연봉이 9천만 원이 넘는 셀(G16)에 '진한 빨강 텍스트가 있는 연한 빨강 채우기' 서식이 적용되었습니다.

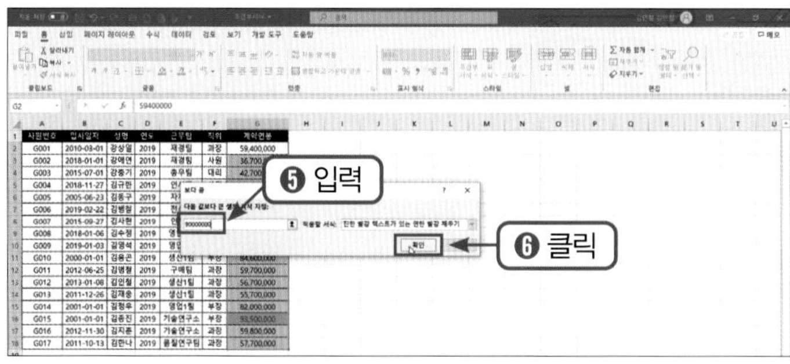

나머지 조건도 그리 어렵지 않게 의미를 알 수 있습니다. '보다 작음'은 입력한 값보다 셀값이 작을 때, '다음 값의 사이에 있음'은 입력한 숫자의 범위 안에 셀값이 있을 때, '같음'은 입력한 값과 셀값이 같을 때, '텍스트 포함'은 입력한 텍스트가 셀값에 포함되어 있을 때(**직위** 영역을 선택하고 조건에 **부**를 입력하면 **부** 자가 들어있는 셀에 서식이 적용됩니다), '발생 날짜'는 선택한 조건의 날짜 조건에 셀값이 일치할 때, '중복 값'은 선택한 영역에서 중복된 값이 있을 때 지정한 서식이 적용됩니다.

이번에는 상위/하위 규칙을 적용해 보겠습니다. G2:G18 영역을 그대로 선택한 상태에서 ❶ '상위/하위 규칙' → '하위 10개 항목'을 클릭합니다.

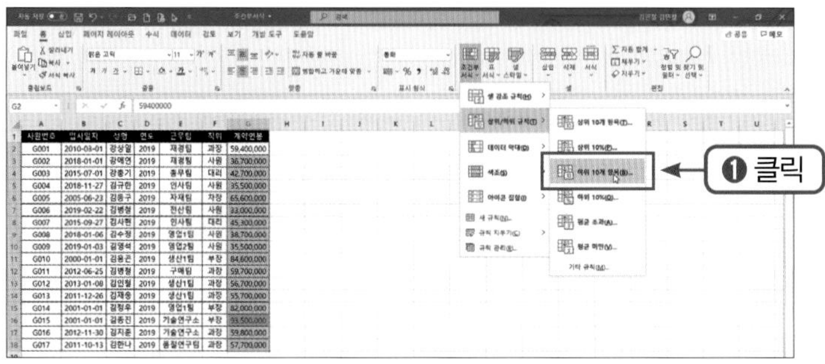

'하위 10개 항목' 대화 상자가 나타나면 ❷ '적용할 서식'에 '진한 노랑 텍스트가 있는 노랑 채우기'를 선택한 후 ❸ [확인] 단추를 클릭합니다. 계약 연봉이 하위 1위에서 10위에 해당하는 셀에 선택한 서식이 적용되었습니다.

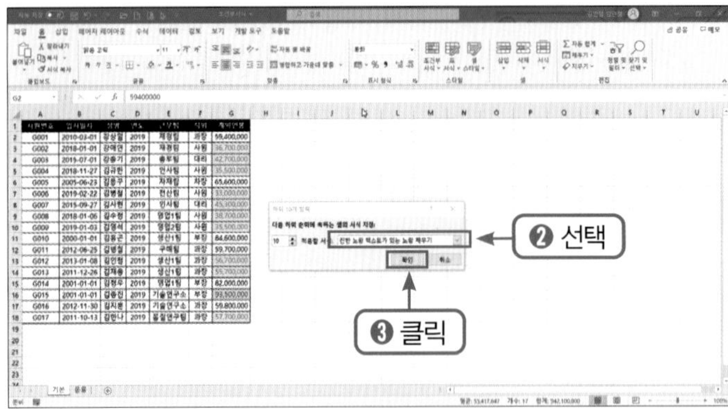

(13) 조건부 서식 응용

준비 파일 앞에서 연 파일로 진행

수식을 직접 입력하여 조건부 서식을 더 다양한 방법으로 활용할 수 있습니다. '응용' 시트의 I2 셀에서 직급을 선택하면 A1:G18 영역에서 직급에 해당하는 데이터의 행이 붉은색 채우기로 서식이 지정되도록 해 보겠습니다. ❶ '응용' 시트의 A2:G18 영역을 선택합니다. ❷ [홈] 탭 → '스타일' 그룹 → '조건부 서식' 명령 단추를 눌러 '새 규칙'을 선택합니다.

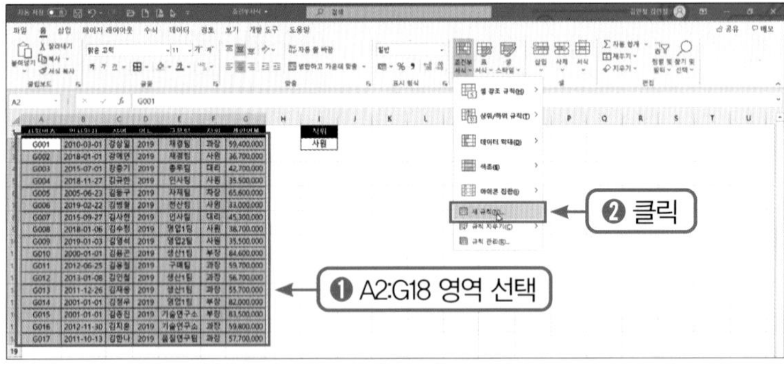

'새 서식 규칙' 대화 상자가 나타나면 ❸ '수식을 사용하여 서식을 지정할 셀 결정'을 클릭합니다. ❹ '다음 수식이 참인 값의 서식 지정'에 **=$F2=$I$2**를 입력한 후 ❺ [서식] 단추를 클릭합니다. ❻ '셀 서식' 대화 상자가 나타나면 [채우기] 탭을 선택한 후 ❼ **빨강**을 선택합니다. ❽ [확인] 단추를 누릅니다.

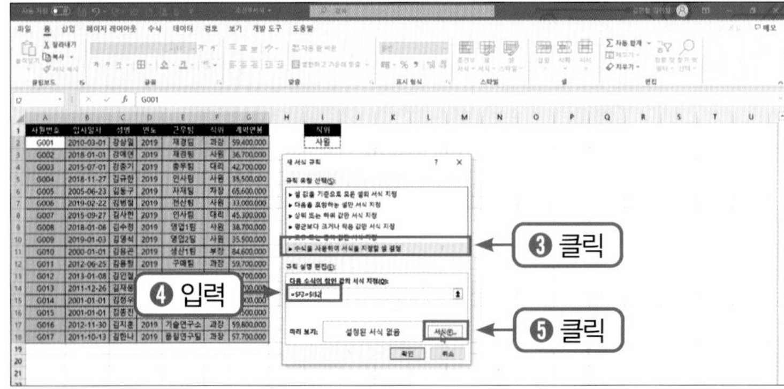

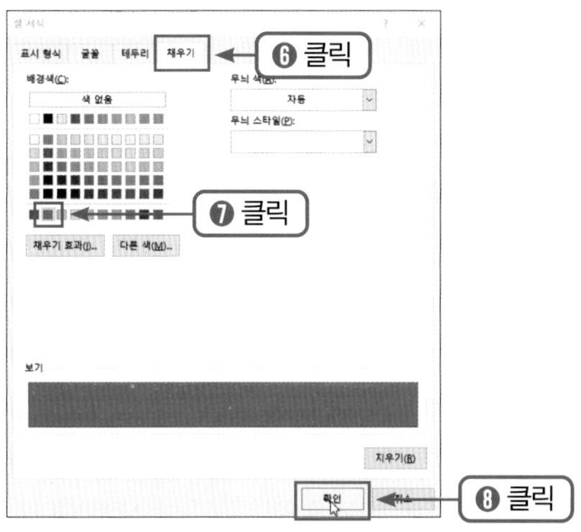

다시 '새 서식 규칙' 대화 상자가 나타나면 ❾ [확인] 단추를 클릭합니다.

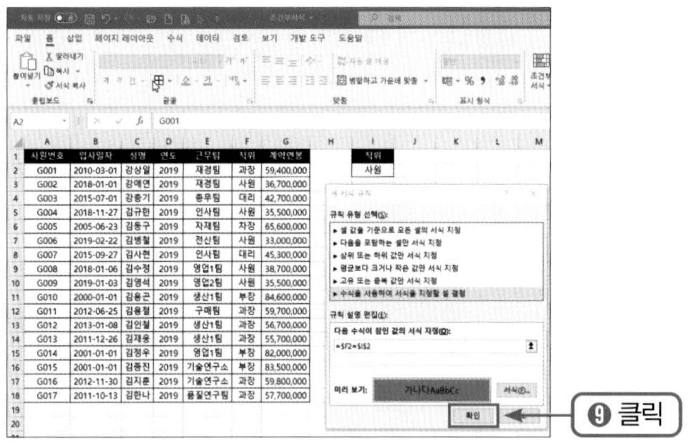

직위가 사원인 데이터의 행 부분이 붉은 색으로 채워졌음을 확인할 수 있습니다. I2셀의 값을 부장으로 바꾸면 직위가 부장인 데이터의 행 부분이 붉은 색으로 채워집니다.

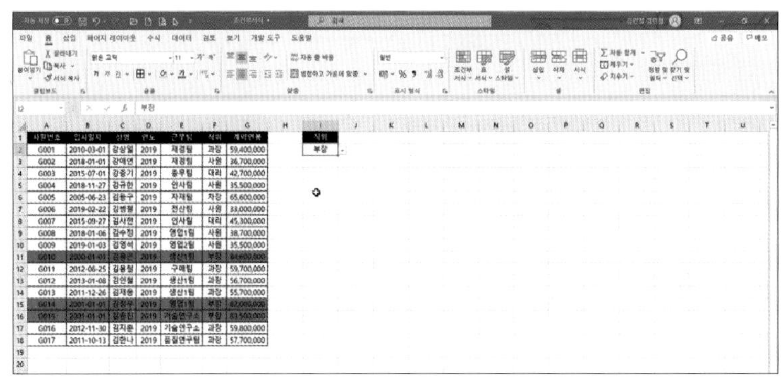

조건부 서식 응용하기: 조건부서식_응용.xlsx 파일을 열어서 '문제' 시트에 있는 문제를 풀어 보세요. 해답은 '해답' 시트에 있습니다.

5 [홈] 탭 – '편집' 그룹 활용하기

[홈] 탭의 맨 오른쪽에 있는 '편집' 그룹에서 일반적인 엑셀 사용자가 많이 사용하는 기능은 '정렬 및 필터'입니다. 하지만 엑셀 사용 전문가가 유용하게 사용하는 기능은 '자동 합계', '바꾸기', '이동 옵션'입니다.

(14) 자동 합계

준비 파일 **편집그룹.xlsx**

❶ 예제 파일에서 H16셀을 선택합니다. ❷ [홈] 탭 → '편집' 그룹 → '자동 합계' 명령 단추를 클릭하고 ENTER 키를 누릅니다. H16셀에 합계를 낼 영역을 지정하지 않았는데 자동으로 H2:H15 영역의 합계를 구하는 **=SUM(H2:H15)** 수식이 입력됩니다. 이와 같이 '자동 합계' 기능은 숫자 데이터가 연속적으로 입력되어 있는 영역을 스스로 인식해서 합계를 구해 주기 때문에 단순 합계를 구할 때는 SUM 함수를 사용할 필요가 없습니다.

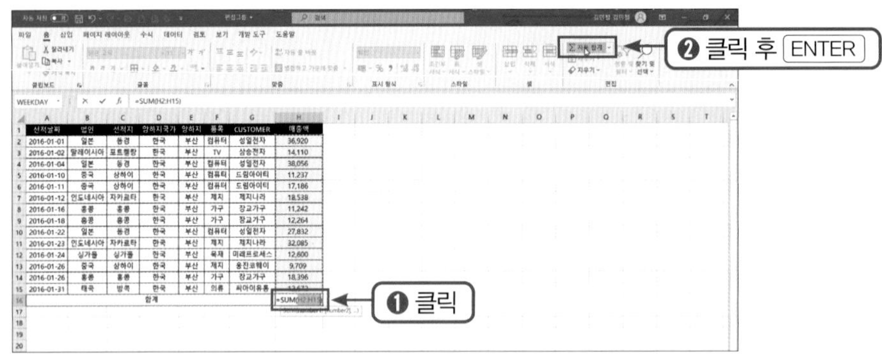

'자동 합계'로는 합계뿐만 아니라 평균, 최대값, 최소값, 숫자 개수 등도 구할 수 있습니다. ❶ H16셀을 선택해 DELETE 키를 눌러 수식을 삭제합니다. ❷ [홈] 탭 → '편집' 그룹 → '자동 합계' 명령 단추의 내림 단추를 클릭합니다. ❸ '평균'을 선택합니다.

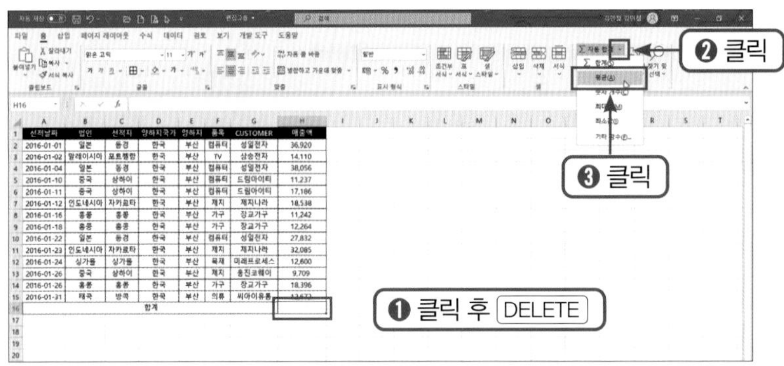

H16셀에 **=AVERAGE(H2:H15)** 수식이 나타납니다. ❹ ENTER 키를 누르면 평균값이 나타납니다.

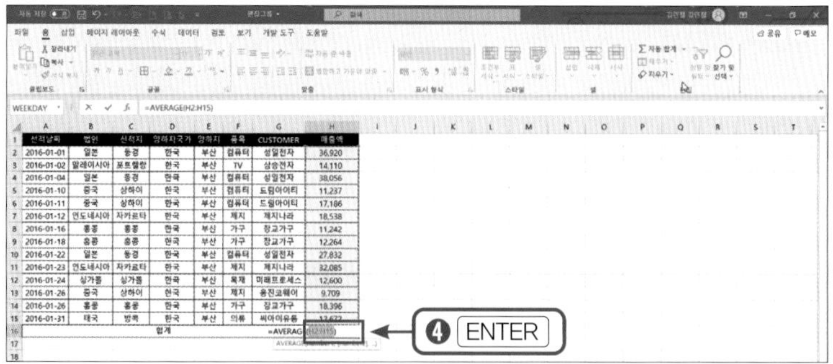

(15) 정렬 및 필터

준비 파일 **앞에서 연 파일로 진행**

셀에 입력된 데이터의 종류에 따라 조건을 다르게 해서 필터링을 할 수 있습니다. 필드명(1행에 입력된 데이터)에 있는 내림 단추를 클릭하면 필터링을 할 수 있습니다. '정렬및필터' 시트에서 A1셀의 **선적날짜** 내림 단추를 클릭하면 날짜와 관련된 조건으로 필터링을 할 수 있습니다. B2셀의 **법인** 내림 단추를 클릭하면 법인별로 선택할 수도 있고 특정 단어가 포함된 내용만 필터링을 할 수도 있습니다. H1셀 **매출액** 내림 단추를 누르면 숫자와 관련된 조건으로 필터링을 할 수 있습니다.

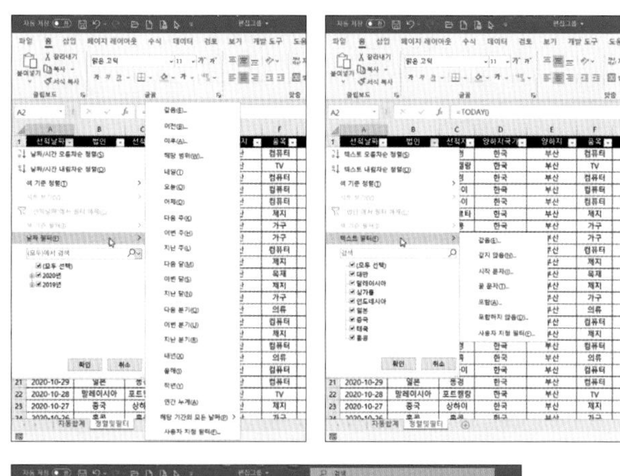

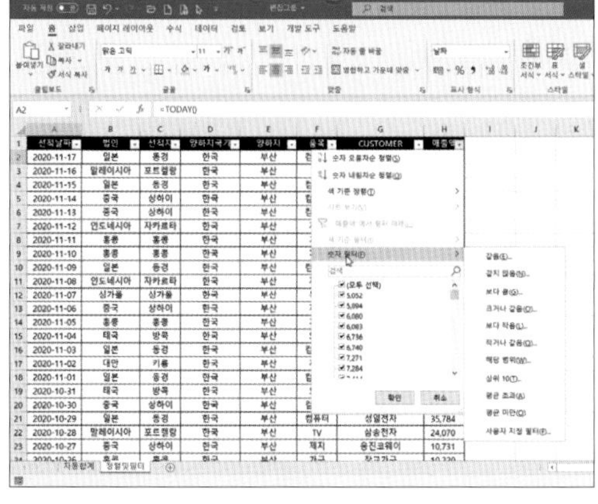

(16) 바꾸기 – 공백 없애기

준비 파일 **편집그룹2.xlsx**

예제 파일의 G2셀을 보면 수식이 정확하게 입력되어 있음에도 오류가 발생하는 것을 볼 수 있습니다. 오류가 발생하는 원인은 A2셀 **RED1** 뒤에 공백이 입력되어 있기 때문입니다. 엑셀에서는 공백도 하나의 문자로 인식합니다. 그러므로 F2셀에 입력한 값과 A2셀에 입력한 값은 서로 다른 값이 되어 G2셀에 #N/A 오류가 발생하였습니다. 찾기 및 참조 함수를 사용할 때 수식이 제대로 입력되어 있는데도 오류가 발생하는 원인의 대부분은 공백 때문입니다.

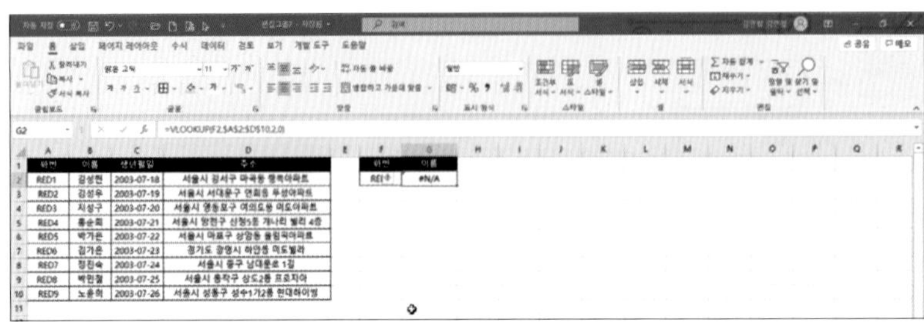

엑셀에 입력한 공백은 '바꾸기' 기능으로 쉽게 없앨 수 있습니다. ❶ A2:A10 영역을 선택합니다. ❷ [홈] 탭 → '편집' 그룹 → '찾기 및 선택' 명령 단추를 클릭하고 ❸ '바꾸기'를 클릭합니다.

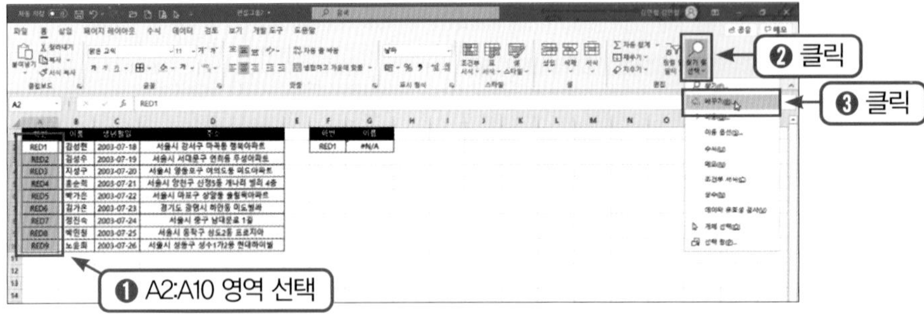

'찾기 및 바꾸기' 대화 상자가 나타나면 ❹ '찾을 내용'을 선택하고 SPACE 키를 한 번 누릅니다. ❺ '모두 바꾸기' 명령 단추를 클릭합니다.

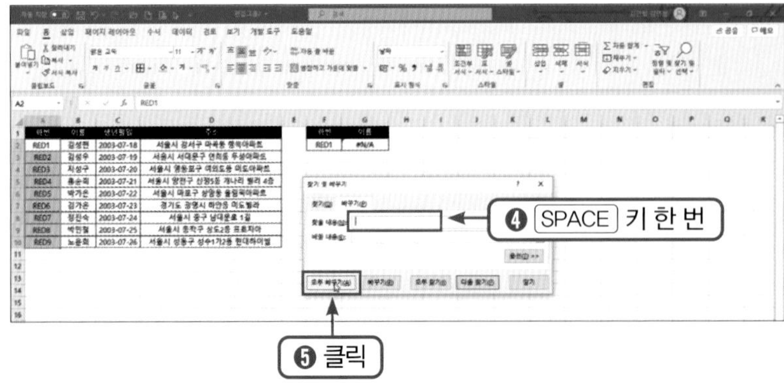

4개 항목에 공백이 입력되어 있었음을 확인할 수 있습니다. [확인] 단추와 [닫기] 단추를 연이어 클릭하면 G2셀에 데이터가 나타나는 것을 확인할 수 있습니다.

(17) 바꾸기 – 유령 문자 없애기

준비 파일 앞에서 연 파일로 진행

데이터를 입력할 때 인터넷이나 다른 곳에서 데이터를 복사하여 붙여넣기하는 경우가 많습니다. 이때 가끔 공백처럼 보이지만 공백은 아닌 눈에 보이지 않는 특수문자가 따라올 때가 있습니다. 이를 편의상 유령 문자라 부릅니다. 유령 문자를 그대로 두면 공백이 있는 것과 동일한 이유로 인해 원하는 데이터를 불러올 수 없습니다. 유령 문자도 '바꾸기' 기능을 활용하여 없앨 수 있습니다.

❶ 예제 파일의 '유령문자없애기' 시트에서 B1셀을 선택합니다. ❷ 수식 입력줄에서 d 앞쪽의 공백 1칸 영역을 선택한 후 CTRL + C 키를 누릅니다.

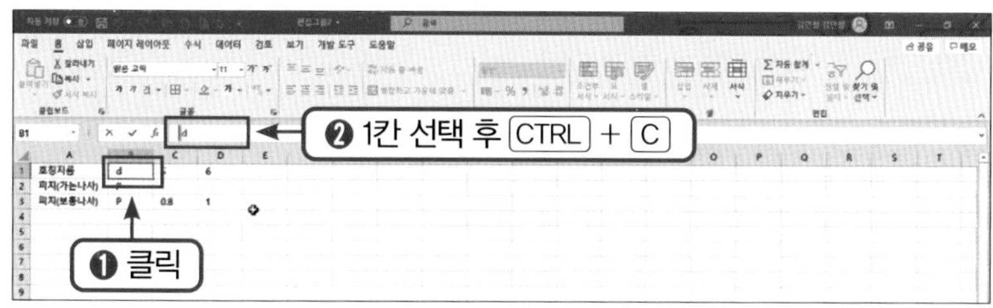

❸ A1:D3 영역을 선택합니다. ❹ [홈] 탭 → '편집' 그룹 → '찾기 및 선택' 명령 단추를 클릭한 후 '바꾸기'를 클릭합니다. '찾기 및 바꾸기' 대화 상자가 나타나면 ❺ '찾을 내용'을 선택한 후 CTRL + V 키를 누릅니다. ❻ '모두 바꾸기' 명령 단추를 누릅니다. ❼ [확인] 단추를 클릭하고 ❽ [닫기] 단추를 클릭합니다. 24개의 유령 문자가 사라집니다.

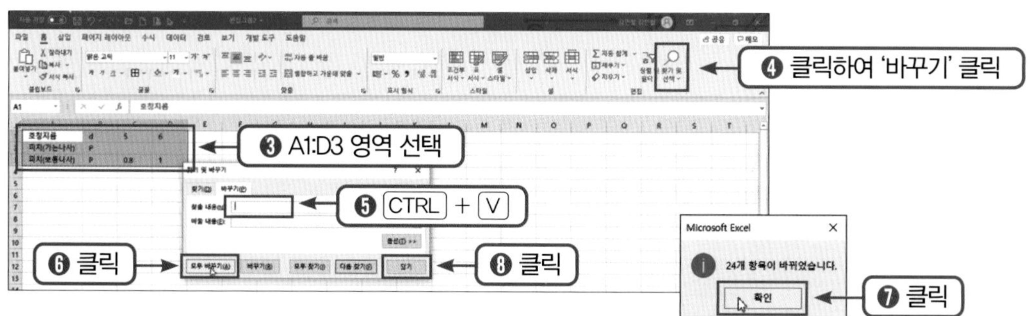

(18) 이동 옵션 - 빈 셀 채우기

준비 파일 앞에서 연 파일로 진행

예제 파일의 '빈셀채우기' 시트에 있는 데이터는 셀 병합이 되어 있습니다. 이렇게 셀 병합이 되어 있으면 엑셀의 가장 기본적인 데이터 기능을 사용할 수 없어 불편합니다. 이럴 때는 셀 병합을 해제하고 데이터 기능을 쉽게 사용할 수 있도록 데이터를 재구성해야 합니다. ❶ A2:B14 영역을 선택하고 ❷ [홈] 탭 → '맞춤' 그룹 → '병합하고 가운데 맞춤' 명령 단추를 눌러 셀 병합을 해제합니다.

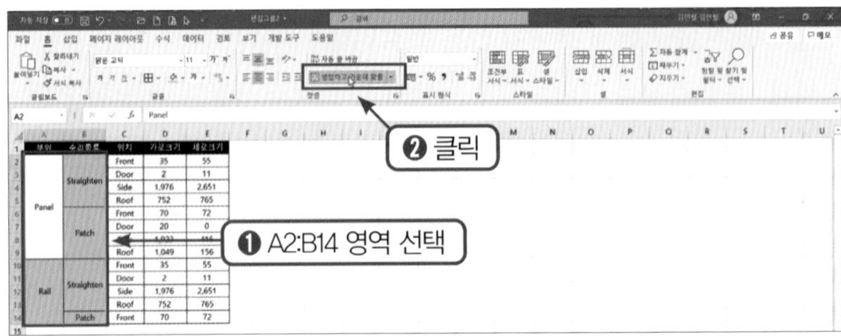

❸ [홈] 탭 → '찾기 및 선택' 그룹 → '이동 옵션'을 클릭합니다.

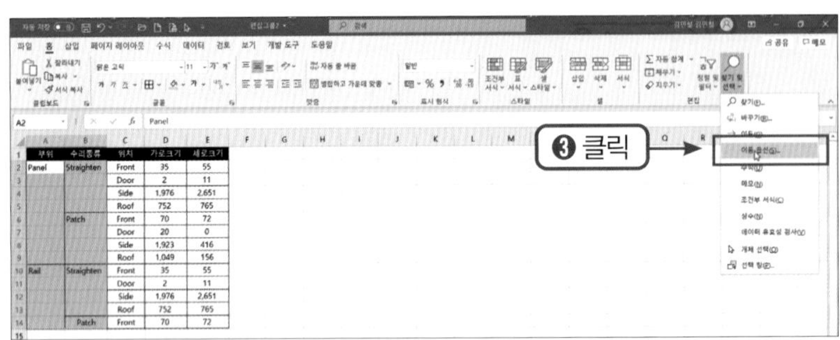

'이동 옵션' 대화 상자가 나타나면 ❹ '빈 셀'을 체크 표시하고 ❺ [확인] 단추를 클릭하면 빈 셀이 모두 선택됩니다.

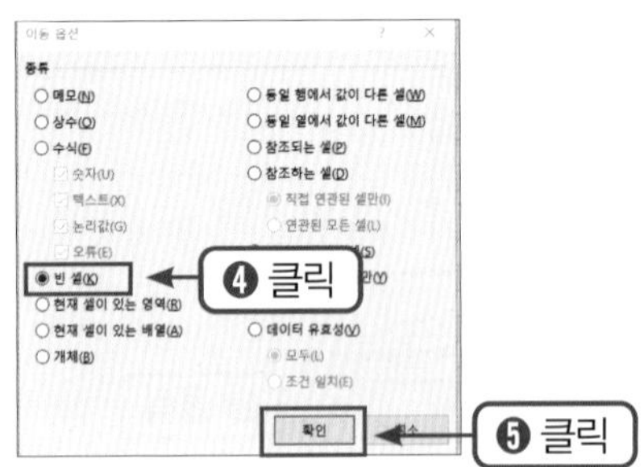

❻ 빈 셀이 선택된 상태에서 활성화된 셀(여기서는 B3셀입니다)의 수식 입력줄에 바로 위의 셀 주소를 불러오는 수식을 입력하고 CTRL + ENTER 키를 누릅니다. 여기서는 **=B2**를 입력하고 CTRL + ENTER 키를 누릅니다.

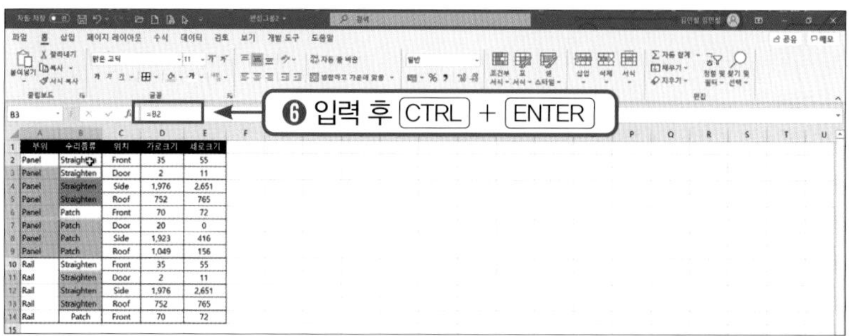

❼ A2:B14 영역을 선택한 후 CTRL + C 키를 누릅니다. ❽ [홈] 탭 → '클립보드' 그룹 → '붙여넣기' 내림 단추를 클릭한 후 **값 붙여넣기** 명령 단추를 클릭합니다. 추후 정렬을 하거나 행, 열 삽입 등 데이터에 변동이 생길 때 데이터에 오류가 발생하지 않도록 수식을 값으로 변경해야 합니다.

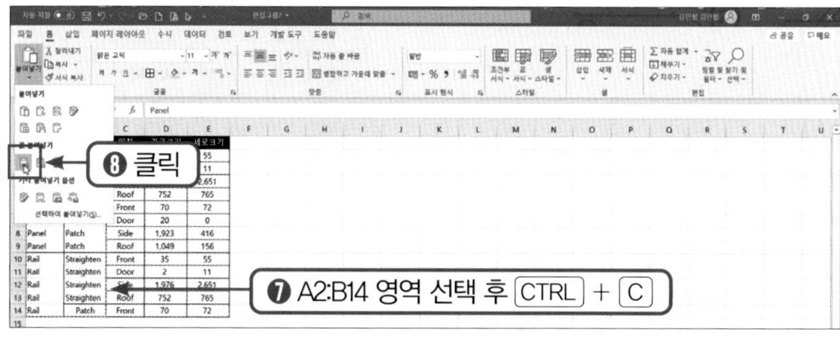

(19) 이동 옵션 – 빈 셀 삭제하기

준비 파일 앞에서 연 파일로 진행

이동 옵션 기능을 활용하여 빈 셀을 삭제할 수도 있습니다. 예제 파일에서 컨테이너별 가장 최근에 움직인 데이터만 추출하려 합니다. ❶ '빈셀삭제하기' 시트에서 A2:B16 영역을 선택합니다. ❷ [홈] 탭 → '찾기 및 선택' 그룹 → '이동 옵션'을 클릭합니다

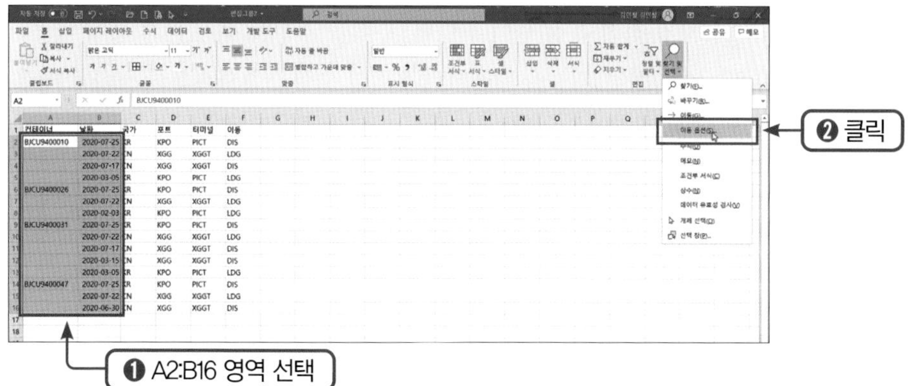

'이동 옵션' 대화 상자가 나타나면 ❸ '빈 셀'을 선택하고 ❹ [확인] 단추를 클릭합니다. 빈 셀이 모두 선택됩니다.

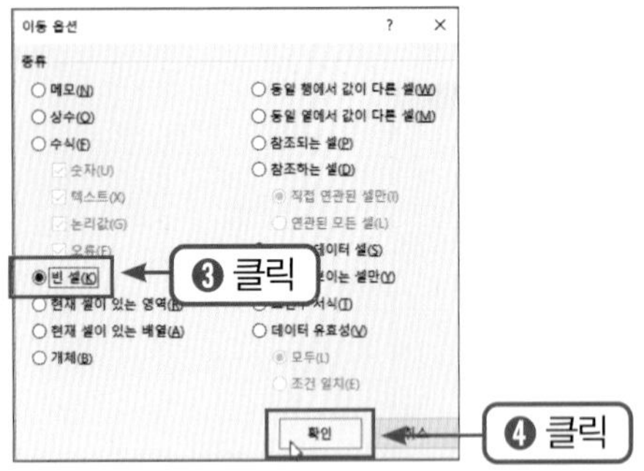

❺ 선택된 영역에서 마우스 오른쪽 버튼을 누른 후 '삭제'를 클릭합니다. ❻ '삭제' 대화 상자가 나타나면 '행 전체'를 선택한 후 ❼ [확인] 단추를 클릭합니다.

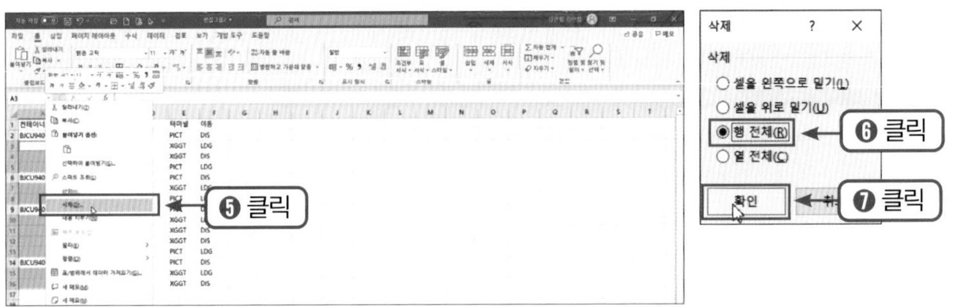

편집 그룹 응용하기: 편집그룹_응용.xlsx 파일을 열어서 '문제' 시트에 있는 문제를 풀어 보세요. 해답은 '해답' 시트에 있습니다.

6 [수식] 탭 – 이름정의하기

엑셀은 기본적으로 셀 주소를 가지고 있습니다. 보통 셀 주소를 바탕으로 연산을 하거나 참조를 하는데 엑셀에는 이 외에도 사용자가 직접 특정 셀이나 범위, 수식을 지정할 수 있는 기능이 있습니다. 바로 '이름정의' 기능입니다. '이름정의' 기능을 활용하면 복잡한 수식을 효율적으로 관리할 수 있습니다. 특히 업무 자동화를 위한 동적 영역을 지정하는 데 꼭 필요한 기능입니다.

(20) 영역을 이름정의하기

준비 파일 이름정의.xlsx

'이름정의' 기능을 활용하려면 먼저 '이름정의'를 해야 합니다. '이름정의'를 하는 1번째 방법은 먼저 영역을 선택한 다음 '이름 상자'에 이름을 입력하는 것입니다. ❶ '이름정의기본' 시트 B2:B17 영역을 선택한 후 ❷ '이름 상자'에 **성명**이라고 입력하고 ENTER 키를 누릅니다. 다른 방법으로는 영역을 선택한 다음 [수식] 탭 → '정의된 이름' 그룹 → '이름정의' 명령 단추를 사용하는 것입니다. ❸ C2:C17 영역을 선택합니다. ❹ [수식] 탭 → '정의된 이름' 그룹 → '이름정의' 명령 단추를 클릭하면 '이름'에 **국어**, 참조 대상에 선택한 영역이 자동으로 나타납니다. 다른 이름으로 정의하고 싶다면 국어 대신 다른 이름을 입력하면 됩니다. ❺ [확인] 단추를 클릭합니다.

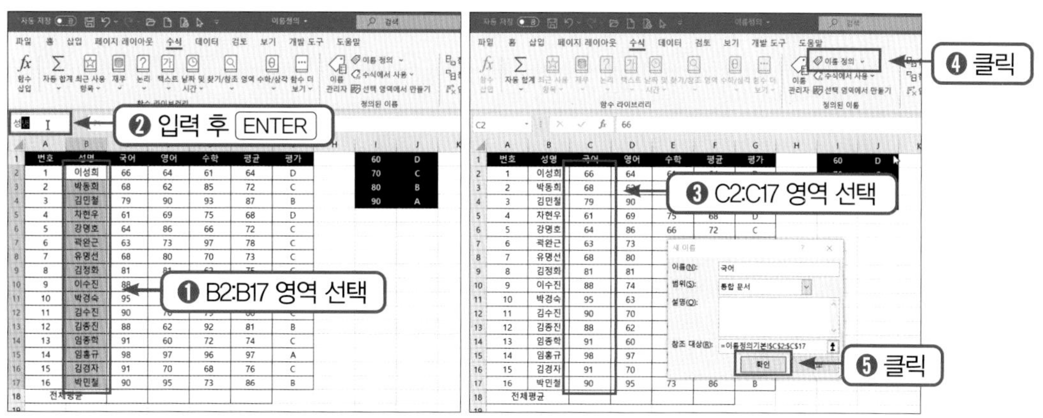

'이름정의'가 어떤 역할을 하는지 예제를 통해서 알아보겠습니다. ❶ C18셀을 선택한 후 ❷ [홈] 탭 → '편집' 그룹 → '자동 합계' 명령 단추의 내림 단추를 클릭하여 ❸ **평균**을 선택합니다. AVERAGE 함수 안에 인수가 **C2:C17** 대신 **국어**로 나타나는 것을 확인할 수 있습니다.

이번에는 G2셀을 선택합니다. 수식 입력줄에 보면 VLOOKUP 함수의 'Tabel_array' 인수에 **I1:J4** 영역 대신 **평가표**가 입력되어 있음을 확인할 수 있습니다. 이렇게 '이름정의'한 것은 '이름 관리자'에서 확인할 수 있습니다. [수식] 탭 → '정의된 이름' 그룹 → '이름 관리자' 명령 단추를 클릭하면 '이름 관리자' 대화 상자가 나타나는데 여기서 **평가표**를 클릭하면 I1:J4 영역이 평가표로 이름정의 되어 있음을 확인할 수 있습니다.

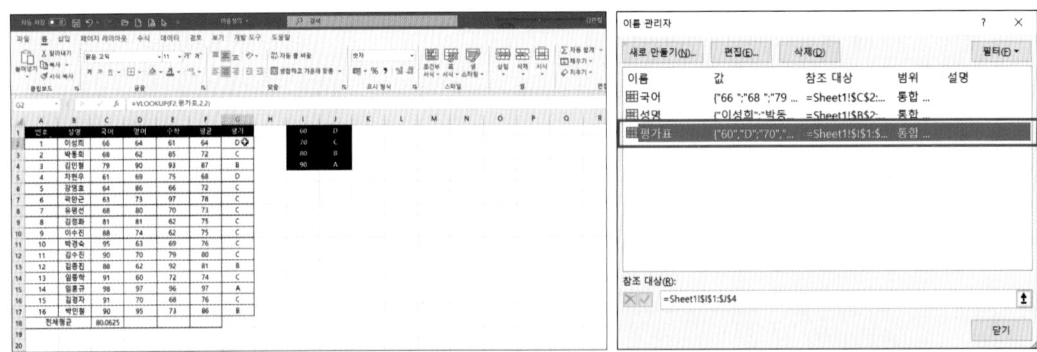

(21) 수식을 이름정의하기

준비 파일 앞에서 연 파일로 진행

영역뿐만 아니라 수식도 이름정의할 수 있습니다. 예제를 통해 활용법을 알아보겠습니다. ❶ G2셀의 수식 입력줄에 입력된 수식을 선택한 후 CTRL + C 키를 누르고 ESC 키를 누릅니다. ❷ [수식] 탭 → '정의된 이름' 그룹 → '이름 정의' 명령 단추를 클릭합니다. ❸ '새 이름' 대화 상자가 나타나면 '이름'에 **평가하기**를 입력합니다. ❹ '참조 대상'에서 기존 참조 대상을 지우고 CTRL + V 키를 눌러 복사한 수식을 붙여넣기합니다. ❺ [확인] 단추를 클릭합니다. ❻ G3셀을 선택한 후 ❼ **=평가하기**를 입력하고 ENTER 키를 누릅니다. VLOOKUP 함수를 입력한 것과 동일한 결과가 나타나는 것을 확인할 수 있습니다.

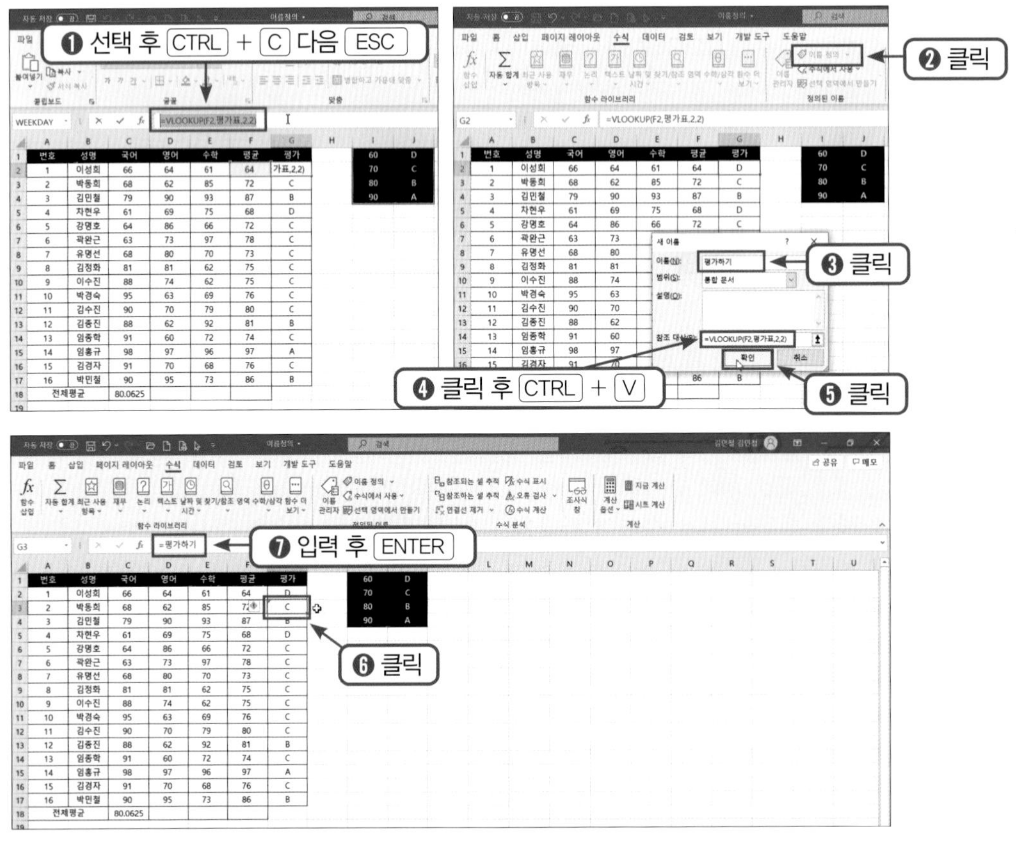

(22) 이름정의 기능으로 동적 영역 지정하기

준비 파일 앞에서 연 파일로 진행

OFFSET 함수와 이름정의 기능을 활용하여 동적 영역을 지정할 수 있습니다. 동적 영역(Dynamic Range)이란, 데이터를 새로 추가하더라도 이를 자동으로 인식하여 영역이 확장되는 것을 말합니다. 동적 영역 지정은 엑셀 사용 전문가라면 반드시 알고 있어야 하며 거의 대부분의 데이터 처리 관련 업무에 사용된다고 말해도 무방할 정도로 중요한 기능입니다.

예제 파일을 보면서 동적 영역을 지정하는 방법을 알아보겠습니다. 먼저 OFFSET 함수와 COUNTA 함수를 활용하여 이름정의할 수식을 작성합니다. ❶ '동적영역' 시트에서 임의의 빈 셀을 선택합니다(여기서는 G1셀을 선택합니다). ❷ [수식] 탭 → '함수 라이브러리' 그룹 → '찾기/참조 영역' 명령 단추를 클릭해 **OFFSET**을 선택합니다. '함수 인수' 대화 상자가 나타나면 ❸ 'Reference'에 **$A$1**, 'Rows'에 **0**, 'Cols'에 **0**, 'Height'에 **COUNTA($A$1:$A$200)**, 'Width'에 **5**를 입력한 후 ❹ [확인] 단추를 클릭합니다.

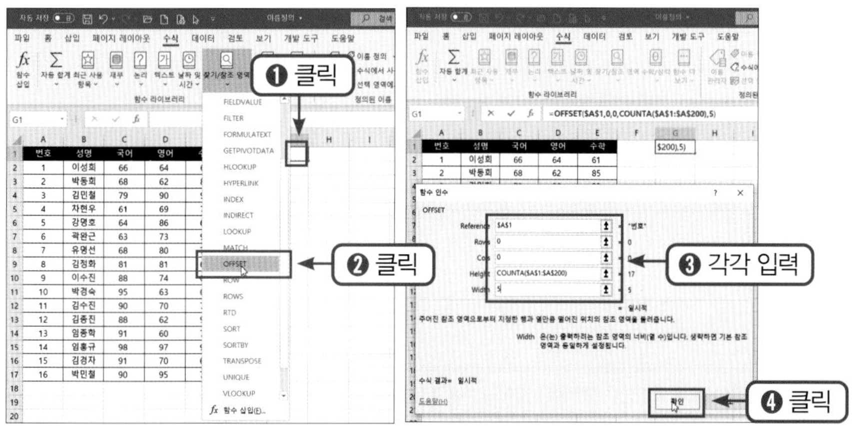

❺ G1셀의 '수식 입력줄'의 수식을 선택한 후 CTRL + C 키를 누르고 ESC 키를 누릅니다. ❻ [수식] 탭 → '정의된 이름' 그룹 → '이름 정의' 명령 단추를 클릭합니다. ❼ '새 이름' 대화 상자가 나타나면 '이름'에 **범위**를 입력합니다. ❽ '참조 대상'에서 기존 참조 대상을 지우고 CTRL + V 키를 눌러 복사한 수식을 붙여넣기합니다. ❾ [확인] 단추를 클릭합니다.

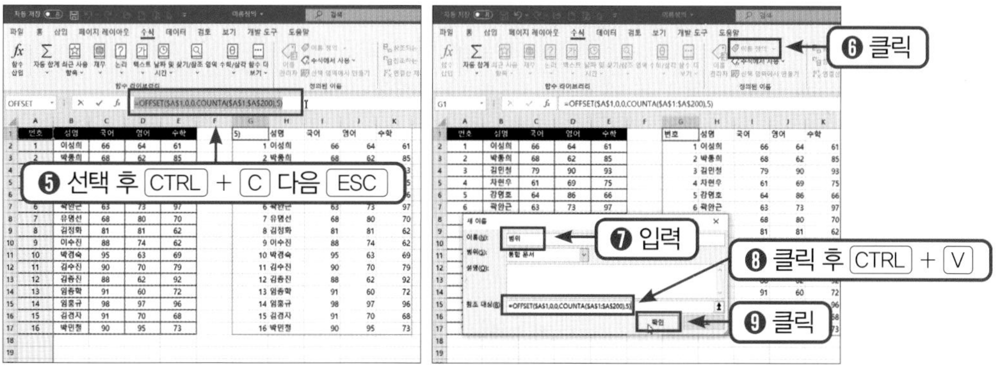

동적 영역이 어떻게 작동하는지 확인해 보겠습니다. ❶ A18~E18셀에 임의의 데이터를 입력합니다. ❷ [수식] 탭 → '정의된 이름' 그룹 → '이름 관리자' 명령 단추를 클릭하면 '이름 관리자' 대화상자가 나타나는데 ❸ 여기서 **범위**를 클릭하면 ❹ 새로 입력한 데이터까지 영역이 지정되어 있음을 확인할 수 있습니다. 동적 영역 지정을 애초에 A65000셀까지 지정했기 때문에 A65000셀까지는 데이터를 입력하면 알아서 영역이 지정됩니다. 그럼 이 데이터를 연결한 결과값에도 알아서 반영이 됩니다.

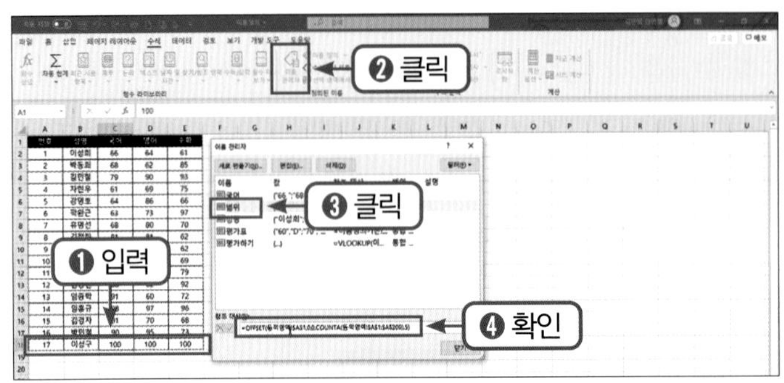

• 여기서 사용한 함수는 함수 목록에서 사용법을 확인하시면 됩니다.
VLOOKUP: 534P / OFFSET: 539P / COUNTA: 544P

• 이름정의 응용하기: 이름정의_응용.xlsx 파일을 열어서 '문제' 시트에 있는 문제를 풀어 보세요. 해답은 '해답' 시트에 있습니다.

7 [데이터] 탭 – '데이터 도구' 그룹 활용하기

엑셀을 엑셀답게 사용하기 위해 가장 중요한 것은 데이터 입력을 잘하는 것입니다. [데이터] 탭에 있는 '데이터 도구' 그룹의 기능은 데이터를 잘 입력하도록 도와줍니다.

(23) 텍스트 나누기 활용하기

준비 파일 **데이터도구.xlsx**

데이터를 입력할 때 한 셀에는 하나의 정보만 입력하는 것이 기본입니다. 하지만 정보를 2가지 입력하거나 다른 사람으로부터 파일을 받았는데 정보 2가지 이상이 한 셀에 들어 있는 경우가 있습니다. 이럴 때 유용하게 사용할 수 있는 기능이 '텍스트 나누기'입니다.

예제 파일 '텍스트나누기' 시트의 A열을 보면 담당자에 이름과 직위가 함께 입력되어 있습니다. '텍스트 나누기' 기능을 사용하여 이름과 직위를 따로 구분해서 나타나도록 해 보겠습니다. ❶ A2:A15 영역을 선택합니다. ❷ [데이터] 탭 → '데이터 도구' 그룹 → '텍스트 나누기' 명령 단추를 클릭합니다. '텍스트 마법사 – 3단계 중 1단계'가 나타나면 ❸ '너비가 일정함'을 클릭하고 ❹ [다음]

단추를 클릭합니다. '텍스트 마법사 – 3단계 중 2단계'가 나타나면 ❺ [다음] 단추를 클릭합니다. '텍스트 마법사 – 3단계 중 3단계'가 나타나면 ❻ [마침] 단추를 클릭합니다. 이름과 직위가 분리되어 입력되었습니다.

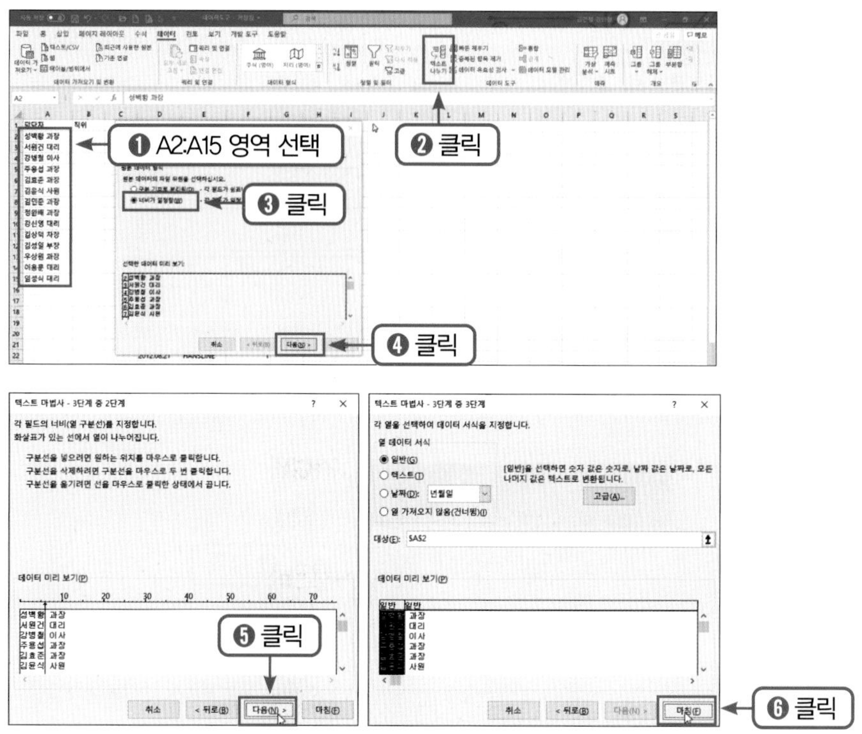

날짜 데이터를 입력할 때는 날짜 형식으로 입력(0000-00-00 혹은 0000/00/00)해야 하는데 습관적으로 날짜 형식이 아닌 다른 방법으로 입력하는 경우가 많습니다. 이럴 때도 함수를 사용하기보다 '텍스트 나누기' 기능을 사용하면 편리합니다. 예제 파일 '텍스트나누기' 시트 D열을 보면 날짜 형식이 아닌 0000.00.00으로 입력되어 있습니다. 입력된 데이터가 왼쪽 정렬되어 있으므로 날짜가 아닌 텍스트로 인식되고 있음을 알 수 있습니다. '텍스트 나누기' 기능을 사용하여 날짜 데이터로 바꿔 보겠습니다.

❶ D2:D26 영역을 선택합니다. ❷ [데이터] 탭 → '데이터 도구' 그룹 → '텍스트 나누기' 명령 단추를 클릭합니다. '텍스트 마법사 – 3단계 중 1단계'가 나타나면 ❸ [다음] 단추를 클릭합니다. '텍스트 마법사 – 3단계 중 2단계'가 나타나면 ❹ [다음] 단추를 클릭합니다. '텍스트 마법사 – 3단계 중 3단계'가 나타나면 ❺ '열 데이터 서식'에서 '날짜'를 선택하고 ❻ [마침] 단추를 클릭합니다. 텍스트 데이터가 날짜 데이터로 변경되었습니다.

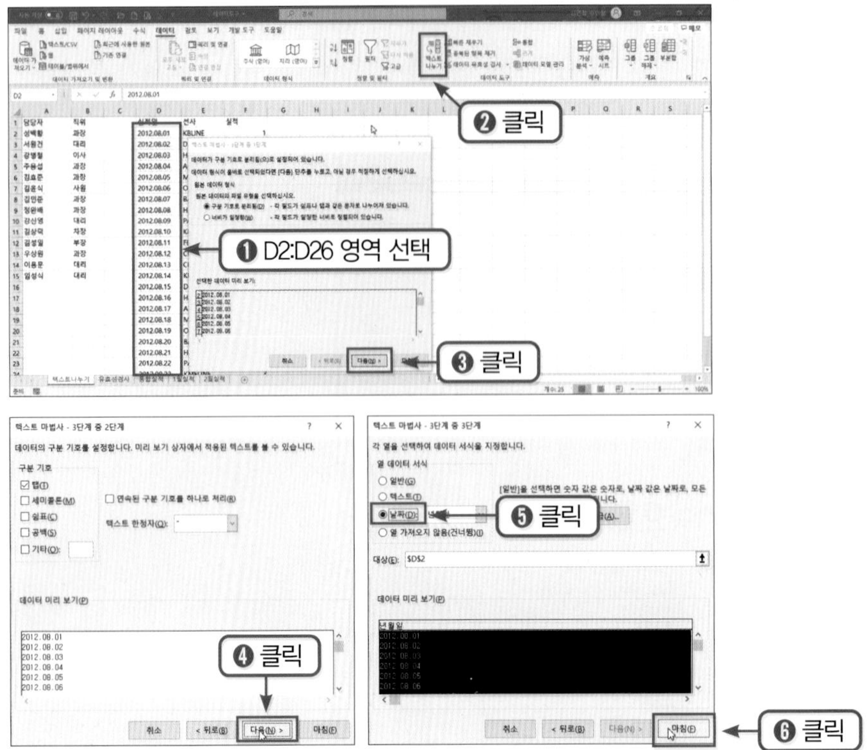

준비 파일 앞에서 연 파일로 진행

(24) 유효성 검사 활용하기

데이터 입력 오류를 방지하기 위해 조건을 설정해 입력되는 데이터를 제한하고 조건에 맞지 않는 데이터가 입력되면 오류 메시지가 나타나도록 하는 기능이 '유효성 검사'입니다. '유효성 검사'는 어떤 엑셀 프로그램에서도 빠지지 않을 만큼 중요하고 자주 사용해야 하는 기능입니다. 예제 파일의 '유효성검사' 시트에서 F2~I2셀에 각각 입력되는 데이터에 조건을 설정해 보겠습니다.

먼저 F2셀에는 A2:A8 영역에 입력된 데이터만 입력이 가능하도록 조건을 설정합니다. ❶ '유효성검사' 시트에서 F2셀을 선택합니다. ❷ [데이터] 탭 → '데이터 도구' 그룹 → '데이터 유효성 검사' 명령 단추를 클릭합니다. '데이터 유효성' 대화 상자가 나타나면 ❸ '제한 대상'을 '목록'으로 선택합니다. ❹ '원본'에서 A2:A8 영역을 선택하여 입력합니다. ❺ [확인] 단추를 클릭합니다. F2셀을 선택하면 A2:A8 영역에 입력된 이름 데이터 목록이 나타나는 것을 확인할 수 있습니다.

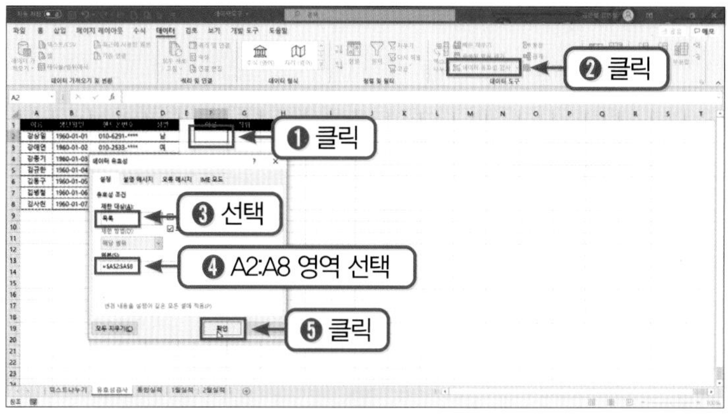

'데이터 유효성' 대화 상자에서 '원본'에 데이터가 있는 영역을 입력해도 되지만 목록을 바로 입력해도 됩니다. G2셀을 선택하고 '데이터 유효성 검사' 명령 단추를 클릭하여 '데이터 유효성' 대화 상자가 나타나면 ❶ '제한 대상'을 '목록'으로 선택합니다. ❷ '원본'에 **사원,대리,과장,부장**을 입력합니다. ❸ [확인] 단추를 클릭합니다. G2셀을 선택하면 입력한 목록이 나타나는 것을 확인할 수 있습니다.

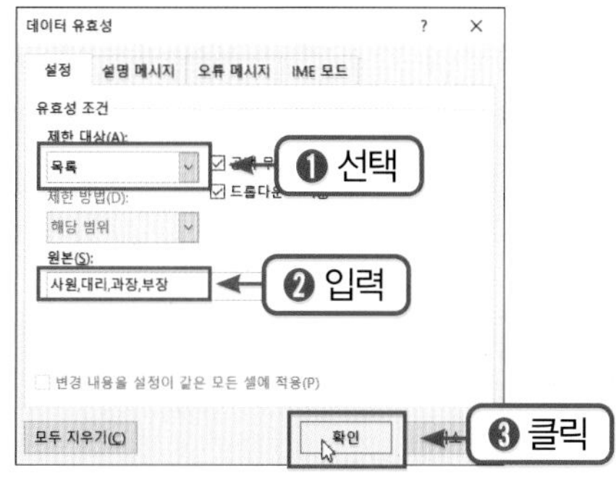

목록뿐만 아니라 '데이터 유효성' 대화 상자의 '제한 대상'에 나오는 다른 조건으로도 조건을 설정할 수 있습니다. H2셀에 날짜로 조건을 설정해 보겠습니다. H2셀을 선택합니다. '데이터 유효성 검사' 명령 단추를 클릭하면 '데이터 유효성' 대화 상자가 나타납니다. ❶ '제한 대상'을 '날짜'로 선택합니다. ❷ '시작 날짜'에 **1960-1-1**을, '끝 날짜'에 **2000-12-31**을 입력합니다. ❸ [확인] 단추를 클릭합니다. H2셀에는 설정한 날짜 범위 안에 있는 데이터만 입력이 됩니다.

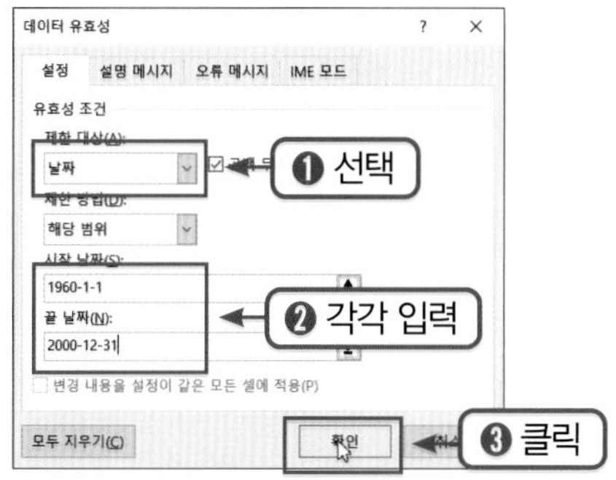

I2셀에 텍스트 길이로 조건을 설정해 보겠습니다. I2셀을 선택합니다. '데이터 유효성 검사' 명령 단추를 클릭하여 '데이터 유효성' 대화 상자가 나타나면 ❶ '제한 대상'을 '텍스트 길이'로 선택합니다. ❷ '최소값'에 **12**를, '최대값'에 **13**을 입력합니다. ❸ [확인] 단추를 클릭합니다. I2셀에는 12~13자의 텍스트만 입력이 됩니다. F2셀에 **김민철**을 입력하고 ENTER 키를 누르면 오류 메시지가 뜨면서 데이터가 입력되지 않습니다.

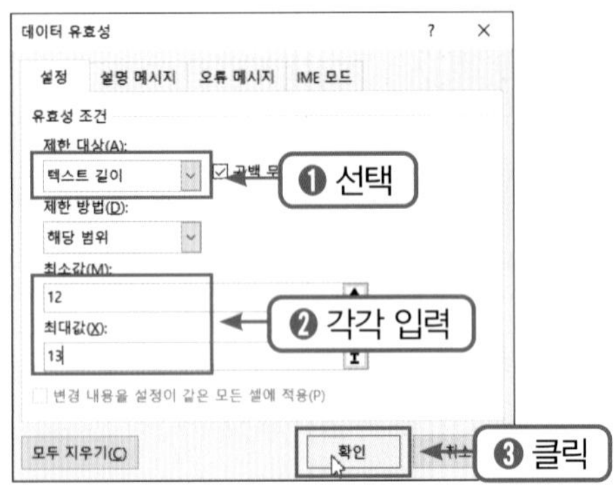

H2셀에 입력하는 날짜는 어떤 날짜가 입력 가능한지 미리 알려 주는 것이 좋습니다. 이럴 때는 '데이터 유효성 검사'의 '설명 메시지' 기능을 사용합니다. H2셀을 선택합니다. '데이터 유효성 검사' 명령 단추를 클릭하여 '데이터 유효성' 대화 상자가 나타나면 ❶ [설명 메시지] 탭을 선택합니다. ❷ '제목'에 **날짜입력**을, '설명 메시지'에 **1960-1-1에서 2000-12-31 날짜만 입력할수있습니다.**를 입력합니다. ❸ [확인] 단추를 클릭합니다. H2셀을 클릭하면 메시지가 뜹니다.

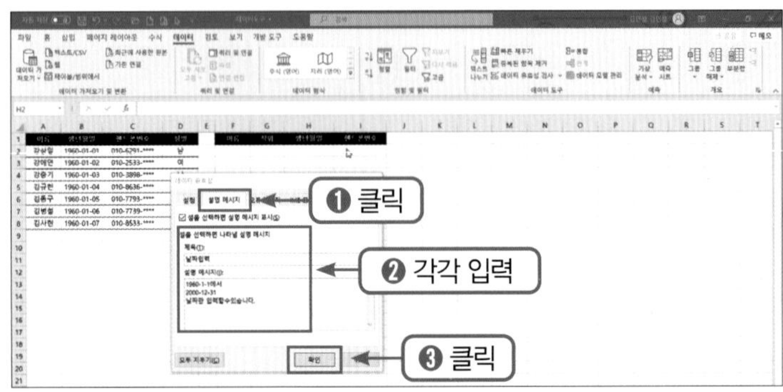

유효성 검사 응용하기: 유효성 검사 제한 조건으로 수식을 직접 입력할 수 있습니다. 수식을 활용해 유효성 목록을 작성하는 방법은 유효성검사_응용.xlsx 파일을 열어서 '문제' 시트에 있는 문제를 풀며 익혀 보세요. 해답은 '해답' 시트에 있습니다.

(25) 통합 기능 활용하기

동일한 종류의 데이터는 여러 시트에 분할해서 입력하면 안 됩니다. 반드시 한 시트에 입력해야 합니다. 하지만 동일한 종류의 데이터가 여러 시트에 입력되어 있는 경우가 종종 있습니다. 예제 파일을 보면 동일한 실적 데이터가 **1월실적**, **2월실적**으로 각각 다른 시트에 입력되어 있습니다. 여기에서 1월과 2월 실적을 더한 종합 실적을 구할 때 '통합' 기능을 사용하면 편리합니다.

❶ '통합실적' 시트의 A1셀을 선택합니다. ❷ [데이터] 탭 → '데이터 도구' 그룹 → '통합' 명령 단추를 클릭합니다. '통합' 대화 상자가 나타나면 ❸ '함수'를 '합계'로 선택합니다. ❹ '참조' 입력란을 선택한 후 ❺ '1월실적' 시트를 선택합니다. ❻ A1:F8 영역을 선택하여 입력하고 ❼ [추가] 단추를 클릭합니다. ❽ 다시 '참조' 입력란을 선택한 후 기존 참조를 지우고 '2월실적' 시트를 선택합니다. A1:D7 영역을 선택하여 입력하고 ❾ [추가] 단추를 클릭합니다. ❿ '사용할 레이블'에 '첫 행' 과 '왼쪽 열'을 모두 체크 표시하고 ⓫ [확인] 단추를 클릭합니다.

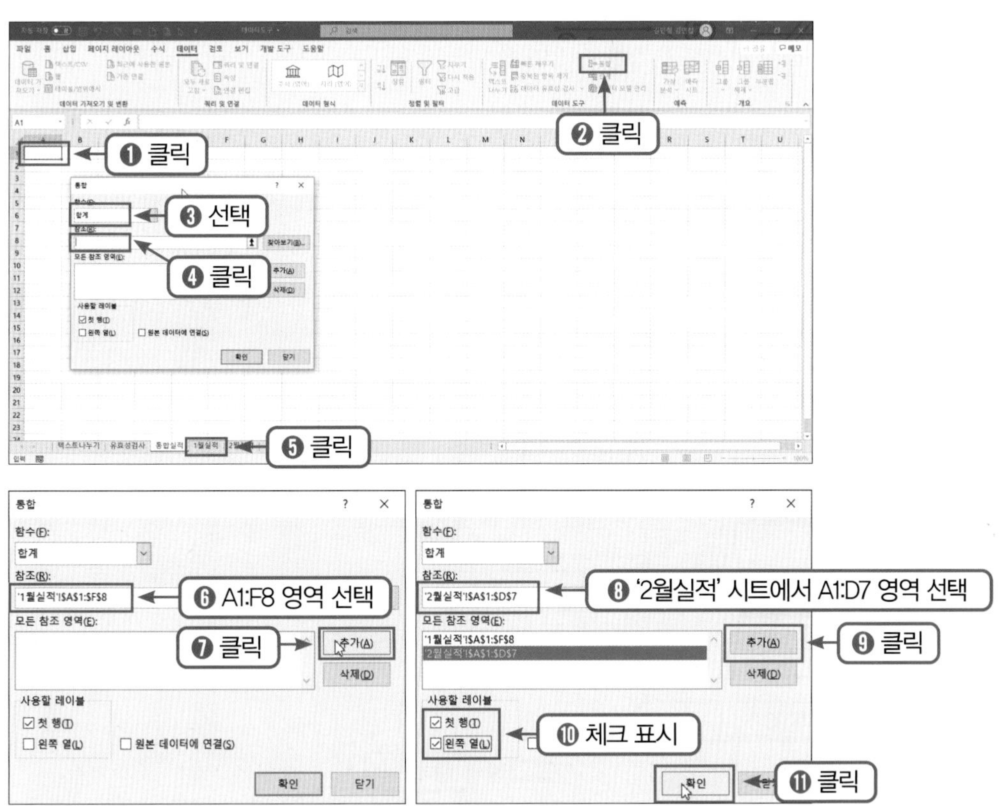

통합 응용하기: 통합_응용.xlsx 파일을 열어서 '문제' 시트에 있는 문제를 풀어 보세요. 해답은 '해답' 시트에 있습니다.

8 기타 유용한 엑셀 기능

지금까지 엑셀 사용 전문가가 주로 사용하는 반드시 알아야 할 엑셀 기능에 대해 알아보았습니다. 앞에서 살펴본 바와 같이 엑셀을 엑셀답게 사용하기 위해 꼭 알아야 할 기능은 약 20여 개 정도에 지나지 않습니다. 데이터 구성이 잘 되어 있다면 이 정도 기능과 뒤에서 설명할 주요 함수 30여 개만 잘 알아도 엑셀 사용 전문가가 될 수 있습니다.

(26) 시트 보호

준비 파일 기타기능.xlsx

여기서는 엑셀 사용 전문가가 자주 사용하지는 않지만 알고 있으면 도움이 되는 몇 가지 기능에 대해 알아보겠습니다. 동일한 업무를 여러 명이 작업해야 하는 경우가 있습니다. 이럴 때는 문서를 취합하는 직원이 엑셀로 기본 문서를 만들어 함께 일하는 직원에게 파일을 공유합니다. 각 직원은 공유한 파일에 각자 입력해야 할 데이터를 입력한 후 문서를 취합하는 직원에게 보냅니다. 이 과정에서 기본 문서를 변경해서 입력하는 직원이 있으면 취합하는 직원의 업무가 많아집니다. 이럴 때 시트 보호 기능을 사용하여 문서를 변경할 수 없도록 만들면 편리합니다.

예제 파일에서 A열에 있는 각 담당자가 자신의 근무 일정을 날짜별로 입력하여 문서를 취합하는 직원에게 전달해야 합니다. 데이터를 입력하는 직원은 B2:H7 영역에만 데이터를 입력할 수 있도록 문서를 작성해야 합니다. ❶ 임의의 셀을 선택합니다. ❷ CTRL + A 키를 눌러 시트 전체를 선택하고 CTRL + 1 키를 눌러 '셀 서식' 대화 상자를 불러옵니다. ❸ [보호] 탭을 클릭한 후 ❹ '잠금'과 '숨김'을 모두 체크 표시 해제합니다. ❺ [확인] 단추를 클릭합니다.

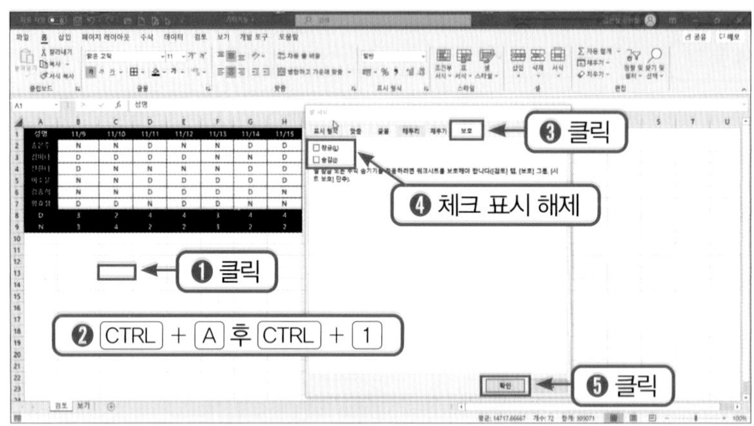

❻ A1:H1 영역을 선택하고 CTRL 키를 누른 상태에서 A2:A9, B8:H9 영역을 선택하고 CTRL + 1 키를 누릅니다. '셀 서식' 대화 상자가 나타나면 ❼ [보호] 탭을 클릭하고 ❽ '잠금'과 '숨김'을 모두 체크 표시합니다. ❾ [확인] 단추를 클릭합니다.

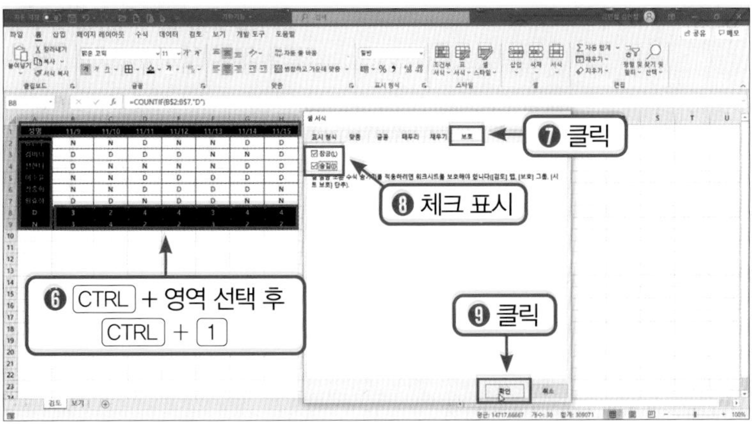

⓾ [검토] 탭 → '보호' 그룹 → '시트 보호' 명령 단추를 클릭합니다. '시트 보호' 대화 상자가 나타나면 ⑪ '잠긴 셀 선택', '잠기지 않은 셀 선택'만 체크 표시를 하고 ⑫ 암호를 입력합니다. 여기서는 **1111**을 입력하였습니다. ⑬ [확인] 단추를 클릭합니다. ⑭ '암호 확인' 대화 상자가 나타나면 **1111**을 한 번 더 입력하고 ⑮ [확인] 단추를 클릭합니다.

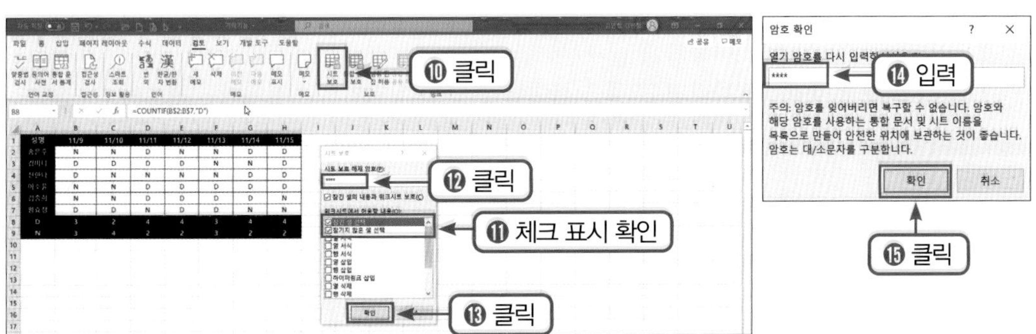

시트 보호한 셀 중 임의의 셀(여기서는 C8셀을 선택합니다)을 선택하고 값을 입력하면 메시지가 뜨면서 데이터가 입력되지 않습니다.

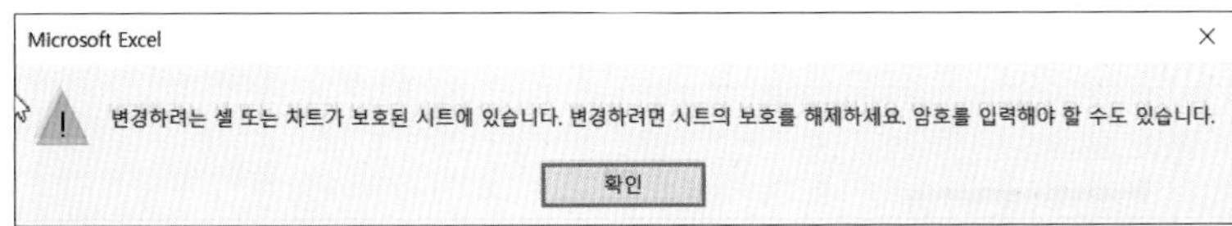

(27) 틀 고정과 페이지 나누기 미리 보기

데이터 양이 많을 때 아래로 스크롤을 하면 필드명이 보이지 않아서 불편할 때가 있습니다. 이럴 때 '틀 고정' 기능을 사용하면 편리합니다. 예제 파일 '보기' 시트에서 필드명이 있는 1행을 고정해 보겠습니다. ❶ 2행 머리를 클릭하여 2행을 선택합니다. ❷ [보기] 탭 → '창' 그룹 → '틀 고정' 명령 단추를 클릭하여 ❸ '틀 고정' 명령 단추를 클릭합니다.

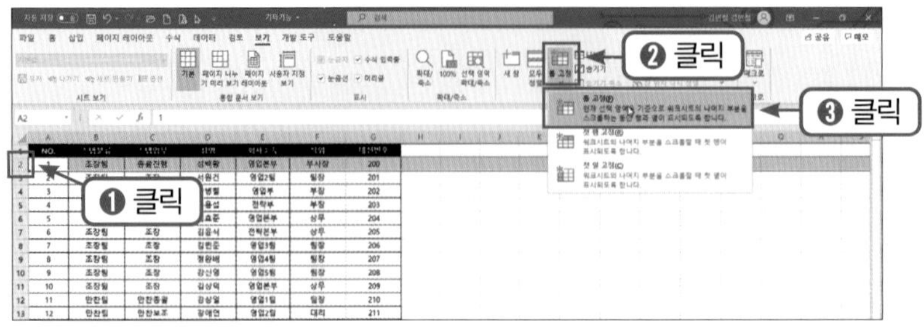

틀 고정을 취소하는 방법은 데이터 영역을 선택한 상태에서 [보기] 탭 → '창' 그룹 → '틀 고정' 명령 단추를 클릭하여 '틀 고정 취소' 명령 단추를 클릭합니다.

1행과 A열을 동시에 고정하려면 B2셀을 선택한 후 동일한 방법으로 진행하면 됩니다.

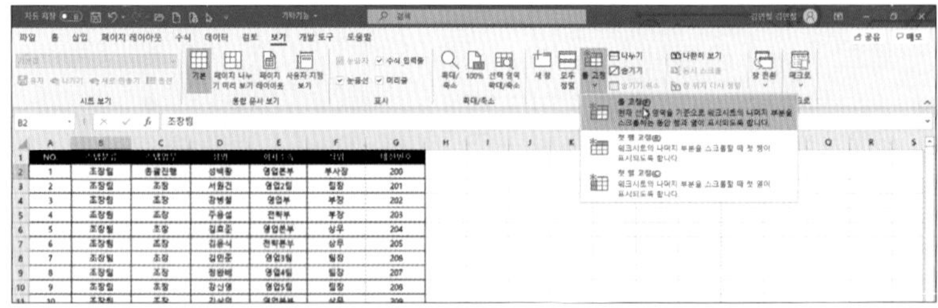

이제 페이지 나누기 미리 보기 기능을 익혀 보겠습니다. 예제 파일을 출력하면 G열 내선 번호가 2페이지로 넘어갑니다.

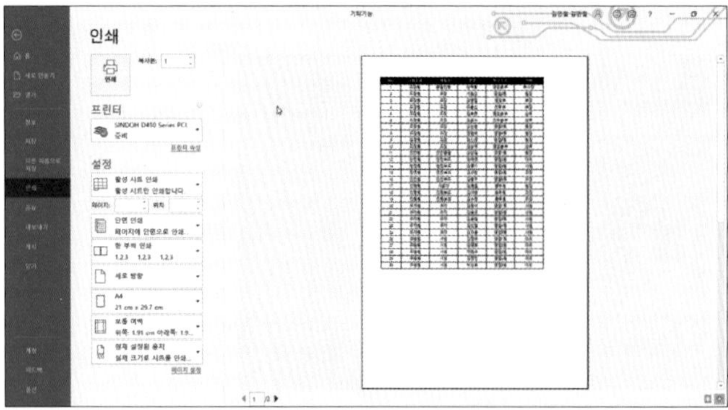

엑셀로 문서를 작성하고 출력할 때 불편한 부분이 문서의 양에 따라 자동으로 페이지가 설정이 되지 않는다는 것입니다. 하지만 '페이지 나누기 미리 보기' 기능을 사용하면 간단히 해결할 수 있습니다. ❶ [보기] 탭 → '통합 문서 보기' 그룹 → '페이지 나누기 미리 보기' 명령 단추를 클릭합니다. ❷ F열과 G열 사이에 있는 파란색 점선 부분을 마우스로 드래그하여 G열과 H열 사이로 옮기면 1페이지로 문서가 출력됩니다.

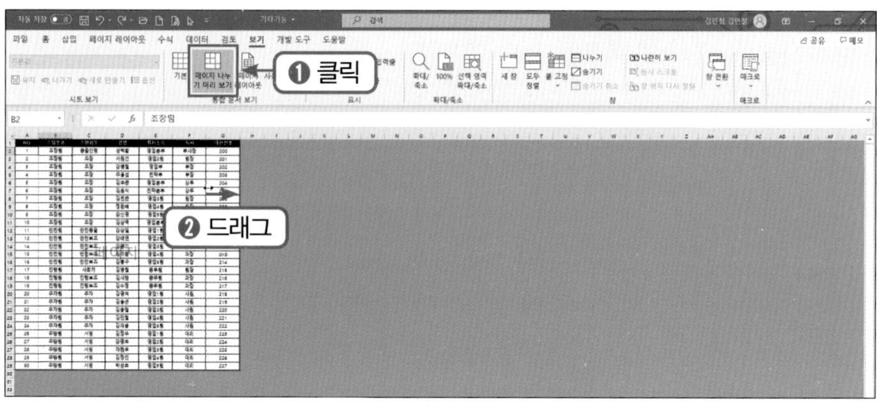

9 단축키

엑셀에는 많은 단축키가 있습니다. 모두 다 알고 있을 필요는 없지만 일부 단축키는 알고 있으면 유용하게 사용할 수 있습니다.

(28) 단축키 알아보기

준비 파일 단축키연습.xlsx

다음은 제가 주로 사용하는 단축키 목록입니다.

범주	단축키	기능
영역 이동	CTRL + →	데이터의 맨 오른쪽으로 이동
	CTRL + ←	데이터의 맨 왼쪽으로 이동
	CTRL + ↑	데이터의 맨 위쪽으로 이동
	CTRL + ↓	데이터의 맨 아래쪽으로 이동
영역 선택	CTRL + SHIFT + →	기준 셀(영역)에서 행 방향으로 데이터 오른쪽 끝까지 영역 선택
	CTRL + SHIFT + ←	기준 셀(영역)에서 행 방향으로 데이터 왼쪽 끝까지 영역 선택
	CTRL + SHIFT + ↑	기준 셀(영역)에서 열 방향으로 데이터 위쪽 끝까지 영역 선택
	CTRL + SHIFT + ↓	기준 셀(영역)에서 열 방향으로 데이터 아래쪽 끝까지 영역 선택
	CTRL + SHIFT + *	데이터 영역 전체 선택
	CTRL + 셀	비연속 데이터 선택
	SHIFT + 셀	연속 데이터 선택
창 열기	CTRL + 1	셀 서식 대화 상자 열기
	ALT + F11	VISUAL BASIC EDITOR 창 열기
입력 / 편집	CTRL + ENTER	선택한 셀에 동일한 데이터 입력하기
	CTRL + A	시트 전체 선택
	CTRL + C	데이터 복사하기
	CTRL + V	복사한 데이터 붙여넣기
	CTRL + ;	오늘 날짜 나타내기
	CTRL + :	현재 시간 나타내기
	ㅁ + 한자	특수 문자 선택하기
	ㅇ + 한자	원 문자 선택하기

예제 파일을 열어서 영역 이동 단축키와 영역 선택 단축키는 직접 해 보면 쉽게 이해할 수 있습니다. 여기서 중요한 것은 기능을 이해하는 것이 아니라 실제 업무를 할 때 사용하는 것입니다. 즉, 영역 이동 단축키를 사용하는 것이 습관이 되어야 합니다.

선택한 셀에 동일한 데이터를 입력할 때는 CTRL + ENTER 키를 누르면 됩니다. I2, I4, I7, I10 셀을 CTRL 키를 활용하여 선택한 다음 수식 입력줄에 **VIP**라고 입력하고 CTRL + ENTER 키를 누르면 선택한 영역에 동일한 데이터가 입력되는 것을 확인할 수 있습니다.

특수 문자를 입력할 때는 보통 [삽입] 탭 → '기호' 그룹 → '기호' 기능을 사용합니다. 하지만 자주 사용하는 특수 문자의 경우 단축키로 찾아서 입력할 수 있습니다. I2 셀에 **ㅁ**을 입력하고 [한자] 키를 누르면 기호 목록이 나타납니다. #을 클릭하면 #이 입력됩니다.

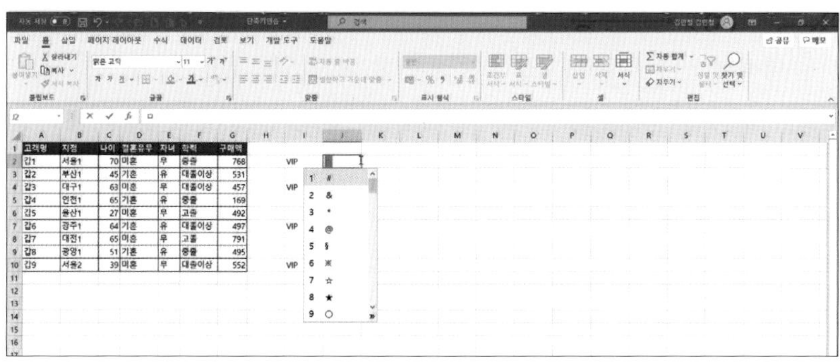

K2셀에는 원 문자를 입력해 보겠습니다. K2셀에 **ㅇ**을 입력하고 [한자] 키를 누르면 원 문자 목록이 나타납니다. 목록에서 필요한 원 문자를 클릭하면 입력이 됩니다.

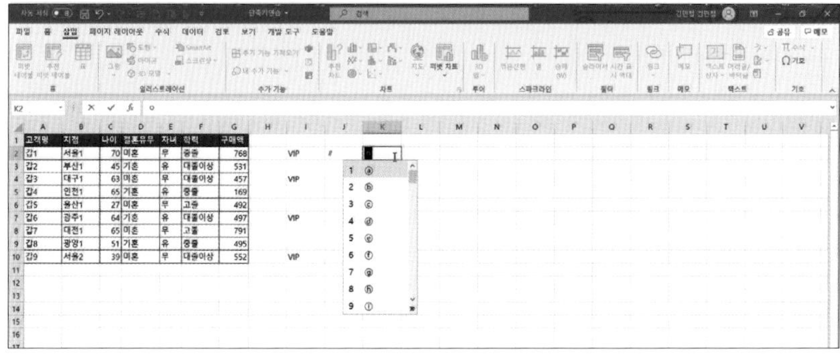

(29) 매크로

준비 파일 **매크로연습.xlsm**

업무 자동화를 위해 반드시 알아야 할 기능이 매크로입니다. 매크로란 자주 사용하는 명령을 묶어 하나로 처리할 수 있는 것을 말합니다. 매크로 기능을 사용하면 반복적이고 고정 형식이 있는 업무를 하나의 키로 묶어 빠르게 처리할 수 있습니다. 많은 엑셀 사용자들이 매크로를 어렵게 생각하는데 엑셀 매크로는 엑셀 기능을 그대로 기록해서 코딩할 수 있는 기능이 있어 어렵지 않게 사용할 수 있습니다. 엑셀에서 매크로를 사용하는 방법은 '매크로 기록' 명령 단추를 누르고 자동화하고 싶은 문서나 업무를 엑셀로 수행하면 됩니다. 예제 파일을 통해 한번 해 보겠습니다.

'매크로기록' 시트에서 고급 필터 기능을 매크로로 기록하여 간단한 실적 조회 프로그램을 만들어 보겠습니다. ❶ 데이터 영역이 있는 임의의 셀을 선택합니다(여기서는 D10셀을 선택했습니다). ❷ [개발 도구] 탭 → '코드' 그룹 → '매크로 기록' 명령 단추를 클릭합니다. '매크로 기록' 대화 상자가 나타나면 ❸ '매크로 이름'을 **실적조회**로 입력합니다. ❹ [확인] 단추를 클릭합니다. 지금부터 엑셀에서 실행하는 기능이 매크로로 기록됩니다.

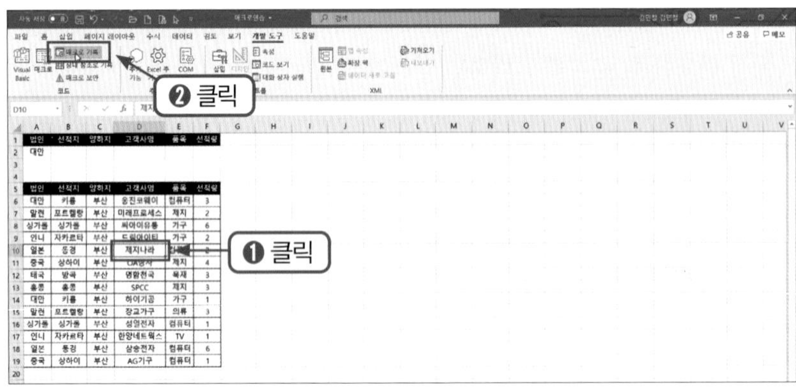

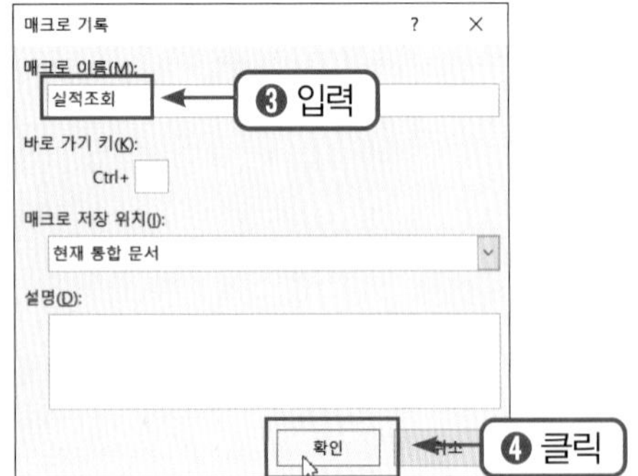

❺ [데이터] 탭 → '정렬 및 필터' 그룹 → '고급' 명령 단추를 누릅니다. '고급 필터' 대화 상자가 나타나면 ❻ '조건 범위'에서 **A1:F2** 영역을 선택하여 입력합니다. '목록 범위'는 자동으로 나타납니다. ❼ [확인] 단추를 클릭합니다.

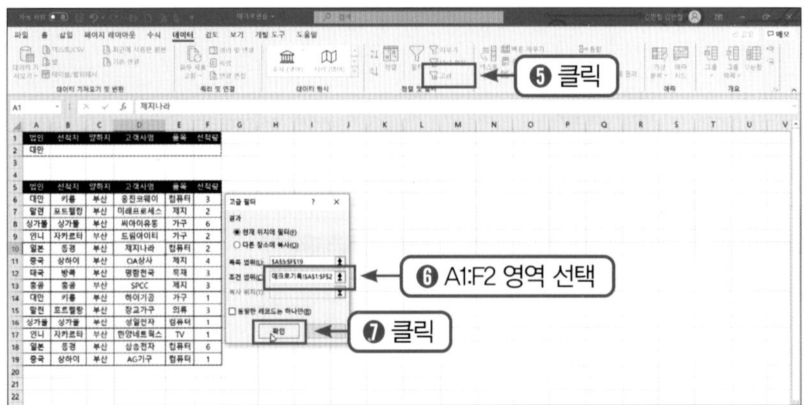

❽ [개발 도구] 탭 → '코드' 그룹 → '기록 중지' 명령 단추를 클릭합니다. ❾ [개발 도구] 탭 → '양식 컨트롤' 그룹 → '삽입' 명령 단추를 클릭한 후 **단추(양식 컨트롤)**를 클릭합니다.

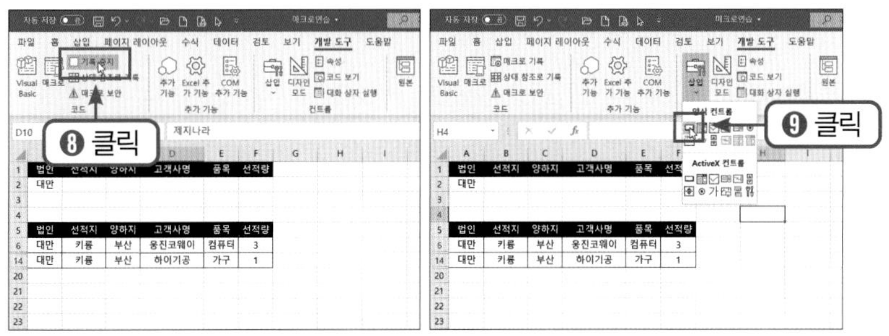

❿ G1:H2 영역 사이에 적당한 크기로 드래그하여 단추를 그리면 '매크로 지정' 대화 상자가 나타납니다. ⓫ '매크로 이름'에서 **실적조회**를 클릭한 후 ⓬ [확인] 단추를 클릭합니다.

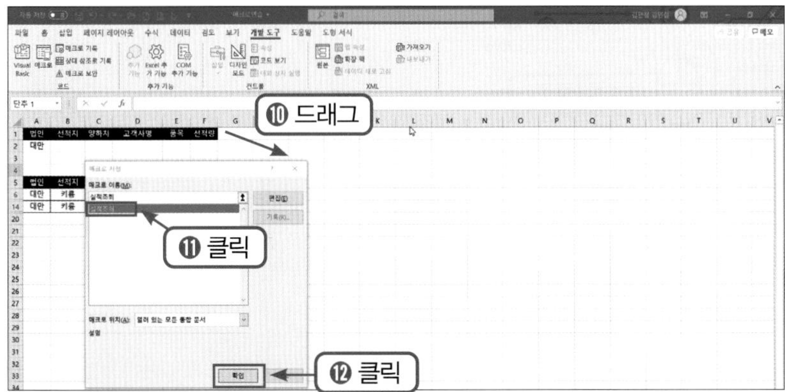

⑬ [데이터] 탭 → '정렬 및 필터' 그룹 → '지우기' 명령 단추를 눌러 데이터를 모두 표시한 다음 ⑭ '단추 1'을 클릭하면 법인이 대만인 데이터만 조회가 되는 것을 확인할 수 있습니다.

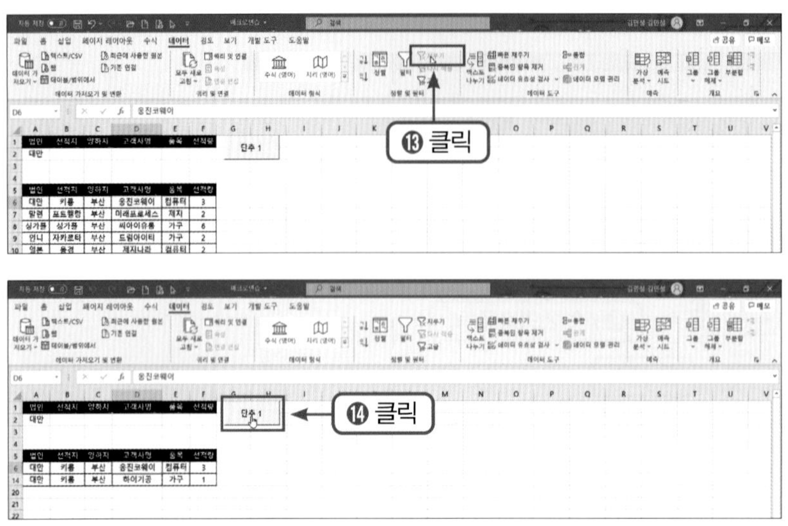

ALT + F11 키를 누르면 Microsoft Visual Basic for Application 창이 나타납니다. ❶ 모듈을 더블클릭하고 ❷ Module1을 더블클릭하면 매크로로 기록한 코드가 나타납니다. 여기서 'Application.CutCopyMode = False'는 실제 '고급 필터' 기능을 실행하는 코드는 아니므로 삭제하여도 무방합니다. 이처럼 엑셀 매크로 기록을 할 경우 불필요한 코드가 생성되는 경우가 있습니다. 불필요한 코드라는 것이 인식되면 삭제해 주면 좋습니다. 데이터 양이 많을 경우 처리 속도에 영향을 줄 수 있기 때문입니다. 하지만 엑셀로 일반적인 회사 업무를 할 때 컴퓨터에 부담을 줄 정도로 많은 데이터를 다루는 경우는 그리 많지 않으므로 그냥 두어도 결과를 불러오는 데는 크게 지장이 없습니다.

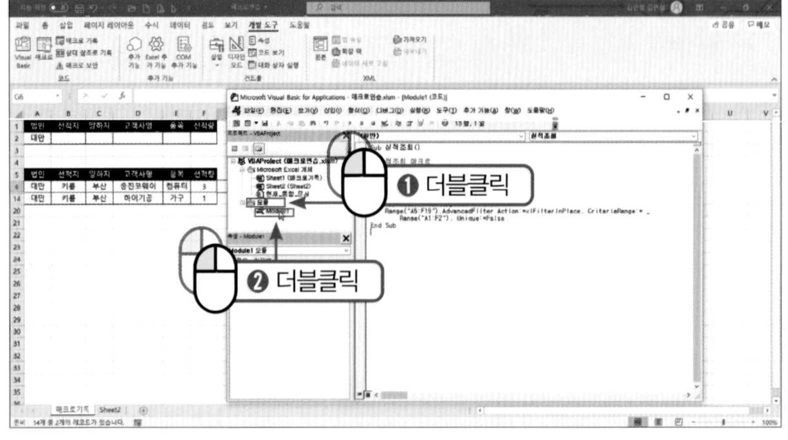

(30) VBA

준비 파일 VBA연습.xlsm

엑셀에서는 Visual Basic Application, 줄여서 VBA로 코딩을 직접 할 수 있습니다. VBA는 프로그래밍에 대한 지식이 없으면 많이 어렵습니다. 전문적으로 사용하려면 많은 시간과 노력이 필요합니다. 엑셀 전문 프로그래머가 되는 것이 목적이거나 엑셀이 너무 좋아 취미로 VBA까지 해 보고 싶다는 분이 아니면 VBA를 전문적으로 배우는 것을 권장하지 않습니다. 거기에 들어가는 시간과 노력을 업무 스킬을 향상하거나 삶의 질을 높이는 다른 것을 배우는 쪽에 쏟는 것이 좋다고 생각합니다.

엑셀 사용 전문가의 목적은 현재 내가 하고 있는 업무를 처리할 때 엑셀을 잘 사용하는 것입니다. 매크로와 기본적인 코드 몇 가지만 알면 웬만한 것은 처리가 가능합니다. 여기서는 업무 자동화를 위해 꼭 필요한 RANGE 개체와 주요 변수 그리고 FOR~NEXT 문에 대해서만 알아보겠습니다.

❶ RANGE 개체(OBJECT)

개체(OBJECT)는 통합 문서(Workbook), 시트(Worksheet), 차트(Chart), 셀(Cell) 등 엑셀에서 사용하는 모든 요소를 말합니다. 이 중에서 셀, 행, 열, 범위 등이 RANGE 개체에 해당합니다. RANGE 개체에는 개체에 대한 설정값을 정하는 속성(PROPERTY)과 개체가 실행하는 동작을 지정하는 메서드(METHOD)가 있습니다. RANGE 개체에서 기본적으로 사용하는 속성과 메서드는 다음과 같습니다.

범주	셀 표시값	설명
속성	Value	셀에 값을 입력하거나 나타냅니다.
	Row	셀의 행 번호를 나타냅니다.
	Column	셀의 열 번호를 나타냅니다.
	End	영역의 끝에 있는 셀을 나타냅니다.
	Offset	지정한 범위부터 이동한 범위를 나타냅니다.
메서드	Select	셀을 선택합니다.
	Clear	셀의 값, 서식 모두를 지웁니다.
	ClearContents	셀의 값만 삭제합니다.
	Delete	셀을 삭제합니다.
	Insert	셀을 삽입합니다.
	Copy	셀을 복사합니다.
	Cut	셀을 잘라냅니다.
	PasteSpecial	클립보드에 있는 복사/잘라낸 셀을 붙여넣습니다.

예제 파일을 보면서 알아보겠습니다. 예제 파일의 'VALUE속성' 명령 단추를 누르면 A16:F16 영역에 값이 입력되는 것을 확인할 수 있습니다. VBA 창을 열어서 코드를 보면 = 기호를 기준으로 왼

쪽에 RANGE 개체와 속성이 나타나 있고 오른쪽에 입력될 값이 있습니다. RANGE 개체로 셀이나 영역을 지정할 때는 보시는 바와 같이 반드시 겹따옴표("") 안에 셀 주소를 입력해야 합니다.

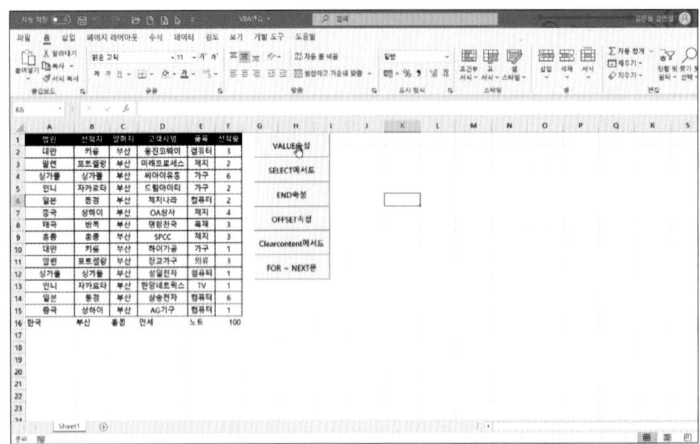

VALUE속성 단추 실행 코드:

```
Range("A16").Value = "한국"
Range("B16").Value = "부산"
Range("C16").Value = "홍콩"
Range("D16").Value = "만세"
Range("E16").Value = "노트"
Range("F16").Value = 100
```

'SELECT매서드' 명령 단추를 클릭하면 A2:F15 영역이 선택되고 'END속성' 명령 단추를 클릭하면 F1셀의 끝 영역에 있는 F16셀이 선택됩니다.

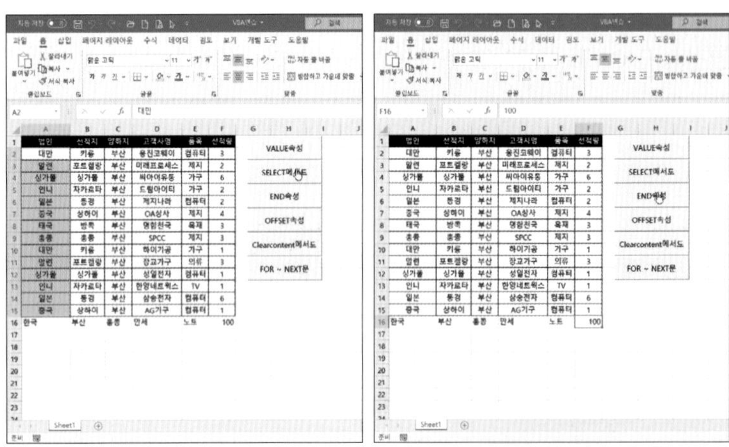

SELECT매서드 단추 실행 코드:

```
Range("A2:A15").Select
```

END속성 단추 실행 코드:

```
Range("F1").End(xlDown).Select
```

'OFFSET속성' 명령 단추를 클릭하면 F3셀이 선택됩니다. 'Clearcontent매서드' 명령 단추를 클릭하면 A16:F16 영역 데이터가 삭제됩니다.

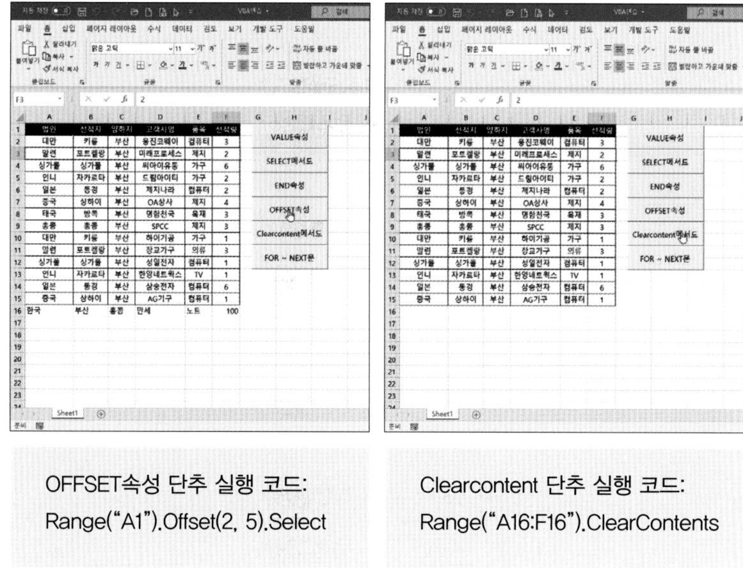

OFFSET속성 단추 실행 코드:
Range("A1").Offset(2, 5).Select

Clearcontent 단추 실행 코드:
Range("A16:F16").ClearContents

준비 파일 FOR_NEXT_준비.xlsm

❷ 변수와 FOR ~ NEXT 문

변수는 프로그래밍 언어에서 사용되는 코딩의 기초 단위입니다. 변수는 지정하는 값이 변하면 결과값이 따라서 변하는 원리로 동작합니다. y = x + 1이라는 식에서 x값이 변하면 y값도 변하는 원리와 동일합니다. 매크로 기록을 기본으로 하는 엑셀 사용자는 변수를 꼭 지정하지 않아도 됩니다. 매크로 기록 기능을 사용할 경우 엑셀에서 자동으로 변수를 할당해 주기 때문입니다. 하지만 변수를 지정하면 코드를 직접 작성할 때 오타를 방지할 수 있어서 편리하고(변수를 지정하면 자동으로 오타가 수정되는 기능이 있습니다) 변수에 따라 값이 변해야 하는 명령문을 수행해야 하는 경우도 있어서 가급적이면 변수를 지정하는 것이 좋습니다. 제가 주로 사용하는 변수는 다음과 같습니다.

종류	변수	내용
문자	String	0부터 2억 개 문자
숫자(정수)	Long	–2,147,483,648부터 2,147,486,647 사이 값
숫자(정수)	Integer	–32,768부터 32,767 사이 값
개체	Object	워크시트, Range 등

FOR ~ NEXT 문은 순환문의 하나입니다. 반복되는 업무를 처리할 때 기본적으로 사용합니다. 예제 파일에서 'FOR~NEXT 문' 명령 단추를 클릭하면 A2:A15, D2:D15 영역에 셀 채우기 색이 나타납니다. ALT + F11 키를 눌러 VBA 창을 보면 변수가 지정되어 있고 FOR ~ NEXT 문이 입력되어 있는 것을 확인할 수 있습니다. 셀 주소를 지정할 때 Cells 개체를 사용하였습니다. Cells의 경우 행 번호와 열 번호로 셀 주소를 지정합니다.

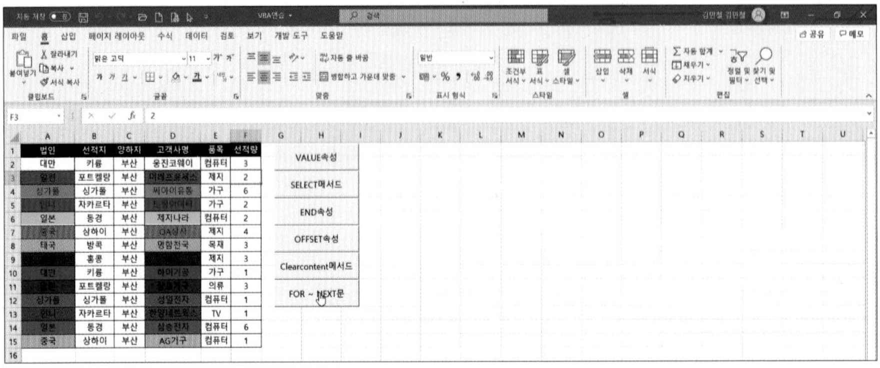

알아보기 코드 설명

Dim I As Integer: 변수로 지정되는 숫자 범위가 작아서 Integer로 선언하였습니다.

Dim K As Range: 셀 주소를 변수로 선언하여 셀 주소가 변하면서 해당 셀의 채우기 색이 변하도록 하였습니다.

For I = 2 To 15: 2에서 15까지 순서대로 순환합니다.

Cells(I, 1).Interior.ColorIndex = I: 맨 처음 I값은 2이므로 Cells(2, 1), 즉 A2셀의 채우기 색 번호를 2로 지정합니다. ColorIndex 2는 흰색입니다. 셀 채우기 색은 1~56번까지 지정할 수 있습니다. 자세한 내용은 예제 파일 셀채우기색번호.xlsm을 참고해 주시기 바랍니다.

Set K = Cells(I, 4): 변수로 선언한 Range 개체를 지정합니다. 맨 처음 값은 D2셀이 됩니다.

K.Interior.ColorIndex = I: D2셀에 ColorIndex 2색(= 흰색) 채우기가 됩니다.

Next: 15까지 순환한 후 다음으로 넘어갑니다.

For ~ Next 안에서 다음과 같이 순환하면서 명령을 수행합니다.

```
I = 2
Cells(2, 1).셀채우기색번호=2
K=Cells(2, 4)
Cells(2, 4).셀채우기색번호=2
Next
I = 3
```

```
Cells(3, 1).셀채우기색번호=3
K=Cells(3, 4)
Cells(3, 4).셀채우기색번호=3
Next
I=4
.
.
Next
I = 15
Cells(15, 1).셀채우기색번호=15
K=Cells(15, 4)
Cells(15, 4).셀채우기색번호=15

End Sub
```

앞에서도 말씀드렸지만 VBA를 잘 하려면 많은 노력이 필요합니다. 사용자 본인의 시간과 에너지 등을 고려하여 어느 정도 수준까지 VBA를 배울지 결정하는 것이 참 중요합니다. 만약 기본적인 VBA로 해결이 되지 않는다면 혼자서 해결하려고 노력하기보다는 코딩 전문가에게 도움을 요청하는 편이 좋다고 생각합니다.

저의 경우에는 가능하면 '매크로 기록'을 활용해서 해결하는 쪽을 선호합니다. 코딩 전문가가 보기에는 부족하게 보일지 모르지만 업무 자동화를 하는 데 불편함이 없다면 상관없다고 생각합니다. 왜냐하면 저는 엑셀 코딩 전문가가 아니고 **엑셀 사용 전문가**이기 때문입니다.

부록 02

핵심 엑셀 함수 30

업무 자동화를 위해 빼놓을 수 없는 엑셀 기능이 바로 함수입니다. 함수는 특정 값을 지정된 순서나 구조에 따라 계산할 수 있도록 엑셀에서 미리 정의한 수식입니다. 복잡한 수식 및 논리식을 함수를 활용하면 간단하게 처리할 수 있습니다. 예를 들어 A1셀에서 A5셀까지의 데이터의 합을 구하는 방법으로 경우, =A1+A2+A3+A4+A5와 같이 수식을 사용할 필요 없이 = SUM(A1:A5)로 입력하면 합을 간단하게 구할 수 있습니다. 엑셀에서 함수를 사용하기 위해서는 지정된 특정 구조를 따라야 합니다. 함수 사용에 익숙하지 않은 사용자들은 함수 마법사를 활용하면 쉽게 사용할 수 있습니다. 함수 마법사에는 각 함수에 필요한 인수와 값을 입력하면 결과값이 어떻게 나오는지 미리 보여 주는 기능이 있어 편리합니다.

2019 버전에서 함수는 기능에 따라 9가지 범주로 나뉘어 있습니다. 함수 개수는 480개 정도가 됩니다. 이 중에서 자주 사용하는 함수는 50개 정도이며 이 정도만 알고 있어도 엑셀 사용 전문가가 되는데 큰 문제가 없습니다.

1 찾기/참조 영역 함수

찾기/참조 영역 함수는 데이터에서 필요한 값을 불러오는 기능을 수행하는 함수입니다. 업무 자동화 프로그램을 만드는 데 항상 사용하는 필수 함수이기도 합니다. 함수에 따라 사용법이 어려울 수 있지만 꼭 알아 두면 좋겠습니다.

(1) VLOOKUP(Lookup_value, Table_array, Col_index_number, Range_lookup)

VLOOKUP 함수는 데이터에서 조건에 맞는 원하는 값을 찾아주는 함수입니다. VLOOKUP 함수에는 다음 4개의 인수가 있습니다.

❶ Lookup_value: 참조 기준이 되는 데이터입니다.
❷ Table_array: 참조가 되는 값이 있는 영역입니다. 이때 참조 기준이 되는 데이터가 있는 열이 항상 맨 왼쪽 열에 있어야 합니다.
❸ Col_index_num: 찾고자 하는 값이 참조 기준으로부터 몇 번째 열에 있는지를 의미합니다.
❹ Range_lookup: 정확히 일치하는 값을 불러올 것인지, 아니면 유사한 값을 불러올 것인지를 선택하는 곳입니다. 0을 입력하면 정확하게 일치하는 값을 찾습니다. 0 대신에 FALSE를 입력해도 똑같은 결과를 가져옵니다. 1이나 TRUE를 입력하면 유사값을 찾습니다. 생략하면 TRUE로 인식합니다.

VLOOKUP 함수는 이 책 본문의 모든 Chapter에서 사용된 함수입니다.

(2) XLOOKUP(Lookup_value, Lookup_array, Return_array, [If_not_found], [Match_mode], [Search_mode])

XLOOKUP 함수는 VLOOKUP 함수의 문제점을 보완하여 2019 버전에 새롭게 나타난 함수입니다.

❶ Lookup_value: 참조 기준이 되는 데이터입니다.
❷ Lookup_array: 참조가 되는 값이 있는 영역입니다.
❸ Return_array: 반환되는 값이 있는 영역입니다.
❹ If_not_found: 참조값이 없을 때 오류 메시지 대신 출력할 값입니다. 생략하면 오류 발생 시 #N/A 오류 메시지가 나타납니다.
❺ Match_mode: 일치하는 유형을 결정합니다. 0을 입력하거나 생략하면 정확하게 일치하는 값을 반환합니다. –1을 입력하면 정확히 일치하는 값을 찾을 수 없을 경우 다음으로 작은 항목을 반환합니다. 1을 입력하면 정확히 일치하는 값을 찾을 수 없을 경우 다음으로 큰 항목을 반환합니다.
❻ Search_mode: 검색 방향을 지정합니다. 1을 입력하거나 생략하면 위에서 아래로 검색합니다. –1을 입력하면 아래에서 위로 검색합니다.

VLOOKUP 함수는 참조 기준이 되는 열이 항상 맨 왼쪽에 있어야 하고 Col_index_num 인수에 열 번호가 지정되어 있어 열을 삽입하거나 삭제할 경우 인수를 다시 지정해야 하는 번거로움이 있습니다. XLOOKUP 함수는 기존 VLOOKUP 함수의 치명적인 단점을 보완해서 나온 함수입니다. 예제 파일을 보면 참조 기준이 되는 열인 이름 데이터가 맨 왼쪽에 있지 않아도 XLOOKUP 함수를 활용하면 원하는 값을 불러올 수 있음을 알 수 있습니다. 또한 Col_index_num을 지정하지 않고 반환하고자 하는 값이 있는 값 영역을 설정해서 열이 삭제되거나 추가되어도 그대로 값이 나오게 됩니다.

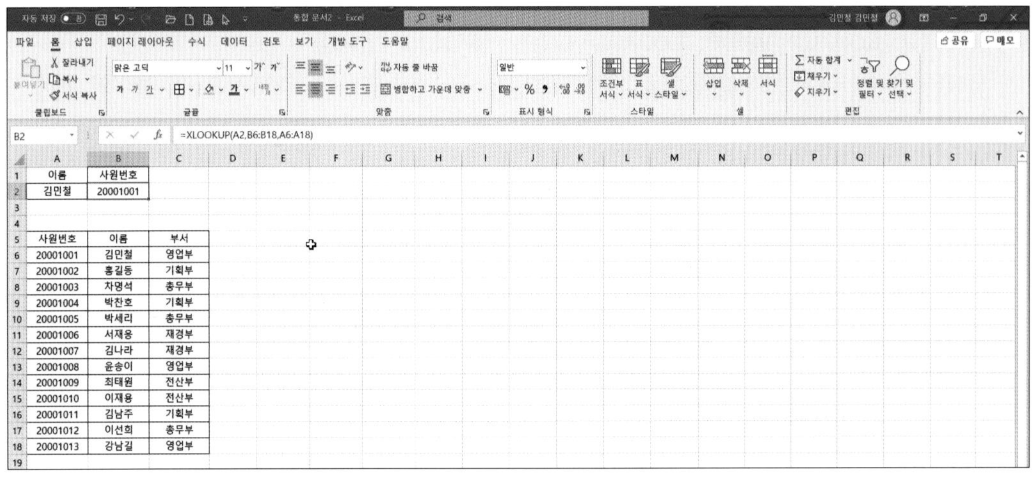

이름	사원번호
김민철	20001001

사원번호	이름	부서
20001001	김민철	영업부
20001002	홍길동	기획부
20001003	차명석	총무부
20001004	박찬호	기획부
20001005	박세리	총무부
20001006	서재용	재경부
20001007	김나라	재경부
20001008	윤송이	영업부
20001009	최태원	전산부
20001010	이재용	전산부
20001011	김남주	기획부
20001012	이선희	총무부
20001013	강남길	영업부

(3) INDEX(Array, Row_num, [Column_num])

준비 파일 INDEX_MATCH.xlsx

INDEX 함수는 선택한 영역에서 지정한 위치의 값을 반환하는 함수입니다. 주로 MATCH 함수와 함께 사용합니다.

❶ Array: 참조할 영역입니다.
❷ Row_num: 반환할 값이 있는 행 번호입니다.
❸ Column_num: 반환할 값이 있는 열 번호입니다.

예제 파일 E2셀에 **=INDEX(B2:B4,2)**가 입력되어 있습니다. B2:B4 영역에서 2번째에 위치한 셀의 값을 불러오는 수식입니다. 결과값은 30입니다.

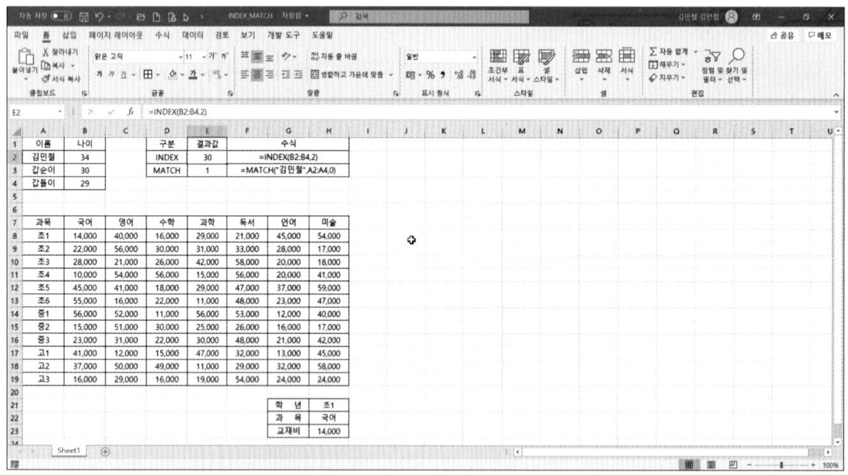

(4) MATCH(Lookup_value, Lookup_array, [Match_type])

준비 파일 INDEX_MATCH.xlsx

선택한 영역 안에서 조회값의 위치를 번호로 반환하는 함수입니다. 주로 INDEX 함수와 함께 사용합니다.

❶ Lookup_value: 조회값입니다.
❷ Lookup_array: 조회값을 검색할 영역입니다.
❸ Match_type: 조회 방법입니다. 1 또는 생략하면 찾을 값보다 작거나 같은 값 중 가장 큰 값을 찾습니다. 이때 범위는 반드시 오름차순으로 정렬되어야 합니다. 0을 입력하면 정확히 일치하는 값을 찾습니다. -1을 입력하면 크거나 같은 값 중 가장 작은 값을 찾습니다. 이때 범위는 반드시 내림차순으로 정렬되어야 합니다.

예제 파일 E3셀에 **=MATCH("김민철",A2:A4,0)**이 입력되어 있습니다. "김민철"이 A2:A4 영역에서 몇 번째 위치에 있는지 값을 불러옵니다. 1번째 위치에 있으므로 1을 불러옵니다.

이름	나이
김민철	34
갑순이	30
갑돌이	29

구분	결과값	수식
INDEX	30	=INDEX(B2:B4,2)
MATCH	1	=MATCH("김민철",A2:A4,0)

과목	국어	영어	수학	과학	독서	언어	미술
초1	14,000	40,000	16,000	29,000	21,000	45,000	54,000
초2	22,000	56,000	30,000	31,000	33,000	28,000	17,000
초3	28,000	21,000	26,000	42,000	58,000	20,000	18,000
초4	10,000	54,000	56,000	15,000	56,000	20,000	41,000
초5	45,000	41,000	18,000	29,000	47,000	37,000	59,000
초6	55,000	16,000	22,000	11,000	48,000	23,000	47,000
중1	56,000	52,000	11,000	56,000	53,000	12,000	40,000
중2	15,000	51,000	30,000	25,000	26,000	16,000	17,000
중3	23,000	31,000	22,000	30,000	48,000	21,000	42,000
고1	41,000	12,000	15,000	47,000	32,000	13,000	45,000
고2	37,000	50,000	49,000	11,000	29,000	32,000	58,000
고3	16,000	29,000	16,000	19,000	54,000	24,000	24,000

학 년	초1
과 목	국어
교재비	14,000

일반적으로 INDEX 함수와 MATCH 함수는 함께 사용합니다. 예제 파일 H23셀에는 **=INDEX(B8:H19,MATCH(H21,A8:A19,0),MATCH(H22,B7:H7,0))**이 입력되어 있습니다. 학년과 과목에 해당하는 교재비를 불러오는 수식입니다. **MATCH(H21,A8:A19,0)**은 H21셀에 입력한 학년이 A8:A19 영역에서 몇 번째에 위치하는지를 불러옵니다. 초1은 1번째에 있으므로 결과값은 1입니다. **MATCH(H22,B7:H7,0)**은 H22셀에 입력한 과목이 B7:H7 영역에서 몇 번째에 위치하는지를 불러옵니다. 결과값은 1입니다. 최종적으로 INDEX 함수는 영역에서 행 방향으로 1번째, 열 방향으로 1번째 값을 불러옵니다.

(5) INDIRECT(Ref_text, [A1])

준비 파일 **INDIRECT_준비.xlsx**

셀 또는 범위를(주로 셀을) 텍스트에서 직접 참조하도록 하는 함수입니다.

❶ Ref_text: 참조할 영역의 이름이 들어 있는 셀이거나 텍스트입니다.
❷ A1: 참조 방식입니다. TRUE는 A1 방식, FALSE는 R1C1 방식이며 기본값은 TRUE입니다. 일반적으로 생략합니다.

예제 파일을 살펴보겠습니다. B7셀에는 **=INDIRECT("B2")**로 수식이 입력되어 있습니다. 결과값은 B2셀에 입력되어 있는 값인 **100**이 됩니다. 이와 같이 INDIRECT 함수의 인수는 반드시 텍스트 형식으로 입력해야 합니다. B9셀과 같이 숫자값이 입력된 인수를 입력하면 오류가 발생합니다. B8셀에는 **=INDIRECT(E2)**로 입력되어 있습니다. E2셀에 입력된 값이 B3인데 이는 텍스트여서 값이 제대로 나옵니다. 이것은 **=INDIRECT("B3")**을 입력한 것과 동일한 결과를 불러옵니다.

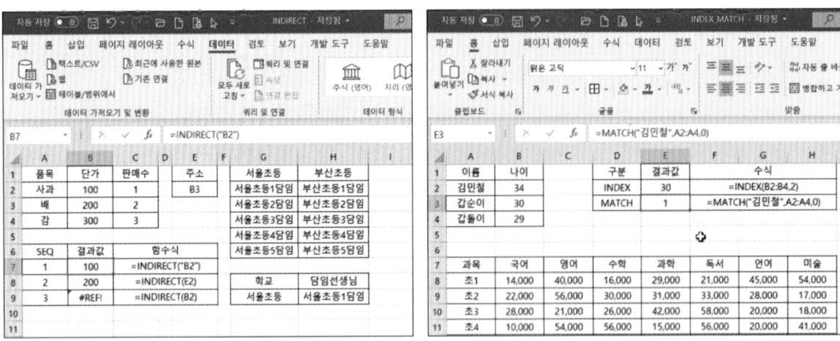

INDIRECT 함수는 유효성 검사로 조건에 따라 목록이 나타나도록 할 때 사용하면 편리합니다. ❶ 예제 파일에서 G2:G6 영역을 선택합니다. ❷ '이름 상자'에 **서울초등**으로 입력한 후 ENTER 키를 누릅니다. ❸ H2:H6 영역을 선택합니다. ❹ '이름 상자'에 **부산초등**으로 입력한 후 ENTER 키를 누릅니다. 각각 '서울초등', '부산초등'으로 이름정의하였습니다.

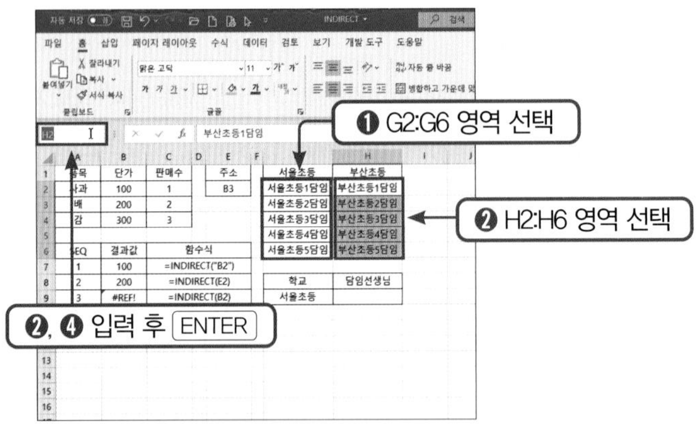

❺ H9셀을 선택하고 ❻ [데이터] 탭 → '데이터 도구' 그룹 → '데이터 유효성 검사' 명령 단추를 클릭합니다. '데이터 유효성' 대화 상자가 나타나면 ❼ '제한 대상'에서 **목록**으로 선택하고 ❽ '원본'에 **=INDIRECT($G$9)**를 입력한 후 ❾ [확인] 단추를 클릭합니다.

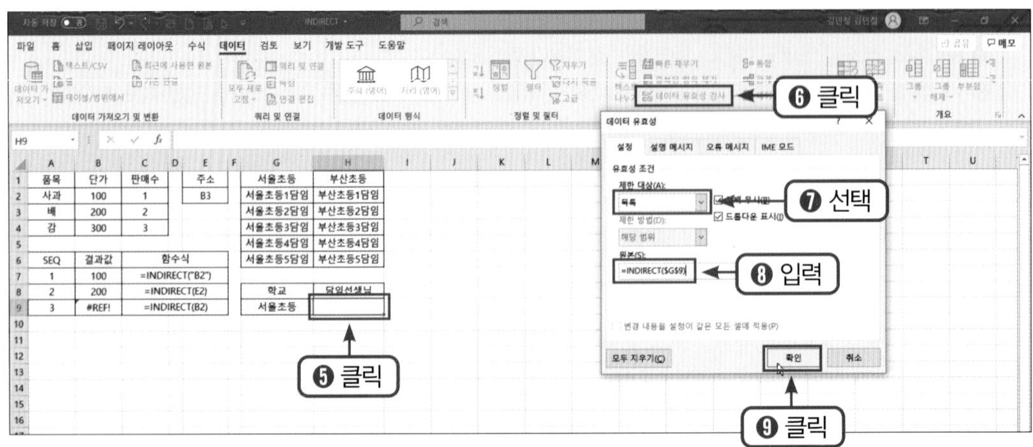

준비 파일 OFFSET.xlsx

(6) OFFSET(Reference, Rows, Cols, Height, Width)

OFFSET 함수는 지정한 셀 또는 셀 범위(Reference)에서 지정된 수의 행과(Rows) 열로(Cols) 구성되는 범위에 대한 참조를 반환합니다. 반환되는 참조는 단일 셀 또는 셀 범위일 수 있습니다. 반환할 행의 수(Height) 혹은 열의 수(Width)를 지정할 수 있습니다.

❶ Reference: 기준이 되는 셀 또는 범위입니다. 반환되는 참조의 시작 지점이 됩니다.
❷ Rows: 참조하는 셀의 위 혹은 아래에 있는 행의 수입니다.
❸ Cols: 참조하는 셀의 오른쪽 혹은 왼쪽에 있는 열의 수입니다.
❹ Height: 반환되는 참조의 높이(행의 수)입니다. 입력 시 반드시 양수를 입력해야 합니다.
❺ Width: 반환되는 참조의 너비(열의 수)입니다.

예제 파일 G2셀에 **=OFFSET($A$1,3,3)** 수식이 입력되어 있습니다. 기준이 되는 A1셀에서 행 방향으로 3칸, 열 방향으로 3칸 위치에 있는 D4셀에 있는 값을 불러옵니다. H2:H6 영역에는 **=OFFSET($A$1,3,3,5)** 수식이 입력되어 있습니다. 새로운 기준점이 된 D4셀에서 행 방향으로 5칸에 있는 영역의 값을 불러옵니다. 엑셀 2019 이전 버전에는 H2:H6 영역을 선택하고 수식을 입력한 후 CTRL + SHIFT + ENTER 키를 눌러 **{=OFFSET($A$1,3,3,5)}** 배열로 입력해야 합니다.

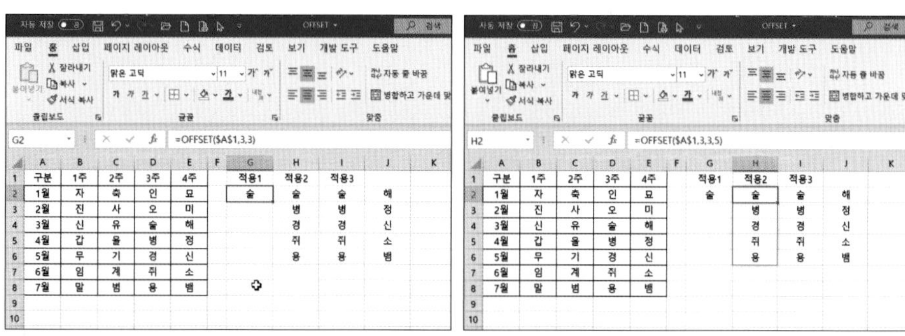

I2:J6 셀에는 **=OFFSET($A$1,3,3,5,2)** 수식이 입력되어 있습니다. 앞에서 설정한 영역에서 열 방향으로 2개 영역이 더 추가되었습니다.

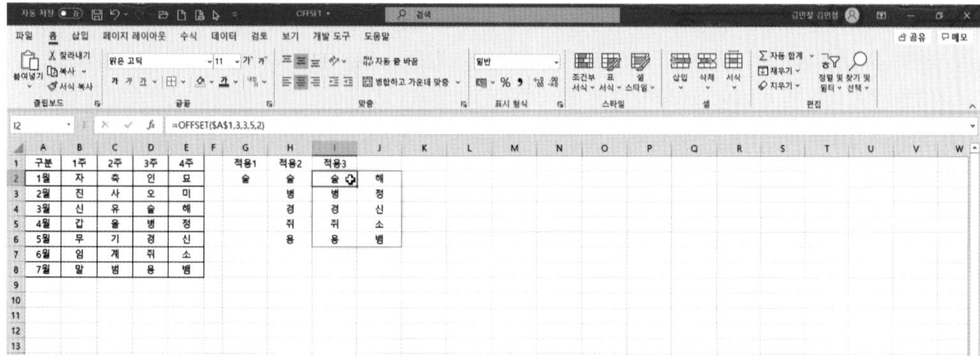

OFFSET 함수는 동적 영역을 지정할 때 주로 사용하는 함수로 반드시 알아야 할 함수입니다.

(7) ROW(Reference), COLUMN(Reference)

ROW 함수는 참조하는 셀의 행 번호를, COLUMN 함수는 참조하는 셀의 열 번호를 반환합니다.

❶ Reference: 행 번호/열 번호를 구할 셀 또는 범위입니다. 생략하면 함수가 입력된 셀의 행 번호/열 번호 값을 반환합니다.

2 날짜/시간 함수

(8) TODAY(), NOW()

TODAY 함수는 오늘 날짜를, NOW 함수는 오늘 날짜와 현재 시간 값을 반환합니다. 두 함수 모두 인수가 없습니다.

(9) DATE(Year, Month, Day)

DATE 함수는 해당 날짜 값을 반환합니다.

❶ Year: 연도에 해당하는 값입니다. 가급적 2020과 같이 4자리로 입력하는 것이 좋습니다.
❷ Month: 월에 해당하는 값입니다. 12보다 큰 값이 입력되면 12를 초과하는 값만큼 입력한 연도의 다음해로 넘어가 월이 계산됩니다. 예를 들어 **=DATE(2010,15,1)**을 입력하면 12월에서 3달만큼 초과한 2011년 3월의 값을 가져옵니다. 결과값은 2011-3-1이 반환됩니다. 반대로 1보다 작은 값이 입력되면 그 값과 1의 합을 지정된 연도의 첫째 달에서 빼는 방식으로 반환합니다. 예를 들면 **=DATE(2010,0,1)**을 입력하면 결과값은 **2009-12-1**이 반환됩니다.
❸ Day: 일에 해당하는 값입니다. 입력값이 지정된 달의 일 수보다 크면 그 값을 지정된 달의 첫째 날짜에 더하여 일이 계산됩니다. 반대로 1보다 작은 값이 입력되면 그 값과 1의 합을 지정된 달의 첫째 날짜에서 빼는 방식으로 일이 계산됩니다. 예를 들어 **=DATE(2010,11,31)**을 입력하면 11월의 마지막 날인 30일에서 하루가 초과된 값인 **2010-12-1**이 반환됩니다. 반대로 **=DATE(2010,11,-1)**을 입력하면 결과값은 **2010-10-30**이 반환됩니다.

(10) YEAR(Serial_number), MONTH(Serial_number), DAY(Serial_number)

날짜를 각각 연도(YEAR 함수), 월(MONTH 함수), 일(DAY 함수) 값으로 반환하는 함수입니다.

❶ Serial_number: 날짜값에 해당하는 일련 번호가 입력되어야 합니다. 텍스트가 입력되면 오류가 발생합니다.

(11) WEEKNUM(Serial_number, [Return_type]), WEEKDAY(Serial_number, [Return_type])

WEEKNUM 함수는 특정 날짜의 주 번호를 반환합니다. WEEKDAY 함수는 날짜에 해당하는 요일을 반환합니다. 요일은 기본적으로 1(일요일)에서 7(토요일) 사이의 정수로 표시됩니다.

❶ Serial_number: 반환할 날짜값입니다.
❷ Return_type: 선택 요소입니다. 기본값은 1입니다. WEEKNUM 함수의 경우 주의 시작 요일을 결정합니다. WEEKDAY 함수의 경우 반환값의 유형을 결정합니다.

(12) TIME(Hour, Minute, Second)

특정 시간에 대한 값을 반환합니다.

❶ Hour: 필수 요소입니다. 시간을 나타내는 0에서 32767 사이의 숫자입니다. 23보다 큰 값은 24로 나눈 그 나머지가 시간 값으로 처리됩니다. 예를 들어 TIME(27,0,0)은 TIME(3,0,0)이 되고 이 값은 .125 또는 오전 3:00입니다.
❷ Minute: 필수 요소입니다. 분을 나타내는 0에서 32767 사이의 숫자입니다. 59보다 큰 값은 시간과 분으로 변환됩니다. 예를 들어 TIME(0,750,0)은 TIME(12,30,0)이며 이 값은 .520833 또는 오후 12:30입니다.
❸ Second: 필수 요소입니다. 초를 나타내는 0에서 32767 사이의 숫자입니다. 59보다 큰 값은 시간, 분, 초로 변환됩니다. 예를 들어 TIME(0,0,2000)은 TIME(0,33,22)가 되고 이 값은 .023148 또는 오전 12:33:20입니다.

(13) DATEDIF(Start_date, End_date, Unit)

두 날짜 사이의 일, 월 또는 연도 수를 계산합니다.

❶ Start_date: 필수 요소입니다. 지정된 기간의 1번째 날짜나 시작 날짜를 나타내는 날짜입니다. 날짜는 따옴표로 묶인 텍스트 문자열(예: "2001-01-30"), 일련 번호(예: 1900 날짜 체계를 사용할 경우 2001년 1월 30일을 나타내는 값인 36921)로 입력할 수 있습니다.
❷ End_date: 필수 요소입니다. 기간의 마지막 날짜나 종료 날짜를 나타내는 날짜입니다.
❸ Unit: 반환하려는 정보의 종류입니다. "Y"는 해당 기간에 포함된 전체 연도 수, "M"은 해당 기간에 포함된 전체 개월 수, "D"는 해당 기간에 포함된 날짜 수, "Ym"은 start_date와 end_date의 개월 차이값을 반환합니다. 두 날짜의 일과 연도는 무시됩니다. "YD"는 Start_date와 End_date의 날짜 차이값을 반환합니다. 두 날짜의 연도는 무시됩니다.

DATEDIF 함수는 경과 날짜를 계산하는 데 유용한 함수입니다. 함수 마법사를 사용할 수 없어 수식 입력줄에 직접 수식을 입력해야 합니다.

3 텍스트 함수

(14) TEXT(Value, Format_text)

TEXT 함수는 숫자를 텍스트로 변환합니다.

❶ Value: 텍스트로 변환할 값입니다.
❷ Format_text: 적용할 서식을 지정합니다. 여기에 적용할 서식은 셀 서식 – 표시 형식의 사용자 지정에 사용하는 코드를 겹따옴표("") 안에 입력합니다. 예를 들어 **=TEXT(1234,"#,##0")**을 입력하면 천 단위 구분 기호가 나타난 1,234 텍스트값으로 결과값이 나타납니다.

본문에서는 요일값을 불러오는 데 사용하였습니다.

(15) LEFT(Text, [Num_chars]), RIGHT(Text, [Num_chars]), MID(Text, Start_num, Num_chars)

LEFT는 텍스트 문자열의 1번째 문자부터 시작하여 지정한 문자 수만큼 문자를 반환합니다. RIGHT는 텍스트 문자열의 마지막 문자부터 시작하여 지정한 문자 수만큼 문자를 반환합니다. MID는 텍스트 문자열에서 지정된 위치로부터 지정된 수만큼 문자를 반환합니다.

❶ Text: 필수 요소입니다. 추출하려는 문자가 들어 있는 텍스트 문자열입니다.
❷ Num_chars: 선택 요소입니다. 추출할 문자 수를 지정합니다. 0이거나 0보다 커야 합니다. 문자열의 길이보다 길면 텍스트 전체를 반환합니다. 생략하면 1로 간주됩니다.
❸ Start_num: 필수 요소입니다. 텍스트에서 추출할 첫 문자의 위치입니다. 텍스트에서 첫 문자는 Start_num이 1이고 이후 문자는 순서대로 번호가 붙습니다.

(16) LEN(Text)

텍스트 문자열의 문자 수를 반환합니다.

❶ Text: 필수 요소입니다. 길이를 확인하려는 문자열입니다. 공백도 문자로 계산됩니다.

4 통계 함수

(17) AVERAGEIF(Range, Criteria, [Average_range]), AVERAGEIFS(Average_range, Criteria_range1, Criteria1, [Criteria_range2, Criteria2], …)

AVERAGEIF 함수는 범위에서 지정한 조건을 만족하는 모든 셀의 평균(산술 평균)을 반환합니다. AVERAGEIFS 함수는 여러 조건에 맞는 모든 셀의 평균(산술 평균)을 반환합니다.

❶ Range: 필수 요소입니다. 숫자나 이름, 배열 또는 숫자가 들어 있는 참조를 포함하여 평균을 계산할 하나 이상의 셀입니다.
❷ Criteria: 필수 요소입니다. 숫자, 식, 셀 참조 또는 텍스트 형식의 조건으로, 평균을 구할 셀을 정의합니다. 예를 들어 32, "32", ">32", "사과" 또는 B4와 같이 조건을 지정할 수 있습니다.
❸ Average_range: AVERAGEIF 함수에서는 선택 요소입니다. 평균을 계산하는 데 사용할 실제 셀 집합입니다. 지정하지 않으면 range가 사용됩니다. AVERAGEIFS 함수에서는 필수 요소입니다.

(18) COUNT(Value1, [Value2], …), COUNTA(Value1, [Value2], …)

COUNT 함수는 숫자를 포함하고 있는 셀의 개수와 인수 목록에 포함된 숫자 개수를 셉니다. COUNTA 함수는 범위에서 비어 있지 않은 셀의 개수를 셉니다.

❶ Value1: 필수 요소입니다. 개수를 세려는 첫째 항목, 셀 참조 또는 범위입니다.
❷ Value2, …: 선택 요소입니다. 개수를 세려는 항목, 셀 참조 또는 범위를 최대 255개까지 추가할 수 있습니다.

COUNTA 함수는 동적 영역을 지정하는 데 있어서 OFFSET 함수와 함께 사용하는 필수 함수입니다. 본문에서도 동적 영역을 지정하는 모든 프로그램에 사용되었습니다.

(19) COUNTIF(Range, Criteria), COUNTIFS(Criteria_range1, Criteria1, [Criteria_range2, Criteria2],…)

COUNTIF 함수는 기준을 충족하는 셀의 개수를 계산할 수 있습니다. COUNTIFS 함수는 여러 범위에 걸쳐 있는 셀에 조건을 적용하고 모든 조건이 충족되는 횟수를 계산합니다.

❶ Range: 필수 요소입니다. 개수를 구하려는 셀의 그룹입니다. 숫자, 배열, 이름이 지정된 범위 또는 숫자를 포함하는 참조 영역이 포함될 수 있습니다. 빈 셀과 텍스트값은 무시됩니다.
❷ Criteria: 필수 요소입니다. 어떤 셀의 개수를 셀지 결정하는 숫자, 식, 셀 참조 또는 텍스트 문자열입니다. 예를 들어 32와 같은 숫자, ">32"와 같은 비교, B4와 같은 셀 또는 "사과"와 같은 단어를 사용할 수 있습니다. COUNTIF는 하나의 조건만 사용합니다. 여러 개의 조건을 사용하려는 경우 COUNTIFS를 사용합니다.

(20) LARGE(Array, K), SMALL(Array, K)

LARGE 함수는 데이터 집합에서 K번째로 큰 값을 반환합니다. 이 함수를 사용하면 상대 순위를 기반으로 값을 선택할 수 있습니다. 예를 들어 LARGE 함수를 사용하여 1등, 2등, 3등의 점수를 반환할 수 있습니다. SMALL 함수는 데이터 집합에서 K번째로 작은 값을 반환합니다. 이 함수를 사용하면 데이터 집합에서 특정 상대 순위를 갖는 값을 반환할 수 있습니다.

❶ Array: 필수 요소입니다. K번째로 큰/작은 값을 확인할 데이터 배열 또는 범위입니다.
❷ K: 필수 요소입니다. 데이터의 배열이나 셀 범위에서 가장 큰/작은 값을 기준으로 한 상대 순위입니다.

(21) RANK.EQ(Number, Ref, [Order])

수 목록 내에서 지정한 수의 크기 순위를 반환합니다. 해당 크기는 목록의 다른 값을 기준으로 합니다. 차수가 같은 값이 2개 이상일 경우에는 해당 값 집합의 상위 순위를 반환합니다. 목록을 정렬하면 수의 위치와 순위가 같아질 수 있습니다. RANK.EQ 함수는 이전 엑셀 버전의 RANK 함수와 동일합니다.

❶ Number: 필수 요소입니다. 순위를 구하려는 수입니다. B6셀이 number로 들어갔는데 B6셀 값이 40이면 40이 순위를 구하려는 수입니다.
❷ Ref: 필수 요소입니다. 숫자 목록의 배열 또는 참조입니다. 숫자 이외의 값은 무시됩니다.
❸ Order: 선택 요소입니다. 순위 결정 방법을 지정하는 수입니다. 0이거나 이를 생략하면 Ref가 내림차순으로 정렬된 목록인 것으로 가정하여 Number의 순위를 부여합니다. 0이 아니면 Ref가 오름차순으로 정렬된 목록인 것으로 가정하여 Number의 순위를 부여합니다.
RANK.EQ 함수는 동일한 순위를 갖는 중복된 숫자를 제공합니다. 그러나 중복 숫자가 있으면 후속 숫자의 순위에 영향을 줍니다. 예를 들어 오름차순으로 정렬된 정수 목록에서 숫자 10이 두 번 표시되고 차수가 5인 경우 11의 차수가 7이 됩니다.

5 논리 함수

(22) IF(Logical_test, Value_if_true, Value_if_false)

조건이 충족되는지 여부를 확인하고, 조건을 충족하면 TRUE에 해당하는 값을, 조건을 충족하지 못하면 FALSE에 해당하는 값을 반환합니다.

❶ Logical_test: 참 또는 거짓을 판단할 조건입니다.
❷ Value_if_true: 조건이 참일 경우 반환할 결과값입니다.
❸ Value_if_false: 조건이 거짓일 경우 반환할 결과값입니다.

1가지 조건뿐만 아니라 다중 조건일 경우에도 IF 함수를 중첩하여 사용할 수 있습니다. 하지만 엑셀 2019 버전에서는 IFS 함수가 있어서 다중 조건일 경우에는 IFS 함수를 사용하면 편리합니다.

(23) IFS(Logical_test1, Value_if_true1, [Logical_test2, Value_if_true2], [Logical_test3, Value_if_true3],…)

IFS 함수는 하나 이상의 조건이 충족되는지 여부를 확인하고 1번째 TRUE 조건에 해당하는 값을 반환합니다. IFS는 여러 중첩된 IF문 대신 사용할 수 있고 여러 조건을 사용해도 읽기가 더 쉽습니다.

❶ Logical_test1: 필수 요소입니다. TRUE 또는 FALSE로 계산되는 조건입니다.
❷ Value_if_true1: 필수 요소입니다. logical_test1이 TRUE로 계산되는 경우에 반환될 결과입니다. 비어 있을 수 있습니다.
❸ Logical_test2…logical_test127: 선택 사항입니다. TRUE 또는 FALSE로 계산되는 조건입니다.
❹ Value_if_true2…Value_if_true127: 선택 사항입니다. Logical_testN이 TRUE로 계산되는 경우에 반환될 결과입니다. 각 Value_if_trueN은 Logical_testN 조건에 해당합니다. 비어 있을 수 있습니다.

예제 파일 C2:C17 영역에는 IF 함수를 중첩하여 수식을 작성하였고 D2:D17 영역에는 IFS 함수를 사용하였습니다. IF 함수를 중첩하여 사용할 경우에는 Value_if_false 인수에 다시 IF 함수를 중복하여 입력해서 다중 조건에 따른 결과값을 불러옵니다.

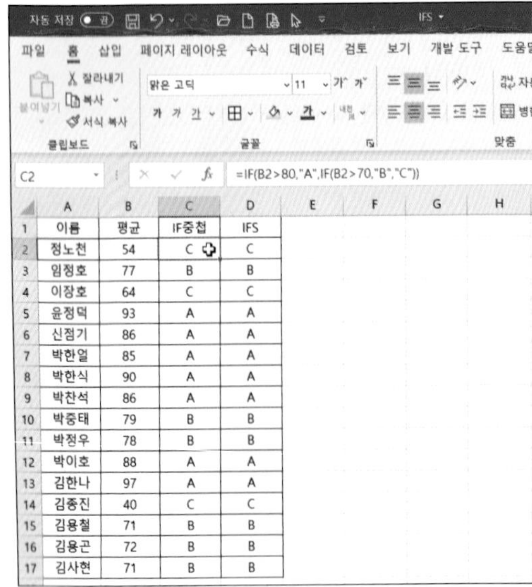

이름	평균	IF중첩	IFS
정노천	54	C	C
임정호	77	B	B
이장호	64	C	C
윤정덕	93	A	A
신점기	86	A	A
박한얼	85	A	A
박한식	90	A	A
박찬석	86	A	A
박중태	79	B	B
박정우	78	B	B
박이호	88	A	A
김한나	97	A	A
김종진	40	C	C
김용철	71	B	B
김용곤	72	B	B
김사현	71	B	B

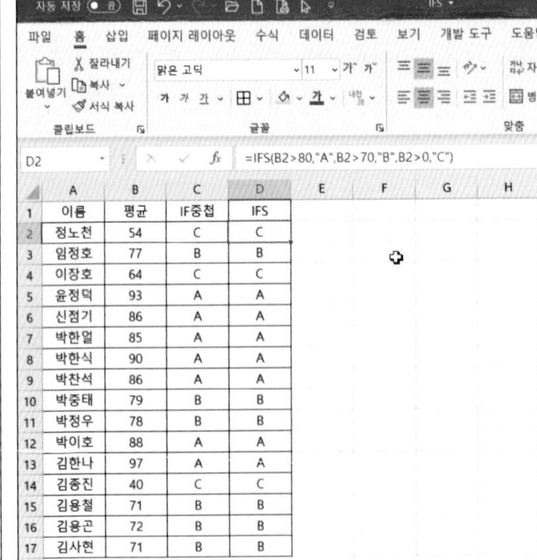

이름	평균	IF중첩	IFS
정노천	54	C	C
임정호	77	B	B
이장호	64	C	C
윤정덕	93	A	A
신점기	86	A	A
박한얼	85	A	A
박한식	90	A	A
박찬석	86	A	A
박중태	79	B	B
박정우	78	B	B
박이호	88	A	A
김한나	97	A	A
김종진	40	C	C
김용철	71	B	B
김용곤	72	B	B
김사현	71	B	B

(24) IFERROR(Value, Value_if_error)

IFERROR 함수를 사용하여 수식의 오류를 포착하고 처리할 수 있습니다. IFERROR 오류로 계산되는 경우 사용자가 지정하는 값을 반환합니다. 그렇지 않으면 수식 결과를 반환합니다.

❶ Value: 필수 요소입니다. 오류를 검사할 인수입니다.
❷ Value_if_error: 필수 요소입니다. 수식이 오류로 계산되는 경우 반환할 값입니다. #N/A, #VALUE!, #REF!, #DIV/0!, #NUM!, #NAME?, #NULL! 등의 오류 유형이 대상입니다.

IFERROR 함수는 주로 입력한 수식의 결과값이 오류일 때 공란으로 표시하도록 할 때 사용합니다.

(25) AND(Logical1, [Logical2], …), OR(Logical1, [Logical2], …)

AND 함수를 활용하여 테스트의 모든 조건이 TRUE인지 확인합니다. OR 함수를 활용해서는 테스트의 조건 중 하나가 TRUE인지 판단합니다.

❶ Logical1: 필수 인수입니다. 테스트하려는 1번째 조건으로, TRUE 또는 FALSE가 될 수 있습니다.
❷ Logical2, … : 선택 인수입니다. TRUE 또는 FALSE로 평가될 수 있는 추가 테스트 조건으로, 최대 255개까지 선택할 수 있습니다.

6 수학/삼각 함수와 배열 수식

(26) SUMIF(Range, Criteria, [Sum_range]), SUMIFS(Sum_range, Criteria_range1, Criteria1, [Criteria_range2, Criteria2], …)

지정한 조건에 맞는 범위값의 합계를 계산합니다.

❶ Range: 필수 요소입니다. 조건을 적용할 셀 범위입니다. 각 범위의 셀은 숫자나 이름, 배열 또는 숫자가 들어 있는 참조여야 합니다. 빈 셀과 텍스트값은 무시됩니다.
❷ Criteria: 필수 요소입니다. 추가할 셀을 정의하는 숫자, 식, 셀 참조, 텍스트 또는 함수 형식의 조건입니다. 와일드 카드 문자는 단일 문자와 일치하는 물음표(?), 별표(*)를 문자 순서에 관계없이 입력할 수 있습니다. 실제 물음표나 별표를 찾으려면 해당 문자 앞에 물결표(~)를 입력합니다. 텍스트 조건이나 논리 기호 또는 수학 기호가 포함된 조건은 큰따옴표(")로 묶어야 합니다. 조건이 숫자인 경우에는 큰따옴표가 필요 없습니다.
❸ Sum_range: SUMIF 함수에서는 선택 요소이고 SUMIFS 함수에서는 필수 요소입니다. 합계를 구할 셀 범위입니다.

SUMIFS 함수는 최대 127개의 range/criteria 쌍을 입력할 수 있습니다.

(27) ROUND(Number, Num_digits)

ROUND 함수는 숫자를 지정한 자릿수로 반올림합니다.

❶ Number: 필수 요소입니다. 반올림할 숫자입니다.
❷ Num_digits: 필수 요소입니다. Number 인수를 반올림할 자릿수입니다. 양수이면 Number로 지정한 소수점 아래 자릿수로 반올림합니다. 0이면 Number를 가장 가까운 정수로 반올림합니다. 음수이면 Number를 지정한 소수점 위 자리에서 반올림합니다.

항상 올림하려면 ROUNDUP 함수를 사용하고 항상 내림하려면 ROUNDDOWN 함수를 사용합니다.

(28) RANDBETWEEN(Bottom, Top)

지정한 두 수 사이의 정수를 반환합니다. 워크시트를 계산할 때마다 새로운 정수가 반환됩니다.

❶ Bottom: 필수 요소입니다. RANDBETWEEN 함수에서 반환할 수 있는 가장 작은 정수입니다.
❷ Top : 필수 요소입니다. RANDBETWEEN 함수에서 반환할 수 있는 가장 큰 정수입니다.

두 정수 사이의 임의의 숫자를 대량으로 만들어야 할 때 사용하면 편리합니다.

(29) SUBTOTAL(Function_num, Ref1, [Ref2], …)

준비 파일 SUBTOTAL.xlsx

목록이나 데이터베이스의 부분합을 반환합니다. 일반적으로 자동 필터 기능과 함께 사용하면 편리합니다.

❶ Function_num: 필수 요소입니다. 1-11 번호 소계를 사용하는 함수입니다. 주로 사용하는 인수는 1은 AVERAGE, 2는 COUNT, 3은 COUNTA, 4는 MAX, 5는 MIN, 9는 SUM입니다.
❷ Ref1: 필수 요소입니다. 부분합을 계산할 1번째 명명된 범위 또는 참조입니다.
❸ Ref2,… : 부분합을 계산할 명명된 범위 또는 참조로서 2개에서 254개까지 지정할 수 있습니다.

예제 파일에서 H2셀을 선택하면 수식 입력줄에 **=SUBTOTAL(9,H5:H46)**으로 수식이 입력되어 있음을 확인할 수 있습니다. 여기에서 B열의 법인을 대만으로만 필터링하면 H2셀에는 법인이 대만에 해당하는 실적의 합계가 나타납니다.

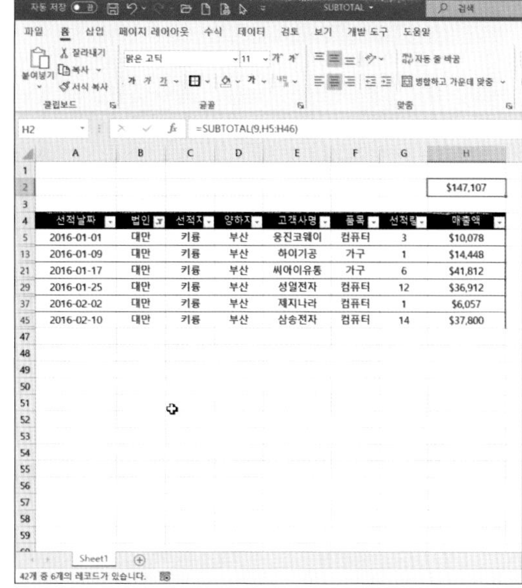

(30) 배열 수식(배열 함수)

준비 파일 **배열수식.xlsx**

엑셀에서 데이터를 처리할 때 셀이나 범위로 할 수도 있지만 배열로도 할 수 있습니다. 배열이란 데이터의 집합체를 의미합니다. 배열 수식은 표준 워크시트 함수를 사용하여 수행할 수 없는 복잡한 계산을 수행하는 데 사용할 수 있는 강력한 수식입니다. 배열 수식을 사용하여 셀 범위의 문자 수를 계산하기도 하고 특정 조건을 만족하는 숫자의 합계를 계산하기도 합니다. 엑셀 2019 버전에서는 수식을 입력한 후 [ENTER] 키만 눌러도 되지만 이전 버전에서는 수식을 입력한 후 [CTRL] + [SHIFT] + [ENTER] 키를 눌러야 배열 수식으로 인식합니다. [CTRL] + [SHIFT] + [ENTER] 키를 누르면 수식 앞뒤에 중괄호({})가 자동으로 생성됩니다.

이해를 돕기 위해 예제를 통해 살펴보겠습니다. 예제 파일의 B2~F2셀에는 각각 =B1+1 ~ =F1+1로 일반 수식이 입력되어 있습니다. 반면 B3~F3셀에는 **{=B1:F1+1}**로 배열 수식이 입력되어 있습니다. 나타나는 결과값은 동일합니다. 이와 같이 배열 수식은 데이터 묶음으로 수식을 입력하는 것을 의미합니다.

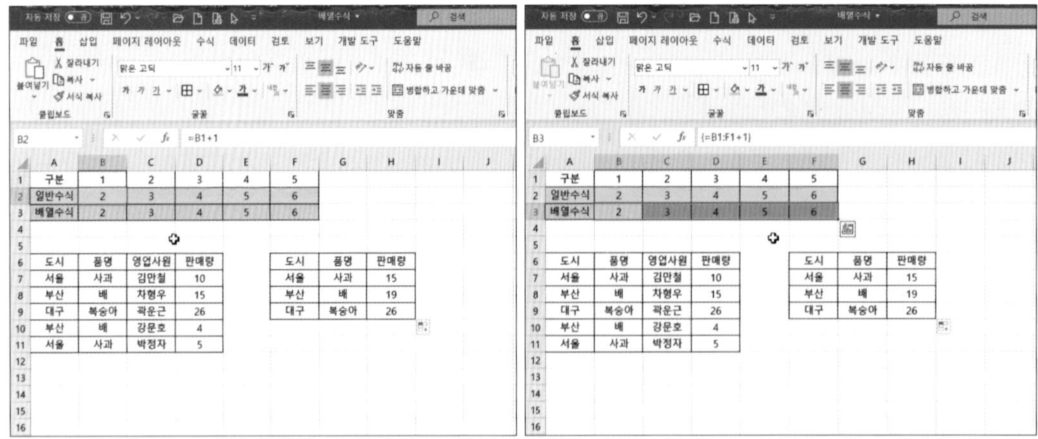

배열 수식을 사용하면 처리 속도가 높아지지만 특수한 경우가 아니면 잘 사용하지 않습니다. 일반 수식을 사용하더라도 크게 지장이 없기 때문입니다. 보통 배열 수식을 사용하는 경우는 다중 조건일 때 원하는 값을 계산하거나 불러올 때입니다. 예제 파일 H7:H9 영역에 도시와 품명별 판매량 합계를 구하는 배열 수식 **{=SUM(($A$7:$A$11=F7)*($B$7:$B$11=G7)*($D$7:$D$11))}**이 입력되어 있습니다.

동일한 기능을 가진 함수로 SUMPRODUCT 함수가 있습니다. 위 수식은 **=SUMPRODUCT(($A$7:$A$11=F7)*($B$7:$B$11=G7)*($D$7:$D$11))**과 동일한 결과값을 불러옵니다.

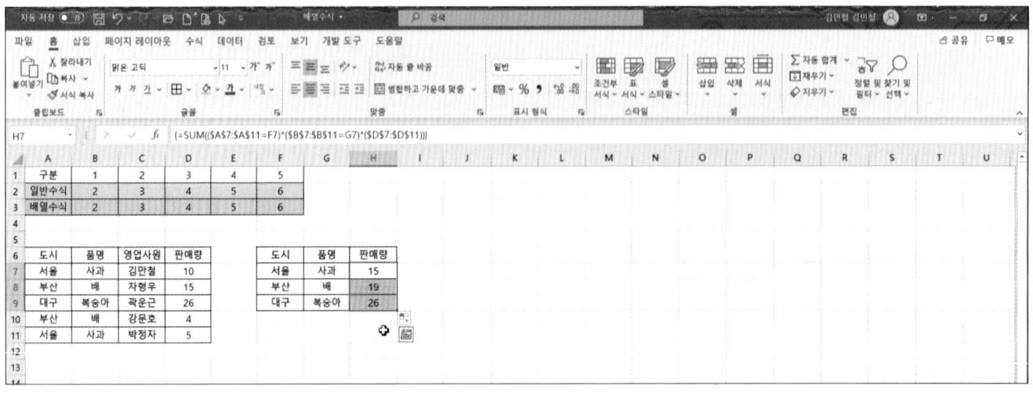

본문에서는 성적 순위를 구할 때 배열 수식을 사용하였습니다.

인 덱 스

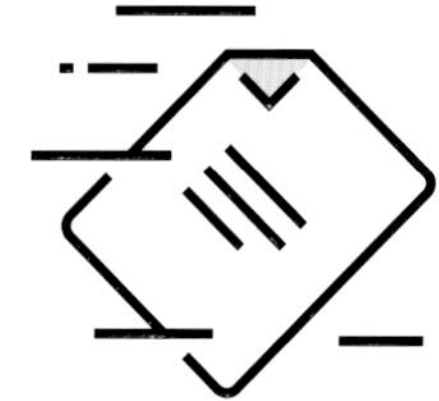